중국어
어휘의
달인이
되는 법

중국어 어휘의 달인이 되는 법 · HSK 6급

저자 | 한민이
초판 1쇄 발행 | 2016년 3월 21일
초판 3쇄 발행 | 2021년 4월 15일

발행인 | 박효상
편집장 | 김현
편집 | 김설아
디자인 | 이연진
마케팅 | 이태호, 이전희
관리 | 김태옥

교정 및 조판 | 양정희, 안빛

종이 | 월드페이퍼
인쇄 · 제본 | 현문자현

출판등록 | 제10-1835호
발행처 | 사람in
주소 | 04034 서울시 마포구 양화로11길 14-10(서교동) 3F
전화 | 02) 338-3555(代) 팩스 | 02) 338-3545
E-mail | saramin@netsgo.com
Homepage | www.saramin.com

:: 책값은 뒤표지에 있습니다.
:: 파본은 바꾸어 드립니다.

ⓒ 한민이 2016

ISBN 978-89-6049-577-7 14720
      978-89-6049-561-6 (set)

우아한 지적만보, 기민한 실사구시 **사람in**

중국어
어휘의
달인이
되는 법 | HSK
6급
고급편

한민이 지음

사람in

머리말

도깨비방망이 같은 단어장을 만나다

중국어 단어 공부를 하다 보면 궁금한 게 참 많이 생기잖아요. 가령 어떤 단어가 나오면 그 단어와 관련된 성어(成语)나 헐후어(歇后语), 관용어(惯用语)도 알았으면 좋겠고, 예문에 인명이 나오면 누군지 알아보고 싶고, 지명이 나오면 어딘지 알고 싶고요. 또 비슷한 단어가 나오면 어떻게 다른지 당장 비교해 보고 싶은 마음이 생기기도 하지요.

그런데 막상 이런 의문들을 해결하고자 생각하면 도무지 어디서부터 어떻게 찾아야 할지 막막해요. 뭐든 척척 알려줄 것 같은 유명 포털 사이트의 중국어 사전을 검색해 봐도 기대만큼 시원한 대답을 듣기가 힘들고요. 그래서 이 사전 저 사전 펼쳐 놓고 학습열을 불태우다 보면, 몇 단어 공부하는 데만도 몇 시간이 훌쩍 지나 있는 경험 한두 번쯤 다 해 보셨죠?

필자 역시 그런 경험이 수없이 많았기에 문득 이런 생각을 해 봤어요. 동화 속의 도깨비방망이가 조화를 부리는 것 같은 중국어 단어장이 있으면 얼마나 좋을까? 동화에서는 "금 나와라 뚝딱! 은 나와라 뚝딱!" 하고 외치면 금은보화가 쏟아졌지만, 중국어 단어와 씨름 중인 우리 앞에 단어 공부를 쉽고 효율적으로 할 수 있는 그런 단어장이 뚝딱! 하고 나와 준다면, 중국어 학습자들이 공감하는 이런저런 불편함을 덜어 주고, 중국어 학습욕을 맘껏 채워 줄 수 있지 않을까? 하는 생각이요.

그 후로 4년여, 〈중국어 어휘의 달인이 되는 법 · HSK 1~4급/5급〉에 이어, 〈중국어 어휘의 달인이 되는 법 · HSK 6급〉으로 다시 독자님들을 만나 뵙게 되어 더없이 기쁜 마음입니다.

〈중국어 어휘의 달인이 되는 법 · HSK 1~4급/5급/6급〉은 HSK 필수 어휘 5,000개를 기본으로, BCT(商务汉语考试) 단어와 이합사(离合词)를 별도로 표시하였고, 필수 어휘와 관련된 다양한 표현을 한눈에 볼 수 있도록 같이 모아 놓았습니다. 예문은 최대한 실용적이며 재미있는 표현을 사용하였고, 필요에 따라 적절한 보충 설명을 곁들여 이해를 돕고자 하였습니다.

특히 〈중국어 어휘의 달인이 되는 법 · HSK 6급〉에서는 '유의어 비교'에 더욱 중점을 두어, 학습자들이 보다 더 정확한 어휘를 구사하는 데 도움이 되도록 하였고, 앞서 나온 〈중국어 어휘의 달인이 되는 법 · HSK 1~4급/5급〉과 마찬가지로 모든 예문에 병음을 표기해 고급 학습자들이 학습 시간을 최대한 절약할 수 있도록 배려하였습니다.

모쪼록 〈중국어 어휘의 달인이 되는 법〉이 독자님들의 어휘력 향상에 꼭 필요한 길동무가 되어 주었으면 좋겠다는 욕심을 내어 봅니다. 〈중국어 어휘의 달인이 되는 법〉과 친구가 되어 주신 독자님들, 참 고맙습니다.

2016년 한민이

* 방대한 분량과 쉽지 않은 작업임에도 저를 믿고 선뜻 출판을 허락해 주신 사람in 박효상 대표님께 진심으로 감사드리고, 몇 년을 저와 함께 동행해 주신 양정희 편집자 님, 안빛 편집자님, 단어 수집과 교정에 도움을 주신 张玲玲, 张全用 선생님 그리고 표지와 내지를 멋지게 꾸며 주신 디자인팀에도 고마운 마음 전합니다.

중국어 어휘의 달인이 되는 법

중국어 공부를 하는 학습자라면 누구나 어휘의 달인이 되고 싶으시겠지요. 사실 중국어를 잘하기 위해서는 꾸준한 노력밖에 없다는 것을 우리 모두가 잘 알고 있긴 하지만, 그래도 〈중국어 어휘의 달인이 되는 법〉과 친구가 되어 주신 분들을 위해, 중국어 어휘의 달인이 되고 나아가 고수가 될 수 있는 몇 가지 방법에 대해 알려 드립니다.

첫째, 중국어 단어를 외울 때는 한자, 발음, 성조를 함께 외워야 합니다. 즉, '中国'이라는 단어를 외울 때, 中国이라는 한자와 'Zhong은 1성이고, guo는 2성이다'까지를 확실하게 외워야 단어를 외웠다고 할 수 있다는 것입니다. 한자는 아는데 발음이나 성조를 잘못 읽으면 실제 회화에서 상대방이 알아듣지 못하기 때문입니다.

둘째, 단어를 외울 때는 묶음으로 외우는 것이 좋습니다. 예를 들면, '去(가다)'를 외울 때, '去(가다)'만 외우는 게 아니라, '我们去(우리는 간다)[주어+去]' 혹은 '一起去(같이 간다)[부사어+去]', '我们一起去(우리는 같이 간다)[주어+부사어+去]'처럼 묶음과 문장으로 외우는 것이지요. 이렇게 공부하면, 단어를 외우는 동시에 중국어 문장에 대한 이해와 분석 능력도 향상되어 회화 실력이 부쩍부쩍 늘게 됩니다.

셋째, 단어의 성격을 분석하는 것입니다. 쉽게 말해 '帅(멋지다, 잘생기다)'는 용모를 표현하는 단어이고, '飞机(비행기)'는 교통수단이고, '喝(마시다)'는 음료와 같이 쓰이고, '办公室(사무실)'는 회사 관련 용어로 쓰이겠지요. 이런 식으로 외우고자 하는 단어의 성격을 파악하면 그 단어를 정확히 쓸 수 있기 때문에 실수를 줄이고, 똑똑한 중국어를 구사할 수 있습니다.

넷째, 관련 표현을 정리해 보는 것입니다. '苹果(사과)'라는 단어가 나오면, '吃苹果(사과를 먹다)', '买苹果(사과를 사다)', '苹果汁(사과즙)', '一斤苹果(사과 한 근)' 등 '苹果'로 만들 수 있는 연관 어휘를 이것저것 만들어 보는 것이지요. 이렇게 하다 보면 자신도 모르게 어느새 어휘력 대마왕으로 등극하게 되지요.

이상과 같이 '중국어 어휘의 달인'으로 갈 수 있는 방법 몇 가지를 알려 드렸는데요. 의외로 너무 간단해서 쉽게 달인이 될 것 같은 자신감이 팍팍! 생기시지요? '중국어 어휘의 달인이 되는 비결'은 결코 멀리 있거나 옆에 있는 친구만 아는 것이 아니라, 바로 자신의 학습 습관에 달려 있다는 사실을 꼭 기억해 주세요!

이 책의 구성과 특징

① HSK 단계별 시험 대비

HSK 6급의 필수 어휘 2,500개를 제시해 HSK나 BCT 시험 대비는 물론 실생활에서의 회화 실력까지 키울 수 있다. 표제어에 동의어, 유의어, 반의어, 참고어 등을 추가해 어휘의 폭을 넓혔다.

② 실용적인 예문과 다양한 관련 표현

자세한 어휘 풀이에 중국의 역사 · 문화 · 경제 상식을 녹여 넣은 실용적인 예문을 더했다. 보충 단어, 관련 표현을 추가해 표현할 수 있는 범위를 넓혔으며, 시험과 직결된 문장은 물론 실생활에서 자주 쓰이는 예문으로 실생활과 시험 준비에 모두 활용이 가능하다.

③ 풍부한 어휘와 자세한 설명

표현의 폭을 넓혀 주는 관용어, 속담, 사자성어, 헐후어 등을 함께 익힐 수 있으며, 헷갈리기 쉬운 단어를 비교 설명해 문장에서의 쓰임을 알려 준다. BCT에 해당하는 어휘를 따로 표시해 한 번 더 확인할 수 있다.

④ 꼼꼼한 원어민 녹음과 듣기 횟수 체크 박스

표제어와 예문은 물론 관련 표현과 보충 단어까지 원어민 발음으로 모두 들어 볼 수 있다. 표제어에 듣기 횟수를 표기하는 체크 박스를 추가해 횟수를 체크하며 학습할 수 있도록 효율성을 더했다.

⑤ 어려운 예문 읽기도 한 번에 척!

고급 학습자의 학습 시간을 효과적으로 절약할 수 있도록 1~4급, 5급에 이어 6급에도 역시 전문에 한어병음을 표기하였다.

이 책의 표기 방식

① 중국어의 인명, 지명

학습자의 편의를 고려해 외래어 표기법에 따르지 않고, 중국어에서 발음 나는 대로 표기했다.(예 : 元 위엔 / 天津 티엔진)

② 기호 표시 체계

기호	품사	문장 성분 및 기타
동의 동의어	**명** 명사　　**동** 동사	**성** 성어　　**보** 보어
유의 유의어	**형** 형용사　**부** 부사	**관용** 관용어　**헐후** 헐후어
반의 반의어	**양** 양사　　**접** 접속사	**속담** 속담
참고 참고어	**전** 전치사	// 　이합사

③ 한어병음 표기 예외 규칙

한어병음은 중국의 〈한어병음 정사법〉 기본 규칙에 따라 표기하였으나, 실제 회화에서 사용하는 형태로 표기하기 위해 몇 가지 예외를 두었다.

- '一'와 '不'는 변조로 표기했다.
- 사자성어는 모두 띄어 쓴다.
- 결과 보어, 방향 보어, 가능 보어는 모두 붙여 쓴다.
  (예 : 建成 jiànchéng / 进去 jìnqu / 听得懂 tīngdedǒng)
- 방향 보어와 복합 방향 보어는 모두 경성으로 표시한다.
  (예 : 下去 xiàqu / 走进来 zǒujìnlai / 坚持下去 jiānchíxiaqu)

목차

머리말
중국어 어휘의 달인이 되는 법
이 책의 구성과 특징
이 책의 표기 방식

도전! 한 번에 끝내기
[HSK 6급] 어휘 2500

도전! 한 번에 끝내기

□□□

0001 癌症 áizhèng 암

他不幸得了癌症，而且已经是晚期了。
Tā búxìng déle áizhèng, érqiě yǐjing shì wǎnqī le.
그는 불행하게도 암에 걸렸는데, 이미 말기이다.

相关数据显示，癌症患者有年轻化、低龄化的趋势。
Xiāngguān shùjù xiǎnshì, áizhèng huànzhě yǒu niánqīnghuà、dīlínghuà de qūshì.
관련 자료에 따르면, 암 환자가 연소화, 저령화 추세를 보이고 있다.

[단어] **年轻化** niánqīnghuà 연소화

[보충 단어 – 암의 종류]

血癌 xuè'ái 백혈병 / **淋巴癌** línbā'ái 임파선암 / **大肠癌** dàcháng'ái 대장암 / **肝癌** gān'ái 간암 / **胃癌** wèi'ái 위암 / **子宫癌** zǐgōng'ái 자궁암 / **宫颈癌** gōngjǐng'ái 자궁경부암 / **肺癌** fèi'ái 폐암 / **神经癌** shénjīng'ái 신경암 / **乳腺癌** rǔxiàn'ái 유방암 / **食道癌** shídào'ái 식도암 / **肾癌** shèn'ái 신장암 / **胰腺癌** yíxiàn'ái 췌장암 / **前列腺癌** qiánlièxiàn'ái 전립선암

□□□

0002 案件 ànjiàn (법률상의) 사건, 사안, 안건

在这起案件中，被告人的行为极其恶劣。
Zài zhè qǐ ànjiàn zhōng, bèigàorén de xíngwéi jíqí è'liè.
이 사건은 피고인의 행위가 아주 악랄하다.

□□□

0003 案例 ànlì 사례, (사건·소송 등의) 구체적인 예 BCT2

专家用浅显易懂的语言为大家分析了这个案例。
Zhuānjiā yòng qiǎn xiǎn yì dǒng de yǔyán wèi dàjiā fēnxīle zhège ànlì.
전문가는 알기 쉬운 말로 사람들에게 이 사례에 대해 분석해 주었다.

[단어] **浅显易懂** qiǎn xiǎn yì dǒng 간단명료하여 쉽게 이해된다

0004 **奥秘** àomì 신비, 비밀, 수수께끼 유의 **秘密** mìmì

他从小就想从事探索自然奥秘方面的工作。

Tā cóngxiǎo jiù xiǎng cóngshì tànsuǒ zìrán àomì fāngmiàn de gōngzuò.

그는 어릴 때부터 자연의 신비를 탐구하는 일을 하고 싶어 했다.

奥秘 vs 秘密

奥秘는 아직 발견되지 않은 신비한 자연 현상이나 알려지지 않은 도리를 뜻하고, 秘密는 숨겨져 있거나 공개되지 않은 것으로, 적이나 타인에게 알리고 싶지 않은 사실을 뜻한다. 奥秘는 주로 우주, 자연, 과학 등의 영역에 쓰여 동사 '探索 tànsuǒ, 研究 yánjiū' 등을 동반하고, 秘密는 그 쓰이는 범위가 넓고 동사 '泄露 xièlòu, 公开 gōngkāi' 등을 동반한다.

宇宙奥秘 yǔzhòu àomì 우주의 신비 / **自然奥秘** zìrán àomì 자연의 신비
人类奥秘 rénlèi àomì 인류의 신비

军事秘密 jūnshì mìmì 군사 기밀 / **会议秘密** huìyì mìmì 회의 비밀
大秘密 dà mìmì 큰 비밀

0005 **疤** bā 상처, 흉터

即使是小的伤口，处理不当的话也会留下疤。

Jíshǐ shì xiǎo de shāngkǒu, chǔlǐ bú dàng dehuà yě huì liúxià bā.

작은 상처라 할지라도, 제대로 관리하지 않으면 흉터가 남게 된다.

🐵 **관련 표현**

好了伤疤忘了痛 hǎole shāngbā wàngle tòng 속담 상처가 낫자 고통도 잊다 : 개구리 올챙이 적 생각 못한다. 화장실 들어갈 때와 나올 때가 다르다

0006 **把手** bǎshou (문·창·서랍·냄비 등의) 손잡이 유의 **拉手** lāshou

抽屉上没有把手，怎么打开呢?

Chōuti shang méiyǒu bǎshou, zěnme dǎkāi ne?

책상 서랍에 손잡이가 없는데, 어떻게 열어요?

紫砂壶工艺中，把手部位的设计也是各有特色。

Zǐshāhú gōngyì zhōng, bǎshou bùwèi de shèjì yě shì gè yǒu tèsè.

자사호의 공예에서, 손잡이 부분의 디자인도 아주 특색 있네요.

tip 紫砂壶：普洱茶(pǔ'ěrchá, 보이차)와 같은 발효차를 우려낼 때 쓰는 찻주전자로, 중국 江苏省(Jiāngsū Shěng)의 宜兴(Yíxīng)에서 생산된다. 자사호를 처음 만든 사람은 명대의 供春(Gòng Chūn)이라 알려져 있다.

0007 霸道 bàdào 패도, 독단, 포악　□□□

我确实佩服他雷厉风行的作风，但反对他的霸道。
Wǒ quèshí pèifú tā léi lì fēng xíng de zuòfēng, dàn fǎnduì tā de bàdào.
나는 확실히 그의 거침없는 일 처리 방식을 좋아하지만, 그의 독단적인 태도에는 반대한다.

[단어] 雷厉风行 léi lì fēng xíng 성 (정책이나 법령의 집행이) 신속하고 빠르다, (일 처리가) 화끈하다

형 횡포하다, 포악하다, 심하다

他霸道地说道："我说话的时候，不许你走神！"
Tā bàdào de shuōdào : "Wǒ shuōhuà de shíhou, bù xǔ nǐ zǒushén!"
그는 사납게 "내가 말할 땐, 정신을 딴 데 팔지 마!"라고 했다.

他这个人既自私又霸道，我才不喜欢呢。
Tā zhège rén jì zìsī yòu bàdào, wǒ cái bù xǐhuan ne.
저 친구는 이기적이고 포악해서, 나는 안 좋아해.

관련 표현

横行霸道 héng xíng bà dào 성 세력을 믿고 포악하게 굴다, 횡포를 부리다

0008 斑 bān 얼룩, 반점　□□□

这两天脸被太阳晒得长斑了。
Zhè liǎng tiān liǎn bèi tàiyáng shài de zhǎng bān le.
요즘 얼굴이 햇빛에 그을려 반점이 생겼다.

动物园的饲养员邀请市民给小斑马起一个绰号。
Dòngwùyuán de sìyǎngyuán yāoqǐng shìmín gěi xiǎobānmǎ qǐ ge chuòhào.
동물원의 사육사는 시민들에게 새끼 얼룩말의 별명을 지어 달라고 요청했다.

0009 版本 bǎnběn 판본, 버전 □□□

你这个版本的杀毒软件已经过期了，我给你在线升级一下吧。

Nǐ zhè ge bǎnběn de shādú ruǎnjiàn yǐjing guòqī le, wǒ gěi nǐ zài xiàn shēngjí yíxià ba.

네가 갖고 있는 버전의 바이러스 백신은 이미 유효 기간이 지났어, 내가 인터넷에서 업그레이드 시켜 줄게.

虽然《西游记》已经被翻拍过多次，但人们还是喜欢最初的版本。

Suīrán 《Xīyóujì》 yǐjing bèi fānpāiguo duō cì, dàn rénmen háishi xǐhuan zuìchū de bǎnběn.

〈서유기〉는 이미 여러 차례 리메이크 되었지만, 사람들은 여전히 오리지널 버전을 좋아한다.

0010 伴侣 bànlǚ 배우자, 반려자, 동반자 □□□

虽然现在他俩是热恋中的情侣，却不一定会成为彼此人生的伴侣。

Suīrán xiànzài tā liǎ shì rèliàn zhōng de qínglǚ, què bù yídìng huì chéngwéi bǐcǐ rénshēng de bànlǚ.

비록 지금은 그 둘이 열애 중인 연인이지만, 서로가 인생의 반려자가 될 수 있을지는 모르는 일이지.

这款相机非常便携，是人们夏日旅游的绝佳伴侣。

Zhè kuǎn xiàngjī fēicháng biànxié, shì rénmen xiàrì lǚyóu de juéjiā bànlǚ.

이 카메라는 휴대하기 좋아서, 여름 여행을 떠날 때 가져가기에 아주 좋아요.

[단어] 绝佳 juéjiā 아주 좋다, 환상적이다

0011 榜样 bǎngyàng 모범, 본보기, 귀감 유의 模范 mófàn

참고 活榜样 huó bǎngyàng 생생한 본보기 □□□

马云领导的阿里巴巴，一直是年轻人创业的榜样。

Mǎ Yún lǐngdǎo de Ālǐbābā, yìzhí shì niánqīngrén chuàngyè de bǎngyàng.

마윈이 이끄는 아리바바는 변함없이 젊은이 창업의 롤 모델이 되고 있다.

[단어] 马云 Mǎ Yún (Jack Ma : 1964년~) 杭州 출생. 1999년에 알리바바 설립.

0012 **包袱** bāofu 짐, 부담 유의 **包裹** bāoguǒ

这个包袱太重了，我实在拿不动。

Zhège bāofu tài zhòng le, wǒ shízài nábudòng.

이 짐은 너무 무거워서, 난 정말 못 들겠어.

心理包袱过重让他接连比赛失控。

Xīnlǐ bāofu guòzhòng ràng tā jiēlián bǐsài shīkòng.

심리적인 부담이 너무 커서 그는 경기 중에 연거푸 실수를 하고 말았다.

관련 표현

抖包袱 dǒu bāofu 관용 익살을 부리다

包袱 vs 包裹

包袱는 주로 보자기에 싼 물건을 말하고, 包裹는 포장한 물건을 말한다. 소포를 부친다고 할 때는 包裹만 쓸 수 있다. 包袱는 '부담'의 뜻을 포함하고 있지만, 包裹는 이 뜻이 들어 있지 않다. 包裹는 동사로 '포장하다'의 뜻을 나타내기도 한다.

背包袱 bēi bāofu 관용 정신적인 부담감을 느끼다
放下包袱 fàngxià bāofu 관용 짐을 내려놓다, 심적 부담을 덜다

寄包裹 jì bāoguǒ 소포를 부치다
把这些东西包裹好吧。 Bǎ zhèxiē dōngxi bāoguǒhǎo ba. 이것들을 포장하렴.

0013 **保姆** bǎomǔ 보모, 가사 도우미

我家急找一位50岁左右的保姆，月薪面谈。

Wǒ jiā jízhǎo yí wèi wǔshí suì zuǒyòu de bǎomǔ, yuèxīn miàntán.

저희 집에서는 50세 정도 되는 가사 도우미를 모십니다. 월급은 만나서 상의하지요.

0014 **报酬** bàochou 보수, 대가, 수당, 사례금 BCT2

不要客气，这些都是你应得的报酬。

Búyào kèqi, zhèxiē dōu shì nǐ yīng dé de bàochou.

사양하지 마세요. 이건 당신이 당연히 받아야 할 보수입니다.

他嫌这个公司给的报酬太低，决定不去。

Tā xián zhège gōngsī gěi de bàochou tài dī, juédìng bú qù.

그는 이 회사가 주는 월급이 너무 적어, 안 가기로 했다.

0015 抱负 bàofù 포부, 큰 뜻 □□□

年轻人要坚定信念，有远大的抱负。

Niánqīngrén yào jiāndìng xìnniàn, yǒu yuǎndà de bàofù.

젊은이는 신념을 확고히 다지고, 원대한 포부를 가지고 있어야 한다.

0016 暴力 bàolì 폭력 □□□

使用暴力是不可能从根本上解决问题的。

Shǐyòng bàolì shì bù kěnéng cóng gēnběn shang jiějué wèntí de.

폭력을 사용해서는 근본적으로 문제를 해결할 수 없다.

0017 北极 běijí 북극 [반의] 南极 nánjí 남극 □□□

北极地区的极光是难得一见的美景。

Běijí dìqū de jíguāng shì nándé yí jiàn de měijǐng.

북극 지역의 오로라는 보기 힘든 아름다운 풍경이다.

[단어] 极光 jíguāng 오로라

😊 **관련 표현**

南极到北极 ─ 天涯海角 [헐후]

nánjí dào běijí ─ tiān yá hǎi jiǎo

남극에서 북극까지 ─ 하늘가와 바다 끝 : 아득히 먼 곳, 서로 멀리 떨어져 있다

去北极考察 ─ 任重道远 [헐후]

qù běijí kǎochá ─ rèn zhòng dào yuǎn

북극으로 현지 조사 나가다 ─ 임무가 막중하고 갈 길은 멀기만 하다 : 책임이 무겁다

0018 贝壳 bèiké 조가비, 패각(貝甲) □□□

我弟弟爱吃海鲜，也爱玩那些各式各样的贝壳。

Wǒ dìdi ài chī hǎixiān, yě ài wánr nàxiē gè shì gè yàng de bèiké.

내 동생은 해산물도 잘 먹고, 여러 모양의 조개껍질을 가지고 노는 것도 좋아해.

0019 备忘录 bèiwànglù (외교) 각서, (일반적인) 비망록, 회의록

会后，两国领导人签署了关于进一步扩大人员交流的备忘录。

Huì hòu, liǎng guó lǐngdǎorén qiānshǔle guānyú jìn yí bù kuòdà rényuán jiāoliú de bèiwànglù.

회의가 끝난 후, 양국 지도자는 인적 교류를 가일층 확대한다는 각서에 서명했다.

0020 被告 bèigào 피고(인) [반의] 原告 yuángào 원고

这起案件的被告人是中年男子刘某，今年46岁，初中文化。

Zhè qǐ ànjiàn de bèigàorén shì zhōngnián nánzi Liú mǒu, jīnnián sìshíliù suì, chūzhōng wénhuà.

이 사건의 피고는 중년 남성 유 모 씨로, 올해 46세이며, 중등 학력 소지자이다.

0021 本能 běnnéng 본능

当时完全是本能反应，根本没有时间去想。

Dāngshí wánquán shì běnnéng fǎnyìng, gēnběn méiyǒu shíjiān qù xiǎng.

당시엔 완전히 본능적인 반응이었어요. 생각할 시간이 전혀 없었거든요.

0022 本钱 běnqián 본전, 원금, 자본금 [BCT2] [반의] 利钱 lìqián 이자

他这几年总是走背字儿，做生意亏了，本钱还被骗了。

Tā zhè jǐ nián zǒngshì zǒu bèizìr, zuò shēngyì kuī le, běnqián hái bèi piàn le.

그는 요 몇 년 계속 잘 안 풀리더니, 사업도 말아먹고, 원금까지 사기 당했지 뭐야.

[단어] 走背字儿 zǒu bèizìr 운수 사납다, 재수 없다

"小赌怡情，大赌伤身"别把自己的本钱都搭进去。

"Xiǎo dǔ yí qíng, dà dǔ shāng shēn" bié bǎ zìjǐ de běnqián dōu dā jìnqu.

"작은 노름은 재미삼아 할 수 있지만, 큰 노름은 몸을 상하게 하네." 자네 본전을 다 걸진 말라고.

명 (믿을 만한) 능력, 자산

他对股市独到的见解就是他最大的本钱。

Tā duì gǔshì dúdào de jiànjiě jiù shì tā zuì dà de běnqián.

그의 주식 시장에 대한 일가견이 바로 그의 최대의 밑천이지.

[단어] 独到的见解 dúdào de jiànjiě 독특한 견해, 일가견

常听别人说，年轻就是最大的本钱。

Cháng tīng biérén shuō, niánqīng jiù shì zuì dà de běnqián.

종종 옆에서들 그러더라고, 젊음이 가장 큰 자산이라고.

下本钱 xià běnqián 관용 (인력 · 재력 등을) 투자하다, 밑천을 들이다

0023 本人 běnrén (1인칭의) 나, 본인, (사건의) 본인, 당사자　☐☐☐

不知贵客到访，本人未能亲自迎接真是惭愧。

Bù zhī guìkè dàofǎng, běnrén wèi néng qīnzì yíngjiē zhēnshi cánkuì.

귀한 손님이 오시는 것도 모르고, 본인이 직접 영접하지 못해 정말 죄송할 따름입니다.

小偷偷走了他的钱包，他本人却毫无察觉。

Xiǎotōu tōuzǒule tā de qiánbāo, tā běnrén què háowú chájué.

도둑이 그 친구의 지갑을 훔쳤는데, 당사자는 전혀 모르고 있었지 뭐야.

0024 本身 běnshēn 그 자신, 그 자체, 자신, 본인　☐☐☐

其实我说的不是事情本身了，我说的是你的态度。

Qíshí wǒ shuō de bú shì shìqing běnshēn le, wǒ shuō de shì nǐ de tàidù.

사실 내가 말하는 건 일 자체가 아니야, 내가 뭐라고 하는 건 너의 태도라고.

她本身胃就不好，一吃点饭胃就疼。

Tā běnshēn wèi jiù bù hǎo, yì chī diǎn fàn wèi jiù téng.

그녀는 위가 안 좋아서, 밥을 조금만 먹어도 위가 아파.

0025 本事 běnshi 능력, 재능, 수완, 재주 유의 能力 nénglì　☐☐☐

我不能兼职，我没有这个本事。

Wǒ bù néng jiānzhí, wǒ méiyǒu zhège běnshi.

저는 겸직은 못합니다, 저한테 그럴 만한 능력이 없어요.

他虽然是一个小小的主任，但本事却大着呢。

Tā suīrán shì yí ge xiǎoxiǎo de zhǔrèn, dàn běnshi què dàzhe ne.

그 친구가 별 볼 일 없는 주임에 불과해도, 수완은 대단하다고.

0026 鼻涕 bítì 콧물

我一到春天，就打喷嚏，流鼻涕，眼睛痒。

Wǒ yí dào chūntiān, jiù dǎ pēntì, liú bítì, yǎnjing yǎng.

나는 봄만 되면 재채기를 하고, 콧물이 나고, 눈이 간지러워.

> 🐼 **관련 표현**

豁嘴吃鼻涕—乘虚而入 헐후

huōzuǐ chī bítì —chéng xū ér rù

언청이가 콧물을 먹다 — 빈틈을 타서 들어가다 : 상대의 허점을 노려 진입하다

0027 比重 bǐzhòng 비중

演员片酬占的比重过大，肯定会影响其他方面的投入。

Yǎnyuán piànchóu zhàn de bǐzhòng guòdà, kěndìng huì yǐngxiǎng qítā fāngmiàn de tóurù.

배우의 출연료 비중이 지나치게 크면, 기타 방면의 투자에 영향을 미칠 것이다.

[단어] 片酬 piànchóu 배우의 출연료

随着业务规模的不断扩大，差旅费占营销费用的比重越来越大。

Suízhe yèwù guīmó de búduàn kuòdà, chālǚfèi zhàn yíngxiāo fèiyòng de bǐzhòng yuèláiyuè dà.

업무량이 계속 많아지면서, 출장비가 영업 비용에서 차지하는 비중이 갈수록 커지고 있다.

[단어] 差旅费 chàlǚfèi 출장비

0028 弊病 bìbìng 폐단, 문제점, 결함, 병폐 유의 弊端 bìduān, 毛病 máobìng

我们一定要找出导致公司管理落后的弊病。

Wǒmen yídìng yào zhǎochū dǎozhì gōngsī guǎnlǐ luòhòu de bìbìng.

우리는 회사 관리 부분을 낙후시키는 문제점을 꼭 찾아내야 합니다.

0029 弊端 bìduān 폐단, 폐해, 병폐, 부조리 유의 弊病 bìbìng, 毛病 máobìng

高分低能现象确实也暴露了当前教育的弊端。

Gāo fēn dī néng xiànxiàng quèshí yě bàolùle dāngqián jiàoyù de bìduān.

시험 점수는 높은 반면 실제 능력은 떨어지는 현상은 확실히 현 교육의 폐단을 보여 주고 있다.

弊端 vs 弊病 vs 毛病

弊端은 제도가 불합리하거나 업무 처리에 있어 빈틈이나 실수가 있어 공익에 손해를 끼치는 일을 말하며, 弊病은 일에서 나타나는 문제점이나 폐해를 말하고, 毛病은 사람이나 사물의 결점이나 나쁜 습관, 사물의 고장, 업무 과실 등을 말한다.

消除社会弊端 xiāochú shèhuì bìduān 사회적 부조리를 제거하다
制度上的弊病 zhìdù shang de bìbìng 제도상의 병폐
手机有毛病 shǒujī yǒu máobìng 휴대 전화에 결함이 있다
改掉坏毛病 gǎidiào huài máobìng 나쁜 습관을 고치다

0030 **臂** bì 팔 **유의** **胳膊** gēbo

▶ 보통 단독으로 쓰지 않는다.

他的右臂好像受伤了。
Tā de yòu bì hǎoxiàng shòushāng le.
저 친구 오른쪽 팔에 상처를 입은 것 같은데.

冠军的奖杯近在眼前，却又和他失之交臂。
Guànjūn de jiǎngbēi jìnzài yǎnqián, què yòu hé tā shī zhī jiāo bì.
우승컵이 눈앞에 있었지만, 또다시 그를 비껴갔다.

[단어] **失之交臂** shī zhī jiāo bì 성 눈앞의 좋은 기회를 잃다

관련 표현

三头六臂 sān tóu liù bì 성 초인적인 능력이나 재주

0031 **边疆** biānjiāng 국경 지대, 변경, 변방

新疆属于边疆地区，酒店、餐饮等硬件设施与内地相比有一定的差距。
Xīnjiāng shǔyú biānjiāng dìqū, jiǔdiàn、cānyǐn děng yìngjiàn shèshī yǔ nèidì xiāngbǐ yǒu yídìng de chājù.
신지앙(신장)은 변경 지역에 속하므로, 호텔이나 식당 등의 주요 시설이 내륙과 비교해 상당한 차이가 있다.

0032 边界 biānjiè (지역 간의) 경계선, (토지의) 경계, 국경선 [유의] 边境 biānjìng

边界纠纷一直是围绕在印巴之间的头等问题。
Biānjiè jiūfēn yìzhí shì wéiràozài Yìn Bā zhījiān de tóuděng wèntí.
국경 지역의 분쟁은 줄곧 인도와 파키스탄 간의 가장 큰 골칫거리가 되고 있다.

再往前开一段距离就出了山东省的边界了。
Zài wǎng qián kāi yí duàn jùlí jiù chūle Shāndōng Shěng de biānjiè le.
조금만 더 운전해 가면 산동성의 경계를 벗어나게 된다.

0033 边境 biānjìng 국경 지대, 변경, 변방 [유의] 边界 biānjiè

目前中俄边境贸易具有巨大的发展潜力。
Mùqián Zhōng É biānjìng màoyì jùyǒu jùdà de fāzhǎn qiánlì.
오늘날 중국과 러시아 간의 변경 무역은 거대한 발전 가능성을 갖고 있다.

> **边境 vs 边界**
>
> 边境은 나라의 경계가 되는 변두리의 땅을 말하고, 边界는 두 국가 혹은 두 지역의 경계선을 말한다.
>
> **边境地区** biānjìng dìqū 변경 지역
> **边境贸易** biānjìng màoyì 변경 무역
>
> **边界冲突** biānjiè chōngtū 국경 분쟁
> **确定边界** quèdìng biānjiè 국경을 확정하다

0034 边缘 biānyuán 가장자리 부분, 끝자락, 위기

我刚才眼角在桌子的边缘上撞了一下，疼死了。
Wǒ gāngcái yǎnjiǎo zài zhuōzi de biānyuán shang zhuàngle yíxià, téngsǐ le.
내가 방금 전에 눈꼬리를 책상 모서리에 부딪혔는데, 아파 죽겠어.

两国一直处在战与不战的边缘，让人感到不安。
Liǎng guó yìzhí chǔzài zhàn yǔ bú zhàn de biānyuán, ràng rén gǎndào bù'ān.
양국이 계속 전쟁을 하느냐 마느냐 하는 위기에 처해 있어, 사람들을 불안하게 한다.

형 경계에 근접한, 여러 방면과 관련된

生态经济学是一门边缘学科。

Shēngtài jīngjìxué shì yì mén biānyuán xuékē.

생태경제학은 학제학과이다.

[단어] 边缘学科 biānyuán xuékē 여러 학문 분야에 걸친 학과

0035 贬义 biǎnyì (문구 또는 글에 담긴) 부정적이거나 혐오적인 의미 □□□

반의 褒义 bāoyì (문구 또는 글에 담긴) 칭찬 또는 찬양의 의미

大家不要把"民族主义"理解成一个贬义词。

Dàjiā búyào bǎ "mínzú zhǔyi" lǐjiěchéng yí ge biǎnyìcí.

여러분은 '민족주의'를 부정적인 단어로 이해하지 마세요.

0036 变故 biàngù 변고, 재난 □□□

我今年读大二，家里突然发生了变故，所以想要休学一年。

Wǒ jīnnián dú dà èr, jiā li tūrán fāshēngle biàngù, suǒyǐ xiǎng yào xiūxué yì nián.

저는 올해 대학교 2학년인데, 집에 갑자기 변고가 생겨서 1년간 휴학하려고 해요.

0037 便条 biàntiáo 메모, 쪽지, 비공식적인 편지나 통지문 [BCT1] □□□

참고 便条纸 biàntiáozhǐ 포스트 잇

沈厂长留了一张便条就匆匆离开了。

Shěn chǎngzhǎng liúle yì zhāng biàntiáo jiù cōngcōng líkāi le.

심 공장장은 메모를 하나 남기고는 서둘러 떠났다.

0038 辫子 biànzi 땋은 머리, 변발 □□□

清朝的男人要扎辫子，女人要梳旗头。

Qīng cháo de nánrén yào zhā biànzi, nǚrén yào shū qítóu.

청대에 남자는 변발을 하고, 여자는 머리 장식을 했다.

我第一次看见她的时候，她穿着背带裙，扎着可爱的小辫子。

Wǒ dìyī cì kànjiàn tā de shíhou, tā chuānzhe bèidàiqún, zhāzhe kě'ài de xiǎo biànzi.

내가 처음 그녀를 봤을 때, 그녀는 멜빵 치마를 입고, 귀엽게 머리를 따고 있었지.

抓小辫子 zhuā xiǎo biànzi 관용 약점을 잡다

0039 标本 biāoběn 표본, (혈액·담액·대변 등의) 시료 □□□

我想制作昆虫标本和植物标本。
Wǒ xiǎng zhìzuò kūnchóng biāoběn hé zhíwù biāoběn.
나는 곤충 표본과 식물 표본을 만들고 싶다.

我们采集了100例不同年龄段的患者的血液标本。
Wǒmen cǎijíle yìbǎi lì bù tóng niánlíngduàn de huànzhě de xuèyè biāoběn.
우리는 연령대가 다른 환자의 혈액 시료를 100개 채집했다.

0040 标记 biāojì 표기, 표시 □□□

神秘的奥尔梅克文明在石头上面留下了很多标记。
Shénmì de Ào'ěrméikè wénmíng zài shítou shàngmiàn liúxiàle hěn duō biāojì.
신비한 올멕 문명은 돌 위에 많은 표시를 남겼다.

[단어] 奥尔梅克文明 Ào'ěrméikè wénmíng (Olmec civilization: BC 12세기~AD 2세기 경) 멕시코 동쪽의 멕시코 만을 중심으로 발달했던 메소아메리카 지역에서 가장 오래된 문명

동 표기하다, 표시하다

如果有不懂的地方先用笔标记下来，待会儿一起提问。
Rúguǒ yǒu bù dǒng de dìfang xiān yòng bǐ biāojìxialai, dàihuìr yìqǐ tíwèn.
만약 이해가 안 가는 부분이 있거든 먼저 펜으로 표시해 놨다가, 잠시 후에 한꺼번에 질문하세요.

0041 标题 biāotí 표제, 제목, 타이틀(title) □□□

报纸上标题触目惊心，其实却没有什么实际内容。
Bàozhǐ shang biāotí chù mù jīng xīn, qíshí què méiyǒu shénme shíjì nèiróng.
신문을 보면 제목은 눈에 띄는데, 사실 실제로는 별 내용이 없다.

[단어] 触目惊心 chù mù jīng xīn 성 보기만 해도 놀라다

0042 别墅 biéshù 별장, 고급 주택 □□□

这里是高档别墅区，地理位置好，装修豪华。

Zhèli shì gāodàng biéshùqū, dìlǐ wèizhì hǎo, zhuāngxiū háohuá.

이곳은 고급 주택가로 지리적인 위치도 좋고, 인테리어도 고급스럽다.

0043 冰雹 bīngbáo 우박 □□□

鹅蛋大小的冰雹把庄稼都砸坏了。

Édàn dàxiǎo de bīngbáo bǎ zhuāngjia dōu záhuài le.

백조 알 만한 우박이 농작물을 다 망쳐 놓았다.

[단어] 庄稼 zhuāngjia 농작물

🔵 관련 표현

冰雹打人 — 祸从天降 [헐후]

bīngbáo dǎ rén — huò cóng tiān jiàng

우박이 사람을 때리다 — 재난이 하늘에서 떨어지다 : 재난이 갑자기 닥쳐오다, 뜻밖의 재난에 부딪치다

0044 丙 bǐng 병(천간의 셋째) □□□

老师在黑板上写下了一个"丙"字。

Lǎoshī zài hēibǎn shang xiěxiàle yí ge "bǐng" zì.

선생님께서 칠판에 '병' 자를 쓰셨다.

🔵 관련 표현

付丙丁 fù bǐngdīng (편지나 문서 등을) 불로 태워버리다

0045 波浪 bōlàng (호수·강·바다의) 파도, 물결 □□□

참고 波浪能 bōlàngnéng 파동 에너지

台风的影响已经逐渐减弱，海面上的波浪也平静了许多。

Táifēng de yǐngxiǎng yǐjing zhújiàn jiǎnruò, hǎimiàn shang de bōlàng yě píngjìngle xǔduō.

태풍의 영향권에서 점차 벗어나면서, 해상의 파도도 많이 잦아들었다.

无风不起浪 — 事出有因 혈후
wú fēng bù qǐ làng — shì chū yǒu yīn
바람이 불지 않으면 파도가 일지 않는다 — 일이 생기는 데는 원인이 있다 : 사건의 발생에는 원인이 있게 마련이다, 아니 땐 굴뚝에 연기 날까

0046 波涛 bōtāo 큰 파도   □□□

台风来了，海面上波涛汹涌，像连绵起伏的群山。
Táifēng lái le, hǎimiàn shang bōtāo xiōngyǒng, xiàng liánmián qǐfú de qúnshān.
태풍이 오니, 바다에 파도가 거세게 일어, 마치 끊임없이 이어져 기복을 이룬 군산 같다.

[단어] **连绵** liánmián (산맥·강·눈·비 등이) 잇닿다, 이어지다 / **起伏** qǐfú 기복을 이루다 / **群山** qúnshān 한곳에 모여 있는 많은 산

每次畅游祖国的名山大川，内心总是波涛滚滚。
Měicì chàngyóu zǔguó de míngshān dàchuān, nèixīn zǒngshì bōtāogǔngǔn.
매번 조국의 명산대천을 유람할 때마다, 가슴이 벅차오른다.

[단어] **畅游** chàngyóu 맘껏 유람하다 / **名山大川** míng shān dà chuān 성 명산대천

0047 伯母 bómǔ 백모, 큰어머니, 아주머니   참고 **伯父** bófù 백부, 어르신, 아저씨   □□□

▶친구·동료 등의 어머니에 대한 존칭으로 쓰인다.

替我向伯父伯母问好，我就不登门拜访了。
Tì wǒ xiàng bófù bómǔ wèn hǎo, wǒ jiù bù dēng mén bàifǎng le.
나 대신 아저씨, 아주머니께 안부 전해 줘, 나는 안 들어갈게.

0048 博览会 bólǎnhuì 박람회 BCT2   참고 **展览会** zhǎnlǎnhuì 전람회   □□□

参加博览会可以增长见识，还可以做生意，两全其美。
Cānjiā bólǎnhuì kěyǐ zēngzhǎng jiànshí, hái kěyǐ zuò shēngyì, liǎng quán qí měi.
박람회에 참가하면 견식도 넓히고, 사업도 할 수 있으니, 일거양득이라 할 수 있다.

[단어] **两全其美** liǎng quán qí měi 성 두 가지 모두 좋은 결과를 얻도록 하다, 누이 좋고 매부 좋다

0049 补贴 bǔtiē 보조금, 수당 [BCT2] 유의 津贴 jīntiē

公司不能提供住宿，但是有住房补贴。

Gōngsī bù néng tígòng zhùsù, dànshì yǒu zhùfáng bǔtiē.

회사에서 숙소를 제공해 주지는 않지만, 주택 보조금은 있습니다.

동 보조하다, 보태 주다

国家给每户农户补贴了一部分购买新机器的钱。

Guójiā gěi měi hù nónghù bǔtiēle yíbùfen gòumǎi xīn jīqì de qián.

국가에서는 모든 농가에 새 기계 구매에 필요한 금액 일부를 보조해 주었다.

0050 布告 bùgào 게시문, 포고문

我看见许多人围在布告前议论纷纷。

Wǒ kànjiàn xǔduōrén wéizài bùgào qián yìlùn fēnfēn.

나는 많은 사람들이 게시문 앞에서 왈가왈부하고 있는 것을 보았다.

[단어] 议论纷纷 yì lùn fēn fēn **성** 의견이 분분하다, 왈가왈부하다

동 공고하다, 통고하다

古代君王的指令以圣旨的形式布告天下。

Gǔdài jūnwáng de zhǐlìng yǐ shèngzhǐ de xíngshì bùgào tiānxià.

고대에는 군왕의 명령을 성지 형식으로 백성에게 알렸다.

😀 관련 표현

布告牌 bùgàopái 게시판 / 布告栏 bùgàolán 공고판

0051 布局 bùjú 구도, 짜임새, 구성, 배치, 배열 [BCT1]

这个房子的布局很适合单身白领居住。

Zhège fángzi de bùjú hěn shìhé dānshēn báilǐng jūzhù.

이 집의 구조는 독신 직장인이 살기에 아주 적당하다.

[단어] 白领 báilǐng 화이트칼라 계층, 정신 노동자 계층

按黄金比例来看，这幅画布局不协调。

Àn huángjīn bǐlì láikàn, zhè fú huà bùjú bù xiétiáo.

황금 비례의 관점에서 볼 때, 이 그림은 구도가 안 맞네요.

[단어] …来看 …láikàn ～에서 보면

0052 步伐 bùfá 발걸음, (일이 진행되는) 속도, 순서

他步伐匆匆，像是着急赶往某个地方。
Tā bùfá cōngcōng, xiàng shì zháojí gǎnwǎng mǒu ge dìfang.
그는 종종걸음을 치는 게, 꼭 급히 어딘가로 가는 사람 같았다.

在前进的道路上，每个步伐都要迈得坚实。
Zài qiánjìn de dàolù shang, měi ge bùfá dōu yào mài de jiānshí.
전진하는 과정에서, 모든 발걸음은 씩씩하게 내딛어야 한다.

0053 部位 bùwèi 부위

受伤的部位在胳膊上，于是她穿了件长袖遮挡了起来。
Shòushāng de bùwèi zài gēbo shang, yúshì tā chuānle jiàn chángxiù zhēdǎngle qǐlai.
상처 입은 부위가 팔이라서, 그녀는 긴소매 옷을 입어 가렸다.

0054 才干 cáigàn 능력, 재간, 재능, 재주 **유의** 才能 cáinéng, 才华 cáihuá

他在工作上很有才干，获得单位和领导的认可。
Tā zài gōngzuò shang hěn yǒu cáigàn, huòdé dānwèi hé lǐngdǎo de rènkě.
그는 업무상 능력이 아주 뛰어나, 회사와 상사의 인정을 받고 있다.

0055 财富 cáifù 부(富), 재산, 자산 BCT1

一个人除了有物质财富以外，精神财富也很重要。
Yí ge rén chúle yǒu wùzhì cáifù yǐwài, jīngshén cáifù yě hěn zhòngyào.
사람에게는 물질적인 부 외에, 정신적인 부 역시 중요하다.

[단어] 物质财富 wùzhì cáifù 물질적 자산 / 精神财富 jīngshén cáifù 정신적 자산

🐻 **관련 표현**

宝贵财富 bǎo guì cái fù 성 매우 가치 있고 귀한 사람(사물)

0056 财务 cáiwù 재무, 재정, 재정 경리에 대한 사무 [BCT2]

她不但精通税务，在财务方面也是一把好手。

Tā bú dàn jīngtōng shuìwù, zài cáiwù fāngmiàn yě shì yì bǎ hǎoshǒu.

그녀는 세무에 정통할 뿐 아니라, 재무 쪽으로도 전문가이다.

0057 财政 cáizhèng 재정 [BCT2]

今年的国家财政收入增长速度远远超过了GDP的增长速度。

Jīnnián de guójiā cáizhèng shōurù zēngzhǎng sùdù yuǎnyuǎn chāoguòle GDP de zēngzhǎng sùdù.

올해 국가 재정 수입의 증가 속도는 GDP 증가 속도를 훨씬 웃돌고 있다.

[단어] GDP : (**国内生产总值** guónèi shēngchǎn zǒngzhí) 국내총생산

0058 裁缝 cáifeng 재봉사

他们曾经是巴黎城最有名的高级裁缝。

Tāmen céngjīng shì Bālí chéng zuì yǒumíng de gāojí cáifeng.

그들은 한때 파리에서 가장 유명한 고급 재봉사였다.

관련 표현

裁缝戴眼镜 — 见缝插针 헐후

cáifeng dài yǎnjìng — jiàn fèng chā zhēn

재봉사가 안경을 쓰다 — 틈만 보이면 바늘을 꽂다 : 이용 가능한 모든 것을 충분히 이용하다, 시기와 기회를 잘 이용하다

裁缝师傅的手艺 — 量体裁衣 헐후

cáifeng shīfu de shǒuyì — liàng tǐ cái yī

재봉사의 손재주 — 몸의 치수에 따라 재단하다 : 실제 상황에 맞추어 일을 하다

裁缝做衣 — 因人而异 헐후

cáifeng zuò yī — yīn rén ér yì

재봉사가 옷을 만들다 — 사람에 따라 다르다 : 사람에 따라 다른 대책을 세우다

0059 彩票 cǎipiào 복권 [BCT1]

她高兴地手舞足蹈，像是自己中了彩票一样。

Tā gāoxìng de shǒu wǔ zú dǎo, xiàng shì zìjǐ zhòngle cǎipiào yíyàng.

그녀는 좋아서 어쩔 줄 몰라 하는 것이, 꼭 복권이라도 당첨된 것 같다.

[단어] 手舞足蹈 shǒu wǔ zú dǎo (성) 좋아 어쩔 줄 모르다

🗣 관련 표현

福利彩票 fúlì cǎipiào 복지 복권

赛马彩票 sàimǎ cǎipiào 경마 복권

足球彩票 zúqiú cǎipiào 축구 복권

体育彩票 tǐyù cǎipiào 체육 복권

0060 参谋 cānmóu 참모

这件事得找我们足智多谋的王参谋来参谋一下。

Zhè jiàn shì děi zhǎo wǒmen zú zhì duō móu de Wáng cānmóu lái cānmóu yíxià.

이 일은 지략이 풍부한 왕 참모한테 조언을 구하는 게 좋을 거야.

[단어] 足智多谋 zú zhì duō móu (성) 지략이 풍부하다

(동) 조언하다, 권하다, 훈수하다

我知道你是色彩高手，帮我参谋一下房间的色彩吧。

Wǒ zhīdào nǐ shì sècǎi gāoshǒu, bāng wǒ cānmóu yíxià fángjiān de sècǎi ba.

난 네가 색상에 대해 일가견이 있다는 것을 알고 있어, 방 안을 어떤 색으로 하면 좋을지 조언 좀 해 줘.

🗣 관련 표현

参谋长皱眉头 — 一筹莫展 (헐후)

cānmóuzhǎng zhòu méitou — yì chóu mò zhǎn

참모장이 인상을 쓰다 — 한 가지 방법도 쓸 수 없다 : 속수무책이다, 어쩔 도리가 없다

0061 残疾 cánjí 불구, 장애 **참고** 残疾人 cánjírén 장애인, 장애우

残疾人奥运会 cánjírén àoyùnhuì 장애인 올림픽

虽然身有残疾，但是他仍然顽强地生活着。

Suīrán shēn yǒu cánjí, dànshì tā réngrán wánqiáng de shēnghuózhe.

비록 몸에 장애가 있지만, 그는 여전히 꿋꿋하게 삶을 꾸려 가고 있다.

0062 仓库 cāngkù 창고, 곳간, 식량 창고 BCT1

明后天仓库盘点不发货，今天我们晚上加班打包。

Mínghòutiān cāngkù pándiǎn bù fāhuò, jīntiān wǒmen wǎnshang jiābān dǎbāo.

내일과 모레 창고 재고 검사로 출고가 안 되기 때문에, 오늘 우리는 밤에 잔업하면서 포장을 해야 한다.

[단어] **盘点** pándiǎn (재고를) 정리 점검하다

他把仓库改装成了房子，出租了出去。

Tā bǎ cāngkù gǎizhuāngchéngle fángzi, chūzūle chūqu.

그는 창고를 집으로 개조해서 세를 놓았다.

0063 舱 cāng 객실, 선실, 선창

在船上只有经验丰富的老水手才有资格走进驾驶舱。

Zài chuán shang zhǐyǒu jīngyàn fēngfù de lǎo shuǐshǒu cái yǒu zīgé zǒujìn jiàshǐcāng.

선박에서는 경험이 풍부한 노련한 선원만이 조종실에 들어갈 수 있는 자격이 있다.

我想订一张便宜的公务舱机票直飞伦敦。

Wǒ xiǎng dìng yì zhāng piányi de gōngwùcāng jīpiào zhífēi Lúndūn.

저는 비즈니스석 런던 직항 할인 항공권을 예약하고 싶은데요.

💡 **관련 표현**

经济舱 jīngjìcāng 일반석 / **公务舱** gōngwùcāng 비즈니스석

头等舱 tóuděngcāng 일등석 / **驾驶舱** jiàshǐcāng 조종석(실), 조타실

0064 草案 cǎo'àn 초안 [BCT1]

根据协商意见，我制作出一份合同草案。

Gēnjù xiéshāng yìjiàn, wǒ zhìzuòchū yí fèn hétong cǎo'àn.

협의한 사항에 근거해, 제가 계약서 초안을 만들었습니다.

0065 侧面 cèmiàn 옆면, 측면, 한 측면, 어떤 방면 **반의** 正面 zhèngmiàn 정면

他的脸型和鼻梁，侧面看起来特好看。

Tā de liǎnxíng hé bíliáng, cèmiàn kànqilai tè hǎokàn.

그의 얼굴형과 콧날은 옆에서 보면 특히 멋지단 말이야.

我们先侧面了解一下这件事情的来龙去脉吧。

Wǒmen xiān cèmiàn liǎojiě yíxià zhè jiàn shìqing de lái lóng qù mài ba.

우리 우선 이 일의 경위에 대해 알아보도록 합시다.

[단어] 来龙去脉 lái lóng qù mài **성** 일의 경과나 경위

0066 策略 cèlüè 책략, 전술 [BCT1] **참고** 策略家 cèlüèjiā 책략가

我整整想了一晚上，想好了各种情况的心理准备和应对的策略。

Wǒ zhěngzhěng xiǎngle yì wǎnshang, xiǎnghǎole gèzhǒng qíngkuàng de xīnlǐ zhǔnbèi hé yìngduì de cèlüè.

나는 밤새 머리를 짜내, 여러 상황에 대한 심적인 준비와 그에 필요한 전술을 생각해 냈다.

干事业光有冲劲儿可不够，得讲求策略。

Gàn shìyè guāng yǒu chōngjìnr kě bú gòu, děi jiǎngqiú cèlüè.

큰일을 할 때는 패기만으로는 안 되고, 전략을 중시해야 한다.

[단어] 干事业 gàn shìyè 열심히 사업하다, 큰일을 하다 / 讲求 jiǎngqiú 추구하다, 중시하다

0067 层次 céngcì 단계, 순서, 차등, (서로 관련된) 각급 기구 [BCT1]

处理这件事要减少不必要的层次。

Chǔlǐ zhè jiàn shì yào jiǎnshǎo bú bìyào de céngcì.

이 일을 처리할 때는 불필요한 단계는 줄이자고요.

不同层次的人不可能成为真正的朋友吗?
Bù tóng céngcì de rén bù kěnéng chéngwéi zhēnzhèng de péngyou ma?
계층이 다른 사람들은 진정한 친구가 될 수 없나요?

0068 差别 chābié 차이, 차별, 구별 유의 区别 qūbié, 分别 fēnbié □□□

大家的智商都相差不多, 差别就在于谁肯用功。
Dàjiā de zhìshāng dōu xiāngchà bù duō, chābié jiù zàiyú shéi kěn yònggōng.
여러분의 지능지수는 거의 비슷한데, 차이는 누가 열심히 하느냐에 있지요.

[단어] 智商 zhìshāng 지능지수

我看这两个产品没什么差别, 半斤八两的。
Wǒ kàn zhè liǎng ge chǎnpǐn méi shénme chābié, bàn jīn bā liǎng de.
내가 보기엔 두 제품에 별 차이가 없어요. 다 거기서 거기죠.

[단어] 半斤八两 bàn jīn bā liǎng 반 근 여덟 냥(옛 도량형제에서 한 근은 16냥이었으므로, 반 근은 곧 8냥이 됨), 피차일반이다, 도토리 키재기이다

0069 插座 chāzuò 콘센트, 소켓 □□□

你把吹风机插到这里的插座上吧。
Nǐ bǎ chuīfēngjī chādào zhèlǐ de chāzuò shang ba.
드라이기를 여기에 있는 콘센트에 꽂아.

这里可以用220伏电源插座。
Zhèlǐ kěyǐ yòng èrbǎi èrshí fú diànyuán chāzuò.
이곳에서는 220볼트 전원의 콘센트를 쓸 수 있어요.

0070 岔 chà 분기점, 갈림길, 사고, 실수 □□□

前面有两个岔口, 不知道该走哪个方向。
Qiánmiàn yǒu liǎng ge chàkǒu, bù zhīdào gāi zǒu nǎge fāngxiàng.
앞쪽에 두 갈래 길이 있는데, 어느 쪽으로 가야할지 모르겠어요.

他鉴定的东西还从来没有出过岔。
Tā jiàndìng de dōngxi hái cónglái méiyou chūguo chà.
그가 감정한 물건은 아직 한 번도 틀린 적이 없다.

⑧ 샛길로 가다, 화제를 돌리다

自行车下了公路岔上了小道。
Zìxíngchē xiàle gōnglù chàshàng le xiǎodào.
자전거는 도로를 벗어나 오솔길로 들어섰다.

眼看情势不对，她赶紧把话题岔开。
Yǎnkàn qíngshì búduì, tā gǎnjǐn bǎ huàtí chàkāi.
눈앞의 상황이 이상하게 돌아가자, 그녀는 재빨리 화제를 돌렸다.

0071 刹那 chànà 찰나, 순간 □□□

从看见你的一刹那开始，我就喜欢上了你。
Cóng kànjiàn nǐ de yíchànà kāishǐ, wǒ jiù xǐhuan shàngle nǐ.
그대를 본 그 순간부터 나는 그대를 좋아하게 되었습니다.

0072 柴油 cháiyóu 중유, 디젤(diesel)유, 경유 참고 汽油 qìyóu 휘발유, 가솔린 □□□

目前，世界上普遍使用的汽车燃料有汽油、柴油和天然气。
Mùqián, shìjiè shang pǔbiàn shǐyòng de qìchē ránliào yǒu qìyóu、
cháiyóu hé tiānránqì.
오늘날 보편적으로 많이 사용되는 자동차 연료에는 휘발유, 경유, 천연가스가 있다.

0073 产业 chǎnyè 산업, 공업, (개인 소유의) 부동산 BCT2 □□□

随着老龄化时代到来，银色产业将会迎来发展的春天。
Suízhe lǎolínghuà shídài dàolái, yínsè chǎnyè jiānghuì yínglái
fāzhǎn de chūntiān.
노령화 시대가 도래함에 따라, 실버 산업은 활황 국면을 맞을 것이다.

这个果园是我姑姑的产业。
Zhège guǒyuán shì wǒ gūgu de chǎnyè.
이 과수원은 우리 고모의 소유이다.

🗨️ 관련 표현

第一产业 dìyī chǎnyè 1차 산업 / **第二产业** dì'èr chǎnyè 2차 산업
第三产业 dìsān chǎnyè 3차 산업

产业革命 chǎnyè gémìng 산업 혁명 / 产业工人 chǎnyè gōngrén 산업 노동자
产业园区 chǎnyè yuánqū 산업 단지 / 产业道路 chǎnyè dàolù 산업 도로

□□□

0074 场合 chǎnghé (특정한) 시간, 장소, 상황 BCT1 유의 场所 chǎngsuǒ

在这样正式的场合你穿休闲服是不合适的。
Zài zhèyàng zhèngshì de chǎnghé nǐ chuān xiūxiánfú shì bù héshì de.
이런 공식적인 장소에 캐주얼을 입고 오는 것은 격에 맞지 않아요.

同样的内容，不同的场合下要有不同的讲话方式。
Tóngyàng de nèiróng, bùtóng de chǎnghé xià yào yǒu bùtóng de jiǎnghuà fāngshì.
같은 내용이라도, 다른 장소에서는 다른 방식으로 얘기해야 한다.

在街上遇到前男友，该怎么处理这种尴尬的场合？
Zài jiē shang yùdào qián nányǒu, gāi zěnme chǔlǐ zhè zhǒng gāngà de chǎnghé?
길에서 전 남자친구를 만나면, 이 난감한 상황을 어떻게 모면할까요?

□□□

0075 场面 chǎngmiàn (영화나 드라마 등의) 장면, 신(scene),
(특정 장소의) 정경, 광경, (문학 작품의) 장면, 광경 BCT1

电影里面的武打场面让人看着很是过瘾。
Diànyǐng lǐmiàn de wǔdǎ chǎngmiàn ràng rén kànzhe hěn shì guòyǐn.
영화에서 무협 장면은 보는 사람을 푹 빠지게 한다.

这样的大场面，可能一百年就这么一次。
Zhèyàng de dà chǎngmiàn, kěnéng yìbǎi nián jiù zhème yí cì.
이렇게 멋진 광경은 아마도 백 년에 한 번쯤 나올 거야.

□□□

0076 场所 chǎngsuǒ 장소 BCT1 유의 场合 chǎnghé
참고 公共场所 gōnggòng chǎngsuǒ 공공장소

我们需要一个固定的场所来进行训练。
Wǒmen xūyào yí ge gùdìng de chǎngsuǒ lái jìnxíng xùnliàn.
우리에게는 훈련을 할 수 있는 고정 장소가 필요해요.

场所 vs 场合

场所는 어떤 지점이나 장소만을 말하지만, 场合는 어떤 지점이나 장소 외에 시간, 조건, 환경적인 요소까지 포함한다.

公共场所禁止吸烟。 공공장소에서는 금연해야 한다.
Gōnggòng chǎngsuǒ jìnzhǐ xīyān.

我很不习惯这种场合。 나는 이런 자리가 참 거북스럽다.
Wǒ hěn bù xíguàn zhè zhǒng chǎnghé.

□□□

0077 钞票 chāopiào 지폐, 돈 [BCT1] **유의** 纸币 zhíbǐ

网上购物的时候，只要轻轻一点鼠标，钞票就被花掉了。
Wǎngshang gòuwù de shíhou, zhǐ yào qīngqīng yì diǎn shǔbiāo,
chāopiào jiù bèi huādiào le.
인터넷 쇼핑을 할 때는, 마우스만 살짝 건드렸다 하면 바로 돈을 쓰게 된다.

🗨 관련 표현

梦里拾钞票 — 财迷心窍 **헐후**
mèng lǐ shí chāopiào — cái mí xīn qiào
꿈속에서 돈을 줍다 — 재물은 사람의 판단력을 흐리게 한다 : 재물에 눈이 어둡다

□□□

0078 巢穴 cháoxué (새나 짐승의) 집, 은신처, 소굴

我们这里随处可见喜鹊的巢穴，而乌鸦的巢穴很少见。
Wǒmen zhèli suíchù kě jiàn xǐque de cháoxué, ér wūyā de cháoxué
hěn shǎo jiàn.
여기서는 아무데서나 까치 둥지를 볼 수 있지만, 까마귀 둥지는 거의 볼 수가 없다.

我们很轻松地潜入了敌人的巢穴。
Wǒmen hěn qīngsōng de qiánrùle dírén de cháoxué.
우리는 쉽게 적의 은신처에 잠입했다.

tip 鸟巢 Niǎocháo : 2008 베이징 올림픽을 위해 지은 올림픽 주경기장의 이름. 세계에서 가장 큰 철 구조물이라는 기네스북 신기록을 갖고 있으며, 스위스의 세계적인 건축사무소 Herzog & de Meuron이 설계했다. 얼기설기 얽혀 있는 철 구조물이 마치 새둥지 같다 하여 鸟巢(Bird Nest)라는 별칭이 붙었다.

0079 朝代 cháodài 왕조, 왕조의 연대

每个朝代的瓷香炉都具有自己独特的艺术特点和价值。

Měi ge cháodài de cíxiānglú dōu jùyǒu zìjǐ dútè de yìshù tèdiǎn hé jiàzhí.

각 왕조의 자기 향로는 모두 독특한 예술적인 특징과 가치를 지니고 있다.

[단어] 瓷香炉 cíxiānglú 자기 향로

0080 潮流 cháoliú (해양) 조류, (사회적) 추세, 조류, 풍조

참고 历史潮流 lìshǐ cháoliú 역사적 조류

19世纪90年代，以马拉美为首的象征派终于形成了一股潮流。

Shíjiǔ shìjì jiǔshí niándài, yǐ Mǎlāměi wéishǒu de xiàngzhēngpài zhōngyú xíngchéngle yì gǔ cháoliú.

19세기 90년대에 말라르메(Mallarme)를 선두로 하는 상징파가 마침내 한 조류를 이루었다.

要做一名优秀的设计师就要走在潮流的前面。

Yào zuò yì míng yōuxiù de shèjìshī jiù yào zǒuzài cháoliú de qiánmiàn.

뛰어난 디자이너가 되려면 트렌드를 주도해야 한다.

他长得很帅，但是在穿衣打扮方面却跟不上潮流。

Tā zhǎng de hěn shuài, dànshì zài chuānyī dǎban fāngmiàn què gēnbushàng cháoliú.

그는 잘 생겼지만, 옷 입고 멋 내는 데는 유행을 따라가지 못한다.

0081 称号 chēnghào (주로 영광스러운) 칭호, 호칭

2011年他被授予大连市荣誉市民称号。

Èr líng yī yī nián tā bèi shòuyǔ Dàlián Shì róngyù shìmín chēnghào.

2011년에 그는 따리엔 시 명예 시민 칭호를 수여 받았다.

😊 **관련 표현**

赵子龙的称号 — 常胜将军 일무

Zhào Zǐlóng de chēnghào — cháng shèng jiāng jūn

자오쯔롱(조자룡)의 칭호 — 늘 승리만 하는 장군 : 무적의 장군, 늘 이기는 사람

tip 赵子龙 : 본명은 赵云(Zhào Yún), 중국 삼국시대 촉나라(蜀 Shǔ)의 무장으로 무예가 출중하였고 특히 창을 잘 썼다.

0082 **成本** chéngběn 원가, 자본금 `BCT2`

现在原材料价格上涨了，生产成本自然就高了起来。

Xiànzài yuáncáiliào jiàgé shàngzhǎng le, shēngchǎn chéngběn zìrán jiù gāole qǐlai.

지금 원자재 값이 올라서, 생산 원가도 자연히 올라갔어요.

 관련 표현

高成本 gāochéngběn 고비용, 고원가(high cost)

低成本 dīchéngběn 저비용, 저원가(low cost)

成本价 chéngběnjià 원가

成本制 chéngběnzhì 원가법

总成本 zǒngchéngběn 제품 총원가

0083 **成效** chéngxiào 효능, 효과, 성과 `BCT2` `유의` 效果 xiàoguǒ

花钱让他出国留学，也没见有什么成效。

Huā qián ràng tā chūguó liúxué, yě méi jiàn yǒu shénme chéngxiào.

돈 들여서 그 녀석 외국 유학을 보냈는데, 별 효과도 없더라고.

这个项目3年内就能初见成效。

Zhège xiàngmù sān nián nèi jiù néng chūjiàn chéngxiào.

이 프로젝트는 3년 내에 첫 성과를 볼 수 있을 거야.

0084 **成员** chéngyuán 성원(회원), 구성원 `BCT1`

张书记是城市建设发展委员会成员之一。

Zhāng shūjì shì chéngshì jiànshè fāzhǎn wěiyuánhuì chéngyuán zhī yī.

장 서기는 도시 건설 발전 위원회 성원 중의 한 명이다.

她是游泳兴趣小组的成员。

Tā shì yóuyǒng xìngqù xiǎozǔ de chéngyuán.

그 애는 수영 특별 활동반의 회원이다.

0085 城堡 chéngbǎo (보루식의) 작은 성, 성보

德国霍亨索伦堡是被誉为世界上最美的十大城堡之一。

Déguó Huòhēngsuǒlúnbǎo shì bèi yùwéi shìjiè shang zuì měi de shí dà chéngbǎo zhī yī.

독일의 호헨촐레른 성(Hohenzollern Castle)은 세계에서 가장 아름다운 10대 성 중 하나로 불리고 있다.

0086 橙 chéng 오렌지 (나무)

 참고 橙子 chéngzi 오렌지, 橙汁 chéngzhī 오렌지 주스

这里的经济以农业为主，盛产橙、柠檬、椰子等。

Zhèlǐ de jīngjì yǐ nóngyè wéizhǔ, shèngchǎn chéng、níngméng, yēzi děng.

이곳의 경제는 농업 위주로 오렌지, 레몬, 야자 등을 많이 생산한다.

형 오렌지(귤) 색의

喜欢橙色的人总是那么热情奔放。

Xǐhuan chéngsè de rén zǒngshì nàme rèqíng bēnfàng.

오렌지색을 좋아하는 사람은 언제나 열정적이고 자유분방하다.

0087 秤 chèng 저울, 대저울

现在市场上都在用电子秤，快捷又准确。

Xiànzài shìchǎng shang dōu zài yòng diànzi chèng, kuàijié yòu zhǔnquè.

지금 시장에서는 모두 다 전자 저울을 써서, 빠르고 정확하죠.

[보충 단어 - 저울의 종류]

地秤 dìchèng (무거운 것을 재기 위해 지면과 같은 높이로 바닥에 설치한) 저울 / 杆秤 gǎnchèng 대저울 / 台秤 táichèng 탁상용 저울 / 弹簧秤 tánhuángchèng 용수철 저울

 관련 표현

卖肉的不带秤 — 掂斤播两 **헐후**

mài ròu de bú dài chèng — diān jīn bō liǎng

고기 파는 사람이 저울이 없다 — 손대중으로 양을 재다 : 사소한 것을 시시콜콜 따지다

瞎子看秤 — 不知轻重 헐후

xiāzi kàn chèng — bù zhī qīng zhòng

장님이 저울을 보다 — 가볍고 무거운 것을 모르다 : 언행에 분별이 없다

0088
赤道 chìdào 적도

참고 赤道无风带 chìdào wúfēngdài 적도무풍대(doldrums)

赤道附近的国家全年都很热，没有四季之分。

Chìdào fùjìn de guójiā quán nián dōu hěn rè, méiyǒu sìjì zhī fēn.

적도 부근의 국가들은 1년 내내 덥고, 사계절의 구분이 없다.

0089
赤字 chìzì 적자, 결손 BCT2

要解决财政赤字只有靠减少政府支出或增加税收。

Yào jiějué cáizhèng chìzì zhǐ yǒu kào jiǎnshǎo zhèngfǔ zhīchū huò zēngjiā shuìshōu.

재정 적자를 해결하기 위해서는 정부 지출을 줄이거나 조세를 늘리는 방법밖에 없다.

我国今年上半年贸易赤字为146亿美元。

Wǒ guó jīnnián shàngbànnián màoyì chìzì wéi yìbǎi sìshíliù yì měiyuán.

우리나라는 올해 상반기 무역 적자가 146억 달러에 이른다.

0090
冲动 chōngdòng 충동

참고 艺术冲动 yìshù chōngdòng 예술적 충동

你这么做是一时冲动还是形势所逼?

Nǐ zhème zuò shì yìshí chōngdòng háishi xíngshì suǒ bī?

자네가 이렇게 한 것은 순간적인 충동이었나 아니면 상황에 밀려서 어쩔 수 없는 것이었나?

형 흥분하다, 충동하다

例假到来的前10天，女人冲动购物的可能性更大。

Lìjià dàolái de qián shí tiān, nǚrén chōngdòng gòuwù de kěnéngxìng gèng dà.

생리 전 10일 동안, 여자들은 충동 구매할 가능성이 더욱 커집니다.

[단어] 例假 lìjià 월경, 생리일

42

你先别冲动，听我解释。

Nǐ xiān bié chōngdòng, tīng wǒ jiěshì.

너 우선 흥분하지 말고, 내 얘기부터 들어 봐.

0091 出路 chūlù 활로(活路), 출구, (상품의) 판로 유의 前途 qiántú

他家里穷，只能一边学习，一边寻找生活出路。

Tā jiā li qióng, zhǐnéng yìbiān xuéxí, yìbiān xúnzhǎo shēnghuó chūlù.

그는 집이 가난해서, 공부를 하면서 활로를 모색해야만 했다.

这是通向外边的出路，警察很快就到了，你们赶紧离开这儿吧。

Zhè shì tōngxiàng wàibian de chūlù, jǐngchá hěn kuài jiù dào le, nǐmen gǎnjǐn líkāi zhèr ba.

여기는 외부로 통하는 출구예요. 경찰이 곧 들이닥치니, 당신들 얼른 여기를 떠나요.

只要产品质量过关，不用担心没出路。

Zhǐyào chǎnpǐn zhìliàng guòguān, búyòng dānxīn méi chūlù.

제품 품질만 괜찮으면 판로는 걱정하지 않아도 될 겁니다.

🐵 관련 표현

自谋出路 zì móu chū lù 성 스스로 활로를 찾다

出路 vs 前途

出路는 지금의 현상을 벗어날 수 있는 방법을 찾거나 모색하는 것을 뜻하고, 前途는 앞으로의 '가능성'을 나타낸다.

暂时的出路 zànshí de chūlù 임시 방편

找出路 zhǎo chūlù 활로를 찾다

前途光明 qiántú guāngmíng 전도가 밝다

前途美好 qiántú měihǎo 가능성이 있다

发展前途 fāzhǎn qiántú 발전 가능성

0092 出身 chūshēn 신분, 출신 [유의] 出生 chūshēng

古代出身卑微的人想做官只有通过科举考试。

Gǔdài chūshēn bēiwēi de rén xiǎng zuò guān zhǐ yǒu tōngguò kējǔ kǎoshì.

고대에는 신분이 미천한 사람이 관직에 오르고자 하면 과거 시험을 봐야만 했다.

[단어] **卑微** bēiwēi (지위가) 낮다, 비천하다

咱们老百姓需要有文化有创造力有经济头脑和科班出身的干部。

Zánmen lǎobǎixìng xūyào yǒu wénhuà yǒu chuàngzàolì yǒu jīngjì tóunǎo hé kēbān chūshēn de gànbù.

우리 서민에게는 많이 배우고, 창조 정신도 있고, 경제 관념도 있는 전문가 출신의 간부가 필요해요.

[단어] **科班** kēbān 정규 교육, 훈련

🐶 관련 표현

门里出身 mén li chūshēn [관용] 전문가 출신 집안

出身 vs 出生

出身은 명사로 어떤 사람의 경력이나 신분을 말하고, 出生은 동사로 어떤 사람이 태어나는 것을 말한다.

干部家庭出身 gànbù jiātíng chūshēn 간부 집안 출신
画家出身 huàjiā chūshēn 화가 출신
出生于1993年 chūshēng yú yī jiǔ jiǔ sān nián 1993년에 태어났다

0093 出息 chūxi 전도(前途), 발전성, 장래성

你真没出息，无论哪一方面，你都不如别人！

Nǐ zhēn méi chūxi, wúlùn nǎ yì fāngmiàn, nǐ dōu bùrú biérén!

못난 놈 같으니라고, 뭐 하나 남보다 나은 게 없구나!

[단어] **没出息** méi chūxi 못나다, 변변치 않다

老王家的儿子这回可出息了，听说当上市长了。

Lǎo Wáng jiā de érzi zhè huí kě chūxi le, tīngshuō dāngshàng shìzhǎng le.

왕가네 아들이 이번에 출세했더라고, 시장이 됐다는구먼.

0094 处境 chǔjìng (처해 있는) 처지, 환경, 상태, 상황 **유의** 地步 dìbù

我很理解也很同情他的处境。

Wǒ hěn lǐjiě yě hěn tóngqíng tā de chǔjìng.

나는 그의 처지를 십분 이해하고 동정한다.

量化宽松政策以后，美国公司的处境终于得到了好转。

Liànghuà kuānsōng zhèngcè yǐhòu, měiguó gōngsī de chǔjìng zhōngyú dédàole hǎozhuǎn.

양적 완화 정책 실행 후에, 미국 회사의 사정이 호전되었다.

[단어] **量化宽松政策** liànghuà kuānsōng zhèngcè 중앙은행이 통화를 시중에 직접 공급 해 신용 경색을 해소하고, 경기를 부양시키는 통화 정책(Quantitative Easing)

0095 传单 chuándān 전단(지)

小店快开业了，发传单的时候想送点小礼物。

Xiǎodiàn kuài kāiyè le, fā chuándān de shíhou xiǎng sòng diǎn xiǎo lǐwù.

곧 가게 오픈을 하는데, 전단지를 배포하면서 작은 선물을 줄까 한다.

0096 船舶 chuánbó 배, 선박

随着这个项目的投产，公司年生产船舶将达50至60艘。

Suízhe zhège xiàngmù de tóuchǎn, gōngsī nián shēngchǎn chuánbó jiāng dá wǔshí zhì liùshí sōu.

이 프로젝트가 가동됨에 따라, 회사에서 생산되는 선박이 앞으로 연간 50~60대에 이를 것이다.

0097 床单 chuángdān 침대보, 침대 시트(sheet)

我们公司专门生产防水系列的床单，而且产品的花样多，规格全。

Wǒmen gōngsī zhuānmén shēngchǎn fángshuǐ xìliè de chuángdān, érqiě chǎnpǐn de huāyàng duō, guīgé quán.

우리 회사는 방수 계열 침대 시트를 전문적으로 생산할 뿐만 아니라, 제품의 종류도 많고, 규격 도 잘 갖추어져 있다.

🐼 관련 표현

床单当鞋垫 — 大材小用 혈후
chuángdān dāng xiédiàn — dà cái xiǎo yòng
침대 시트를 신발 깔창으로 쓰다 — 큰 인재를 작은 일에 쓰다 : 인재를 썩히다

[보충 단어 – 침구]

被子 bèizi 이불 / **被套** bèitào 이불 커버 / **褥子** rùzi 요 / **枕头** zhěntou 베개 /
枕套 zhěntào 베개 커버 / **电热毯** diànrètǎn 전기 담요 / **薄被子** báobèizi 차렵 이불 /
床罩 chuángzhào 침대 커버 / **蚊帐** wénzhàng 모기장 / **凉席** liángxí 돗자리 /
枕芯 zhěnxīn 배갯속 / **羽绒被** yǔróngbèi 오리털 이불 / **子母被** zǐmǔbèi (무늬와
색깔이 같은) 침구 용품 세트 / **抱枕** bàozhěn 쿠션 / **靠枕** kàozhěn 등받이 쿠션

0098 **炊烟** chuīyān 밥 짓는 연기 □□□

森淼的炊烟就像我的乡愁，越飘越远。
Miǎomiǎo de chuīyān jiù xiàng wǒ de xiāngchóu, yuè piāo yuè yuǎn.
모락모락 피어나는 밥 짓는 연기가 나의 향수처럼 멀리 퍼져나간다.

🐼 관련 표현

炊烟袅袅 chuīyān niǎoniǎo 밥 짓는 연기가 모락모락 피어오르다

0099 **锤** chuí 추(锤), 쇠망치, 장도리, 해머 참고 **羊角锤** yángjiǎochuí 장도리 □□□

使用锤子的时候可要当心，被锤子捶着手的话可了不得。
Shǐyòng chuízi de shíhou kě yào dāngxīn, bèi chuízi chuízhe shǒu
dehuà kě liǎobudé.
망치를 쓸 때는 조심해, 망치로 손을 맞기라도 하면 난리난다고.

0100 **磁带** cídài 자기 테이프 □□□

참고 **光盘** guāngpán 콤팩트 디스크, **U盘** Upán USB 메모리

以前，歌手的专辑都是做成磁带。
Yǐqián, gēshǒu de zhuānjí dōu shì zuòchéng cídài.
예전에는 가수들의 음반이 모두 카세트 테이프로 만들어졌다.

[단어] **专辑** zhuānjí 앨범, 음반

0101 雌雄 cíxióng 암컷과 수컷, 승패, 승부, 우열

蜗牛、水螅、蛞蝓、等等都是雌雄一体的动物。

Wōniú、shuǐxī、kuòyú、děngděng dōu shì cíxióng yìtǐ de dòngwù.

달팽이, 히드라, 민달팽이 등은 모두 암수 한 몸인 동물이다.

别忘了，晚上的自由泳比赛，我们来一决雌雄！

Bié wàng le, wǎnshang de zìyóuyǒng bǐsài, wǒmen lái yì jué cí xióng!

저녁 때 자유형 시합에서 서로 승부를 가리기로 한 거, 잊지 말라고!

[단어] 一决雌雄 yì jué cí xióng **성** 싸워서 승패를 가리다

0102 次品 cìpǐn 질이 낮은 물건, 불량품 BCT1 **반의** 正品 zhèngpǐn 정품

这次收到的货中次品太多了，我们准备退货。

Zhè cì shōudào de huò zhōng cìpǐn tài duō le, wǒmen zhǔnbèi tuìhuò.

이번에 받은 물건 속에 불량품이 너무 많아서, 저희는 반품하려고 합니다.

0103 次序 cìxù 차례, 순서

这些文件我已经按照次序放好了，你别打乱了。

Zhèxiē wénjiàn wǒ yǐjing ànzhào cìxù fànghǎo le, nǐ bié dǎluàn le.

이 문서들은 내가 순서대로 맞춰 놓았으니까, 섞어 놓으면 안 돼.

请大家按次序排队进场。

Qǐng dàjiā àn cìxù páiduì jìnchǎng.

여러분 순서대로 줄을 서서 입장하세요.

0104 丛 cóng 덤불, 수풀, 한곳에 모여 있는 사람이나 사물

今天我终于在草丛中找到了四叶草。

Jīntiān wǒ zhōngyú zài cǎocóng zhōng zhǎodàole sìyècǎo.

오늘 나는 마침내 풀숲에서 네잎클로버를 찾아냈다.

她很快消失在人丛中。

Tā hěn kuài xiāoshīzài réncóng zhōng.

그녀는 아주 빨리 인파 속으로 사라졌다.

花丛 huācóng 꽃밭 / 树丛 shùcóng 나무 숲

论丛 lùncóng 논총 / 译丛 yìcóng 번역집

密密丛丛 mìmi cóngcóng 무성하다, 빽빽하다, 나무가 빽빽하고 무성한 모양

0105 大臣 dàchén 대신, 중신 □□□

诸位大臣继续，皇后有些不舒服，朕先告退。
Zhūwèi dàchén jìxù, huánghòu yǒu xiē bù shūfu, zhèn xiān gàotuì.
대신들은 계속 하시오, 황후가 몸이 좀 안 좋아서, 짐은 먼저 일어나겠소.

[단어] 诸位 zhūwèi 제위, 여러분

0106 歹徒 dǎitú 악당, 나쁜 사람 유의 坏人 huàirén □□□

警方希望受害人积极报案，让这伙歹徒得到应有的惩处。
Jǐngfāng xīwàng shòuhàirén jījí bào'àn, ràng zhè huǒ dǎitú dédào yīngyǒu de chéngchù.
경찰에서는 피해자가 적극적으로 신고해, 이 악당들이 받아 마땅한 처벌을 받기를 바란다.

[단어] 应有 yīngyǒu 상응하는, 합당한 / 惩处 chéngchù 심판, 처벌

0107 代价 dàijià 대가, 물건 값, 대금 □□□

这件古董紫砂茶壶是花高额代价买回来的。
Zhè jiàn gǔdǒng zǐshā cháhú shì huā gāo'è dàijià mǎihuilai de.
이 골동품 자사 찻주전자는 고액의 대금을 주고 사온 거야.

虽然战争胜利了，但是我方也付出了沉重的代价。
Suīrán zhànzhèng shènglìle, dànshì wǒfāng yě fùchūle chénzhòng de dàijià.
전쟁에서 승리하긴 했지만 우리 편도 혹독한 대가를 치렀다.

有失才有得，做任何事都要付出代价。
Yǒu shī cái yǒu dé, zuò rènhé shì dōu yào fùchū dàijià.
잃는 것이 있어야 얻을 수 있는 것, 무슨 일을 하든지 반드시 대가를 치러야 해.

不惜一切代价 bùxī yíqiè dàijià 관용 어떠한 대가를 치르더라도

0108 诞辰 dànchén 탄신, 생일 **유의** 生日 shēngrì □□□

今年是孔子诞辰2563年。
Jīnnián shì Kǒngzǐ dànchén liǎngqiān wǔbǎi liùshí sān nián.
올해는 공자 탄신 2563년이 되는 해이다.

0109 淡季 dànjì 비수기 BCT2 **반의** 旺季 wàngjì 성수기 □□□

在旅游淡季，景点门票的价格都会降一些。
Zài lǚyóu dànjì, jǐngdiǎn ménpiào de jiàgé dōu huì jiàng yìxiē.
여행 비수기가 되면, 관광지의 입장권 가격이 다소 내려간다.

夏季是我们产品销售的淡季。
Xiàjì shì wǒmen chǎnpǐn xiāoshòu de dànjì.
여름에는 우리 제품의 판매가 뜸해진다.

0110 淡水 dànshuǐ 담수, 민물 **참고** 淡水湖 dànshuǐhú 담수호 □□□

鲤鱼分布世界各地，是淡水鱼中品种最多、养殖历史最悠久的鱼类。
Lǐyú fēnbù shìjiè gèdì, shì dànshuǐyú zhōng pǐnzhǒng zuì duō、yǎngzhí lìshǐ zuì yōujiǔ de yúlèi.
잉어는 세계 각지에 분포되어 있는데, 민물고기 중 종류가 가장 많고, 양식 역사가 가장 오래된 어류이다.

0111 蛋白质 dànbáizhì 단백질 □□□

牛奶和鸡蛋是补充蛋白质的最好食物。
Niúnǎi hé jīdàn shì bǔchōng dànbáizhì de zuìhǎo shíwù.
우유와 계란은 단백질을 보충해 주는 가장 좋은 식품이다.

[보충 단어 - 7대 영양소]

膳食纤维 shànshí xiānwéi 식이 섬유 / 微量元素 wēiliàng yuánsù 미량 원소 / 维生素 wéishēngsù 비타민 / 无机物 wújīwù 무기질 / 水 shuǐ 물 / 脂肪 zhīfáng 지방 / 糖类 tánglèi 탄수화물

0112 当初 dāngchū 당초, 맨 처음, 원래, 그때, 당시 □□□

当初我们年纪都还小，一心只是放在功课上头。
Dāngchū wǒmen niánjì dōu hái xiǎo, yì xīn zhǐshì fàngzài gōngkè shàngtou.
그때 우리는 나이가 어려서, 정신을 온통 공부에만 쏟아야 했다.

早知今日，何必当初?
Zǎo zhī jīnrì, hébì dāngchū?
이럴 줄 알았더라면, 애당초 왜 그랬어?

[단어] 何必当初 zǎo zhī jīn rì 성 당초에 꼭 그렇게 할 필요가 있었나!

0113 当代 dāngdài 당대, 그 시대, 오늘날 □□□

참고 当代文学 dāngdài wénxué 당대 문학

当代社会是一个竞争激烈的社会。
Dāngdài shèhuì shì yí ge jìngzhēng jīliè de shèhuì.
현대 사회는 경쟁이 치열한 사회이다.

0114 当前 dāngqián 현재, 현 단계, 목전 □□□

解决当前所面临的问题，关键还是改革。
Jiějué dāngqián suǒ miànlín de wèntí, guānjiàn háishi gǎigé.
현재 직면하고 있는 문제를 풀기 위한, 관건은 여전히 개혁이다.

0115 当事人 dāngshìrén 관계자, 당사자, 소송 당사자 □□□

当事人申请证人出庭作证，应当在开庭前书面提出。
Dāngshìrén shēnqǐng zhèngrén chūtíng zuòzhèng, yīngdāng zài kāitíng qián shūmiàn tíchū.
소송 당사자가 증인을 법정에 출석시키고자 신청할 때는, 당연히 개정 전에 서면으로 제출해야 한다.

轻微车祸中当事人不愿和解怎么办?
Qīngwēi chēhuò zhōng dāngshìrén bú yuàn héjiě zěnme bàn?
경미한 사고에서 당사자가 화해하고 싶어 하지 않으면 어쩌죠?

有些事，当事人不愿意承认，就不要去揭开他的伤疤。

Yǒuxiē shì, dāngshìrén bú yuànyì chéngrèn, jiù bú yào qù jiēkāi tā de shāngbā.

어떤 일들은 본인이 인정하고 싶어 하지 않으면, 그의 상처를 건드리지 않는 게 좋다.

0116 党 dǎng 당, 정당, 중국 공산당 □□□

没有任何一个政党是会永远执政的。

Méiyǒu rènhé yí ge zhèngdǎng shì huì yǒngyuǎn zhízhèng de.

영원히 집권할 수 있는 정당은 하나도 없다.

要准备入党的人，应该先了解一下党的纲领。

Yào zhǔnbèi rùdǎng de rén, yīnggāi xiān liǎojiě yíxià dǎng de gānglǐng.

중국 공산당에 입당하려고 준비하는 사람은, 당연히 사전에 당의 강령에 대해 알아야 한다.

0117 档案 dàng'àn 문서, 서류, 파일, (개인) 기록 □□□

大家一定要保管好自己的档案，万一弄丢了会很麻烦。

Dàjiā yídìng yào bǎoguǎnhǎo zìjǐ de dàng'àn, wànyī nòngdiūle huì hěn máfan.

모두들 각자의 개인 파일을 잘 보관하세요. 만에 하나 잃어버리면 골치 아파지니까요.

他在公司里是专门负责管理人事档案的。

Tā zài gōngsī li shì zhuānmén fùzé guǎnlǐ rénshì dàng'àn de.

그는 회사에서 인사 기록 관리를 전담하고 있다.

0118 档次 dàngcì (품질 등의) 등급, 차등 [BCT1] □□□

我们是专业生产多功能插座的厂家，产品为中高档次。

Wǒmen shì zhuānyè shēngchǎn duō gōngnéng chāzuò de chǎngjiā, chǎnpǐn wéi zhōnggāo dàngcì.

우리는 다기능 멀티탭을 전문적으로 생산하는 제조업체로, 제품은 중고급품을 취급하고 있습니다.

我觉得他们是同一个档次的人。

Wǒ juéde tāmen shì tóng yí ge dàngcì de rén.

내가 보기엔 그 사람들 같은 부류인 것 같아요.

0119 导弹 dǎodàn 유도탄, 미사일 참고 核导弹 hédǎodàn 핵미사일

我国目前正在研究开发一种新的导弹预警系统。

Wǒ guó mùqián zhèngzài yánjiū kāifā yì zhǒng xīn de dǎodàn yùjǐng xìtǒng.

우리나라는 지금 새로운 미사일 조기 경보 시스템을 연구 개발 중이다.

0120 稻谷 dàogǔ 벼

稻谷越熟越低头，我们也应该向稻谷学谦虚。

Dàogǔ yuè shú yuè dītóu, wǒmen yě yīnggāi xiàng dàogǔ xué qiānxū.

벼는 익을수록 고개를 숙이잖아, 우리도 벼에게서 겸손을 배워야 해.

[보충 단어 - 곡물]

大米 dàmǐ 쌀 / 小麦 xiǎomài 밀 / 玉米 yùmǐ 옥수수 / 小米 xiǎomǐ 좁쌀 / 荞麦 qiáomài 메밀 / 高粱 gāoliáng 수수 / 黑米 hēimǐ 흑미 / 燕麦 yànmài 귀리 / 薏仁米 yìrénmǐ 율무 / 糯米 nuòmǐ 찹쌀 / 糙米 cāomǐ 현미

0121 灯笼 dēnglong 등롱, 초롱

餐厅门口没有任何招牌，只是挂着两个红红的灯笼。

Cāntīng ménkǒu méiyǒu rènhé zhāopái, zhǐshì guàzhe liǎng ge hónghōng de dēnglong.

식당 입구에는 아무런 간판도 없고, 단지 빨간 초롱만 두 개 걸려 있다.

관련 표현

打着灯笼都难找 dǎzhe dēnglong dōu nán zhǎo 관용

(어떤 사람이나 일 혹은 기회 등이 너무 좋아서) 구하기 매우 힘들다, 매우 얻기 어렵다

半空中挂灯笼 — 无依无靠 헐후

bàn kōngzhōng guà dēnglong —wú yī wú kào

공중에 초롱을 달다 — 의지할 곳이 없다 : 의지할 사람이 없다, 의탁할 곳이 없다

提着灯笼行窃 — 明目张胆 혈후

tízhe dēnglong xíngqiè — míng mù zhāng dǎn

초롱을 들고 도둑질하다 — 눈을 크게 뜨고 담을 키우다 : 조금도 망설이지 않고 대담하게 악행을 저지르다

竹林里挂灯笼 — 高风亮节 혈후

zhúlín li guà dēnglong — gāo fēng liàng jié

대나무 숲에 초롱을 달다 — 고상한 기풍, 고상한 절개 : 인격이 높고 절개가 곧다

0122 等级 děngjí 등급, 차별, 계급 BCT1 □□□

참고 **等级表** děngjíbiǎo 등급표, **等级制度** děngjí zhìdù 등급 제도

在饭桌礼仪上，等级最高的人才能坐上座。

Zài fànzhuō lǐyí shang, děngjí zuì gāo de rén cái néng zuò shàngzuò.

식사 예절에서는, 신분이 가장 높은 사람이 상석에 앉을 수 있다.

我们厂里生产的电视分A，B，C三个等级。

Wǒmen chǎng li shēngchǎn de diànshì fēn A, B, C sān ge děngjí.

우리 공장에서 생산된 TV는 A, B, C 세 등급으로 나뉩니다.

0123 堤坝 dībà 댐과 둑 □□□

千里之堤溃于蚁穴，一定要加强堤坝的养护。

Qiānlǐ zhī dī kuìyú yǐxué, yídìng yào jiāqiáng dībà de yǎnghù.

천리의 둑도 개미 구멍에 무너지는 법이니, 댐 관리에 더욱 힘을 쓰세요.

0124 地步 dìbù (도달한) 정도, 지경 유의 **处境** chǔjìng □□□

他们的关系已经到了这种地步，只好分手了。

Tāmen de guānxi yǐjing dàole zhè zhǒng dìbù, zhǐhǎo fēnshǒu le.

쟤네들 사이가 이미 이 지경에 이르렀으니, 헤어지는 수밖에 없지 뭐.

她高兴得到了不能入睡的地步。

Tā gāoxìng de dàole bù néng rùshuì de dìbù.

그녀는 좋아서 잠을 못 이룰 정도이다.

地步 vs 处境

地步와 处境 모두 어떤 상황, 형편을 뜻하는데, 地步는 일이 진행된 '정도'를 뜻하는 것으로 좋은 상황과 나쁜 상황에 모두 쓰일 수 있고, 处境은 누군가가 처해진 '환경'을 뜻하는 것으로 주로 나쁜 상황에 쓰인다.

不可救药的地步 bùkě jiùyào de dìbù 손댈 수 없는 상황에 이르다
危险的地步 wēixiǎn de dìbù 위험한 지경

处境的改善 chǔjìng de gǎishàn 환경의 개선
接受处境 jiēshòu chǔjìng 처지를 인정하다
公司的处境 gōngsī de chǔjìng 회사의 상황

0125 地势 dìshì 지세, 땅의 형세

从整体上看，我国的地势西高东低，南高北低。
Cóng zhěngtǐ shang kàn, wǒ guó de dìshì xī gāo dōng dī, nán gāo běi dī.
전체적으로 볼 때, 우리 나라의 지세는 서쪽이 높고 동쪽이 낮으며, 남쪽이 높고 북쪽이 낮다.

这里地势低洼，每到雨季就会变得非常泥泞。
Zhèli dìshì dīwā, měi dào yǔjì jiù huì biàn de fēicháng nínìng.
이곳은 지대가 낮아, 장마철만 되면 아주 질퍽거린다.

[단어] **低洼** dīwā 움푹 패이다, 낮은, 저지의 / **泥泞** nínìng 진창, 질퍽거리다

0126 地质 dìzhì 지질

四平山中生代地质公园是典型的酸性火山岩、流纹岩地质景观。
Sìpíng Shān Zhōngshēngdài dìzhì gōngyuán shì diǎnxíng de suānxìng huǒshānyán、liúwényán dìzhì jǐngguān.
사평산 중생대 지질 공원은 전형적인 산성 화산암, 유문암 지질 경관이다.

李四光是中国最著名的地质学家之一。
Lǐ Sìguāng shì Zhōngguó zuì zhùmíng de dìzhì xuéjiā zhī yī.
리쓰광은 중국에서 가장 유명한 지질학자 중 한 사람이다.

tip 李四光 : (1889~1971) 지질학자, 교육자, 사회 활동가

0127 典礼 diǎnlǐ (성대한) 식, 의식, 행사 [BCT1]

公司成立25周年纪念典礼马上要开始了，请诸位来宾安静一下！

Gōngsī chénglì èrshíwǔ zhōu nián jìniàn diǎnlǐ mǎshàng yào kāishǐ le, qǐng zhūwèi láibīn ānjìng yíxià!

회사 창립 25주년 기념식을 바로 시작하겠습니다. 내빈 여러분께서는 조용히 해 주십시오.

🔵 관련 표현

开幕典礼 kāimù diǎnlǐ 개막식 / 开学典礼 kāixué diǎnlǐ 입학식

落成典礼 luòchéng diǎnlǐ 준공식 / 结业典礼 jiéyè diǎnlǐ 수료식

结婚典礼 jiéhūn diǎnlǐ 결혼식 / 毕业典礼 bìyè diǎnlǐ 졸업식

0128 典型 diǎnxíng 전형, 대표적인 인물(일)

这种茶杯是唐代宫廷茶具的典型。

Zhè zhǒng chábēi shì Tángdài gōngtíng chájù de diǎnxíng.

이 찻잔은 당대 궁정 다기의 표본이다.

🔵 전형적이다

我迷上了一位山东男生，他是那种典型的北方人。

Wǒ míshàngle yí wèi Shāndōng nánshēng, tā shì nà zhǒng diǎnxíng de běifāngrén.

내가 산동 남학생을 좋아하게 되었는데, 그 사람은 전형적인 북방 사람이야.

0129 电源 diànyuán 전원

你没接通电源，怪不得打不开。

Nǐ méi jiētōng diànyuán, guàibudé dǎbukāi.

너 전원을 연결하지 않았구나, 어쩐지 안 켜지더라니.

0130 雕塑 diāosù 조소품, 조소 참고 雕塑家 diāosùjiā 조각가

法国雕塑家"罗丹"雕塑的这个作品叫《思想者》。

Fǎguó diāosùjiā "Luódān" diāosù de zhège zuòpǐn jiào 《Sīxiǎngzhě》.

프랑스 조각가 로댕이 조소한 이 작품은 《생각하는 사람(The Thinker)》이라고 한다.

雕塑匠手里的泥巴 — 随心所欲 `헐후`

diāosùjiàng shǒu li de níba — suí xīn suǒ yù

조각가 손 안의 진흙 — 자기 마음대로 하다 : 하고 싶은 대로 하다

雕塑家手里的软泥 — 得心应手 `헐후`

diāosùjiā shǒu li de ruǎnní — dé xīn yìng shǒu

조각가 손 안의 진흙 — (매우 익숙해서) 자유자재로 하다 : 순조롭게 진행되다, (일이) 마음먹은 대로 되다

□□□

0131 丁 dīng 정(천간의 넷째), 성씨, 성년 남자

根据灾害的影响程度把气象灾害分为甲、乙、丙、丁等四个等级。

Gēnjù zāihài de yǐngxiǎng chéngdù bǎ qìxiàng zāihài fēnwéi jiǎ、yǐ、bǐng、dīng děng sì ge děngjí.

재해가 끼치는 영향 정도에 따라 기상 재해를 갑, 을, 병, 정 네 등급으로 나눈다.

丁先生是一位知识渊博的人。

Dīng xiānsheng shì yí wèi zhīshi yuānbó de rén.

정 선생님은 박식한 분이시다.

政府拔壮丁，开始一家三个男丁就要抽一个从军。

Zhèngfǔ bá zhuàngdīng, kāishǐ yì jiā sān ge nándīng jiù yào chōu yí ge cóngjūn.

정부에서 장정을 차출하는데, 한 집에 세 남자가 있으면 한 명을 차출해 종군시키기 시작했다.

▶ [요리법] 깍둑 썰기한 조각, 덩이

在锅内放入油，待油至八成熟时，倒入腌制好的鸡肉丁。

Zài guō nèi fàngrù yóu, dài yóu zhì bāchéng shú shí, dàorù yānzhì hǎo de jīròudīng.

냄비에 기름을 붓고, 기름이 8할 정도 달궈졌을 때, 간해 놓았던 잘게 썬 닭고기를 넣습니다.

[단어] 腌制 yānzhì (음식물을 소금·설탕·간장·술 등에) 절이다

🐷 관련 표현

丁是丁，卯是卯 dīng shì dīng, mǎo shì mǎo `속담` 매사에 빈틈이 없다, 일 처리가 꼼꼼하다

目不识丁 mù bù shí dīng `성` 정(丁) 자도 모른다, 낫 놓고 기역 자도 모르다

人丁兴旺 rén dīng xīng wàng `성` 인구가 증가하다, 가문이 번창하다

0132 定义 dìngyì 정의 참고 用户定义 yònghù dìngyì 사용자 정의 □□□

有些普通名词的定义却让人看着摸不着头脑。

Yǒuxiē pǔtōng míngcí de dìngyì què ràng rén kànzhe mōbuzháo
tóunǎo.

어떤 보통 명사의 정의는 사람을 오히려 헷갈리게 한다.

[단어] 摸不着头脑 mōbuzháo tóunǎo 관용 갈피를 잡을 수 없다, 영문을 모르겠다

在你心目中，男朋友的定义是什么?

Zài nǐ xīnmù zhōng, nán péngyou de dìngyì shì shénme?

네 맘속에서, 남자 친구의 정의는 뭐니?

在这次时装秀上，这位设计师重新定义了"非主流"。

Zài zhè cì shízhuāngxiù shàng, zhè wèi shèjìshī chóngxīn dìngyìle
"fēi zhǔliú".

이번 패션쇼에서, 이 디자이너는 '비주류'를 새롭게 정의 내렸다.

0133 东道主 dōngdàozhǔ (손님을 초대한) 주인, 주최 측, 초대자 BCT1 □□□

本来我不能喝酒的，但我是东道主，不喝有点说不过去，
是吧?

Běnlái wǒ bù néng hē jiǔ de, dàn wǒ shì dōngdàozhǔ, bù hē yǒudiǎn
shuōbuguòqù, shì ba?

원래 제가 술을 못 마시지만, 제가 주인이니, 안 마시면 말이 안 되겠지요?

0134 董事长 dǒngshìzhǎng 대표이사, 회장, 이사장 BCT2 □□□

참고 董事 dǒngshì 이사, 董事会 dǒngshìhuì 이사회

董事长宣布加薪的消息一经传出，大家都欢喜万分。

Dǒngshìzhǎng xuānbù jiāxīn de xiāoxi yìjīng chuánchū, dàjiā dōu
huānxǐ wànfēn.

이사장께서 월급을 올린다고 발표한다는 소식이 퍼지자, 모두들 기뻐 어쩔 줄 몰라했다.

[단어] 一经 yìjīng 일단, ~하자마자

0135 动机 dòngjī 동기

学习动机是影响学生学习活动的重要因素。

Xuéxí dòngjī shì yǐngxiǎng xuésheng xuéxí huódòng de zhòngyào yīnsù.

학습 동기는 학생의 학습 활동에 영향을 미치는 중요한 요소이다.

0136 动静 dòngjing 동정, 동태, 낌새, 인기척

他晚上睡觉总是睡不好，有一点小的动静都能吵醒他。

Tā wǎnshang shuìjiào zǒngshì shuìbuhǎo, yǒu yìdiǎn xiǎo de dòngjing dōu néng chǎoxǐng tā.

그는 밤에 잠을 잘 못 자는데, 아주 작은 인기척에도 잠을 깬다.

他拿起望远镜静静地观察着敌人的动静。

Tā náqǐ wàngyuǎnjìng jìngjìng de guāncházhe dírén de dòngjing.

그는 망원경을 들고 조심스럽게 적의 동정을 살피고 있다.

0137 动力 dònglì 동력, 힘, (물리) 동력 참고 原动力 yuándònglì 원동력

效益工资制度，成了他们拼命工作的动力之一。

Xiàoyì gōngzī zhìdù, chéngle tāmen pīnmìng gōngzuò de dònglì zhī yī.

성과급 제도는 그들이 열성을 다해 일하는 동력 중의 하나가 되었다.

失恋后，他觉得自己失去了前进的动力。

Shīliàn hòu, tā juéde zìjǐ shīqùle qiánjìn de dònglì.

실연한 후에, 그는 자신이 전진할 힘을 잃은 것 같았다.

风力、水力、热力、原子能均为动力来源。

Fēnglì、shuǐlì、rèlì、yuánzǐnéng jūn wéi dònglì láiyuán.

풍력, 수력, 열에너지, 원자력은 모두 동력원이다.

0138 动脉 dòngmài 동맥, (교통의) 동맥 반의 静脉 jìngmài 정맥

动脉大出血的话很容易危及生命安全。

Dòngmài dà chūxiě dehuà hěn róngyì wēijí shēngmìng ānquán.

동맥 과다 출혈 시 생명을 위협할 수 있다.

[단어] 危及 wēijí 위험이 미치다

58

长江是中国最大的河流，也是中国东西部交通的大动脉。

Cháng jiāng shì zhōngguó zuì dà de héliú, yě shì zhōngguó dōngxībù jiāotōng de dà dòngmài.

양쯔강은 중국에서 가장 큰 강이면서, 중국 동서부 교통의 대동맥이다.

0139 动态 dòngtài 동태, 변화 참고 经济动态 jīngjì dòngtài 경제 동태 □□□

对方有什么动态，马上第一时间告诉我。

Duìfāng yǒu shénme dòngtài, mǎshàng dìyī shíjiān gàosu wǒ.

상대 측에서 무슨 변화를 보이면, 맨 먼저 나에게 알려 주세요.

他每天一上班就对股市动态进行最新的分析。

Tā měitiān yí shàngbān jiù duì gǔshì dòngtài jìnxíng zuìxīn de fēnxī.

그는 매일 출근하자마자 주식 시장 동태에 대해 최신 분석을 내놓는다.

0140 兜 dōu (~儿) 호주머니, 주머니, 자루 유의 口袋 kǒudai □□□

兜里装的什么东西，鼓鼓囊囊的?

Dōu li zhuāng de shénme dōngxi, gǔgunángnáng de?

호주머니에 뭘 넣어서, 볼록 튀어나왔니?

동 물건을 싸다, 품다, 둘러싸다, 맴돌다

姐姐用手绢兜着几个栗子。

Jiějie yòng shǒujuàn dōuzhe jǐ ge lìzi.

언니는 손수건으로 밤을 몇 개 쌌다.

有话直说，别兜圈子。

Yǒu huà zhí shuō, bié dōu quānzi.

할 말 있으면 직설적으로 얘기해요, 빙빙 돌리지 말고.

[단어] 兜圈子 dōu quānzi 돌려 말하다, 말을 에두르다

🗣 관련 표현

吃不了兜着走 chībuliǎo dōuzhe zǒu 관용 먹을 수 없으면 싸가지고 가다, 문제가 생기면 끝까지 책임지다

0141 毒品 dúpǐn 마약 참고 毒品贩 dúpǐnfàn 마약 밀매자

金三角地区一直是毒品犯罪最严重的地方。

Jīnsānjiǎo dìqū yìzhí shì dúpǐn fànzuì zuì yánzhòng de dìfang.

골든 트라이앵글 지역은 줄곧 마약 범죄가 가장 심각한 곳이다.

[단어] 金三角 Jīnsānjiǎo 골든 트라이앵글(Golden Triangle) : 태국·미얀마·라오스의 접경 지역으로 세계 최대 마약 생산지

0142 端午节 Duānwǔjié 단오(절)

端午节那天人们喝雄黄酒，吃粽子是由来已久的传统了。

Duānwǔjié nà tiān rénmen hē xiónghuángjiǔ, chī zòngzi shì yóulái yǐjiǔ de chuántǒng le.

단오절 당일에 사람들이 웅황주를 마시고, 쫑즈를 먹는 것은 유래 깊은 전통이다.

[단어] 雄黄酒 xiónghuángjiǔ 웅황주 : 단오(端午)에 액막이를 위해 마시거나 몸에 바르던 웅황가루와 창포 뿌리를 잘게 썰어 넣어 만든 술

🗣 관련 표현

端午节吃饺子 — 与众不同 헐후

Duānwǔjié chī jiǎozi — yǔ zhòng bù tóng

단오절에 만두를 먹다 — 다른 사람과 다르다 : 남다르다, 색다르다

> **tip** 粽子 zòngzi : 중국에서 단오절에 먹는 음식으로 찹쌀을 대나무 잎사귀나 갈대 잎에 싸서 삼각형으로 묶은 후 쪄낸다. 단오절에 굴원(屈原)을 기리기 위한 풍습으로 시작되었다.

[보충 단어 - 24절기]

立春 lìchūn 입춘 / 雨水 yǔshuǐ 우수 / 惊蛰 jīngzhé 경칩 / 春分 chūnfēn 춘분 / 清明 qīngmíng 청명 / 谷雨 gǔyǔ 곡우 / 立夏 lìxià 입하 / 小满 xiǎomǎn 소만 / 芒种 mángzhòng 망종 / 夏至 xiàzhì 하지 / 小暑 xiǎoshǔ 소서 / 大暑 dàshǔ 대서 / 立秋 lìqiū 입추 / 处暑 chǔshǔ 처서 / 白露 báilù 백로 / 秋分 qiūfēn 추분 / 寒露 hánlù 한로 / 霜降 shuāngjiàng 상강 / 立冬 lìdōng 입동 / 小雪 xiǎoxuě 소설 / 大雪 dàxuě 대설 / 冬至 dōngzhì 동지 / 小寒 xiǎohán 소한 / 大寒 dàhán 대한

0143 队伍 duìwu (조직적인) 대열, 행렬, 대오 □□□

游行队伍在纽约曼哈顿的福利广场集会抗议。

Yóuxíng duìwu zài Niǔyuē Mànhādùn de Fúlì guǎngchǎng jíhuì kàngyì.

시위대는 뉴욕 맨하탄의 폴리 광장에서 집회를 열어 항의했다.

我们学校的志愿者队伍在逐年壮大。

Wǒmen xuéxiào de zhìyuànzhě duìwu zài zhúnián zhuàngdà.

우리 학교의 지원자 행렬은 해마다 늘고 있다.

0144 对策 duìcè 대책, 대응책, 대비책 [BCT1] □□□

你们商量这么久，想出新的对策来了没有?

Nǐmen shāngliang zhème jiǔ, xiǎngchū xīn de duìcè láile méiyou?

자네들 아주 오랫동안 상의하더니, 새로운 대책은 나왔나?

관련 표현

救济对策 jiùjì duìcè 구제 대책 / 通胀对策 tōngzhàng duìcè 인플레 대책

诸葛亮的对策 — 深谋远虑 헐후

Zhūgě Liàng de duìcè — shēn móu yuǎn lǜ

주거리앙(제갈량)의 대책 — 깊이 생각하고 멀리 내다보다 : 주도면밀하게 계획하고 원대하게 생각하다

诸葛亮隆中对策 — 先见之明 헐후

Zhūgě Liàng Lóngzhōng duìcè — xiān jiàn zhī míng

주거리앙(제갈량)의 롱종 대책 — 선견지명 : 어떤 일이 일어나기 전에 미리 앞을 내다보는 지혜

tip 隆中 Lóngzhōng : 제갈량이 은거했던 지역. 유비가 제갈공명을 얻기 위해 세 번 찾아갔었다는 삼고초려(三顾茅庐) 고사의 배경이 된 곳이다.

0145 对联 duìlián 대련, 주련 □□□

我路过一家门前，看见门上贴着一副对联，上联是：二三四五，下联是：六七八九。

Wǒ lùguò yì jiā mén qián, kànjiàn mén shang tiēzhe yí fù duìlián, shànglián shì : èr sān sì wǔ, xiàlián shì : liù qī bā jiǔ.

나는 어느 집 문 앞을 지나가면서 문에 붙어 있는 대련을 보았는데, 앞 구절엔 2, 3, 4, 5, 뒤 구절엔 6, 7, 8, 9라고 써 있었다.

过年写对联 — 弃旧图新 歇후

guònián xiě duìlián — qì jiù tú xīn

설에 대련을 쓰다 — 낡은 것을 버리고 새로운 것을 추구하다 : 주로 나쁜 것에서 좋은 것으로, 부당한 것에서 정당한 것으로의 변화를 나타냄

鸡窝门口贴对联 — 小题大做 歇후

jīwō ménkǒu tiē duìlián — xiǎo tí dà zuò

닭장 문 앞에 대련을 붙이다 — 작은 제목으로 큰 문장을 만들다 : 하찮은 일을 크게 떠벌리다

☐☐☐

0146 恩怨 ēnyuàn 은혜와 원한, 은원

这是我们之间的恩怨，不要伤害别人。

Zhè shì wǒmen zhījiān de ēnyuàn, búyào shānghài biérén.

이는 우리 사이의 원한이니, 다른 사람은 다치게 하지 마세요.

华容道关羽放曹操 — 恩怨分明 歇후

Huáróngdào Guānyǔ fàng Cáocāo — ēn yuàn fēn míng

화룽다오에서 관우가 조조를 놓아 주다 — 은혜와 원한이 분명하다

tip 华容道关羽放曹操 : 曹操가 적벽대전에서 패해 퇴각하는 중에 华容道를 지나게 되었는데 그때 华容道를 지키던 关羽는, 예전에 曹操가 자신을 놓아주었던 것을 생각해 曹操를 그냥 지나가게 했다는 고사.

☐☐☐

0147 二氧化碳 èryǎnghuàtàn 이산화탄소(CO2)

植物在白天进行光合作用吸二氧化炭放氧气。

Zhíwù zài báitiān jìnxíng guānghé zuòyòng xī èryǎnghuàtàn fàng yǎngqì.

식물은 낮에 광합성 작용을 하느라 이산화탄소를 빨아들이고 산소를 방출한다.

[단어] 氧气 yǎngqì 산소

☐☐☐

0148 法人 fǎrén 법인 BCT2 참고 自然人 zìránrén 자연인

法人代表一般由董事长担任，也可以由总经理或其他人担任。

Fǎrén dàibiǎo yìbān yóu dǒngshìzhǎng dānrèn, yě kěyǐ yóu zǒng jīnglǐ huò qítā rén dānrèn.

법인 대표는 보통 대표이사가 맡게 되는데, CEO나 다른 사람이 맡을 수도 있다.

法人税 fǎrénshuì 법인세 / **法人卡** fǎrénkǎ 법인카드

发行法人 fāxíng fǎrén 발행법인 / **社团法人** shètuán fǎrén 사단법인

企业法人 qǐyè fǎrén 기업법인

0149 繁体字 fántǐzì 번체자 참고 简体字 jiǎntǐzì 간체자

中国的香港、澳门和台湾地区现在还在使用繁体字。

Zhōngguó de Xiānggǎng、Àomén hé Táiwān dìqū xiànzài hái zài shǐyòng fántǐzì.

중국의 시앙깡(홍콩), 아오먼(마카오), 그리고 타이완(대만) 지역에서는 지금까지도 번체자를 사용하고 있다.

□□□

0150 反馈 fǎnkuì 조언, 의견, 피드백 BCT1

客户的反馈是最珍贵的，应该感谢顾客的反馈。

Kèhù de fǎnkuì shì zuì zhēnguì de, yīnggāi gǎnxiè gùkè de fǎnkuì.

고객의 피드백은 가장 소중한 것이니, 고객의 의견에 감사해야 한다.

동 반응이 되돌아오다, 피드백 되다

如果您对本节目有任何意见或建议，请到网络交流平台反馈。

Rúguǒ nín duì běn jiémù yǒu rènhé yìjiàn huò jiànyì, qǐng dào wǎngluò jiāoliú píngtái fǎnkuì.

본 방송에 대해 불만이나 건의 사항이 있으시다면, 인터넷 게시판에 접속해 의견을 남겨 주세요.

□□□

0151 反面 fǎnmiàn 이면, 뒷면 반의 正面 zhèngmiàn 정면

明天上课带身份证复印件，必须正反面在一张纸上。

Míngtiān shàngkè dài shēnfènzhèng fùyìnjiàn, bìxū zhèngfǎnmiàn zài yì zhāng zhǐ shàng.

내일 수업 시간에 신분증 복사본을 가져오는데, 꼭 앞뒷면을 한 장에 복사하세요.

명 부정적인 면, 소극적인 면, 나쁜 쪽

日本解禁集体自卫权，势必会对周边国家的外交造成反面影响。

Rìběn jiějìn jítǐ zìwèiquán, shìbì huì duì zhōubiān guójiā de wàijiāo zàochéng fǎnmiàn yǐngxiǎng.

일본이 집단적 자위권을 해제하면, 반드시 주변 국가의 외교에 대해 부정적인 영향을 끼칠 것이다.

0152 范畴 fànchóu 범주, 유형 **유의** 范围 fànwéi □□□

这件事情的复杂程度已经超过了我们可以理解的范畴了。

Zhè jiàn shìqing de fùzá chéngdù yǐjing chāoguòle wǒmen kěyǐ lǐjiě de fànchóu le.

이 일의 복잡한 정도는 이미 우리가 이해할 만한 범주를 벗어났다.

范畴 vs 范围

范畴는 철학 용어로는 '범주'의 뜻을 나타내고, 일반적인 뜻으로 '유형'과 '범위'를 나타낸다. 范围는 '범위'의 뜻으로만 쓰이고 그 활용 범위가 넓다.

哲学范畴 zhéxué fànchóu 철학적 카테고리
文化的范畴 wénhuà de fànchóu 문화의 유형

活动范围 huódòng fànwéi 활동 범위
这本书的范围 zhè běn shū de fànwéi 이 책의 범위

0153 方位 fāngwèi 방향, 위치, 방위 □□□

利用全球定位系统可以快速掌握你的具体方位。

Lìyòng quánqiú dìngwèi xìtǒng kěyǐ kuàisù zhǎngwò nǐ de jùtǐ fāngwèi.

위성 항법 장치(GPS)를 이용해 신속하게 네가 있는 위치를 파악할 수 있어.

[단어] **全球定位系统** quánqiú dìngwèi xìtǒng 위성 항법 장치(Global Positioning System)

警察推测，当时杀手就是站在这个方位向受害人开枪的。

Jǐngchá tuīcè, dāngshí shāshǒu jiù shì zhàn zài zhège fāngwèi xiàng shòuhàirén kāiqiāng de.

경찰은 당시 살인범이 바로 이 방향에서 피해자에게 총을 쏜 것으로 추정하고 있다.

0154 方言 fāngyán 방언, 사투리 **참고** 普通话 pǔtōnghuà 현대 중국 표준어 □□□

有些地方的方言真是一句话都听不懂。

Yǒuxiē dìfang de fāngyán zhēnshi yí jù huà dōu tīngbudǒng.

어떤 곳의 사투리는 정말이지 한 마디도 못 알아듣겠어.

0155 **方圆** fāngyuán 주변, 주위, 주변의 길이 **유의** 周围 zhōuwéi

方圆几百个村庄，没有人不认识他。

Fāngyuán jǐ bǎi ge cūnzhuāng, méiyǒu rén bú rènshi tā.

주변의 몇 백 개 촌락에서 그를 모르는 이가 없다.

听说这个水库方圆三十多公里大。

Tīngshuō zhège shuǐkù fāngyuán sānshí duō gōnglǐ dà.

이 저수지는 주변 길이가 30여km에 이른다고 한다.

0156 **方针** fāngzhēn 방침

我们一定要贯彻好会议的方针政策，努力实现经济稳步发展。

Wǒmen yídìng yào guànchèhǎo huìyì de fāngzhēn zhèngcè, nǔlì shíxiàn jīngjì wěnbù fāzhǎn.

우리는 반드시 회의에서 결정된 방침과 정책을 관철시켜, 경제의 안정적인 발전을 꾀해야 한다.

0157 **肺** fèi 폐 **참고** 尘肺 chénfèi 진폐증, 肺癌 fèi'ái 폐암

吸烟对肺的危害是非常大的。

Xīyān duì fèi de wēihài shì fēicháng dà de.

담배가 폐에 끼치는 해는 아주 크다.

👄 관련 표현

狼心狗肺 láng xīn gǒu fèi **성** 배은망덕하다, 은혜와 의리를 저버리다

没心没肺 méi xīn méi fèi **성** 양심이 없다, 생각이 없다

0158 **废墟** fèixū 폐허

随着火山的爆发，千年古城变成了一片废墟。

Suízhe huǒshān de bàofā, qiānnián gǔchéng biànchéngle yí piàn fèixū.

화산 폭발로 인해, 천년고도가 보잘것없는 폐허로 변해 버렸다.

0159 分寸 fēncun (일이나 말의) 분별, 분수, 한도

说话要有分寸，懂得适可而止。

Shuōhuà yào yǒu fēncun, dǒngde shì kě ér zhǐ.

말할 땐 분수를 지켜서, 멈출 때를 알아야 해.

[단어] 适可而止 shì kě ér zhǐ **성** 적당한 곳에서 멈추다

掌握分寸是获得成功的第一要务。

Zhǎngwò fēncùn shì huòdé chénggōng de dìyī yàowù.

분수를 아는 것이 성공하는 데 가장 중요한 것이다.

관련 표현

有分寸 yǒu fēncun **관용** (일이나 말이) 적당하다, 정도를 지키다

0160 坟墓 fénmù 무덤

北欧人有着"从婴儿到坟墓"的福利制度。

Běiōurén yǒuzhe "cóng yīng'ér dào fénmù" de fúlì zhìdù.

북유럽 사람들에게는 '요람에서 무덤까지'라는 복지 제도가 있다.

你这么做简直就是自掘坟墓。

Nǐ zhème zuò jiǎnzhí jiù shì zì jué fénmù.

자네는 이렇게 하면 스스로 무덤을 파는 걸세.

[단어] 自掘坟墓 zì jué fénmù 스스로 자기 무덤을 파다, 스스로 파멸의 길을 가다

관련 표현

坟地里睡个酒鬼 —醉生梦死 **헐후**

féndì li shuì ge jiǔguǐ —zuì shēng mèng sǐ

묘지에서 술주정뱅이가 잠을 자다 — 취생몽사 : 한평생을 아무 의미 없이 보내다

坟墓变庙宇 —神出鬼没 **헐후**

fénmù biàn miàoyǔ —shén chū guǐ mò

무덤이 절로 변하다 — 신출귀몰하다 : 동에 번쩍 서에 번쩍하다

0161 粉末 fěnmò 가루, 분말

她偷偷地把药丸磨成粉末，然后放到他的茶杯中。

Tā tōutōu de bǎ yàowán móchéng fěnmò, ránhòu fàngdào tā de chábēi zhōng.

그녀는 몰래 알약을 가루로 갈아서, 그의 찻잔 속에 넣었다.

0162 粉色 fěnsè 분홍색, 핑크색 □□□

这样的鞋子可以配粉色的裙子好看。

Zhèyàng de xiézi kěyǐ pèi fěnsè de qúnzi hǎokàn.

이런 신발은 분홍색 치마에 맞춰 신으면 예쁘겠다.

0163 分量 fènliàng 중량, 무게, 분량, (말의) 무게 유의 重量 zhòngliàng □□□

这东西看着不大，还挺有分量的。

Zhè dōngxi kànzhe bú dà, hái tǐng yǒu fènliàng de.

이거 안 커 보이는데, 무게는 꽤 나가네.

他是个德高望重的人，说话一向很有分量。

Tā shì ge dé gāo wàng zhòng de rén, shuōhuà yíxiàng hěn yǒu fènliàng.

그는 덕망이 높은 사람으로, 말에 한결같이 무게감이 있다.

[단어] 德高望重 dé gāo wàng zhòng 성 덕망이 높다

难道我在你心中的分量还不及你的宠物吗?

Nándào wǒ zài nǐ xīnzhōng de fènliàng hái bù jí nǐ de chǒngwù ma?

설마 내가 네 맘속에서 차지하는 비중이 네 애완견만 못한 거야?

[단어] 不及 bù jí ~만 못하다, ~에 미치지 못하다

0164 风暴 fēngbào 폭풍, 폭풍우 □□□

强风暴登陆海南岛，给岛内带来了持续降雨。

Qiáng fēngbào dēnglù Hǎinándǎo, gěi dǎo nèi dàilaile chíxù jiàngyǔ.

강폭풍이 하이난다오에 상륙해, 섬에 연일 비가 내리고 있다.

0165 风度 fēngdù 품격, 기품, 태도, 매너 □□□

참고 舞台风度 wǔtái fēngdù 무대 매너

他很帅、很有风度，非常让人佩服。

Tā hěn shuài、hěn yǒu fēngdù, fēicháng ràng rén pèifú.

그는 잘생기고, 매너도 좋아서, 몹시 부러움을 산다.

他舞台风度朴实大方，语言幽默滑稽。

Tā wǔtái fēngdù pǔshí dàfang, yǔyán yōumò huájī.

그의 무대 매너는 화려하지 않으면서 호방하고, 말은 익살스럽게 한다.

[단어] 滑稽 huájī (말·행동·자태가) 웃음을 자아내게 하다, 익살맞다

0166 风光 fēngguāng 풍경, 경치, 풍광

有机会来趟大草原吧，这里可以说是风光无限。

Yǒu jīhuì lái tàng dà cǎoyuán ba, zhèli kěyǐ shuō shì fēngguāng wúxiàn.

기회가 된다면 대초원에 한 번 오세요, 이곳은 풍경이 더없이 아름다워요.

[단어] 风光无限 fēngguāng wúxiàn 풍경이 더없이 아름답다

0167 风气 fēngqì (사회나 집단의) 풍조, 기풍

[참고] 社会风气 shèhuì fēngqì 사회 풍조

不知道什么时候开始，社会上的拜金风气越来越严重。

Bù zhīdào shénme shíhou kāishǐ, shèhuì shang de bàijīn fēngqì yuèláiyuè yánzhòng.

언제부터 시작됐는지는 모르겠지만, 사회의 배금 풍조가 갈수록 심각해지고 있다.

0168 风味 fēngwèi 맛, 색채, 기분, 멋, 풍미

这是我们当地的特色风味小吃，您可以来尝一下。

Zhè shì wǒmen dāngdì de tèsè fēngwèi xiǎochī, nín kěyǐ lái cháng yíxià.

이것은 우리 고장의 향토 먹거리인데요, 맛보셔도 돼요.

[단어] 风味小吃 fēngwèi xiǎochī 향토 음식

他的一些诗具有民歌风味。

Tā de yìxiē shī jùyǒu míngē fēngwèi.

그의 시 일부는 민요풍을 띠고 있다.

🗨 관련 표현

皇帝豆腐 — 别有风味 [헐후]

huángdì dòufu — bié yǒu fēng wèi

황제 두부 — 또 다른 특색이 있다 : 특별한 맛이 있다

0169 封建 fēngjiàn 봉건 참고 封建主义 fēngjiàn zhǔyì 봉건주의

封建社会 fēngjiàn shèhuì 봉건 사회

他还是读了大学的人，封建思想怎么那么严重呢！

Tā háishi dúle dàxué de rén, fēngjiàn sīxiǎng zěnme nàme
yánzhòng ne!

저 친구는 대학까지 나왔으면서 봉건 사상이 어쩜 저렇게 강한 거야!

形 봉건적이다, 보수적이다

她有时是一个不通情达理的人，思想非常封建。

Tā yǒushí shì yí ge bù tōngqíng dálǐ de rén, sīxiǎng fēicháng fēngjiàn.

그녀는 때로는 경우가 없고, 생각이 아주 보수적이다.

[단어] 通情达理 tōngqíng dálǐ 인정이나 사리에 밝다

0170 夫妇 fūfù 부부 유의 夫妻 fūqī

这是几款适合新婚夫妇购买的小车。

Zhè shì jǐ kuǎn shìhé xīnhūn fūfù gòumǎi de xiǎochē.

이 몇 가지 유형은 신혼부부가 구입하기에 적합한 소형차입니다.

관련 표현

夫唱妇随 fū chàng fù suí 성 부창부수, 부부가 서로 화목하다

秦桧夫妇跪岳坟 ─ 罪有应得 헐후

Qín Huì fūfù guì Yuèfén ─ zuì yǒu yīng dé

진회 부부가 악비의 묘 앞에 무릎 꿇다 ─ 당연히 벌을 받아야 한다 : 벌을 받아 마땅하다

tip 秦桧 Qín Huì : 악비(岳飞)를 모해한 남송(南宋)의 간신. 지금도 항저우의 악비(岳飞) 사당에 모셔진 악비 묘 앞에는 이 부부가 무릎을 꿇고 앉아 있는 조각상이 있다.

0171 夫人 fūrén 부인

夫人，我来帮您把行李取下来。

Fūrén, wǒ lái bāng nín bǎ xíngli qǔxialai.

부인, 제가 부인 대신 짐을 찾아오겠습니다.

tip 夫人 : 고대에는 제후의 아내나 황제의 첩을 가리켰고, 명·청조에는 1품, 2품 관직의 아내를 '夫人'이라 봉했다.

第一夫人 dìyī fūrén 영부인 / 总统夫人 zǒngtǒng fūrén 대통령 부인

总理夫人 zǒnglǐ fūrén 총리 부인 / 教授夫人 jiàoshòu fūrén 교수 부인

□□□
0172 俘虏 fúlǔ 포로

维也纳条约规定要优待俘虏，禁止虐待。

Wéiyěnà tiáoyuē guīdìng yào yōudài fúlǔ, jìnzhǐ nuèdài.

빈 조약에서는 포로를 특별 대우하고, 학대를 금지하도록 규정하고 있다.

동 포로로 잡다

这次大战，我军共俘虏了敌方三万人做俘虏。

Zhè cì dàzhàn, wǒ jūn gòng fúlǔle dífāng sānwàn rén zuò fúlǔ.

이번 대전에서 아군은 3만 명에 이르는 적군을 포로로 잡았다.

□□□
0173 符号 fúhào 기호, 표기, 부호 **참고** 化学符号 huàxué fúhào 원소 기호

这篇作文里还有好几个错别字，还有几个标点符号写错了。

Zhè piān zuòwén li hái yǒu hǎo jǐ ge cuòbiézì, hái yǒu jǐ ge biāodiǎn fúhào xiěcuò le.

이 글에는 오자도 몇 개 보이고, 문장 부호 틀린 것도 몇 개 있네요.

□□□
0174 幅度 fúdù 정도, 폭, 너비, 변동 폭 BCT2

我总觉得工资上涨幅度比物价上涨幅度小。

Wǒ zǒng juéde gōngzī shàngzhǎng fúdù bǐ wùjià shàngzhǎng fúdù xiǎo.

난 언제나 월급 상승폭이 물가 상승폭보다 적은 것 같아.

这次从西伯利亚吹来的冷空气势力较强，降温幅度很大。

Zhècì cóng xībólìyà chuīlái de lěng kōngqì shìlì jiào qiáng, jiàngwēn fúdù hěn dà.

이번엔 시베리아에서 온 찬 공기의 세력이 강해서, 기온이 큰 폭으로 하강했다.

这一动作幅度很大，可能会影响裁判的评分。

Zhè yī dòngzuò fúdù hěn dà, kěnéng huì yǐngxiǎng cáipàn de píngfēn.

이 동작은 동선이 커서, 아마도 심판의 채점에 영향을 줄 것이다.

0195 隔阂 géhé (생각·감정의) 틈, 간격, 거리, 장벽

矛盾得不到解决，你们之间的隔阂只会越来越大。

Máodùn débudào jiějué, nǐmen zhījiān de géhé zhǐ huì yuèláiyuè dà.

문제를 해결하지 못하면, 너희 둘 사이의 틈은 점점 벌어지게 될 거야.

最近儿子很少与我说话，好像我们之间有很大隔阂。

Zuìjìn érzi hěn shǎo yǔ wǒ shuōhuà, hǎoxiàng wǒmen zhījiān yǒu hěn dà géhé.

요즘 아들 녀석이 거의 나와 말을 안 섞네요. 우리 사이에 커다란 벽이 생긴 것 같아요.

0196 个体 gètǐ 개체, 개인, 개인 사업자

个体离不开社会，社会也离不开个体。

Gètǐ líbukāi shèhuì, shèhuì yě líbukāi gètǐ.

개인은 사회를 떠날 수 없고, 사회도 개인을 떠날 수 없다.

这些店铺都是个体的。

Zhèxiē diànpù dōu shì gètǐ de.

이 점포들은 다 개인 사업체이다.

🗨 관련 표현

个体经济 gètǐ jīngjì 개인 경제

个体企业 gètǐ qǐyè 개체 기업

个体市场 gètǐ shìchǎng 사설 시장

个体工商户 gètǐ gōngshānghù 자영업자

0197 根源 gēnyuán 근원, 근본 원인

解决问题要抓住问题的根源，否则都会是徒劳无功的。

Jiějué wèntí yào zhuāzhù wèntí de gēnyuán, fǒuzé dōu huì shì tú láo wú gōng de.

문제를 해결할 때는 문제의 근원을 알아야지, 그렇지 않으면 괜히 헛수고만 하게 된다.

[단어] **徒劳无功** tú láo wú gōng 성 공연히 헛수고하다

0198 跟前 gēnqián (〜儿) 곁, 옆, 슬하 **유의** 身边 shēnbiān, 旁边 pángbiān

母亲最希望的就是我们能在跟前。
Mǔqīn zuì xīwàng de jiù shì wǒmen néng zài gēnqián.
어머니가 애타게 바라는 것은 우리가 어머니 곁에 있었으면 하시는 거야.

刘大爷跟前现有两个孩子。
Liú dàyé gēnqián xiànyǒu liǎng ge háizi.
유씨 할아버지 슬하에 자식이 둘 있어요.

0199 工艺品 gōngyìpǐn (수)공예품

참고 民间工艺品 mínjiān gōngyìpǐn 민간 공예품

这些居然都是用废品做出来的工艺品。
Zhèxiē jūrán dōu shì yòng fèipǐn zuòchulai de gōngyìpǐn.
이것들은 모두 폐품을 이용해 만든 공예품입니다.

0200 公安局 gōng'ānjú 공안국, 경찰국

他曾因盗窃、诈骗罪多次被公安机关处理，是公安局的
"常客"。
Tā céng yīn dàoqiè、zhàpiànzuì duō cì bèi gōng'ān jīguān chǔlǐ,
shì gōng'ānjú de "chángkè".
그 사람 전에 절도·사기죄로 여러 번 공안 기관의 처벌을 받았거든요. 공안국의 단골 손님이라
고 할 수 있죠.

0201 公告 gōnggào 공고, 공포, 알림, 공시, 선언

小区门口贴出来一张关于要求居民提高防火意识的公告。
Xiǎoqū ménkǒu tiēchulai yì zhāng guānyú yāoqiú jūmín tígāo
fánghuǒ yìshí de gōnggào.
아파트 입구에 주민들의 방화 의식을 제고하는 공고가 붙었다.

如有不同意见，可在本公告发布之日起10个工作日内，向
劳动局反映。
Rú yǒu bù tóng yìjiàn, kě zài běn gōnggào fābù zhī rì qǐ shí ge
gōngzuòrì nèi, xiàng láodòngjú fǎnyìng.
만약 이견이 있으면, 본 공고 발표일로부터 업무일 기준 10일 이내에, 노동부에 신고하세요.

0202 公关 gōngguān 공공(公共) 관계, 섭외, 홍보

大型公关活动往往耗费很多人力、物力、财力资源。
Dàxíng gōngguān huódòng wǎngwǎng hàofèi hěn duō rénlì、wùlì、
cáilì zīyuán.
대형 홍보 활동은 종종 많은 인력 · 물자 · 자금을 소모한다.

公司的公关部门在面对紧急情况时要做好公关任务。
Gōngsī de gōngguān bùmén zài miànduì jǐnjí qíngkuàng shí yào
zuòhǎo gōngguān rènwù.
회사의 홍보부는 긴급 상황일 때 홍보 임무를 제대로 수행해야 한다.

0203 公民 gōngmín 국민, 공민 참고 公民投票 gōngmín tóupiào 국민 투표

作为一名公民，我们享有宪法赋予的一切权利。
Zuòwéi yì míng gōngmín, wǒmen xiǎngyǒu xiànfǎ fùyǔ de yíqiè
quánlì.
국민의 한 사람으로서, 우리는 헌법이 부여한 일체의 권리를 누릴 수 있다.

0204 公式 gōngshì 공식 참고 数学公式 shùxué gōngshì 수학 공식
公式化 gōngshìhuà 공식화

这个问题多简单啊，套用刚学的公式就出来了。
Zhège wèntí duō jiǎndān a, tàoyòng gāng xué de gōngshì jiù
chūlai le.
이 문제는 아주 쉬워, 방금 전에 배운 공식을 그대로 적용하면 풀 수 있어.

[단어] 套用 tàoyòng 그대로 쓰다

0205 公务 gōngwù 공무 참고 公务员 gōngwùyuán 공무원

请你让开！不要妨碍我们执行公务！
Qǐng nǐ ràngkāi, Búyào fáng'ài wǒmen zhíxíng gōngwù!
비켜 주세요! 공무 집행을 방해하지 말아 주세요!

0206 功劳 gōngláo 공로 **반의** 过错 guòcuò 잘못, 과오

□□□

公司能够取得今天的成就，这一切都是大家的功劳。

Gōngsī nénggòu qǔdé jīntiān de chéngjiù, zhè yíqiè dōu shì dàjiā de gōngláo.

회사가 지금의 성과를 얻을 수 있었던 것은 모두 여러분의 공로입니다.

관련 표현

没有功劳，也有苦劳 **속담**

méiyǒu gōngláo, yě yǒu kǔláo

비록 성과는 없다 해도 최선을 다했다

躺在功劳簿上睡大觉 — 沾沾自喜 **헐후**

tǎngzài gōngláobù shang shuì dàjiào — zhān zhān zì xǐ

공적 기록부 위에 누워 실컷 자다 — 득의양양해하며 스스로 만족하다 : 우쭐거리며 뽐내다

0207 功效 gōngxiào 효능, 효과 **유의** 功能 gōngnéng, 效果 xiàoguǒ

□□□

本次展会上，我们公司推出了一系列具备养生功效的产品。

Běncì zhǎnhuì shang, wǒmen gōngsī tuīchūle yíxìliè jùbèi yǎngshēng gōngxiào de chǎnpǐn.

이번 전시회에서 우리 회사는 일련의 보양 효과가 있는 제품을 선보였다.

普洱茶有降脂降压、抗衰老、防止动脉硬化等功效。

Pǔ'ěrchá yǒu jiàng zhī jiàng yā、kàng shuāilǎo、fángzhǐ dòngmài yìnghuà děng gōngxiào.

보이차에는 지방을 줄이고, 혈압을 내리고, 항노화, 동맥 경화 방지 효능이 있다.

관련 표현

功效卓著 gōng xiào zhuó zhù **성** 공적이 뚜렷하다

0208 宫殿 gōngdiàn 궁전

□□□

故宫可谓是现存的世界上最大的王宫宫殿群了。

Gùgōng kěwèi shì xiàncún de shìjiè shang zuì dà de wánggōng gōngdiànqún le.

자금성은 현존하는 세계에서 가장 큰 왕궁 궁전 군락이라 할 수 있다.

0209 共和国 gònghéguó 공화국 □□□

참고 中华人民共和国 zhōnghuá rénmín gònghéguó 중화인민공화국

近五十年来，南非共和国的黄金产量一直占世界第一位。

Jìn wǔshí nián lái, Nánfēi gònghéguó de huángjīn chǎnliàng yìzhí zhàn shìjiè dìyī wèi.

근 50년 동안, 남아프리카 공화국의 황금 생산량은 계속해서 세계 1위를 차지하고 있다.

0210 共鸣 gòngmíng 공명, 공감 □□□

国产动漫的怀旧风潮唤醒了80后内心的纯真，让饱受压力的80后引起了深深共鸣。

Guóchǎn dòngmàn de huáijiù fēngcháo huànxǐngle bālíng hòu nèixīn de chúnzhēn, ràng bǎoshòu yālì de bālíng hòu yǐnqǐle shēnshēn gòngmín.

국산 애니메이션의 복고 바람은 80년대생들이 갖고 있던 내면의 순수함을 일깨워, 과중한 스트레스로 시달리는 80년대생들의 깊은 공감을 불러일으켰다.

[단어] 怀旧风潮 huáijiù fēngcháo 복고 바람

0211 钩子 gōuzi 갈고리 □□□

屠夫剁下来一条猪腿，用钩子挂了起来。

Túfū duòxialai yì tiáo zhūtuǐ, yòng gōuzi guàle qǐlai.

백정은 돼지 다리 한 쪽을 베어 내더니, 갈고리로 걸었다.

[단어] 屠夫 túfū 도살업자, 백정, 학살자

0212 古董 gǔdǒng 골동품 □□□

他家里有一个非常珍贵的古董，有一张他们祖先继承下来的苏轼的书画。

Tā jiā li yǒu yí ge fēicháng zhēnguì de gǔdǒng, yǒu yì zhāng tāmen zǔxiān jìchéngxialai de Sūshì de shūhuà.

그의 집에는 아주 진귀한 골동품이 있는데, 그의 선조 때부터 전해 내려오는 소식의 서화이다.

tip 苏轼 : (1037~1101) 북송 시기의 문학가, 서화가. 우리에게는 소동파라 불리고 있다.

盛世买古董，乱世买黄金。

Shèngshì mǎi gǔdǒng, luànshì mǎi huángjīn.

세상이 태평성대일 때는 골동품을 사고, 세상이 어지러울 때는 황금을 사라.

0213 股东 gǔdōng 주주, 출자자 BCT2

股东是公司的出资人，按其出资比例对公司享有权益和承担义务的。

Gǔdōng shì gōngsī de chūzīrén, àn qí chūzī bǐlì duì gōngsī xiǎngyǒu quányì hé chéngdān yìwù de.

주주는 회사에 출자한 사람으로, 출자 비율에 따라 회사에 대한 권익을 누리고 의무를 이행한다.

个人不得成为持有证券公司5%以上股权的股东。

Gèrén bùdé chéngwéi chíyǒu zhèngquàn gōngsī bǎifēnzhī wǔ yǐshàng gǔquán de gǔdōng.

개인은 증권회사의 5퍼센트 이상의 지분을 보유하는 주주가 될 수 없다.

[단어] 持有 chíyǒu 가지다, 소지하다 / 股权 gǔquán 주주권, 지분

0214 股份 gǔfèn 주(株), 주권, 주식 BCT2

참고 股份公司 gǔfèn gōngsī 주식회사

在现今公司制度下，谁掌握的股份多，自然话语权就强。

Zài xiànjīn gōngsī zhìdù xià, shéi zhǎngwò de gǔfèn duō, zìrán huàyǔquán jiù qiáng.

현행 회사 제도하에서는, 지분을 많이 가지고 있는 사람이 발언권도 세진다.

0215 骨干 gǔgàn 골간, 핵심적인 부분

참고 骨干险种 gǔgàn xiǎnzhǒng 주요 보험 상품

你们是踏踏实实的好骨干，也是公司的希望。

Nǐmen shì tātashíshí de hǎo gǔgàn, yě shì gōngsī de xīwàng.

여러분들은 진정한 핵심 인력이며, 회사의 희망입니다.

我们公司是国家工业电器行业骨干企业，主要是做低压电器的研发、生产和销售。

Wǒmen gōngsī shì guójiā gōngyè diànqì hángyè gǔgàn qǐyè, zhǔyào shì zuò dīyā diànqì de yánfā、shēngchǎn hé xiāoshòu.

우리 회사는 국가 공업 전기 기구 업계의 주력 업체로, 저압 전기 기구의 연구 개발, 생산과 판매에 주력하고 있다.

□□□

0216 固体 gùtǐ 고체 [참고] 液体 yètǐ 액체, 气体 qìtǐ 기체

我要去买一个固体胶棒。

Wǒ yào qù mǎi yí ge gùtǐ jiāobàng.

나는 고체로 된 딱풀을 하나 사려고 해.

固体燃料是一种新型燃料，它用一根火柴便可点燃，能加热食品。

Gùtǐ ránliào shì yì zhǒng xīnxíng ránliào, tā yòng yì gēn huǒchái biàn kě diǎnrán, néng jiārè shípǐn.

고체 연료는 신형 연료로, 성냥 하나면 불을 붙일 수 있고 음식물을 데울 수도 있다.

□□□

0217 故乡 gùxiāng 고향 [유의] 家乡 jiāxiāng [반의] 他乡 tāxiāng 타향

人在他乡，每逢佳节人们都更加地思念故乡。

Rén zài tāxiāng, měi féng jiājié rénmen dōu gèngjiā de sīniàn gùxiāng.

타향살이를 하다 보면, 명절이 될 때마다 사람들은 고향을 더 많이 그리워하게 된다.

□□□

0218 故障 gùzhàng (기계 따위의) 고장

电梯发生了故障暂时不能用，我们只能爬楼梯了。

Diàntī fāshēngle gùzhàng zànshí bù néng yòng, wǒmen zhǐnéng pá lóutī le.

엘리베이터가 고장 나서 잠시 사용할 수 없으니, 우리는 계단으로 갈 수밖에 없어요.

🐷 관련 표현

零故障 líng gùzhàng [신조어] 고장이 없다

0219 顾问 gùwèn 고문

我公司因业务需要聘请一位法律顾问。

Wǒ gōngsī yīn yèwù xūyào pìnqǐng yí wèi fǎlǜ gùwèn.

우리 회사에서는 업무상의 필요로 법률 고문 한 분을 모시고자 합니다.

👤 관련 표현

经营顾问 jīngyíng gùwèn 경영 고문 / **经济顾问** jīngjì gùwèn 경제 고문

顾问团 gùwèntuán 고문단

0220 拐杖 guǎizhàng 지팡이, 단장

爷爷患中风后，举动不便，只能靠拐杖走路。

Yéye huàn zhòngfēng hòu, jǔdòng bú biàn, zhǐnéng kào guǎizhàng zǒulù.

할아버지는 중풍에 걸리신 후에, 거동이 불편해서 지팡이를 짚고 다니신다.

👤 관련 표현

瘸子丢了拐杖 — 寸步难行 헐후

quézi diūle guǎizhàng — cùn bù nán xíng

절름발이가 지팡이를 잃어버리다 — 한 발자국도 움직일 수 없다 : (어떤 일을 하는 데) 난제가 첩첩산중이다

下山丢拐杖 — 忘恩负义 헐후

xià shān diū guǎizhàng — wàng ēn fù yì

하산하여 지팡이를 버리다 — 은혜와 의리를 저버리다 : 배은망덕하다

0221 官方 guānfāng 정부 당국, 공공 기관

对于这件事，英国官方并未作出任何解释。

Duìyú zhè jiàn shì, Yīngguó guānfāng bìng wèi zuòchū rènhé jiěshì.

이 일에 대해, 영국 정부에서는 어떤 해명도 하지 않고 있다.

👤 관련 표현

官方语言 guānfāng yǔyán [언어학] 공용어

官方消息 guānfāng xiāoxi 정부 측 소식

官方网站 guānfāng wǎngzhàn 공식 홈페이지

官方人士 guānfāng rénshì 정부 인사

0222 惯例 guànlì 관례, 관행 [유의] 常规 chángguī

□□□

这件事你就按照惯例处理，不需看领导的脸色。

Zhè jiàn shì nǐ jiù ànzhào guànlì chǔlǐ, bù xū kàn lǐngdǎo de liǎnsè.

이 일은 관례대로 처리하라고, 윗분의 눈치 볼 거 없어.

🐵 관련 표현

国际惯例 guójì guànlì 국제 관례 / 减免惯例 jiǎnmiǎn guànlì 감면 관행

就业惯例 jiùyè guànlì 고용 관행 / 买卖惯例 mǎimai guànlì 매매 관습

0223 罐 guàn (~儿) 단지, 항아리 [참고] 易拉罐 yìlāguàn 캔, 깡통

□□□

小时候家里有好多罐，盛了各种腌菜。

Xiǎoshíhou jiā li yǒu hǎo duō guàn, chéngle gèzhǒng yāncài.

어릴 때 집에 항아리가 많았는데, 각종 장아찌를 담아 놓았다.

🐵 관련 표현

破罐子破摔 ─ 自暴自弃 [헐후]

pòguànzi pòshuāi ─ zì bào zì qì

낡은 독그릇을 깨다 ─ 자기 자신을 망치게 하고, 자기 자신을 경멸하다 : 자포자기하다

[단어] 破罐子 pòguànzi 낡은 독그릇 : 독, 항아리, 중두리, 바탱이 따위의 그릇을 통틀어 이르는 말

0224 光彩 guāngcǎi 빛, 광채, 빛깔

□□□

走红地毯的明星们，个个精神奕奕光彩照人。

Zǒu hóngdìtǎn de míngxīngmen, gègè jīngshén yìyì guāng cǎi zhào rén.

레드카펫 위를 걷는 스타들은, 하나같이 생기가 넘치고 눈부시게 아름답다.

[단어] 光彩照人 guāng cǎi zhào rén [성] 사람이나 사물이 아름답고 눈부셔서 사람의 이목을 끌다

🐵 관련 표현

南京路上的霓虹灯 ─ 光彩夺目 [헐후]

nánjīnglù shang de níhóngdēng ─ guāng cǎi duó mù

난징루의 네온사인 ─ 광채가 눈부시다 : 사람이나 사물이 아름다워 사람의 이목을 끌다

0225 光辉 guānghuī 찬란한 빛, 눈부신 빛

青春似火燃烧着，像太阳的光辉闪烁着。

Qīngchūn sì huǒ ránshāozhe, xiàng tàiyáng de guānghuī shǎnshuòzhe.

청춘은 불처럼 활활 타오르고, 햇살처럼 반짝거린다.

형 찬란하다

他们在艰难的奋斗中，取得了光辉的业绩。

Tāmen zài jiānnán de fèndòu zhōng, qǔdéle guānghuī de yèjì.

그들은 힘들게 분투하는 과정에서 눈부신 업적을 이루었다.

관련 표현

十二点钟太阳 — 光辉灿烂 헐후

shí'èr diǎnzhōng tàiyáng — guāng huī càn làn

12시의 태양 — 빛이 찬란하여 눈부시다 : 사물이 웅장하고 아름답다

0226 光芒 guāngmáng 빛살, 빛

太阳的光芒总是照得人的心都暖洋洋的。

Tàiyáng de guāngmáng zǒngshì zhào de rén de xīn dōu nuǎn yāngyāng de.

햇살은 언제나 사람의 마음까지 따뜻하게 비춰 준다.

관련 표현

大海上的灯塔 — 光芒万丈 헐후

dàhǎi shang de dēngtǎ — guāng máng wàn zhàng

바다 위의 등대 — 사방으로 멀리까지 비추다 : 사람이나 업적(작품)이 위대하여 오래가다

0227 规范 guīfàn 규범, 표준, 모범 BCT1

希望大家按照这些规范来严格要求自己。

Xīwàng dàjiā ànzhào zhèxiē guīfàn lái yángé yāoqiú zìjǐ.

여러분이 이 규범에 따라 자신에게 엄격해지길 바랍니다.

형 규범에 맞다

目前在群体健身中，90%的人练习太极拳是不规范的。

Mùqián zài qúntǐ jiànshēn zhōng, bǎifēnzhī jiǔshí de rén liànxí tàijíquán shì bù guīfàn de.

현재 집단 체조를 하는 과정에서, 90%에 이르는 사람들이 태극권을 할 때 정확하게 하지 않는다.

沙土岗子发洪水 — 泥沙俱下 혈후

shātǔ gǎngzi fā hóngshuǐ — ní shā jù xià

모래흙 언덕에 홍수가 나다 — 진흙과 모래가 같이 떠내려 오다 : 좋은 사람(것)과 나쁜 사람(것)이 함께 섞여 있다

[단어] 岗子 gǎngzi 낮은 산, 작은 언덕

0242 喉咙 hóulóng 목구멍, 인후

昨天开始喉咙有点痒痒，还有点鼻涕，感觉要感冒了。

Zuótiān kāishǐ hóulóng yǒudiǎn yǎngyang, hái yǒudiǎn bítì, gǎnjué yào gǎnmào le.

어제부터 목구멍이 조금 간질거리고 콧물도 나는 것이, 아무래도 감기 걸리려나 봐.

관련 표현

喉咙里长疮 — 闷声不响 혈후

hóulóng li zhǎng chuāng — mēn shēng bù xiǎng

목구멍에 종기가 나다 — 숨을 죽이고 아무 소리도 내지 않다 : 한마디도 하지 않다

0243 后代 hòudài 후대, 후세, 자손

后代推崇杜甫为诗圣。

Hòudài tuīcóng Dù Fǔ wéi shīshèng.

후대 사람들은 두보를 시성이라 칭송한다.

tip 杜甫 : (712~770년) 중국 당(唐)대의 저명한 시인

为了子孙后代，我们也不能这么毫无顾忌地破坏环境。

Wèile zǐsūn hòudài, wǒmen yě bù néng zhème háowú gùjì de pòhuài huánjìng.

자손을 위해, 우리는 이렇게 아무 생각 없이 환경을 파괴해서는 안 된다.

0244 后勤 hòuqín 후방 근무, 병참 보급 업무, 물자 조달 관리 업무

这场战争失败的主要原因是后勤保障不到位。

Zhè chǎng zhànzhēng shībài de zhǔyào yuányīn shì hòuqín bǎozhàng bú dàowèi.

이번 전쟁에서 실패한 주원인은 병참 보급이 제대로 이루어지지 않았기 때문이다.

后勤工作是一项默默无闻，需要无私奉献的职业。

Hòuqín gōngzuò shì yí xiàng mò mò wú wén, xūyào wúsī fèngxiàn de zhíyè.

총무 업무는 자신을 드러내지 않고, 사심 없이 봉사할 수 있는 마음이 필요한 직업이다.

[단어] **默默无闻** mò mò wú wén 〔성〕 이름이 세상에 알려지지 않다

□ □ □

0245 胡须 húxū 수염

奶奶说，爷爷的胡须是岁月的镜子，映照了他们相濡以沫的一生。

Nǎinai shuō, yéye de húxū shì suìyuè de jìngzi, yìngzhàole tāmen xiāng rú yǐ mò de yìshēng.

할머니께서는 할아버지의 수염이 세월의 거울이며, 두 분이 살아온 일생을 담고 있다고 하셨다.

[단어] **相濡以沫** xiāng rú yǐ mò 〔성〕 곤경 속에서 서로 의지하고 살다

□ □ □

0246 湖泊 húpō 호수의 통칭

这里曾经是水草丰美的湖泊，成群的天鹅和水鸟在这里栖息。

Zhèli céngjīng shì shuǐcǎo fēngměi de húpō, chéngqún de tiān'é hé shuǐniǎo zài zhèli qīxī.

이곳이 한때는 물풀이 무성한 아름다운 호수였어, 백조와 물새들이 무리를 이루어 이곳에서 서식했었지.

[단어] **水草丰美** shuǐcǎo fēngměi 물풀이 무성하여 보기 좋다

□ □ □

0247 花瓣 huābàn 꽃잎

我们牵着手，走进了梨花巷里，梨花花瓣像雪一样落了下来。

Wǒmen qiānzhe shǒu, zǒujìnle líhuā xiàng li, líhuā huābàn xiàng xuě yíyàng luòle xialai.

우리는 손을 잡고 배꽃 골목으로 들어섰는데, 배꽃 꽃잎이 눈처럼 떨어지는 거야.

□ □ □

0248 花蕾 huālěi 꽃봉오리, 꽃망울

荷花快开了，看着那些花蕾，心里很舒畅。

Héhuā kuài kāi le, kànzhe nàxiē huālěi, xīnli hěn shūchàng.

연꽃이 곧 피겠어, 꽃봉오리들을 보고 있자니 기분이 좋네.

0249 华侨 huáqiáo 화교

张弼士先生成为当时海外华侨中首屈一指的巨富。

Zhāng Bìshì xiānsheng chéngwéi dāngshí hǎiwài huáqiáo zhōng shǒu qū yì zhǐ de jùfù.

장비스 선생은 당시 해외 화교 중에서 으뜸가는 거부였다.

[단어] 首屈一指 shǒu qū yì zhǐ 성 엄지손가락을 꼽다, 으뜸가다, 제일가다

tip 张弼士 : (1841~1916) 중국의 유명한 와인 회사 '张裕公司(zhāngyù gōngsī)'의 창시자.

0250 化肥 huàféi 화학 비료

这种化肥不仅可以降低成本，还可以保护环境。

Zhè zhǒng huàféi bùjǐn kěyǐ jiàngdī chéngběn, hái kěyǐ bǎohù huánjìng.

이 화학 비료는 원가도 절감하고, 환경 보호도 할 수 있다.

0251 化石 huàshí 화석

这个研究团队近期发现了许多1500万年到4700万年前的甲虫化石。

Zhège yánjiū tuánduì jìnqī fāxiànle xǔduō yìqiān wǔbǎi wàn nián dào sìqiān qībǎi wàn nián qián de jiǎchóng huàshí.

이 연구팀은 최근에 1500만 년에서 4700만 년 전 사이의 딱정벌레 화석을 대량으로 발견했다.

0252 话筒 huàtǒng 수화기, 마이크

他接到一个陌生的电话，从话筒那边传来一个久违的声音。

Tā jiēdào yí ge mòshēng de diànhuà, cóng huàtǒng nàbiān chuánlái yí ge jiǔwéi de shēngyīn.

그는 낯선 전화를 한 통 받았는데, 수화기 저편에서 오랜만에 듣는 목소리가 들려왔다.

[단어] 久违 jiǔwéi 오래간만이다

女主持人拿着一个无线话筒走上了台。

Nǚ zhǔchírén názhe yí ge wúxiàn huàtǒng zǒushàngle tái.

여자 MC는 무선 마이크를 들고 무대 위로 올라갔다.

0253 环节 huánjié 환절, 고리 마디, 부분

在营销管理中，不能忽略售后服务这一环节。

Zài yíngxiāo guǎnlǐ zhōng, bù néng hūlüè shòuhòu fúwù zhè yī huánjié.

영업 관리에서는 AS 부분을 소홀히 해서는 안 된다.

接下来就要进行的是抽奖环节。

Jiēxialai jiùyào jìnxíng de shì chōujiǎng huánjié.

이어서 진행될 것은 추첨 코너입니다.

高中阶段是人生成长中的一个重要环节。

Gāozhōng jiēduàn shì rénshēng chéngzhǎng zhōng de yí ge zhòngyào huánjié.

고등학교 시절은 인생이 성장해 가는 과정에서 중요한 시기이다.

0254 患者 huànzhě 환자, 병자

一位O型血患者因贫血急需输血，但是该院库存与患者血液都不一样。

Yí wèi O xíng xuè huànzhě yīn pínxuè jíxū shūxuè, dànshì gāi yuàn kùcún yǔ huànzhě xuèyè dōu bù yíyàng.

O형 환자 한 명이 빈혈로 인해 급히 수혈을 받아야 하는데, 이 병원에 저장된 것은 모두 환자의 혈액과 다르다.

🐻 **관련 표현**

患得患失 huàn dé huàn shī 성 개인의 이해득실만 따지다

患难之交 huàn nàn zhī jiāo 성 고난을 같이한 친구

0255 皇帝 huángdì 황제

在古代中国，黄色是皇帝的专用。

Zài gǔdài Zhōngguó, huángsè shì huángdì de zhuānyòng.

고대 중국에서, 황색은 황제의 전용이었다.

皇帝的交椅 — 至高无上 헐후

huángdì de jiāoyǐ — zhì gāo wú shàng

황제의 교의 — 지고무상하다 : (지위가) 최고로 높다, 더할 수 없이 높다

[단어] 交椅 jiāoyǐ 등받이와 팔걸이가 있고 접을 수 있는 옛날 의자

皇帝的闺女 — 金枝玉叶 헐후

huángdì de guīnü — jīn zhī yù yè

황제의 외동딸 — 아름답고 여린 꽃나무의 가지와 잎 : 금지옥엽, 왕의 후손이나 귀한 집안의 자손

皇帝说话 — 金口玉言 헐후

huángdì shuōhuà — jīn kǒu yù yán

황제가 말하다 — 천자의 말씀 : 한 번 말하면 바꿀 수 없는 말

□□□

0256 皇后 huánghòu 황후

按例，每天清早妃嫔要向皇后娘娘请安。

Ànlì, měitiān qīngzǎo fēipín yào xiàng huánghòu niángniang qǐng'ān.

선례대로, 매일 이른 아침 후궁들은 황후 마마에게 문안 인사를 드려야 한다.

[단어] 妃嫔 fēipín 후궁, 황제의 첩

王宝钏当皇后 — 好事多磨 헐후

Wáng Bǎochuàn dāng huánghòu — hǎo shì duō mó

왕바오취엔이 황후가 되다 — 호사다마 : 좋은 일에는 흔히 방해되는 일이 많다

tip 王宝钏 : 당대 승상의 딸로 부녀의 정을 끊으면서까지, 가난한 병사 薛平贵(Xuē Pínggui)에게 시집가는데, 나중에 薛平贵가 西凉(Xīliáng, 5호16국 중의 하나 : 400~421)의 황제가 되자 王宝钏은 西凉国의 황후가 된다.

□□□

0257 黄昏 huánghūn 황혼, 해질 무렵, (인생의) 말년 유의 傍晚 bàngwǎn

草原那迷人的黄昏真令人难忘。

Cǎoyuán nà mírén de huánghūn zhēn lìng rén nánwàng.

초원의 그 아름다운 일몰은 정말 잊을 수가 없다.

我们一家人都支持爷爷和安大妈的黄昏恋。

Wǒmen yì jiārén dōu zhīchí yéye hé Ān dàmā de huánghūnliàn.

우리 식구는 모두 할아버지와 안 씨 할머니의 황혼 연애를 응원한다.

黄昏的坟场 — 暮气沉沉 [혈후]

huánghūn de fěnchǎng — mù qì chén chén

황혼의 묘지 — 저녁 기운이 짙다 : 무기력하다, 원기를 잃다, 생기가 없다

[단어] 暮气 mùqì 황혼 무렵의 안개

黄昏 vs 傍晚

黄昏은 일몰에서 어두워질 때까지의 시간을 뜻하고, 傍晚은 아직 완전히 어두워지기 전 주위가 희미하게 보일 무렵을 말한다. 黄昏은 비교적 긴 시간에 걸쳐 있기 때문에, 사실상 '傍晚'까지 포함하고 있다고 볼 수 있다.

黄昏은 문어와 문학 작품에 많이 쓰이고, 傍晚은 주로 구어에 쓰인다. 黄昏은 '黄昏时 huánghūn shí', '黄昏时分 huánghūn shífēn', '黄昏的时候 huánghūn de shíhou'의 형식으로 많이 쓰이며, 傍晚은 문장 앞에서 부사어로 쓰이기도 한다.

我愿在这里，陪你度过每一个黄昏。

Wǒ yuàn zài zhèli, péi nǐ dùguò měi yí ge huánghūn.

난 여기서 당신과 함께 날마다 석양을 보았으면 좋겠소.

一转眼，人生已近黄昏。

Yì zhuǎnyán, rénshēng yǐ jìn huánghūn.

눈 깜짝할 사이에, 인생이 황혼녘에 접어들었구나.

夏天的傍晚经常会看见火烧云。

Xiàtiān de bàngwǎn jīngcháng huì kànjiàn huǒshāoyún.

여름에는 해질 무렵에 자주 노을을 볼 수 있다.

[단어] 火烧云 huǒshāoyún (아침 · 저녁의) 노을, 놀

傍晚，下起了鹅毛大雪。

Bàngwǎn, xiàqǐle émáodàxuě.

저녁 무렵, 함박눈이 내리기 시작했다.

0258 荤 hūn 훈채, 육식, 고기 요리 [반의] 素 sù 식물성 음식 □□□

众所周知，这个演员是素食主义者，不吃荤。

Zhòng suǒ zhōu zhī, zhège yǎnyuán shì sùshí zhǔyìzhě, bù chī hūn.

다 알다시피, 이 배우는 채식주의자로, 고기 요리는 먹지 않는다.

0259 浑身 húnshēn 전신, 온몸 [유의] **全身** quánshēn

今天早晨醒来就感觉浑身不舒服，感觉胳膊、腿都很酸疼。

Jīntiān zǎochén xǐnglái jiù gǎnjué húnshēn bù shūfu, gǎnjué gēbo、tuǐ dōu hěn suānténg.

오늘 아침에 일어나니까 온몸이 찌뿌듯한 것이, 팔 다리가 다 쑤시는 거야.

관련 표현

使出浑身解数 shǐchū húnshēn xièshù [관용]

혼신의 힘을 쏟다, 혼신의 노력을 다하다

豹子进山 — 浑身是胆 [헐후]

bàozi jìn shān — hún shēn shì dǎn

표범이 산으로 들어가다 — 온몸에 담력이 두둑하다 : 아주 대담하다

0260 活力 huólì 활력, 생기, 원기, 활기, 잠재력

他是个很棒的家伙，明亮的眼睛，幽默，充满活力。

Tā shì ge hěn bàng de jiāhuo, míngliàng de yǎnjng, yōumò, chōngmǎn huólì.

그는 아주 멋진 젊은이로, 또릿또릿한 눈매와 유머 감각이 있으며, 열정으로 넘친다.

我们是一个年轻有活力的公司，重视每一位员工。

Wǒmen shì yí ge niánqīng yǒu huólì de gōngsī, zhòngshì měi yí wèi yuángōng.

우리는 젊고 에너지 넘치는 회사로, 직원 한 사람 한 사람을 귀하게 생각합니다.

0261 火箭 huǒjiàn 불화살, 로켓

火箭快要发射了，我怀着激动的心情坐在沙发上，目不转睛地盯着电视。

Huǒjiàn kuàiyào fāshè le, wǒ huáizhe jīdòng de xīnqíng zuòzài shāfā shang, mù bù zhuǎn jīng de dīngzhe diànshì.

로켓이 곧 발사될 예정이라, 나는 감격스러운 마음으로 소파에 앉아, 눈도 깜빡이지 않고 TV만 뚫어져라 보고 있다.

[단어] **目不转睛** mù bù zhuǎn jīng 눈 깜빡하지 않다, 주시하다

草船借箭 — 多多益善 헐후

căo chuán jiè jiàn — duō duō yì shàn

초선차전 — 다다익선이다 : 많으면 많을수록 좋다

> tip 草船借箭: 诸葛亮(Zhūgě Liàng)이 짚더미를 쌓은 작은 배 20척을 이끌고 曹操(Cáo Cāo) 진영에 다가가 화살을 쏘게 하여 10만 대에 달하는 화살을 획득했던 고사.

火箭发射 — 青云直上 헐후

huǒjiàn fāshè — qīng yún zhí shàng

로켓을 발사하다 — 높은 하늘에 곧추 오르다 : (지위가) 빠르게 상승하다, 출세가 아주 빠르다

拖拉机追火箭 — 天差地远 헐후

tuōlājī zhuī huǒjiàn — tiān chā dì yuǎn

경운기가 로켓을 쫓아가다 — 하늘과 땅 만큼의 차이 : 천양지차, 차이가 많이 나다

坐火箭上月球 — 远走高飞 헐후

zuò huǒjiàn shàng yuèqiú — yuǎn zǒu gāo fēi

로켓을 타고 달에 가다 — 먼 곳으로 달려가고 높은 곳을 향하여 날다 : 살길을 찾아 다른 곳으로 가다

0262 火焰 huǒyàn 화염, 불꽃 ☐☐☐

他拿棍子一捅，火焰一下子旺了起来。

Tā ná gùnzi yì tǒng, huǒyàn yíxiàzi wàngle qǐlai.

그가 막대기로 한 번 휘젓자, 불꽃이 단번에 화 일어났다.

0263 火药 huǒyào 화약 ☐☐☐

中国是最早发明火药的国家，距今已有一千多年了。

Zhōngguó shì zuì zǎo fāmíng huǒyào de guójiā, jùjīn yǐ yǒu yì qiān duō nián le.

중국은 최초로 화약을 발명한 나라로, 지금으로부터 이미 천 년이 되었다.

0264 货币 huòbì 화폐 BCT2 ☐☐☐

流通中的货币量超过实际需要就形成了通货膨胀。

Liútōng zhōng de huòbìliàng chāoguò shíjì xūyào jiù xíngchéngle tōnghuò péngzhàng.

유통 중인 화폐가 실제 수요량을 초과했을 때 인플레가 발생한다.

准货币 zhǔnhuòbì 니어 머니(near money)

货币流 huòbìliú 돈의 흐름

本位货币 běnwèi huòbì 본위 화폐

0265

机构 jīgòu (기계의) 내부 구조, 기구(기관이나 단체의 업무 단위, 내부 조직)

유의 **机关** jīguān

□□□

我的车刚买不久，在液压控制机构上出问题就进维修站了。
Wǒ de chē gāng mǎi bù jiǔ, zài yèyā kòngzhì jīgòu shang chū wèntí jiù jìn wéixiūzhàn le.
내 차는 산 지 얼마 안 됐는데, 액체 압력 제어 장치에 문제가 생겨 정비 센터에 들어갔다.

这家研究所是国家老年痴呆研究重点机构。
Zhè jiā yánjiūsuǒ shì guójiā lǎonián chīdāi yánjiū zhòngdiǎn jīgòu.
이 연구소는 국가 치매 연구의 핵심 기구이다.

机构 vs 机关

机构和机关 모두 사무를 처리하는 부서를 뜻하는데, 두 단어의 쓰임은 다르다. '机关工作 jīguān gōngzuò(기관에서 근무하다), 机关干部 jīguān gānbù(기관의 간부), 机关报 jīguānbào(기관지)라고 말할 때는 机关을 机构로 바꿔 쓸 수 없다. 정부 부처를 말할 때는 '机关'만 쓸 수 있다. 公安机关 gōng'ān jīguān(공안 기관), 税务机关 shuìwù jīguān(세무 기관) 등, 기관이나 단체 등의 내부 조직의 기구를 말할 때는 '机构'만 쓴다.

政府机关 zhèngfǔ jīguān 정부 기관
领导机关 lǐngdǎo jīguān 상급 기관
文教机构 wénjiào jīgòu 문화 교육 기관
外交机构 wàijiāo jīgòu 외교 부서

0266

机密 jīmì 기밀, 극비 유의 **秘密** mìmì

□□□

这是工作机密，不能告诉任何人。
Zhè shì gōngzuò jīmì, bù néng gàosu rènhé rén.
이건 업무 기밀이니, 누구한테도 말해선 안 되네.

형 비밀이다, 극비이다

他破解了我办公室的防护措施，偷走了一份非常重要的机密文件。

Tā pòjiěle wǒ bàngōngshì de fánghù cuòshī, tōuzǒule yí fèn fēicháng zhòngyào de jīmì wénjiàn.

그는 내 사무실 보안 시설을 뚫고는, 아주 중요한 비밀 문서를 훔쳐갔다.

🐷 관련 표현

机密工作 jīmì gōngzuò 비밀 작업 / **机密文件** jīmì wénjiàn 기밀 문서

国家机密 guójiā jīmì 국가 기밀 / **泄露机密** xièlòu jīmì 기밀을 누설하다

诸葛亮面授机密 — 锦囊妙计 `헐후`

Zhūgě Liàng miànshòu jīmì — jǐn náng miào jì

주거리앙(제갈량)이 기밀을 직접 알려주다 — 비단 주머니 속의 묘계 : 제때에 위급한 문제를 해결할 수 있는 묘책

0267 **机械** jīxiè 기계, 기계 장치   □□□

厂里的机械经常坏，先不说修理费很大，有时甚至耽误生产。

Chǎng li de jīxiè jīngcháng huài, xiān bù shuō xiūlǐfèi hěn dà, yǒushí shènzhì dānwu shēngchǎn.

공장의 기계 고장이 잦아, 수리비가 많이 드는 건 둘째 치고, 때때로 생산까지 차질을 빚고 있다.

형 기계적이다, 고지식하다

经历了这件事后，他再也不机械般地模仿别人。

Jīnglìle zhè jiàn shì hòu, tā zàiyě bù jīxièbān de mófǎng biérén.

이 일을 겪은 후에, 그는 다시는 기계적으로 남을 모방하지 않게 되었다.

0268 **机遇** jīyù (좋은) 기회, 찬스, 호기 `BCT1` `유의` **时机** shíjī, **机会** jīhuì   □□□

机遇很难得，遇到了就一定要抓住。

Jīyù hěn nándé, yùdàole jiù yídìng yào zhuāzhù.

기회는 얻기 힘드니까, 기회를 만나면 놓치지 말아야 해.

机遇 vs 机会

机会는 어떤 일을 완성하거나 어떤 목적을 달성하는 데 가장 유리한 때를 가리키고, 机遇는 유리한 조건과 환경을 말하는 것으로 갑자기 생긴 좋은 운과 기회를 말한다.

没有机会了。 Méiyǒu jīhuì le. (○) 기회가 없어졌어.
没有机遇了。 (×)

0269 基地 jīdì 근거지, 본거지, 거점 □□□

참고 **军事基地** jūnshì jīdì 군사 기지, **产业基地** chǎnyè jīdì 산업 기지

黑龙江垦区已经成为东北粮食生产区的主要生产基地。
Hēilóngjiāng kěnqū yǐjīng chéngwéi Dōngběi liángshí shēngchǎnqū de zhǔyào shēngchǎn jīdì.

헤이룽지앙(흑룡강) 개간지는 이미 동북 식량 생산지의 주요 생산 기지가 되었다.

tip **黑龙江垦区** : 중국의 3대 개간지 중의 하나. 토지 총면적 5.76km², 경지 면적 240여 만 헥타르(ha), 12개 도시와 74개 현에 걸쳐 있다.

tip 중국의 3대 개간지 : **海南农垦** Hǎinán nóngkěn, **黑龙江农垦** Hēilóngjiāng nóngkěn, **新疆农垦** Xīnjiāng nóngkěn

这里原来是军事基地，现在成了主题游乐场。
Zhèli yuánlái shì jūnshì jīdì, xiànzài chéngle zhǔtí yóulèchǎng.

이곳은 원래 군사 기지였는데, 지금은 테마 놀이공원이 되었다.

0270 基金 jījīn 기금, 기본금, 펀드(fund) BCT2 □□□

今年我市教育基金会将筹措100万元资金。
Jīnnián wǒ shì jiàoyù jījīnhuì jiāng chóucuò yìbǎiwàn yuán zījīn.

올해 우리 시 교육 재단에서는 100만 위엔의 기금을 조성할 것이다.

[단어] **基金会** jījīnhuì 재단, 기금회 BCT2

我买的基金都在亏着，股票有赢有亏。
Wǒ mǎi de jījīn dōu zài kuīzhe, gǔpiào yǒu yíng yǒu kuī.

내가 산 펀드는 다 잃고 있는 중이고, 주식은 딴 것도 있고 잃은 것도 있어.

生产基金 shēngchǎn jījīn 생산 기금 / **福利基金** fúlì jījīn 복지 기금

教育基金 jiàoyù jījīn 교육 기금 / **消费基金** xiāofèi jījīn 소비 기금

寒窗基金 hánchuāng jījīn [신조어] 사회 각계 각층과 정부가 형편이 어려운 대학생을 지원하기 위해 마련한 기금

文化基金会 wénhuà jījīnhuì 문화 재단

慈善基金会 císhàn jījīnhuì 자선 기금회

奖学金基金会 jiǎngxuéjīn jījīnhuì 장학 재단

0271 **基因** jīyīn 유전자, 유전 인자, DNA

□□□

弟弟遗传妈妈优秀基因，我却遗传爸爸恶性基因。
Dìdi yíchuán māma yōuxiù jīyīn, wǒ què yíchuán bàba èxìng jīyīn.
동생은 엄마의 우수 유전자를 물려받고, 나는 아빠의 열성 유전자를 물려받았지 뭐야.

随着转基因技术的不断发展，转基因作物的种植面积逐年扩大。
Suízhe zhuǎn jīyīn jìshù de bú duàn fāzhǎn, zhuǎnjīyīn zuòwù de zhòngzhí miànjí zhúnián kuòdà.
유전자 변형 기술의 계속적인 발전에 따라, 유전자 변형 농작물의 경작 면적이 해마다 증가하고 있다.

[단어] **转基因技术** zhuǎn jīyīn jìshù 유전자 변형 기술

관련 표현

基因库 jīyīnkù 유전자 은행 / **基因型** jīyīnxíng 유전자형

基因突变 jīyīn tūbiàn 유전자 돌연변이(gene mutation)

基因复制 jīyīn fùzhì 유전자 복제

0272 **激情** jīqíng 격정, 열정적인 감정

□□□

生活是需要激情的，如果失去了，让我们努力去寻找吧。
Shēnghuó shì xūyào jīqíng de, rúguǒ shīqù le, ràng wǒmen nǔlì qù xúnzhǎo ba.
삶에는 열정이 필요해. 만약에 열정이 사라졌다면 찾도록 노력하자고.

0293 间谍 jiàndié 간첩, 스파이 <유의> 卧底 wòdǐ　☐☐☐

即使不在战争年代，也存在着各式各样的间谍。

Jíshǐ bú zài zhànzhēng niándài, yě cúnzàizhe gèshì gèyàng de jiāndié.

설령 전쟁 시대가 아니라 하더라도, 다양한 간첩이 존재하고 있다.

🗨️ **관련 표현**

工业间谍 gōngyè jiàndié 공업 스파이

双重间谍 shuāngchóng jiàndié 이중 간첩

国际间谍 guójì jiàndié 국제 스파이

0294 间隔 jiàngé (시간·공간의) 간격, 사이　☐☐☐

这里字母和数字间隔很大，我觉得有点别扭。

Zhèlǐ zìmǔ hé shùzì jiàngé hěn dà, wǒ juéde yǒudiǎn bièniu.

이 부분에 글자하고 숫자 간격이 벌어져서, 난 좀 이상해 보이는데.

高层建筑与相邻房之间应间隔多远才合适？

Gāocéng jiànzhù yǔ xiānglínfáng zhījiān yīng jiàngé duōyuǎn cái héshì?

고층 건물과 인접 건물 사이에는 간격이 얼마나 떨어져야 적당한가요?

我们应该间隔多长时间做一次体检？

Wǒmen yīnggāi jiàngé duōcháng shíjiān zuò yí cì tǐjiǎn?

우리가 얼마 간격으로 한 번씩 건강 검진을 받아야 하나요?

0295 舰艇 jiàntǐng 함정　☐☐☐

为应对海盗，大大小小的舰艇不断在公海巡逻。

Wèi yīngduì hǎidào, dàdā xiǎoxiāo de jiàntǐng búduàn zài gōnghǎi xúnluó.

해적을 막기 위해, 크고 작은 함정들이 끊임없이 공해를 순찰한다.

0296 将军 jiāngjūn 장군, 장성　☐☐☐

这封是将军的亲笔信，请您回去后再打开看。

Zhè fēng shì jiāngjūn de qīnbǐxìn, qǐng nín huíqù hòu zài dǎkāi kàn.

이것은 장군님의 친필 서한이니, 돌아가서서 보십시오.

将军肚 jiāngjūndù 관용 (남자의) 볼록 튀어나온 배, 사장님 배

矮子里拔将军 — 小才大用 혈후
ǎizi li bá jiāngjūn — xiǎo cái dà yòng
난쟁이 중에서 장군을 발탁하다 — 별 볼 일 없는 재주를 크게 쓰다 : 능력이 별로 없는 사람에게 큰일을 맡기다

常胜将军临敌 — 旗开得胜 혈후
cháng shèng jiāngjūn lín dí — qí kāi dé shèng
늘 이기는 장군이 적과 싸우다 — 깃발을 내걸자마자 승리를 얻다 : 시작하자마자 좋은 성과를 얻다

□□□

0297 桨 jiǎng 노(櫓)

湖里有许多游船，游人们慢慢地划着桨，笑着说着悠闲自得。
Hú li yǒu xǔduō yóuchuán, yóurénmen mànmān de huázhe jiǎng, xiàozhe shuōzhe yōuxián zìdé.
호수에는 유람선이 많이 떠 있는데, 유람객들은 천천히 노를 젓고, 웃고 얘기하며, 여유를 즐기고 있다.

□□□

0298 焦点 jiāodiǎn [비유] (문제나 관심사의) 초점, 집중

人们争论的一个焦点是："协助安乐死到底是不是犯罪？"
Rénmen zhēnglùn de yí ge jiāodiǎn shì : "xiézhù ānlèsǐ dàodǐ shì bu shì fànzuì?"
사람들이 논쟁하고 있는 초점은 : '안락사를 돕는 것이 도대체 죄인가 아닌가?' 하는 것이다.

他是个很有魅力的人，走到哪里都是女人关注的焦点。
Tā shì ge hěn yǒu mèilì de rén, zǒudào nǎli dōu shì nǚren guānzhù de jiāodiǎn.
그는 매력이 넘쳐서, 어디를 가든 여성들 관심의 초점이 된다.

□□□

0299 角落 jiǎoluò 구석, 모퉁이, 외진 곳

我们单位的每个角落里安装监控器。
Wǒmen dānwèi de měi ge jiǎoluò li ānzhuāng jiānkòngqì.
우리 회사의 구석구석에 CCTV가 설치되어 있다.

[단어] 监控器 jiānkòngqì CCTV

110

这是一个偏僻的角落，谁也找不到。

Zhè shì yí ge piānpì de jiǎoluò, shéi yě zhǎobudào.

이곳은 후미진 곳이라, 누구도 찾지 못해.

0300 教养 jiàoyǎng 교양

☐☐☐

她是有教养、知性、淑女、智慧的女人。

Tā shì yǒu jiàoyǎng、zhīxìng、shūnǚ、zhìhuì de nǚrén.

그녀는 교양 있고 지성적이고 정숙하고 지혜로운 여인이다.

0301 阶层 jiēcéng (사회의) 층, 계층, 단계

☐☐☐

我们都是工薪阶层，买这么贵的车，实在有些困难。

Wǒmen dōu shì gōngxīn jiēcéng, mǎi zhème guì de chē, shízài yǒuxiē kùnnan.

우리는 모두 월급쟁이들이라, 이렇게 비싼 차를 사기엔 솔직히 무리가 좀 있어요.

[단어] 工薪阶层 gōngxīn jiēcéng 샐러리맨, 봉급 생활자

这部小说刻画了处于各个社会阶层，从事各种职业的人物形象。

Zhè bù xiǎoshuō kèhuàle chǔyú gègè shèhuì jiēcéng, cóngshì gèzhǒng zhíyè de rénwù xíngxiàng.

이 소설은 사회 각 계층에 속해 있는 인물과 다양한 직업에 종사하는 인물군을 묘사하고 있다.

0302 节奏 jiézòu 리듬, 박자, 템포, 장단

☐☐☐

这首歌曲节奏轻快，又很大气，曲调也很特别。

Zhè shǒu gēqǔ jiézòu qīngkuài, yòu hěn dàqì, qǔdiào yě hěn tèbié.

이 곡은 박자도 경쾌하면서 막힘이 없고, 멜로디도 독특하다.

现代生活节奏太快了，社会普遍感到压力大。

Xiàndài shēnghuó jiézòu tài kuài le, shèhuì pǔbiàn gǎndào yālì dà.

오늘날은 생활 리듬이 너무 빠르고, 사회 전반적으로 스트레스가 심하다.

0303 结晶 jiéjīng 결정, 소중한 성과(결과)

中华民族悠久历史的文化是祖先的智慧结晶。

Zhōnghuá mínzú yōujiǔ lìshǐ de wénhuà shì zǔxiān de zhìhuì jiéjīng.

중화 민족의 유구한 역사를 지닌 문화는 조상들의 지혜의 결정이다.

IPhone 6S是一款凝结了苹果工程师大量心血的结晶。

IPhone liù S shì yì kuǎn níngjiéle Píngguǒ gōngchéngshī dàliàng
xīnxuè de jiéjīng.

IPhone 6S는 애플 연구진들이 쏟은 피땀을 응집해 만든 성과이다.

동 [화학] 결정되다, 굳어지다

传说，琥珀是古希腊女神赫利阿得斯的眼泪结晶而成的。

Chuánshuō, hǔpò shì gǔ Xīlà nǚshén Hèlì'ādésī de yǎnlèi jiéjīng ér
chéng de.

전설에 의하면, 호박은 고대 그리스의 여신 헬리아데스(Heliades)의 눈물이 굳어 만들어진 것이
라 한다.

[단어] 琥珀 hǔpò 인류가 사용한 가장 오래된 보석 중의 하나로 거미, 개미, 갑충 등 불순물이
포함되어 있는 것이 더 가치가 있다. / 赫利阿得斯 Hèlì'ādésī 아폴론의 아들 파에톤의 누이들.
파에톤이 불의 전차를 운전하다 제우스의 번개에 맞아 죽자, 헬리아데스는 슬픔에 겨워 하염없이 울
다가 포플러 나무로 변했는데, 이 포플러 나무에서 흘러내린 눈물이 굳어진 것이 호박이라 한다.

0304 结局 jiéjú 결말, 종국, 결국, 결과 **반의** 开端 kāiduān 발단, 시작, 처음

我觉得这是最好的结局了，希望大家满意。

Wǒ juéde zhè shì zuìhǎo de jiéjú le, xīwàng dàjiā mǎnyì.

이것이 가장 좋은 결과 같군요. 다들 만족했으면 좋겠어요.

这部电视剧挺好看的，结局有点伤感。

Zhè bù diànshìjù tǐng hǎokàn de, jiéjú yǒudiǎn shānggǎn.

이 드라마는 아주 재미있었는데, 결말이 조금 슬프게 끝나.

0305 界限 jièxiàn 경계, 한계, 한도 **참고** 种族界限 zhǒngzú jièxiàn 인종 차별

中国近代史和现代史以五四新文化运动为划分界限的。

Zhōngguó jìndàishǐ hé xiàndàishǐ yǐ Wǔ Sì xīnwénhuà yùndòng wéi
huàfēn jièxiàn de.

중국 근대사와 현대사는 5·4 신문화 운동으로 그 경계를 삼는다.

远大的梦想是没有界限的。
Yuǎndà de mèngxiǎng shì méiyǒu jièxiàn de.
원대한 꿈은 한계가 없는 것이다.

0306 **金融** jīnróng 금융 [BCT2] 참고 **金融界** jīnróngjiè 금융계 □□□

这位先生是金融界的专家。
Zhè wèi xiānsheng shì jīnróngjiè de zhuānjiā.
이 분은 금융계의 전문가이셔.

在当今世界经济中，金融的地位极为重要。
Zài dāngjīn shìjiè jīngjì zhōng, jīnróng de dìwèi jíwéi zhòngyào.
오늘날의 세계 경제에서, 금융의 위상은 아주 중요하지.

0307 **近来** jìnlái 근래, 요즘, 최근 □□□

近来关于校车的话题不断在各网站亮相。
Jìnlái guānyú xiàochē de huàtí búduàn zài gè wǎngzhàn liàngxiàng.
근래 들어 스쿨버스 문제가 인터넷에 끊임없이 올라오고 있다.

[단어] **校车** xiàochē 스쿨버스 / **亮相** liàngxiàng 등장하다, 데뷔하다, 표명하다

0308 **茎** jīng 식물의 줄기, 줄기 모양의 물건, 수컷의 생식기 □□□

芹菜叶中胡萝卜素的含量是茎的8倍，维生素C的含量是茎的3倍。
Qíncàiyè zhōng húluóbosù de hánliàng shì jīng de bā bèi, wéishēngsù C de hánliàng shì jīng de sān bèi.
샐러리 잎의 카로틴 함량은 줄기의 8배이고, 비타민 C 함량은 줄기의 3배이다.

양 가닥, 오리, 대

数茎白发 shù jīng báifà 몇 가닥의 백발

千茎修竹 qiān jīng xiūzhú 천 줄기 긴 대

💬 관련 표현

根茎 gēnjīng 근경(뿌리줄기) / **阴茎** yīnjīng 음경

地上茎 dìshàngjīng 땅위줄기 / **块茎** kuàijīng 괴경(덩이줄기)

0309 经费 jīngfèi (사업·지출상의) 경비, 비용

东部地区由于经济水平较高，对中等职业教育的经费投入相对较多。

Dōngbù dìqū yóuyú jīngjì shuǐpíng jiào gāo, duì zhōngděng zhíyè jiàoyù de jīngfèi tóurù xiāngduì jiào duō.

동부 지역은 경제 수준이 높은 관계로, 중등 직업 교육에 대한 경비 투자가 상대적으로 많다.

家长给的教育经费愈多，孩子的学习成绩不见得愈好。

Jiāzhǎng gěi de jiàoyù jīngfèi yù duō, háizi de xuéxí chéngjì bújiànde yù hǎo.

가장이 주는 교육이 많을수록, 아이의 학습 성적이 꼭 더 나아지는 것은 아니다.

🐻 관련 표현

节省经费 jiéshěng jīngfèi 경비 절약

削减经费 xuējiǎn jīngfèi 경비 삭감

经费预算 jīngfèi yùsuàn 경비 예산

审核经费 shěnhé jīngfèi 경비를 심사하다

0310 经纬 jīngwěi (직물의) 날줄과 씨줄, 경도와 위도

这种布的经纬结构能反复循环变化，即产生了变化无穷的几何纹样。

Zhè zhǒng bù de jīngwěi jiégòu néng fǎnfù xúnhuán biànhuà, jí chǎnshēngle biànhuà wúqióng de jǐhé wényàng.

이 천은 날줄과 씨줄 구조가 반복적으로 순환하면서 변화하여, 변화무쌍한 기하학적인 무늬가 만들어졌다.

他们告诉了我们具体的经纬度和海拔高度。

Tāmen gàosule wǒmen jùtǐ de jīngwěidù hé hǎibá gāodù.

그들은 우리에게 구체적인 경위도와 해발 고도를 알려 주었다.

🐻 관련 표현

经天纬地 jīng tiān wěi dì 성 하늘을 날줄로 삼고 땅을 씨줄로 삼다, 재능이 매우 뛰어나다, 하늘을 다스리다

114

精华 jīnghuá 정화, 정수 [반의] 渣滓 zhāzǐ, 糟粕 zāopò 찌꺼기 □□□

这篇文章的精华所在就是提出了不同以往的新观点。
Zhè piān wénzhāng de jīnghuá suǒ zài jiù shì tíchūle bù tóng yǐwǎng de xīn guāndiǎn.
이 글의 정수는 바로 종전과 다른 새로운 관점을 제시했다는 데 있다.

《中国传统文化精华:菜根谭》是语录体的格言式小品文。
《Zhōngguó chuántǒng wénhuà jīnghuá : càigēntán》shì yǔlùtǐ de géyánshì xiǎopǐnwén.
〈중국 전통 문화의 정수 : 채근담〉은 어록체의 격언식 소품문이다.

[단어] **语录体** yǔlùtǐ 고대 문학의 문체 이름. 특정 인물 또는 여러 사람들이 한 말의 기록이나 요약을 어록 형식으로 쓴 작품

🗨 **관련 표현**

精华液 jīnghuáyè 에센스

精华专辑 jīnghuá zhuānjí 베스트 음반

民族文化的精华 mínzú wénhuà de jīnghuá 민족 문화의 진수

井 jǐng 우물 □□□

我们要开拓视野,决不能做井底之蛙。
Wǒmen yào kāituò shìyě, jué bù néng zuò jǐng dǐ zhī wā.
우리는 시야를 넓혀야 해, 절대로 우물 안 개구리가 되어선 안 된다고.

🗨 **관련 표현**

坐井观天 zuò jǐng guān tiān 〔성〕 우물에 앉아 하늘을 보다, 우물 안 개구리

井井有条 jǐng jǐng yǒu tiáo 〔성〕 조리정연하다, 일사불란하다

担雪填井 — 劳而无功 〔헐후〕
dān xuě tián jǐng — láo ér wú gōng
눈으로 우물을 채우다 — 노력했지만 공이 없다 : 보람이 없다, 헛수고하다, 밑 빠진 독에 물 붓기

枯井打水 — 一无所得 〔헐후〕
kū jǐng dǎ shuǐ — yì wú suǒ dé
마른 우물에서 물을 긷다 — 하나도 얻을 만한 게 없다 : 아무런 소득이 없다

0313 **颈椎** jǐngzhuī 경추, 목등뼈

长时间坐在电脑前面，对颈椎的损伤很严重。

Cháng shíjiān zuòzài diànnǎo qiánmian, duì jǐngzhuī de sǔnshāng hěn yánzhòng.

오랫동안 컴퓨터 앞에 앉아 있으면, 경추 손상이 심각해진다.

0314 **境界** jìngjiè (토지의) 경계, (예술의) 경지

两家因为土地境界划分不和，竟然打了起来。

Liǎng jiā yīnwèi tǔdì jìngjiè huàfēn bù hé, jìngrán dǎle qǐlai.

두 집안은 토지 경계를 나누는 데 합의를 하지 못해, 싸움이 났다.

剥桔子剥到这个境界，简直是一门艺术啊!

Bō júzi bōdào zhè ge jìngjiè, jiǎnzhí shì yì mén yìshù a!

귤 까는 솜씨가 이 정도라면, 참으로 예술이라 할 만하지!

0315 **镜头** jìngtóu (사진기·촬영기·영사기 등의) 렌즈

片场上，摄影师的镜头不停地跟着主角的动线。

Piànchǎng shang, shèyǐngshī de jìngtóu bù tíng de gēnzhe zhǔjué de dòngxiàn.

촬영장에서, 촬영 기사의 카메라 렌즈가 쉴 새 없이 주인공의 동선을 따라가고 있다.

我通过镜头看着爸爸、妈妈，突然眼眶一热，眼泪都想出来了。

Wǒ tōngguò jìngtóu kànzhe bàba、māma, tūrán yǎnkuàng yí rè, yǎnlèi dōu xiǎng chūlai le.

나는 카메라 렌즈를 통해 아빠 엄마를 보았는데, 갑자기 눈시울이 뜨거워지며, 눈물이 쏟아질 것 같았다.

0316 **纠纷** jiūfēn 다툼, 분쟁, 분규, 갈등, 알력 BCT2

참고 **劳资纠纷** láozī jiūfēn 노사 분규

如果买卖双方有纠纷，要本着友好协商的态度解决问题。

Rúguǒ mǎimai shuāngfāng yǒu jiūfēn, yào běnzhe yǒuhǎo xiéshāng de tàidù jiějué wèntí.

만약 매매 양측 간에 분쟁이 생기면, 우호적인 협상 태도에 입각해 문제를 해결해야 한다.

0317 酒精 jiǔjīng 알코올 **동의** 乙醇 yǐchún

酒精摄入过多会严重影响身体健康。

Jiǔjīng shèrù guò duō huì yánzhòng yǐngxiǎng shēntǐ jiànkāng.

알코올을 과도하게 섭취하면 건강에 심각한 영향을 미친다.

[단어] 摄入 shèrù 섭취하다

不法商贩用工业酒精勾兑白酒，真是丧尽天良。

Bùfǎ shàngfàn yòng gōngyè jiǔjīng gōuduì báijiǔ, zhēnshi sàng jìn tiān liáng.

불법 상인이 공업용 알코올을 고량주에 섞었다니, 정말 양심이 눈꼽만큼도 없다.

[단어] 商贩 shāngfàn 소상인, 소매 상인 / 勾兑 gōuduì (다른 술을) 혼합하다, (술·음료에) 불순물을 타다 / 丧尽天良 sàng jìn tiān liáng **성** 양심이 눈꼽만큼도 없다. 악랄하고 흉포함이 극에 달하다

0318 居民 jūmín 주민, 거(주)민 **유의** 邻居 línjū

他户口在农村，不是本市居民。

Tā hùkǒu zài nóngcūn, bú shì běnshì jūmín.

그는 호적이 농촌으로 되어 있어, 이 도시의 거주민이 아니다.

小区的事由居民来决定，遇事儿先开居民代表会议。

Xiǎoqū de shì yóu jūmín lái juédìng, yù shìr xiān kāi jūmín dàibiǎo huìyì.

아파트 단지의 일은 주민이 결정합니다. 무슨 일이 생기면 먼저 주민 대표 회의를 열지요.

0319 局部 júbù 국부, (일)부분 **반의** 整体 zhěngtǐ 전체

山东半岛地区有降雪，局部地区有暴雪。

Shāndōng bàndǎo dìqū yǒu jiàng xuě, júbù dìqū yǒu bàoxuě.

산동 반도에 눈이 내릴 것으로 보이며, 국부적으로 폭설이 내리겠습니다.

0320 局面 júmiàn 국면, 형세, 양상 **유의** 形式 xíngshì

这些举措打开了中国外交的新局面。

Zhèxiē jǔcuò dǎkāile Zhōngguó wàijiāo xīn júmiàn.

이런 조치는 중국 외교의 신국면을 열었다.

[단어] 举措 jǔcuò 조치

公司依然无法扭转整体亏损的局面。

Gōngsī yīrán wúfǎ niǔzhuǎn zhěngtǐ kuīsǔn de júmiàn.

회사는 여전히 전체적인 결손 국면을 해결할 수가 없다.

👀 관련 표현

牛市局面 Niúshì júmiàn 강세 국면 / **恐慌局面** kǒnghuāng júmiàn 공황 국면

盘整局面 pánzhěng júmiàn 조정 국면

0321 **局势** júshì (정치·군사·경제 등의) 국면, 정세 **유의** 情况 qíngkuàng □□□

谁都没想到大好局势居然就这样被逆转了。

Shéi dōu méi xiǎngdào dà hǎo júshì jūrán jiù zhèyàng bèi nìzhuǎn le.

아무도 너무나 좋았던 상황이 이렇게 악화되리라고는 생각지 못했다.

受国内动荡的局势影响，埃及的经济形势也不乐观。

Shòu guónèi dòngdàng de júshì yǐngxiǎng, Āijí de jīngjì xíngshì yě bú lèguān

국내의 불안한 정세로 인해, 이집트의 경제 상황 또한 낙관적이지 않다.

[단어] 动荡 dòngdàng (정세·상황 등이) 불안하다, 뒤숭숭하다

0322 **举动** jǔdòng 동작, 행위 **유의** 行动 xíngdòng, 动作 dòngzuò □□□

她突然意识到了自己的举动有些不妥，赶紧把手机关掉了。

Tā tūrán yìshídàole zìjǐ de jǔdòng yǒuxiē bù tuǒ, gǎnjǐn bǎ shǒujī guāndiàole.

그녀는 문득 자신의 행동이 적절하지 않음을 의식하고 재빨리 휴대 전화를 껐다.

举动 vs 行动 vs 动作

举动은 보통 사람의 동작에만 국한되고, 行动은 사람과 사물에 두루 쓰인다. 举动은 온몸을 움직이는 활동을 말하지만, 动作는 온몸을 움직이는 것 외에 신체의 부분적인 활동을 뜻하기도 한다. 行动과 动作는 동사로도 쓰이지만, 举动은 명사로만 쓰인다.

草率的举动 cǎoshuài de jǔdòng 경솔한 행동

动作迅速 dòngzuò xùnsù 동작이 신속하다

行动敏捷 xíngdòng mǐnjié 행동이 민첩하다

手的动作 shǒu de dòngzuò 손의 동작

他腿伤了，行动不方便。그는 다리를 다쳐 행동이 불편하다.
Tā tuǐ shāng le, xíngdòng bù fāngbiàn.

你好好看他的每一个动作。그의 동작 하나 하나를 잘 봐 봐.
Nǐ hǎohāo kàn tā de měi yí ge dòngzuò.

0323 剧本 jùběn 극본, 각본, 대본 □□□

在粉丝的强烈要求下，导演决定稍微修改一下剧本。
Zài fěnsī de qiángliè yāoqiú xià, dǎoyǎn juédìng shāowēi xiūgǎi
yíxià jùběn.
팬들의 강력한 요구로, 감독은 대본을 살짝 수정하기로 결정했다.

0324 决策 juécè 책략, 방침, 전략, 전술 □□□

我觉得他的决策没有失败，只是暂时的不成功而已。
Wǒ juéde tā de juécè méiyou shībài, zhǐshì zànshí de bù chénggōng
éryǐ.
그의 정책은 실패한 것이 아니라, 단지 일시적으로 성공하지 못했을 뿐인 것 같아.

即使是一个成功的人，他的所有决策中，失误可能是成功
的十倍。
Jíshǐ shì yí ge chénggōng de rén, tā de suǒyǒu juécè zhōng, shīwù
kěnéng shì chénggōng de shí bèi.
성공한 사람일지라도, 그의 결정 중에서 실책이 아마도 성공한 것의 열 배는 될 것이다.

동 정책을 결정하다

蒙牛"换帅"股价必涨，欲入手者需尽快决策！
Méngniú "huàn shuài" gǔjià bì zhǎng, yù rùshǒuzhě xū jǐnkuài juécè!
멍니우 회사의 대표이사가 바뀌면 주가가 반드시 오를 것이니, 투자의 뜻이 있는 사람은 되도록
빨리 결정하세요.

tip 蒙牛 : 멍니우, 중국의 유명한 유제품 회사.

관련 표현

运筹决策 yùnchóu juécè 계략을 짜고 정책을 결정하다

重大决策 zhòngdà juécè 중대한 책략 / **战略决策** zhànlüè juécè 전략적 결정

0325 **军队** jūnduì 군대 □□□

朝鲜宣布领导人金正日去世的消息后，韩国军方下令全国军队进入紧急状态。

Cháoxiǎn xuānbù lǐngdǎorén Jīn Zhèngrì qùshì de xiāoxi hòu, Hánguó jūnfāng xiàlìng quánguó jūnduì jìnrù jǐnjí zhuàngtài.

북한에서 지도자 김정일의 사망 소식을 발표한 후, 한국 군부는 전국의 군대에 비상 체제에 돌입한다고 하달했다.

[보충 단어 - 군대]

军备 jūnbèi 군비(군대 편제·시설·장비 등) / **军车** jūnchē 군용차 / **军刀** jūndāo 군도 / **军阀** jūnfá 군벌 / **军法** jūnfǎ 군법 / **军费** jūnfèi 군사비 / **军歌** jūngē 군가 / **军官** jūnguān 군관 / **军国主义** jūnguó zhǔyì 군국주의 / **军徽** jūnhuī 군대의 표지 / **军籍** jūnjí 병적 / **军粮** jūnliáng 군량 / **军龄** jūnlíng 군대 복무 햇수 / **军旗** jūnqí 군기 / **军事法庭** jūnshì fǎtíng 군사 법정 / **常胜军队** chángshèng jūnduì 상승군 / **军医** jūnyī 군의 / **军营** jūnyíng 군영 / **军事基地** jūnshì jīdì 군사 기지 / **军演** jūnyǎn 군사 훈련 / **军装** jūnzhuāng 군복

0326 **君子** jūnzǐ 군자, 학식과 덕망이 높은 사람 □□□

他是个正人君子，做事深思熟虑。

Tā shì ge zhèngrén jūnzǐ, zuò shì shēn sī shú lǜ.

그는 정인 군자로, 일을 할 때 심사숙고한다.

窈窕淑女，君子好逑。

Yǎotiǎo shūnǚ, jūnzǐ hǎoqiú.

요조숙녀는 군자의 좋은 짝이로다.(《诗经》의 〈国风·关雎〉편에 나오는 문구)

 《诗经》 Shījīng : 《시경》, 중국 최초의 시가 총집으로 305편을 싣고 있으며, 風(풍)·雅(아)·頌(송) 세 부분으로 나뉘어 있다.

0340 筐 kuāng 광주리, 바구니

□□□

爷爷从小就学会了编箩筐，还曾经靠这个养家糊口过。

Yéye cóngxiǎo jiù xuéhuìle biānluó kuāng, hái céngjīng kào zhège yǎng jiā hú kǒu guo.

할아버지는 어릴 때부터 광주리 짜는 걸 배우셨는데, 한때 이 일로 가족을 먹여 살리기도 하셨지.

[단어] **养家糊口** yǎng jiā hú kǒu 🧩 가족을 힘겹게 부양하다

0341 矿产 kuàngchǎn 광산물

□□□

当地人利用这里丰富的矿产资源发家致富。

Dāngdìrén lìyòng zhèli fēngfù de kuàngchǎn zīyuán fājiā zhìfù.

현지인들은 이곳의 풍부한 광산 자원을 이용해 집안을 일으키고 부를 축적했다.

[단어] **发家** fājiā 집안을 일으키다 / **致富** zhìfù 부유해지다, 부자가 되다

0342 框架 kuàngjià 뼈대, 프레임(frame), 골격, 골조

□□□

本市目前已初步制定了未来城市发展的基本框架。

Běn shì mùqián yǐ chūbù zhìdìngle wèilái chéngshì fāzhǎn de jīběn kuàngjià.

본 시는 지금 이미 1차적으로 미래 도시 발전의 기본적인 틀을 잡아 놓았습니다.

这个月底我们得完成体育馆的主体框架工程。

Zhè ge yuèdǐ wǒmen děi wánchéng tǐyùguǎn de zhǔtǐ kuàngjià gōngchéng.

이번 월말에 우리는 체육관의 주요 골격 공사를 마쳐야 한다.

0343 喇叭 lǎba 나팔, 클랙슨, 확성기

□□□

这次演奏会上，我吹喇叭。

Zhècì yǎnzòuhuì shang, wǒ chuī lǎba.

이번 연주회에서 나는 나팔을 분다.

你不要给人家吹喇叭，他可是个当代版包青天。

Nǐ búyào gěi rénjiā chuī lǎba, tā kě shì ge dāngdàibǎn Bāoqīngtiān.

자네 괜히 그 친구한테 아첨하지 말라고, 그 친구 현대판 포청천이야.

[단어] **吹喇叭** chuī lǎba 남을 치켜세우고 힘껏 비위를 맞추다, 아첨하다

有些司机不分昼夜按喇叭，严重影响居民休息。

Yǒuxiē sījī bù fēn zhòuyè àn lǎba, yánzhòng yǐngxiǎng jūmín xiūxi.

어떤 기사들은 낮과 밤에 상관없이 클랙슨을 울려, 주민들의 휴식에 심각한 영향을 준다.

[단어] 昼夜 zhòuyè 낮과 밤

我们经常看到超市的促销人员拿着喇叭大声地促销商品。

Wǒmen jīngcháng kàndào chāoshì de cùxiāo rényuán názhe lǎba dàshēng de cùxiāo shāngpǐn.

우리는 슈퍼마켓의 판촉 요원이 확성기를 들고 큰소리로 상품 홍보하는 것을 자주 본다.

🐻 관련 표현

八仙吹喇叭 — 神气活现 [헐후]

bā xiān chuī lǎba — shén qì huó xiàn

여덟 신선이 나팔을 불다 — 득의양양하고 으스대다 : 잘난 체하고 뽐내다

tip 八仙 : 고대 중국의 신화에 나오는 여덟 신선(神仙).

床底下吹喇叭 — 低声下气 [헐후]

chuángdǐ xià chuī lǎba — dī shēng xià qì

침대 밑에서 나팔을 불다 — 기어드는 목소리로 말하다 : 고분고분하고 조심하다

飞机上吹喇叭 — 名扬天下 [헐후]

fēijī shang chuī lǎba — míng yáng tiān xià

비행기에서 나팔을 불다 — 명성을 천하에 떨치다 : 천하에 이름을 날리다

0344 蜡烛 làzhú 양초 [참고] 点蜡烛 diǎn làzhú 촛불을 켜다 □□□

亲爱的，祝你生日快乐! 来，许个愿，吹蜡烛。

Qīn'ài de, zhù nǐ shēngrì kuàilè! Lái, xǔ ge yuàn, chuī làzhú.

자기야, 생일 축하해! 자~ 소원 빌고, 촛불 끄세요.

0345 来历 láilì (사람이나 사물의) 경력, 배경, 경로 □□□

最近村里来了一个来历不明的人，人们都用怀疑的目光看他。

Zuìjìn cūn li láile yí ge láilì bù míng de rén, rénmen dōu yòng huáiyí de mùguāng kàn tā.

최근에 마을에 신원을 알 수 없는 사람이 하나 나타나서, 사람들이 모두 의심의 눈초리로 그를 보고 있다.

[단어] 来历不明 lái lì bù míng [성] 신원이 불확실하다

他能准确地说出这件古董的来历。

Tā néng zhǔnquè de shuōchū zhè jiàn gǔdǒng de láilì.

그는 이 골동품의 유래에 대해 정확히 말할 수 있다.

0346 来源 láiyuán (사물의) 내원, 근원, 출처, 원산지, 생산지 □□□

爸爸下岗了，家里一下子断了经济来源。

Bàba xiàgǎngle, jiāli yíxiàzi duàn le jīngjì láiyuán.

아버지가 실직하시는 바람에, 집에 갑자기 수입원이 끊겼다.

维他命种类繁多，来源很广。

Wéitāmìng zhǒnglèi fánduō, láiyuán hěn guǎng.

비타민은 종류도 많고, 섭취원도 다양하다.

동 유래하다, 생겨나다

汉语成语主要来源于历史故事。

Hànyǔ chéngyǔ zhǔyào láiyuányú lìshǐ gùshi.

중국어의 성어는 주로 역사의 고사에서 유래되었다.

관련 표현

资金来源 zījīn láiyuán 자금원 / 新闻来源 xīnwén láiyuán 뉴스 원천

0347 栏目 lánmù 항목, 프로그램, 지면 □□□

本栏目由某某公司独家冠名播出。

Běn lánmù yóu mǒumǒu gōngsī dújiā guànmíng bōchū.

이 프로그램은 모 회사 단독 스폰서로 방송됩니다.

央视的《焦点访谈》，是朱镕基提及最多的电视新闻栏目。

Yāngshì de 《Jiāodiǎn Fǎngtán》, shì Zhū Róngjī tíjí zuì duō de diànshì xīnwén lánmù.

CCTV의 〈초점 방문 취재〉는 주룽지가 가장 많이 언급했던 TV 뉴스 프로그램이다.

tip 朱镕基 : (1928~) 전임 국무원 총리(1998~2003 역임).

관련 표현

栏目编辑 lánmù biānjí 칼럼 편집인 / 名牌栏目 míngpái lánmù 유명 칼럼

时事评论栏目 shíshì pínglùn lánmù 시평란 / 体育栏目 tǐyù lánmù 스포츠 코너

0348 牢骚 láosāo 불평, 불만, 넋두리, 푸념 □□□

天天发牢骚不会有什么改变，你需要做的是行动起来。

Tiāntiān fā láosāo bú huì yǒu shénme gǎibiàn, nǐ xūyào zuò de shì xíngdòngqilai.

날마다 푸념만 한다고 변하는 건 없어, 너에게 필요한 건 행동하는 거야.

동 원망하다

我就是气得牢骚了几句，你不要放在心上。

Wǒ jiù shì qì de láosāole jǐ jù, nǐ bú yào fàngzài xīn shang.

내가 화가 나서 몇 마디 투덜거렸을 뿐이니, 너 맘에 담아 두지 마.

0349 乐趣 lèqù 즐거움, 기쁨, 재미 □□□

我们自己要在枯燥的生活中寻找乐趣。

Wǒmen zìjǐ yào zài kūzào de shēnghuó zhōng xúnzhǎo lèqù.

우리 스스로 무미건조한 생활 속에서 재미를 찾아야 해.

0350 雷达 léidá 레이더(radar), 전파 탐지기 □□□

雷达捕捉到了不明飞行物的行踪。

Léidá bǔzhuōdàole bùmíng fēixíngwù de xíngzōng.

레이더가 불확실한 비행 물체의 행방을 잡아냈다.

[단어] 行踪 xíngzōng 행방, 종적

0351 黎明 límíng 여명, 동틀 무렵, (비유) 승리 전야 **유의** 凌晨 língchén □□□

黎明到来前，总是要经历一段黑暗。

Límíng dàolái qián, zǒngshì yào jīnglì yí duàn hēi'àn.

동트기 전에는 언제나 어두운 시기를 거친다.

很多创业的年轻人，都倒在了黎明前的黑夜里。

Hěnduō chuàngyè de niánqīngrén, dōu dǎozàile límíng qián de hēiyè li.

창업하는 다수의 젊은이들이, 회사가 빛을 보기도 전에 손을 들고 만다.

礼节 lǐjié 예절 유의 礼貌 lǐmào, 礼仪 lǐyí

我们在吃饭的时候是应该注意一些基本的礼节。
Wǒmen zài chīfàn de shíhou shì yīnggāi zhùyì yìxiē jīběn de lǐjié.
우리는 식사할 때 기본적인 예절에 주의해야 한다.

我们去旅游时，需要注意一下当地的风俗和礼节。
Wǒmen qù lǚyóu shí, xūyào zhùyì yíxià dāngdì de fēngsú hé lǐjié.
우리는 여행갈 때, 현지의 풍습과 예절에 주의해야 한다.

礼节 vs 礼貌 vs 礼仪

礼貌는 상대를 존중하는 태도나 상대에게 우호적인 품성이나 행위를 말한다. 礼节는 존경, 축하, 애도 등의 각종 형식으로 경례, 악수, 헌화 등 礼貌가 언어, 행위, 태도로 발현되는 것을 말한다. 礼仪는 문화적인 소양이 깊이 반영된 것으로 사회 교제 중에 요구되는 예우, 접대 등의 방면에 부합되는 행동을 말하고 규모가 크거나 성대한 상황에 쓰인다.

注重礼节 zhùzhòng lǐjié 예절을 중시하다
讲礼貌 jiǎng lǐmào 예의바르다
注重社交礼仪 zhùzhòng shèjiāo lǐyí 예의 범절을 중시하다

里程碑 lǐchéngbēi 이정표, 역사적인 전환점이 될 만한 사건

高速公路四周一片漆黑，他借助车灯才看清里程牌上的字。
Gāosù gōnglù sìzhōu yí piàn qīhēi, tā jièzhù chēdēng cái kànqīng lǐchéngbēi shang de zi.
고속도로 주위가 너무 어두워, 그는 차 불빛을 비추고서야 이정표의 글씨를 알아볼 수 있었다.

辛亥革命是中国社会近代化进程中的里程碑。
Xīnhài gémìng shì Zhōngguó shèhuì jìndàihuà jìnchéng zhōng de lǐchéngbēi.
신해혁명은 중국 사회가 근대화로 진화하는 과정에서 나타난 기념비적 사건이었다.

tip 辛亥革命 : 1911년에 일어난 중국의 민주주의 혁명.

0354 理智 lǐzhì 이지, 이성과 지혜 ☐☐☐

遇到突发事件，首先就是要保持理智，冷静分析。

Yùdào tūfā shìjiàn, shǒuxiān jiù shì yào bǎochí lǐzhì, lěngjìng fēnxī.

돌발 사건이 생기면, 우선은 이성을 잃지 말고 침착하게 분석해야 한다.

0355 历代 lìdài 역대 ☐☐☐

乾隆皇帝寿致89岁，在中国历代皇帝中享年最高。

Qiánlóng huángdì shòu zhì bāshíjiǔ suì, zài Zhōngguó lìdài huángdì zhōng xiǎngnián zuì gāo.

건륭 황제는 89세까지 살았는데, 중국 역대 황제 중에서 가장 장수했다.

💡 乾隆皇帝：본명은 爱新觉罗·弘历 Àixīnjuéluó Hónglì, 묘호는 高宗(Gāozōng)이다. 중국 청나라 제6대 황제(재위 1735~1995). 조부 강희제(康熙帝 Kāngxīdì)에 이어 정치·경제·문화적으로 '강희·건륭 시대'라는 청나라 최고 전성기를 이루었으며, 이 시기에 중국 문화가 유럽 사회에도 널리 알려졌다.

0356 立场 lìchǎng 입장, 태도, 관점 ☐☐☐

要学会站在别人的立场上考虑问题，这样就会减少争吵。

Yào xuéhuì zhànzài biérén de lìchǎng shang kǎolǜ wèntí, zhèyàng jiù huì jiǎnshǎo zhēngchǎo.

다른 사람의 입장에서 문제를 바라볼 수 있어야 하는데, 이렇게 하면 언쟁을 줄일 수 있다.

0357 立方 lìfāng 세제곱미터(㎥) ☐☐☐

我家每个月要用10立方的水。

Wǒ jiā měi ge yuè yào yòng shí lìfāng de shuǐ.

우리 집은 매달 10㎥의 물을 사용한다.

0358 立交桥 lìjiāoqiáo 입체 교차로 ☐☐☐

这座北京最大最高的立交桥"上地铁路立交桥"就将于年底通车。

Zhè zuò Běijīng zuì dà zuì gāo de lìjiāoqiáo "shàngdì tiělù lìjiāoqiáo" jiù jiāng yú niándǐ tōng chē.

베이징에서 가장 크고 가장 높은 입체 교차로인 '상띠 철로 입체 교차로'는 연말에 개통될 것이다.

0359 立体 lìtǐ 입체, 기하체

眼部的妆容很重要，如果要突出立体感，用眼线膏是不错的选择。

Yǎnbù de zhuāngróng hěn zhòngyào, rúguǒ yào tūchū lìtǐgǎn, yòng yǎnxiàngāo shì búcuò de xuǎnzé.

눈 주위의 화장도 중요한데, 만약에 입체감을 살리고 싶다면, 아이라인을 사용하는 것도 괜찮은 방법이다.

这幅画色泽鲜亮，整幅画给人的立体感也很强。

Zhè fú huà sèzé xiānliang, zhěng fú huà gěi rén de lìtǐgǎn yě hěn qiáng.

이 그림은 색채도 화려하고, 전체적인 그림이 주는 입체감도 뛰어나다.

명 입체적이다

最近3D立体电影越来越受到影迷的欢迎。

Zuìjìn sān D lìtǐ diànyǐng yuèláiyuè shòudào yǐngmí de huānyíng

최근에는 3D 입체 영화가 갈수록 영화 마니아들의 사랑을 받고 있다.

🐻 관련 표현

立体感 lìtǐgǎn 입체감 / 立体声 lìtǐshēng 스테레오

立体电影 lìtǐ diànyǐng 입체 영화 / 立体化 lìtǐhuà 입체화

立体镜 lìtǐjìng 입체경 / 立体交叉 lìtǐ jiāochā 입체 교차하다

立体动画 lìtǐ dònghuà 입체 만화

0360 利害 lìhài 이해, 이익과 손해 참고 利害得失 lìhài déshī 이해득실

他们之间有另外一种利害关系。

Tāmen zhījiān yǒu lìngwài yì zhǒng lìhài guānxi.

그들 사이엔 별도의 이해 관계가 개입되어 있다.

0361 联盟 liánméng 연맹, 동맹

美国共和党总统候选人麦凯恩，一直呼吁建立一个"民主联盟"。

Měiguó gònghédǎng zǒngtǒng hòuxuǎnrén Màikǎi'ēn, yìzhí hūyù jiànlì yí ge "mínzhǔ liánméng".

미국 공화당 대통령 후보인 맥케인(John McCain)은, 계속해서 '민주 연맹'을 만들자고 주장한다.

筷联盟 kuàiliánméng [신조어] 일회용 젓가락 사용을 반대하는 민간 환경 보호 단체

工农联盟 gōngnóng liánméng 노동 연맹

0362 良心 liángxīn 선량한 마음

说话做事得凭良心，不能做见利忘义的事。
Shuōhuà zuòshì děi píng liángxīn, bù néng zuò jiàn lì wàng yì de shì.
말도 행동도 양심에 따라서 해야지, 이익만 보고 의리 없이 해선 안 된다.

[단어] 见利忘义 jiàn lì wàng yì 성 사리사욕에 눈이 어두워 의리마저 저버리다

관련 표현

良心话 liángxīnhuà 양심적인 말

天理良心 tiān lǐ liáng xīn 성 양심과 선한 마음씨

0363 灵感 línggǎn 영감

据说，这幅画的灵感来自于牛郎和织女的故事。
Jùshuō, zhè fú huà de línggǎn láizìyú niúláng hé zhīnǚ de gùshi.
이 그림의 영감은 견우와 직녀 이야기에서 얻었다고 한다.

他喜欢在旅途中寻找写作的灵感。
Tā xǐhuan zài lǚtú zhōng xúnzhǎo xiězuò de línggǎn.
그는 여행하면서 글쓰기의 영감을 얻는 것을 좋아한다.

0364 灵魂 línghún 영혼, 혼, 양심

在我们的灵魂深处，总是住着"善"。
Zài wǒmen de línghún shēnchù, zǒngshì zhùzhe "shàn".
우리들의 영혼 깊숙한 곳에는, 언제나 '선'이 자리하고 있다.

那个少女两眼瞪得滚圆，毫无焦距，好像灵魂出窍了一半。
Nàge shàonǚ liǎng yǎn dèng de gǔnyuán, háowú jiāojù, hǎoxiàng línghún chūqiào le yíbàn.
그 소녀는 눈을 휑하니 뜨고 초점도 맞지 않는 것이, 혼이 반은 나간 것 같아.

我是这么想的，再穷也不能出卖灵魂。

Wǒ shì zhème xiǎng de, zài qióng yě bù néng chūmài línghún.

나는 말이야, 아무리 가난해도 영혼을 팔아선 안 된다고 생각해.

0365 凌晨 língchén 새벽녘, 이른 아침, 동틀 무렵 유의 黎明 límíng □□□

凌晨在江边散步感觉很棒，那里空气清新，素淡的桂花香
味儿迎面飘来。

Língchén zài jiāngbiān sànbù gǎnjué hěn bàng, nàli kōngqì
qīngxīn, sūdàn de guìhuā xiāngwèir yíngmiàn piāolái.

새벽에 강가를 산책하는 느낌은 참 좋아, 거긴 공기도 맑고 은은한 계화꽃 향기가 퍼지거든.

🐻 관련 표현

凌晨的星星 — 寥寥无几 헐후

língchén de xīngxing — liáo liáo wú jǐ

새벽 별 — 몇 개 안 되다 : (수가) 아주 적다, 아주 드물다

0366 领事馆 lǐngshìguǎn 영사관 참고 大使馆 dàshǐguǎn 대사관 □□□

我朋友在法国被抢了包，护照也丢了，就去领事馆补办了。

Wǒ péngyou zài Fǎguó bèi qiǎngle bāo, hùzhào yě diū le, jiù qù
lǐngshìguǎn bǔbàn le.

내 친구는 프랑스에서 가방을 소매치기 당했는데, 여권까지 잃어버려서, 영사관에 가서 재발급
받았어.

0367 领土 lǐngtǔ 영토, 국토 □□□

希波战争，就是古代波斯帝王为了扩张领土而大规模入侵
希腊的战争。

Xī Bō zhànzhēng, jiù shì gǔdài Bōsī dìwáng wèile kuòzhāng lǐngtǔ
ér dà guīmó rùqīn Xīlà de zhànzhēng.

그리스와 페르시아 전쟁은 고대 페르시아 제왕이 영토를 확장하기 위해 대규모로 그리스를 침략
한 전쟁이다.

🐻 관련 표현

领水 lǐngshuǐ 영수 / 领海 lǐnghǎi 영해

领空 língkōng 영공 / 领陆 lǐnglù 영토의 육지 부분

0368 领袖 lǐngxiù (国가·정당·단체 등의) 영수, 지도자, 영도인

他很有领袖气质，在人群中一下子就能分辨出来。
Tā hěn yǒu lǐngxiù qìzhì, zài rénqún zhōng yíxiàzi jiù néng fēnbiàn chulai.
그는 지도자 기질이 농후해 사람들 속에 섞여 있어도 금방 알아볼 수 있다.

领袖也是人，不能把他们当做神一样来膜拜。
Lǐngxiù yě shì rén, bù néng bǎ tāmen dāngzuò shén yíyàng móbài.
지도자도 사람이라고, 그들을 신처럼 떠받들지는 말라고.

[단어] 膜拜 móbài 부복하여 절하다

0369 流氓 liúmáng 건달, 깡패, 불량배, 무뢰한

[참고] 流氓兔 liúmángtù 마시마로(인터넷 만화 캐릭터)

流氓也是有档次的，就算是做流氓也要做个有品位的。
Liúmáng yě shì yǒu dàngcì de, jiù suàn shì zuò liúmáng yě yào zuò ge yǒu pǐnwèi de.
건달도 수준이 있는 거라고, 그러니 건달을 하더라도 품격 있게 하라고.

[단어] 档次 dàngcì (품질 등의) 등급, 등차

0370 炉灶 lúzào 부뚜막, 레인지, 아궁이

每天做完饭，要记得把溅到抽油烟机和炉灶上的油污擦去。
Měitiān zuòwán fàn, yào jìde bǎ jiàndào chōuyóuyānjī hé lúzào shang de yóuwū cāqù.
매일 밥하고 나서, 레인지 후드와 레인지에 튄 기름 얼룩을 닦아 주세요.

[단어] 溅 jiàn (액체가) 튀다 / 抽油烟机 chōuyóuyānjī (주방용) 후드, 레인지 후드, 환풍기

他们决定把原计划废了，另起炉灶。
Tāmen juédìng bǎ yuán jìhuà fèi le, lìng qǐ lú zào.
그들은 원래 계획은 취소하고, 새로운 일을 하기로 했다.

[단어] 另起炉灶 lìng qǐ lú zào 🔴 분가하다, 따로 상점 등을 차리다, 새로 시작하다

🔵 **관련 표현**

集装箱运轮船 jízhuāngxiāng yùnlúnchuán 컨테이너 운반선

不定期轮船 bú dìngqī lúnchuán 비정기선

134

载驳轮船 zàibó lúnchuán 바지선(밑바닥이 평평한 화물 운반선)

茶馆搬家 — 重起炉灶 〔헐후〕

cháguǎn bānjiā — chóng qǐ lú zào

찻집이 이사하다 — 주방을 새로 만들다 : 새로 시작하다

[단어] **炉灶** lúzào 炉子(부뚜막)와 灶(가마목)의 합칭

0371 **轮船** lúnchuán (증)기선 □□□

海港里停泊着一艘巨大的轮船。

Hǎigǎng li tíngbózhe yì sōu jùdà de lúnchuán.

항구에 거대한 배 한 척이 정박해 있다.

🐵 관련 표현

轮船上观海 — 无边无际 〔헐후〕

lúnchuán shang guān hǎi — wú biān wú jì

기선에서 바다를 보다 — 끝이 없다 : 끝없이 넓다. 일망무제하다

轮船上泼水 — 随波逐流 〔헐후〕

lúnchuán shang pō shuǐ — suí bō zhú liú

기선에서 물을 뿌리다 — 물결치는 대로 표류하다 : 남이 하는 대로 따라하다. 부화뇌동하다

十二艘轮船出海 — 四通八达 〔헐후〕

shí'èr sōu lúnchuán chūhǎi — sì tōng bā dá

배 12척이 출항하다 — 사방으로 통하다 : 교통이 매우 편리하다

0372 **轮廓** lúnkuò 윤곽, 테두리, 둘레의 선 □□□

体重在我的努力下渐渐下降，腹肌的轮廓慢慢显露出来。

Tǐzhòng zài wǒ de nǔlì xia jiànjiàn xiàjiàng, fùjī de lúnkuò mànmān xiǎnlùchulai.

나의 노력으로 체중이 점점 줄면서, 복부의 윤곽선이 서서히 살아나기 시작했다.

欢迎大家来到九寨沟，这里有大自然勾勒的最美的轮廓。

Huānyíng dàjiā láidào Jiǔzhàigōu, zhèli yǒu dàzìrán gōulè de zuì měi de lúnkuò.

여러분 지우자이거우(구채구)에 오신 것을 환영합니다. 이곳에는 자연이 그려 낸 가장 아름다운 실루엣이 있습니다.

[단어] **勾勒** gōulè (윤곽을) 간단히 그리다. 스케치하다

清晨，城市的轮廓在阳光的照射下一点一点地变得清晰起来。

Qīngchén, chéngshì de lúnkuò zài yángguāng zhàoshè xià yì diǎn yì diǎn de biàn de qīngxīqilai.

이른 아침, 도시의 윤곽이 햇살 아래 조금씩 조금씩 분명해지기 시작했다.

0373 轮胎 lúntāi 타이어, 타이어 튜브(tire tube) □□□

交通事故中，因轮胎质量问题引起的案例不在少数。

Jiāotōng shìgù zhōng, yīn lúntāi zhìliàng wèntí yǐnqǐ de ànlì bú zài shǎoshù.

교통사고 중에서, 타이어 품질 문제로 일어난 사례가 적지 않다.

[단어] **案例** ànlì 사례, (사건 · 소송 등의) 구체적인 예

0374 论坛 lùntán 논단, 칼럼, 포럼 □□□

第八届夏季达沃斯论坛将在中国天津举行。

Dìbā jiè xiàjì Dáwòsī lùntán jiāng zài Zhōngguó Tiānjīn jǔxíng.

제8회 하계 다보스(Davos) 포럼이 중국의 티엔진(천진)에서 열립니다.

tip 达沃斯论坛：다보스 포럼. 세계경제포럼(WEF：World Economic Forum)을 일컫는 말.
1981년부터 매년 1~2월 스위스의 고급 휴양지인 다보스에서 회의를 하기 때문에 일명 '다보스 회의' 라고도 불린다.

관련 표현

学术论坛 xuéshù lùntán 학술 칼럼
时事论坛 shíshì lùntán 시사 칼럼

0375 论证 lùnzhèng 논증 □□□

地球围绕太阳公转就是批评"地球中心说"的有力论证。

Dìqiú wéirào tàiyáng gōngzhuàn jiù shì pīpíng "dìqiú zhōngxīn shuō" de yǒulì lùnzhèng.

지구가 태양 주위를 공전한다는 것은 '지구 중심설'을 비판하는 중요한 논증이다.

0376 码头 mǎtou 부두, 선창, 상업이 발달한 도시

码头上的灯塔，为远方驶来的船舶指明了方向。

mǎtou shang de dēngtǎ, wèi yuǎnfāng shǐlái de chuánbó zhǐmíngle fāngxiàng.

부두의 등대는 멀리서 오는 선박에게 길잡이가 되어 준다.

草滩镇逐渐形成了渭河流域规模宏大的水陆码头。

Cǎotānzhèn zhújiàn xíngchéngle wèihé liúyì guīmò hóngdà de shuǐlù mǎtou.

차오탄진(초탄진)은 점점 위하 유역의 규모가 큰 수륙 교통이 편리한 상업 도시가 되었다.

[단어] **草滩镇** Cǎotānzhèn 陕西省(Shǎnxī Shěng) 소재의 도시. 명·청조 때 이름난 부두로, 상업이 발달했던 곳 / **渭河** wèihé 웨이흐어 강. 渭水(wèishuǐ)의 별칭. 총 길이 818km

🔵 **관련 표현**

泊船码头 bóchuán mǎtou 정박 부두

吃码头 chī mǎtou 부두에서 일하며 생계를 유지하다

船到码头车到站 — 停滞不前 `혈후`
chuán dào mǎtou chē dào zhàn — tíng zhì bù qián
배는 부두에 도착하고, 차는 역에 도착하다 — 멈춰서 나가지 않다 : 한숨 돌리다

0377 蚂蚁 mǎyǐ 개미

他急得像热锅上的蚂蚁一样跑来跑去。

Tā jí de xiàng règuō shang de mǎyǐ yíyàng pǎo lái pǎo qù.

그는 급한 나머지 뜨거운 가마 속의 개미처럼 이리저리 뛰어다니고 있다.

[단어] **热锅上的蚂蚁** règuō shang de mǎyǐ 뜨거운 솥 안의 개미. 갈팡질팡하며 허둥대다

0378 脉搏 màibó 맥박

一般人在说谎时脉搏会加快。

Yìbān rén zài shuōhuǎng shí màibó huì jiākuài.

보통 사람은 거짓말을 할 때 맥박이 빨라진다.

0379 漫画 mànhuà 만화

我想几米的漫画就有一种令人静下心来的力量。

Wǒ xiǎng Jǐmǐ de mànhuà jiù yǒu yì zhǒng lìng rén jìng xià xīn lái de lìliang.

내 생각엔 지미의 만화는 사람의 마음을 차분하게 하는 힘을 갖고 있는 것 같아.

tip 几米 : (Jimmy, 1958~) 본명은 廖福彬(Liào fúbīn). 대만의 유명 회화 작가.

0380 媒介 méijiè 매개자, 매개물, 매개체, 매체

骆驼是把MERS病毒传给人类的直接媒介，而蝙蝠才可能是该病毒的最初宿主。

Luòtuo shì bǎ MERS bìngdú chuángěi rénlèi de zhíjiē méijiè, ér biānfú cái kěnéng shì gāi bìngdú de zuìchū sùzhǔ.

낙타는 메르스 바이러스를 사람들에게 옮긴 직접적인 매체이지만, 박쥐야말로 아마도 이 바이러스의 최초 숙주일 것이다.

[단어] 中东呼吸综合征(MERS) zhōngdōng hūxī zōnghézhèng 메르스 / 蝙蝠 biānfú 박쥐

洪水过后的疟疾是广为人知的最典型的媒介传染病。

Hóngshuǐ guòhòu de nüèji shì guǎngwéi rénzhī de zuì diǎnxíng de méijiè chuánrǎnbìng.

홍수가 지나간 후의 학질은 널리 알려진 가장 전형적인 전염병 매체이다.

[단어] 疟疾 nüèji 학질, 말라리아

0381 迷信 míxìn 미신, 맹목적인 숭배

在偏僻的地方，封建迷信活动还很盛行。

Zài piānpì de dìfang, fēngjiàn míxìn huódòng hái hěn shèngxíng.

산간 벽지에서는 봉건 미신 활동이 아직 성행하고 있다.

동 미신을 믿다

都什么时代了，都这么迷信！

Dōu shénme shídài le, dōu zhème míxìn!

지금이 어떤 시대인데, 미신을 이렇게 신봉하는 거야!

0382 谜语 míyǔ 수수께끼

这个谜语真难，好多人都猜不出来。

Zhège míyǔ zhēn nán, hǎo duō rén dōu cāibuchūlái.

이 수수께끼는 너무 어려워 많은 사람들이 풀지 못한다.

0383 密度 mìdù 밀도

人口密度大的城市一般都集中在沿海地区。

Rénkǒu mìdù dà de chéngshì yìbān dōu jízhōngzài yánhǎi dìqū.

인구 밀도가 높은 도시는 보통 모두 연해 지역에 몰려 있다.

油的密度比水的密度小，所以会浮在水面上。

Yóu de mìdù bǐ shuǐ de mìdù xiǎo, suǒyǐ huì fúzài shuǐmiàn shang.

기름의 밀도는 물의 밀도보다 작아서, 물 위에 뜬다.

0384 棉花 miánhuā 솜, 목화, 면화

棉花作为传统的经济作物，种植历史非常悠久。

Miánhuā zuòwéi chuántǒng de jīngjì zuòwù, zhòngzhí lìshǐ fēicháng yōujiǔ.

면화는 전통적인 경제 작물로, 재배 역사가 아주 오래되었다.

新疆的长绒棉柔软透气，富有弹力和光泽，是棉花中的精品。

Xīnjiāng de chángróngmián róuruǎn tòuqì, fùyǒu tánlì hé guāngzé, shì miánhuā zhōng de jīngpǐn.

신지앙의 창롱미엔은 부드럽고 통기가 잘되며, 탄성이 풍부하고 광택이 좋은 면화 중의 명품이다.

[단어] 长绒棉 chángróngmián 중국 신지앙(新疆)의 대표 농산물인 개량종 면화의 일종. 섬유질이 가늘고 긴 원면으로 섬유 강도가 높아서 높은 번수의 직물과 일부 공업용사를 짜기에 적합함.

0385 面貌 miànmào 용모, 생김새, 면모

유의 面容 miànróng, 面目 miànmù

韩寒这个名字我不是没有听说过，可他的面貌却是没有看到过。

Hán Hán zhège míngzi wǒ bú shì méiyou tīngshuōguo, kě tā de miànmào què shì méiyou kàndàoguo.

한 한이라는 이름을 못 들어 본 것은 아니지만, 그 사람 얼굴은 아직 본 적이 없어.

tip 韩寒 : (1982~) 중국의 청년 작가. 주요 작품으로 《三重门》,《零下一度》,《他的国》등이 있다.

自从开展了新城市运动，大街小巷的面貌焕然一新。

Zìcóng kāizhǎnle xīn chéngshì yùndòng, dàjiē xiǎoxiàng de miànmào huàn rán yì xīn.

새마을 운동이 일어난 후에 마을 곳곳의 면모가 새롭게 변했다.

[단어] 焕然一新 huàn rán yì xīn 성 (사람·사물의) 면모가 새롭게 달라지다

面貌 vs 面容

面貌는 이목구비와 생김새에 중점을 두고, 面容은 사람의 얼굴에 나타난 표정과 건강 상태에 중점을 둔다. 面貌는 사물의 면모를 비유하기도 하지만, 面容에는 이 용법이 없다.

她的面貌很一般。
Tā de miànmào hěn yìbān.
그녀의 얼굴은 평범하게 생겼다.

一副严肃的面容 엄숙한 얼굴
yí fù yánsù de miànróng

县城面貌发生了重大变化。
Xiànchéng miànmào fāshēngle zhòngdà biànhuà.
현 소재지의 면모에 중대한 변화가 생겼다.

0386
面子 miànzi 체면, 면목 □□□

男人或多或少都会在意自己的面子，尤其在人多的地方。

Nánrén huò duō huò shǎo dōu huì zàiyì zìjǐ de miànzi, yóuqí zài rén duō de dìfang.

남자들은 어느 정도는 다 자신의 체면에 신경을 쓰는데, 특히 사람이 많은 곳에서 더 그렇다.

관련 표현

爱面子 ài miànzi 관용 체면 차리다

看在…的面子上 kànzài…de miànzi shang 관용 ~의 체면을 봐서, ~의 얼굴(정)을 봐서

丢面子 diū miànzi 관용 체면을 잃다 유의 多没面子 duō méi miànzi

留面子 liú miànzi 관용 체면을 세워 주다

140

0387 民间 mínjiān 민간, 비공식적 참고 官方 guānfāng 정부측

在民间广为流传着《董永和七仙女》美丽的古代爱情传说。

Zài mínjiān guǎngwéi liúchuánzhe《Dòng Yǒng hé Qīxiānnǚ》měilì de gǔdài àiqíng chuánshuō.

민간에는《동용과 칠선녀》라는 아름다운 고대의 사랑 이야기가 많이 퍼져 있다.

> **tip** 중국 고대 4대 전설 :《白蛇传 Báishézhuàn》,《董永和七仙女 Dòng Yǒng hé Qīxiānnǚ》,《柳毅传书 Liǔyì chuánshū》,《梁山伯与祝英台 Liáng Shānbó yǔ Zhù Yīngtái》

🐶 **관련 표현**

民间艺术 mínjiān yìshù 민간 예술 / **民间文学** mínjiān wénxué 민간 문학

民间资本 mínjiān zīběn 민간 자본 / **民间组织** mínjiān zǔzhī 민간 조직

0388 名次 míngcì 석차, 순위, 등수, 서열

考试就是对你这段时间复习成果的检测，不要在意具体的名次。

Kǎoshì jiù shì duì nǐ zhè duàn shíjiān fùxí chéngguǒ de jiǎncè, búyào zàiyì jùtǐ de míngcì.

시험은 곧 네가 이 기간 동안 복습을 얼마나 잘 했나 보는 것이니까, 몇 등인지는 신경 쓰지 말아라.

0389 名额 míng'é 정원, 인원수 [BCT1]

这次你能拿到为数不多的公费出国留学名额真是可喜可贺。

Zhè cì nǐ néng nádào wéi shù bù duō de gōngfèi chūguó liúxué míng'é zhēnshi kěxǐ kěhè.

이번에 네가 몇 명 안 되는 국비 유학생 명단에 들었다는 것만으로도, 정말이지 기뻐하고 축하할 만한 일이다.

名额有限，抓紧报名啦!

Míng'é yǒu xiàn, zhuājǐn bàomíng la!

인원 제한이 있으니, 얼른 등록하세요!

🐶 **관련 표현**

招生名额 zhāoshēng míng'é 학생 모집 정원

保送名额 bǎosòng míng'é 보증 추천 인원

0390 名誉 míngyù 명예, 명성 [BCT1] [참고] 名誉退休 míngyù tuìxiū 명예 퇴직

"人过留名，雁过留声"，别越年纪大了毁了自己的名誉。

"Rén guò liú míng, yàn guò liú shēng", bié yuè niánjì dàle huǐle zìjǐ de míngyù.

'사람은 죽어서 이름을 남기고, 호랑이는 죽어서 가죽을 남긴다'고 하잖아요, 나이 들수록 자신의 명예를 실추시키는 일을 하면 안 되겠죠.

[단어] 人过留名，雁过留声 Rén guò liú míng, yàn guò liú shēng [속담] 사람은 죽어서 이름을 남기고, 기러기는 지나가면 울음소리를 남긴다

0391 模范 mófàn 모범, 본보기 [유의] 榜样 bǎngyàng

他在公司是个模范员工，在家是个模范丈夫。

Tā zài gōngsī shì ge mófàn yuángōng, zài jiā shì ge mófàn zhàngfu.

그는 회사에서는 모범 사원이고, 집에서는 모범 남편이다.

형 모범이 되다

班长更应该模范地遵守学校规律。

Bānzhǎng gèng yīnggāi mófàn de zūnshǒu xuéxiào guīlǜ.

반장이면 더군다나 더 앞장서서 학교 규율을 지켜야지.

> **模范 vs 榜样**
> 模范은 주로 사람에게 많이 쓰이고, 榜样은 어떤 기준이 되거나 배울 만한 것을 말한다.
> 模范은 호칭으로도 쓰이지만, 榜样은 평가하고 인정하는 뜻으로만 쓰인다. 模范은 긍정적인 뜻으로만 쓰이고, 榜样은 좋은 뜻 나쁜 뜻으로 다 쓰인다.
>
> 模范教师 mófàn jiàoshī 모범 교사
> 劳动模范 láodòng mófàn 모범 근로자
>
> 学习的榜样 xuéxí de bǎngyàng 학습의 본보기
> 做…榜样 zuò … bǎngyàng ~의 본보기가 되다
> 好榜样 hǎo bǎngyàng 좋은 본보기

0392 模式 móshì (표준) 양식, 패턴, 모델 [BCT1]

晚间使用洗衣机时可以调到安静模式，避免产生噪音。

Wǎnjiān shǐyòng xǐyījī shí kěyǐ tiáodào ānjìng móshì, bìmiǎn chǎnshēng zàoyīn.

밤에 세탁기를 사용할 때는 '저소음 모드'로 바꾸면, 소음을 막을 수 있다.

这种传统的发展模式导致了自然生态恶化。

Zhè zhǒng chuántǒng de fāzhǎn móshì dǎozhìle zìrán shēngtài èhuà.

전통적인 발전 모델이 자연 생태의 악화를 초래했다.

0393 模型 móxíng 모형, 모본

□□□

前面的展览厅里展示的是本市发展规划的模型。

Qiánmiàn de zhǎnlǎntīng li zhǎnshì de shì běn shì fāzhǎn guīhuà de móxíng.

앞쪽 전시실에 전시되어 있는 것은 본 시의 발전 계획 모형이다.

0394 膜 mó 막

□□□

吃香肠的时候，去掉外面的那一层膜的话，会更美味。

Chī xiāngcháng de shíhou, qùdiào wàimiàn de nà yì céng mó dehuà, huì gèng měiwèi.

소시지를 먹을 때는, 겉에 붙어 있는 막을 한 겹 벗겨 내면, 더 맛있어.

掏耳朵的时候一定要注意别伤到耳膜。

Tāo ěrduo de shíhou yídìng yào zhùyì bié shāngdào ěrmó.

귀를 팔 때는 고막에 상처 내지 않도록 조심해야 해.

0395 魔鬼 móguǐ 마귀, 악마, 사탄

□□□

大灾难往往使人们更加相信超自然的东西，比如上帝，比如魔鬼。

Dà zāinàn wǎngwǎng shǐ rénmen gèngjiā xiāngxìn chāo zìrán de dōngxi, bǐrú shàngdì, bǐrú móguǐ.

큰 재난은 종종 사람들로 하여금 초자연적인 것을 믿게 만드는데, 예를 들면 하느님이라든가, 악마 같은 것이다.

🔞 비정상적이다

魔鬼身材 móguǐ shēncái 매우 뛰어난 몸매

魔鬼训练 móguǐ xùnliàn 스파르타식 훈련

扯掉画皮的恶鬼 — 凶相毕露 헐후

chědiào huàpí de èguǐ — xiōng xiàng bì lù

가면을 벗은 악귀 — 흉악한 몰골이 여지없이 드러나다 : 음흉한 정체가 낱낱이 드러나다

鬼子兵进村 — 鸡飞狗走 헐후

guǐzibīng jìn cūn — jī fēi gǒu zǒu

귀신 병사가 마을로 들어가다 — 닭은 날고 개는 달린다 : 매우 놀라고 당황하다, 매우 혼란스럽다

0396 **魔术** móshù 마술 □□□

看着克里斯安吉尔的魔术，人们不禁感叹。

Kànzhe Kèlǐsī Ānjié'ěr de móshù, rénmen bùjīn gǎntàn.

크리스 엔젤(Criss Angel)의 마술을 보면서 사람들은 감탄을 금치 못했다.

> tip 克里斯安吉尔 : (1967~) 미국의 마술사, 가수.

🔵 관련 표현

魔术师变戏法 — 眼疾手快 헐후

mòshùshī biàn xìfǎ — yǎn jí shǒu kuài

마술사가 마술을 부리다 — 눈치가 빠르고 손이 빠르다 : 동작이 아주 민첩하다

魔术师的本领 — 弄虚作假 헐후

mòshùshī de běnlǐng — nòng xū zuò jiǎ

마술사의 능력 — 속임수를 쓰고 거짓으로 꾸미다 : 그럴듯하게 꾸미다, 허위로 날조하다

0397 **墨水儿** mòshuǐr 먹물, 잉크, 지식, 학문 □□□

钢笔快没墨水儿了，你要用的话注意点儿。

Gāngbǐ kuài méi mòshuǐr le, nǐ yào yòng dehuà zhùyì diǎnr.

만년필 잉크가 다 되어 가니까, 쓸 때 조심해.

他一肚子墨水儿，可笨嘴拙舌。

Tā yí dùzi mòshuǐr, kě bèn zuǐ zhuō shé.

그는 아는 것은 많은데 말로 잘 풀어내지 못한다.

[단어] 笨嘴拙舌 bèn zuǐ zhuō shé 말재주가 없다

🔵 관련 표현

喝墨水儿 hē mòshuǐr 관용 글을 배우다, 학문이 있다

0398 模样 múyàng 모양, 모습, 상황, 가량 □□□

他现在的模样很像他的祖父。
Tā xiànzài de múyàng hěn xiàng tā de zǔfù.
그 친구의 지금 모습은 꼭 자기 할아버지 같군.

你们公司怎么落得这般模样呢?
Nǐmen gōngsī zěnme luò de zhè bān múyàng ne?
자네 회사는 어쩌다 이렇게 되었나?

今天上午有人来找过你，一个50岁模样的女人。
Jīntiān shàngwǔ yǒu rén lái zhǎoguo nǐ, yí ge wǔshí suì múyàng de nǚrén.
오늘 오전에 누군가 자넬 찾아왔는데, 50세쯤 되어 보이는 여자 분이었어.

🐻 관련 표현

大模大样 dà mú dà yàng 성 거들먹거리다

一模一样 yì mú yí yàng 성 똑같이 생기다

狐狸照镜子 — 怪模怪样 헐후
húli zhào jìngzi — guài mú guài yàng
여우가 거울을 보다 — 이상한 모습 : 괴상망측하다

0399 母语 mǔyǔ 모국어, 모어 □□□

对于那些母语不是汉语的少数民族，都可以有使用自己民族语言的权利。
Duìyú nàxiē mǔyǔ bú shì Hànyǔ de shǎoshù mínzú, dōu kěyǐ yǒu shǐyòng zìjǐ mínzú yǔyán de quánlì.
모국어가 중국어가 아닌 소수민족들은, 자신들의 민족 언어를 사용할 수 있는 권리가 있다.

0400 目光 mùguāng 시선, 눈길, 식견 □□□

看他目光躲闪的样子，肯定发生了什么事情。
Kàn tā mùguāng duǒshǎn de yàngzi, kěndìng fāshēng le shénme shìqing.
그가 눈빛을 피하는 걸 보니, 틀림없이 무슨 일이 일어난 거야.

[단어] 躲闪 duǒshǎn 몸을 살짝 피하다

他们的精彩表演吸引了游客的目光。

Tāmen de jīngcǎi biǎoyǎn xīyǐnle yóukè de mùguāng.

그들의 멋진 공연이 관광객의 시선을 사로잡았다.

最近几天的忙碌再一次提醒我，人应该目光远大。

Zuìjìn jǐtiān de mánglù zàiyícì tíxǐng wǒ, rén yīnggāi mùguāng yuǎndà.

요 며칠 동안의 바쁜 일정이 나에게 사람은 멀리 보아야 한다는 것을 다시금 깨우쳐 주었다.

👀 관련 표현

目光短浅 mù guāng duǎn qiǎn **성** 시야가 좁다, 안목이 좁다

目光如豆 mù guāng rú dòu **성** 눈이 콩알만하다, 식견이 좁다, 시야가 좁다

0401 **内涵** nèihán (언어에 담긴) 의미, 내용, 수양, 교양 **반의** 外延 wàiyán 외연 □□□

虽然我不是很懂诗，但我觉得这首诗缺少内涵。

Suīrán wǒ bú shì hěn dǒng shī, dàn wǒ juéde zhè shǒu shī quēshǎo nèihán.

제가 시에 대해 잘 아는 것은 아니지만, 이 시는 깊은 맛이 부족한 것 같군요.

他虽然话不多，但很有内涵。

Tā suīrán huà bù duō, dàn hěn yǒu nèihán.

그는 말수는 적어도, 속이 꽉 찬 사람이지요.

0402 **内幕** nèimù 내막, 속사정 □□□

▶주로 나쁜 것을 가리킨다.

好端端的公司一下子就倒闭了，这里好像有什么内幕。

Hǎoduānduān de gōngsī yíxiàzi jiù dǎobìle, zhèli hǎoxiàng yǒu shénme nèimù.

말짱했던 회사가 갑자기 도산하다니, 여기엔 뭔가 내막이 있는 것 같아.

0403 能量 néngliàng 에너지, 역량 □□□

参考 能量守恒定律 néngliàng shǒuhéng dìnglǜ 에너지 보존 법칙

对减肥最有效的运动就是有氧运动，尤其是消耗能量较多的运动。

Duì jiǎnféi zuì yǒuxiào de yùndòng jiù shì yǒuyǎng yùndòng, yóuqí shì xiāohào néngliàng jiào duō de yùndòng.

다이어트에 가장 좋은 운동은 유산소 운동으로, 특히 에너지 소모가 비교적 많은 운동이 좋다.

他拥有的能量绝对超过我们的想象。

Tā yōngyǒu de néngliàng juéduì chāoguò wǒmen de xiǎngxiàng.

그가 가지고 있는 역량은 절대적으로 우리의 상상을 뛰어넘는다.

0404 年度 niándù 연도 BCT1 □□□

大家请注意，报销不能跨年度，还没报销的员工25日之前必须报销。

Dàjiā qǐng zhùyì, bàoxiāo bù néng kuà niándù, hái méi bàoxiāo de yuángōng èrshíwǔ rì zhīqián bìxū bàoxiāo.

모두 주목하세요. 비용 정산은 해를 넘길 수 없으니까, 아직까지 비용 정산을 하지 않은 직원은 25일 전에 반드시 정산하세요.

[단어] 报销 bàoxiāo (사용 경비를) 청구하다, 정산하다

0405 纽扣儿 niǔkòur 단추 유의 扣子 kòuzi □□□

衣服上一个纽扣儿和其它的不一样，看起来特别别扭。

Yīfu shang yí ge niǔkòur hé qítā de bù yíyàng, kànqilai tèbié bièniu.

옷 단추 하나가 다른 것들이랑 달라서, 보기에 너무 거슬려요.

0406 农历 nónglì 음력 参考 阳历 yánglì 양력 □□□

在农村人们还是更习惯用农历来记日子。

Zài nóngcūn rénmen háishi gèng xíguàn yòng nónglì lái jì rìzi.

농촌에서 사람들은 여전히 음력으로 날짜를 계산하는 것에 더 익숙하다.

今天是十一月十二日，农历十月初一。

Jīntiān shì shíyī yuè shí'èr rì, nónglì shí yuè chūyī.

오늘은 11월 12일, 음력 10월 초하루입니다.

0407 奴隶 núlì 노예 □ □ □

我们不能做金钱的奴隶，应该树立正确的价值观。

Wǒmen bù néng zuò jīnqián de núlì, yīnggāi shùlì zhèngquè de jiàzhíguān.

우리는 금전의 노예가 되어서는 안 되고, 당연히 올바른 가치관을 수립해야 한다.

0408 偶像 ǒuxiàng 우상 □ □ □

周总理是我的偶像，我非常敬佩他。

Zhōu zhǒnglǐ shì wǒ de ǒuxiàng, wǒ fēicháng jìngpèi tā.

저우 총리는 나의 우상으로, 나는 그분을 대단히 존경한다.

tip 周恩来 : (1898~1976) 중국의 혁명 1세대로 외교가, 정치가, 혁명가이다. 중화인민공화국 수립
이후 국무원 총리를 역임했으며, 중국 국민들의 추앙을 받는 정치가이다.

0409 派别 pàibié (학술·종교·정당 등의) 파벌, 파(派), 유파 □ □ □

참고 派别斗争 pàibié dòuzhēng 파벌 싸움

不同派别的人为了共同的目标也可以坐在一起商量问题。

Bù tóng pàibié de rén wèile gòngtóng de mùbiāo yě kěyǐ zuòzài yìqǐ shāngliang wèntí.

파벌이 다른 사람이라도 공통 목표를 위해서라면 같이 모여 문제를 상의할 수 있다.

0410 畔 pàn (강·호수·도로 등의) 가, 가장자리, 부근 □ □ □

湖畔传来一阵阵低沉的大提琴声。

Húpàn chuánlái yí zhènzhèn dīchén de dàtíqín shēng.

호숫가에 낮은 첼로 소리가 간간히 들려왔다.

他喜欢在河畔一边欣赏盛开的荷花，一边画画。

Tā xǐhuan zài hépàn yìbiān xīnshǎng shèngkāi de héhuā, yìbiān huàhuà.

그는 강변에서 연꽃을 감상하며 그림 그리는 것을 좋아한다.

0411 泡沫 pàomò (물)거품, 포말 [참고] 泡沫经济 pàomò jīngjì 거품 경제

☐☐☐

喝啤酒嘛，带点儿泡沫更好喝。

Hē píjiǔ ma, dài diǎnr pàomò gèng hǎohē.

맥주를 마실 땐, 거품이 좀 있어야 맛이 더 좋다고.

中国正在经历全世界规模最大的房地产市场泡沫。

Zhōngguó zhèngzài jīnglì quán shìjiè guīmó zuì dà de fángdìchǎn shìchǎng pàomò.

중국은 전 세계적으로 규모가 가장 큰 부동산 시장의 거품을 맛보고 있다.

0412 配偶 pèi'ǒu 배필, 배우자, 반려자

☐☐☐

如果没有结婚，那么请在"配偶"一栏里写"无"。

Rúguǒ méiyou jiéhūn, nàme qǐng zài "pèi'ǒu" yì lán li xiě "wú".

결혼 안 하셨으면, '배우자'란에 '무'라고 써 주세요.

到底什么样的人才是你心中的理想配偶呢?

Dàodǐ shénme yàng de rén cái shì nǐ xīnzhōng de lǐxiǎng pèi'ǒu ne?

도대체 어떤 사람이 네가 마음에 두고 있는 이상적인 배우자냐?

0413 盆地 péndì 분지

☐☐☐

四川地区由于是盆地的地形，晴天的天数很少。

Sìchuān dìqū yóuyú shì péndì de dìxíng, qíngtiān de tiānshù hěn shǎo.

쓰촨 지역은 분지 지형의 원인으로, 맑은 날이 거의 없다.

0414 皮革 pígé 피혁, 가죽

☐☐☐

限制皮革交易才能真正地保护濒危动物。

Xiànzhì pígé jiāoyì cái néng zhēnzhèng de bǎohù bīnwēi dòngwù.

피혁 무역을 제한해야만, 진정으로 멸종 위기의 동물을 보호할 수 있다.

[단어] 濒危动物 bīnwēi dòngwù 멸종 위기에 처한 동물

0415 屁股 pìgu 궁둥이, 엉덩이, 둔부

小时候，一不听话爸爸就打我屁股。
Xiǎoshíhou, yí bù tīnghuà bàba jiù dǎ wǒ pìgu.
어릴 땐, 말을 안 들으면 아빠가 바로 내 엉덩이를 때리셨다.

🗣 관련 표현

屁股上挂香水 ── 一文不值 헐후
pìgu shang guà xiāngshuǐ ── yì wén bù zhí
엉덩이에 향수를 걸다 ── 한 푼어치의 가치도 없다 : 전혀 가치 없다

屁股坐到针毡上 ──惴惴不安 헐후
pìgu zuòdào zhēnzhān shang ── zhuì zhuì bù ān
엉덩이를 바늘 방석에 대고 앉다 ── 벌벌 떨며 불안해하다 : (무섭거나 걱정되어서) 마음이 불안하다

推小车扭屁股 ──身不由己 헐후
tuī xiǎochē niǔ pìgu ── shēn bù yóu jǐ
수레를 밀며 엉덩이를 흔들다 ── 몸이 자기 마음대로 되지 않다 : 자신도 어찌할 수 없다

[단어] 小车 xiǎochē 일륜차, 바퀴가 한 개 달린 수레

0416 偏差 piānchā 편차, 오차, 오류

西格玛是统计学里的一个单位，表示与平均值的标准偏差。
Xīgémǎ shì tǒngjìxué li de yí ge dānwèi, biǎoshì yǔ píngjūnzhí de biāozhǔn piānchā.
시그마는 통계학의 단위로, 표본과의 표준 편차를 나타낸다.

箭在飞行过程中出现了偏差，没有命中靶心。
Jiàn zài fēixíng guòchéng zhōng chūxiànle piānchā, méiyou mìngzhòng bǎxīn.
활이 날아가는 동안 편차가 생겨, 과녁에 명중하지 못했다.

0417 偏见 piānjiàn 편견, 선입견

참고 傲慢与偏见 àomàn yǔ piānjiàn 오만과 편견

说电视导演拍不好电影也是一种偏见。
Shuō diànshì dǎoyǎn pāibuhǎo diànyǐng yě shì yì zhǒng piānjiàn.
드라마 감독이 영화를 잘 못 찍는다는 것은 일종의 편견이다.

我认为"宅男找不到女朋友"是一种带有偏见的说法。
Wǒ rènwéi "zhǎinán" zhǎobudào nǚpéngyou shì yì zhǒng dàiyǒu piānjiàn de shuōfǎ.

나는 '히키코모리는 여자 친구를 못 만날 것이다'라는 건 편견이 들어간 말이라 생각해.

[단어] **宅男** zhǎinán 은둔형 외톨이(히키코모리), 사회 생활에 적응하지 못하고 집안에만 틀어박혀 사는 병적인 사람들을 일컫는 용어. 주로 남성을 가리킴.

□□□

0418 片断 piànduàn 토막, 단편, 부분, 일부, 단락

好好整理这些生活中的片断，写一篇漂亮的长篇小说。
Hǎohāo zhěnglǐ zhèxiē shēnghuó zhōng de piànduàn, xiě yì piān piàoliang de chángpiān xiǎoshuō.

생활 속의 에피소드를 잘 정리해서, 멋진 장편 소설을 써 봐요.

형 단편적인, 불완전한

你的解释在我的脑海中都是片断的，无法形成一个整体。
Nǐ de jiěshì zài wǒ de nǎohǎi zhōng dōu shì piànduàn de, wúfǎ xíngchéng yí ge zhěngtǐ.

너의 설명은 내 머릿속에서 산발적으로 퍼져 있어. 도무지 한 덩어리로 정리가 안 돼.

你就是我最精彩的片段，我永远不会忘记。
Nǐ jiù shì wǒ zuì jīngcǎi de piànduàn, wǒ yǒngyuǎn bú huì wàngjì.

당신은 나의 가장 멋진 기억이에요. 난 영원히 잊지 못할 거예요.

□□□

0419 片刻 piànkè 잠깐, 잠시 **반의** 许久 xǔjiǔ 오랜 시간, 한참

队伍休息了片刻之后，马上又出发了。
Duìwu xiūxile piànkè zhīhòu, mǎshàng yòu chūfā le.

대오는 잠시 휴식을 취한 후에, 바로 또 출발했다.

□□□

0420 频率 pínlǜ 빈도(수), 주파수 [BCT1]

该频率音乐节目的累计收听率超过10%。
Gāi pínlǜ yīnyuè jiémù de lěijì shōutīnglǜ chāoguò bǎifēnzhī shí.

이 주파수의 음악 방송은 누적 청취율이 10%를 넘었다.

最近，他在我脑海里出现的频率越来越高了。

Zuìjìn, tā zài wǒ nǎohǎi li chūxiàn de pínlǜ yuèláiyuè gāo le.

최근에 그가 내 머릿속에 떠오르는 빈도수가 갈수록 늘고 있다.

□□□

0421 品德 pǐndé 인품과 덕성(德性), 품성 유의 品质 pǐnzhì

我们要学习雷锋舍己救人的崇高品德。

Wǒmen yào xuéxí Léi fēng shě jǐ jiù rén de chónggāo pǐndé.

우리는 레이펑의 살신성인의 숭고한 품성을 배워야 한다.

[단어] 舍己救人 shě jǐ jiù rén 자신을 희생하여 남을 구하다

□□□

0422 品质 pǐnzhì 품성, (상품의) 품질, 질 BCT1 유의 品德 pǐndé

他虽然能力很强，但道德品质非常差劲。

Tā suīrán nénglì hěn qiáng, dàn dàodé pǐnzhì fēicháng chàjìn.

그는 능력은 뛰어나지만, 도덕성은 형편없다.

[단어] 道德品质 dàodé pǐnzhì 도덕적 인품, 도덕성

我们厂里生产的洗衣机品质一流。

Wǒmen chǎng li shēngchǎn de xǐyījī pǐnzhì yīliú.

우리 공장에서 생산하는 세탁기는 품질이 일류이다.

品质 vs 品德

品质는 사람의 행동이나 일하는 스타일에서 나오는 것으로, 선천적으로 타고난 의지, 인내심, 세심함, 침착함 등의 본성을 말하고, 品德는 후천적으로 만들어진 본성을 뜻한다. 品质와 品德는 상황에 따라 호환할 수 있다. 品质는 '품질'의 뜻으로 쓰이기도 한다.

崇高品德 chónggāo pǐndé 숭고한 인품
好品德(品质) hǎo pǐndé(pǐnzhì) 좋은 품성

道德品质 dàodé pǐnzhì 도덕성
品质优良 pǐnzhì yōuliáng 품질이 우수하다

□□□

0423 品种 pǐnzhǒng 품종, 제품 종류 BCT1

大型超市里商品品种齐全，质量可靠。

Dàxíng chāoshì li shāngpǐn pǐnzhǒng qíquán, zhìliàng kěkào.

대형 슈퍼마켓에는 상품도 구색이 맞고, 품질도 믿을 만하다.

0424 平面 píngmiàn 평면

참고 **平面设计** píngmiàn shèjì 평면적인 광고디자인

本讲主要介绍画建筑平面图的方法。
Běn jiǎng zhǔyào jièshào huà jiànzhù píngmiàntú de fāngfǎ.
본 강좌에서는 주로 건축 평면도를 그리는 방법에 대해 소개합니다.

0425 平原 píngyuán 평원 참고 **高原** gāoyuán 고원

自古以来，平原都是人类文明发源的地方。
Zìgǔ yǐlái, píngyuán dōu shì rénlèi wénmíng fāyuán de dìfang.
자고 이래, 평원은 모두 인류 문명이 시작된 곳이다.

亚马逊平原是世界上面积最大的平原。
Yàmǎxùn píngyuán shì shìjiè shang miànjī zuì dà de píngyuán.
아마존 평원은 세계에서 면적이 가장 넓은 평원이다.

0426 屏幕 píngmù 영사막, 스크린

电脑屏幕上的字突然变大了。
Diànnǎo píngmù shang de zì tūrán biàndà le.
컴퓨터 화면의 글자가 갑자기 커졌다.

我的手机用了不到一个月，手机屏幕就失灵了。
Wǒ de shǒujī yòngle bú dào yí ge yuè, shǒujī píngmù jiù shīlíng le.
내 휴대 전화는 사용한 지 한 달도 안 되었는데, 휴대 전화 화면이 작동이 안 돼.

0427 屏障 píngzhàng 장벽, 보호벽

这道天然屏障消失之后，北京就暴露在敌军的炮火之下。
Zhè dào tiānrán píngzhàng xiāoshī zhīhòu, Běijīng jiù bàolùzài díjūn de pàohuǒ zhīxià.
이 자연적인 보호벽이 소실된 후, 베이징은 곧 적군의 포화에 노출됐다.

关中的北山和秦岭是大西安的自然屏障。
Guānzhōng de běishān hé qínlǐng shì dà Xī'ān de zìrán píngzhàng.
관중 평원의 북산과 진령은 대 서안의 자연 보호벽이다.

tip 关中 : 산시 성(陕西省)에 있는 关中平原을 말함. 渭河平原(wèihé píngyuán)이라고도 함.

0428 坡 pō (~儿) 비탈, 언덕 ■■■

上坡的时候需要使劲地蹬车才可以。

Shàng pō de shíhou xūyào shǐjìn de dēngchē cái kěyǐ.

언덕을 올라갈 때는 페달을 힘껏 밟아야만 해요.

长城部分地段坡度很大，最好穿旅游鞋，女士不要穿高跟鞋。

Chángchéng bùfen dìduàn pōdù hěn dà, zuìhǎo chuān lǚyóuxié,
nǚshì búyào chuān gāogēnxié.

만리장성은 부분적으로 경사가 심한 곳이 있으니, 여행용 신발을 신는 게 좋아요. 여성분들은 하이힐을 신지 마시고요.

> 🐻 **관련 표현**

走下坡路 zǒu xià pō lù `관용` 내리막길을 걷다, 날로 못해지다

老牛爬坡 — 筋疲力尽 lǎo niú pá pō — jīn pí lì jìn `헐후`

늙은 소가 언덕을 오르다 — 너무나 피곤해서 힘이 하나도 없다 : 기진맥진하다, 녹초가 되다

泥石流下坡 — 势不可挡 níshíliú xiàpō — shì bù kě dǎng `헐후`

산사태가 밀려 내려오다 — 힘이 세서 막을 수가 없다 : 세찬 기세를 막아 낼 수 없다

0429 魄力 pòlì 박력, 패기, 기백 ■■■

男孩子总是希望在女孩子面前展现自己的魄力。

Nán háizi zǒngshì xīwàng zài nǚháizi miànqián zhǎnxiàn zìjǐ de pòlì.

남자아이는 늘 여자아이 앞에서 자신의 패기를 보여 주고 싶어 한다.

虽然她是个女人，但太有魄力了。

Suīrán tā shì ge nǚren, dàn tài yǒu pòlì le.

그녀는 여자이지만, 카리스마가 넘친다.

0430 瀑布 pùbù 폭포수, 폭포 ■■■

维多利亚瀑布是非洲最大的瀑布，也是世界上最大、最美丽和最壮观的瀑布之一。

Wéiduōlìyà pùbù shì Fēizhōu zuì dà de pùbù, yě shì shìjiè shang
zuì dà、zuì měilì hé zuì zhuàngguān de pùbù zhī yī.

빅토리아 폭포는 아프리카에서 가장 큰 폭포이며, 세계에서 가장 크고 가장 아름답고 가장 멋진 폭포 중의 하나이다.

> 🔵 **tip** 维多利亚瀑布(Victoria Falls) : 아프리카의 잠베지 강(Zambezi : 三比西河) 중류에 있는 폭포로 폭 1690미터, 높이 108미터에 이른다.

0431 期限 qīxiàn 기한, 시한 BCT1

还贷款的期限快到了，你有办法吗?

Huán dàikuǎn de qīxiàn kuài dào le, nǐ yǒu bànfǎ ma?

대출금 상환 기한이 곧 닥치는데, 당신 방법 있어요?

你知道这份档案的保管期限是多久吗?

Nǐ zhīdào zhè fèn dàng'àn de bǎoguǎn qīxiàn shì duō jiǔ ma?

이 서류 보관 시한이 얼마나 긴지 아세요?

0432 旗袍 qípáo 치파오

现在旗袍重新在上流社会中流行开来。

Xiànzài qípáo chóngxīn zài shàngliú shèhuì zhōng liúxíngkailai.

지금 치파오가 다시 상류 사회에서 유행하기 시작했다.

tip 旗袍 : 중국 여성이 입는 원피스. 원래 만주족 여인들이 입었으나 후에 여성복으로 대중화 되었다.

0433 旗帜 qízhì 기, 깃발, 본보기, 기치

今天公司开业，炮声隆隆，门前旗帜飘扬。

Jīntiān gōngsī kāiyè, pàoshēng lónglóng, mén qián qízhì piāoyáng.

오늘은 회사 개업을 하는 날이라, 폭죽 소리가 난무하고, 정문 앞에는 깃발이 펄럭이고 있다.

tip 중국에서는 개업식이나 결혼식을 하는 날, 대량의 폭죽을 터뜨린다.

胡适成为中国自由主义的旗帜性人物。

Hú shì chéngwéi Zhōngguó zìyóu zhǔyì de qízhìxìng rénwù.

후스는 중국 자유주의의 상징적인 인물이 되었다.

tip 胡适 : (1891~1962) 중국의 문학가. 사상가. 베이징 대학 재직 시, 백화 문학을 제창하여 구어 문학에 의한 현대화에 노력. 1948년 미국으로 망명, 그 후 대만과 미국에서 활동함.

革命军高举胜利的旗帜，走在游行庆祝队伍的最前面。

Gémìngjūn gāojǔ shènglì de qízhì, zǒuzài yóuxíng qìngzhù duìwù de zuì qiánmiàn.

혁명군은 승리의 깃발을 높이 들고, 축하 퍼레이드 행렬의 맨 앞에서 걷고 있다.

中华民族要全面实现现代化，鲁讯将是一面不可淡忘的精神旗帜。

Zhōnghuá mínzú yào quánmiàn shíxiàn xiàndàihuà, Lǔ Xùn jiāng shì yímiàn búkě dànwàng de jīngshén qízhì.

중화민족이 현대화를 전면적으로 실현하는데 있어, 루쉰(노신)은 잊지 못할 정신적 기치가 되었다.

[단어] 淡忘 dànwàng 기억이 흐려져 잊혀 지다, 인상이 점점 사라지다

0434 乞丐 qǐgài 거지, 비렁뱅이, 동냥아치 □□□

在武侠小说中，乞丐们组成的丐帮是最大的帮派。

Zài wǔxiá xiǎoshuō zhōng, qǐgàimen zǔchéng de gàibāng shì zuì dà de bāngpài.

무협 소설에서는, 거지들이 모여 만든 거지파가 가장 큰 파벌이 되더라고.

🗣 관련 표현

乞丐的衣服 — 破绽百出 [헐후]

qǐgài de yīfu — pò zhàn bǎi chū

거지의 옷 — 구멍이 숭숭 뚫리다 : (말이나 일에) 허점이 많다

乞丐拾着黄金 — 乐不可支 [헐후]

qǐgài shízháo huángjīn — lè bù kě zhī

거지가 황금을 줍다 — 좋아서 못 견디다 : 좋아 죽을 지경이다

大街上的乞丐 — 蓬头垢面 [헐후]

dàjiē shang de qǐgài — péng tóu gòu miàn

거리의 거지 — 머리카락이 마구 헝클어지고 얼굴에 땟물이 흐르다 : 외관이 단정치 못하고 지저분하다

0435 启事 qǐshì 광고, 공고 [BCT1] □□□

你难道没有看到布告栏里贴的寻物启事吗？

Nǐ nándào méiyou kàndào bùgàolán li tiē de xúnwù qǐshì ma?

너는 게시판에 붙어 있는 물건 찾는 공고를 못 본 거야?

我想在网络上登个征婚启事。

Wǒ xiǎng zài wǎngluò shang dēng ge zhēnghūn qǐshì.

나는 인터넷에 구혼 광고를 내고 싶어.

更名启事 gēngmíng qǐshì 개명 광고

更正启事 gēngzhèng qǐshì 정정 공고

求购启事 qiúgòu qǐshì 구매 희망 공고

0436 起初 qǐchū 처음, 최초 **유의** 最初 zuìchū □□□

起初我也不相信，但打完电话确认后我相信了。

Qǐchū wǒ yě bù xiāngxìn, dàn dǎwán diànhuà quèrèn hòu wǒ xiāngxìn le.

처음엔 나도 못 믿었는데, 전화 확인을 한 후에 믿게 되었어.

0437 起源 qǐyuán 기원 **유의** 发源 fāyuán □□□

地球上生命起源是一个进化的过程。

Dìqiú shàng shēngmìng qǐyuán shì yí ge jìnhuà de guòchéng.

지구상에서의 생명의 기원은 진화의 과정이다.

동 기원하다

▶ 이때 '起源于 qǐyuányú' 형식으로 많이 쓴다.

从生命的起源到生命的消亡，都有着一定的规律。

Cóng shēngmìng de qǐyuán dào shēngmìng de xiāowáng, dōu yǒuzhe yídìng de guīlǜ.

생명의 기원에서 생명의 소멸까지, 일정한 규칙이 있다.

0438 气概 qìgài 기개 **유의** 气势 qìshì, 气魄 qìpò □□□

消防战士面对火海，表现出了不怕苦、不怕死的英雄气概。

Xiāofáng zhànshì miànduì huǒhǎi, biǎoxiànchūle bú pà kǔ、bú pà sǐ de yīngxióng qìgài.

소방대원들은 불바다 앞에서 고생도 마다않고, 죽음도 불사하는 영웅의 기개를 보여 주었다.

0439 气功 qìgōng 기공 □□□

我哥哥练了三年气功，身体比以前好多了。

Wǒ gēge liànle sān nián qìgōng, shēntǐ bǐ yǐqián hǎoduō le.

우리 오빠는 3년 동안 기공을 했는데, 건강이 전보다 많이 좋아졌어.

> **tip** 气功 : '기(氣)'에 공(功)을 들인다는 뜻의 기공은 몸 안에 흐르는 '기'라는 생체 에너지의 흐름을
> 부드럽고 원활하게 하는 중국의 전통 자기 치유 체계를 말한다. 중국에서는 건강 유지와 장수를
> 위해 약 7천 년 전부터 기공을 사용해 왔다. 1950년대부터 중국에서 기공이 종교적인 것에서 분
> 리되어 보편화되었다.

0440 气魄 qìpò 기백, 패기 유의 气概 qìgài □□□

他工作泼辣，头脑灵活，办事有气魄。

Tā gōngzuò pōlà, tóunǎo línghuó, bàn shì yǒu qìpò.

그는 화끈하게 일하고, 머리가 잘 돌아가며, 박력 있게 일 처리를 한다.

0441 气色 qìsè 안색, 혈색, 기색 □□□

这几天她气色不太好，是不是她的胃病又犯了?

Zhè jǐ tiān tā qìsè bú tài hǎo, shì bu shì tā de wèibìng yòu fàn le?

요즈음 저 애 안색이 안 좋은데, 위장병이 또 재발한 거 아냐?

0442 气势 qìshì (사람 또는 사물의) 기세 유의 气概 qìgài □□□

天安门是一座气势雄伟的建筑。

Tiān'ānmén shì yí zuò qìshì xióngwěi de jiànzhù.

천안문은 기세가 웅장한 건축물이다.

一进门，老总就气势汹汹地大吼起来。

Yí jìn mén, lǎozǒng jiù qì shì xiōng xiōng de dà hǒuqilai.

문에 들어서자마자, 사장님께서 기세등등하게 호령을 하셨다.

[단어] **气势汹汹** qì shì xiōng xiōng 성 서슬이 시퍼렇다, 노기등등하다

158

气势 vs 气概

气势는 사물에서 풍기는 힘이나 세력 등을 표현하고, 气概는 한 개인이 중대한 문제나 위급한 상황에 직면했을 때 보여 주는 태도, 행동, 정신 상태 등을 표현한다. 气势가 사람에게 쓰일 때는 부정적으로 쓰이는 경우가 많다.

势不可当的气势 shì bù kě dāng de qìshì 막을 수 없는 기세
气势咄咄逼人 qìshì duōduō bīrén 기세가 등등하여 사람을 짓누르다

英雄气概 yīngxióng qìgài 영웅의 기개
英勇气概 yīngyǒng qìgài 용감한 기개

☐☐☐

0443 气味 qìwèi 냄새, 취미, 분위기

刚才闻到一丝很熟悉的清香，想了好久，才记起是栀子花的气味。

Gāngcái wéndào yì sī hěn shúxī de qīngxiāng, xiǎngle hǎo jiǔ, cái jìqǐ shì zhīzǐhuā de qìwèi.

방금 전에 아주 익숙한 향기를 맡았는데, 한참을 생각한 후에야, 치자꽃 냄새인 게 생각났어.

他们可是年龄相仿而又是气味相投的一对儿。

Tāmen kě shì niánlíng xiāngfǎng ér yòu shì qìwèi xiāngtóu de yíduìr.

저 친구들은 나이도 엇비슷하고 취미까지 잘 맞는 한 쌍이야.

[단어] **相仿** xiāngfǎng 대체로 비슷하다, 엇비슷하다 / **相投** xiāngtóu (사상·감정·취미·성격 등이) 서로 맞다, 의기투합하다

浓浓的火药气味弥漫在空气之中，战争就快要爆发了。

Nóngnóng de huǒyào qìwèi mímànzài kōngqì zhīzhōng, zhànzhēng jiù kuàiyào bàofā le.

진한 화약 냄새가 공기 중에 진동하고 있어, 전쟁이 곧 시작될 거야.

☐☐☐

0444 气象 qìxiàng 기상, 기상학, 상황 [참고] **气象台** qìxiàngtái 기상대

最近气象难测，连气象专家们一时对节日的天气也难以捉摸。

Zuìjìn qìxiàng nán cè, lián qìxiàng zhuānjiāmen yìshí duì jiérì de tiānqì yě nányǐ zhuōmō.

최근에는 기상 예측을 하기 힘들어, 기상 전문가들도 명절 날씨가 어떠할지 전망하기 힘들어.

[단어] **捉摸** zhuōmō 추측하다, 짐작하다

到处都是一派丰收的喜庆气象。
Dàochù dōu shì yí pài fēngshōu de xǐqìng qìxiàng.
곳곳이 모두 풍년의 즐거운 분위기로 휩싸여 있다.

0445 气压 qìyā 대기압

同纬度下，气压在平原和高原地区是不同的。
Tóng wěidù xià, qìyā zài píngyuán hé gāoyuán dìqū shì bù tóng de.
동일 위도에서는, 기압이 평원과 고원 지역에서 다르게 나타난다.

0446 气质 qìzhì 기질, 성미, 품격

他有几分艺术家的气质。
Tā yǒu jǐ fēn yìshùjiā de qìzhì.
그에게는 어느 정도 예술가적인 기질이 있다.

我觉得她气质很好，外柔内刚。
Wǒ juéde tā qìzhì hěn hǎo, wài róu nèi gāng.
그녀는 풍기는 이미지가 좋고, 외유내강이 느껴진다.

0447 器材 qìcái 기자재, 기재, 기구

为了筹办好演唱会，光器材就装了好几十个箱子。
Wèile chóubànhǎo yǎnchànghuì, guāng qìcái jiù zhuāngle hǎo jǐshí
ge xiāngzi.
콘서트 준비를 잘하기 위해, 기자재만도 몇 십 상자를 실었다.

[단어] **筹办** chóubàn 기획하고 처리하다

0448 器官 qìguān (생물체의) 기관 [참고] 感觉器官 gǎnjué qìguān 감각 기관

小孩子的眼睛和其他器官一样，非常娇嫩，尚未发育完善。
Xiǎoháizi de yǎnjing hé qítā qìguān yíyàng, fēicháng jiāonèn,
shàng wèi fāyù wánshàn.
어린아이의 눈은 다른 기관과 마찬가지로, 아주 연약하고 발육이 충분히 되지 않았다.

[단어] **娇嫩** jiāonèn 여리다, 가냘프다

0487 散文 sǎnwén 산문

□□□

▶시, 소설, 희곡 이외의 문학 작품으로 잡문, 소품문, 수필, 기행문 등을 포함한다.

他最擅长的就是散文，他的散文经常在报纸上发表。

Tā zuì shàncháng de jiù shì sǎnwén, tā de sǎnwén jīngcháng zài bàozhǐ shang fābiǎo.

그 친구가 가장 잘 쓰는 것이 산문이거든, 그의 산문은 자주 신문에 발표돼.

0488 嫂子 sǎozi 형수

□□□

哥哥和嫂子结婚已经十年了，夫妻俩仍然恩恩爱爱，如胶似漆。

Gēge hé sǎozi jiéhūn yǐjing shí nián le, fūqī liǎ réngrán ēnen'àiài, rú jiāo sì qī.

형과 형수는 결혼한 지 벌써 10년이 되었는데, 부부가 여전히 금슬이 좋고 찰떡궁합이다.

[단어] 如胶似漆 rú jiāo sì qī 성 (남녀 간의) 정이 깊어서 갈라놓을 수 없다

0489 山脉 shānmài 산맥

□□□

翻过对面那座山脉，就是传说中的香格里拉。

Fānguò duìmiàn nà zuò shānmài, jiù shì chuánshuō zhōng de Xiānggélǐlā.

맞은편 산맥을 넘어가면 말로만 듣던 샹그리라이다.

[단어] 香格里拉 Xiānggélǐlā 영국 소설《잃어버린 지평선》에 묘사된 유토피아.

0490 商标 shāngbiāo 상표 [BCT2] 참고 商标权 shāngbiāoquán 상표권

□□□

注册商标，这是保护自己产品最好的方式。

Zhùcè shāngbiāo, zhè shì bǎohù zìjǐ chǎnpǐn zuìhǎo de fāngshì.

상표 등록을 하는 것은, 자신의 상품을 보호하는 가장 좋은 방식이다.

🗣 관련 표현

商标上抹黄油 —金字招牌 헐후

shāngbiāo shang mō huángyóu —jīn zì zhāo pái

상표에 버터를 바르다 — 금박 글자로 새긴 간판 : 겉모양만 번지르르한 명예나 칭호

0491 上级 shàngjí 상급, 상부, 상급자, 상사 [반의] 下级 xiàjí 하급 부서, 하급자

下级公务员向上级领导汇报工作是常有的事情。

Xiàjí gōngwùyuán xiàng shàngjí lǐngdǎo huìbào gōngzuò shì cháng yǒu de shìqing.

하급 공무원이 상급 간부에게 보고하는 업무는 자주 있는 일이다.

0492 上游 shàngyóu (강의) 상류(上流), 앞선 수준, 앞장 [반의] 下流 xiàliú 하류

为了治理河流污染，政府关闭了上游的几个小型造纸厂。

Wèile zhìlǐ héliú wūrǎn, zhèngfǔ guānbìle shàngyóu de jǐ ge xiǎoxíng zàozhǐchǎng.

하류의 오염을 막기 위해, 정부는 상류 지역의 제지 공장 몇 곳의 문을 닫았다.

我们应该力争上游，而不应该有"差不多"的思想。

Wǒmen yīnggāi lìzhēng shàngyóu, ér bù yīnggāi yǒu "chàbuduō" de sīxiǎng.

우리는 더 큰 목표를 위해 노력해야 하고, '얼렁뚱땅 하려는' 생각을 가져선 안 된다.

[단어] 力争上游 lìzhēng shàngyóu 남보다 앞서려고 노력하다, 보다 높은 목표에 도달하기 위해 힘쓰다

0493 梢 shāo 나무(의) 끝, 말단, 끄트머리

秋风簌簌的夜晚，月亮就像挂在树梢上的一盏明灯。

Qiūfēng sùsù de yèwǎn, yuèliang jiù xiàng guàzài shùshāo shang de yì zhǎn míngdēng.

가을바람 솔솔 부는 밤, 달이 꼭 나뭇가지 끝에 걸려 있는 밝은 등 같다.

得知自己考入名牌大学，他顿时喜上眉梢。

Dézhī zìjǐ kàorù míngpái dàxué, tā dùnshí xǐshàng méishāo.

자신이 명문대에 붙었다는 소식을 듣고, 그 애는 순간 기쁨을 감추지 못했다.

[단어] 喜上眉梢 xǐshàng méishāo 기뻐서 눈썹꼬리가 올라가다, 희색이 만면하다 / 眉梢 méishāo 눈썹꼬리

🗣 **관련 표현**

眉梢 méishāo 눈썹꼬리 / 眼梢 yǎnshāo 눈초리 / 下梢 xiàshāo 결말

根不动，梢不摇 gēn bú dòng, shāo bù yáo 조금도 동요되지 않다

174

老太太得孙子 — 喜上眉梢 `헐후`

lǎo tàitai dé sūnzi — xǐ shàng méi shāo

노부인이 손자를 얻다 — 기뻐서 눈썹 꼬리가 올라가다 : 희색이 만면하다

树梢上吹喇叭 — 趾高气扬 `헐후`

shùshāo shang chuī lǎba — zhǐ gāo qì yáng

나무 꼭대기에서 나팔 불다 — 길을 걸을 때 발을 높게 들어 득의양양하다 : 우쭐거리다, 잘난 체하다

0494 **哨** shào (~儿) 호루라기　　　　□□□

体育老师吹着哨叫我们集合。

Tǐyù lǎoshī chuīzhe shào jiào wǒmen jíhé.

체육 선생님이 호루라기를 불며 우리에게 집합하라고 하신다.

동 새가 지저귀다

窗外的树上来了一只鸟，哨得特好听。

Chuāngwài de shù shang láile yì zhī niǎo, shào de tè hǎotīng.

창밖에 있는 나무에 새가 한 마리 날아들었는데, 지저귀는 소리가 매우 예쁘다.

0495 **舌头** shétou 혀　　　　□□□

发音时，口型和舌头的位置很重要。

Fāyīn shí, kǒuxíng hé shétou de wèizhì hěn zhòngyào.

발음할 때는 입 모양과 혀의 위치가 중요해.

她总爱吐舌头撒娇。

Tā zǒng ài tǔ shétou sājiāo.

그 애는 늘 혀를 내밀며 애교를 떤다.

[단어] 撒娇 sājiāo 응석부리다, 어리광부리다, 애교떨다

🐻 **관련 표현**

瞠目结舌 chēng mù jié shé `성`

눈만 동그랗게 뜬 채 말을 못하다, 몹시 화가 나거나 난처해 어쩔 줄 모르다

多嘴多舌 duō zuǐ duō shé `성`

수다 떨다, 쓸데없는 말을 많이 하다, 괜한 참견하다

张口结舌 zhāng kǒu jié shé `성`

긴장하거나 놀라서 말문이 막히다, 입을 벌리고 말을 못하다

大舌头读报 — 含糊其辞 혈후

dàshétou dú bào — hán hú qí cí

혀짤배기가 신문을 읽다 — 발음이 분명치 않다 : 말을 얼버무리다

0496 社区 shèqū 지역 사회, (아파트 등의) 단지

王大妈退休后还是闲不下，这个月开始又当起了社区的管理员。

Wáng dàmā tuìxiū hòu háishi xiánbuxià, zhège yuè kāishǐ yòu dāngqǐle shèqū de guǎnlǐyuán.

왕씨 아주머니는 퇴직 후에도 가만히 있질 못해서, 이번 달부터 또 동네 관리원을 맡으셨다.

0497 绅士 shēnshì 신사, 젠틀맨(gentleman)

他今天打扮得像个英国绅士。

Tā jīntiān dǎban de xiàng ge Yīngguó shēnshì.

그는 오늘 꼭 영국 신사처럼 차려입었다.

他非常绅士地向在场的每位嘉宾致敬。

Tā fēicháng shēnshì de xiàng zàichǎng de měi wèi jiābīn zhìjìng.

그는 아주 신사답게 재석한 모든 내빈을 향해 경의를 표했다.

[단어] **致敬** zhìjìng (남에게) 경의를 표하다

🔊 **관련 표현**

绅士淑女 shēnshì shūnǚ 신사 숙녀

绅士协定 shēnshì xiédìng 서로 상대편을 믿고 맺는 사적인 비밀 협정, 신사 협약

0498 神经 shénjīng 신경, 정신 이상

大脑受过伤的人常会出现神经系统方面的并发症。

Dànǎo shòuguo shāng de rén cháng huì chūxiàn shénjīng xìtǒng fāngmiàn de bìngfāzhèng.

대뇌에 손상을 입었던 사람은 신경 계통의 합병증을 보인다.

[단어] **并发症** bìngfāzhèng 합병증

她今天又发神经，下午开始唱着国歌，光着脚跑来跑去。

Tā jīntiān yòu fā shénjīng, xiàwǔ kāishǐ chàngzhe guógē, guāngzhe jiǎo pǎoláipǎoqù.

그녀는 오늘 또 정신병이 도져, 오후부터 국가를 부르며 맨발로 뛰어다녔다.

神经病 shénjīngbìng 정신병 / **神经过敏** shénjīng guòmǐn 신경 과민

神经中枢 shénjīng zhōngshū 신경 중추

神经衰弱 shénjīng shuāiruò 신경 쇠약

城隍老爷发神经 — 鬼迷心窍 〔歇后〕

chénghuáng lǎoye fā shénjīng — guǐ mí xīn qiào

성황신이 미치다 — 귀신에게 홀리다 : 눈이 뒤집히다

0499 **神气** shénqì 표정, 안색, 기색 〔유의〕 **神情** shénqíng □□□

看她的神气，好像遇到了什么高兴的事。

Kàn tā de shénqì, hǎoxiàng yùdàole shénme gāoxìng de shì.

그의 표정을 보니, 꼭 무슨 좋은 일을 만난 사람 같네.

〔형〕 활기 있다, 생기가 넘치다

小伙子挺神气的，看那腰板挺得多直！

Xiǎohuǒzi tǐng shénqì de, kàn nà yāobǎn tǐng de duō zhí!

젊은이가 아주 자신 만만하군, 허리도 아주 꼿꼿하게 세우고 말이야!

神气活现 shén qì huó xiàn 〔성〕 잘난 체하고 뽐내다

神气十足 shén qì shí zú 〔성〕 득의양양하고 자신만만해하다

0500 **神态** shéntài 표정과 태도 〔유의〕 **神情** shénqíng, **神色** shénsè □□□

尽管外面已经乱成一团，他仍旧保持着镇定的神态。

Jǐnguǎn wàimian yǐjīng luànchéng yì tuán, tā réngjiù bǎochízhe zhèndìng de shéntài.

밖에서는 난리가 났음에도 불구하고, 그는 여전히 침착한 태도를 보이고 있다.

神态 vs 神情 vs 神色

神态, 神情, 神色 모두 사람의 속마음이 얼굴로 드러나는 것을 뜻한다. 神情은 속마음이 감정적으로 드러나는 것을 뜻하는 것으로 약간 추상적인 뜻을 내포하고 있고, 神色와 神态는 속마음이 구체적이고 명확하게 얼굴색이나 태도로 드러나는 것을 말한다.

满意的神情 mǎnyì de shénqíng 만족스러운 표정
慌张的神色 huāngzhāng de shénsè 당황스러운 기색
神态自如 shéntài zìrú 태연자약하다

□□□

0501 神仙 shénxiān 신선, 선인(仙人), 자유로운 사람

吕洞宾是道教传说中的八位神仙之一。
Lǚ Dòngbīn shì Dàojiào chuánshuō zhōng de bā wèi shénxiān zhī yī.
여동빈은 도교 전설 속의 여덟 신선 중의 한 명이다.

> **tip** 八仙 : 铁拐李(Tiě Guǎilǐ)、汉钟离(Hàn Zhōnglí)、吕洞宾(Lǚ Dòngbīn)、何仙姑(Hé Xiāngū)、蓝采和(Lán Cǎihé)、张果老(Zhāng Guǒlǎo)、韩湘子(Hán Xiāngzǐ)、曹国舅(Cáo Guójiù)

退休后，老王过起了神仙般的日子。
Tuìxiū hòu, Lǎo Wáng guòqǐle shénxiān bān de rìzi.
퇴직 후에, 왕씨는 유유자적한 생활을 하고 있다.

🗨 관련 표현

当了皇帝想神仙 — 贪得无厌 헐후
dāngle huángdì xiǎng shénxiān — tān dé wú yàn
황제가 되자 신선이 되고 싶어 하다 — 끝없이 욕심을 부리다 : 욕심이 지나치다

跳上神台称神仙 — 自命不凡 헐후
tiàoshàng shéntái chēng shénxiān — zì mìng bù fán
신선대에 뛰어올라 신선이라고 부르다 — 스스로 비범하다고 자처하다 : 남보다 잘났다고 우쭐대다

0502 生机 shēngjī 활력, 생명력, 생기, 활기 □□□

春天来了，天气渐渐变暖了，大地处处充满了生机。

Chūntiān lái le, tiānqì jiànjiàn biànnuǎn le, dàdì chùchù chōngmǎnle shēngjī.

봄이 오니, 날씨도 점점 따뜻해지고, 온 천지에 생기가 돈다.

0503 生理 shēnglǐ 생리 참고 生理学 shēnglǐxué 생리학 □□□

"生长痛"是一种生理现象。

"Shēngzhǎngtòng" shì yì zhǒng shēnglǐ xiànxiàng.

'성장통'은 일종의 생리 현상이야.

0504 生态 shēngtài 생태 □□□

我们要保护大自然，保护动植物，努力保持生态平衡。

Wǒmen yào bǎohù dàzìrán, bǎohù dòngzhíwù, nǔlì bǎochí shēngtài pínghéng.

우리는 대자연을 보호해야 하고, 동식물을 보호해야 하고, 생태계의 균형을 유지하도록 노력해야 한다.

🗣 관련 표현

生态环境 shēngtài huánjìng 생태 환경

生态科学 shēngtài kēxué 생태 과학

生态平衡 shēngtài pínghéng 생태계의 균형, 생태 평형

生态学 shēngtàixué 생태학

0505 生物 shēngwù 생물, 생물학 □□□

环境的改变是生物进化的外在动力。

Huánjìng de gǎibiàn shì shēngwù jìnhuà de wàizài dònglì.

환경의 변화는 생물 진화의 외적인 동력이다.

0506 生肖 shēngxiào 사람의 띠 <유의> 属相 shǔxiang

十二生肖是指十二种动物。

Shí'èr shēngxiào shì zhǐ shí'èr zhǒng dòngwù.

12가지 띠는 12종의 동물을 가리킨다.

0507 声势 shēngshì 명성과 위세, 위엄과 기세

我们开始向敌军猛烈攻击，敌军的声势一下子大减。

Wǒmen kāishǐ xiàng díjūn měngliè gōngjī, díjūn de shēngshì yíxiàzi dà jiǎn.

우리가 적군을 향해 맹렬한 공격을 퍼붓자, 적군의 기세가 일시에 크게 꺾였다.

🏮 관련 표현

声势浩大 shēng shì hào dà <성> 명성과 위세가 드높다

虚张声势 xū zhāng shēng shì <성> 허장성세, 실속 없이 떠벌리며 허세를 부리다

0508 声誉 shēngyù 명성, 명예

食品添加剂事件严重损害了这家企业的声誉。

Shípǐn tiānjiājì shìjiàn yánzhòng sǔnhàile zhè jiā qǐyè de shēngyù.

식품 첨가제 사건은 이 기업의 명예를 심각하게 실추시켰다.

0509 牲畜 shēngchù 가축 <유의> 家畜 jiāchù

政府正在全力采取措施预防禽流感在家禽和牲畜中传播。

Zhèngfǔ zhèngzài quánlì cǎiqǔ cuòshī yùfáng qínliúgǎn zài jiāqín hé shēngchù zhōng chuánbō.

정부는 조류 독감이 가금과 가축에 퍼지지 않도록 전력을 다해 예방 조치를 하고 있다.

0510 省会 shěnghuì 성도(省都), 성 정부 소재지, 성 행정부 소재지

作为省会城市，济南一直就是山东的政治文化中心。

Zuòwéi shěnghuì chéngshì, Jǐnán yìzhí jiù shì Shāndōng de zhèngzhì wénhuà zhōngxīn.

성 정부 소재지로서, 지난은 줄곧 산동의 정치 문화의 중심이 되어 왔다.

0511 胜负 shèngfù 승부, 승패 □□□

两个人水平相当，比赛短时间内难分胜负。

Liǎng ge rén shuǐpíng xiāngdāng, bǐsài duǎn shíjiān nèi nán fēn shèngfù.

두 사람 실력이 비등비등해서, 시합은 단시간 내에 승부를 가늠하기 힘들겠어.

🙂 관련 표현

不分胜负 bù fēn shèng fù ❸ 승패를 가리기 힘들다

0512 盛情 shèngqíng 두터운 정, 후의 **BCT1** **유의** 盛意 shèngyì □□□

他在盛情难却之下，为大家演唱了一首《朋友》。

Tā zài shèng qíng nán què zhīxià, wèi dàjiā yǎnchàngle yì shǒu 《péngyou》.

그는 후의를 거절하기 어려워, 모두를 위해 〈친구〉를 한 곡 불렀다.

[단어] 盛情难却 shèng qíng nán què ❸ 남의 후의를 거절하기 어렵다

今天的饭菜真的很好吃，谢谢您的盛情款待。

Jīntiān de fàncài zhēn de hěn hǎochī, xièxie nín de shèngqíng kuǎndài.

오늘 음식이 정말 맛있었습니다. 융숭하게 대접해 주셔서 고맙습니다.

[단어] 盛情款待 shèngqíng kuǎndài 극진하게 대우하다

0513 尸体 shītǐ (사람이나 동물의) 시체 **유의** 尸身 shīshēn □□□

阵地上的尸体太多了，容易引起瘟疫。

Zhèndì shang de shītǐ tài duō le, róngyì yǐnqǐ wēnyì.

전장에 시체가 너무 많아, 전염병을 유발하기 쉽다.

[단어] 瘟疫 wēnyì 급성 전염병, 돌림병

0514 师范 shīfàn 사범 학교, 모범, 본보기 □□□

她师范大学毕业后，就回故乡当老师了。

Tā shīfàn dàxué bìyè hòu, jiù huí gùxiāng dāng lǎoshī le.

그녀는 사범 대학을 졸업한 후에, 고향으로 가서 선생님이 되었다.

身为教师，应该把"恭德慎行，为世师范"奉为座右铭。

Shēn wéi jiàoshī, yīnggāi bǎ "gōng dé shènxíng, wéi shì shīfàn" fèngwéi zuòyòumíng.

교직에 있으면, '덕으로 신중히 행하고, 세상에 모범이 되다'라는 말을 좌우명으로 삼아야 한다.

[단어] 奉为 fèngwéi ~으로 받들다, ~으로 삼다

0515 石油 shíyóu 석유 □□□

像石油取代煤炭一样，不久以后，页岩气可能代替石油。

Xiàng shíyóu qǔdài méitàn yíyàng, bù jiǔ yǐhòu, yèyánqì kěnéng dàitì shíyóu.

석유가 석탄을 대신한 것처럼, 오래지 않아 셰일가스(Shale Gas)가 석유를 대체할지도 모른다.

[단어] 页岩气 yèyánqì 셰일 층에 존재하는 천연가스

0516 时光 shíguāng 시기, 때, 시절 □□□

大学是人生中最美好的时光，好好享受大学生活，时光一去不复返。

Dàxué shì rénshēng zhōng zuì měihǎo de shíguāng, hǎohāo xiǎngshòu dàxué shēnghuó, shíguāng yí qù bú fùfǎn.

대학은 인생에서 가장 아름다운 시절이니, 대학 생활을 멋지게 즐겨, 시간은 한 번 가면 되돌아오지 않아.

0517 时机 shíjī (유리한) 시기, 기회, 때 [BCT1] [유의] 机会 jīhuì □□□

如果时机成熟之前就动手，那可就是得不偿失了。

Rúguǒ shíjī chéngshú zhīqián jiù dòngshǒu, nà kě jiù shì dé bù cháng shī le.

만약에 때가 무르익기 전에 나섰다가는, 얻는 것보다 잃는 게 많을 거야.

[단어] 得不偿失 dé bù cháng shī 성 얻는 것보다 잃는 게 많다

🐷 관련 표현

好时机 hǎo shíjī 좋은 기회 / 时机代价 shíjī dàijià 기회 비용

不失时机 bù shī shí jī 성 기회를 놓치지 않다

时机 vs 机会

时机는 시간과 연관된 객관적인 조건에 중점을 두고, 机会는 왔으면 하고 바라는 마음이 반영된 시간에 중점을 둔다. 时机와 机会는 바꾸어 쓸 수도 있지만, 특정한 단어와 결합할 때는 서로 호환할 수 없다.

这是一次难得的时机(机会)。 이는 얻기 힘든 기회이다.
Zhè shì yí cì nándé de shíjī(jīhuì).

两国建交的时机已经成熟。 양국이 수교를 맺을 시기가 이미 무르익었다.
Liǎngguó jiànjiāo de shíjī yǐjīng chéngshú. (*机会는 쓸 수 없음)

再给你一次机会吧。 너한테 한 번 더 기회를 줄게.
Zài gěi nǐ yí cì jīhuì ba. (*时机는 쓸 수 없음)

▶机会는 有, 没有와 같이 쓸 수 있지만, 时机는 같이 쓸 수 없다.

如果有机会 rúguǒ yǒu jīhuì 만약 기회가 된다면 (O)

如果有时机 (X)

时事 shíshì 시사, 최근의 국내외 대사건 □□□

现在的大学生越来越关注时事，这对于国家的长远发展是
有好处的。
Xiànzài de dàxuéshēng yuèláiyuè guānzhù shíshì, zhè duìyú
guójiā de chángyuǎn fāzhǎn shì yǒu hǎochù de.
요즘 대학생들은 갈수록 시사에 많은 관심을 보이는데, 이는 국가의 장기적인 발전에 이롭다.

实惠 shíhuì 실리, 실익 BCT1 □□□

这里的几家商场开始打折活动了，让消费者得到不少实惠。
Zhèlǐ de jǐ jiā shāngchǎng kāishǐ dǎzhé huódòng le, ràng xiāofèizhě
dédào bù shǎo shíhuì.
이곳의 몇몇 쇼핑센터에서 할인 행사를 벌여, 소비자들이 꽤 많은 이익을 얻었다.

형 실용적이다, 실리적이다, 실속 있다

这款车从实用、实惠的角度是最值得推荐的。
Zhè kuǎn chē cóng shíyòng、shíhuì de jiǎodù shì zuì zhídé tuījiàn de.
이 차는 실용성과 실속을 따져 봤을 때, 가장 추천할 만한 차종입니다.

0520 实力 shílì 실력 □□□

职业人士只能拿业绩和实力来证明自己。

Zhíyè rénshì zhǐnéng ná yèjì hé shílì lái zhèngmíng zìjǐ.

프로는 성과와 실력으로만 자신을 증명해 보일 수 있다.

[단어] **职业人士** zhíyè rénshì 프로

0521 实质 shízhì 실질, 본질 유의 本质 běnzhì □□□

看问题一定要深刻，抓住事物的实质。

Kàn wèntí yídìng yào shēnkè, zhuāzhù shìwù de shízhì.

문제를 파악할 때는 반드시 깊숙이 들여다보고, 사물의 본질을 꿰뚫어야 한다.

0522 使命 shǐmìng 사명, 명령, 중대한 책임 참고 使命感 shǐmìnggǎn 사명감 □□□

维护世界和平、促进共同发展是21世纪赋予我们的重大使命。

Wéihù shìjiè hépíng、cùjìn gòngtóng fāzhǎn shì èrshíyī shìjì fùyǔ wǒmen de zhòngdà shǐmìng.

세계 평화를 지키고, 공동 발전을 촉진하는 것은 21세기가 우리에게 부여한 중대한 사명이다.

我从来没有忘记我的使命是什么。

Wǒ cónglái méiyou wàngjì wǒ de shǐmìng shì shénme.

나는 나의 사명이 무엇인지 잊은 적이 없다.

我接受了团长交给我的重要使命。

Wǒ jiēshòule tuánzhǎng jiāogěi wǒ de zhòngyào shǐmìng.

나는 연대장이 내게 주신 중대한 임무를 맡았다.

🗨 관련 표현

伟大使命 wěidà shǐmìng 위대한 사명

新一代的使命 xīnyídài de shǐmìng 차세대의 사명

不辱使命 bù rǔ shǐ mìng 성 사명을 욕되지 않게 하다, 사명을 다하다

0570 特长 tècháng 특기, 장기, 장점, 특색 □□□

유의 长处 chángchu, 专长 zhuāncháng

每一个人都有属于他自己的特长和天赋。

Měi yí ge rén dōu yǒu shǔyú tā zìjǐ de tècháng hé tiānfù.

사람들마다 모두 자신만의 특기와 타고난 재능이 있다.

0571 题材 tícái 제재, 문학이나 예술 작품의 소재 □□□

这次征文的要求是题材新颖，内容健康积极向上。

Zhè cì zhēngwén de yāoqiú shì tícái xīnyǐng, nèiróng jiànkāng jījí xiàngshàng.

이번 공모전의 조건은 소재가 신선하고, 내용이 건전하며 진취적이어야 한다는 것이다.

[단어] 征文 zhēngwén 공모하다, 원고 모집

这篇小说以爱情为题材，表达了作者对爱情的渴望。

Zhè piān xiǎoshuō yǐ àiqíng wéi tícái, biǎodále zuòzhě duì àiqíng de kěwàng.

이 소설은 사랑을 소재로, 작가의 사랑에 대한 갈망을 표현했다.

0572 体裁 tǐcái 체재, 장르 □□□

老师要求我们写一首体裁为七绝的诗。

Lǎoshī yāoqiū wǒmen xiě yì shǒu tǐcáiwéi qījué de shī.

선생님께서는 우리에게 칠언절구 장르의 시 한 수를 쓰라고 하셨다.

这篇文章的体裁是议论文，但是论点不突出。

Zhè piān wénzhāng de tǐcái shì yìlùnwén, dànshì lùndiǎn bù tūchū.

이 문장의 장르는 논설문이지만, 논점이 두드러지지 않았다.

0573 体积 tǐjī 체적, 부피 □□□

穿上冬衣，感觉整个人的体积都变大了。

Chuānshàng dōngyī, gǎnjué zhěnggè rén de tǐjī dōu biàndà le.

겨울 옷을 입으니, 사람의 몸집이 커진 것 같은 느낌이다.

邮政普通包裹有体积大小限制，体积太大了，就不能邮寄。

Yóuzhèng pǔtōng bāoguǒ yǒu tǐjī dàxiǎo xiànzhì, tǐjī tài dà le, jiù bù néng yóujì.

우체국의 일반 소포는 부피에 제한이 있어, 부피가 너무 크면 부칠 수가 없다.

□□□

0574 体面 tǐmiàn 체면, 체통, 면목

现在连饭都吃不上，哪还顾得了什么体面不体面！

Xiànzài lián fàn dōu chībushàng, nǎ hái gùdeliǎo shénme tǐmiàn bù tǐmiàn!

지금 밥도 못 먹을 판인데, 체면이고 뭐고가 어디 있어!

형 예쁘다, 근사하다, 떳떳하다

老公人很好、长得也帅、工作又体面，凡是看见他的人都觉得他是个好老公。

Lǎogōng rén hěn hǎo、zhǎng de yě shuài、gōngzuò yòu tǐmiàn, fán shì kànjiàn tā de rén dōu juéde tā shì ge hǎo lǎogōng.

남편은 사람 좋고, 잘 생기고, 직장도 그럴 듯해서, 남편을 본 사람이면 누구나 괜찮은 남편이라 생각한다.

我想给她一个体面的婚礼，可好的酒店好的日子都被订了。

Wǒ xiǎng gěi tā yí ge tǐmiàn de hūnlǐ, kěhǎo de jiǔdiàn hǎo de rìzi dōu bèi dìng le.

나는 그녀에게 근사한 결혼식을 올리게 해 주고 싶은데, 괜찮은 호텔의 날짜는 이미 다 예약이 끝나 버렸다.

这姑娘长得真体面。

Zhè gūniang zhǎng de zhēn tǐmiàn.

이 아가씨는 정말 예쁘게 생겼다.

□□□

0575 体系 tǐxì 체계 [BCT1] 참고 思想体系 sīxiǎng tǐxì 이데올로기

这是一套与企业环境、文化以及管理方法高度融合的管理体系。

Zhè shì yí tào yǔ qǐyè huánjìng、wénhuà yǐjí guǎnlǐ fāngfǎ gāodù rónghé de guǎnlǐ tǐxì.

이는 기업 환경·문화 및 관리 방법을 고도로 융합시킨 관리 시스템이다.

0576 天才 tiāncái 천재 반의 蠢才 chǔncái 바보, 머저리 □□□

天下父母都希望将自己的孩子培养成一个天才。

Tiānxià fùmǔ dōu xīwàng jiāng zìjǐ de háizi péiyǎngchéng yí ge tiāncái.

세상의 부모들은 모두 자신의 자식을 천재로 키우고 싶어 한다.

0577 天然气 tiānránqì 천연 가스 □□□

中国国际天然气汽车、加气站设备展览会在北京开幕。

Zhōngguó guójì tiānránqì qìchē、jiāqìzhàn shèbèi zhǎnlǎnhuì zài Běijīng kāimù.

중국 국제 천연가스 자동차, 가스 충전소 설비 전람회가 베이징에서 열린다.

0578 天堂 tiāntáng 천당, 천국, 극락 참고 地狱 dìyù 지옥 □□□

只要你能够呆在你真心愿意的地方，那就是天堂。

Zhǐyào nǐ nénggòu dāizài nǐ zhēnxīn yuànyì de dìfāng, nà jiù shì tiāntáng.

네가 정말로 원하는 곳에 머물 수 있다면, 그곳이 바로 천당인 거야.

0579 天文 tiānwén 천문 □□□

他学识很渊博，上通天文，下知地理。

Tā xuéshí hěn yuānbó, shàng tōng tiānwén, xià zhī dìlǐ.

그는 학식이 풍부하여, 위로는 천문에 능통하며, 아래로는 지리에 능하다.

0580 田径 tiánjìng 육상 경기 □□□

本届田径成绩最出色的是俄罗斯队，中跑、跳和投掷项目中共拿了6枚金牌。

Běn jiè tiánjìng chéngjì zuì chūsè de shì Éluósī duì, zhōngpǎo、tiào hé tóuzhì xiàngmù zhōng gòng nále liù méi jīnpái.

이번 육상 경기에서 가장 출중한 경기를 보여 준 팀은 러시아 팀으로 중거리 달리기, 높이뛰기, 투포환 종목에서 모두 6개의 금메달을 땄다.

0581 田野 tiányě 들판

我多么希望可以在这一望无际的田野里尽情玩耍！
Wǒ duōme xīwàng kěyǐ zài zhè yí wàng wú jì de tiányě li jìnqíng wánshuǎ.
난 정말이지 이 넓은 들판에서 실컷 놀아보고 싶어!

[단어] **一望无际** yí wàng wú jì **성** 일망무제, 아득히 넓어서 끝이 없다

马车在田野上奔驰。
Mǎchē zài tiányě shang bēnchí.
마차가 들판을 달리고 있다.

0582 条款 tiáokuǎn 조항, 조목 BCT2

对于这样不公平的条款，我方是不会妥协退让的。
Duìyú zhèyàng bù gōngpíng de tiáokuǎn, wǒfāng shì bú huì tuǒxié tuìràng de.
이러한 불공평한 조항에 대해, 우리 측에서는 양보할 수 없습니다.

0583 条理 tiáolǐ 조리, 순서, 단계, 맥락, 두서 유의 脉络 màiluò

他说话一向很条理，但在今天的舞台上却乱了方寸。
Tā shuōhuà yíxiàng hěn tiáolǐ, dàn zài jīntiān de wǔtái shang què luànle fāngcùn.
그 친구는 계속 말을 조리 있게 잘 했는데, 오늘 무대에서는 횡설수설했다.

[단어] **方寸** fāngcùn 마음, 생각, 심정

0584 条约 tiáoyuē 조약 BCT1

清政府曾与西方列强订立了一系列不平等条约。
Qīng zhèngfǔ céng yǔ xīfāng lièqiáng dìnglìle yíxìliè bù píngděng tiáoyuē.
청 정부는 과거에 서양 열강과 일련의 불평등 조약을 체결했다.

🐻 **관련 표현**

马关条约 mǎguān tiáoyuē 시모노세키 조약

0596 团体 tuántǐ 단체　□□□

我这个人做什么事喜欢单独行动，不习惯团体作战。

Wǒ zhège rén zuò shénme shì xǐhuan dāndú xíngdòng, bù xíguàn tuántǐ zuòzhàn.

난 말이야 무슨 일을 할 때 혼자 움직이는 것을 좋아하고, 단체 행동 하는 것에는 익숙하지 않아.

在这次象棋团体比赛中，尧舜队获得了冠军。

Zài zhè cì xiàngqí tuántǐ bǐsài zhōng, Yáoshùn duì huòdéle guànjūn.

이번 바둑 단체전에서, 요순팀이 우승을 했다.

这项政策实施后，有许多社会团体即时示威游行。

Zhè xiàng zhèngcè shíshī hòu, yǒu xǔduō shèhuì tuántǐ jíshí shìwēi yóuxíng.

이 정책이 실시된 후, 많은 사회 단체가 즉시 시위를 벌였다.

0597 椭圆 tuǒyuán 타원　□□□

记得在初中一年级时姐姐给我买了一个椭圆形的小镜子。

Jìde zài chūzhōng yì niánjí shí jiějie gěi wǒ mǎile yí ge tuǒyuánxíng de xiǎo jìngzi.

중학교 1학년 때 언니가 나한테 타원형 손거울을 사 줬던 기억이 나네.

0598 娃娃 wáwa (갓난) 아기, 어린애, 인형　□□□

这小娃娃真好玩儿，来，我抱抱。

Zhè xiǎo wáwa zhēn hǎowánr, lái, wǒ bàobao.

이 애기 너무 귀엽네요. 주세요. 제가 안아 볼게요.

我从小就喜欢芭比娃娃。

Wǒ cóngxiǎo jiù xǐhuan Bābǐ wáwa.

나는 어릴 때부터 바비 인형을 좋아했어요.

관련 표현

吃奶的娃娃 — 乳臭未干 [헐후]

chī nǎi de wáwa — rǔ xiù wèi gān

젖먹는 아기 — 젖내가 아직 가시지 않다 : 아직 어린 티를 벗지 못하다

大年初一的娃娃 — 双喜临门 `혈후`

dànián chūyī de wáwa — shuāng xǐ lín mén

정월 초하루의 아기 — 집안에 경사가 겹치다 : 겹경사가 나다

娃娃见了娘 — 喜笑颜开 `혈후`

wáwa jiànle niáng — xǐ xiào yán kāi

아기가 엄마를 만나다 — 얼굴에 웃음꽃이 피다 : 희색이 만면하다. 매우 기뻐하다

0599 外表 wàibiǎo 겉모습, 외모, 외관 □□□

一个人最重要的是他的内心，不是外表。

yí ge rén zuì zhòngyào de shì tā de nèixīn, bú shì wàibiǎo.

사람에게 가장 중요한 것은 그의 마음이지, 겉모습이 아니야.

这部车真的太吸引人了，连我这个不看外表的人都被征服了。

Zhè bù chē zhēn de tài xīyǐn rén le, lián wǒ zhège bú kàn wàibiǎo de rén dōu bèi zhēngfú le.

이 차는 너무 매력적이라, 나같이 외양을 따지지 않는 사람까지 홀딱 반해 버렸어.

0600 外界 wàijiè 외부, 바깥 세계(세상) □□□

我们遵循市场经济规律，但不屈从外界的压力。

Wǒmen zūnxún shìchǎng jīngjì guīlǜ, dàn bù qūcóng wàijiè de yālì.

우리는 시장 경제 규율에 따르겠지만, 외부의 압력에 대해서는 굽히지 않을 것이다.

[단어] 遵循 zūnxún 따르다 / 屈从 qūcóng 굴복하다, 굴종하다

每晚都要留给自己一段安静的、不受外界打扰的时间。

Měi wǎn dōu yào liú gěi zìjǐ yíduàn ānjìng de、bú shòu wàijiè dǎrǎo de shíjiān.

매일 밤 내 자신에게 조용하고 외부의 방해를 받지 않는 시간을 주어야겠어.

年轻人嘛，应该到外界开拓一下视野，长长见识。

Niánqīngrén ma, yīnggāi dào wàijiè kāituò yíxià shìyě, zhǎngzhang jiànshi.

젊은이면, 당연히 밖으로 나가 시야도 넓히고 견식도 넓혀야지.

[단어] 开拓 kāituò 개척하다

0601 丸 wán (〜儿) 알, 알갱이, 환약, 알약

他把药丸一股脑都塞进嘴里，表情像吃了糖一样享受。

Tā bǎ yàowán yìgǔnǎo dōu sāijìn zuǐ li, biǎoqíng xiàng chīle táng yíyàng xiǎngshòu.

그는 알약을 한 입에 다 털어 넣고는, 마치 사탕을 먹고 있는 듯한 표정을 지었다.

[단어] 一股脑 yìgǔnǎo 모두, 전부, 몽땅

양 알, 환

你吃了这丸药，你的病很快会好的。

Nǐ chīle zhè wán yào, nǐ de bìng hěn kuài huì hǎo de.

네가 이 약을 먹으면, 네 병이 빨리 나을 수 있을 거야.

관련 표현

吃定心丸 chī dìng xīnwán **관용** 마음을 놓다, 안심하다

肉丸子掉进煤堆里 ─ 一团漆黑 **헐후**

ròu wánzi diàojìn méiduī li ─ yì tuán qī hēi

고기 완자가 석탄더미에 떨어지다 ─ 온통 새까맣다 : (사회가) 부패하고 혼란하다

华佗的药丸 ─ 万应灵丹 **헐후**

Huà Tuó de yàowán ─ wàn yìng líng dān

화타의 알약 ─ 만병통치약 : 모든 문제를 해결할 수 있는 좋은 방법

tip 华佗 : (141~203년) 한(汉朝) 말의 명의. 주(周) 나라 때의 전설적인 의사 편작(扁鹊)과 더불어 명의를 상징하는 인물로 여겨져 왔다. 침과 약물 처방뿐 아니라 외과 수술에도 정통해 '최초의 외과의사'라고 불리기도 하는데, 마비산(麻沸散 máfèisǎn)이라는 마취제를 만들어 사용했다고도 전해진다. 화타는 환자의 체질에 따라 다른 처방을 내리는가 하면 양생술(养生术)에도 밝았다고 한다.

0602 玩意儿 wányìr 장난감, 감상품, 놈, 물건

这个店里的都是孩子的玩意儿。

Zhège diàn li de dōu shì háizi de wányìr.

이 상점에 있는 것은 모두 아이들 장남감이에요.

你过来看看，这是什么玩意儿?

Nǐ guòlai kànkan, zhè shì shénme wányìr?

얘, 이리 좀 와 봐, 이게 뭐니?

什么破玩意儿，才用了一天第二天就坏了。

Shénme pò wányìr, cái yòngle yì tiān dì'èr tiān jiù huài le.

이런 몹쓸 물건을 봤나, 하루밖에 안 썼는데, 이튿날 고장이 나다니.

你算什么玩意儿？你觉得谁都不如你呀？

Nǐ suàn shénme wányìr? Nǐ juéde shéi dōu bùrú nǐ ya?

네가 뭔데? 너는 다른 사람이 다 너만 못한 것 같니?

□ □ □

0603 往常 wǎngcháng 평소, 평상시

今天办公室里的气氛跟往常不一样。

Jīntiān bàngōngshì li de qìfēn gēn wǎngcháng bù yíyàng.

오늘 사무실 분위기가 평소와 다른데.

往常这个时候，我已经到学校了。

Wǎngcháng zhège shíhou, wǒ yǐjing dào xuéxiào le.

평소 이 시간이면, 난 벌써 학교에 가 있다고.

□ □ □

0604 往事 wǎngshì 지난 일, 옛일

每当我看到这盏灯，过去的往事就浮现在眼前。

Měi dāng wǒ kàndào zhè zhǎn dēng, guòqù de wǎngshì jiù fúxiànzài yǎnqián.

나는 이 등을 볼 때마다 옛일이 눈앞에 선하다.

□ □ □

0605 危机 wēijī 위기, 고비 [BCT1]

今年我国遇到了前所未有的能源危机。

Jīnnián wǒ guó yùdàole qián suǒ wèi yǒu de néngyuán wēijī.

올해 우리나라는 전대 미문의 에너지 위기에 직면했다.

公司受到全球金融危机的影响，资金出现问题。

Gōngsī shòudào quánqiú jīnróng wēijī de yǐngxiǎng, zījīn chūxiàn wèntí.

회사는 전 세계 금융 위기의 영향으로 자금에 문제가 생겼다.

总危机 zǒngwēijī 일반적인 위기 / 危机感 wēijīgǎn 위기감

大危机 dàwēijī 대위기 / 纸危机 zhǐwēijī 페이퍼 크라이시스

危机四伏 wēi jī sì fú 성 위기가 도처에 도사리고 있다

0606 威风 wēifēng 위풍, 위엄, 콧대 □□□

我觉得他还是威风不减当年。

Wǒ juéde tā háishi wēifēng bù jiǎn dāng nián.

내가 보기에 그 친구 예전에 당당했던 모습이 그대로 남아 있어.

[단어] 不减当年 bù jiǎn dāng nián 성 한창때와 같다

명 위엄 있다, 당당하다, 늠름하다

我看到过爷爷年轻时的照片，英俊威风极了。

Wǒ kàndàoguo yéye niánqīng shí de zhàopiàn, yīngjùn wēifēng jíle.

나는 할아버지의 젊은 시절 사진을 보았는데, 아주 잘생기고 늠름하시다.

八面威风 bā miàn wēi fēng 성 위풍당당하다

长他人志气，灭自己威风 성

zhǎng tārén zhì qì, miè zìjǐ wēifēng

적의 위풍과 기세를 조장하고, 자기편의 사기를 떨어뜨리다

官老爷升堂 — 威风凛凛 헐후

guān lǎoye shēng táng — wēi fēng lǐn lǐn

고관이 관아에 나가다 — 위풍당당하다 : 위엄이 서리다

0607 威力 wēilì 위력 □□□

本次地震释放的能量威力相当于半颗广岛原子弹。

Běn cì dìzhèn shìfàng de néngliàng wēilì xiāngdāngyú bàn kē Guǎngdǎo yuánzǐdàn.

이번 지진이 발산한 힘의 위력은 히로시마 원자폭탄 반 개와 맞먹는다.

[단어] 广岛 Guǎngdǎo 히로시마

他们研发的这款新型炸弹可以调整爆炸威力。

Tāmen yánfā de zhè kuǎn xīnxíng zhàdàn kěyǐ tiáozhěng bàozhà wēilì.

그들이 연구 개발한 이 신형 폭탄은 폭파 위력을 조정할 수 있다.

0608 威望 wēiwàng 명망, 명성과 인망 □□□

由于在科学研究上成就卓越，他在科学界威望很高。

Yóuyú zài kēxué yánjiū shang chéngjiù zhuōyuè, tā zài kēxuéjiè wēiwàng hěn gāo.

과학 연구에 있어 업적이 뛰어나기 때문에, 그는 과학계에서 명망이 높다.

[단어] 卓越 zhuōyuè 탁월하다, 출중하다

0609 威信 wēixìn 위신, 체면, 권위, 위엄 □□□

自己感觉自己有错误，要能够勇于纠正，不要怕影响威信。

Zìjǐ gǎnjué zìjǐ yǒu cuòwù, yào nénggòu yǒngyú jiūzhèng, búyào pà yǐngxiǎng wēixìn.

자신이 스스로 잘못했다 느끼면, 용감하게 고칠 수 있어야 해, 위신에 타격을 줄까 두려워 말라고.

0610 微观 wēiguān 미시 반의 宏观 hóngguān 거시 □□□

这本书全面地介绍了高级微观经济理论的各个方面。

Zhè běn shū quánmiàn de jièshàole gāojí wēiguān jīngjì lǐlùn de gègè fāngmiàn.

이 책은 고급 미시 경제 이론의 구석구석을 전면적으로 소개하고 있다.

0611 维生素 wéishēngsù 비타민(vitamin) □□□

蔬菜一般每100克含有30至80毫克维生素C。

Shūcài yìbān měi yìbǎi kè hányǒu sānshí zhì bāshí háokè wéishēngsù C.

야채에는 보통 100g당 30~80mg의 비타민C가 들어 있다.

0612 **委员** wěiyuán (위원회의) 위원 참고 委员长 wěiyuánzhǎng 위원장 □□□

在本次全体会议上，他第一次当选为支部委员会成员。

Zài běn cì quántǐ huìyì shang, tā dìyī cì dāngxuǎnwéi zhībù wěiyuánhuì chéngyuán.

이번 전체 회의에서 그는 처음으로 지부위원회 성원으로 뽑혔다.

0613 **卫星** wèixīng 위성 □□□

我国首次发射一颗气象卫星。

Wǒ guó shǒucì fāshè yì kē qìxiàng wèixīng.

우리나라는 처음으로 기상 위성을 발사했다.

형 위성처럼 돌고 있는

北京的昌平、通州、良乡等都属于北京卫星城。

Běijīng de Chàngpíng、Tōngzhōu、Liángxiāng děng dōu shǔyú běijīng wèixīngchéng

베이징의 창핑(창평), 통저우(통주), 리앙시앙(양향) 등은 다 베이징의 위성 도시에 속한다.

🐷 관련 표현

卫星城 wèixīngchéng 위성 도시 / **卫星电视** wèixīng diànshì 위성 TV

卫星通信 wèixīng tōngxìn 위성 통신

卫星云图 wèixīng yúntú 위성 구름 사진

0614 **温带** wēndài 온대 □□□

참고 热带 rèdài 열대, 亚热带 yàrèdài 아열대, 寒带 hándài 한대

冬冷夏热，四季分明，是温带气候的显著特点。

Dōng lěng xià rè, sìjì fēnmíng, shì wēndài qìhòu de xiǎnzhù tèdiǎn.

겨울에 춥고 여름에 덥고, 4계절이 분명한 것이 온대 기후의 대표적인 특징이다.

0615 **文凭** wénpíng 공문서, 졸업장 □□□

公司看重的不是你的文凭，而是你的能力。

Gōngsī kànzhòng de búshì nǐ de wénpíng, érshì nǐ de nénglì.

회사에서 중시하는 것은 자네의 졸업장이 아니라, 자네의 능력이네.

混文凭 hùn wénpíng [신조어] 좋은 직장을 구하기 위해 학교를 다니다

买文凭 mǎi wénpíng [신조어] 불법 복제한 졸업장을 사다

毕业文凭 bìyè wénpíng 졸업장

文凭主义 wénpíng zhǔyì 학력주의

0616 文物 wénwù 문물

目前在西北地区所出土的文物中，这么大的器形文物实属罕见。

Mùqián zài xīběi dìqū suǒ chūtǔ de wénwù zhōng, zhème dà de qìxíng wénwù shíshǔ hǎnjiàn.

현재 서북 지역에서 출토된 문물 중에서 이렇게 큰 용기 형태의 문물은 확실히 보기 힘든 것이다.

[단어] 实属 shíshǔ 확실히 ~이다

0617 文献 wénxiàn 문헌

据文献记载，这里曾是古代中国最繁华的都市。

Jù wénxiàn jìzǎi, zhèlǐ céng shì gǔdài Zhōngguó zuì fánhuá de dūshì.

문헌 기록에 의하면, 이곳은 고대 중국의 가장 번화한 도시였다고 한다.

0618 文艺 wényì 문예, 문학과 예술

참고 文艺复兴 wényì fùxīng 문예 부흥(르네상스)

我在本市专业文艺团体工作多年并担任交响乐团副首席。

Wǒ zài běn shì zhuānyè wényì tuántǐ gōngzuò duō nián bìng dānrèn jiāoxiǎng yuètuán fù shǒuxí.

저는 본 시 프로 문예 단체에서 여러 해 일했으며, 교향악단의 부수석을 역임했습니다.

他经常参加"心连心"艺术团组织的各种文艺演出活动。

Tā jīngcháng cānjiā 'xīn lián xīn' yìshùtuán zǔzhī de gèzhǒng wényì yǎnchū huódòng.

그는 자주 '마음과 마음' 예술단에서 주관하는 각종 문예 공연 행사에 참가한다.

窝 wō 둥지, 보금자리, 우리, 집 □□□

中国有一句俗话：金窝银窝不如自己的狗窝。
Zhōngguó yǒu yí jù súhuà : jīnwō yínwō bùrú zìjǐ de gǒuwō.
중국 속담에 '남의 집이 아무리 좋다한들 누추한 내 집만큼 편한 곳이 없다'라는 말이 있다.

燕子在屋檐下搭了一个窝。
Yànzi zài wūyán xià dāle yí ge wō.
제비가 처마 밑에 둥지를 하나 틀었다.

동 숨다, 참다, 구부리거나 펴다

逃亡的罪犯窝在山洞里了。
Táowáng de zuìfàn wōzài shāndòng li le.
도망간 죄인이 산 동굴 속에 숨었다.

他成天窝在家里，对着电脑过日子。
Tā chéngtiān wōzài jiā li, duìzhe diànnǎo guò rìzi.
그는 하루 종일 집안에 틀어박혀, 컴퓨터만 끼고 산다.

他窝着一肚子火却不敢对别人发。
Tā wōzhe yídùzi huǒ què bùgǎn duì biérén fā.
그는 화가 치미는데도 다른 사람에게 화풀이할 엄두를 못 낸다.

我用铁丝给你窝个圆圈吧。
Wǒ yòng tiěsī gěi nǐ wō ge yuánquān ba.
내가 철사로 동그라미를 만들어 줄게.

양 한 번에 낳거나 부화한 동물에 쓴다.

我家的猪一窝生了六只小猪。
Wǒ jiā de zhū yì wō shēngle liù zhī xiǎozhū.
우리 집 돼지가 한 번에 새끼 돼지 6마리를 낳았다.

🦁 관련 표현

一窝蜂 yìwōfēng 관용 벌집을 쑤신 것 같다, 몹시 소란하다

兔子不吃窝边草 tùzi bù chī wōbiāncǎo 속담
토끼는 제 굴 옆의 풀은 먹지 않는다 : 악인이라도 자기 측근을 해치지 않으며, 자기 집 부근에서는 나쁜 짓을 하지 않는다.

跌翻鸟窝砸碎蛋 — 倾家荡产 헐후
diēfān niǎowō zásuì dàn — qīng jiā dàng chǎn
새둥지를 엎고 알을 깨뜨리다 — 가산(家产)을 모두 탕진하다 : 파산하다

弥勒佛头上筑鹊窝 — 喜上加喜 **헐후**

mílèfó tóu shang zhù quèwō — xǐ shàng jiā xǐ

미륵불 머리 위에 까치집을 짓다 — 기쁜 일들이 겹치다 : 경사에 경사가 겹치다, 금상첨화

燕子筑窝 — 日积月累 **헐후**

yànzi zhù wō — rì jī yuè lěi

제비가 둥지를 짓다 — 날과 달이 쌓이다 : (자료·정보·경험·불만 등이) 하루하루 조금씩 쌓이다, 갈수록 더해가다

0620 武器 wǔqì 무기 □□□

存储武器的弹药库昨晚发生了爆炸，后果很严重。

Cúnchǔ wǔqì de dànyàokù zuówǎn fāshēngle bàozhà, hòuguǒ hěn yánzhòng.

무기를 저장하는 탄약고가 어제 폭발해서, 상황이 심각하다.

0621 武侠 wǔxiá 무협, 협객 □□□

他是个武侠迷，一有时间就窝在屋子里看武侠小说。

Tā shì ge wǔxiámí, yì yǒu shíjiān jiù wōzài wūzi li kàn wǔxiá xiǎoshuō.

그는 협객 마니아로, 시간만 나면 방안에 틀어박혀 무협 소설을 본다.

> 🗨 **관련 표현**

武侠的本事 — 飞檐走壁 **헐후**

wǔxiá de běnshì — fēi yán zǒu bì

협객의 능력 — 추녀와 담벼락을 나는 듯이 넘나들다 : 동작이 몹시 날쌔다

0622 武装 wǔzhuāng 무장, 군장 □□□

利比亚武装部队完全控制了东部曾被反政府武装占据的艾季达比耶市。

Lìbǐyà wǔzhuāng bùduì wánquán kòngzhìle dōngbù céng bèi fǎnzhèngfǔ wǔzhuāng zhànjù de Àijìdábǐyē shì.

리비아 무장 부대는 일전에 반정부군에게 점거되었던 동부 아즈다비야 시를 완전히 탈환했다.

[단어] 季达比耶 Àijìdábǐyē 아즈다비야

216

0623 舞蹈 wǔdǎo 무도, 춤, 무용 □□□

他们用舞蹈和歌声欢庆着丰收的喜悦。

Tāmen yòng wǔdǎo hé gēshēng huānqìngzhe fēngshōu de xǐyuè.

그들은 춤과 노래로 풍년의 기쁨을 축하하고 있다.

🗣 관련 표현

手舞足蹈 shǒu wǔ zú dǎo 🔵 기뻐서 덩실덩실 춤을 추다

0624 物业 wùyè 산업, 가옥 등의 부동산 [BCT1] □□□

虽然这个小区的房子很便宜，但是物业费很高。

Suīrán zhège xiǎoqū de fángzi hěn piányi, dànshì wùyèfèi hěn gāo.

이 단지의 집값은 싸지만, 관리비는 비싸다.

抱歉，我不负责这项业务，有问题的话你可以找物业。

Bàoqiàn, wǒ bú fùzé zhè xiàng yèwù, yǒu wèntí dehuà nǐ kěyǐ zhǎo wùyè.

죄송합니다. 저는 이 업무는 책임지지 않으니, 문제가 있으면 관리사무소를 찾아가세요.

0625 物资 wùzī 물자 □□□

他们村里还没领到救援物资，另外，药品缺乏的情况也十分严重。

Tāmen cūnli hái méi lǐngdào jiùyuán wùzī, lìngwài, yàopǐn quēfá de qíngkuàng yě shífēn yánzhòng.

그 마을은 아직 구호 물자를 받지 못했고, 그 밖에 약품 부족 현상 또한 아주 심각하다.

🗣 관련 표현

物资供应 wùzī gōngyìng 물자 공급

战略物资 zhànlüè wùzī 전략 물자

公共物资 gōnggòng wùzī 공공재

救援物资 jiùyuán wùzī 구호 물자

救灾物资 jiùzāi wùzī 구재 물자

0626 误差 wùchā 오차 [BCT1] **참고** 绝对误差 juéduì wùchā 절대 오차

为了将误差降到最低，他用尽了他能想到的所有办法。
Wèile jiāng wùchā jiàngdào zuì dī, tā yòngjìnle tā néng xiǎngdào de suǒyǒu bànfǎ.
오차를 최대한 줄이기 위해, 그는 자기가 생각할 수 있는 모든 방법을 동원했다.

0627 夕阳 xīyáng 석양, 저녁 해, 낙조(落照)

在一片火红的夕阳下，一对老夫妇坐在凳子上，靠在一起看夕阳。
Zài yí piàn huǒhóng de xīyáng xià, yí duì lǎo fūfù zuòzài dèngzi shang, kàozài yìqǐ kàn xīyáng.
붉게 물든 석양 아래, 한 쌍의 노부부가 앉은뱅이 의자에 앉아, 함께 낙조를 보고 있다.

형 사양길에 접어든, 몰락하고 있는

造纸产业是"民生"产业，尽管存在不少问题，却绝不是夕阳产业。
Zàozhǐ chǎnyè shì "mínshēng"chǎnyè, jǐnguǎn cúnzài bùshǎo wèntí, què jué bú shì xīyáng chǎnyè
제지 산업은 '민생' 산업이기 때문에, 설령 문제가 많이 존재한다 해도, 절대로 사양 산업은 아니다.

관련 표현

夕阳婚 xīyánghūn 황혼 결혼

夕阳产业 xīyáng chǎnyè 사양 산업 **반의** 朝阳产业 zhāoyáng chǎnyè 신흥 산업

夕阳工程 xīyáng gōngchéng [신조어] 노인들을 위한 실버 프로젝트

夕阳西下 xī yáng xī xià **성** 해가 서쪽으로 기울다

0628 昔日 xīrì 옛날, 이전, 종전

如今，昔日的感情早已不复存在。
Rújīn, xīrì de gǎnqíng zǎo yǐ búfù cúnzài.
지금은 예전의 감정이 일찌감치 다 없어져 버렸어.

昔日的好兄弟今日却因名利之争而反目。

Xīrì de hǎo xiōngdì jīnrì què yīn mínglì zhī zhēng ér fǎnmù.

옛날의 동지들이 지금은 명예와 이익 다툼으로 반목하고 있다.

😊 관련 표현

今不如昔 jīn bù rú xī 📗 지금이 옛날보다 못하다

0629 溪 xī 실개천, 개울, 냇물 □□□

山下有一条小溪，它是村庄的主要水源。

Shān xià yǒu yì tiáo xiǎo xī, tā shì cūnzhuāng de zhǔyào shuǐyuán.

산 밑에 작은 개울이 하나 있는데, 그곳이 마을의 주된 수원이 되고 있다.

0630 膝盖 xīgài 무릎 □□□

他的膝盖在打斗中受了伤，医生说恢复的可能性很小。

Tā de xīgài zài dǎdòu zhōng shòule shāng, yīshēng shuō huīfù de kěnéngxìng hěn xiǎo.

그의 무릎은 싸우다가 부상을 입었는데, 의사는 회복 가능성이 희박하다고 한다.

😊 관련 표현

卑躬屈膝 bēi gōng qū xī 📗 허리를 굽히고 무릎을 꿇다, 줏대 없이 비굴하게 아첨하다

0631 习俗 xísú 풍속, 습속 유의 风俗 fēngsú □□□

按照这个民族的习俗，女人是不能接触这种不洁净的东西的。

Ànzhào zhège mínzú de xísú, nǚrén shì bù néng jiēchù zhè zhǒng bù jiéjìng de dōngxi de.

이 민족의 풍속에 따르면, 여인네는 이렇게 정갈하지 않은 물건을 만져서는 안 된다.

😊 관련 표현

民间习俗 mínjiān xísú 민간 풍속

习俗移性 xí sú yí xìng 📗 습관과 습속은 그 사람의 성질을 바꾸어 놓는다

□□□

0632 媳妇 xífù 부인, 마누라, 며느리 **유의** 儿媳妇 érxifu

能够把你这么能干的媳妇娶进门是我们老小的福气。
Nénggòu bǎ nǐ zhème nénggàn de xífù qǔ jìnmén shì wǒmen lǎoxiǎo de fúqi.
너같이 능력 있는 아내를 얻을 수 있었던 것은 우리 막내의 복이구나.

媳妇与婆婆之间的矛盾是中国式家庭中最突出的矛盾之一。
Xífù yǔ pópo zhījiān de máodùn shì zhōngguóshì jiātíng zhōng zuì tūchū de máodùn zhīyī
며느리와 시어머니 사이의 갈등은 중국식 가정에서 가장 두드러진 갈등 중의 하나이다.

🗨 **관련 표현**

公公打儿媳妇 — 恼羞成怒 **헐후**
gōnggōng dǎ érxifu — nǎo xiū chéng nù
시아버지가 며느리를 때리다 — 부끄러움이 노여움이 되어 화를 내다 : 부끄럽고 분해 화를 내다, 악에 받치다

媳妇回娘家 — 熟门熟路 **헐후**
xifu huí niángjiā — shú mén shú lù
아내가 친정에 가다 — 아주 익숙한 집과 길 : 어떤 장소에 익숙하다, 어떤 일을 잘 알다

做梦娶媳妇 — 好景不长 **헐후**
zuò mèng qǔ xífù — hǎo jǐng bù cháng
꿈에서 아내를 얻다 — 좋은 날이 오래 못 간다 : 좋은 시절이 오래 못 간다, 화무십일홍

□□□

0633 系列 xìliè 계열, 시리즈 **BCT1**

《哈利波特》系列电影受到全世界的追捧。
《Hālìbōtè》xìliè diànyǐng shòudào quán shìjiè de zhuīpěng.
〈해리포터〉 영화 시리즈는 전 세계적으로 사랑을 받았다.

[단어] 追捧 zhuīpěng 열렬하게 추종하다

三星的GALAXY系列智能手机一直是玩家关注的焦点。
Sānxīng de GALAXY xìliè zhìnéng shǒujī yìzhí shì wánjiā guānzhù de jiāodiǎn.
삼성의 갤럭시 시리즈 스마트폰은 계속해서 마니아들의 관심의 초점이 되고 있다.

[단어] 玩家 wánjiā [신조어] 게이머, 새로운 조류를 추구하는 사람, 정통한 애호가(마니아)

220

一系列 yíxìliè 일련의 / 系列片 xìlièpiān 연속 상영물

系列化 xìlièhuà 계열화하다 / 产品系列 chǎnpǐn xìliè 제품 시리즈

0634 细胞 xìbāo 세포 ☐☐☐

我觉得他是一个浑身充满赚钱细胞的商人。

Wǒ juéde tā shì yí ge húnshēn chōngmǎn zhuànqián xìbāo de shāngrén.

내가 보기에 그는 온몸이 돈 버는 세포로 가득 찬 장사꾼이야.

医生诊断他的癌细胞已经扩散到全身了。

Yīshēng zhěnduàn tā de áixìbāo yǐjing kuòsàndào quánshēn le.

의사는 그의 암세포가 이미 온몸에 퍼졌다고 진단했다.

我好像天生就缺少爱的细胞，从来不知道怎样去关心别人。

Wǒ hǎoxiàng tiānshēng jiù quēshǎo ài de xìbāo, cónglái bù zhīdào zěnyàng qù guānxīn biérén.

나는 선천적으로 애정 세포가 결핍된 것 같아, 다른 사람에게 어떻게 관심을 보여야 할지 정말 모르겠거든.

0635 细菌 xìjùn 세균 ☐☐☐

感染了这种细菌会导致人体出现严重腹泻、腹痛、呕吐等症状。

Gǎnrǎnle zhè zhǒng xìjūn huì dǎozhì réntǐ chūxiàn yánzhòng fùxiè、fùtòng、ǒutù děng zhèngzhuàng.

이 세균에 감염되면 인체에 심각한 설사, 복통, 구토 등의 증세를 불러일으킬 수 있다.

0636 峡谷 xiágǔ 협곡 ☐☐☐

山的对岸是一道难以逾越的峡谷，我们还是绕行吧。

Shān de duì'àn shì yí dào nányǐ yúyuè de xiágǔ, wǒmen háishi ràoxíng ba.

산의 맞은편은 건너기 힘든 협곡이니, 우리 그냥 돌아서 갑시다.

[단어] 逾越 yúyuè 뛰어넘다, 초월하다

tip 중국에서 가장 아름다운 10대 협곡

1. 雅鲁藏布大峡谷 Yǎlǔzàngbù Dàxiágǔ

2. 金沙江虎跳峡 Jīnshājiāng Hǔtiàoxiá

3. 长江三峡 Chángjiāng Sānxiá

4. 怒江大峡谷 Nùjiāng Dàxiágǔ

5. 澜沧江梅里大峡谷 Láncāngjiāng Méilǐ Dàxiágǔ

6. 太鲁阁大峡谷 Tàilǔgé Dàxiágǔ

7. 黄河晋陕大峡谷 Huánghé Jìnshǎn Dàxiágǔ

8. 大渡河金口大峡谷 Dàdùhé Jīnkǒu Dàxiágǔ

9. 太行山大峡谷 Tàihángshān Dàxiágǔ

10. 天山库车大峡谷 Tiānshān Kùchē Dàxiágǔ

□ □ □

0637 霞 xiá 노을

朝霞洒在波光粼粼的海面上，非常壮观。

Zhāoxiá sǎzài bō guāng lín lín de hǎimiàn shang, fēicháng zhuàngguān.

아침 노을이 반짝반짝 빛나는 해면을 비추는 모습이 아주 장관이다.

[단어] 波光粼粼 bō guāng lín lín 생 잔잔한 물결이 맑고 깨끗하게 반짝거리는 모양

관련 표현

烟霞痼疾 yān xiá gù jí 생 산수의 좋은 경치를 깊이 사랑하다

□ □ □

0638 下属 xiàshǔ 부하, 하급 직원 유의 **下级 xiàjí**

반의 **上司 shàngsi, 上级 shàngjí 상사**

部长，我是您的下属，不是仆人，更不是奴隶，所以希望您尊重您的下属。

Bùzhǎng, wǒ shì nín de xiàshǔ, bú shì púrén, gèng bú shì núlì, suǒyǐ xīwàng nín zūnzhòng nín de xiàshǔ.

부장님, 저는 부장님의 부하 직원이지 종은 아닙니다. 물론 노예는 더더욱 아니고요. 그러니 부장님의 부하 직원을 존중해 주셨으면 합니다.

0639 先前 xiānqián 이전, 예전 유의 以前 yǐqián

我们进去吧，记得我先前跟你说过的话。

Wǒmen jìnqu ba, jìde wǒ xiānqián gēn nǐ shuōguo de huà.

들어가시죠. 제가 전에 했던 말 기억하시고요.

先前 vs 以前

先前과 以前 모두 '이전, 예전'의 뜻을 나타내고, 상황에 따라 호환할 수 있다. 以前은 동사성 단어와 명사성 단어 뒤에서 시간을 나타낼 수 있지만, 先前에는 이러한 용법이 없다. 以前은 '很久, 不久, 很早' 등의 뒤에 쓰이기도 한다.

以前(先前)我们没见过。이전에 우리는 만난 적이 없다.
Yǐqián(xiānqián) wǒmen méi jiànguo.

三点以前 sāndiǎn yǐqián 3시 전 (O) / 三点先前 (X)
面试以前 miànshì yǐqián 면접 전 (O) / 面试先前 (X)

0640 纤维 xiānwéi (천연 또는 인공의) 섬유

多穿天然纤维材料的衣服有益于人体健康。

Duō chuān tiānrán xiānwéi cáiliào de yīfu yǒuyìyú réntǐ jiànkāng.

천연 섬유 소재로 된 옷을 많이 입으면 인체 건강에 유익하다.

관련 표현

光纤维 guāngxiānwéi 광섬유

碳纤维 tànxiānwéi 탄소 섬유

合成纤维 héchéng xiānwéi 합성 섬유

0641 闲话 xiánhuà 험담, 뒷말, 뒷공론, 불평

在背后说人闲话是件不怎么光彩的事情。

Zài bèihòu shuō rén xiánhuà shì jiàn bù zěnme guāngcǎi de shìqing.

뒤에서 남의 험담을 하는 것은 그리 떳떳한 일이 못 된다.

0642 弦 xián 활시위, (악기의) 현, 선

猎人把箭搭在弓弦上，随时准备射杀进入视野的猎物。

Lièrén bǎ jiàn dāzài gōngxián shang, suíshí zhǔnbèi shèshā jìnrù shìyě de lièwù.

사냥꾼은 활을 활시위에 걸고는, 언제든 시야에 들어온 사냥감을 명중시킬 준비를 하고 있다.

我看着外边下雨听巴赫的《G弦上的咏叹调》。

Wǒ kànzhe wàibian xiàyǔ tīng Bāhè de 《G xián shang de yǒngtàndiào》.

나는 밖에 내리는 비를 보면서 바흐의 〈G선상의 아리아〉를 듣고 있다.

🔵 관련 표현

弦外之音 xián wài zhī yīn **성** 현을 뜯고 난 후에 나는 여운, 말 속에 다른 뜻이 있다

箭头离了弦 — 勇往直前 **헐후**

jiàntóu líle xián — yǒng wǎng zhí qián

화살촉이 활시위를 떠나다 — 용감하게 앞으로 나아가다 : 힘차게 앞으로 나가다

马尾巴当二胡弦 — 细声细气 **헐후**

mǎ wěiba dāng èrhú xián — xì shēng xì qì

말꼬리를 이호 줄로 삼다 — 가늘고 약한 목소리 : 말투와 소리가 가늘고 약하다

梅兰芳演霸王别姬 — 动人心弦 **헐후**

Méi Lánfāng yǎn Bàwáng bié jī — dòng rén xīn xián

매란방이 패왕별희를 연기하다 — 사람의 심금(心琴)을 울리다 : 매우 감동시키다

0643 嫌疑 xiányí 의심쩍음, 혐의

因为有犯罪前科，警察认为他是本次盗窃案的最大嫌疑人。

Yīnwèi yǒu fànzuì qiánkē, jǐngchá rènwéi tā shì běn cì dàoqiè àn de zuì dà xiányírén.

범죄 전과가 있기 때문에, 경찰은 그를 이번 절도안의 최대 혐의자로 꼽고 있다.

0644 现场 xiànchǎng (사건이나 사고의) 현장

当警察赶到犯罪现场，肇事者已经逃之夭夭。

Dāng jǐngchá gǎndào fànzuì xiànchǎng, zhàoshìzhě yǐjing táo zhī yāo yāo.

경찰이 범죄 현장에 들이닥쳤을 때, 범인은 이미 멀리 도망친 후였다.

[단어] 肇事者 zhàoshìzhě 장본인, 사고를 낸 사람 / 逃之夭夭 táo zhī yāo yāo **성** 멀리 도망치다

0645 现状 xiànzhuàng 현상, 현황, 현 상태 [BCT1]

□□□

针对目前公司的现状，我们制定了应急法案。

Zhēnduì mùqián gōngsī de xiànzhuàng, wǒmen zhìdìngle yìngjí fǎ'àn.

현재의 회사 현황에 맞게 우리는 임시 법안을 만들었다.

时代不断地在变化，挑战时时刻刻等待着我们，我们不该满足于现状。

Shídài búduàn de zài biànhuà, tiǎozhàn shíshí kèkè děngdàizhe wǒmen, wǒmen bù gāi mǎnzú yú xiànzhuàng.

시대가 부단히 변화하고, 도전도 시시각각 우리를 기다리고 있으니, 우리는 현 상태에 만족하고 있을 수 없다.

0646 线索 xiànsuǒ 실마리, 단서

□□□

警察根据犯罪现场的线索，将犯罪嫌疑犯缉拿归案。

Jǐngchá gēnjù fànzuì xiànchǎng de xiànsuǒ, jiāng fànzuì xiányífàn jīná guī'àn.

경찰은 범죄 현장의 단서를 근거로, 범죄 혐의자를 잡아 재판에 회부했다.

[단어] **缉拿归案** jīná guī'àn 체포하여 재판에 회부하다

群众举报成为案件线索的重要来源。

Qúnzhòng jǔbào chéngwéi ànjiàn xiànsuǒ de zhòngyào láiyuán.

대중의 신고가 사건의 실마리를 찾는 중요한 단서가 된다.

[단어] **举报** jǔbào (위법 행위를) 신고하다 / **线索** xiànsuǒ 실마리, 단서

0647 宪法 xiànfǎ 헌법

□□□

宪法是每个国家法律的根基，一切法律解释都应该以宪法的法律原则为前提。

Xiànfǎ shì měi ge guójiā fǎlǜ de gēnjī, yíqiè fǎlǜ jiěshì dōu yīnggāi yǐ xiànfǎ de fǎlǜ yuánzé wéi qiántí.

헌법은 모든 나라의 법률의 기초로, 일체의 법률 해석은 당연히 헌법의 법률 원칙을 전제로 해야 한다.

[보충 단어 – 법의 종류]

宪法 xiànfǎ 헌법 / **民法** mínfǎ 민법 / **刑法** xíngfǎ 형법 / **行政法** xíngzhèngfǎ 행정법 / **诉讼法** sùsòngfǎ 소송법 / **劳动法** láodòngfǎ 노동법 /

经济法 jīngjìfǎ 경제법 / 社会保障法 shèhuì bǎozhāngfǎ 사회 보장법 /
民事诉讼法 mínshì sùsòngfǎ 민사 소송법 / 刑事诉讼法 xíngshì sùsòngfǎ
형사 소송법

0648 陷阱 xiànjǐng 함정

小心！这是敌人给我们设的陷阱。
Xiǎoxīn! Zhè shì dírén gěi wǒmen shè de xiànjǐng.
조심하라고. 이건 적이 우리한테 만들어 놓은 함정이야.

0649 馅儿 xiànr 만두소, 찐빵 소

我喜欢吃猪肉白菜馅儿的饺子。
Wǒ xǐhuan chī zhūròu báicài xiànr de jiǎozi.
난 돼지고기 배추 소가 든 만두를 잘 먹어요.

🐷 **관련 표현**

天上掉馅儿饼 tiānshàng diào xiànr bǐng **관용** (공짜나 횡재 등이) 하늘에서 떨
어지다, 호박이 넝쿨째 굴러 떨어지다

0650 乡镇 xiāngzhèn 향(乡)과 진(镇), 소도시, 지방 도시

我省制定了一系列扶持政策，促进了乡镇企业的发展。
Wǒ shěng zhìdìngle yíxìliè fúchí zhèngcè, cùjìnle xiāngzhèn qǐyè
de fāzhǎn.
우리 성에서는 부양 정책을 제정하여, 소도시 기업의 발전을 촉진하고 있다.

[단어] 扶持政策 fúchí zhèngcè 부양 정책

0651 向导 xiàngdǎo 길 안내자 **유의** 导游 dǎoyóu

到陌生的地方去旅游，最好找一个当地的向导。
Dào mòshēng de dìfang qù lǚyóu, zuìhǎo zhǎo yí ge dāngdì de
xiàngdǎo.
낯선 곳으로 여행갈 때는, 현지에서 가이드를 구하는 것이 가장 좋다.

0665 **新娘** xīnniáng 신부 ☐☐☐

新娘的脸上洋溢着绯红的颜色，她是今天全世界最幸福的女人。

Xīnniáng de liǎn shang yángyìzhe fēihóng de yánsè, tā shì jīntiān quán shìjiè zuì xìngfú de nǚrén.

신부의 얼굴이 발그레하게 상기되었다. 그녀는 오늘 세상에서 가장 행복한 여인이다.

[단어] 洋溢 yángyì 양일하다, 충만하다, 넘쳐 흐르다

🐷 **관련 표현**

猪八戒扮新娘 — 其貌不扬 _{헐후}

Zhūbājiè bàn xīnniáng — qí mào bù yáng

저팔계가 신부로 분하다 — 용모가 보잘 것 없다 : 용모가 매우 못나다

0666 **薪水** xīnshui 봉급, 급여, 임금, 노임 [BCT1] ☐☐☐

유의 **薪金** xīnjīn, **薪俸** xīnfèng

今年我的薪水比去年涨了50%。

Jīnnián wǒ de xīnshui bǐ qùnián zhǎngle bǎifēnzhī wǔshí.

올해 내 월급은 작년보다 50퍼센트가 올랐다.

0667 **信念** xìnniàn 신념, 믿음 ☐☐☐

俗话说：没有过不了的火焰山，有信念才能越过"火焰山"。

Súhuà shuō：méiyou guòbuliǎo de huǒyànshān, yǒu xìnniàn cái néng yuèguò "Huǒyànshān".

속담에 이르기를, 넘을 수 없는 화염산은 없는데, 믿음이 있어야만 화염산을 넘을 수 있다고 했다.

tip 火焰山 Huǒyànshān：《서유기》에 등장하는 산 이름. 삼장법사가 손오공 등을 데리고, 불경을 가지러 인도에 가다가 서역에서 만나는 산으로, 손오공이 파초선을 빌려 불을 끄게 되는 배경 지이다. 보통 극한의 어려움을 가리킨다.

0668 **信仰** xìnyǎng 신앙 ☐☐☐

人有信仰是好事，但是过度的信仰会伤害家人和朋友。

Rén yǒu xìnyǎng shì hǎoshì, dànshì guòdù de xìnyǎng huì shānghài jiārén hé péngyou.

사람이 신앙을 갖는다는 것은 좋은 일이지만, 너무 지나치게 믿다 보면 가족과 친구를 다치게 할 수도 있다.

0669 信誉 xìnyù 신용, 명성, 평판 유의 信用 xìnyòng

我从不会为了蝇头小利而丢掉自己的信誉。

Wǒ cóng bú huì wèile yíng tóu xiǎo lì ér diūdiào zìjǐ de xìnyù

나는 한 번도 작은 이익 때문에 자신의 명성을 실추시킨 적이 없다.

[단어] 蝇头小利 yíng tóu xiǎo lì 성 아주 보잘 것 없는 이익

一般情况下，网购的时候人们会选择信誉等级高的卖家。

Yìbān qíngkuàng xia, wǎnggòu de shíhou rénmen huì xuǎnzé xìnyù děngjí gāo de màijiā.

일반적인 상황에서, 인터넷 쇼핑할 때 사람들은 신용 등급이 높은 판매자를 선택한다.

관련 표현

信誉客户 xìnyù kèhù 굿 커스터머(good customer)

商业信誉 shāngyè xìnyù 사업상의 평판

做生意讲信誉—理所当然 헐후

zuò shēngyi jiǎng xìnyù —lǐ suǒ dāng rán

사업할 때는 신용을 지켜야 한다 — 도리로 보아 당연하다 : 당연히 그렇다

0670 刑事 xíngshì [법률] 형사 반의 民事 mínshì 민사

这属于正当防卫，所以受害人不负刑事责任。

Zhè shǔyú zhèngdāng fángwèi, suǒyǐ shòuhàirén bú fù xíngshì zérèn.

이건 정당 방위에 해당되기에, 피해자는 형사 책임을 지지 않는다.

관련 표현

刑事案件 xíngshì ànjiàn 형사 사건 / 刑事犯 xíngshìfàn 형사범

刑事诉讼 xíngshì sùsòng 형사 소송

0671 行政 xíngzhèng 행정

我准备考公务员，不然，行政管理专业不是那么好找工作的。

Wǒ zhǔnbèi kǎo gōngwùyuán, bùrán, xíngzhèng guǎnlǐ zhuānyè bú shì nàme hǎo zhǎo gōngzuò de.

난 공무원 시험을 준비해, 안 그러면, 행정 관리 전공으로 직장 구하기가 쉽지 않거든.

行政单位 xíngzhèng dānwèi 행정 단위

行政机构 xíngzhèng jīgòu 행정 기구

行政拘留 xíngzhèng jūliú 행정 구류

行政区 xíngzhèngqū 행정구

0672 形态 xíngtài 형태. (단어의) 어형 변화 □□□

韩语一般用形态变化来表达不同的时体，可是汉语没有形态变化。

Hányǔ yìbān yòng xíngtài biànhuà lái biǎodá bù tóng de shítǐ, kěshì Hànyǔ méiyǒu xíngtài biànhuà.

한국어는 보통 형태 변화로 다른 시제를 나타내지만, 중국어는 형태 변화가 없다.

0673 性命 xìngmìng 목숨, 생명 유의 生命 shēngmìng □□□

这可都是一些提着性命跟你打拼的兄弟，不能亏待他们。

Zhè kě dōu shì yìxiē tízhe xìngmìng gēn nǐ dǎpīn de xiōngdì, bù néng kuīdài tāmen.

이 친구들은 그야말로 목숨을 걸고 자네와 함께한 사람들이니, 서운하게 대해서는 안 되네.

[단어] 打拼 dǎpīn 최선을 다하다, 필사적으로 싸우다 / 亏待 kuīdài 푸대접하다, 부당하게 대하다

관련 표현

性命攸关 xìng mìng yōu guān 성 목숨과 관계되다, 일이 매우 중대하다

性命 vs 生命

生命은 사람, 동물, 식물을 다 포함하고 그 쓰임이 광범위하다. 性命은 주로 사람과 동물에만 쓰인다. 生命에는 '비유' 용법이 있지만, 性命에는 이러한 용법이 없다

性命难保 xìngmìng nánbǎo 목숨을 보전하기 힘들다
生命科学 shēngmìng kēxué 생명과학

艺术生命 yìshù shēngmìng 예술 생명 (O) / 艺术性命 (X)
政治生命 zhèngzhì shēngmìng 정치 생명 (O) / 政治性命 (X)

0674 性能 xìngnéng 성능 [BCT1]

请您详细介绍一下产品的安全性能。

Qǐng nín xiángxì jièshào yíxià chǎnpǐn de ānquán xìngnéng.

제품의 안전 기능에 대해 자세히 설명해 주세요.

0675 凶手 xiōngshǒu 살인범, 살인자, 흉악범

警方向市民悬赏来捉拿凶手。

Jǐngfāng xiàng shìmín xuánshǎng lái zhuōná xiōngshǒu.

경찰에서는 살인범을 잡기 위해 시민들에게 현상금을 걸었다.

[단어] 悬赏 xuánshǎng 포상을 걸다, 현상하다 / 捉拿 zhuōná 붙잡다, 체포하다

0676 胸怀 xiōnghuái 가슴, 흉부, 포부, 아량, 도량 유의 胸膛 xiōngtáng

胸怀宽广才能容人，才能和他人和谐相处。

Xiōnghuái kuānguǎng cái néng róngrén, cái néng hé tārén héxié xiāngchǔ.

도량이 넓어야 사람을 포용할 수 있고, 타인과 화목하게 지낼 수 있다.

小时伙伴说温家宝从小胸怀大志当总理非偶然。

Xiǎoshí huǒbàn shuō Wēn Jiābǎo cóngxiǎo xiōng huái dà zhì dāng zǒnglǐ fēi ǒurán.

어릴 때 친구가 말하길 원자바오는 어릴 때부터 포부가 남달라서, 총리가 된 게 우연이 아니라고 한다.

[단어] 胸怀大志 xiōng huái dà zhì 성 가슴에 큰 뜻을 품다

🐻 관련 표현

对人抱着宽大的胸怀 — 宽大为怀 헐후

duì rén bàozhe kuāndà de xiōnghuái — kuān dà wéi huái

사람에게 관대한 도량을 베풀다 — 관대한 마음을 품다 : 남한테 너그럽게 대하다

唐僧的胸怀 — 慈悲为怀 헐후

tángsēng de xiōnghuái — cí bēi wéi huái

당승의 도량 — 자비로운 마음을 품다 : 자비롭게 대하다

234

0677 胸膛 xiōngtáng 가슴, 흉부 <유의> 胸怀 xiōnghuái

你要对自己有信心，挺起胸膛，堂堂正正地走路！

Nǐ yào duì zìjǐ yǒu xìnxīn, tǐngqǐ xiōngtáng, tángtangzhèngzhèng de zǒulù!

네 스스로를 믿고, 가슴을 펴고, 당당하게 걸어가!

0678 修养 xiūyǎng 수양, 교양

从他的举手投足中，我可以断定他是位修养很好的绅士。

Cóng tā de jǔ shǒu tóu zú zhōng, wǒ kěyǐ duàndìng tā shì wèi xiūyǎng hěn hǎo de shēnshì.

그의 행동거지에서 나는 그가 품격 있는 신사라 단정할 수 있어요.

[단어] 举手投足 jǔ shǒu tóu zú 성 일거일동, 하나하나의 동작이나 움직임

我喜欢有修养、有气质的女孩子。

Wǒ xǐhuan yǒu xiūyǎng、yǒu qìzhì de nǚháizi.

나는 교양 있고, 멋스러운 여자애가 좋아요.

0679 嗅觉 xiùjué 후각, 판단력, 눈치

狗的鼻子这么灵敏是因为鼻子上有许多嗅觉细胞。

Gǒu de bízi zhème língmǐn shì yīnwèi bízi shang yǒu xǔduō xiùjué xìbāo.

개의 코가 이렇듯 예민한 것은 코에 후각 세포가 많이 분포해 있기 때문이다.

凭借对金融危机的敏锐嗅觉，他成功逃过了一劫。

Píngjiè duì jīnróng wēijī de mǐnruì xiùjué, tā chénggōng táoguòle yì jié.

금융 위기를 재빨리 감지한 덕에 그는 어려움을 성공적으로 피해갈 수 있었다.

[단어] 劫 jié 재난, 화

[보충 단어 – 감각]

视觉 shìjué 시각 / 听觉 tīngjué 청각 / 嗅觉 xiùjué 후각 /

味觉 wèijué 미각 / 触觉 chùjué 촉각

0680 须知 xūzhī 주의 사항, 숙지 사항, 규정 [BCT1]

使用药品之前一定要仔细阅读好使用须知。

Shǐyòng yàopǐn zhīqián yídìng yào zǐxì yuèdúhǎo shǐyòng xūzhī.

약품을 사용하기 전에 반드시 사용 시 주의 사항을 자세히 읽어 보세요.

🗨 관련 표현

考试须知 kǎoshì xūzhī 시험 규정 / **旅客须知** lǚkè xūzhī 여행객 주의 사항

0681 虚荣 xūróng 허영, 헛된 영화 참고 虚荣心 xūróngxīn 허영심

毕竟她不是那么爱钱的，也不贪图虚荣。

Bìjìng tā bú shì nàme ài qián de, yě bù tāntú xūróng.

어쨌든 그녀는 그렇게 돈 쓰기를 좋아하지도 않고, 허영을 부리지도 않아.

[단어] 贪图 tāntú 욕심부리다, 탐내다

⑱ 허영을 부리다

她人是不错，可她很虚荣，爱攀比。

Tā rén shì búcuò, kě tā hěn xūróng, ài pānbǐ.

그녀는 사람은 괜찮은데, 허영 끼가 좀 있고, 허세를 잘 부려.

[단어] 攀比 pānbǐ 허세를 부리다, (자기보다 나은 이와) 비교하다

0682 需求 xūqiú 수요, 필요 [BCT1] 유의 需要 xūyào

참고 需求量 xūqiúliàng 수요량

公司年底加紧生产，以满足节日猛增的需求。

Gōngsī niándǐ jiājǐn shēngchǎn, yǐ mǎnzú jiérì měngzēng de xūqiú.

회사에서 연말 생산에 박차를 가하는 것은, 명절 특수를 충족시키기 위해서이다.

[단어] 猛增 měngzēng 급증하다, 갑자기 증가하다

0683 序言 xùyán 서문, 머리말, 전문 유의 序文 xùwén

在这本书的序言中，作者说"此书尽量写得简单易懂"。

Zài zhè běn shū de xùyán zhōng, zuòzhě shuō "cǐ shū jǐnliàng xiě de jiǎndān yìdǒng."

이 책의 서문에서 작가는 "이 책은 최대한 단순하면서 쉽게 이해할 수 있도록 썼다"라고 말하고 있다.

0684 旋律 xuánlǜ 선율, 멜로디 □□□

咖啡馆里传来一股耳熟的旋律，听着听着想起一个人来了。
Kāfēiguǎn li chuánlái yì gǔ ěrshú de xuánlǜ, tīngzhe tīngzhe xiǎngqǐ yí ge rén lái le.
카페에 귀에 익은 선율이 흘러, 듣다 보니 누군가가 생각났다.

0685 选手 xuǎnshǒu 선수 □□□

中国第一次参加奥运会，就只有唯一一个选手刘长春。
Zhōngguó dìyī cì cānjiā àoyùnhuì, jiù zhǐ yǒu wéiyī yí ge xuǎnshǒu Liú Chángchūn.
중국이 처음으로 올림픽에 참가했을 때는, 유일하게 리우창춘(유장춘) 한 선수뿐이었다.

> **tip** 중국은 1932년에 최초로 올림픽에 참가했다.

0686 学说 xuéshuō 학설 □□□

古代百家争鸣时期，产生了很多不同的学说。
Gǔdài bǎijiā zhēngmíng shíqī, chǎnshēngle hěn duō bù tóng de xuéshuō.
고대 백가쟁명 시기에는 여러 가지 서로 다른 학설들이 생겨났다.

0687 学位 xuéwèi 학위 □□□

学位非常重要，真正的能力比学位更重要。
Xuéwèi fēicháng zhòngyào, zhēnzhèng de nénglì bǐ xuéwèi gèng zhòngyào.
학위도 대단히 중요하지만, 진정한 능력은 학위보다 훨씬 중요하다.

0688 血压 xuèyā 혈압 □□□

> **참고** 高血压 gāoxuèyā 고혈압, 血压器 xuèyāqì 혈압 측정기

血压偏高的人要格外注意饮食习惯，忌食偏咸食物。
Xuèyā piāngāo de rén yào géwài zhùyì yǐnshí xíguàn, jìshí piān xián shíwù.
혈압이 비교적 높은 사람들은 식습관에 주의하고, 많이 짠 음식을 피해야 한다.

0689 压岁钱 yāsuìqián 세뱃돈 □□□

每年过年，爷爷奶奶都给我压岁钱。

Měinián guònián, yéye nǎinai dōu gěi wǒ yāsuìqián.

매년 설 때마다, 할아버지 할머니는 내게 세뱃돈을 주신다.

0690 亚军 yàjūn 준우승(자), 제2위 □□□

참고 冠军 guànjūn 우승, 季军 jìjūn 3위

人们往往只会记住冠军，而谁是亚军是无关紧要的。

Rénmen wǎngwǎng zhǐhuì jìzhù guànjūn, ér shéi shì yàjūn shì wúguān jǐnyào de.

사람들은 왕왕 우승자만 기억하고, 누가 준우승자인지는 중요하게 생각하지 않는다.

0691 烟花爆竹 yānhuā bàozhú 불꽃놀이, 폭죽 □□□

在城里放烟花爆竹稍不注意，就会引发安全事故。

Zài chéng li fàng yānhuā bàozhú shāo bú zhùyì, jiù huì yǐnfā ānquán shìgù.

도시에서 폭죽을 터뜨릴 때는 조금만 부주의해도 안전 문제를 일으키게 된다.

0692 言论 yánlùn 언론, 의견 □□□

虽说网上言论自由，但个人也要注意分寸。

Suīshuō wǎngshàng yánlùn zìyóu, dàn gèrén yě yào zhùyì fēncun.

비록 인터넷에서는 언론의 자유가 있다지만, 개개인이 도를 넘지 않도록 주의해야 한다.

[단어] 分寸 fēncun (일이나 말의) 분별, 분수

0693 岩石 yánshí 암석, 바위 □□□

北方的著名佛教石窟大部分是在质地较软的岩石上雕刻。

Běifāng de zhùmíng fójiào shíkū dàbùfen shì zài zhìdì jiào ruǎn de yánshí shang diāokè.

북방의 이름난 불교 석굴 대부분은 속성이 비교적 약한 암석 위에 조각되었다.

0694 沿海 yánhǎi 연해, 바닷가 근처 지방 **반의** 内地 nèidì 내륙 □□□

改革开放以来，东部沿海地区经济比中部、西部发达。

Gǎigé kāifàng yǐlái, dōngbù yánhǎi dìqū jīngjì bǐ zhōngbù、xībù fādá.

개혁 개방 이래, 동부 연해 지역의 경제는 중부나 서부보다 발달했다.

0695 眼光 yǎnguāng 시선, 관점, 견해, 식견 **유의** 目光 mùguāng □□□

他们俩很般配，走到哪儿都会收到别人羡慕的眼光。

Tāmen liǎ hěn bānpèi, zǒudào nǎr dōu huì shōudào biérén xiànmù de yǎnguāng.

그 둘은 잘 어울려서, 어디를 가든 남들의 부러운 시선을 받아.

你很有眼光，你挑的两款都不错。

Nǐ hěn yǒu yǎnguāng, nǐ tiāo de liǎng kuǎn dōu búcuò.

너 눈썰미가 대단하구나, 네가 고른 두 가지가 다 괜찮아.

眼光 vs 目光

眼光은 '眼'에 중점을 두어 관찰력과 통찰력을 강조하며, 문제를 보는 관점, 기준, 태도를 나타내고, 目光은 '光'에 중점을 두어 '눈빛'을 묘사한다.

有眼光 yǒu yǎnguāng 눈썰미가 있다
新眼光 xīn yǎnguāng 새로운 시각
眼光高 yǎnguāng gāo 눈이 높다

急切的目光 jíqiē de mùguāng 절박한 눈빛
忧郁的目光 yōuyù de mùguāng 우울한 눈빛
目光炯炯 mùguāng jiǒngjiǒng 눈빛이 반짝이다

0696 眼色 yǎnsè 윙크, 눈짓 **참고** 使眼色 shǐyǎnsè 눈짓하다 □□□

老师使了个眼色，靠窗的同学就把窗帘拉了起来。

Lǎoshī shǐle ge yǎnsè, kàochuāng de tóngxué jiù bǎ chuānglián lāle qǐlai.

선생님께서 눈짓을 하자, 창가에 앉은 급우가 커튼을 쳤다.

0697 眼神 yǎnshén 눈의 표정, 눈매, 눈빛

看着他的眼神，我清楚他单纯且善良。

Kànzhe tā de yǎnshén, wǒ qīngchu tā dānchún qiě shànliáng.

그의 눈빛을 보니, 나는 그가 단순하면서 선량하다는 걸 알 수 있었다.

🗣 관련 표현

马王爷的眼神 — 捉摸不定 혈후

mǎ wángye de yǎnshén — zhuōmō bú dìng

말신의 눈빛 — 짐작하기 어렵다 : 추측하기 힘들다

tip 马王爷 : 신화 속에서 옥황상제의 말을 지키는 신. '水草马明王 shuǐcǎo mǎmíngwáng' 이라 부르는데 그의 이마에는 눈이 하나 더 달려 있다고 한다.

0698 氧气 yǎngqì 산소

你对我来说，就像是氧气般的存在，没有了你，我就无法呼吸了。

Nǐ duì wǒ láishuō, jiù xiàng shì yǎngqì bān de cúnzài, méiyǒule nǐ, wǒ jiù wúfǎ hūxī le.

넌 나에게 산소 같은 존재야, 네가 없으면, 난 숨을 쉴 수가 없어.

🗣 관련 표현

氧气瓶 yǎngqìpíng 산소통 / **氧气面罩** yǎngqì miànzhào 산소 마스크

氧气疗法 yǎngqì liáofǎ 산소 요법 / **氧气炼钢** yǎngqì liàngāng 산소 제강

0699 样品 yàngpǐn 샘플, 견본(품) BCT1

참고 样品抽检 yàngpǐn chōujiǎn 샘플 검사

这是我们的产品宣传册和样品。

Zhè shì wǒmen de chǎnpǐn xuānchuáncè hé yàngpǐn.

이것은 우리 제품의 카탈로그와 샘플입니다.

🗣 관련 표현

样品簿 yàngpǐnbù 샘플북 / **样品号** yàngpǐnhào 견본 번호

样品室 yàngpǐnshì 견본실 / **样品房** yàngpǐnfáng 모델 하우스

抽样检查 chōuyàng jiǎnchá 발췌 검사(sampling inspection)

0700 谣言 yáoyán 유언비어, 풍설, 헛소문 □□□

有些人好像天生就喜欢恶搞、散布谣言。

Yǒuxiē rén hǎoxiàng tiānshēng jiù xǐhuan ègǎo、sànbù yáoyán.

어떤 사람들은 천성적으로 못된 장난을 치고, 소문 퍼뜨리는 것을 좋아하는 것 같아.

因为轻信谣言、传播谣言，他被行政拘留五天。

Yīnwèi qīngxìn yáoyán、chuánbō yáoyán, tā bèi xíngzhèng jūliú
wǔ tiān.

소문을 쉽게 믿고, 소문을 퍼뜨렸기에 그는 행정 구류 5일 처분을 받았다.

0701 摇滚 yáogǔn 로큰롤 [유의] 摇滚乐 yáogǔnyuè □□□

埃尔维斯·普雷斯利可以说是美国摇滚音乐的传奇人物。

Āi'ěrwéisī·pǔléisīlì kěyǐ shuō shì Měiguó yáogǔn yīnyuè de chuánqí
rénwù.

엘비스 프레슬리는 미국 록 음악의 전설적인 인물이라 할 수 있다.

[단어] 埃尔维斯·普雷斯利 Āi'ěrwéisī·pǔléisīlì (Elvis Presley, 1935~1977) 미국 가수

0702 要点 yàodiǎn 요점, 요소, 주안점 □□□

经理让你把这次会议的要点整理好后拿给他。

Jīnglǐ ràng nǐ bǎ zhè cì huìyì de yàodiǎn zhěnglǐhǎo hòu ná gěi tā.

사장님이 자네더러 이번 회의의 요점을 정리해서 갖다 달라고 하시네.

这本书介绍了职场面试应该注意的要点。

Zhè běn shū jièshàole zhíchǎng miànshì yīnggāi zhùyì de yàodiǎn.

이 책에서는 직장 면접 시 주의해야 할 점을 소개하고 있다.

0703 要素 yàosù 요소 □□□

请举例说明经济学中固定要素和可变要素之间的区别吧。

Qǐng jǔlì shuōmíng jīngjìxué zhōng gùdìng yàosù hé kěbiàn yàosù
zhījiān de qūbié ba.

경제학에서 말하는 고정 요소와 가변 요소 간의 차이에 대해 예를 들어 설명하시오.

0704 野心 yěxīn 야심

他是个野心勃勃的人，他有着满脑子的远大志向和宏伟目标。
Tā shì ge yěxīn bóbó de rén, tā yǒuzhe mǎn nǎozi de yuǎndà zhìxiàng hé hóngwěi mùbiāo.
그 친구는 야심만만한 사람으로, 그 친구 머릿속에는 원대한 포부와 거창한 목표로 꽉 차 있다고.

🗣 관련 표현

野心家 yěxīnjiā 야심가 / **野心狼** yěxīnláng 탐욕스러운 인간

狼子野心 láng zǐ yě xīn 성 흉악한 사람은 마음 씀씀이가 고약해 고치기 어렵다

0705 液体 yètǐ 액체

液体，固体，气体是物体存在的三态。
Yètǐ, gùtǐ, qìtǐ shì wùtǐ cúnzài de sān tài.
액체, 고체, 기체는 물체가 존재하는 세 가지 형태이다.

0706 衣裳 yīshang 의상, 의복 유의 **衣服** yīfu

牛郎就在仙女们下凡沐浴时悄悄拿走了织女的衣裳。
Niúláng jiù zài xiānnǚmen xiàfán mùyù shí qiāoqiāo názǒule zhīnǚ de yīshang.
견우는 선녀들이 속세로 내려와 목욕할 때 슬며시 직녀의 옷을 가져갔다.

tip 고대에는 '衣'와 '裳'을 가리키는 말이 따로 있었는데, '衣'는 상의를, '裳'은 치마를 가리키는 것이었다. 수당(隋唐) 이후 衣裳은 '衣服'를 뜻하는 말로 쓰이기 시작했다.

🗣 관련 표현

作嫁衣裳 zuò jiàyīshāng 결혼 예복을 만들다, 괜히 남 좋은 일만 하다

0707 仪器 yíqì 측정(계측)기

实验室里的各种大型仪器都是校友捐献的。
Shíyànshì li de gèzhǒng dàxíng yíqì dōu shì xiàoyǒu juānxiàn de.
실험실에 있는 각종 대형 계측기들은 모두 동문들이 기부한 것이다.

[단어] **捐献** juānxiàn 기부하다, 헌납하다

0708 **仪式** yíshì 의식 [BCT1]

新校长在就任仪式上发表了简短的讲话后匆匆离开了。
Xīn xiàozhǎng zài jiùrèn yíshì shang fābiǎole jiǎnduǎn de jiǎnghuà
hòu cōngcōng líkāi le.
신임 총장은 취임식에서 간단한 인사말을 전한 뒤 급히 떠났다.

🗣 **관련 표현**

开业仪式 kāiyè yíshì 개업식

成人仪式 chéngrén yíshì 성인 의식

洗礼仪式 xǐlǐ yíshì 세례식

宗教仪式 zōngjiào yíshì 종교 의식

欢迎仪式 huānyíng yíshì 환영식

0709 **遗产** yíchǎn 유산

兄弟几个竟然为了争夺遗产而反目成仇，甚至告上了法庭。
Xiōngdì jǐ ge jìngrán wèile zhēngduó yíchǎn ér fǎn mù chéng
chóu, shènzhì gàoshàngle fǎtíng.
몇 명의 형제들은 유산을 쟁탈하기 위해 원수처럼 싸우더니, 심지어 법정 싸움까지 벌이고 있다.

[단어] **反目成仇** fǎn mù chéng chóu 성 사이가 나빠져 원수가 되다

🗣 **관련 표현**

文化遗产 wénhuà yíchǎn 문화 유산

世界遗产 shìjiè yíchǎn 세계 유산

历史遗产 lìshǐ yíchǎn 역사 유산

文学遗产 wénxué yíchǎn 문학 유산

0710 **以往** yǐwǎng 종전, 이전, 과거 유의 以前 yǐqián, 往常 wǎngcháng

孙杨比以往更加珍惜自己在泳池的每一天。
Sūn Yáng bǐ yǐwǎng gèngjiā zhēnxī zìjǐ zài yǒngchí de měi yì tiān.
쑨양은 자신이 수영장에 머물고 있는 하루하루를 전보다 더 소중히 여기고 있다.

tip 孙杨 : (1991년~) 중국의 수영 선수.

0711 意料 yìliào 예상, 예측, 추측, 짐작

虽然在我的意料之中，但我没想到他来得这么突然。

Suīrán zài wǒ de yìliào zhīzhōng, dàn wǒ méi xiǎngdào tā lái de zhème tūrán.

예상은 하고 있었지만, 그가 이렇게 갑자기 올 줄은 몰랐어.

관련 표현

出乎意料 chū hū yì liào **성** 예상 밖이다

0712 意识 yìshí 의식

她露出了一个凄凉的笑容之后便失去了意识。

Tā lùchūle yí ge qīliáng de xiàoróng zhīhòu biàn shīqùle yìshí.

그녀는 쓸쓸한 미소를 지은 뒤 바로 의식을 잃었다.

他们总是有意识地保持一定距离和分寸。

Tāmen zǒngshì yǒu yìshí de bǎochí yídìng jùlí hé fēncun.

그들은 언제나 의식적으로 일정한 거리와 한계를 두었다.

为了我们的家园，我们应具备很强的环保意识。

Wèile wǒmen de jiāyuán, wǒmen yīng jùbèi hěn qiáng de huánbǎo yìshí.

우리의 터전을 위해, 우리는 투철한 환경 보호 의식을 가져야 한다.

동 의식하다, 깨닫다

▶ '意识'가 동사로 쓰일 때 결과보어 '到'와 결합해 '意识到' 형식으로 많이 쓰인다.

和女朋友分手后，他终于意识到自己深深爱着她。

Hé nǚpéngyou fēnshǒu hòu, tā zhōngyú yìshídào zìjǐ shēnshēn àizhe tā.

여자 친구와 헤어진 후에, 그는 마침내 자신이 그녀를 깊이깊이 사랑하고 있음을 깨달았다.

▶ '意识'의 부정형에는 '没'와 '不'가 쓰이는데, '没'는 意识 앞에 쓰이고 '不'는 意识 뒤에 쓰인다.

我当时没意识到自己在哭。

Wǒ dāngshí méi yìshídào zìjǐ zài kū.

나는 당시에 내가 울고 있다는 것도 의식하지 못했다.

他永远意识不到他的话有多伤人。

Tā yǒngyuǎn yìshíbudào tā de huà yǒu duō shāngrén.

그는 자신의 말이 다른 사람에게 얼마나 상처가 되는지 영원히 모를 거야.

🔵 관련 표현

意识形态 yìshí xíngtài 의식 형태 / **共同意识** gòngtóng yìshí 연대 의식

自卑意识 zìbēi yìshí 열등 의식 / **民族意识** mínzú yìshí 민족 의식

0713 意图 yìtú 의도, 기도, 타산 □□□

我们实在猜不透他的意图究竟是什么。

Wǒmen shízài cāibutòu tā de yìtú jiūjìng shì shénme.

우리는 그 친구의 의도가 도대체 무언인지 정말 모르겠어.

[단어] **猜不透** cāibutòu (남의 마음·생각 등을) 훤히 알 수 없다, 꿰뚫어 볼 수 없다

0714 意向 yìxiàng 의향, 의도, 목적 [BCT1] □□□

虽然合同即将到期，而且雇佣双方都有续签的意向，但是在工资方面我需要和公司重新协商。

Suīrán hétong jíjiāng dàoqī, érqiě gùyōng shuāngfāng dōu yǒu xùqiān de yìxiàng, dànshì zài gōngzī fāngmiàn wǒ xūyào hé gōngsī chóngxīn xiéshāng.

비록 계약이 곧 만료되고, 고용 쌍방이 모두 계약을 연장할 의향은 있지만, 급여에 관한 것은 회사와 다시 협의해 봐야 한다.

[단어] **续签** xùqiān (계약·협약 등이 만료된 후) 재계약하다, 갱신하다

她也开始有自己的想法了，不再随着大人的意向了。

Tā yě kāishǐ yǒu zìjǐ de xiǎngfǎ le, búzài suízhe dàrén de yìxiàng le.

그녀도 나름 자신의 생각을 갖게 되었으니, 더 이상은 어른들의 의도대로 끌려 다니지 않을 거야.

🔵 관련 표현

意向金 yìxiàngjīn 계약금 / **投资意向** tóuzī yìxiàng 투자 의향

试探意向 shìtàn yìxiàng 의향을 떠보다 / **意向书** yìxiàngshū 의향서

0715 意志 yìzhì 의지

男孩儿穷养是要锻炼他的坚强意志，男子汉要独当一面。

Nánháir qióng yǎng shì yào duànliàn tā de jiānqiáng yìzhì, nánzihàn yào dú dāng yí miàn.

남자아이를 가난하게 키우는 것은 그 아이의 강한 의지를 길러 주어, 사내로서 우뚝 서도록 하기 위함이다.

[단어] 独当一面 dú dāng yí miàn 성 독자적으로 어느 한 부분을 담당하다

0716 毅力 yìlì 굳센 의지, 끈기, 근성

她学习是三分钟热度，一点毅力都没有。

Tā xuéxí shì sān fēnzhōng rèdù, yìdiǎn yìlì dōu méiyou.

그 애는 반짝 공부를 하고, 끈기가 하나도 없어.

[단어] 三分钟热度 sān fēnzhōng rèdù 3분간의 열기, 일시적인 열정

缺乏坚韧毅力的人，很难在激烈的竞争中笑到最后。

Quēfá jiānrèn yìlì de rén, hěn nán zài jīliè de jìngzhēng zhōng xiàodào zuìhòu.

끈기와 의지가 부족한 사람은 치열한 경쟁에서 마지막까지 승리하기 힘들다.

0717 翼 yì 날개, 깃, 측(편, 쪽) 유의 翅膀 chìbǎng

飞机的右翼撞上了山腰，然后掉下了山崖。

Fēijī de yòuyì zhuàngshàngle shānyāo, ránhòu diàoxiàle shānyá.

비행기 우측 날개가 산허리에 부딪친 후에, 절벽으로 떨어졌다.

我们两家公司如何能实现比翼齐飞、共赢发展?

Wǒmen liǎng jiā gōngsī rúhé néng shíxiàn bǐ yì qí fēi, gòng yíng fāzhǎn?

우리 두 회사가 어떻게 하면 서로 협력하여 win-win 할 수 있을까요?

[단어] 比翼齐飞 bǐ yì qí fēi 성 부부가 사이가 좋아 늘 함께 있다, 서로 돕다, 함께 나아가다

师长命令我团进攻敌人左翼。

Shīzhǎng mìnglìng wǒ tuán jìngōng dírén zuǒyì.

사단장님은 우리 사단이 적의 좌익을 공격하라고 명령하셨다.

0728 舆论 yúlùn 여론 [BCT1] 참고 舆论调查 yúlùn diàochá 여론 조사 □□□

这次恐怖事件受到国际舆论的强烈谴责。

Zhè cì kǒubù shìjiàn shòudào guójì yúlùn de qiángliè qiǎnzé.

이번 테러 사건은 국제 여론의 강력한 질책을 받고 있다.

🐸 관련 표현

舆论哗然 yúlùn huárán 여론이 분분하다

0729 宇宙 yǔzhòu 우주 참고 宇宙站 yǔzhòuzhàn 우주 정거장 □□□

宇宙里到底有多少个星球存在生命体呢?

Yǔzhòu li dàodǐ yǒu duōshǎo ge xīngqiú cúnzài shēngmìngtǐ ne?

우주에는 도대체 얼마나 많은 행성에 생명체가 존재할까?

0730 羽绒服 yǔróngfú 다운 재킷(down jacket), 오리(거위)털 재킷 □□□

这个天气在单位穿着羽绒服还觉得冷。

Zhège tiānqì zài dānwèi chuānzhe yǔróngfú hái juéde lěng.

날씨가 얼마나 추운지, 회사에서 오리털 재킷을 입고 있어도 춥게 느껴지더라고.

0731 玉 yù 옥 □□□

和田玉的古名, 叫昆仑玉, 因其产自昆仑山而得名。

Hétiányù de gǔmíng, jiào Kūnlúnyù, yīn qí chǎn zì Kūnlúnshān ér démíng.

화전옥의 옛 이름은 곤륜옥이라 하는데, 이는 그 옥이 곤륜산에서 산출되어 얻은 이름이다.

tip 和田玉 : 新疆의 和田 지방에서 나는 옥으로 품질이 매우 우수하다. 이와 함께 陕西蓝田玉 (Shǎnxī Lántiányù)、河南南阳玉(Hénán Nányángyù)、甘肃酒泉玉(Gānsù Jiǔquányù)、辽宁岫岩玉(Liáoníng Xiùyányù)이 중국에서 가장 유명한 옥이다.

0732 欲望 yùwàng 욕망 유의 欲念 yùniàn

一个人的欲望如果只是追求金钱和权势，他就永远不能满足。

yí ge rén de yùwàng rúguǒ zhǐshì zhuīqiú jīnqián hé quánshì, tā jiù yǒngyuǎn bù néng mǎnzú.

한 사람의 욕망이 만약 그저 금전과 권세만 쫓는다면, 그는 영원히 만족할 수 없다.

0733 寓言 yùyán 우언, 우화

《伊索寓言》是由许许多多的小故事组成的，每一个寓言中都饱含一个人生的哲理。

《Yīsuǒ yùyán》shì yóu xǔxuduōōduō de xiǎo gùshi zǔchéng de, měi yí ge yùyán zhōng dōu bǎohán yí ge rénshēng de zhélǐ.

이솝 우화는 짧은 이야기들로 이루어진 것으로, 각 우화마다 모두 한 가지씩 인생 철학을 담고 있다.

0734 元首 yuánshǒu 원수, 군주, 임금

各个国家最高元首的称谓是不一样的，有的叫主席，有的叫总统。

Gègè guójiā zuì gāo yuánshǒu de chēngwèi shì bù yíyàng de, yǒu de jiào zhǔxí, yǒu de jiào zǒngtǒng.

나라마다 최고 원수의 호칭이 다른데, 어떤 나라에서는 주석이라 부르고, 어떤 나라에서는 대통령이라 부른다.

0735 元素 yuánsù 요소, (화학) 원소

古代西方哲学家认为构成自然界的物体是水、火、地、风四大元素。

Gǔdài xīfāng zhéxuéjiā rènwéi gòuchéng zìránjiè de wùtǐ shì shuǐ, huǒ, dì, fēng sì dà yuánsù.

고대 서양 철학가들은 자연계를 이루는 물체로 물, 불, 땅, 바람 4대 요소가 있다고 여겼다.

0736 元宵节 Yuánxiāojié 원소절, 정월 대보름(음력 1월 15일)

元宵节当天，家家户户都吃汤圆，晚上赏灯。
Yuánxiāojié dāngtiān, jiājiāhùhù dōu chī tāngyuán, wǎnshang
shǎng dēng.
정월대보름 당일에는 집집마다 탕위엔을 먹고, 밤에는 등을 감상한다.

🗨 관련 표현

元宵节的花灯 — 五花八门 혈후
Yuánxiāojié de huādēng — wǔ huā bā mén
정월대보름 꽃등 — 가지각색 : 각양각색, 형형색색

💡 tip 五花八门 : 고대 병법에서 전술의 변화가 많았던 진영인 '五行阵'과 '八门阵'에서 나옴.

元宵节看花灯 — 目不暇接 혈후
Yuánxiāojié kàn huādēng — mù bù xiá jiē
정월대보름에 꽃등을 보다 — 눈이 모자라다 : 너무 많아 다 볼 수가 없다

0737 园林 yuánlín 원림, 정원

苏州的各个园林每到旅游季节都是人头攒动，人满为患。
Sūzhōu de gègè yuánlín měi dào lǚyóu jìjié dōu shì rén tóu cuán
dòng, rén mǎn wéi huàn.
쑤저우의 정원들은 여행철만 되면 사람들로 북적거려 몸살을 앓는다.

[단어] 人头攒动 rén tóu cuán dòng 사람들이 떼를 지어 몰려오다 / 人满为患 rén mǎn
wéi huàn 성 사람이 많아 탈이다

💡 tip 苏州 4대 정원 : 沧浪亭(Cānglàngtíng, 송나라), 狮子林(shīzilín, 원나라), 拙政园
(Zhuōzhèngyuán, 명나라), 留园(Liúyuán, 청나라)

0738 原告 yuángào [법률] 원고 BCT2 유의 原告人 yuángàorén

原告在诉讼当中讲的两个理由都是不成立的。
Yuángào zài sùsòng dāngzhōng jiǎng de liǎng ge lǐyóu dōu shì bù
chénglì de.
원고가 소송 중에 말한 두 가지 이유는 모두 성립되지 않는다.

0739 原理 yuánlǐ 원리

希望大家在生活中灵活运用这些原理。
Xīwàng dàjiā zài shēnghuó zhōng línghuó yùnyòng zhèxiē yuánlǐ.
여러분이 생활 속에서 이 원리들을 융통성 있게 운용하셨으면 합니다.

我懂操作的原理，但不懂如何操作。
Wǒ dǒng cāozuò de yuánlǐ, dàn bù dǒng rúhé cāozuò.
나는 조작하는 원리는 알겠는데, 어떻게 조작하는지는 모르겠어.

0740 原先 yuánxiān 종전, 이전, 최초, 본래

他原先就是个小小职员，闯荡了半辈子成了跨国企业老总。
Tā yuánxiān jiù shì ge xiǎoxiǎo zhíyuán, chuǎngdàngle bànbèizi chéngle kuàguó qǐyè lǎozǒng.
그는 원래 별 볼일 없는 말단 직원이었는데, 반평생을 열심히 뛴 끝에 다국적 기업의 사장이 되었다.

[단어] **闯荡** chuǎngdàng 세상을 떠돌며 경험을 쌓다

这里原先是一片荒地，后来变成了美丽的生态公园。
Zhèlǐ yuánxiān shì yí piàn huāngdì, hòulái biànchéngle měilì de shēngtài gōngyuán.
이곳은 처음에는 황무지였는데, 나중에 아름다운 생태 공원으로 변했다.

0741 缘故 yuángù 원인, 연고, 이유 **유의** 原因 yuányīn

今天中午突然停电，不知什么缘故。
Jīntiān zhōngwǔ tūrán tíngdiàn, bù zhī shénme yuángù.
오늘 점심 때 갑자기 정전이 됐는데, 무슨 까닭인지 모르겠어.

也许是害羞的缘故吧，她低着头一句话也不说。
Yéxǔ shì hàixiū de yuángù ba, tā dīzhe tóu yí jù huà yě bù shuō.
아마도 수줍은 탓인가 봐, 저 애가 고개를 숙이고는 한마디도 안 하네.

🗨 **관련 표현**

无缘无故 wú yuán wú gù **성** 아무런 이유도 없다

0742 源泉 yuánquán 사물 발생의 본원(근원), 원천 □□□

水对我们的生命起着重要的作用，它是生命的源泉。
Shuǐ duì wǒmen de shēngmìng qǐzhe zhòngyào de zuòyòng, tā shì shēngmìng de yuánquán.
물은 우리의 생명에 중요한 역할을 하는 것으로, 그것은 생명의 원천이다.

不合理的制度才是贪污腐败的源泉和温床。
Bù hélǐ de zhìdù cái shì tānwū fǔbài de yuánquán hé wēnchuáng.
불합리한 제도야말로 부정 부패의 근원이며 온실이다.

[단어] 贪污腐败 tānwū fǔbài 탐오부패, 부정부패

0743 乐谱 yuèpǔ 악보 □□□

纪念馆内陈列着莫扎特生前使用过的小提琴、木琴、钢琴和亲笔写的乐谱。
Jìniànguǎn nèi chénlièzhe Mòzhātè shēngqián shǐyòngguo de xiǎotíqín、mùqín、gāngqín hé qīnbǐ xiě de yuèpǔ.
기념관 안에는 모차르트가 생전에 사용했던 바이올린, 실로폰, 피아노와 친필로 쓴 악보가 진열되어 있었다.

0744 岳母 yuèmǔ 장모 [참고] 岳父 yuèfù 장인 □□□

今天是我岳母的七十大寿。
Jīntiān shì wǒ yuèmǔ de qīshí dàshòu.
오늘은 우리 장모님의 칠순 날이다.

[단어] 大寿 dàshòu 50세 이후부터 매 10주년 생일

0745 杂技 zájì 잡기, 곡예, 서커스 □□□

杂技演员都是从小辛辛苦苦不间断地练出来的。
Zájì yǎnyuán dōu shì cóngxiǎo xīnxinkǔkǔ bù jiānduàn de liànchulai de.
서커스 배우들은 모두 어릴 때부터 고생 고생하며 쉬지 않고 연습해서 된 것이다.

[단어] 间断 jiānduàn (연속된 일이) 중단되다, 멈추다

半天云里演杂技 — 艺高胆大 **헐후**

bàntiān yún li yǎn zájì —yì gāo dǎn dà

공중에서 곡예를 하다 — 고도의 솜씨로 대담한 기예를 펼치다 : 기예가 좋으면 대담해진다.

0746 灾难 zāinàn 재난, 재해, 화, 환난   ☐☐☐

这次灾难造成的后果比天灾人祸更惨不忍睹。

Zhè cì zāinàn zàochéng de hòuguǒ bǐ tiān zāi rén huò gèng cǎn bù rěn dǔ.

이번 재난이 만들어 낸 결과는 상란보다 훨씬 끔찍하여 눈을 뜨고 볼 수가 없다.

[단어] **天灾人祸** tiān zāi rén huò **성** 상란(전쟁 · 전염병 · 천재지변 따위로 많은 사람이 죽는 재앙) / **惨不忍睹** cǎn bù rěn dǔ **성** 참혹하여 눈을 뜨고 볼 수가 없다

🗣 관련 표현

多灾多难 duō zāi duō nàn **성** 재해가 많이 겹치다, 다재 다난하다

0747 造型 zàoxíng 이미지, 형상, 조형 **유의** 造形 zàoxíng   ☐☐☐

这款车的造型很新颖，性能也很出众。

Zhè kuǎn chē de zàoxíng hěn xīnyíng, xìngnéng yě hěn chūzhòng.

이 차의 외관은 참신하고, 성능도 뛰어나다.

这款新造型并不适合她。

Zhè kuǎn xīn zàoxíng bìng bú shìhé tā.

이 새로운 스타일은 그녀에게 결코 어울리지 않는다.

동 조형하다, 묘사하다

素描是一切造型艺术的基础。

Sùmiáo shì yíqiè zàoxíng yìshù de jīchǔ.

소묘는 모든 조형 예술의 기초이다.

0748 噪音 zàoyīn 소음

施工单位夜间施工产生噪音，小区居民向街道办事处反映
了情况。

Shīgōng dānwèi yèjiān shīgōng chǎnshēng zàoyīn, xiǎoqū jūmín
xiàng jiēdào bànshìchù fǎnyìngle qíngkuàng.

시공업체가 야간 작업을 하느라 소음을 일으키자, 아파트 주민들이 동사무소에 불만을 토로했다.

[단어] **街道办事处** jiēdào bànshìchù 동사무소, 동회

0749 贼 zéi 도둑, 도적

你也真是的，做什么不好，偏偏要当贼。

Nǐ yě zhēnshi de, zuò shénme bù hǎo, piānpiān yào dāng zéi.

너도 참, 할 게 없어서 도둑놈이라니.

人家也不是天生就当贼的，都是被逼的。

Rénjiā yě bú shì tiānshēng jiù dāng zéi de, dōu shì bèi bī de.

남도 태어날 때부터 도둑인 것은 아니지. 다 상황에 몰려서 그렇지.

🐷 관련 표현

贼眉鼠眼 zéi méi shǔ yǎn 📗 도둑놈 얼굴. 행동이 수상하다

做贼心虚 zuò zéi xīn xū 📗 도둑이 제 발 저리다

吕布拜董卓 — 认贼作父 혈후

Lǚ Bù bài Dǒng Zhuó — rèn zéi zuò fù

여포가 동탁에게 절하다 — 도둑을 아버지로 여기다 : 원수를 아버지로 섬기다. 기꺼이 적에게
투항하다

tip 吕布拜董卓 : 여포는 원래 병주자사(并州刺史) 정원(丁原 Dīng Yuán)의 양자였으나, 후
에 정원을 죽이고 동탁의 양자가 된다.

妻死贼上房 — 内忧外患 혈후

qī sǐ zéi shàng fáng — nèi yōu wài huàn

아내가 죽고 도둑이 들다 — 안의 우려 밖의 재난 : 내우외환

0750 渣 zhā 찌꺼기, 침전물, 부스러기

这屋里怎么了? 满地都是饼干渣儿。

Zhè wū li zěnme le? Mǎndì dōu shì bǐnggān zhār.

이 방이 왜 이러니? 온 바닥이 과자부스러기 천지네.

我们可以把喝剩下的茶叶渣晒干后做枕头芯。

Wǒmen kěyǐ bǎ hē shèngxià de cháyèzhā shàigān hòu zuò zhěntouxīn.

우리는 마시고 남은 찻잎 찌거기를 말려 베갯속으로 쓸 수 있어요.

🗨 **관련 표현**

残渣余孽 cán zhā yú niè 성 잔당, (소멸되지 않고) 남아 있는 무리

0751 摘要 zhāiyào 적요, 요점 BCT1 유의 概要 gàiyào, 要点 yàodiǎn

上次讲座我没去成, 你把讲座内容摘要借我看一下, 好吗?

Shàng cì jiǎngzuò wǒ méi qù chéng, nǐ bǎ jiǎngzuò nèiróng zhāiyào jiè wǒ kàn yíxià, hǎo ma?

지난 번 강좌를 못 들었는데, 강좌 내용 요점 정리한 것 좀 보여 줄 수 있어?

你这篇论文没写摘要, 所以没通过。

Nǐ zhè piān lùnwén méi xiě zhāiyào, suǒyǐ méi tōngguò.

너의 이 논문은 개요를 안 써서, 통과를 못했어.

0752 债券 zhàiquàn 채권(공채나 국채) BCT2

为了筹集资金, 公司发行了新的债券。

Wèile chóují zījīn, gōngsī fāxíngle xīn de zhàiquàn.

자금 조성을 위해, 회사는 신채권을 발행했다.

[단어] **筹集** chóují 조달하다, 마련하다

🗨 **관련 표현**

记名债券 jìmíng zhàiquàn 기명 채권

垃圾债券 lājī zhàiquàn 정크 본드(junk bond)

债券市场 zhàiquàn shìchǎng 채권 시장

公司债 gōngsī zhài 회사채

0753 战斗 zhàndòu 전투 참고 战斗力 zhàndòulì 전투력 □□□

陈毅从北伐到解放战争曾指挥过无数次战役战斗。

Chén Yì cóng běifá dào jiěfàng zhànzhēng céng zhǐhuīguo wúshù cì zhànyì zhàndòu.

천이(진의)는 북벌에서 해방 전쟁까지 무수한 전투를 지휘했다.

tip 陈毅 : (1901~1972) 혁명가, 정치가, 군사 전문가. 해방군 창건자이면서 원수(元帅) 중의 한 사람이다. 신중국 수립 후 상하이 제1대 시장을 역임했다.

동 전투하다, 교전하다

为了攻占540高地，两军战斗了两天两夜。

Wèile gōngzhàn wǔ sì líng gāodì, liǎng jūn zhàndòule liǎng tiān liǎng yè.

540 고지를 점령하기 위해, 양군은 이틀 밤낮을 교전했다.

他战斗了三年多，终于开了一个自己的商店。

Tā zhàndòule sān nián duō, zhōngyú kāile yí ge zìjǐ de shāngdiàn.

그는 3년 동안 노력한 끝에, 마침내 자신의 가게를 오픈했다.

0754 战略 zhànlüè 전략 BCT1 □□□

我们的营销战略上有了巨大的变化。

Wǒmen de yíngxiāo zhànlüè shang yǒule jùdà de biànhuà.

우리의 마케팅 전략에 커다란 변화가 생겼다.

我们要根据形势的变化，及时改变战略。

Wǒmen yào gēnjù xíngshì de biànhuà, jíshí gǎibiàn zhànlüè.

우리는 형세의 변화에 따라, 제때에 전략을 바꿔야 한다.

0755 战术 zhànshù 전술 참고 技战术 jìzhànshù [신조어] 기술과 전술 □□□

这次他们的拖延战术再次失败。

Zhè cì tāmen de tuōyán zhànshù zàicì shībài.

이번에 그들이 쓴 시간 끌기 전술은 또 실패했다.

0756 战役 zhànyì 전역, 전투

经过上万次的大小战役，双方终于就签订和平协定达成一致意见。

Jīngguò shàng wàn cì de dàxiǎo zhànyì, shuāngfāng zhōngyú jiù qiāndìng hépíng xiédìng dáchéng yízhì yìjiàn.

만 번이 넘는 크고 작은 전투를 거친 후, 쌍방은 마침내 평화 협정을 체결하는 데 의견을 모았다.

0757 章程 zhāngchéng 장정, 규정, 당헌 [BCT1]

公司对《公司章程》利润分配相关部分条款进行修订。

Gōngsī duì 《gōngsī zhāngchéng》 lìrùn fēnpèi xiāngguān bùfen tiáokuǎn jìnxíng xiūdìng.

회사는 〈회사 규정〉에서 이윤 분배에 관련된 조항을 수정했다.

0758 帐篷 zhàngpeng 장막, 천막, 텐트

在草原上搭个帐篷，欣赏周围的景色也是一大美事。

Zài cǎoyuán shang dā ge zhàngpeng, xīnshǎng zhōuwéi de jǐngsè yěshì yí dà měishì.

초원에 텐트를 치고 주위 풍경을 감상하는 일 또한 아주 멋진 일이다.

🗣 관련 표현

军队搭帐篷 — 安营扎寨 헐후

jūnduì dā zhàngpeng — ān yíng zhā zhài

군대가 천막을 치다 — 군대가 진을 치고 주둔하다 : 건축 현장 등지에 임시 숙소를 세우다

0759 障碍 zhàng'ài 장애(물), 방해(물)

不管做生意还是过日子，都会遇到很多难以跨越的障碍。

Bùguǎn zuò shēngyì háishi guò rìzi, dōu huì yùdào hěn duō nányǐ kuàyuè de zhàng'ài.

사업을 하든지 생활을 하든지, 넘기 힘든 많은 장애물들을 만나기 마련이다.

长期睡眠障碍，将导致人体生理机能紊乱，免疫力下降。

Chángqī shuìmián zhàng'ài, jiāng dǎozhì réntǐ shēnglǐ jīnéng wěnluàn, miǎnyìlì xiàjiàng.

장기적인 수면 장애는 인체 생리 기능에 이상을 초래해 면역력을 저하시킨다.

[단어] 紊乱 wěnluàn 무질서하다, 혼란하다

0760 沼泽 zhǎozé 소택, 소택지, 늪 □□□

他的腿陷入了沼泽，无论如何也拔不出来。

Tā de tuǐ xiànrùle zhǎozé, wúlùn rúhé yě bábuchūlái.

그의 다리가 늪에 빠졌는데, 아무리 애써도 뺄 수가 없다.

暗恋就像沼泽，一旦陷入就会无法自拔。

Ànliàn jiù xiàng zhǎozé, yídàn xiànrù jiù huì wúfǎ zì bá.

짝사랑은 늪과 같아, 일단 빠지면 스스로 빠져나올 수가 없어.

[단어] 暗恋 ànliàn 남몰래 사랑하다

0761 珍珠 zhēnzhū 진주 □□□

这次过年，小王给妈妈买了大大的一串珍珠项链作礼物。

Zhècì guònián, Xiǎo Wáng gěi māma mǎile dàdā de yíchuàn zhēnzhū xiàngliàn zuò lǐwù.

이번 명절 때, 왕 군은 엄마에게 굵은 알이 박힌 진주 목걸이를 사서 선물했다.

🔸 관련 표현

蚌壳里取珍珠 — 谋财害命 혈후

bàngké li qǔ zhēnzhū — móu cái hài mìng

조개껍데기에서 진주를 캐다 — 재물을 탐내어 목숨을 해치다 : 재물 때문에 사람을 죽이다

盒子里的珍珠 — 历历可数 혈후

hézi li de zhēnzhū — lì lì kě shǔ

상자 속의 진주 — 똑똑히 셀 수 있다 : 정확하게 세다

王八肚里剥出珍珠 — 奇珍异宝 혈후

wángba dù li bōchū zhēnzhū — qí zhēn yì bǎo

거북이 배에서 진주를 꺼내다 — 진기한 보배 : 진기한 보물

珍珠丢在绿豆里 — 真假难辨 혈후

zhēnzhū diūzài lǜdòu li — zhēn jiǎ nán biàn

진주를 녹두 속에 떨어뜨리다 — 진짜 가짜를 분별하기 힘들다 : 진위를 가리기 어렵다

0762 真理 zhēnlǐ 진리

坏人一定会有报应的，这是不变的真理！

Huàirén yídìng huì yǒu bàoyìng de, zhè shì bú biàn de zhēnlǐ!

나쁜 놈이 반드시 벌을 받게 되는 것은, 불변의 진리이다.

0763 真相 zhēnxiàng 진상, 실상 반의 假象 jiǎxiàng 가상, 허상, 거짓

你们去找老张，就会明白这次事件的真相了。

Nǐmen qù zhǎo Lǎo Zhāng, jiù huì míngbai zhè cì shìjiàn de zhēnxiàng le.

자네들이 장씨를 찾아가면, 이번 사건의 진상을 알게 될 걸세.

🗣 **관련 표현**

真相大白 zhēn xiàng dà bái 성 진상이 환히 드러나다

瞎子看电影 — 不明真相 혈후

xiāzi kàn diànyǐng — bù míng zhēn xiàng

장님이 영화를 보다 — 진상을 잘 모르다

0764 枕头 zhěntou 베개

新买的枕头有点儿硬，我想换一个软点的。

Xīn mǎi de zhěntou yǒudiǎnr yìng, wǒ xiǎng huàn yí ge ruǎn diǎn de.

새로 산 베개가 조금 딱딱해서, 난 푹신한 걸로 바꾸고 싶어.

🗣 **관련 표현**

绣花枕头 xiùhuā zhěntou 관용

실속은 없이 겉모습만 번지르르한 사람이나 물건

抱着枕头跳舞 — 自得其乐 혈후

bàozhe zhěntou tiàowǔ — zì dé qí lè

베개를 안고 춤추다 — 스스로 그 속의 즐거움을 느끼다 : 스스로 만족하다

床上的花枕头 — 置之脑后 혈후

chuángshang de huā zhěntou — zhì zhī nǎo hòu

침대 위의 꽃베개 — 뒤통수에 놓이다 : 까맣게 잊어버리다

0765 阵地 zhèndì 진지

守军接到上级命令，不惜一切代价也要守住阵地。

Shǒujūn jiēdào shàngjí mìnglìng, bùxī yíqiè dàijià yě yào shǒuzhù zhèndì.

수비군은 상부의 명령에 따라, 어떤 대가를 치르더라도 진지를 지켜내야 한다.

🗨 관련 표현

李逵上阵 — 身先士卒 헐후

Lǐ Kuì shàng zhèn — shēn xiān shì zú

이규가 싸움터에 나가다 — 장군이 몸소 병사의 선두에 서다 : 솔선수범하다.

tip 李逵 :《수호전》양산박 호걸 중 한 사람.

0766 阵容 zhènróng 진용, 라인업, 멤버

这部电影虽然演员阵容很豪华，但是口碑不佳。

Zhè bù diànyǐng suīrán yǎnyuán zhènróng hěn háohuá, dànshì kǒubēi bù jiā.

이 영화는 출연진은 호화판인데, 평판이 좋지 않다.

[단어] **口碑** kǒubēi 평판, 평가

我们要趁机打乱敌方的阵容。

Wǒmen yào chèn jī dǎluàn dífāng de zhènróng.

우리는 기회를 노려 적군의 진영을 교란시켜야 한다.

0767 正月 zhēngyuè 정월, 음력 1월

正月初八被称为"顺星节"是一个可以预知一年运气的节日。

Zhēngyuè chūbā bèi chēngwéi "Shùnxīngjié" shì yí ge kěyǐ yùzhī yì nián yùnqì de jiérì.

정월 초여드렛날은 '순성절'이라 불리는데, 이 날은 1년의 운세를 점칠 수 있는 명절이다.

"正月剪头思旧"的意思是正月最好不要剪头发。

"Zhēngyuè jiǎntóu sī jiù"de yìsi shì zhēngyuè zuìhǎo búyào jiǎn tóufa.

'정월에 머리카락을 자르는 것은 옛일을 그리워하는 것이다'의 뜻은 정월에는 머리카락을 자르지 말라는 것이다.

正月半出龙灯 — 盛况空前 혈후

zhèngyuèbàn chū lóngdēng — shèng kuàng kōng qián

정월 대보름에 용등이 출현하다 — 전례 없던 성황을 이루다 : 대성황을 이루다

正月初一卖门神 — 无人问津 혈후

zhèngyuè chūyī mài ménshén — wú rén wèn jīn

정월 초하루에 문신을 팔다 — 나루터를 물어보는 사람이 없다 : 신경 쓰는 사람이 없다, 관심 갖는 사람이 없다

[단어] 门神 ménshén 문신, 문짝에 붙이는 신상(神像) : 귀신을 몰아내고 액막이를 해 집안을 보호한다

0768 **争端** zhēngduān 쟁단, 분쟁의 실마리 BCT1 □□□

使用武力会带来以暴易暴，不可能解决巴以长期争端。

Shǐyòng wǔlì huì dàilái yǐ bào yì bào, bú kěnéng jiějué Bā Yǐ chángqī zhēngduān.

무력을 사용하면 또다시 무력을 불러올 뿐, 파키스탄과 이스라엘의 장기적인 분쟁을 해결할 수 없습니다.

[단어] 以暴易暴 yǐ bào yì bào 성 난폭한 세력으로 난폭한 세력을 대체하다, 또 다른 환란을 불러오다

领土争端 lǐngtǔ zhēngduān 영토 분쟁

国际贸易争端 guójì màoyì zhēngduān 국제 무역 분쟁

0769 **正负** zhèngfù 플러스 마이너스 □□□

本次调查的抽样误差为正负0.75百分点以内。

Běn cì diàochá de chōuyàng wùchā wéi zhèngfù líng diǎn qī wǔ bǎifēndiǎn yǐnèi.

이번 조사의 표본 오차는 플러스 마이너스 0.75% 이내입니다.

[단어] 百分点 bǎifēndiǎn 퍼센트 BCT1

0770 正气 zhèngqì 공명정대한 태도, 바른 기풍

包青天走到哪里，就把清风正气带到哪里。
Bāoqīngtiān zǒudào nǎli, jiù bǎ qīngfēng zhèngqì dàidào nǎli.

포청천은 어디를 가든지, 청렴결백한 태도로 일관한다.

张书记强调，要树立好党风、家风，弘扬时代的浩然正气。
Zhāng shūjì qiángdiào, yào shùlìhǎo dǎngfēng、jiāfēng, hóngyáng shídài de hàorán zhèngqì.

장 서기는 당의 기풍과 가풍을 바로 세우고, 시대의 바른 기풍을 널리 알려야 한다고 강조했다.

[단어] 弘扬 hóngyáng 더욱 발전시키다, 발양하다 / 浩然正气 hàorán zhèngqì 굳세고 도도하며 올바른 기개

🗨 관련 표현

正气凛然 zhèngqì lǐnrán 기풍이 위엄 있다

老爷庙的横匾 — 浩然正气 헐후
Lǎoye miào de héngbiǎn — hào rán zhèng qì

관왕묘의 편액 — 굳세고 도도하며 올바른 기개 : 호연지기

[단어] 老爷庙 Lǎoye miào 관왕묘(关帝庙 Guāndìmiào : 관우를 모시는 사당)

0771 正义 zhèngyì 정의

男子汉大丈夫应该为了社会正义而行动。
Nánzihàn dàzhàngfu yīnggāi wèile shèhuì zhèngyì ér xíngdòng.

사내대장부는 마땅히 사회 정의를 위해 행동해야 한다.

🔵 정의롭다

各国正史上通常会把带有自卫性质或者民族解放性质的战争视为正义战争。
Gèguó zhèngshǐ shang tōngcháng huì bǎ dàiyǒu zìwèi xìngzhì huòzhě mínzú jiěfàng xìngzhì de zhànzhēng shìwéi zhèngyì zhànzhēng.

각국의 정사에서는 통상적으로 방위적인 성질이나 민족 해방 성질을 띤 전쟁을 정의로운 전쟁이라 보았다.

0772 证书 zhèngshū 증서, 증명서 [BCT1]　□□□

2009年11月公司获得了ISO9001质量体系认证证书。
Èr líng líng jiǔ nián shíyī yuè gōngsī huòdéle ISO jiǔ líng líng yāo zhìliàng tǐxì rènzhèng zhèngshū.
2009년 11월에 회사는 ISO9001 품질 시스템 인증 증서를 받았다.

🐻 관련 표현

毕业证书 bìyè zhèngshū 졸업 증서

获奖证书 huòjiǎng zhèngshū 수상 증서

合格证书 hégé zhèngshū 합격 증서

结婚证书 jiéhūn zhèngshū 결혼 증서

检疫证书 jiǎnyì zhèngshū 검역 증명서

0773 政策 zhèngcè 정책 [BCT1]　□□□

国家实行了很多政策来帮助失学儿童。
Guójiā shíxíngle hěn duō zhèngcè lái bāngzhù shīxué értóng.
국가에서는 여러 가지 정책을 시행해 학업을 중단한 아동을 돕고 있다.

新税收政策对再生资源行业是有利的。
Xīn shuìshōu zhèngcè duì zàishēng zīyuán hángyè shì yǒulì de.
새로운 조세 정책은 재생 자원 업계에 유리하다.

[단어] 税收政策 shuìshōu zhèngcè 조세 정책

🐻 관련 표현

愚民政策 yúmín zhèngcè 우민 정책

工业政策 gōngyè zhèngcè 공업 정책

鸵鸟政策 tuóniǎo zhèngcè 타조 정책(ostrich policy), 도피주의식 정책, 눈 가리고 아웅하기

0774 政权 zhèngquán 정권 참고 傀儡政权 kuǐlěi zhèngquán 괴뢰 정권　□□□

民心向背决定政权的存亡。
Mínxīn xiàngbèi juédìng zhèngquán de cúnwáng.
민심의 향배가 정권의 존립과 멸망을 결정한다.

[단어] 向背 xiàngbèi 향배, 지지와 반대

0775 症状 zhèngzhuàng 증상, 증후 유의 症候 zhènghòu

上腹部不适、隐痛这是胃癌最常见的症状。

Shàngfùbù búshì、yǐntòng zhè shì wèi'ái zuì chángjiàn de zhèngzhuàng.

상복부 불쾌감과 은근한 통증은 위암에서 가장 자주 볼 수 있는 증상이다.

0776 之际 zhījì (일이 발생한) 때, 즈음

新年来临之际，祝愿你在新的一年里平安幸福、万事如意！

Xīnnián láilín zhījì, zhùyuàn nǐ zài xīn de yì nián li píng'ān xìngfú, wàn shì rú yì!

새해를 맞이하여, 네가 새로운 한 해 동안 편안하고 행복하며 모든 일이 순조롭게 풀리길 기원할게!

0777 支流 zhīliú 지류 반의 主流 zhǔliú 간류, 본류

汉江又称汉水，是长江最长的支流。

Hàn Jiāng yòu chēng Hàn shuǐ, shì Cháng Jiāng zuì cháng de zhīliú.

한 강은 한수라고도 하는데, 양쯔 강의 가장 긴 지류이다.

0778 支柱 zhīzhù 지주, 받침대, 기둥

大殿里总有12个支柱，每个支柱上都雕刻着一条盘旋的中国龙。

Dàdiàn li zǒng yǒu shí'èr ge zhīzhù, měi ge zhīzhù shang dōu diāokèzhe yì tiáo pánxuán de Zhōngguó lóng.

대웅전에는 12개의 기둥이 있는데, 매 기둥마다 모두 용틀임하는 중국 용이 새겨져 있다.

俱乐部新引进了一名外援，很快他就成长为俱乐部的支柱。

jùlèbù xīn yǐnjìnle yì míng wàiyuán, hěn kuài tā jiù chéngzhǎng wéi jùlèbù de zhīzhù.

팀에서는 새로 외국 선수를 한 명 영입했는데, 얼마 안 되어 그는 팀의 주력 선수가 되었다.

0779 枝 zhī (~儿) 가지

抬头一看是两只喜鹊正停在树枝上唱歌呢。

Táitóu yí kàn shì liǎng zhī xǐquè zhèng tíngzài shùzhī shang chànggē ne.

고개를 들어보니 까치 두 마리가 나뭇가지에 앉아 노래를 부르고 있었다.

양 가닥, 가지

她把这枝梅花插在青瓷花瓶里，把花瓶放在紧挨自己小床
的茶几上。

Tā bǎ zhè zhī méihuā chāzài qīngcí huāpíng li, bǎ huāpíng fàng
zài jǐn'āi zìjǐ xiǎochuáng de chájī shang.

그녀는 이 매화를 청자 꽃병에 꽂은 후에, 꽃병을 자기의 침대와 붙어 있는 협탁 위에 놓았다.

[단어] 紧挨 jǐn'āi 바짝 붙다, 아주 가까이 있다

🐻 관련 표현

粗枝大叶 cū zhī dà yè **성** 매우 간략하다, 구체적이지 못하다, (일 처리가) 세심하지 못하다

添枝加叶 tiān zhī jiā yè **성** (원래 없던 내용을) 보태어 말하다, 덧붙여 과장하다

枝繁叶茂 zhī fán yè mào **성** 가지나 잎이 무성하다, 가정이나 단체가 번성하다

寒蝉抱枯枝 — 日暮途穷 **헐후**
hánchán bào kū zhī — rì mù tú qióng

늦가을 매미가 마른 가지를 잡고 있다 — 날은 저물고 갈 길은 멀다 : 궁지에 빠지다, 죽음이 다
가오다

0780 知觉 zhījué 지각, 감각, 의식

□□□

在门外跪了一夜，他的膝盖失去了知觉。

Zài mén wài guìle yí yè, tā de xīgài shīqùle zhījué.

문 밖에서 밤새 무릎 꿇고 있었기에, 그의 무릎은 감각이 없었다.

0781 脂肪 zhīfáng 지방

□□□

动物脂肪中饱和脂肪酸和胆固醇含量高，所以应尽量少吃。

Dòngwù zhīfáng zhōng bǎohézhīfángsuān hé dǎngùchún hánliàng
gāo, suǒyǐ yīng jǐnliàng shǎo chī.

동물 지방 중에는 포화지방산과 콜레스테롤 함량이 높으니, 되도록 적게 먹어야 한다.

据说，做运动时在腰上涂上这种精油可以燃烧脂肪。

Jùshuō, zuò yùndòng shí zài yāo shang túshàng zhè zhǒng jīngyóu
kěyǐ ránshāo zhīfáng.

운동할 때 허리에 이 오일을 바르면 지방을 연소시킬 수 있다고 한다.

0782 直径 zhíjìng 직경

这棵树的直径是七十公分。
Zhè kē shù de zhíjìng shì qīshí gōngfēn.
이 나무의 직경은 70센티미터이다.

0783 侄子 zhízi 조카

我侄子七岁了，老师说他是个画画的天才。
Wǒ zhízi qī suì le, lǎoshī shuō tā shì ge huàhuà de tiāncái.
우리 조카는 일곱 살인데, 선생님께서는 그 애가 그림 천재라고 하신다.

0784 职能 zhínéng 직능, 기능, 역할 [BCT1]

货币有五种职能，其中最基本的职能是价值尺度和流通手段。
Huòbì yǒu wǔ zhǒng zhínéng, qízhōng zuì jīběn de zhínéng shì jiàzhí chǐdù hé liútōng shǒuduàn.
화폐는 다섯 가지 기능을 갖고 있는데, 그중에서 가장 기본적인 기능은 가치 척도와 유통 수단으로서의 기능이다.

这个部门的具体职能和工作范围是什么?
zhè ge bùmén de jùtǐ zhínéng hé gōngzuò fànwéi shì shénme?
이 부서의 구체적인 역할과 업무 범위가 어떻게 되나요?

0785 职位 zhíwèi 직위 [BCT1]

几位高管的辞职，导致一下子出现了几个职位的空缺。
Jǐ wèi gāoguǎn de cízhí, dǎozhì yíxiàzi chūxiànle jǐ ge zhíwèi de kòngquē.
몇몇 고위직 관리가 사직하는 바람에, 갑자기 몇 개의 직위가 공석이 되었다.

[단어] 空缺 kòngquē (직위의) 공석, 빈 자리

李克强谈反腐：不论是谁，不论职位高低，法律面前人人平等。
Lǐ Kèqiáng tán fǎnfǔ : búlùn shì shéi, búlùn zhíwèi gāodī, fǎlù miànqián rénrén píngděng.
리커창은 반부패에 대해 : 누구를 막론하고, 지위 고저에 상관없이, 법 앞에서는 모두 평등할 것이라고 말했다.

tip 李克强 : (1955~) 중국의 정치인, 현임 국무원 총리.

0786 职务 zhíwù 직무, 직 [BCT1]

经研究决定，你已不再适合担任财务总裁的职务。

Jīng yánjiū juédìng, nǐ yǐ bú zài shìhé dānrèn cáiwù zǒngcái de zhíwù.

검토를 통해, 자네는 더 이상 재무 이사직에 맞지 않는 사람이라고 결정했네.

0787 殖民地 zhímíndì 식민지

19世纪后期，越南沦为法国的殖民地。

Shíjiǔ shìjì hòuqī, Yuènán lúnwéi Fǎguó de zhímíndì.

19세기 후반에, 베트남은 프랑스의 식민지로 전락했다.

0788 指标 zhǐbiāo 지표, 수치 [BCT1]

公司提前半年完成全年利润指标。

Gōngsī tíqián bànnián wánchéng quánnián lìrùn zhǐbiāo.

회사는 연간 이윤 지표를 반 년 앞당겨 완성했다.

📖 관련 표현

商情指标 shāngqíng zhǐbiāo 경영 지표

景气指标 jǐngqì zhǐbiāo 경기 지표

生产指标 shēngchǎn zhǐbiāo 생산 지표

质量指标 zhìliàng zhǐbiāo 품질 지표

0789 指甲 zhǐjia 손톱, 발톱

彩绘指甲成了现今最流行的必要彩妆之一。

Cǎihuì zhǐjia chéngle xiànjīn zuì liúxíng de bìyào cǎizhuāng zhī yī.

네일아트는 지금 가장 유행하는 필수적인 메이크업 중의 하나가 되었다.

[단어] 彩妆 cǎizhuāng 메이크업, 색조 화장

我孩子除了指甲像我，其他的地方都像他爸。

Wǒ háizi chúle zhǐjia xiàng wǒ, qítā de dìfang dōu xiàng tā bà.

우리 애는 손톱만 나를 닮고, 다른 데는 다 제 아빠를 닮았어요.

0790 指南针 zhǐnánzhēn 나침반, 지침 □□□

我们凭借指南针找到了正确的方向。

Wǒmen píngjiè zhǐnánzhēn zhǎodàole zhèngquè de fāngxiàng.

우리는 나침반을 이용해 정확한 방향을 찾았다.

[단어] 凭借 píngjiè ~에 의지하다, ~를 기반으로 하다

价值观是我们行动的指南针，是我们做决定的依据。

Jiàzhíguān shì wǒmen xíngdòng de zhǐnánzhēn, shì wǒmen zuò juédìng de yījù.

가치관은 우리가 행동하는 지침이며, 우리가 어떤 것을 결정하는 근거가 된다.

0791 志气 zhìqì 패기, 기개, 포부 □□□

穷并不可怕，就怕穷得没了志气。

Qióng bìng bù kěpà, jiù pà qióng de méile zhìqì.

가난이 겁나는 게 아니라, 가난 때문에 패기가 꺾일까 염려될 뿐이지.

0792 制服 zhìfú 제복, 교복 □□□

我们学校夏季的制服是短裙，是韩版校园制服。

Wǒmen xuéxiào xiàjì de zhìfú shì duǎnqún, shì hánbǎn xiàoyuán zhìfú.

우리 학교 하복은 미니스커트인데, 한국식 교복이다.

0793 治安 zhì'ān 치안 □□□

放心，开普敦的治安状况是南非最好的，不会有什么问题。

Fàngxīn, Kāipǔdūn de zhì'ān zhuàngkuàng shì Nánfēi zuìhǎo de, bú huì yǒu shénme wèntí.

안심해요, 케이프타운의 치안 환경은 남아프리카에서 가장 좋으니까, 무슨 문제가 생기지는 않을 거예요.

[단어] 开普敦 Kāipǔdūn 케이프타운

智力 zhìlì 지력, 지능

每个人先天的智力差异是不大的，最主要的是后天的努力。
Měi ge rén xiāntiān de zhìlì chàyì shì bú dà de, zuì zhǔyào de shì hòutiān de nǔlì.
사람마다 선천적으로 타고나는 지능은 별 차이가 없고, 가장 중요한 것은 후천적인 노력이다.

🗣 관련 표현

智力测验 zhìlì cèyàn 지능 검사
智力开发 zhìlì kāifā 지능 개발
智力投资 zhìlì tóuzī 교육 투자
高智力 gāo zhìlì 높은 지능
智力商数 zhìlì shāngshù 지능지수(IQ)

□□□

0795 智能 zhìnéng 지혜와 능력

计算机智能是否会超越人的智能已经成为社会上的热点话题。
Jìsuànjī zhìnéng shìfǒu huì chāoyuè rén de zhìnéng yǐjing chéngwéi shèhuì shang de rèdiǎn huàtí.
컴퓨터 지능이 사람의 지능을 능가할 것인가 하는 것은 이미 사회적인 핫 이슈가 되고 있다.

형 지능적이다

随着移动网络和智能手机的普及，人们的生活变得越来越智能化。
Suízhe yídòng wǎngluò hé zhìnéng shǒujī de pǔjí, rénmen de shēnghuó biàn de yuèláiyuè zhìnénghuà.
모바일 웹과 스마트폰의 보급에 따라, 사람들의 생활도 갈수록 지능화되고 있다.

[단어] 移动网络 yídòng wǎngluò 모바일 웹(mobile web)

🗣 관련 표현

人工智能 réngōng zhìnéng 인공 지능 / 智能犯 zhìnéngfàn 지능범
智能机器人 zhìnéng jīqìrén 지능 로봇
诸葛亮的智能 —经天纬地 헐후
Zhūgě Liàng de zhìnéng — jīng tiān wěi dì
제갈량의 지혜 — 천하를 다스리다 : 재능이 매우 뛰어나다

0796 智商 zhìshāng 지능지수(智力商数)의 약칭, IQ

今天我们要讨论的是智商和情商哪个更重要的问题。

Jīntiān wǒmen yào tǎolùn de shì zhìshāng hé qíngshāng nǎ ge gèng zhòngyào de wèntí.

오늘 우리가 토론할 것은 지능지수와 감성지수 중 어느 것이 더 중요한가에 대한 문제입니다.

[단어] 情商 qíngshāng 감성지수(EQ)

0797 中央 zhōngyāng (방위사) 중앙, 정부의 최고 기관

公园的中央有一个美丽的莲花池。

Gōngyuán de zhōngyāng yǒu yí ge měilì de liánhuāchí.

공원의 중앙에 아름다운 연못이 있어요.

中央电视台正在热播大型记录片《水问》。

Zhōngyāng diànshìtái zhèngzài rèbō dàxíng jìlùpiàn《Shuǐ wèn》.

중앙텔레비전(CCTV)에서는 대형 다큐멘터리 〈물이 묻는다〉를 인기리에 방영하고 있다.

党中央强调建设社会主义新农村是一项重大历史任务。

Dǎng zhōngyāng qiángdiào jiànshè shèhuì zhǔyì xīn nóngcūn shì yíxiàng zhòngdà lìshǐ rènwù.

당 중앙에서는 사회주의 신 농촌을 건설하는 것은 중대한 역사 임무라 강조했다.

[단어] 党中央 dǎng zhōngyāng 중국 공산당 중앙 위원회(中国共产党中央委员会)

🗨️ 관련 표현

广场中央 guǎngchǎng zhōngyāng 광장 중앙

党中央 dǎng zhōngyāng 당 중앙

中央政府 zhōngyāng zhèngfǔ 중앙 정부

中央电视台 zhōngyāng diànshìtái 중앙텔레비전

大厅中央挂楷书 — 堂堂正正 헐후

dàtīng zhōngyàng guà kǎishū — táng táng zhèng zhèng

로비 중앙에 해서를 걸다 — 정정당당하다 : 광명정대하다, 늠름하다

[단어] 楷书 kǎishū 한자 서체의 하나. 오늘날 통용되는 정자체로 한자 연습을 할 때 기준으로 삼는 서체이다. 한나라 王次仲(Wàng Cìzhòng)이 만들었다고 전해진다.

0798 终点 zhōngdiǎn 종착점, 종점, 결승점

小伙子，起来，已经到终点站了。
Xiǎohuǒzi, qǐlai, yǐjing dào zhōngdiǎnzhàn le.
젊은이, 일어나요. 종점에 도착했어요.

他加快摆臂速度和步频，以顽强意志，冲向终点。
Tā jiākuài bǎibì sùdù hé bùpín, yǐ wánqiáng yìzhì, chōngxiàng zhōngdiǎn.
그는 팔 흔드는 속도와 보폭을 더 빨리하며, 불굴의 의지로 결승점을 향해 질주했다.

> 🗣 **관련 표현**

终点站 zhōngdiǎnzhàn 종점, 종착역

终点区 zhōngdiǎnqū 결승점

终点跑 zhōngdiǎnpǎo 파이널 스퍼트

终点柱 zhōngdiǎnzhù 피니시 포스트

0799 终身 zhōngshēn 일생, 평생, 종신

> 참고 **终身大事** zhōngshēn dàshì 혼인 대사, 인생의 대사

发生在10年前的一件事，让我终身难忘。
Fāshēng zài shí nián qián de yí jiàn shì, ràng wǒ zhōngshēn nánwàng.
10년 전에 일어났던 어떤 일을, 나는 영원히 잊을 수가 없다.

我妹妹的终身大事就交给你了。
Wǒ mèimei de zhōngshēn dàshì jiù jiāogěi nǐ le.
내 여동생 결혼 문제는 자네한테 맡기네.

0800 肿瘤 zhǒngliú 종양

良性肿瘤不会扩散到身体其他地方，所以不用太担心。
Liángxìng zhǒngliú bú huì kuòsàndào shēntǐ qítā dìfang, suǒyǐ búyòng tài dānxīn.
양성 종양은 몸의 다른 부위로 퍼지지 않으니, 너무 걱정하실 필요 없습니다.

0801 种子 zhǒngzi [식물] 종자, 열매, 씨(앗) □□□

四季豆的种子，一定要保管好，明年用。

Sìjìdòu de zhǒngzi, yídìng yào bǎoguǎnhǎo, míngnián yòng.

강낭콩 종자는 잘 보관했다가, 내년에 써요.

▶种子队 zhǒngziduì 시드 팀(seed team)

实力超强的西班牙队，自然而然地成为了小组内的种子队。

Shílì chāoqiáng de xībānyá duì, zì rán ér rán de chéngwéile xiǎozǔ nèi de zhǒngziduì.

실력이 월등한 스페인 팀이 자연스럽게 조의 시드 팀이 되었다.

0802 种族 zhǒngzú 인종 참고 种族歧视 zhǒngzú qíshì 인종 차별 □□□

我们应该排除种族主义和性别主义。

Wǒmen yīnggāi páichú zhǒngzú zhǔyì hé xìngbié zhǔyì.

우리는 종족주의(tribalism)와 성별주의(Sexism)를 없애야 한다.

0803 重心 zhòngxīn 중심, 무게 중심, 핵심 □□□

这张圆桌的重心在哪儿?

Zhè zhāng yuánzhuō de zhòngxīn zài nǎr?

이 원탁의 중심이 어디지?

分析问题时，要能清楚地抓住问题的重心。

Fēnxī wèntí shí, yào néng qīngchu de zhuāzhù wèntí de zhòngxīn.

문제를 분석할 때는 문제의 핵심을 분명히 파악해야 한다.

0804 舟 zhōu 배 유의 船 chuán □□□

참고 龙舟 lóngzhōu 용선, 龙舟赛 lóngzhōusài 용선 경기

这次调你去青岛是别人的意思，我只不过是顺水推舟而已。

Zhè cì diào nǐ qù Qīngdǎo shì biérén de yìsi, wǒ zhǐbuguò shì shùn shuǐ tuī zhōu éryǐ.

이번에 자네를 칭다오(청도)로 보내기로 한 건 다른 사람의 뜻이고, 난 그저 동의만 한 거라네.

[단어] 顺水推舟 shùn shuǐ tuī zhōu 성 추세에 따라 행동하다, 순풍에 돛을 달다

风雨同舟 fēng yǔ tóng zhōu 🔵 고난을 같이 하다, 역경을 함께 헤쳐 나가다

刻舟求剑 kè zhōu qiú jiàn 🔵 각주구검(초나라 사람이 배에 타고 있다가 칼을 물속에 떨어뜨리고는 그 위치를 뱃전에 표시해 놓고 나중에 찾으러 갔지만, 결국 칼을 찾지 못했다는 고사에서 유래함), 융통성 없이 현실에 맞지 않는 낡은 생각을 고집하는 어리석음을 비유

同舟共济 tóng zhōu gòng jì 🔵 한마음으로 힘을 합쳐 어려움을 헤쳐 나가다

吴越同舟 Wú Yuè tóng zhōu 🔵 원수끼리 협동하여 어려움을 극복하다

□□□

0805 州 zhōu 주(행정 자치 구역)

中国的少数民族地区有很多自治州。
Zhōngguó de shǎoshù mínzú dìqū yǒu hěn duō zìzhìzhōu.
중국의 소수 민족 지역에는 많은 자치주가 있다.

美国有五十个州，德国有十六个州。
Měiguó yǒu wǔshí ge zhōu, Déguó yǒu shíliù ge zhōu.
미국에는 50개의 주가 있고, 독일에는 16개의 주가 있다.

🐵 관련 표현

只许州官放火，不许百姓点灯 🔵
zhǐ xǔ zhōuguān fàng huǒ, bù xǔ bǎixìng diǎndēng
관리는 방화도 할 수 있지만 백성에게는 등불을 켜는 것조차 허락되지 않다, 통치자는 권력을 휘두르면서 국민에게는 자유를 주지 않다

□□□

0806 周边 zhōubiān 주변, 주위 [유의] 周围 zhōuwéi

[참고] 周边国家 zhōubiān guójiā 주변 국가

现代都市快节奏的生活，往往容易让人忽略周边美好的风景与事物。
Xiàndài dūshì kuài jiézòu de shēnghuó, wǎngwǎng róngyì ràng rén hūlüè zhōubiān měihǎo de fēngjǐng yǔ shìwù.
오늘날처럼 빨리 돌아가는 도시 생활은, 왕왕 사람들로 하여금 주변의 아름다운 풍경과 사물에 소홀하게 만든다.

小米公司除了手机、电视以外，还推出了空气净化器等生活周边产品。

Xiǎomǐ gōngsī chúle shǒujī, diànshì yǐwài, hái tuīchūle kōngqì jìnghuàqì děng shēnghuó zhōubiān chǎnpǐn.

시아오미 회사는 휴대 전화, TV 외에 공기청정기 등 생활용 주변 제품을 내놓았다.

tip 小米公司：北京小米科技有限责任公司, 2010일 설립, 대표이사는 雷军Léi Jūn(1969
년~)이다.

一眼望去，周边都是盛开的花朵。

Yìyǎn wàngqù, zhōubiān dōu shì shèngkāi de huāduǒ.

한 바퀴 휘~ 둘러보니, 주위가 온통 꽃 천지네요.

₀₈₀₇ 周年 zhōunián 주년 BCT1 □□□

我们公司成立三周年纪念活动在广州市隆重举行。

Wǒmen gōngsī chénglì sān zhōunián jìniàn huódòng zài Guǎngzhōu Shì lóngzhòng jǔxíng.

우리 회사 창립 3주년 기념 행사를 광저우(광주)에서 크게 연다.

₀₈₀₈ 周期 zhōuqī 주기 BCT2 □□□

地球公转的真正周期为恒星年，时间为365日6时9分10秒。

Dìqiú gōngzhuàn de zhēnzhèng zhōuqī wéi héngxīngnián, shíjiān wéi sānbǎi liùshíwǔ rì liù shí jiǔ fēn shí miǎo.

지구 공전의 실제 주기는 항성년으로, 시간은 365일 6시간 9분 10초이다.

[단어] **恒星年** héngxīngnián 태양이 어떤 항성과 같은 황경(黃經)에서 출발하여 다시 그 자리에 돌아오는 데 걸리는 시간

我们要想办法缩短生产周期。

Wǒmen yào xiǎng bànfǎ suōduǎn shēngchǎn zhōuqī.

우리는 방법을 강구해 생산 주기를 단축해야 한다.

₀₈₀₉ 周折 zhōuzhé 곡절 □□□

他费尽周折，终于找到了走失的孩子。

Tā fèijìn zhōuzhé, zhōngyú zhǎodàole zǒushī de háizi.

그는 온갖 우여곡절을 겪은 끝에 마침내 잃어버렸던 아이를 찾았다.

看他样子，尚有一番周折。

Kàn tā yàngzi, shàng yǒu yì fān zhōuzé.

저 친구 보아하니, 아직 좌절 한 번 안 겪어 봤군.

0810 粥 zhōu 죽 **유의** 稀饭 xīfàn

农历十二月八日为中国腊八节，民间有喝腊八粥的习惯。

Nónglì shí'èr yuè bā rì wéi Zhōngguó Làbājié, mínjiān yǒu hē làbāzhōu de xíguàn.

음력 12월 8일을 중국의 라빠절이라 하는데, 민간에서는 라빠죽을 먹는 습관이 있다.

tip 腊八节 : 음력 12월 8일. 우리나라의 동지와 비슷한 풍습으로 중국에서는 八宝粥(찹쌀에 팥, 땅콩, 밤, 대추, 연밥, 용안, 산사자 등을 넣고 끓인 영양죽)을 먹는다.

관련 표현

煲电话粥 bāo diànhuà zhōu **관용** 전화기를 붙들고 산다, 장시간 통화하다

僧多粥少 sēng duō zhōu shǎo **관용** 중은 많고 죽은 적다, 사람은 많은데 나누어 줄 것은 적다

一锅粥 yì guō zhōu **관용** 엉망(진창), 뒤죽박죽, 개판, 아주 혼란한 국면

0811 昼夜 zhòuyè 낮과 밤

这个便利店不分昼夜，24小时营业。

Zhège biànlìdiàn bù fēn zhòuyè, èrshísì xiǎoshí yíngyè.

이 편의점은 밤낮 구분 없이 24시간 영업해.

관련 표현

不分昼夜 bù fēn zhòu yè **성** 낮과 밤을 구분하지 않다, 어떤 일을 밤낮 없이 하다

昼夜兼程 zhòu yè jiān chéng **성** 밤낮으로 길을 재촉하다

0812 皱纹 zhòuwén 주름(살)

妈妈脸上的皱纹多了不少，看着我鼻子酸酸的。

Māma liǎn shang de zhòuwén duōle bùshǎo, kànzhe wǒ bízi suānsuān de.

엄마 얼굴에 주름이 많이 늘어, 그 모습을 보자니 코끝이 찡해졌다.

0813 主流 zhǔliú (강물의) 간류, 본류, 주류 [BCT1] 반의 支流 zhīliú 지류

从通天河到金沙江是长江的主流。

Cóng Tōngtiān Hé dào Jīnshā Jiāng shì Cháng Jiāng de zhǔliú.

통티엔 강에서 진사 강까지가 양쯔 강의 본류이다.

他正在研究关于中国传统文化主流思想的演变。

Tā zhèngzài yánjiū guānyú Zhōngguó chuántǒng wénhuà zhǔliú
sīxiǎng de yǎnbiàn.

그는 중국 전통 문화 주류 사상의 변천에 대해 연구하고 있다.

0814 主权 zhǔquán 주권

国家主权的丧失往往意味着国家的解体或灭亡。

Guójiā zhǔquán de sàngshī wǎngwǎng yìwèizhe guójiā de jiětǐ huò
mièwáng.

국가 주권의 상실은 왕왕 국가의 해체나 멸망을 뜻하기도 한다.

0815 主义 zhǔyì 주의

中国现在仍处于社会主义初级阶段。

Zhōngguó xiànzài réng chǔyú shèhuì zhǔyì chūjí jiēduàn.

중국은 지금도 여전히 사회주의 초급 단계에 머물러 있다.

🈯 관련 표현

唯物主义 wéiwù zhǔyì 유물주의, 유물론

人道主义 réndào zhǔyì 인도주의

资本主义 zīběn zhǔyì 자본주의

封建主义 fēngjiàn zhǔyì 봉건주의

民主主义 mínzhǔ zhǔyì 민주주의

官僚主义 guānliáo zhǔyì 관료주의

教条主义 jiàotiáo zhǔyì 교조주의

英雄主义 yīngxióng zhǔyì 영웅주의

拜金主义 bàijīn zhǔyì 배금주의

0816 助理 zhùlǐ 보좌관, 비서 [BCT1]

市长办公室公开招聘市长助理，条件必须是男人。

Shìzhǎng bàngōngshì gōngkāi zhāopìn shìzhǎng zhùlǐ, tiáojiàn bìxū shì nánrén.

시장 집무실에서 시장 비서를 공개 모집하는데, 조건은 반드시 남성이어야 한다는 것이다.

형 보조의

他曾经申请当李安的助理导演。

Tā céngjīng shēnqǐng dāng Lǐ Ān de zhùlǐ dǎoyǎn.

그는 전에 리안의 조감독 자리를 신청했었다.

[단어] **助理导演** zhùlǐ dǎoyǎn 영화 조감독

tip 李安 : (1954년~) 중국의 영화감독. 대표작으로 《卧虎藏龙 wò hǔ cáng lǒng》,《饮食男女 yǐn shí nán nǚ》,《色 · 戒 sè jiè》 등이 있다.

관련 표현

助理工程师 zhùlǐ gōngchéngshī 보조 기사

助理编辑 zhùlǐ biānjí 보조 편집원 / **助理人员** zhùlǐ rényuán 조수

0817 助手 zhùshǒu 조수 [BCT1] **유의 副手** fùshǒu

小李是老总的得力助手，每到关键时刻，他都想出个好主意。

Xiǎo Lǐ shì lǎozǒng de délì zhùshǒu, měi dào guānjiàn shíkè, tā dōu xiǎngchū ge hǎo zhǔyì.

이 군은 사장님의 유능한 조수로, 중요한 시점에 꼭 좋은 아이디어를 낸다.

[단어] **得力** délì 유능하다

0818 住宅 zhùzhái 주택 **참고 住宅区** zhùzháiqū 주택가

人们都有扩大住宅面积的愿望，但高房价面前只能是望而却步。

Rénmen dōu yǒu kuòdà zhùzhái miànjī de yuànwàng, dàn gāo fángjià miànqián zhǐnéng shì wàng ér què bù.

사람들은 주택 면적을 넓히고 싶은 바람을 갖고 있지만, 비싼 집값 앞에서 꿈을 접고 만다.

[단어] **望而却步** wàng ér què bù **성** (위험하거나 불가능한 일 앞에서) 뒷걸음질 치다, 꽁무니를 빼다

0819 专长 zhuāncháng 특기, 특수 기능, 전문 기술(지식) 유의 特长 tècháng

其实每个人的专长都不一样，只要做自己喜欢的就可以。
Qíshí měigerén de zhuāncháng dōu bù yíyàng, zhǐyào zuò zìjǐ xǐhuan de jiù kěyǐ.
사실 사람마다 장기가 다 다르기 때문에 자신이 좋아하는 걸 하면 된다.

刑事诉讼这一方面就是金律师的专长了。
Xíngshì sùsòng zhè yì fāngmiàn jiù shì jīn lǜshī de zhuāncháng le.
형사 소송 쪽이 바로 김 변호사의 전문 분야이다.

🐷 관련 표현

学有专长 xué yǒu zhuān cháng 성 (어떤 방면의) 전문 지식이나 기능을 갖추다

0820 专利 zhuānlì 특허 BCT2 참고 专利法 zhuānlìfǎ 특허법

近年来有关侵犯专利的案件越来越引起关注。
Jìnnián lái yǒuguān qīnfàn zhuānlì de ànjiàn yuèláiyuè yǐnqǐ guānzhù.
요 몇 년 사이 특허 침해 관련 사건들이 갈수록 주목을 받고 있다.

0821 专题 zhuāntí 전제, 특정한 제목, 전문적인 테마

《南方周末》经常就社会热点问题开设专题。
《Nánfāng zhōumò》 jīngcháng jiù shèhuì rèdiǎn wèntí kāishè zhuāntí.
《남방 주말》은 종종 사회적으로 핫 이슈가 되고 있는 문제를 특집으로 다룬다.

tip 《南方周末》: 1984년부터 발행된 주간 신문.

0822 砖 zhuān 벽돌

现在农村地区，用砖盖房子的依然很多。
Xiànzài nóngcūn dìqū, yòng zhuān gài fángzi de yīrán hěn duō.
현재 농촌 지역에는 벽돌로 집을 짓는 일이 여전히 많다.

他居然可以徒手劈砖，太厉害了！
Tā jūrán kěyǐ túshǒu pī zhuān, tài lìhai le!
그 사람 놀랍게도 맨손으로 벽돌을 깼어, 정말 대단해!

[단어] 徒手 túshǒu 빈손의, 맨손의

0823 传记 zhuànjì 전기

他平时喜欢读一些名人传记。

Tā píngshí xǐhuan dú yì xiē míngrén zhuànjì.

그는 평소에 유명 인사의 전기 읽는 것을 좋아해.

0824 装备 zhuāngbèi 장비 **유의** 设备 shèbèi

他喜欢爬山，家里准备着一整套登山装备。

Tā xǐhuan páshān, jiā li zhǔnbèizhe yì zhěngtào dēngshān zhuāngbèi.

그는 등산을 좋아해서, 집에 등산 장비를 세트로 구비하고 있다.

동 장치하다, 장착하다, 탑재하다

部队里重新用现代化武器装备起来。

Bùduì li chóngxīn yòng xiàndàihuà wǔqì zhuāngbèiqilai.

부대는 새로이 현대식 무기로 무장하기 시작했다.

装备 vs 设备

装备는 주로 군사 용어로 많이 쓰이고, 设备는 주로 일반 사물에 쓰인다.

武器装备 wǔqì zhuāngbèi 무기 장비
部队的装备 bùduì de zhuāngbèi 부대의 장비

机器设备 jīqì shèbèi 기계 설비
暖气设备 nuǎnqì shèbèi 난방 설비

0825 庄稼 zhuāngjia (농)작물

由于连日受洪水肆虐，全村的庄稼都被淹了。

Yóuyú liánrì shòu hóngshuǐ sìnüè, quán cūn de zhuāngjia dōu bèi yān le.

연일 계속되는 홍수의 피해로, 마을 전체의 농작물이 모두 물에 잠겼다.

[단어] **肆虐** sìnüè 해를 끼치다, 기승을 부리다

今年庄稼收成不好，家里没挣到多少钱。

Jīnnián zhuāngjia shōuchéng bù hǎo, jiā li méi zhèngdào duōshao qián.

올해는 농작물 수확이 안 좋아, 집에서 돈을 많이 못 만들었다.

0826 准则 zhǔnzé 준칙, 규범 BCT1

诚信是做生意最基本的准则。

Chéngxìn shì zuò shēngyì zuì jīběn de zhǔnzé.

신용은 사업할 때 가장 기본적으로 지켜야 할 원칙이다.

他有一套自己的处世准则。

Tā yǒu yí tào zìjǐ de chǔshì zhǔnzé.

그는 나름의 처세 원칙을 갖고 있다.

😊 관련 표현

商人的准则 — 有利可图 헐후

shāngrén de zhǔnzé — yǒu lì kě tú

상인의 규칙 — 취할 이익이 있다 : 중간에서 이익을 꾀할 수 있다

0827 姿态 zītài 자태, 모습, 자세, 태도

我是第一次跳华尔兹，所以你要包容我不怎么优雅的姿态。

Wǒ shì dìyī cì tiào huá'ěrzī, suǒyǐ nǐ yào bāoróng wǒ bù zěnme yōuyǎ de zītài.

제가 처음 왈츠를 추는 것이니, 자세가 예쁘게 안 나오더라도 이해해 주세요.

[단어] 华尔兹 huá'ěrzī 왈츠

中国正以更加自信的姿态出现在国际舞台上。

Zhōngguó zhèng yǐ gèngjiā zìxìn de zītài chūxiànzài guójì wǔtái shang.

중국은 더욱 당당한 태도로 국제 무대에 나서고 있다.

😊 관련 표현

木偶登台 — 故作姿态 헐후

mù'ǒu dēngtái — gù zuò zī tài

꼭두각시가 무대에 오르다 — 일부러 자태를 보여 주다 : 고의로 모습을 꾸미다

心月和尚刻罗汉 — 千姿百态 헐후

Xīnyuè héshàng kè luóhàn — qiān zī bǎi tài

심월 스님이 나한을 조각하다 — 모양이 제각각이고 서로 다르다 : 천태만상

💡 tip 心月和尚 : 청조(清朝) 祝圣寺(Zhùshèngsì)의 스님으로 석각 예술가이다. 3년 동안 500명의 나한상을 조각했다고 한다.

0828 资本 zīběn 자본, 자금, 밑천, 내세울 만한 것 [BCT2]

참고 资本主义 zīběn zhǔyì 자본주의, 资本家 zīběnjiā 자본가

他们公司的资本比较雄厚，不会说倒闭就倒闭。
Tāmen gōngsī de zīběn bǐjiào xiónghòu, bú huì shuō dǎobì jiù dǎobì.
그 회사는 자금 사정이 좋은 편이라, 쉽게 쓰러지지 않을 것이다.

你拿这笔钱做资本吧，我暂时不急着用。
Nǐ ná zhè bǐ qián zuò zīběn ba, wǒ zànshí bù jízhe yòng.
자네 이 돈으로 밑천 해, 난 당분간 급히 쓸 일 없으니까.

你有什么资本和我比?
Nǐ yǒu shénme zīběn hé wǒ bǐ?
자넨 뭘 가지고 나랑 겨룰 건데?

0829 资产 zīchǎn 재산, 자산 [BCT2]

受国际金融危机的持续影响，该公司的资产已经蒸发掉一半以上了。
Shòu guójì jīnróng wēijī de chíxù yǐngxiǎng, gāi gōngsī de zīchǎn yǐjing zhēngfādiào yíbàn yǐshàng le.
국제 금융 위기의 지속적인 영향으로, 이 회사의 자산은 이미 절반 이상이 날아갔다.

🗣 관련 표현

净资产 jìngzīchǎn 순자산 / 资产税 zīchǎnshuì 재산세

负资产 fùzīchǎn [신조어] 자산이 채무보다 적은 상태

流动资产 liúdòng zīchǎn 유동 자산

0830 滋味 zīwèi 좋은 맛, (생활 속의) 느낌 유의 味道 wèidao

红烧排骨这道菜滋味很好。
Hóngshāo páigǔ zhè dào cài zīwèi hěn hǎo.
갈비찜은 맛이 좋아요.

这种滋味尝过一次就够了。
Zhè zhǒng zīwèi chángguo yí cì jiù gòu le.
이런 느낌은 한 번 맛본 걸로 족해요.

不是滋味 bú shì zīwèi 관용 기분이 그게 아니다, 서글프다

0831 子弹 zǐdàn 탄알, 총알 □□□

他在交战中，被子弹打伤了。
Tā zài jiāozhàn zhōng, bèi zǐdàn dǎshāng le.
그는 교전 중에 총알을 맞아 부상당했다.

0832 宗教 zōngjiào 종교 □□□

每个公民既有信仰宗教的自由，也有不信仰宗教的自由。
Měi ge gōngmín jì yǒu xìnyǎng zōngjiào de zìyóu, yě yǒu bú
xìnyǎng zōngjiào de zìyóu.
모든 국민에게는 종교를 믿을 자유도 있고, 종교를 믿지 않을 자유도 있다.

0833 宗旨 zōngzhǐ 종지, 주지(主旨), 취지, 목적 □□□

"质量第一、信誉第一、服务第一"是我们公司的宗旨！
"Zhìliàng dìyī、xìnyù dìyī、fúwù dìyī" shì wǒmen gōngsī de zōngzhǐ!
품질 제일, 신용 제일, 서비스 제일은 우리 회사의 사훈입니다.

他们的行为违背了奥林匹克运动会的宗旨。
Tāmen de xíngwéi wéibèile àolínpǐkè yùndònghuì de zōngzhǐ.
그들의 행위는 올림픽의 취지에 위배되는 것이다.

0834 棕色 zōngsè 갈색, 다갈색 □□□

棕色给人的心理感受是纯朴、自然、爱好交际。
Zōngsè gěi rén de xīnlǐ gǎnshòu shì chúnpú、zìrán、àihào jiāojì.
갈색이 사람에게 주는 심리적인 느낌은 순박하고, 자연스럽고, 사교를 좋아하는 것이다.

0835 踪迹 zōngjì 종적, 행적, (발)자취 **유의** 行踪 xíngzōng

猎人根据动物的踪迹来捕猎。

Lièrén gēnjù dòngwù de zōng jì lái bǔliè.

사냥꾼들은 동물의 발자취를 근거로 사냥을 한다.

[단어] 捕猎 bǔliè (야생동물을) 포획하다, 사냥하다

他们都没有找到小李的一丝踪迹。

Tāmen dōu méiyou zhǎodào Xiǎo Lǐ de yì sī zōngjì.

그들은 모두 이 군의 행방을 알 수 없었다.

🔵 **관련 표현**

杳无踪迹 yǎo wú zōng jì **성** 종적이 묘연하다

0836 总和 zǒnghé 총계, 총수, 총화 **BCT1**

去年全省共完成造林绿化700万亩，这相当于过去3年的总和。

Qùnián quán shěng gòng wánchéng zàolín lǜhuà qībǎi wàn mǔ, zhè xiāngdāngyú guòqù sān nián de zǒnghé.

작년에 성 전역에서 완성한 조림 녹화 사업은 700만 묘로, 이는 과거 3년 동안의 총계와 같다.

[단어] 亩 mǔ 1亩는 6.667아르(a)

你算一下这些费用的总和。

Nǐ suàn yíxià zhèxiē fèiyòng de zǒnghé.

자네 이들 비용의 합계를 좀 내 보게나.

这家超市本月的净收入已经超过了上两个月净收入的总和。

Zhè jiā chāoshì běn yuè de jìngshōurù yǐjing chāoguole shàng liǎng ge yuè jìngshōurù de zǒnghé.

이 슈퍼마켓의 이번 달 순수입은 이미 지난 두 달 동안의 순수입 합계를 넘어섰다.

0837 走廊 zǒuláng 복도, 회랑

下课铃一响，孩子们一瞬间都出来到走廊上玩耍。

Xiàkè líng yì xiǎng, háizimen yíshùnjiān dōu chūlai dào zǒuláng shang wánshuǎ.

수업을 마치는 종이 울리자, 아이들은 일순간에 모두 복도로 나와 장난을 쳤다.

0838 祖父 zǔfù 조부, 할아버지 참고 **祖母** zǔmǔ 할머니 □□□

我出生的时候，祖父已经七十多岁了。
Wǒ chūshēng de shíhou, zǔfù yǐjing qīshí duō suì le.
내가 태어났을 때, 할아버지께서는 이미 70세가 넘으셨다.

0839 祖国 zǔguó 조국 □□□

走出国门，你代表的将是整个祖国。
Zǒuchū guómén, nǐ dàibiǎo de jiāng shì zhěngge zǔguó.
출국하게 되면, 당신은 조국 전체를 대표하게 됩니다.

0840 祖先 zǔxiān 선조, 조상 □□□

中国人通过祭祀来缅怀祖先。
Zhōngguórén tōngguò jìsì lái miǎnhuái zǔxiān.
중국인들은 제사를 통해 조상을 기리고 있다.

[단어] **缅怀** miǎnhuái (지나간 사람 · 사건을) 기리다, 회고하다

0841 钻石 zuànshí 다이아몬드 □□□

钻石戒指因为象征着坚贞不渝，便成为结婚戒指的代名词。
Zuànshí jièzhi yīnwèi xiàngzhēngzhe jiān zhēn bù yú, biàn chéngwéi jiéhūn jièzhi de dàimíngcí.
다이아몬드 반지는 정절을 상징해, 결혼 반지의 대명사가 되었다.

[단어] **坚贞不渝** jiān zhēn bù yú 지조가 굳고 변함이 없다

0842 嘴唇 zuǐchún 입술 □□□

古人讲嘴唇上有痦子的人属于爱吃的类型。
Gǔrén jiǎng zuǐchún shang yǒu wùzi de rén shǔyú ài chī de lèixíng.
조상들이 말씀하시길 입술에 점이 있는 사람은 먹는 걸 좋아하는 유형에 속한다고 한다.

[단어] **痦子** wùzi 점, 사마귀

唇亡齿寒 chún wáng chǐ hán (성)

순망치한, 입술이 없으면 이가 시리다, 이해 관계가 서로 밀접하다

嘴唇上贴膏药 — 免开尊口 (헐후)

zuǐchún shang tiē gāoyao — miǎn kāi zūn kǒu

입술에 고약을 바르다 — 입을 열지 못하게 하다 : 요구 사항을 제기하지 못하게 하다

□□□

0843 罪犯 zuìfàn 죄인, 범인

罪犯一直活动在农村作案，而且手段相似。

Zuìfàn yìzhí huódòngzài nóngcūn zuò'àn, érqiě shǒuduàn xiāngsì.

범인은 농촌에서 계속 범행을 저질렀고, 수법이 비슷했다.

□□□

0844 尊严 zūnyán 존엄(성), 위엄, 자존심

▶ 명사로 쓰일 때는 보통 앞에 명사성 관형어를 동반한다.

我们要用生命来捍卫祖国的尊严。

Wǒmen yào yòng shēngmìng lái hànwèi zǔguó de zūnyán.

우리는 목숨을 바쳐 조국의 존엄을 지킬 것이다.

[단어] 捍卫 hànwèi 지키다, 수호하다

你这么做，有损于国家以及你个人的尊严。

Nǐ zhème zuò, yǒusǔnyú guójiā yǐjí nǐ gèrén de zūnyán.

자네가 이렇게 하는 건, 국가와 자네 자신의 존엄을 손상시키는 것이네.

□□□

0845 作风 zuòfēng 기풍, 태도, 수법 (유의) 风格 fēnggé

官员的生活作风问题不是小事，因为生活作风连着工作作风。

Guānyuán de shēnghuó zuòfēng wèntí bú shì xiǎoshì, yīnwèi shēnghuó zuòfēng liánzhe gōngzuò zuòfēng.

관리들의 생활 풍조는 사소한 문제가 아니다. 왜냐하면 생활 풍조는 업무 태도와 연결되기 때문이다.

我不喜欢这种马马虎虎的作风。

Wǒ bù xǐhuan zhè zhǒng mǎmahūhū de zuòfēng.

나는 이렇게 대충 일하는 스타일을 안 좋아해요.

288

▶남녀 관계의 태도

他作风不好，所以谁都不肯做他的女朋友。

Tā zuòfēng bù hǎo, suǒyǐ shéi dōu bù kěn zuò tā de nǚpéngyou.

그는 행실이 안 좋아서, 누구도 그의 여자 친구가 되려하지 않아.

🐵 관련 표현

家长作风 jiāzhǎng zuòfēng 관용 독단적이고 절대적인 태도

民主作风 mínzhǔ zuòfēng 민주적인 태도

作风 vs 风格

作风은 일이나 생활 속에서 보이는 태도와 행위를 말하고, 风格는 개인이나 단체가 보여 주는 기개, 태도, 매너 외에 한 시대, 한 민족, 한 유파 그리고 한 개인의 예술 작품이 보여 주는 사상적 특징과 예술적 특징을 가리키기도 한다. 作风에는 나쁜 면과 좋은 면이 포함되어 있지만, 风格는 주로 좋은 면을 말한다.

生活作风 shēnghuó zuòfēng 생활 태도
不良作风 bùliáng zuòfēng 나쁜 습관

风格独特 fēnggé dútè 스타일이 독특하다 (O) / 作风独特 (X)
民族风格 mínzú fēnggé 민족 풍격 (O) / 民族作风 (X)

0846 座右铭 zuòyòumíng 좌우명 □ □ □

我的人生座右铭是："尽力而为，事必躬亲"。

Wǒ de rénshēng zuòyòumíng shì : "jìn lì ér wéi, shì bì gōng qīn".

내 인생의 좌우명은 '최선을 다하고, 무슨 일이든 직접 행하는' 것이다.

대명사

□□□

0001 大伙儿 dàhuǒr 모두들, 모든 사람, 여러 사람

没事儿了，没事儿了，大伙儿都散了吧。
Méi shìr le, méi shìr le, dàhuǒr dōu sàn le ba.
괜찮아요, 괜찮아요, 모두들 돌아가세요.

□□□

0002 人家 rénjia 남(别人), 제3자(他, 他们), 화자 본인(我)

人家能做到的，我也能做到。
Rénjia néng zuòdào de, wǒ yě néng zuòdào.
다른 사람이 할 수 있는 거면 나도 할 수 있어요.

你不去惹人家，人家怎么会无缘无故地骂你呢?
Nǐ bú qù rě rénjia, rénjia zěnme huì wú yuán wú gù de mà nǐ ne?
네가 그 앨 안 건드렸는데, 걔가 왜 쓸데없이 너한테 욕을 하느냐고?

人家辛辛苦苦做出来的菜，你却一口都不吃。
Rénjia xīnxinkǔkǔ zuòchulai de cài, nǐ què yì kǒu dōu bù chī.
남은 힘들게 만든 요리인데, 넌 한 젓가락도 안 먹네.

□□□

0003 若干 ruògān 약간, 조금, 소량

▶ 주로 문어에 쓰인다.

这里还有若干零食，你拿着吧。
Zhèli hái yǒu ruògān língshí, nǐ názhe ba.
여기 간식거리가 좀 있으니, 네가 가져가렴.

海关的工作人员在他的包里发现了若干违禁物品。
Hǎiguān de gōngzuò rényuán zài tā de bāo li fāxiànle ruògān
wéijìn wùpǐn.
세관 직원은 그의 가방에서 금지 물품을 몇 건 발견했다.

0004 啥 shá 무엇, 무슨, 어느, 어떤 **유의** 什么 shénme

你啥时候来的，怎么没跟我说一声呢？
Nǐ shá shíhou lái de, zěnme méi gēn wǒ shuō yì shēng ne?
너 언제 온 거야, 왜 나한테 아무 말도 안 했어?

啥？你要跟他结婚？不行！
Shá? Nǐ yào gēn tā jiéhūn? Bù xíng!
뭣이라? 네가 그 아이랑 결혼하겠다고? 안 돼!

0005 咋 zǎ 어째서, 어떻게, 왜 **유의** 怎么 zěnme

咋？你不服是不是？不服咱练一练？
Zǎ? Nǐ bù fú shì bu shì? Bù fú zán liàn yi liàn?
왜? 자네 인정 못하겠다는 거야? 그럼 한 번 붙어 볼까?

你说你们这是咋的了？
Nǐ shuō nǐmen zhè shì zǎ de le?
너희들 왜 이러는 건데?

昨天你咋请假了，家里出事了？
Zuótiān nǐ zǎ qǐngjià le, jiā li chūshì le?
어제 자네 왜 휴가 낸 거야, 집에 일 생겼어?

0006 诸位 zhūwèi 제위, 여러분 **참고** 诸位来宾 zhūwèi láibīn 내빈 여러분

多谢诸位今天百忙之中赶来参加小弟的婚礼，多谢多谢！
Duō xiè zhūwèi jīntiān bǎimáng zhī zhōng gǎn lái cānjiā xiǎodì de hūnlǐ, duō xiè duō xiè!
여러분 바쁘신 와중에 이렇게 저의 결혼식에 걸음해 주셔서, 대단히 감사합니다!

형용사

0001 暧昧 àimèi (의도·태도·행위 등이) 애매하다, 떳떳하지 못하다, □□□
(남녀 사이가) 그렇고 그렇다

相亲男暧昧不清的态度让我很苦恼。
Xiāngqīnnán àimèi bùqīng de tàidù ràng wǒ hěn kǔnǎo.
소개팅남의 애매모호한 태도가 날 고민스럽게 만든다.

听说他们俩关系很暧昧。
Tīngshuō tāmen liǎ guānxi hěn àimèi.
저 두 사람의 사이가 그렇고 그렇다는데.

🐻 **관련 표현**

暧昧不明 ài mèi bù míng 성 불분명하다

0002 安宁 ānníng (마음이) 편하다, 안정되다, 평온하다 □□□

两国交界处一片安宁，大家相处得很愉快。
Liǎng guó jiāojièchù yí piàn ānníng, dàjiā xiāngchǔ de hěn yúkuài.
두 나라의 국경 지역은 평온하여, 사람들이 사이좋게 지내고 있다.

有的人在外面风光而内心不得安宁。
Yǒu de rén zài wàimiàn fēngguāng ér nèixīn bù dé ānníng.
어떤 이들은 밖에선 잘나가도 마음은 편하지 않다.

[단어] 风光 fēngguāng 영광스럽다, 영예롭다

0003 安详 ānxiáng 침착하다, 차분하다, 점잖다, 평온하다 □□□

他的神态是那样安详而又自信。
Tā de shéntài shì nàyàng ānxiáng ér yòu zìxìn.
그의 표정은 그렇게 침착하면서도 자신에 차 있다.

他终于走完了他多姿多彩的人生路，安详地离开了这个世界。

Tā zhōngyú zǒuwánle tā duō zī duō cǎi de rénshēng lù, ānxiáng de líkāile zhège shìjiè.

그는 마침내 화려했던 인생을 마감하고, 편안히 이 세상을 떠났다.

[단어] **多姿多彩** duō zī duō cǎi 형 (자태·색채가) 다양하다, 다채롭다

□□□

0004 **昂贵** ángguì 아주 비싸다 BCT1 반의 **低廉** dīlián 싸다, 저렴하다

昂贵的礼物不一定就能赢得人们的喜爱。

Ángguì de lǐwù bù yídìng jiù néng yíngdé rénmen de xǐ'ài.

비싼 선물이 꼭 사람의 마음을 얻는 것은 아니다.

□□□

0005 **凹凸** āotū 울퉁불퉁하다

工匠手艺不到火候，瓷器的表面凹凸不平。

Gōngjiàng shǒuyì bú dào huǒhou, cíqì de biǎomiàn āotū bù píng.

장인의 손이 숙달되기 전까지는, 자기의 표면이 울퉁불퉁 매끄럽지 않다.

[단어] **火候** huǒhou 숙달된 경지, 완숙한 경지

中国美术学院的教学楼设计得很有凹凸感。

Zhōngguó měishù xuéyuàn de jiàoxuélóu shèjì de hěn yǒu āotūgǎn.

중국 미술 대학의 강의동은 요철감이 두드러지게 설계되었다.

tip 中国美术学院 : China Academy Of Art, 1928년에 설립됨.

*学院은 주로 단과 대학을 가리킨다.

□□□

0006 **饱和** bǎohé 포화 상태에 이르다

참고 **饱和曲线** bǎohé qūxiàn 포화 곡선

据调查，我国的网络游戏市场已接近饱和。

Jù diàochá, wǒ guó de wǎngluò yóuxì shìchǎng yǐ jiējìn bǎohé.

조사에 따르면, 우리나라의 인터넷 게임 시장이 이미 포화 직전에 이르렀다고 한다.

我的肚子已经处于饱和状态了。

Wǒ de dùzi yǐjing chǔyú bǎohé zhuàngtài le.

내 배는 이미 포화 상태가 되었어요.

0007 保守 bǎoshǒu 보수적이다, 절제된 **참고** 保守派 bǎoshǒupài 보수파

别看她平时浓妆艳抹，其实内心还是很保守的。
Bié kàn tā píngshí nóng zhuāng yàn mò, qíshí nèixīn háishi hěn bǎoshǒu de.

그 애가 평소에 겉모습은 화려해도, 내면은 보수적이야.

[단어] 浓妆艳抹 nóng zhuāng yàn mò **형** 화장이 짙고 차림새가 화려하다

这款风衣保守的设计反而赢得了不少年轻人的喜爱。
Zhè kuǎn fēngyī bǎoshǒu de shèjì fǎn'ér yíngdéle bù shǎo niánqīngrén de xǐ'ài.

이 트렌치 코트의 절제된 디자인이 오히려 많은 젊은이들의 사랑을 받고 있다.

0008 卑鄙 bēibǐ (언행·인품이) 비열하다, 저질이다

你太卑鄙了！不怕有报应吗?
Nǐ tài bēibǐ le! Bú pà yǒu bàoyìng ma?

넌 너무 비열해! 여앙이 두렵지도 않니?

[단어] 报应 bàoyìng 인과응보를 치르다, 업보를 치르다 / * 여앙 : 남에게 해로운 일을 많이 한 값으로 받는 재앙

你真是卑鄙无耻，这种禽兽不如的事都做得出来！
Nǐ zhēnshi bēi bǐ wú chǐ, zhè zhǒng qínshòu bùrú de shì dōu zuòdechūlái!

당신은 정말 파렴치해, 이렇게 짐승만도 못한 일을 저지르다니!

[단어] 卑鄙无耻 bēi bǐ wú chǐ **성** 악랄하고 파렴치하다

0009 悲哀 bēi'āi 슬프고 애통하다, 비통해하다 **유의** 悲伤 bēishāng
반의 欢乐 huānlè, 喜悦 xǐyuè 즐겁다, 유쾌하다

他的眼神中透露出悲哀的神情。
Tā de yǎnshén zhōng tòulùchū bēi'āi de shénqíng.

그의 눈빛에서 비통함이 묻어났다.

她一直以为自己过得很悲哀，什么都不如别人。
Tā yìzhí yǐwéi zìjǐ guò de hěn bēi'āi, shénme dōu bùrú biérén.

그녀는 줄곧 자신이 불행하게 살고 있고, 뭐든 남들보다 못하다 여겼다.

悲哀 vs 悲伤

悲哀와 悲伤은 모두 불행한 일로 인해 상심하고 슬픈 것을 말하는 단어이다. 悲哀는 노력하고 정성들인 것에 비해 대우나 대가가 불공정해 상심한 것을 뜻하고, 悲伤은 흐느껴 울거나 눈물을 흘리는 행동으로 표출된다.

令人悲哀(悲伤)的消息 사람을 슬프게 만드는 소식
lìng rén bēi'āi(bēishāng) de xiāoxi

我感到悲哀。 Wǒ gǎndào bēi'āi. 난 비애를 느꼈다.
悲伤的眼泪 bēishāng de yǎnlèi 상심의 눈물

□□□

0010 悲惨 bēicǎn 비참하다, 슬프다, 비통하다

虽然我不能改变自己悲惨的命运，但我会乐观地生活。
Suīrán wǒ bù néng gǎibiàn zìjǐ bēicǎn de mìngyùn, dàn wǒ huì lèguān de shēnghuó.
나는 비록 비참한 내 운명을 바꿀 수는 없지만 즐겁게 생활할 수는 있다.

□□□

0011 被动 bèidòng 피동적이다, 수동적이다, 소극적이다

반의 **主动** zhǔdòng 주동적이다

工作时总是等上边催促，那就太被动了。
Gōngzuò shí zǒngshì děng shàngbian cuīcù, nà jiù tài bèidòng le.
일할 때 언제나 상사의 재촉만 기다린다면, 그건 너무 수동적인 것이다.

如果做事情总是很被动，那就抓不到好机会。
Rúguǒ zuò shìqing zǒngshì hěn bèidòng, nà jiù zhuābudào hǎo jīhuì.
만약에 늘 소극적으로 일한다면, 유리한 기회를 얻을 수 없다.

🗨 **관련 표현**

被动形势 bèidòng xíngshì 피동적인 형세

被动反击 bèidòng fǎnjī 소극적인 반격

被动投资 bèidòng tóuzī 수동적 투자

被动吸烟 bèidòng xīyān 간접 흡연

被动地位 bèidòng dìwèi 피동적인 입장

0012 **笨拙** bènzhuō 멍청하다, 굼뜨다, 서툴다

반의 轻盈 qīngyíng, 灵巧 língqiǎo 재빠르다, 민첩하다

动物园狗熊的动作很笨拙，惹得小朋友哈哈笑。
Dòngwùyuán gǒuxióng de dòngzuò hěn bènzhuō, rě de xiǎo péngyou hāhā xiào.
동물원의 반달가슴곰은 동작이 굼떠, 어린이들을 깔깔거리며 웃게 만든다.

笨拙的话语往往透露出最真挚的感情。
Bènzhuō de huàyǔ wǎngwǎng tòulùchū zuì zhēnzhì de gǎnqíng.
어설픈 말이 종종 가장 진실된 마음을 표현하기도 한다.

🔵 **관련 표현**

笨嘴拙舌 bèn zuǐ zhuō shé **성** 말 재간이 없다, 어눌하다

0013 **闭塞** bìsè 소식에 어둡다, ~에 밝지 못하다, (교통이) 불편하다

村庄很偏僻，在这里消息很闭塞。
Cūnzhuāng hěn piānpì, zài zhèli xiāoxi hěn bìsè.
마을이 외져서, 여기에 있으면 바깥 소식을 들을 수가 없다.

这里经常出现交通闭塞，别说车，就连人都难以正常通过。
Zhèli jīngcháng chūxiàn jiāotōng bìsè, bié shuō chē, jiù lián rén dōu nányǐ zhèngcháng tōngguò.
이곳은 상습 교통 체증 지역이라, 차는 말할 것도 없고 사람도 정상적으로 다니기 힘들어요.

동 막히다, 봉쇄되다

大脑中枢神经系统发生闭塞导致了全身瘫痪。
Dànǎo zhōngshū shénjīng xìtǒng fāshēng bìsè dǎozhìle quánshēn tānhuàn.
대뇌 중추 신경 계통이 막혀 전신 마비를 일으켰다.

[단어] **瘫痪** tānhuàn 반신불수가 되다, 마비되다

由于大雾天气，京津高速现已处于闭塞状态。
Yóuyú dàwù tiānqì, jīng jīn gāosù xiàn yǐ chǔyú bìsè zhuàngtài.
안개가 많이 끼어서, 경진 고속도로는 이미 봉쇄 상태이다.

[단어] **京津高速** jīng jīn gāosù 北京에서 天津 간의 고속도로, 총 길이 135km.

0014 扁 biǎn 평평하다, 납작하다

鸭子最大的特点就是一张扁扁的嘴。

Yāzi zuì dà de tèdiǎn jiù shì yì zhāng biǎnbiǎn de zuǐ.

오리의 가장 큰 특징이라면 단연코 납작한 입이지.

伤心时，看到一只被踩扁的易拉罐，也会不自觉地流泪。

Shāngxīn shí, kàndào yì zhī bèi cǎibiǎn de yìlāguàn, yě huì bú zìjuéde liúlèi.

속상할 땐, 누군가에게 밟혀 찌그러진 캔만 봐도, 괜히 눈물이 난다.

🗨 관련 표현

轮扁斫轮 lún biǎn zhuó lún 성 정교한 기술

0015 便利 biànlì 편리하다 [BCT1]

交通是否便利是选房子时候应该注意的。

Jiāotōng shìfǒu biànlì shì xuǎn fángzi shíhou yīnggāi zhùyì de.

교통이 편리한지의 여부는 집을 고를 때 꼭 신경 써야 하는 것이다.

동 편리하게 하다

智能手机的出现极大地便利了人们的生活。

Zhìnéng shǒujī de chūxiàn jídà de biànlìle rénmen de shēnghuó.

스마트폰의 출현으로 사람들의 생활이 굉장히 편리해졌다.

0016 别致 biézhì 색다르다, 별나다, 독특하다

我们买了188元一盒的月饼，包装还挺别致的。

Wǒmen mǎile yìbǎi bāshíbā yuán yì hé de yuèbǐng, bāozhuāng hái tǐng biézhì de.

우리는 한 박스에 188위엔 하는 월병을 샀는데, 포장이 아주 특이하다.

真想不到这么别致的礼物竟然是出自这位木匠之手。

Zhēn xiǎngbudào zhème biézhì de lǐwù jìngrán shì chūzì zhè wèi mùjiang zhī shǒu.

이렇게 독특한 선물이 이 목공의 손에서 나왔을 줄은 몰랐다.

0017 别扭 bièniu (말이나 글이) 어색하다, 부자연스럽다, 의견이 맞지 않다, 사이가 안 좋다, 상황이 어색하다, 불편하다

也不知道哪里错了，总之就是觉得别扭。
Yě bù zhīdào nǎli cuò le, zǒngzhī jiù shì juéde bièniu.
어디가 잘못 되었는지는 모르겠지만, 어쨌든 뭔가 어색하다.

我们又闹别扭了，他不理我，好难受啊。
Wǒmen yòu nào bièniu le, tā bù lǐ wǒ, hǎo nánshòu a.
우리가 또 한바탕 했거든, 그 사람 나하고 말도 안 해, 속상해 죽겠어.

他们对我很好，但我却感到很不自在，很别扭。
Tāmen duì wǒ hěn hǎo, dàn wǒ què gǎndào hěn bú zìzài, hěn bièniu.
그 사람들 나한테 잘해 주는데, 난 왠지 불편하고 어색해.

0018 薄弱 bóruò 박약하다, 취약하다, 약하다

缺乏配合是我们队伍最薄弱的环节。
Quēfá pèihé shì wǒmen duìwǔ zuì bóruò de huánjié.
팀워크가 부족한 것이 우리 팀의 가장 취약한 부분이야.

他不是你想的那种意志薄弱、胸怀狭窄的人。
Tā bú shì nǐ xiǎng de nà zhǒng yìzhì bóruò、xiōnghuái xiázhǎi de rén.
그는 네가 생각하는 의지가 박약하고, 속이 좁은 그런 사람이 아니야.

0019 不像话 búxiànghuà (언행이) 말이 안 된다, 꼴불견이다

现在的小孩子真不像话，看见老人都不让座。
Xiànzài de xiǎoháizi zhēn búxiànghuà, kànjiàn lǎorén dōu bú ràngzuò.
요즘 애들은 버릇이 없어서, 노인을 보고도 자리 양보를 안 한다니까.

错了就认错，又吵又闹的，这实在太不像话了！
Cuò le jiù rèncuò, yòu chǎo yòu nào de, zhè shízài tài búxiànghuà le!
잘못했으면 잘못을 인정하면 되지, 난리 법석을 떨다니, 정말 어이없어!

0020 **不得已** bùdéyǐ 어쩔 수 없다, 부득이하다, 마지못하다

当初我是不得已才离开你的。

Dāngchū wǒ shì bùdéyǐ cái líkāi nǐ de.

당시에 난 어쩔 수 없이 너를 떠난 거였어.

我相信他这么做一定有他不得已的苦衷。

Wǒ xiāngxìn tā zhème zuò yídìng yǒu tā bùdéyǐ de kǔzhōng.

나는 그 친구가 이렇게 한 데는 틀림없이 부득이한 고충이 있을 거라 믿어.

🐷 **관련 표현**

不得已而为之 bùdéyǐ ér wéi zhī 부득이하게 하다

迫不得已 pò bù dé yǐ 성 어쩔 도리가 없다

0021 **残酷** cánkù 잔혹하다, 냉혹하다, 가혹하다, (현실이) 참혹하다

中国古代各种残酷的刑罚中，最惨无人道的莫过于凌迟。

Zhōngguó gǔdài gèzhǒng cánkù de xíngfá zhōng, zuì cǎn wú rén dào de mòguòyú língchí.

중국 고대의 잔혹한 형벌 중에서, 가장 가혹한 것으로 능지처참보다 더한 것이 없다.

[단어] **惨无人道** cǎn wú rén dào 잔인무도하다, 아주 잔혹하다 / **凌迟** língchí [문어] 능지처참하다

面对残酷的现实，他能做到这么乐观，已经不错了。

Miànduì cánkù de xiànshí, tā néng zuòdào zhème lèguān, yǐjing búcuò le.

잔혹한 현실 앞에서, 그가 이렇게 낙관적인 것만 해도 이미 훌륭해.

0022 **残忍** cánrěn 잔인하다, 악랄하다

他杀人的时候相当冷静，其作案手法极端残忍。

Tā shārén de shíhou xiāngdāng lěngjìng, qí zuò'àn shǒufǎ jíduān cánrěn.

그는 살인을 저지를 때 상당히 침착했으며, 범행 수법도 지극히 악랄했다.

南京大屠杀事件实在太残忍了。

Nánjīng dàtúshā shìjiàn shízài tài cánrěn le.

남경대학살 사건은 정말로 너무 잔인했다.

tip 南京大屠杀(남경대학살, 1937년 12월 ~1938년 2월) : 일본군이 국민정부(国民政府)의 수도 였던 난징(南京)을 점령한 뒤, 3개월 동안 대량 학살과 강간 · 방화 등을 저지른 사건.

0023 灿烂 cànlàn 찬란하다, 눈부시다, 빛나다

孩子们的脸上露出了灿烂的笑容。

Háizimen de liǎn shang lùchūle cànlàn de xiàoróng.

아이들의 얼굴에 눈부신 미소가 번졌다.

我相信在我们的共同努力下，公司一定会拥有更加灿烂辉煌的明天！

Wǒ xiāngxìn zài wǒmen de gòngtóng nǔlì xia, gōngsī yídìng huì yōngyǒu gèngjiā cànlàn huīhuáng de míngtiān!

저는 우리의 공동 노력하에, 회사가 반드시 더욱 찬란한 미래를 맞이할 거라 믿습니다.

[단어] 灿烂辉煌 càn làn huī huáng **성** 휘황찬란하다

🔊 **관련 표현**

灿烂夺目 càn làn duó mù **성** 휘황찬란하다

灿烂的朝霞 — 红红火火 **헐후**

cànlàn de zhāoxiá — hóng hóng huǒ huǒ

찬란한 아침 놀 — 울긋불긋하다 : 번화하다, (사업이) 번창하다

0024 仓促 cāngcù 촉박하다, 촉망하다 [BCT1]

由于时间仓促，我们参加不了今年的展会。

Yóuyú shíjiān cāngcù, wǒmen cānjiābuliǎo jīnnián de zhǎnhuì.

시간이 촉박한 관계로, 우리는 올해 전시회에는 참가할 수가 없습니다.

0025 苍白 cāngbái 창백하다, 생기가 없다, 무기력하다

他大病刚过，脸上毫无血色，格外苍白。

Tā dà bìng gāng guò, liǎn shang háowú xuèsè, géwài cāngbái.

그는 막 큰 병을 앓고 난 터라, 얼굴에 혈색이 없고, 아주 창백하다.

文字在面对这种灾难面前显得这么苍白无力。

Wénzì zài miànduì zhè zhǒng zāinàn miànqián xiǎnde zhème cāngbái wúlì.

글이란 것이 이런 재난 앞에서는 참으로 무기력하다.

0026 嘈杂 cáozá 떠들썩하다, 시끌벅적하다

这里不像码头那边那么嘈杂。

Zhèlǐ bú xiàng mǎtou nàbiān nàme cáozá.

이곳은 부둣가처럼 그렇게 시끌벅적하진 않네요.

0027 草率 cǎoshuài 적당히 하다, 대강 하다, 경솔하다

你当初太草率了，没有考虑后果吗?

Nǐ dāngchū tài cǎoshuài le, méiyou kǎolǜ hòuguǒ ma?

너 그때 너무 경솔했어, 뒷일은 생각 안 한 거야?

他办事草率得很，总是让人觉得靠不住。

Tā bànshì cǎoshuài de hěn, zǒngshì ràng rén juéde kàobuzhù.

그는 일 처리에 빈틈이 많아 사람들에게 믿음을 못 줘.

0028 诧异 chàyì 이상하게 여기다, 의아해하다 유의 惊讶 jīngyà

我一看这次考试的成绩，差得连我自己都很诧异。

Wǒ yí kàn zhè cì kǎoshì de chéngjì, chà de lián wǒ zìjǐ dōu hěn chàyì.

난 이번 시험 성적을 봤는데, 너무 형편없어 내 자신조차도 의아했다.

听了我的话后，他立刻用诧异的目光看我。

Tīngle wǒ de huà hòu, tā lìkè yòng chàyì de mùguāng kàn wǒ.

내 말을 듣고, 그는 바로 의심스러운 눈빛으로 나를 봤다.

0029 昌盛 chāngshèng 창성하다, 흥성하다, 번창하다

我的理想是把我们的祖国建设得更加繁荣昌盛。

Wǒ de lǐxiǎng shì bǎ wǒmen de zǔguó jiànshè de gèngjiā fán róng chāng shèng.

나의 꿈은 우리의 조국을 더욱 번창하게 만드는 것이다.

[단어] 繁荣昌盛 fán róng chāng shèng 성 (국가나 사업이) 왕성하게 번영(번창)하다

0030 畅通 chàngtōng 원활하다, 잘 소통되다 □□□

为确保春运工作安全有序，乘客出行平安畅通，交通部门下了大力气。

Wèi quèbǎo chūnyùn gōngzuò ānquán yǒuxù, chéngkè chūxíng píng'ān chàngtōng, jiāotōng bùmén xiàle dà lìqi.

설 연휴 기간 동안 안전 질서 유지와 원활한 승객 수송을 보장하기 위해, 교통부는 많은 노력을 기울였다.

😊 **관련 표현**

电信畅通 diànxìn chàngtōng 전신이 막힘없이 통하다

水流畅通 shuǐliú chàngtōng 물의 흐름이 원활하다

畅通无阻 chàng tōng wú zǔ 성 막힘없이 잘 통하다

0031 畅销 chàngxiāo 판로가 넓다, 잘 팔리다 BCT2 □□□

반의 滞销 zhìxiāo 판매가 부진하다

没想到我们的产品能够在中国这么畅销。

Méi xiǎngdào wǒmen de chǎnpǐn nénggòu zài Zhōngguó zhème chàngxiāo.

우리 제품이 중국에서 이렇게 잘 팔릴 줄은 몰랐다.

😊 **관련 표현**

畅销书 chàngxiāoshū 베스트셀러

畅销货 chàngxiāohuò 인기 상품

畅销榜首 chàngxiāo bǎngshǒu 인기 상품 1위

0032 沉闷 chénmèn (성격이) 내성적이다, (기분이) 안 좋다, □□□

(날씨나 분위기가) 우울하다

她的性格很沉闷，每次见面都是我一个人说话。

Tā de xìnggé hěn chénmèn, měicì jiànmiàn dōu shì wǒ yí ge rén shuōhuà.

그녀의 성격이 내성적이라, 만날 때마다 나 혼자 얘기한다.

302

阴雨绵绵，人的心情也变得沉闷起来。

Yīnyǔ miánmián, rén de xīnqíng yě biàn de chénmènqilai.

장마가 계속되니까, 사람의 기분도 우울해진다.

会议室里的沉闷气氛压得人有些透不过气来。

Huìyìshì li de chénmèn qìfēn yā de rén yǒuxiē tòu bu guò qì lái.

회의실의 무거운 분위기가 사람을 숨 막히게 만든다.

0033 **沉重** chénzhòng (무게·기분·부담 등이) 몹시 무겁다, 우울하다 ☐☐☐

유의 **重** zhòng

他拖着沉重的身体，一瘸一拐地回了家。

Tā tuōzhe chénzhòng de shēntǐ, yì qué yì guǎi de huíle jiā.

그는 천근 같은 몸을 이끌고, 절뚝거리며 집으로 돌아왔다.

[단어] **一瘸一拐** yì qué yì guǎi 절뚝거리다

听到噩耗，大家的心情都十分沉重。

Tīngdào èhào, dàjiā de xīnqíng dōu shífēn chénzhòng.

부음을 듣고 다들 마음이 모두 가라앉았다.

[단어] **噩耗** èhào 부음, 불길한 소식 반의 **喜讯** xǐxùn, **喜报** xǐbào 기쁜 소식, 낭보

> **沉重 vs 重**
>
> 沉重과 重은 '무겁다'의 뜻인데, 沉重은 추상적인 사물을 묘사하고, 重은 대상의 제한이 없다.
>
> **我的心情很沉重。** Wǒ de xīnqíng hěn chénzhòng. 내 마음이 무겁다.
> **铁比木头重。** Tiě bǐ mùtou zhòng. 쇠는 나무보다 무겁다.
> **她病得很重。** Tā bìng de hěn zhòng. 그녀의 병이 심하다.

0034 **沉着** chénzhuó 침착하다 유의 **镇静** zhènjìng ☐☐☐

반의 **慌张** huāngzhāng 당황하다

他表面上显得很沉着，但遇事容易意气用事。

Tā biǎomiàn shang xiǎnde hěn chénzhuó, dàn yùshì róngyì yì qì yòng shì.

그는 겉으로는 침착해 보이는데, 일 처리할 때는 쉽게 감정에 휩쓸린다.

[단어] **意气用事** yì qì yòng shì 성 감정적으로 일을 처리하다

0035 陈旧 chénjiù 낡다, 오래 되다, 케케묵다

[반의] 崭新 zhǎnxīn, 新鲜 xīnxiān 참신하다, 새롭다

工厂的设备已经过于陈旧，有些已经彻底锈蚀。
Gōngchǎng de shèbèi yǐjing guòyú chénjiù, yǒuxiē yǐjing chèdǐ xiùshí.
공장의 설비는 이미 너무 낡아, 어떤 것들은 완전히 부식되었다.

[단어] 锈蚀 xiùshí (금속에) 녹이 나서 부식되다

我们要用积极的思想替代那些陈旧的、消极的观念。
Wǒmen yào yòng jījí de sīxiǎng tìdài nàxiē chénjiù de、xiāojí de guānniàn.
우리는 적극적인 사고로 그 진부하고 소극적인 관념을 대체해야 한다.

0036 成心 chéngxīn 고의로, 일부러 **[유의]** 故意 gùyì

你这是成心和我作对，我怎么着你了?
Nǐ zhè shì chéngxīn hé wǒ zuòduì, wǒ zěnme zháo nǐ le?
너 일부러 나한테 트집 잡는데, 내가 너한테 뭘 어쨌기에 그러는 거야?

[단어] 作对 zuòduì 맞서다, 대립하다

成心 vs 故意

成心과 故意는 '고의로 하다'라는 뜻을 갖고 있는데, 단독으로 서술어로 쓰이지 않고 부사어로 쓰인다. 成心과 故意는 '很'과 결합할 수 없다. 成心은 구어에 많이 쓰이고, 故意는 구어와 문어에 고루 쓰인다.

我不是成心(故意)的。 전 작정하고 그런 것이 아니에요.
Wǒ bú shì chéngxīn(gùyì) de.

他是故意(成心)气我的。 그는 일부러 나를 화나게 한 거예요.
Tā shì gùyì(chéngxīn) qì wǒ de.

0037 诚挚 chéngzhì 성실하고 진실하다, 진지하다

我欣然答应了他诚挚的邀请，决定加入他们。
Wǒ xīnrán dāyingle tā chéngzhì de yāoqǐng, juédìng jiārù tāmen.
나는 그의 진지한 요청을 기꺼이 받아들이고, 그들과 합류하기로 결정했다.

[단어] 欣然 xīnrán 기꺼이, 선뜻

双方在诚挚友好的气氛里举行了会谈。

Shuāngfāng zài chéngzhì yǒuhǎo de qìfēn li jǔxíngle huìtán.

쌍방은 진지하고 우호적인 분위기에서 회담을 진행했다.

0038 吃力 chīlì 힘들다, 고달프다 **유의** 费力 fèilì

我根本不会骑车，连推车都感觉非常吃力。

Wǒ gēnběn bú huì qíchē, lián tuīchē dōu gǎnjué fēicháng chīlì.

난 원래 자전거를 못 타기 때문에, 자전거를 끌고 가는 것도 너무 힘들게 느껴져.

你为什么要做这种吃力不讨好的事情呢?

Nǐ wèishénme yào zuò zhè zhǒng chīlì bù tǎohǎo de shìqing ne?

넌 왜 좋은 소리도 못 듣는 이런 일을 하려는 건데?

[단어] 吃力不讨好 chīlì bù tǎohǎo (관용어) 힘만 들이고 좋은 결과를 못 얻다, 열심히 하고 도 좋은 소리 못 듣다

> **吃力 vs 费力**
>
> 吃力에는 '힘을 쓰다'와 '어려움을 느끼다'의 뜻이 들어 있지만, 费力에는 '힘을 쓰다'의 뜻만 들어 있다.
>
> **他吃力地游上了岸。** 그는 힘겹게 기슭으로 올라갔다.
> Tā chīlì de yóushàng le àn.
>
> **新生听课感觉有些吃力。** 신입생들은 수업을 듣기가 조금 벅찼다.
> Xīnshēng tīngkè gǎnjué yǒuxiē chīlì.
>
> **你也不要费力了。** 너도 너무 힘 빼지 마.
> Nǐ yě bú yào fèilì le.

0039 迟钝 chídùn 둔하다, 느리다, 굼뜨다

脑部做过手术以后，反应变得很迟钝。

Nǎobù zuòguo shǒushù yǐhòu, fǎnyìng biàn de hěn chídùn.

뇌 수술을 받고 나서, 반응이 느려졌어.

他这个人在爱情面前反应很迟钝。

Tā zhègerén zài àiqíng miànqián fǎnyìng hěn chídùn.

저 친구는 연애 쪽으로는 둔해 터지다니까.

0040 迟缓 chíhuǎn 느리다, 완만하다 **유의** 慢 màn □□□

公交司机应该多体谅老年人，因为他们行动稍微迟缓一些。

Gōngjiāo sījī yīnggāi duō tǐliàng lǎoniánrén, yīnwèi tāmen xíngdòng shāowēi chíhuǎn yìxiē.

시내버스 기사는 노인들을 많이 배려해야 하는데, 왜냐하면 그분들의 행동이 약간 둔하기 때문이다.

他身体不舒服，走路有些迟缓。

Tā shēntǐ bù shūfu, zǒulù yǒuxiē chíhuǎn.

그는 몸이 안 좋아, 걸음을 느리게 걷는다.

0041 持久 chíjiǔ 오래 유지되다, 지속되다 **참고** 持久战 chíjiǔzhàn 지구전 □□□

按照说明书上的指示操作，效果将会更加持久。

Ànzhào shuōmíngshū shang de zhǐshì cāozuò, xiàoguǒ jiāng huì gèngjiā chíjiǔ.

설명서의 지시대로 조작하면, 효과가 더 오래갈 것입니다.

战争可能演变为对我们不利的持久战。

Zhànzhēng kěnéng yǎnbiànwéi duì wǒmen bú lì de chíjiǔzhàn.

전쟁은 어쩌면 우리에게 불리한 지구전으로 변할지도 모른다.

💬 **관련 표현**

持久的友谊 chíjiǔ de yǒuyì 오랜 우정

持久的战事 chíjiǔ de zhànshì 오래 지속된 전쟁

旷日持久 kuàng rì chí jiǔ **성** 헛되이 시일을 보내며 오래 끌다

0042 充沛 chōngpèi 넘쳐흐르다, 충족하다, 왕성하다 □□□

到底是年轻人啊，体力就是充沛。

Dàodǐ shì niánqīngrén a, tǐlì jiù shì chōngpèi.

역시 젊은 친구야, 체력이 끝내주는군.

北方的夏天，总是充满了阳光和充沛的雨水。

Běifāng de xiàtiān, zǒngshì chōngmǎnle yángguāng hé chōngpèi de yǔshuǐ.

북방의 여름은 일조량도 충분하고, 비도 충분히 온다.

你身体不舒服就直说，不要装出一副精力充沛的样子。

Nǐ shēntǐ bù shūfu jiù zhí shuō, búyào zhuāngchū yí fù jīng lì chōng pèi de yàngzi.

몸이 안 좋으면 솔직히 말해, 괜히 힘 남아도는 척 하지 말고.

[단어] **精力充沛** jīng lì chōng pèi 🗍 정력이 왕성하다

0043 **充实** chōngshí 충실하다, 풍부하다 □□□

这个月我过得很充实，在这一个月里，我的工作效率明显提高了许多。

Zhège yuè wǒ guò de hěn chōngshí, zài zhè yí ge yuè li, wǒ de gōngzuò xiàolǜ míngxiǎn tígāole xǔduō.

이번 달에 나는 아주 알차게 산 것 같아, 한 달 동안 나의 업무 효율이 눈에 띄게 향상됐거든.

🗍 보강하다, 강화하다

为了充实自己的假期，他决定加入英语夏令营。

Wèile chōngshí zìjǐ de jiàqī, tā juédìng jiārù yīngyǔ xiàlìngyíng.

방학을 더욱 보람차게 보내기 위해, 그는 여름 영어 캠프에 들어가기로 했다.

[단어] **夏令营** xiàlìngyíng 여름 학교, 여름 캠프

在文章中你可以多加入几个例子，让它更充实一点。

Zài wénzhāng zhōng nǐ kěyǐ duō jiārù jǐ ge lìzi, ràng tā gèng chōngshí yìdiǎn.

글에 예문을 몇 개 더 추가해서, 글이 더 살도록 해 보세요.

0044 **充足** chōngzú 충분하다, 충족하다 BCT1 유의 **充分** chōngfèn □□□

目前我们公司资金充足，暂不考虑融资。

Mùqián wǒmen gōngsī zījīn chōngzú, zàn bù kǎolǜ róngzī.

현재 우리 회사는 자금이 충분해, 당분간은 융자 계획이 없다.

[단어] **融资** róngzī 융자하다, 융자

只要拥有充足的阳光和水分，小草便可以茁壮成长。

Zhǐ yào yōngyǒu chōngzú de yángguāng hé shuǐfèn, xiǎocǎo biàn kěyǐ zhuózhuàng chéngzhǎng.

햇빛과 수분만 충분하면 풀은 무럭무럭 자란다.

[단어] **茁壮** zhuózhuàng 튼튼하다, 건강하다

充足 vs 充分

充足와 充分은 '충분하다'의 뜻으로, 充分은 주로 추상적인 사물을 수식하고, 充足는 이런 제한 없이 자금, 광선, 공기 등 구체적인 사물을 수식한다. 充分은 부사어로 많이 쓰이고, 充足는 관형어와 서술어로 많이 쓰인다.

充分利用这次机会。
Chōngfēn lìyòng zhè cì jīhuì.
이번 기회를 충분히 이용하다.

今年春天雨量充足。
Jīnnián chūntiān yǔliàng chōngzú.
올 봄엔 강우량이 충족하다.

关键是充足的经费。
Guānjiàn shì chōngzú de jīngfèi.
핵심은 충분한 경비에 있다.

□□□

0045 崇高 chónggāo 숭고하다, 고상하다 **유의** 高尚 gāoshàng

他的崇高精神和优秀品质，永远值得我们学习。
Tā de chónggāo jīngshén hé yōuxiù pǐnzhì, yǒngyuǎn zhídé wǒmen xuéxí.
그의 숭고한 정신과 뛰어난 인품은 우리들이 영원히 배울 만하다.

□□□

0046 稠密 chóumì 조밀하다, 촘촘하다

美国《福布斯》选出了20个全球人口最稠密的城市，当中16个来自亚洲。
Měiguó 《Fúbùsī》 xuǎnchūle èrshí ge quánqiú rénkǒu zuì chóumì de chéngshì, dāngzhōng shíliù ge láizì Yàzhōu.
미국《Forbes》는 지구에서 인구 밀도가 가장 높은 20개 도시를 선정했는데, 그중 16개 도시가 아시아에서 나왔다.

tip 《福布斯》:《Forbes》, 미국의 격 주간 경제 잡지.

💬 관련 표현

人烟稠密 rén yān chóu mì **성** 한 지역에 많은 사람이 모여 살다

308

0047 丑恶 chǒu'è 추악하다, 더럽다

유의 丑 chǒu 반의 美好 měihǎo 아름답다

这种行为太丑恶了, 他还是个党干部呢!
Zhè zhǒng xíngwéi tài chǒu'è le, tā hái shì ge dǎng gānbù ne!
이 행위는 너무 추악해. 그 사람 그러고도 당 간부라니!

我要让大家看清他的丑恶嘴脸。
Wǒ yào ràng dàjiā kànqīng tā de chǒu'è zuǐliǎn.
난 모두에게 그의 추악한 몰골을 똑똑히 보여 줄 거야.

丑恶 vs 丑

丑恶는 주로 문어에 많이 쓰고, 丑는 구어에 많이 쓴다. 丑는 용모가 추한 것을 말하고, 丑恶는 추하고 열악한 것을 말하는데, 面目 miànmù, 本质 běnzhì, 灵魂 línghún 등의 2음절 단어를 수식한다.

美和丑是相对的。 아름다움과 추함은 상대적인 것이다.
Měi hé chǒu shì xiāngduì de.

这些社会丑恶现象。 이런 사회의 추악한 현상들.
Zhèxiē shèhuì chǒu'è xiànxiàng.

他的文章揭露了演艺圈的丑恶面目。
Tā de wénzhāng jiēlùle yǎnyìquān de chǒu'è miànmù.
그의 문장은 연예계의 추악한 모습을 폭로했다.

0048 初步 chūbù 처음 단계의, 시작 단계의, 초보적인 BCT1

유의 初级 chūjí, 初等 chūděng

目前两家公司只是达成了初步的方案。
Mùqián liǎng jiā gōngsī zhǐshì dáchéngle chūbù de fāng'àn.
현재 두 회사는 단지 초보적인 방안에만 동의한 상태이다.

👻 **관련 표현**

初步成果 chūbù chéngguǒ 초보적인 성과

初步意见 chūbù yìjiàn 1차적인 의견

初步设想 chūbù shèxiǎng 초보적인 구상

初步 vs 初级

初步는 시작 단계로 아직 미비한 것을 뜻하고, 初级는 가장 낮은 단계를 뜻한다.

他在英语初级班学习。(O) / 初步班 (X)
Tā zài yīngyǔ chūjíbān xuéxí.
그는 영어 초급반에서 공부한다.

他的研究取得了初步成果。(O) / 初级成果 (X)
Tā de yánjiū qǔdéle chūbù chéngguǒ.
그의 연구는 초보적인 성과를 거두었다.

□□□

0049 垂直 chuízhí 수직의 [참고] **垂直线** chuízhíxiàn 수직선

在这条街的垂直方向上有一个自动取款机。
Zài zhè tiáo jiē de chuízhí fāngxiàng shang yǒu yí ge zìdòng qǔkuǎnjī.
이 길의 수직 방향에 자동 인출기가 있어요.

建筑师必须保证大楼的中心线是垂直于地面的。
Jiànzhùshī bìxū bǎozhèng dàlóu de zhōngxīnxiàn shì chuízhíyú dìmiàn de.
건축사는 반드시 건물의 중심선이 지면과 수직이 되도록 해야 한다.

□□□

0050 纯粹 chúncuì 순수하다, 깨끗하다

他这个人就是心直口快，想法很纯粹。
Tā zhège rén jiù shì xīn zhí kǒu kuài, xiǎngfǎ hěn chúncuì.
저 친구가 직설적으로 말은 하지만, 생각은 단순하다니까.

[단어] **心直口快** xīn zhí kǒu kuài 생각하는 바를 숨김없이 말하다

现在很难找到像他那样纯粹追求艺术的艺术家了。
Xiànzài hěn nán zhǎodào xiàng tā nàyàng chúncuì zhuīqiú yìshù de yìshùjiā le.
지금은 그 친구처럼 순수하게 예술을 추구하는 예술가를 찾기 힘들어.

😊 순전히, 완전히, 전적으로 (※주로 是와 함께 쓰임)

他制作的这个视频没有什么特别的目的，纯粹是为了自娱自乐。

Tā zhìzuò de zhège shìpín méiyǒu shénme tèbié de mùdì, chúncuì shì wèile zì yú zì lè.

그가 제작한 이 동영상은 무슨 특별한 목적이 있어서가 아니라, 전적으로 재미 삼아 만든 거야.

[단어] 视频 shìpín 동영상 / 自娱自乐 zì yú zì lè 스스로 즐기다

0051 纯洁 chúnjié 순결하다, 순수하고 맑다, 사심(私心)이 없다 [유의] 干净 gānjìng □□□

你不要误会，我们之间可是纯洁的男女工作关系。

Nǐ búyào wùhuì, wǒmen zhījiān kě shì chúnjié de nánnǚ gōngzuò guānxi.

괜히 오해 마, 우리 사이는 순수한 남녀 동료 관계라고.

我爱你那一缕干净纯洁的灵魂。

Wǒ ài nǐ nà yì lǚ gānjìng chúnjié de línghún.

나는 너의 그 깨끗하고 순결한 영혼을 사랑해.

0052 慈善 císhàn 남을 배려하다, 자선을 베풀다 □□□

[참고] 慈善事业 císhàn shìyè 자선 사업, 慈善机构 císhàn jīgòu 자선 단체

我爸爸从来不会和任何人结仇，而且他一生都在做慈善事。

Wǒ bàba cónglái bú huì hé rènhé rén jiéchóu, érqiě tā yìshēng dōu zài zuò císhàn shì.

우리 아빠는 누구하고도 적이 되지 않고, 평생 자선을 베푸셨다.

[단어] 结仇 jiéchóu 원수지다, 원한을 맺다

0053 慈祥 cíxiáng (태도·낯빛이) 자애롭다, 자상하다 [유의] 慈爱 cí'ài □□□

每当我念书给爷爷听时，他总是用慈祥的眼神看着我。

Měi dāng wǒ niànshū gěi yéye tīng shí, tā zǒngshì yòng cíxiáng de yǎnshén kànzhe wǒ.

내가 할아버지께 책을 읽어 드릴 때마다, 할아버지는 언제나 자애로운 눈빛으로 나를 바라보신다.

□□□

0054 从容 cóngróng 침착하다

培养从容的态度，最重要的前提就是具备耐心。
Péiyǎng cóngróng de tàidù, zuì zhòngyào de qiántí jiù shì jùbèi nàixīn.
침착한 태도를 기르려면, 가장 중요한 전제는 인내심이 있어야 한다는 것이다.

"戊戌六君子"从容走向刑台，慷慨就义。
"Wùxū liù jūnzi" cóngróng zǒuxiàng xíngtái, kāng kǎi jiù yì.
'무술육군자'는 침착하게 형대에 올라 정의를 위해 목숨을 바쳤다.

[단어] **慷慨就义** kāng kǎi jiù yì 성 정의를 위해 목숨을 바치다

tip 무술정변 : 1898년에 청나라 덕종이 채택한 변법 자강책을 반대하던 서태후 등의 보수파가 덕종을 유폐한 사건. 서태후는 당시 유신파 6명을 참살하는데 이들을 '무술육군자'라 부른다. 谭嗣同 Tán Sìtóng(담사동), 林旭 Lín Xù(임욱), 杨锐 Yáng Ruì(양예), 杨深秀 Yáng Shēnxiù(양심수), 刘光第 Liú Guāngdì(유광제), 康广仁 Kāng Guǎngrén(강광인)

💭 **관련 표현**

从容不迫 cóng róng bú pò 성 매우 침착하다, 허둥대지 않다, 태연자약하다
从容就义 cóng róng jiù yì 성 두려워하지 않고 정의를 위해 희생하다
从容自如 cóng róng zì rú 성 태연자약하다, 침착하고 태연하다

312

0055 粗鲁 cūlǔ 거칠고 우악스럽다, 교양이 없다 **유의** 粗暴 cūbào

她什么都很好，唯一的缺点就是说话很粗鲁。

Tā shénme dōu hěn hǎo, wéiyī de quēdiǎn jiù shì shuōhuà hěn cūlǔ.

그녀는 다 좋은데, 유일한 결점이 있다면 바로 말을 너무 거칠게 한다는 거야.

粗鲁 vs 粗暴

粗鲁는 언행이나 성격이 거칠고 차분하지 못한 것에 중점을 두고, 粗暴는 성질이 급해 쉽게 화를 내는 것에 중점을 둔다. 두 단어 모두 사람의 행위, 성격, 언어 등에 쓸 수 있지만, 粗暴는 국가나 조직의 행위에 대해 묘사할 수 있다.

他说话很粗鲁。 Tā shuōhuà hěn cūlǔ. 그는 말을 거칠게 한다.

老板的态度很粗暴。 Lǎobǎn de tàidù hěn cūbào. 사장님의 태도가 난폭하셔.

西方霸权粗暴地干涉他国内政。

Xīfāng bàquán cūbào de gānshè tāguó nèizhèng.

서방 패권주의는 타국의 내정을 심하게 간섭한다.

0056 脆弱 cuìruò 연약하다, 취약하다 **유의** 软弱 ruǎnruò
반의 坚强 jiānqiáng 강인하다

我很脆弱，别人的一句话我有时都会难受一阵子。

Wǒ hěn cuìruò, biérén de yí jù huà wǒ yǒushí dōu huì nánshòu yízhènzi.

나는 물러 터져서, 남들의 한 마디 때문에 한동안 마음 고생을 하기도 해.

他装强，是不想让别人看到他脆弱的一面。

Tā zhuāngqiáng, shì bù xiǎng ràng biérén kàndào tā cuìruò de yí miàn.

그가 센 척하는 것은 다른 사람에게 자신의 약한 모습을 보이기 싫어서야.

0057 大不了 dàbuliǎo 대단하다, 굉장하다

▶ 주로 부정형이나 반어로 쓰인다.

这次失败了也没什么大不了的，我们还年轻，有的是机会。

Zhè cì shībài le yě méi shénme dàbuliǎo de, wǒmen hái niánqīng, yǒu de shì jīhuì.

이번에 실패했다고 해도 별거 아니야, 우린 아직 젊고 기회가 많잖아.

0058 大意 dàyi 부주의하다, 소홀하다 **유의** 粗心 cūxīn

是我太大意了，早就应该料到他有这一手的。

Shì wǒ tài dàyi le, zǎojiù yīnggāi liàodào tā yǒu zhè yì shǒu de.

내가 너무 부주의했어, 그 친구가 이렇게 할 수도 있다는 것을 미리 예측했어야 했는데 말이야.

🗨 관련 표현

粗心大意 cū xīn dà yì **성** 세심하지 못하다, 진지하지 못하고 경솔하다

大意 vs 粗心

大意와 粗心은 같은 뜻으로 호환해서 쓸 수 있고, '粗心大意'로 같이 쓰기도 한다.

工作上大意(粗心)肯定出错误。

Gōngzuò shang dàyì(cūxīn) kěndìng chū cuòwù.

업무 중에 부주의 하면 틀림없이 실수를 하게 된다.

你也太粗心大意了。

Nǐ yě tài cūxīn(dàyì) le.

너도 너무 경솔했구나.

▶大意는 '麻痹大意'로 쓸 수 있다.

千万不能麻痹大意。(O) / 千万不能麻痹粗心。(X)

Qiānwàn bù néng mábì dàyì.

절대로 방심해선 안 되네.

0059 大致 dàzhì 대략적인 **유의** 大体 dàtǐ

我只知道他家的大致位置，具体地址还得确认。

Wǒ zhǐ zhīdào tā jiā de dàzhì wèizhì, jùtǐ dìzhǐ hái děi quèrèn.

나는 그 친구네 집의 대략적인 위치만 알 뿐, 구체적인 주소는 확인해 봐야 해요.

🔵 부 대체로, 대강, 대개

朋友大致分两种，一种是知己，一种是过客。

Péngyou dàzhì fēn liǎng zhǒng, yì zhǒng shì zhījǐ, yì zhǒng shì guòkè.

친구는 대개 두 종류로 나누는데, 하나는 지기요, 하나는 스쳐 가는 사람이다.

0060 胆怯 dǎnqiè 겁내다, 무서워하다, 위축되다 **유의** 恐惧 kǒngjù

□□□

小孩子遇到陌生人的时候都会很胆怯。

Xiǎoháizi yùdào mòshēngrén de shíhou dōu huì hěn dǎnqiè.

아이들은 낯선 사람을 만나면 겁을 내게 마련이다.

在很多人面前我会变得很胆怯，很紧张。

Zài hěn duō rén miànqián wǒ huì biàn de hěn dǎnqiè, hěn jǐnzhāng.

많은 사람들 앞에 서면 나는 위축되고 긴장하게 되더라고.

0061 陡峭 dǒuqiào (산세 등이) 험준하다, 가파르다, 깎아지르다

□□□

雄鹰在陡峭的悬崖边上筑造自己的巢穴。

Xióngyīng zài dǒuqiào de xuányábiān shang zhùzào zìjǐ de cháoxué.

독수리는 가파른 절벽에 자신의 둥지를 튼다.

[단어] 巢穴 cháoxué (새나 짐승의) 집, (도적 등의) 소굴, 은신처

华山山势陡峭，群峰挺拔，自古以来以"险"著称的。

Huà shān shānshì dǒuqiào, qúnfēng tǐngbá, zìgǔ yǐlái yǐ "xiǎn" zhùchēng de.

화산은 산세가 험준하고, 군봉이 우뚝 솟아 있어, 예로부터 험하기로 이름이 났다.

[단어] 著称 zhùchēng 유명하다, 이름나다

tip 华山 : 五岳 중의 하나로 '西岳'이라 불리며, 해발 2154.9미터이다. 华山에는 다섯 봉우리가 있는데, 东峰은 '朝阳 cháoyáng', 西峰은 '莲花 liánhū', 中峰은 '玉女 yùnǚ', 南峰은 '落雁 luòyàn', 北峰은 '云台 yúntái'이다.

0062 端正 duānzhèng 단정하다, 똑바르다

□□□

他身材高大漂亮，五官端正。

Tā shēncái gāodà piàoliang, wǔguān duānzhèng.

그는 키가 크고 잘생겼으며, 이목구비가 뚜렷하다.

让小学一年级学生端端正正地坐着听一节课是很难的。

Ràng xiǎoxué yì niánjí xuésheng duānduānzhèngzhèng de zuòzhe tīng yì jié kè shì hěn nán de.

초등학교 1학년짜리를 얌전히 앉혀 놓고 수업을 한 시간 듣게 하는 것은 힘들다.

0063 短促 duǎncù (시간이) 매우 짧다, 시간에 쫓기다 **유의** 短暂 duǎnzàn

人生很短促，不用在乎别人的眼光，随心所欲才是最重要的。

Rénshēng hěn duǎncù, búyòng zàihu biérén de yǎnguāng, suíxīn suǒyù cái shì zuì zhòngyào de.

인생은 짧으니, 다른 사람의 눈을 의식하지 마세요. 마음이 이끄는 대로 사는 것이 가장 중요합니다.

[단어] 随心所欲 suíxīn suǒyù 자기 뜻대로 하다

我和他只有过一次戏剧性的极其短促的见面。

Wǒ hé tā zhǐ yǒu guò yí cì xìjùxìng de jíqí duǎncù de jiànmiàn.

나와 그 사람은 극적으로 아주 짧은 만남을 한 번 가졌을 뿐이야.

短促 vs 短暂

短促와 短暂 모두 시간이 짧음을 형용하는데, 短促가 더 짧은 시간을 나타낸다.

她的一生是短暂(短促)而伟大的。

Tā de yìshēng shì duǎnzàn(duǎncù) ér wěidà de.

그녀의 생은 짧았지만 위대했다.

我们一起度过了短暂的时间。

Wǒmen yìqǐ dùguòle duǎnzàn de shíjiān.

우리는 짧은 시간을 같이 보냈다.

我平常呼吸特别短促。

Wǒ píngcháng hūxī tèbiě cuǎncù.

난 평소에 숨이 아주 가빠.

0064 对称 duìchèn (도형이나 물체가) 대칭이다

这种布局主次分明，左右对称。

Zhè zhǒng bùjú zhǔcì fēnmíng, zuǒyòu duìchèn.

이 구도는 주와 부가 분명하고, 좌우가 대칭된다.

这里的建筑物都是对称的。

Zhèlǐ de jiànzhùwù dōu shì duìchèn de.

이곳의 건축물은 모두 대칭을 이루고 있다.

0065 **额外** éwài 정액 외의, 정원 외의, 그 밖의 BCT1

这些额外的费用由你们自己承担。
Zhèxiē éwài de fèiyòng yóu nǐmen zìjǐ chéngdān.
추가된 요금은 여러분이 알아서 부담하세요.

当前美国经济仍然脆弱，可能需要额外的金融刺激政策。
Dāngqián Měiguó jīngjì réngrán cuìruò, kěnéng xūyào éwài de jīnróng cìjī zhèngcè.
현재 미국 경제는 여전히 약세이므로, 별도의 금융 부양책이 필요할 것이다.

0066 **恶心** ěxin 메스껍다, 역겹다

吃完饭老是有种想吐的感觉，感觉好恶心。
Chīwán fàn lǎoshì yǒu zhǒng xiǎng tù de gǎnjué, gǎnjué hǎo ěxin.
밥을 먹고 나면 늘 토하고 싶어지고, 너무 메스꺼워요.

你这个人讲话真恶心!
Nǐ zhège rén jiǎnghuà zhēn ěxin!
너 말하는 거 정말 구역질 나!

🔵동 혐오감을 불러일으키다

这些广告真恶心人!
Zhèxiē guǎnggào zhēn ěxin rén!
이런 광고들은 정말 혐오스러워!

0067 **繁华** fánhuá (도시·거리가) 번화하다 유의 繁荣 fánróng

我不仅喜欢城市的繁华，也喜欢乡村的朴实。
Wǒ bùjǐn xǐhuan chéngshì de fánhuá, yě xǐhuan xiāngcūn de pǔshí.
나는 도시의 번화함도 좋아하고, 시골의 순박함도 좋아한다.

繁华 vs 繁荣

繁华는 도시가 북적거리고 화려한 것을 뜻하고, 繁荣은 경제나 사업이 발달해 물질 문화 생활이 풍부한 것을 뜻한다. 繁华는 주로 도시나 쇼핑가 등을 묘사하고, 繁荣은 구체적인 도시나 거리 외에 국가, 사회, 경제, 문화, 과학, 예술, 사업 등을 묘사한다.

繁华的城市 fánhuá de chéngshì 번화한 도시
经济很繁荣 jīngjì hěn fánróng 경제가 번영하다

0068 繁忙 fánmáng 일이 많고 바쁘다 유의 忙碌 mánglù

王部长平时工作很繁忙，今天难得请了一天假。
Wáng bùzhǎng píngshí gōngzuò hěn fánmáng, jīntiān nándé
qǐngle yì tiān jià.
왕 부장은 평소에 업무가 바쁜데, 오늘 아주 힘들게 하루 휴가를 냈다.

不管你有多么繁忙，都不要忘记抽出时间陪陪父母，尽一
下孝心。
Bùguǎn nǐ yǒu duōme fánmáng, dōu búyào wàngjì chōuchū shíjiān
péipei fùmǔ, jìn yíxià xiàoxīn.
네가 아무리 바쁘더라도, 시간 내서 부모님도 뵙고 효심을 다해야 하는 걸 잊지 마.

0069 反常 fǎncháng 평소와 다르다, 정상이 아니다

반의 正常 zhèngcháng 정상이다

小金这几天反常，不爱说话。
Xiǎo Jīn zhè jǐ tiān fǎncháng, bú ài shuōhuà.
김 군이 요 며칠 평소와 다르네, 말을 잘 안 해.

今年北京的天气有点反常，降雨量比往年多了很多。
Jīnnián Běijīng de tiānqì yǒudiǎn fǎncháng, jiàngyǔliàng bǐ
wǎngnián duōle hěn duō.
올해 베이징의 날씨가 약간 이상한데, 강우량이 왕년에 비해 훨씬 많아.

 관련 표현

一反常态 yì fǎn cháng tài 성 평소의 모습과 완전 반대이다

梅雨下了三百六十天 — 反常 헐후
méiyǔ xiàle sānbǎi liùshí tiān — fǎncháng
장맛비가 360일 동안 내리다 — 이상하다 : 정상이 아니다

0070 非法 fēifǎ 불법적인, 위법적인 반의 合法 héfǎ 합법적인

把工人私自拘禁在车间是非法的，你知不知道？
Bǎ gōngrén sīzì jūjìnzài chējiān shì fēifǎ de, nǐ zhī bù zhīdào?
노동자를 작업장에 불법적으로 구금하는 것은 위법 행위라는 것을 모르시나요?

[단어] 私自 sīzì 비밀리에, 사적으로 / 拘禁 jūjìn [법률] 구금하다 / 车间 chējiān 작업장

318

0100 含糊 hánhu (태도나 말 따위가) 모호하다, 애매하다, 대충대충하다

유의 模糊 móhu

他说话含糊，让人搞不清楚他到底想说什么。

Tā shuōhuà hánhu, ràng rén gǎobuqīngchu tā dàodǐ xiǎng shuō shénme.

그는 말을 애매하게 해서, 그가 도대체 무슨 말을 하려는지 알 수가 없다.

别看他平时大大咧咧的，一旦工作起来一点也不含糊。

Bié kàn tā píngshí dàdaliēliē de, yídàn gōngzuòqilai yìdiǎnyě bù hánhu.

그 친구 평소에는 건성으로 하는 것 같지만, 일단 일을 잡으면 조금도 대충 하는 법이 없어.

[단어] 大大咧咧 dàdaliēliē 거드름을 피우다, 대충대충하다

🗨️ 관련 표현

含糊其辞 hán hu qí cí 성 말을 얼버무리다, 말을 모호하게 하다

卷舌头念文章 — 含糊其辞 혈후
juǎn shétou niàn wénzhāng — hán hu qí cí
혀를 굴려 문장을 읽다 — 말이 불분명하다 : 말을 얼버무리다

含糊 vs 模糊

含糊는 불명확하고 불분명한 것을 뜻하고, 模糊는 불분명하고 식별하기 어려운 것을 뜻한다. 含糊는 언어나 표현하려는 뜻이 불분명해 알아차리기 힘든 것을 뜻하고, 模糊는 물체의 형상이 불분명해 똑똑히 볼 수 없거나 소리를 분별할 수 없는 것으로, 감각, 인상, 기억, 인식 등에 쓰인다.

他说话总是含含糊糊的。
Tā shuōhuà zǒngshì hánhanhūhū de.
그는 말할 때 늘 웅얼웅얼 거린다.

雾中的景物非常模糊。
Wù zhōng de jǐngwù fēicháng móhu.
안개 속의 풍경이 아주 희미하다.

模糊의 중첩형은 부사어로 쓰여 '불분명한' 뜻을 나타낸다.

睡梦中，我模模糊糊地听见有人在哭。
Shuìmèng zhōng, wǒ mómohuhu de tīngjiàn yǒu rén zài kū.
꿈결에 나는 어렴풋하게 누군가가 우는 소리를 들었다.

▶ 含糊에는 '대충하다'의 뜻이 들어 있다.

这件事很重要，可不要含糊。
Zhè jiàn shì hěn zhòngyào, kě bú yào hánhu.
이 일은 중요하니까, 절대로 대충해선 안 돼.

0101 罕见 hǎnjiàn 보기 드물다, 희한하다 **유의** 少见 shǎojiàn

这个才7岁的孩子患了一种罕见的疾病—阿兹海默氏症。
Zhège cái qī suì de háizi huànle yì zhǒng hǎnjiàn de jíbìng — āzīhǎimòshìzhèng.
이제 겨우 일곱 살 먹은 아이가 희귀병인 알츠하이머 병에 걸렸다.

三月里下雪，在北方并不罕见，但这么大的暴风雪，我还是头一遭经历。
Sān yuè li xiàxuě, zài běifāng bìng bù hǎnjiàn, dàn zhème dà de bàofēngxuě, wǒ háishi tóu yì zāo jīnglì.
3월에 눈이 내리는 것은 북방에서는 보기 드문 일이 아닌데, 이렇게 심한 눈보라는 처음이야.

🔵 관련 표현

三九天桃花开—罕见 **헐후**
sān jiǔ tiān táohuā kāi — hǎnjiàn
한겨울에 복숭아꽃이 피다 — 보기 드물다 : 희한한 일이다

罕见 vs 少见

罕见은 보기 힘들다(어렵다)의 뜻이고, 少见은 보기 힘들다의 뜻 외에, 인사말로 '오랜만이다'라는 뜻을 갖고 있다. 罕见이 少见보다 빈도수가 더 적은 것을 뜻한다.

这种病非常罕见(少见)。 이런 병은 대단히 희귀하다.
Zhè zhǒng bìng fēicháng hǎnjiàn(shǎojiàn).

下了一场罕见的大雪。 보기 드문 폭설이 내렸다.
Xiàle yì cháng hǎnjiàn de dàxuě.

今天晚上，将出现"双星伴月"的少见天象。
Jīntiān wǎnshang, jiāng chūxiàn "shuāngxīng bàn yuè" de shǎojiàn tiānxiàng.
오늘 밤에, '금성-달-목성 우주쇼'라는 희귀한 천문 현상이 출현할 것이다.

[단어] 双星伴月 shuāngxīng bàn yuè 금성과 목성 사이에 달이 들어가 있는 우주쇼

0102 豪迈 háomài 호탕하다, 용맹스럽다, 씩씩하다, 늠름하다

周瑜对东吴的耿耿忠心和他那豪迈气概是值得肯定的。
Zhōu Yú duì Dōng Wú de gěnggěng zhōngxīn hé tā nà háomài qìgài shì zhídé kěndìng de.
저우위(주유)의 동오에 대한 충성심과 그의 호탕한 기개는 인정할 만하다.

tip 周瑜(주유) : 동한(东汉) 말의 걸출한 군사 전문가. 동오군을 이끌고 유비와 연합해 적벽대전에서 승리함.

□□□
0103 合算 hésuàn 수지가 맞다 [BCT1]

算来算去还是在家里自己做着吃最合算。
Suàn lái suàn qù háishi zài jiā li zìjǐ zuòzhe chī zuì hésuàn.
이것저것 다 따져 봐도 그냥 집에서 직접 해 먹는 게 가장 나은 것 같아.

如果只以买房出租的方式来投资，觉得不合算。
Rúguǒ zhǐ yǐ mǎi fáng chūzū de fāngshì lái tóuzī, juéde bù hésuàn.
단순히 집을 사서 세를 놓는 식으로 투자한다면, 수지가 안 맞을 것 같다.

통 계산해 보다
我们合算一下这次出差的经费吧。
Wǒmen hésuàn yíxià zhè cì chūchāi de jīngfèi ba.
우리 이번 출장에서 쓴 경비를 계산해 보죠.

□□□
0104 和蔼 hé'ǎi 상냥하다, 부드럽다, 사근사근하다 **유의** 和气 héqi

张大爷是一位和蔼可亲的人，经常给小朋友们讲故事。
Zhāng dàyé shì yí wèi hé'ǎi kěqīn de rén, jīngcháng gěi xiǎo péngyoumen jiǎng gùshi.
장씨 할아버지는 온화하고 정이 많은 분이라, 자주 아이들에게 옛날 이야기를 해 주신다.

[단어] **和蔼可亲** hé ǎi kě qīn **형** 상냥하고 친절하다, 온화하고 정겹다

□□□
0105 和睦 hémù 화목하다, 사이가 좋다

我尽管度过了贫穷的童年，但是我在一个很幸福和睦的家庭中长大。
Wǒ jǐnguǎn dùguòle pínqióng de tóngnián, dànshì wǒ zài yí ge hěn xìngfú hémù de jiātíng zhōng zhǎngdà.
나는 비록 가난한 어린 시절을 보내긴 했지만, 행복하고 화목한 가정에서 자랐다.

관련 표현
和睦相处 hé mù xiāng chǔ **형** 화목하게 함께 지내다

0106 和气 héqi (태도가) 온화하다, 부드럽다, 상냥하다 **유의** 和蔼 hé'ǎi

虽然是有一点小分歧，但是双方说起话来还是很和气。
Suīrán shì yǒu yìdiǎn xiǎo fēnqí, dànshì shuāngfāng shuō qǐ huà lái háishi hěn héqi.
약간의 마찰이 있었지만, 쌍방은 좋은 분위기에서 이야기를 나누었다.

大家不要为了这点儿小事伤了和气。
Dàjiā búyào wèile zhè diǎnr xiǎoshì shāngle héqi.
여러분 이렇게 작은 일 때문에 좋은 분위기를 깨지는 말자고요.

🗣 **관련 표현**

和气生财 hé qi shēng cái **성** 웃는 얼굴이 부를 가져다준다

皮软骨头硬 — 表面和气 **헐후**
pí ruǎn gǔtou yìng — biǎomiàn héqi
가죽은 부드럽고 뼈는 딱딱하다 — 겉보기에 사이가 좋다

和气 vs 和蔼

和气는 언어와 태도가 온화한 것이고, 和蔼는 얼굴에 나타난 표정이 온화한 것을 말한다. 和气는 중첩할 수 있지만, 和蔼는 중첩할 수 없다.

和蔼的笑容 hé'ài de xiàoróng 온화한 미소

"和气生财"是最有道理的。 '웃으면 복이 온다'가 최고의 진리야.
"Héqi shēng cái" shì zuì yǒu dàolǐ de.

一家人和和气气的，这就是幸福。
Yìjiārén héheqìqì de, zhè jiù shì xìngfú.
한 가족이 화목하게 지내면, 이것이 바로 행복인 거야.

0107 和谐 héxié 조화롭다, 잘 맞다, 정답다

为了构建和谐的社会环境，需要每一个人都宽容一点。
Wèile gòujiàn héxié de shèhuì huánjìng, xūyào měi yí ge rén dōu kuānróng yìdiǎn.
조화로운 사회 환경을 만들기 위해, 우리 모두 조금 더 너그러워져야 해요.

两个人相处得很和谐，像小两口子似的。
Liǎng ge rén xiāngchǔ de hěn héxié, xiàng xiǎo liǎngkǒuzi sì de.
두 사람이 정답게 지내는 모습이, 꼭 신혼부부 같다니까.

鱼水和谐 yú shuǐ hé xié 성 부부 금실이 물과 물고기처럼 좋다

狠心后娘打孩子 — 暗里下手 헐후
hěnxīn hòuniáng dǎ háizi — ànli xià shǒu
독한 계모가 아이를 때리다 — 암암리에 손을 쓰다 : 술수를 쓰다

0108 **狠心** hěnxīn 마음이 모질다, 잔인하다　☐☐☐

对他我实在是狠不下心来，这次"黑脸"还是由你来扮吧。
Duì tā wǒ shízài shì hěn bú xià xīn lái, zhè cì "hēiliǎn" háishi yóu
nǐ lái bàn ba.
저 녀석한테 나는 모질게 못하겠으니, 이번에는 당신이 '악역'을 맡아요.

[단어] **黑脸** hēiliǎn 중국 경극에서의 악역

* **唱黑脸** chàng hēiliǎn [신조어] 악역을 담당하다. 원래는 경극 용어였으나, 지금은 '인정에
얽매이지 않고, 공정하게 일 처리하며 바른 말하는 것'을 말한다.

🔵 동 hěn∥xīn 모질게 마음먹다

他那种人只要狠一狠心，什么都做得出来。
Tā nà zhǒng rén zhǐyào hěn yī hěn xīn, shénme dōu zuòdechūlái.
저런 사람은 모질게 마음만 먹으면 무슨 일이든 할 수 있어.

0109 **横** héng 가로의　☐☐☐

他们面对老师排成一横排。
Tāmen miànduì lǎoshī páichéng yì héng pái.
그들은 선생님을 마주하고 가로로 정렬했다.

🔵 동 가로놓이다, 결심하다

高速公路上横着保险杠，太危险了。
Gāosù gōnglù shang héngzhe bǎoxiǎngàng, tài wēixiǎn le.
고속도로에 범퍼가 널브러져 있어 너무 위험하다.

[단어] **保险杠** bǎoxiǎngàng (자동차의) 범퍼

他横下心来，失业就回家。
Tā héngxià xīn lái, shīyè jiù huíjiā.
그는 실업자가 되면 집으로 돌아가리라 결심했다.

😊 관련 표현

横眉竖眼 héng méi shù yǎn **(성)** 눈썹을 추켜세우다, 노기등등하다, 사나운 표정을 짓다

横七竖八 héng qī shù bā **(성)** 어수선하게 흩어져 있다

横行天下 héng xíng tiān xià **(성)** 거리낌 없이 세상을 돌아다니다, 전쟁에서 가는 곳마다 승전하여 적수가 없다

□□□

0110 **宏观** hóngguān 거시적인, 매크로(macro) **반의** 微观 wēiguān 미시적이다

我们要学会从宏观和微观两个不同层面来看问题。
Wǒmen yào xuéhuì cóng hóngguān hé wēiguān liǎng ge bù tóng céngmiàn lái kàn wèntí.

우리는 거시적이고 미시적인 두 측면에서 문제를 바라볼 줄 알아야 한다.

😊 관련 표현

宏观经济 hóngguān jīngjì 거시 경제

宏观世界 hóngguān shìjiè 거시적 세계

□□□

0111 **宏伟** hóngwěi (규모·기획 따위가) 웅장하다, 웅대하다 **유의** 弘大 hóngdà

布达拉宫是西藏自治区内最完整最宏伟的一座古建筑。
Bùdálāgōng shì Xīzàng zìzhìqū nèi zuì wánzhěng zuì hóngwěi de yí zuò gǔ jiànzhù.

포탈라(Potala) 궁은 시짱(서장) 자치구 내에서 보존이 가장 잘 되고, 최고로 웅장한 고건축이다.

tip 布达拉宫 : 라싸(拉萨) 북서부에 있는 라마교 사원.

> ### 宏伟 vs 宏大
> 宏伟는 규모, 기획, 기세 등이 굉장한 것을 뜻하고, 宏大는 거대하고 웅장한 것을 뜻한다. 두 단어 모두 추상 명사를 수식한다.
>
> **这幅画的气势宏伟(宏大)。** 이 작품의 기세가 굉장하다.
> Zhè fú huà de qìshì xióngwěi(hóngdà).
>
> **非常宏伟的中山纪念堂** 아주 웅대한 중산기념당
> fēicháng xióngwěi de zhōngshān jìniàntáng
>
> **这么宏大的场面我是第一次看到的。** 이렇게 웅장한 장면은 처음 봤어.
> Zhème hóngdà de chǎngmiàn wǒ shì dì yí cì kàndào de.

0112 华丽 huálì 화려하다, 아름답다

她穿着一套华丽的晚礼服出现在宴会上，艳惊四座。

Tā chuānzhe yí tào huálì de wǎnlǐfú chūxiànzài yànhuì shang, yàn jīng sìzuò.

그녀가 화려한 이브닝 드레스를 입고 연회에 모습을 드러내자, 여기저기서 놀라움을 금치 못했다.

0113 欢乐 huānlè 즐겁다, 유쾌하다 **유의** 欢喜 huānxǐ

女儿的出生给我们带来了许多欢乐。

Nǚ'ér de chūshēng gěi wǒmen dàiláile xǔduō huānlè.

딸아이의 출생은 우리에게 많은 기쁨을 안겨 주었다.

在高中同学聚会上，大家都沉浸在欢乐之中。

Zài gāozhōng tóngxué jùhuì shang, dàjiā dōu chénjjìnzài huānlè zhīzhōng.

고등학교 동창 모임에서 모두들 즐거움에 취해 있다.

[단어] 沉浸 chénjjìn (분위기나 생각에) 심취되다, 빠져 있다

欢乐 vs 欢喜

欢乐는 즐거워하는 것이고, 欢喜는 즐겁고, 기쁘고, 좋아하는 것이다. 欢乐의 주체는 보통 많은 사람이고, 欢喜는 제한이 없다. 欢乐와 欢喜는 주로 부사어와 관형어로 쓰인다.

爱情让我欢喜让我忧。
Àiqíng ràng wǒ huānxǐ ràng wǒ yōu.
사랑은 나를 기쁘게도 했다가 슬프게도 한다.

我满心欢喜地等着爸爸回来。
Wǒ mǎnxīn huānxǐ de děngzhe bàba huílai.
마음으로 아빠가 돌아오시길 기다리고 있다.

广场到处是欢乐的人群。
Guǎngchǎng dàochù shì huānlè de rénqún.
광장 여기저기에 즐거워하는 군중들로 가득하다.

他们都欢欢乐乐(欢欢喜喜)地准备着过春节。
Tāmen dōu huānhuanlèlè(huānhuanxǐxǐ) de zhǔnbèizhe guò Chūnjié
그들은 즐거워하며 설 쇨 준비를 하고 있다.

0114 缓和 huǎnhé (상황·분위기 등이) 완화하다, 느슨해지다

你爸的态度刚有所缓和，你可别再去添乱了。

Nǐ bà de tàidù gāng yǒu suǒ huǎnhé, nǐ kě bié zài qù tiānluàn le.

네 아빠의 태도가 겨우 조금 누그러졌으니, 더는 말썽부리지 말거라.

[단어] **添乱** tiānluàn 번거롭게 하다, 성가시게 굴다

🔄 완화시키다

我们谈着无聊的话题，只不过是想缓和这尴尬的气氛。

Wǒmen tánzhe wúliáo de huàtí, zhǐbúguò shì xiǎng huǎnhé zhè gāngà de qìfēn.

우리가 시시콜콜한 화제를 꺼낸 것은, 그저 지금의 어색한 분위기를 만회하기 위함이다.

0115 荒凉 huāngliáng 황량하다, 쓸쓸하다

当哥仑布1492年初抵美洲新大陆时，曼哈顿还是一片荒凉的土地。

Dāng Gēlúnbù yī sì jiǔ èr nián chū dǐ měizhōu xīndàlù shí, Mànhādùn háishi yí piàn huāngliáng de tǔdì.

콜롬부스가 1492년 미주 신대륙에 도착했을 때만 해도 맨해튼은 아직 황량한 땅이었다.

没有你的日子，我的心就是一片荒凉的沙漠。

Méiyǒu nǐ de rìzi, wǒ de xīn jiù shì yí piàn huāngliáng de shāmò.

네가 없는 날들 동안, 내 마음은 쓸쓸한 사막 같았어.

0116 荒谬 huāngmiù (말·이론이), 엉터리이다, 터무니없다, 황당무계하다

유의 **荒唐** huāngtáng

你这种理论真是荒谬得出奇。

Nǐ zhè zhǒng lǐlùn zhēnshi huāngmiù de chūqí.

너의 이론은 황당하기가 하늘을 찌르는 구나.

[단어] **出奇** chūqí 특별하다, 유별나다

这句话听起来很荒谬，可是仔细一想，却也不无道理。

Zhè jù huà tīngqilai hěn huāngmiù, kěshì zǐxì yì xiǎng, què yě bù wú dàolǐ.

이 말은 터무니없는 것처럼 들리지만, 곰곰히 생각해 보면, 아주 일리가 없는 것도 아니다.

관련 표현

荒谬绝伦 huāng miù jué lún 🗾 황당무계하기 짝이 없다

☐☐☐

0117 荒唐 huāngtáng (생각이나 언행이) 황당하다, 터무니없다

유의 荒谬 huāngmiù

你不认错还倒打一耙，真是荒唐至极。

Nǐ bú rèncuò hái dào dǎ yì pá, zhēnshi huāngtáng zhìjí.

네가 잘못을 인정하지 않고 다른 사람에게 뒤집어 씌운 건, 정말이지 어처구니가 없구나.

[단어] 倒打一耙 dào dǎ yì pá 🗾 적반하장

你不要太针对他了，谁年轻时没做过一件荒唐事啊？

Nǐ búyào tài zhēnduì tā le, shéi niánqīng shí méi zuòguo yí jiàn huāngtáng shì a?

저 녀석을 너무 몰아세우지 말라고, 젊을 때 황당한 일 한 번 안 저질러 본 사람이 누가 있겠나?

你的想法太荒唐了，我实在不敢苟同。

Nǐ de xiǎngfǎ tài huāngtáng le, wǒ shízài bùgǎn gǒutóng.

네 생각이 너무 터무니 없어서, 덥썩 찬성할 엄두가 안 나는구나.

[단어] 苟同 gǒutóng 경솔하게 동의하다

관련 표현

荒唐无稽 huāngtáng wújī 황당무계하다

滚水锅里捞活鱼 — 荒唐 헐후

gǔnshuǐ guō li lāo huóyú — huāngtáng

물이 끓는 솥에서 살아있는 물고기를 잡다 — 황당하다 : 어처구니 없다

老虎爬树 — 荒唐 헐후

lǎohu pá shù — huāngtáng

호랑이가 나무를 타다 — 황당하다

☐☐☐

0118 辉煌 huīhuáng (전과(战果) · 성적 · 건축물이) 눈부시다, 돋보이다, (불빛이) 눈부시다

这家饭店装修得金碧辉煌，非常豪华。

Zhè jiā fàndiàn zhuāngxiū de jīn bì huī huáng, fēicháng háohuá.

이 호텔은 인테리어가 아주 화려하고, 고급스럽다.

[단어] 金碧辉煌 jīn bì huī huáng (건축물 등이) 휘황찬란하다, 아름답고 격조 높다

这次冬奥会，中国队战果极其辉煌。

Zhè cì dōngàohuì, zhōngguoduì zhànguǒ jíqí huīhuáng.

이번 동계올림픽에서 중국 팀의 성적이 아주 좋다.

除夕夜的长安街灯火辉煌。

Chúxī yè de cháng'ān jiē dēnghuǒ huīhuáng.

설 전야의 창안 거리는 불빛이 눈부시다

[단어] 长安街 Cháng'ān Jiē 베이징의 거리 이름

0119 混乱 hùnluàn 혼란하다, 문란하다, 어지럽다 □□□

受到严重冲击之后，他的思绪十分混乱。

Shòudào yánzhòng chōngjī zhīhòu, tā de sīxù shífēn hùnluàn.

심한 충격을 받고난 후, 그의 생각이 몹시 혼란스러웠다.

欧洲混乱的局面未有缓和的迹象。

Ōuzhōu hùnluàn de júmiàn wèi yǒu huǎnhé de jìxiàng.

유럽의 혼란한 국면은 아직 누그러질 기미를 보이지 않는다.

0120 混浊 hùnzhuó (물 · 공기 따위가) 혼탁하다 □□□

水很混浊，看不到里面的任何东西。

Shuǐ hěn hùnzhuó, kànbudào lǐmiàn de rènhé dōngxi.

물이 탁해, 물 속에 있는 그 어떤 것도 볼 수가 없다.

天空如此浑浊，你分得清这是雾还是霾吗?

Tiānkōng rúcǐ húnzhuó, nǐ fēndeqīng zhè shì wù háishi mái ma?

하늘이 너무 탁한데, 너 이게 안개인지 스모그인지 구분하겠어?

[단어] 霾 mái 스모그(smog) 현상

0121 饥饿 jī'è 굶주리다, 기아에 허덕이다 `유의` 饿 è □□□

世界上不少国家和地区的人还在忍受饥饿。

Shìjiè shang bù shǎo guójiā hé dìqū de rén hái zài rěnshòu jī'è.

세계적으로 꽤 많은 나라와 지역 사람들이 여전히 기아에 시달리고 있다.

感到饥饿时能够充饥的一个馒头总是格外地香。

Gǎndào jī'è shí nénggòu chōngjī de yí ge mántou zǒngshì géwài de xiāng.

배고플 때 허기를 면하기 위해 먹는 만터우 한 개는 특별히 맛있다.

[단어] 充饥 chōngjī 요기하다, 배고픔을 해결하다

饥饿 vs 饿

饥饿는 배고픈 것이고, 饿는 뱃속이 비어 있어 음식이 먹고 싶은 것이다. 饥饿는 형용사이고, 饿는 형용사와 동사로 쓰인다.

非洲的很多小孩儿挣扎在饥饿线上。
Fēizhōu de hěn duō xiǎoháir zhēngzházài jī'è xiànshang
아프리카의 많은 아이들이 기아선상에서 허덕이고 있다.

我饿了，想吃你做的蛋炒饭。
Wǒ è le, xiǎng chī nǐ zuò de dànchǎofàn.
배고프네, 네가 만든 계란볶음밥이 먹고 싶은데.

你一个人在外地，别饿着肚子了。
Nǐ yí ge rén zài wàidì, bié èzhe dùzi le.
너 혼자 외지에 있으니까, 배곯지 말거라.

□□□

0122 机动 jīdòng 기계로 움직이는, 기동적인, 융통성 있는

我儿子从小就喜欢机动车。
Wǒ érzi cóngxiǎo jiù xǐhuan jīdòngchē.
우리 아들은 어릴 때부터 자동차를 좋아한다.

处理这件事的时候要灵活机动。
Chǔlǐ zhè jiàn shì de shíhou yào línghuó jīdòng.
이 일을 처리할 때는 재빨리 기동해야 한다.

你不要太死板了，做事应该机动一点儿。
Nǐ búyào tài sǐbǎn le, zuòshì yīnggāi jīdòng yìdiǎnr.
너무 고지식하게 굴지 말라고, 일할 때는 융통성이 좀 있어야지.

[단어] 死板 sǐbǎn (일 처리가) 융통성이 없다, 고집스럽다

机动船 jīdòngchuán 기선 / 机动部队 jīdòng bùduì 기동 부대

机动性 jīdòngxìng 기동성 / 机动力量 jīdòng lìliang 기동력

机动作战 jīdòng zuòzhàn 기동 작전 / 机动费 jīdòngfèi 예비비

0123 机灵 jīling 영리하다, 눈치 빠르다 □□□

유의 聪明 cōngming, 机智 jīzhì 반의 迟钝 chídùn 둔하다

小鹿机灵地躲开了猎人的箭。
Xiǎolù jīling de duǒkāile lièrén de jiàn.
새끼 사슴은 잽싸게 사냥꾼의 화살을 피했다.

这位新来的老师谈吐诙谐、头脑机灵，很受学生的欢迎。
Zhè wèi xīn lái de lǎoshī tán tǔ huī xié、tóunǎo jīling, hěn shòu xuésheng de huānyíng.
새로 오신 선생님은 입담도 좋고, 머리도 좋아서, 학생들에게 인기가 많다.

[단어] 谈吐 tántǔ 말투와 태도 / 诙谐 huīxié 유머러스하다, 해학적이다

机灵 vs 聪明

机灵은 머리도 좋고, 동작도 빠른 것을 말하고, 聪明은 머리가 좋은 것을 가리킨다. 机灵보다는 聪明을 더 자주 쓴다.

这个孩子很聪明(机灵)。
Zhè ge háizi hěn cōngming(jīling).
이 아이는 똑똑하다.

他长着一双机灵的眼睛。
Tā zhǎngzhe yì shuāng jīling de yǎnjing.
그는 영리해 보이는 눈을 가졌다.

她是个聪明能干的女人。
Tā shì ge cōngming nénggàn de nǚren.
그녀는 똑똑하고 능력 있는 여인이야.

0124 **机智** jīzhì 기지가 넘치다, 머리가 잘 돌아가다 **유의** **机灵** jīling

这位公交车司机机智地制服了歹徒，保全了车上乘客的安全。

Zhè wèi gōngjiāochē sījī jīzhì de zhìfúle dǎitú, bǎoquánle chē shang chéngkè de ānquán.

시내버스 기사님은 기지를 발휘해 강도를 제압하고, 차 안에 있던 승객의 안전을 지켜냈다.

[단어] **歹徒** dǎitú 악인, 악당

诸葛亮非常机智，可能是他广读诗书的缘故吧。

Zhūgě Liàng fēicháng jīzhì, kěnéng shì tā guǎng dú shīshū de yuángù ba.

주거리앙(제갈량)이 대단히 기지가 넘쳤던 것은, 아마도 그가 독서를 많이 한 까닭인 것 같다.

机智 vs 机灵

机智는 사람에만 쓸 수 있지만, 机灵은 사람과 동물에 다 쓸 수 있다.

你就是一个机智、激情有活力的人。
Nǐ jiù shì yí ge jīzhì, jīqíng yǒu huólì de rén.
너는 기지 넘치고 열정적이고 에너지가 넘치는 사람이야.

猴子是很机灵的动物。
Hóuzi shì hěn jīling de dòngwù.
원숭이는 영리한 동물이다.

0125 **吉祥** jíxiáng 상서롭다, 길하다, 행운이다

祝你在新的一年里吉祥如意！

Zhù nǐ zài xīn de yì nián li jíxiáng rúyì!

새로운 한 해를 맞아 행운이 깃들고 뜻한 바를 이루길!

[단어] **吉祥如意** jíxiáng rúyì 매사가 상서롭고 뜻한 바와 같이 되다(인사말로 쓰임)

2012年伦敦奥运会的吉祥物是文洛克。

Èr líng yī èr nián Lúndūn àoyùnhuì de jíxiángwù shì Wénluòkè.

2012년 런던 올림픽의 마스코트는 웬록(Wenlock)이다.

tip 웬록(Wenlock) : 런던 올림픽 마스코트

0126 急切 jíqiè 절박하다, 절실하다 **유의** 急忙 jímáng

小孩子希望快快长大的愿望很急切。
Xiǎoháizi xīwàng kuàikuāi zhǎngdà de yuànwàng hěn jíqiè.
어린아이들은 빨리 자라고 싶은 소망이 절실하다.

**我可以理解你那种"望子成龙望女成凤"的急切心情，但你也
不能强迫孩子。**
Wǒ kěyǐ lǐjiě nǐ nà zhǒng "wàng zǐ chéng lóng wàng nǚ chéng
fèng" de jíqiè xīnqíng, dàn nǐ yě bù néng qiángpò háizi.
당신이 애들이 잘 되었으면 하고 바라는 절박한 심정이야 내가 알지만, 그래도 애들한테 강압적
으로 해선 안 돼요.

[단어] 望子成龙 wàng zǐ chéng lóng 아들 딸이 잘 되길 바라다

急切 vs 急忙

急切는 절박하거나 다급한 것을 뜻하고, 急忙은 마음이 급해서 행동이 빨라지는 것을
뜻한다. 急切는 사람의 행위와 일에 쓸 수 있지만, 急忙은 사람의 행동에만 쓴다. 急忙
은 중첩할 수 있지만, 急切는 중첩할 수 없다.

急切地盼望着救援队的到来。
Jíqiè de pànwàngzhe jiùyuánduì de dàolái.
구조 대원이 오길 간절히 바라고 있다.

一接到老婆的电话他就急忙出发了。
Yì jiēdào lǎopo de diànhuà tā jiù jímáng chūfā le.
아내의 전화를 받고 그는 서둘러 출발했다.

你急急忙忙的，出什么事了?
Tā jíjimángmáng de, chū shénme shì le?
너 안절부절 못하고, 무슨 일 생겼어?

0127 急躁 jízào 조바심을 내다, 초조해하다, 화를 잘 내다, 서두르다

유의 暴躁 bàozào

你的脾气太急躁了，得改一改。
Nǐ de píqi tài jízào le, děi gǎi yi gǎi.
그 친구 성질이 너무 불같아, 고쳐야겠어.

遇到问题不要急躁，你越急躁就越乱。
Yùdào wèntí búyào jízào, nǐ yuè jízào jiù yuè luàn.
문제에 봉착하면 조바심 내지 마, 네가 조바심 내면 낼수록 일은 더 꼬여.

急躁 vs 暴躁

急躁는 성질이 급하고 참을성이 없다는 뜻으로 주로 사람에 쓰고, 暴躁는 충동적으로 쉽게 화를 낸다는 뜻으로 사람이나 동물에 다 쓸 수 있다. 急躁가 暴躁보다 정도가 약하다.

其实我很急躁，非常急躁。 사실 난 성질이 급해도, 아주 급하다고.
Qíshí wǒ hěn jízào, fēicháng jízào.

这条狗性情暴躁。 이 개는 성질머리가 안 좋아.
Zhè tiáo gǒu xìngqíng bàozào.

你又犯暴躁病了吧？ 너 또 조급증 발동했구나?
Nǐ yòu fàn bàozàobìng le ba?

□□□

0128 寂静 jìjìng 조용하다, 고요하다 **유의** 安静 ānjìng, 沉静 chénjìng

周围一点声音都没有，显得很寂静。
Zhōuwéi yìdiǎn shēngyīn dōu méiyǒu, xiǎnde hěn jìjìng.
주위에서 아무 소리도 나지 않아 아주 고요하다.

我喜欢在寂静的夜里，躺在沙发上，听一首萧邦的夜曲。
Wǒ xǐhuan zài jìjìng de yèli, tǎngzài shāfā shang, tīng yì shǒu
Xiāobāng de yèqǔ.
나는 조용한 밤에 소파에 누워 쇼팽의 야상곡 듣는 것을 좋아해.

[단어] 萧邦 Xiāobāng 쇼팽(Frederic Chopin : 1810~1849년) / 夜曲 yèqǔ 야상곡
(Nocturne)

寂静 vs 安静 vs 沉静

寂静은 소리가 나지 않아 고요한 것을 뜻하고, 安静은 소리가 나지 않고 시끄럽지 않은 것을 뜻하고, 沉静은 환경이 조용한 것과 사람이 말수가 적고 차분한 것을 뜻한다. 寂静은 주로 환경에 대해 묘사하고, 安静과 沉静은 사람과 환경 모두를 묘사할 수 있다. 安静은 중첩해서 쓰기도 한다.

路上异常寂静。 Lùshang yìcháng jìjìng. 길이 이상하게 조용하다.
嘘！病人需要安静。 Xū! Bìngrén xūyào ānjìng. 쉿! 환자분은 안정이 필요해요.
他性格很沉静。 Tā xìnggé hěn chénjìng. 그는 성격이 차분하다.
沉静的时光 chénjìng de shíguāng 고요한 시간

0129 **家常** jiācháng 평상의, 보통의, 일상의

阿姨做了一些家常菜，你尝一尝好不好吃？

Āyí zuòle yìxiē jiāchángcài, nǐ cháng yi cháng hǎo bu hǎochī?

아줌마가 집에서 먹는 대로 몇 가지 음식을 해 봤는데, 어떤지 맛 좀 볼래?

在他们家夫妻之间吵架是家常便饭，没什么大惊小怪的。

Zài tāmen jiā fūqī zhījiān chǎojià shì jiācháng biànfàn, méi shénme dà jīng xiǎo guài de.

저 집 부부가 싸우는 일은 흔한 일이라, 뭐 놀랄 것도 없어요.

[단어] **家常便饭** jiācháng biànfàn 집에서 먹는 밥, 흔한 일

0130 **尖端** jiānduān 첨단의 □□□

美国"硅谷"已成为全世界最尖端技术和信息产地的代名词。

Měiguó "Guīgǔ" yǐ chéngwéi quán shìjiè zuì jiānduān jìshù hé xìnxī chǎndì de dàimíngcí.

미국의 '실리콘 밸리(Silicone Valley)'는 이미 전 세계 최첨단 기술과 정보 기지의 대명사가 되었다.

명 첨단, 물체의 뾰족한 끝

这个工艺品的尖端很锋利，你拿的时候小心不要被它弄破手。

Zhège gōngyìpǐn de jiānduān hěn fēnglì, nǐ ná de shíhou xiǎoxīn búyào bèi tā nòngpò shǒu.

이 공예품은 끝이 뾰족하니까, 들 때 손이 찔리지 않도록 조심하렴.

0131 **尖锐** jiānruì 날카롭다, 예리하다, (물체가) 뾰족하고 날카롭다, □□□

(소리가) 날카롭다, 치열하다

语言太尖锐容易伤害到别人。

Yǔyán tài jiānruì róngyì shānghàidào biérén.

말에 너무 날을 세우면 다른 사람에게 상처를 주게 된다.

深夜里鸣笛声音巨大而且尖锐刺耳。

Shēnyè li míngdí shēngyīn jùdà érqiě jiānruì cì'ěr.

깊은 밤 경적 소리가 크고 날카로워 귀에 거슬렸다.

[단어] **鸣笛** míngdí 기적(고동 · 경적)을 울리다

锥子太尖锐了，小心受伤。

Zhuīzi tài jiānruì le, xiǎoxīn shòushāng.

송곳이 너무 날카로우니, 다치지 않게 조심해.

这场斗争是一场尖锐的阶级斗争。

Zhè chǎng dòuzhēng shì yì chǎng jiānruì de jiējí dòuzhēng.

이번 투쟁은 치열한 계급 투쟁이다.

现在社会矛盾太尖锐了。

Xiànzài shèhuì máodùn tài jiānruì le.

오늘날의 사회 모순이 너무 심각하다.

0132 坚定 jiāndìng (입장·주장·의지 등이) 확고부동하다, 결연하다, 굳다 □□□

　　　　　유의 坚决 jiānjué

这个时候你的立场一定要坚定，不能被其他人所动摇。

Zhège shíhou nǐ de lìchǎng yídìng yào jiāndìng, bù néng bèi qítā rén suǒ dòngyáo.

지금 너의 입장을 확고하게 밀고 나가야지, 다른 사람에 의해 흔들리면 안 돼.

人总要有目标，做什么事，要有坚定的信念，顽强的意志。

Rén zǒng yào yǒu mùbiāo, zuò shénme shì, yào yǒu jiāndìng de xìnniàn, wánqiáng de yìzhì.

사람은 살면서 목표가 있어야 하고, 무엇을 하든, 굳은 심념과 강한 의지력을 갖고 있어야 해.

동 (입장·주장·의지 등을) 확고히하다

我们更坚定了中立立场。

Wǒmen gèng jiāndìngle zhōnglì lìchǎng.

우리는 중립적인 입장을 더욱 분명히 취했다.

🔵 관련 표현

坚定不移 jiān dìng bù yí **성** 입장, 의지 등이 확고하여 전혀 흔들림이 없다

坚定 vs 坚决

坚定은 입장, 주장, 의지 등이 흔들림 없이 확고한 것을 뜻하고, 坚决는 태도, 주장, 행동이 흔들림이 없는 것을 뜻한다. 坚定은 형용사와 동사로 쓰이지만, 坚决는 형용사로만 쓰인다.

要想取得成功，必须有坚定的信心。
Yào xiǎng qǔdé chénggōng, bìxū yǒu jiāndìng de xìnxīn.
성공하고 싶다면 반드시 확고한 믿음이 있어야 한다.

要坚决执行新的税率政策。
Yào jiānjué zhíxíng xīn de shuìlǜ zhèngcè.
새로운 세율 정책을 단행해야 한다.

0133 坚固 jiāngù 견고하다, 튼튼하다, 견실하다 [BCT1] [유의] 牢固 láogù

赵州桥历经千年风雨，仍然坚固如初。
Zhàozhōuqiáo lìjīng qiān nián fēngyǔ, réngrán jiāngù rú chū.
조주교는 천 년의 풍파를 겪었지만, 여전히 견고함을 유지하고 있다.

tip 赵州桥：安济桥(Ānjǐqiáo)라고도 한다. 河北省(Héběi Shěng) 赵县(Zhào Xiàn)의
유명한 아치형 다리. 수나라 때 석공 李春(Lǐ Chūn)이 설계하고 건조한 것이다.

本产品具有美化环境、坚固耐用、不易褪色、变形等特点。
Běn chǎnpǐn jùyǒu měihuà huánjìng、jiāngù nàiyòng、búyì tuìsè、
biànxíng děng tèdiǎn.
본 제품은 환경을 미화하고, 튼튼하고 내구성이 있으며, 쉽게 탈색과 변형이 되지 않는 특성을
갖고 있습니다.

[단어] 耐用 nàiyòng 오래 쓸 수 있다, 오래가다

0134 坚韧 jiānrèn 단단하고 질기다, 강인하면서 완강하다

这款纸非常好，坚韧而不失柔软。
Zhè kuǎn zhǐ fēicháng hǎo, jiānrèn ér bù shī róuruǎn.
이 종이는 아주 좋아요, 질기면서도 부드럽죠.

拥有坚韧不拔的毅力是取得成功的必要条件之一。
Yōngyǒu jiān rèn bù bá de yìlì shì qǔdé chénggōng de bìyào
tiáojiàn zhī yī.
강인한 의지는 성공을 거두는 필요 조건 중의 하나이다.

[단어] 坚韧不拔 jiān rèn bù bá **성** 의지가 매우 강인하여 흔들리지 않다

0135 坚实 jiānshí 견실하다, 견고하다, 튼튼하다 유의 坚硬 jiānyìng

平日的积累为他今日的成功打下了坚实的基础。
Píngrì de jīlěi wèi tā jīnrì de chénggōng dǎxiàle jiānshí de jīchǔ.
평소의 노력이 그가 오늘의 성공을 거둘 수 있도록 튼튼한 기초가 되어 주었다.

[단어] **积累** jīlěi 축적된 것, 축적

孩子，你不是孤身应战，我们是你坚实的后盾。
Háizi, nǐ bú shì gūshēn yìngzhàn, wǒmen shì nǐ jiānshí de hòudùn.
애야, 넌 혼자 싸우고 있는 게 아니야, 우리는 너의 든든한 지지자란다.

[단어] **后盾** hòudùn 지지자, 원조자, 후원자

0136 坚硬 jiānyìng 단단하다, 딱딱하다 유의 坚实 jiānshí

石头很坚硬，但是仍然阻挡不住水滴石穿。
Shítou hěn jiānyìng, dànshì réngrán zǔdǎngbuzhù shuǐ dī shí chuān.
바위는 단단하지만, 낙숫물을 막아내지는 못한다.

[단어] **水滴石穿** shuǐ dī shí chuān 성 물방울이 떨어져 바위를 뚫다, 작은 힘이라도 꾸준히 계속하면 성공할 수 있다

坚硬 vs 坚实

坚硬는 단단한 것을 말하고, 坚实는 견고한 것을 말한다. 坚硬은 구체적인 사물을 수식하고, 坚实는 추상적인 사물을 수식한다.

这张桌子的木质很坚硬。 이 탁자의 목질은 단단하다.
Zhè zhāng zhuōzi de mùzhì hěn jiānyìng.

这孩子长得很坚实。 이 아이는 튼튼하게 생겼다.
Zhè háizi zhǎng de hěn jiānshí.

0137 艰难 jiānnán 곤란하다, 어렵다, 힘들다 유의 艰苦 jiānkǔ

从全局出发，公司不得不做出这个艰难的决定。
Cóng quánjú chūfā, gōngsī bùdébú zuòchū zhège jiānnán de juédìng.
전체 국면을 고려해, 회사에서는 부득이 이 어려운 결정을 내렸다.

真正热爱生活的人是绝不会被任何艰难险阻打倒的。

Zhēnzhèng rè'ài shēnghuó de rén shì jué bú huì bèi rènhé jiān nán xiǎn zǔ dǎdǎo de.

진정으로 삶을 사랑하는 사람은 어떤 어려움에도 절대 쓰러지지 않는다.

[단어] 艰难险阻 jiān nán xiǎn zǔ 명 (인생 역정의) 고달픔, 좌절

0138 简陋 jiǎnlòu (가옥 · 설비 등이) 초라하다, 보잘것없다, 누추하다

유의 简易 jiǎnyì

房间很简陋，除了一张床和一张桌子没有其他的家具。

Fángjiān hěn jiǎnlòu, chúle yì zhāng chuáng hé yì zhāng zhuōzi méiyǒu qítā de jiājù.

방이 누추해요. 침대 하나와 책상 하나만 있을 뿐, 다른 가구는 없어요.

村里有一个卫生所，但医疗条件非常简陋。

Cūn li yǒu yí ge wèishēngsuǒ, dàn yīliáo tiáojiàn fēicháng jiǎnlòu.

마을에는 보건소가 한 군데 있는데, 의료 시설은 아주 형편없다.

0139 简要 jiǎnyào 간단명료하다 유의 简明 jiǎnmíng

不用详谈，只需要一个简要的介绍就可以。

Búyòng xiáng tán, zhǐ xūyào yí ge jiǎnyào de jièshào jiù kěyǐ.

자세히 얘기할 것은 없고요. 간단명료하게만 소개하면 됩니다.

由于时间有限，我就简要地说一下本次考试的重点。

Yóuyú shíjiān yǒuxiàn, wǒ jiù jiǎnyào de shuō yíxià běn cì kǎoshì de zhòngdiǎn.

시간 관계상, 간단하게 이번 시험의 핵심에 대해 얘기할게요.

0140 间接 jiànjiē 간접적인 반의 直接 zhíjiē 직접적인

他们是这场战争的间接受害者。

Tāmen shì zhè chǎng zhànzhēng de jiànjiē shòuhàizhě.

그들은 이 전쟁의 간접적인 피해자이다.

我也是从别人那儿间接知道这个消息的。

Wǒ yě shì cóng biérénnàr jiànjiē zhīdào zhège xiāoxi de.

나도 다른 사람한테서 간접적으로 이 소식을 들었어.

0141 健全 jiànquán (병·탈 없이) 건강하고 온전하다, 건전하다

只有生理和心理都健康，才是真正健全的人。

zhǐyǒu shēnglǐ hé xīnlǐ dōu jiànkāng, cái shì zhēnzhèng jiànquán de rén.

생리적·심리적으로 다 건강해야만 진정으로 건강한 사람이라 할 수 있다.

狄更斯说：一个健全的心态比一百种智慧更有力量。

Dígèngsī shuō : yí ge jiànquán de xīntài bǐ yì bǎi zhǒng zhìhuì gèng yǒu lìliang.

디킨스(Dickens)는 건강한 마음가짐이 백 가지 지혜보다 더 큰 힘을 갖는다고 했다.

0142 僵硬 jiāngyìng (사지가) 뻣뻣하다, 경직되다

早上起来，突然全身僵硬，手指都弯不了了。

Zǎoshang qǐlai, tūrán quánshēn jiāngyìng, shǒuzhǐ dōu wānbuliǎo le.

아침에 일어나니, 갑자기 온몸이 뻣뻣하고, 손가락조차 굽혀지지 않았다.

无意间听到同事们的谈话后，他的表情变得僵硬起来。

Wúyìjiān tīngdào tóngshìmen de tánhuà hòu, tā de biǎoqíng biàn de jiāngyìngqǐlai.

무의식적으로 동료들의 이야기를 듣고 나서, 그의 표정이 굳어졌다.

0143 娇气 jiāoqì (성격이) 여리다, 연약하다, 무르다

他从小就被宠着惯着，比其他人都娇气很多。

Tā cóngxiǎo jiù bèi chǒngzhe guànzhe, bǐ qítārén dōu jiāoqì hěn duō.

그 앤 어릴 때부터 귀염게만 자라서, 다른 애들보다 훨씬 여리다.

不就是个感冒吗，我没那么娇气，不用你来照顾我。

Bú jiù shì ge gǎnmào ma, wǒ méi nàme jiāoqì, búyòng nǐ lái zhàogù wǒ.

감기 갖고 뭘 그래, 나 그렇게 약골 아니거든, 네가 돌봐 주지 않아도 돼.

0144 焦急 jiāojí 초조하다, 조급해하다

□□□

马上宣布比赛结果了，选手心里都很焦急。

Mǎshàng xuānbù bǐsài jiéguǒ le, xuǎnshǒu xīnli dōu hěn jiāojí.

곧 시합 결과가 발표될 거라, 선수들의 마음도 초조해졌다.

他焦急的表情完全浮现在了脸颊之上。

Tā jiāojí de biǎoqíng wánquán fúxiànzàile liǎnjiá zhī shang.

그의 초조한 표정이 얼굴에 그대로 드러났다.

[단어] 脸颊 liǎnjiá 뺨, 볼

0145 侥幸 jiǎoxìng 요행하다, 뜻밖에 운이 좋다

□□□

참고 侥幸心理 jiǎoxìng xīnlǐ 요행 심리

就算你侥幸逃过了这次月考，你也逃不过下次考试。

Jiùsuàn nǐ jiǎoxìng táoguole zhè cì yuèkǎo, nǐ yě táobuguò xià cì kǎoshì.

네가 이번 월례 고사는 요행히 잘 피했지만, 다음 시험은 피해 가지 못할 거야.

0146 杰出 jiéchū 걸출하다, 출중하다 유의 优秀 yōuxiù

□□□

组委会授予他一级勋章，以表彰他的杰出贡献。

Zǔwěihuì shòuyǔ tā yì jí xūnzhāng, yǐ biǎozhāng tā de jiéchū gòngxiàn.

위원회에서는 그에게 1급 훈장을 수여해, 그의 걸출한 공로를 표창했다.

[단어] 勋章 xūnzhāng 훈장 / 表彰 biǎozhāng 표창하다

在南宋，最杰出的女词人是婉约派的李清照。

Zài Nánsòng, zuì jiéchū de nǚ círén shì wǎnyuēpài de Lǐ Qīngzhào.

남송 시기 가장 걸출한 여성 사인(词人)은 완약파의 리칭자오(이청조)였다.

[단어] 词人 círén 사(词)를 잘 짓는 사람, 문사(文士)

tip 宋词 : 송나라 때 성행했던 운문.

tip 李清照(1084~약1156년) : 호는 易安居士 yì'ān jūshì. "千古第一才女(천하제일의 재녀)"라 불린다. 저작에 《李易安集 lǐ yì'ān jí》, 《易安居士文集 yì'ān jūshì wénjí》, 《易安词 yì'āncí》 등이 있다.

杰出 vs 优秀

杰出은 재능이나 업적이 출중하다는 뜻이고, 优秀는 품행, 학문, 성적 등이 아주 좋은 것이다. 杰出는 주로 사람을 묘사하고, 优秀는 사람, 영화, 작품, 성적 등을 묘사한다.

杰出的人物 jiéchū de rénwù 걸출한 인물

做出了杰出的贡献 zuòchūle jiéchūde gòngxiàn 훌륭한 공헌을 했다

优秀人才 yōuxiù réncái 우수한 인재

优秀作品 yōuxiù zuòpǐn 우수한 작품

□□□

0147 **紧迫** jǐnpò 급박하다, 긴박하다 [유의] 紧急 jǐnjí

眼下最紧迫的工作，就是要帮助地震灾民重建新家。
Yǎnxià zuì jǐnpò de gōngzuò, jiù shì yào bāngzhù dìzhèn zāimín chóngjiàn xīn jiā.
당장 가장 급박한 일은, 지진 피해 난민들에게 새 집을 지어 주는 것이다.

保护环境，防止和减少污染比治理污染更加紧迫。
Bǎohù huánjìng, fángzhǐ hé jiǎnshǎo wūrǎn bǐ zhìlǐ wūrǎn gèngjiā jǐnpò.
환경을 보호하고 오염을 방지하고 줄이는 것이, 오염을 처리하는 것보다 더 시급하다.

□□□

0149 **惊奇** jīngqí 이상하게 느끼다, 놀라며 의아해하다 [유의] 惊讶 jīngyà

看她那呆滞的表情，一定是看到了什么惊奇的画面。
Kàn tā nà dāizhì de biǎoqíng, yídìng shì kàndàole shénme jīngqí de huàmiàn.
그의 넉 빠진 표정을 보니, 틀림없이 놀라운 장면을 본 거야.

□□□

0149 **惊讶** jīngyà 의아스럽다, 놀랍다 [유의] 惊奇 jīngqí

亡者突然归来，大家十分惊讶。
Wángzhě tūrán guīlái, dàjiā shífēn jīngyà.
죽은 사람이 갑자기 살아 돌아오다니, 모두 굉장히 놀랐다.

惊讶 vs 惊奇

惊讶는 괴상한 상황으로 인해 의외 혹은 불가사의한 기분을 느끼는 것이고, 惊奇는 이상하게 느껴 놀라는 것이다. 惊讶는 놀란 나머지 탄성을 지를 수도 있다.

妈妈惊讶得一时说不出话来。
Māma jīngyà de yìshí shuōbuchū huà lái.
엄마는 놀라 잠시 동안 말씀을 못하셨다.

他的神色显得非常惊奇。
Tā de shénsè xiǎn de fēicháng jīngqí.
그의 표정이 꽤 놀란 것처럼 보였다.

0150 精密 jīngmì 정밀하다, 정교하다 <유의> 精细 jīngxì □□□

电子体重秤HV型，选用优质材料，精密加工而成。
Diànzi tǐzhòngchèng HVxíng, xuǎnyòng yōuzhì cáiliào, jīngmì jiāgōng ér chéng.
전자 체중계 HV형은 좋은 재질을 사용하여, 정밀 가공한 것입니다.

精密 vs 精细

精密는 정확한 것에 중점을 두어 정밀도가 요구되는 계측기나 기계 등에 쓰고, 精细는 섬세하고 정교한 데 중점을 두어 사람, 물품, 일 처리, 생각, 제작 등에 쓴다.

精密的仪器 jīngmì de yíqì 정밀한 기기
做工很精细 zuògōng hěn jīngxì 꼼꼼하게 세공하다

0151 精确 jīngquè 정밀하고 확실하다, (데이터가) 정확하다 □□□

为了计算更精确，他们决定每人再计算一遍。
Wèile jìsuàn gèng jīngquè, tāmen juédìng měi rén zài jìsuàn yí biàn.
계산을 더욱 확실히 하기 위해, 그들은 모든 사람이 한 번씩 더 계산하기로 결정했다.

为了得到精确的数据，科学家们多次实地勘察。

Wèile dédào jīngquè de shùjù, kūxué jiāmen duōcì shídì kānchá.

정확한 데이터를 얻기 위해, 과학자들은 여러 번 현지 조사를 했다.

0152 精心 jīngxīn 정성을 들이다, 몹시 신경 쓰다 **유의** 精细 jīngxì □□□

▶ 精心은 사랑의 행위만 묘사한다.

这是我为你精心设计的晚礼服，希望你能穿上它。

Zhè shì wǒ wèi nǐ jīngxīn shèjì de wǎnlǐfú, xīwàng nǐ néng chuānshàng tā.

이건 내가 너를 위해 정성을 들여 만든 이브닝 드레스야, 네가 그걸 입었으면 해.

他办事一向策划精心，手法干练，信誉良好。

Tā bànshì yíxiàng cèhuà jīngxīn, shǒufǎ gànliàn, xìnyù liánghǎo.

그는 일을 처리함에 있어, 줄곧 철저히 계획하고, 노련하게 하며, 좋은 신용을 지켜왔다.

🗣 관련 표현

精心施工 jīngxīn shīgōng 정성을 들여 공사하다

精心设计 jīngxīn shèjì 정성껏 디자인하다

精心挑选 jīngxīn tiāoxuǎn 신경 써서 고르다

0153 精致 jīngzhì 정교하고 치밀하다, 섬세하다 **유의** 精美 jīngměi □□□

这件清朝乾隆年间的瓷器做工相当精致，是本馆的镇馆之宝。

Zhè jiàn Qīng cháo Qiánlóng niánjiān de cíqì zuògōng xiāngdāng jīngzhì, shì běn guǎn de zhènguǎn zhī bǎo.

이것은 청대 건륭 연대의 도자기인데, 상당히 정교하게 만들어진 것으로, 본 박물관의 가장 값진 보물입니다.

[단어] **镇馆** zhènguǎn (신조어) 박물관 소장품 중 가장 진귀한 품목

宽敞的大厅里摆着各种精致的屏风和盆景。

Kuānchǎng de dàtīng li bǎizhe gèzhǒng jīngzhì de píngfēng hé pénjǐng.

탁 트인 로비에는 여러 종류의 멋진 병풍과 분재가 놓여 있다.

□□□
0154 敬业 jìngyè 최선을 다하다, 직업 의식이 투철하다

他很敬业、工作认真负责。
Tā hěn jìngyè, gōngzuò rènzhēn fùzé.
그는 최선을 다하고, 업무에 대해 책임을 다한다.

他被警察叔叔的敬业精神深深感动。
Tā bèi jǐngchá shūshu de jìngyè jīngshén shēnshēn gǎndòng.
그는 경찰 아저씨의 투철한 직업 정신에 깊이 감동했다.

□□□
0155 沮丧 jǔsàng 낙담하다, 풀이 죽다, 실망하다

这次考试成绩不好，让我非常沮丧。
Zhè cì kǎoshì chéngjì bù hǎo, ràng wǒ fēicháng jǔsàng.
이번에 시험 성적이 안 좋아서, 난 너무 실망스러워.

他一屁股坐在地上，满脸沮丧的表情。
Tā yí pìgu zuòzài dì shang, mǎnliǎn jǔsàng de biǎoqíng.
그가 바닥에 털썩 주저앉았는데, 얼굴이 죽을 상이었어.

□□□
0156 剧烈 jùliè 격렬하다, 극심하다 유의 激烈 jīliè

刚吃过饭，不适合做剧烈的运动。
Gāng chīguo fàn, bú shìhé zuò jùliè de yùndòng.
금방 밥 먹고 나서 격렬한 운동을 하는 것은 좋지 않다.

听着舒缓的钢琴曲，他的胸口却剧烈地疼痛起来。

Tīngzhe shūhuǎn de gāngqínqǔ, tā de xiōngkǒu què jùliè de téngtòngqilai.

느릿한 피아노곡을 듣고 있는데, 그의 가슴은 오히려 심하게 아파왔다.

剧烈 vs 激烈

剧烈는 약의 성질, 통증에 많이 쓰고, 激烈는 운동, 투쟁, 논쟁 등에 많이 쓴다.

嘴唇上被撞的伤口剧烈地疼痛。

Zuǐchún shang bèi zhuàng de shāngkǒu jùliè de téngtòng.

입술의 부딪친 상처가 심하게 아프다.

这场足球比赛踢得特别激烈。

Zhè chǎng zúqiú bǐsài tī de tèbié jīliè.

이번 축구 시합은 아주 치열했다.

□□□

0157 倔强 juéjiàng (성격이) 강하고 고집이 세다

这个孩子从小脾气倔强，也很好强。

Zhège háizi cóngxiǎo píqì juéjiàng, yě hěn hàoqiáng.

이 아이는 어려서부터 고집이 세고, 지기 싫어했어요.

他俩都很倔强，谁都不让着谁。

Tā liǎ dōu hěn juéjiàng, shéi dōu búràngzhe shéi.

그 둘 다 고집이 세서 누구도 양보할 생각을 안 해.

□□□

0158 开阔 kāikuò (면적·공간이) 광활하다, (생각·마음이) 탁 트이다

往前走50公里，是一片开阔的草原。

Wǎng qián zǒu wǔshí gōnglǐ, shì yí piàn kāikuò de cǎoyuán.

앞으로 50킬로미터 가면, 드넓은 초원이 나와.

你的思路的确比以前开阔多了。

Nǐ de sīlù díquè bǐ yǐqián kāikuòduō le.

네 생각이 전보다 훨씬 성숙해졌구나.

통 넓히다

经常了解新鲜的事物，多找人谈谈，有利于我们开阔眼界。

Jīngcháng liǎojiě xīnxiān de shìwù, duō zhǎo rén tántan, yǒulìyú wǒmen kāi kuò yǎn jiè.

늘 새로운 것에 대해 이해하고, 여러 사람을 만나 이야기를 나누면, 우리의 시야를 넓히는 데 도움이 된다.

[단어] **开阔眼界** kāi kuò yǎn jiè **성** 견문을 넓히다

0159 开朗 kāilǎng (생각이) 트이다, 명랑하다, 낙관적이다 □□□

유의 爽朗 shuǎnglǎng

很多人都喜欢他阳光秀气的外表，我却喜欢他开朗活泼的性格。

Hěn duō rén dōu xǐhuan tā yángguāng xiùqì de wàibiǎo, wǒ què xǐhuan tā kāilǎng huópo de xìnggé.

많은 사람들이 그의 잘생긴 외모를 좋아하지만, 나는 그의 밝고 쾌활한 성격을 좋아한다.

관련 표현

豁然开朗 huò rán kāi lǎng **성** 갑자기 확 트이다, 눈앞이 환해지다, 갑자기 깨닫다

> **开朗 vs 爽朗**
>
> 开朗은 주로 '사상, 도량, 성격'을 표현하고, 爽朗은 주로 '성정, 웃음소리' 등을 표현한다.
>
> **开朗直爽** kāilǎng zhíshuǎng 명랑하고 솔직하다
> **爽朗的笑声** shuǎnglǎng de xiàoshēng 쾌활한 웃음소리

0160 开明 kāimíng (생각이) 깨어 있다 □□□

참고 开明人士 kāimíng rénshì 진보적 인사

我婆婆性格开朗，思想非常开明。

Wǒ pópo xìngé kāilǎng, sīxiǎng fēicháng kāimíng.

우리 시어머니는 성격도 활발하시고, 생각도 확 트이셨다.

别看她是个农村妇女，可在"大义"方面却很开明。

Bié kàn tā shì ge nóngcūn fùnǚ, kě zài "dàyì" fāngmiàn què hěn kāimíng.

그녀가 농촌 여성이라고만 생각하지 말라고, '대의'에 있어서는 오히려 깬 사람이라고.

0161 慷慨 kāngkǎi (정서가) 격앙되다, 기개가 있다, 인색하지 않다

他慷慨激昂地分析了当前形势、表达了尽快起义的希望。

Tā kāng kǎi jī áng de fēnxīle dāngqián xíngshì、biǎodále jǐnkuài qǐyì de xīwàng.

그는 격앙된 어조로 지금의 형세를 분석하고, 되도록 빨리 봉기하자는 마음을 표현했다.

[단어] **慷慨激昂** kāng kǎi jī áng 성 마음과 어조가 격앙되고 정기가 충만하다

赵先生是个热心肠，遇到什么灾害他都会慷慨解囊。

Zhào xiānsheng shì ge rèxīncháng, yùdào shénme zāihài tā dōu huì kāng kǎi jiě náng.

조 선생님은 정이 많은 사람으로, 재해를 보면 아낌없이 도와준다.

[단어] **热心肠** rèxīncháng 적극적이고 따뜻한 마음을 가진 사람 / **慷慨解囊** kāng kǎi jiě náng 아낌없이 주머니를 털어 남을 돕다

🐷 관련 표현

慷慨陈词 kāng kǎi chén cí 성 격앙된 어조로 의견을 말하다

0162 可观 kěguān 가관이다, 볼 만하다, 대단하다

虽然工作条件苦了点儿累了点儿，但是收入还是很可观的。

Suīrán gōngzuò tiáojiàn kǔle diǎnr lèile diǎnr, dànshì shōurù háishi hěn kěguān de.

업무 환경이 안 좋고, 일도 고되지만 수입은 괜찮은 편이다.

在全球市场低迷的不利形势下，取得这样的成绩已十分可观。

Zài quán qiú shìchǎng dīmí de bú lì xíngshì xia, qǔdé zhèyàng de chéngjì yǐ shífēn kěguān.

전 세계 시장이 불황인 불리한 상황에서, 이런 성과를 올린 것만 해도 이미 매우 훌륭하다.

[단어] **低迷** dīmí 불경기이다, 불황이다

0163 可口 kěkǒu 맛있다, 입에 맞다

由于连日熬夜，面对平日里可口的饭菜，他竟也没了胃口。

Yóuyú liánrì áo'yè, miànduì píngrì li kěkǒu de fàncài, tā jìng yě méi le wèikǒu.

며칠 밤을 새웠더니, 평소에 입에 잘 맞았던 음식도, 그는 왠지 당기질 않았다.

看来这里的厨师不错啊，这些菜都很可口。

Kànlái zhèli de chúshī búcuò a, zhèxiē cài dōu hěn kěkǒu.

이곳의 주방장께서 실력이 있으신가 봐요, 음식들이 다 맛있어요.

0164 可恶 kěwù 밉다, 싫다, 가증스럽다, 혐오스럽다 □□□

背后给人穿小鞋的人最可恶了。

Bèihòu gěi rén chuān xiǎoxié de rén zuì kě wù le.

뒤에서 해코지하는 사람들이 가장 싫어.

[단어] 穿小鞋 chuān xiǎoxié 관용 물 먹이다, 골탕 먹이다, 해코지하다

怎么他变得这么可恶，以前的他不是这样。

Zěnme tā biàn de zhème kěwù, yǐqián de tā bú shì zhèyàng.

그 친구 왜 그렇게 밉상으로 변한 건데, 예전엔 안 그랬는데 말이야.

0165 恳切 kěnqiè 간절하다, 간곡하다, 진지하다 □□□

他拉着我的手，极其恳切地说：“这些年多亏了你，我欠你很多。”

Tā lāzhe wǒ de shǒu, jíqí kěnqiè de shuō : "zhèxiē nián duōkuīle nǐ, wǒ qiàn nǐ hěn duō."

그는 내 손을 잡더니 아주 간곡하게 "몇 년 동안 정말 고마웠어, 내가 너한테 빚을 많이 졌어."라고 했다.

他言辞恳切，一点也不像在撒谎。

Tā yáncí kěnqiè yìdiǎn yě bú xiàng zài sāhuǎng.

그는 말을 진실되게 해서, 조금도 꾸며 대는 것 같지 않다.

0166 空洞 kōngdòng (말이나 문장에) 내용이 없다, 요지가 없다 □□□

这部小说内容空洞，根本不知道作者想表达什么主旨。

Zhè bù xiǎoshuō nèiróng kōngdòng, gēnběn bù zhīdào zuòzhě xiǎng biǎodá shénme zhǔzhǐ.

이 소설은 내용이 없어, 작가가 말하려는 취지가 뭔지 전혀 모르겠어.

0167 空虚 kōngxū (정신적으로·물질적으로) 공허하다, 텅 비다　□□□

반의 充实 chōngshí 충분하다, 풍부하다

他虽然很有钱，但是经常感到莫名的空虚。
Tā suīrán hěn yǒu qián, dànshì jīngcháng gǎndào mòmíng de kōngxū.
그는 비록 돈은 많지만, 자주 까닭 모를 허전함을 느꼈다.

[단어] 莫名 mòmíng 말로 표현할 수 없다

金钱可以带给你富足的物质生活，却无法弥补你内心的空虚。
Jīnqián kěyǐ dàigěi nǐ fùzú de wùzhì shēnghuó, què wúfǎ míbǔ nǐ
nèixīn de kōngxū.
금전은 너에게 풍족한 물질 생활을 보장할 수는 있지만, 마음의 공허감은 채울 수 없다.

[단어] 弥补 míbǔ 메우다, 보충하다

0168 恐怖 kǒngbù 두렵다, 무섭다, 공포를 느끼다　□□□

我总是忘不了当时他那恐怖的表情。
Wǒ zǒngshì wàngbuliǎo dāngshí tā nà kǒngbù de biǎoqíng.
나는 당시 그의 무서운 표정을 좀체 잊을 수가 없어.

명 공포

我女朋友特喜欢看恐怖片，我却不敢看。
Wǒ nǚpéngyou tè xǐhuan kàn kǒngbùpiàn, wǒ què bùgǎn kàn.
내 여자 친구는 공포 영화를 아주 좋아하는데, 난 오히려 볼 엄두가 나지 않아.

관련 표현

恐怖组织 kǒngbù zǔzhī 테러 조직 / 恐怖分子 kǒngbù fènzǐ 테러리스트
恐怖事件 kǒngbù shìjiàn 공포 사건 / 恐怖气氛 kǒngbù qìfēn 공포 분위기
恐怖手段 kǒngbù shǒuduàn 공포 수단

0169 枯萎 kūwěi 시들다, 마르다　□□□

院子里的花都枯萎了，我的心也谢了。
Yuànzi li de huā dōu kūwěi le, wǒ de xīn yě xiè le.
정원의 꽃도 다 시들고, 내 마음도 식어 버렸다.

[단어] 谢 xiè (꽃·잎 등이) 지다, 시들다

冬天到了，山上的红叶都枯萎凋零。

Dōngtiān dào le, shān shang de hóngyè dōu kūwěi diāolíng.

겨울이 되니, 산의 단풍잎이 모두 말라 떨어져 버렸다.

[단어] 凋零 diāolíng (초목이) 말라 떨어지다

0170 枯燥 kūzào 무미건조하다, 지루하다 [반의] 生动 shēngdòng 생동감 있다 □□□

这篇文章写得太枯燥了，读者肯定不会喜欢。

Zhè piān wénzhāng xiě de tài kūzào le, dúzhě kěndìng bú huì xǐhuan.

이 글은 너무 지루하게 썼어. 독자들이 틀림없이 싫어할 거야.

这里的生活太单调、枯燥了，让人受不了。

Zhèli de shēnghuó tài dāndiào、kūzào le, ràng rén shòubuliǎo.

이곳의 생활은 너무 단조롭고 무미건조해서 미치겠어.

😊 관련 표현

枯燥无味 kū zào wú wèi [성] 무미건조하다

0171 苦涩 kǔsè 씁쓸하고 떫다, 괴롭다 [반의] 甜美 tiánměi 달콤하다 □□□

这种茶味道苦涩，但很迷人。

Zhè zhǒng chá wèidao kǔsè, dàn hěn mírén.

이 차 맛은 씁쓸한데 매혹적이다.

看着他一脸苦涩的样子，我也不好受。

Kànzhe tā yì liǎn kǔsè de yàngzi, wǒ yě bù hǎoshòu.

그의 괴로워하는 얼굴을 보자니, 나도 힘들다.

0172 快活 kuàihuo 즐겁다, 유쾌하다 [유의] 快乐 kuàilè □□□

两个人从此隐居山林，过着不问世事的快活日子。

Liǎng ge rén cóngcǐ yǐnjū shānlín, guòzhe bú wèn shìshì de kuàihuo rizi.

두 사람은 그때부터 산속에 은거하며 세상일에 관심 없이 안락한 날들을 보냈다.

快活 vs 快乐

快活는 즐거운 것을 뜻하고, 快乐는 행복하고 만족스러워하는 것을 뜻한다. 快乐는 기념일, 생일, 덕담 등에 자주 쓴다.

祝您生日快乐! 생일 축하해요!
Zhù nǐ shēngrì kuàilè.

我喜欢看你快活的笑脸。 난 너의 밝은 미소를 보는 것이 좋아.
Wǒ xǐhuan kàn nǐ kuàihuo de xiàoliǎn.

 宽敞 kuānchang 넓다, 드넓다, 크다

[유의] 宽阔 kuānkuò **[반의]** 狭窄 xiázhǎi 협소하다

酒店服务不错，房间也很宽敞，但是感觉床单不是很干净。
Jiǔdiàn fúwù búcuò, fángjiān yě hěn kuānchang, dànshì gǎnjué chuángdān bú shì hěn gānjìng.
호텔 서비스도 괜찮고 방도 넓은데, 침대 시트가 그다지 깨끗하지 않은 것 같네요.

宽敞 vs 宽阔

宽敞은 주로 방이나 정원을 묘사하고, 宽阔는 평원, 해양 및 인체의 일부분, 예를 들면 이마 등을 묘사하거나, 추상 명사 '心胸 xīnxiōng, 眼界 yǎnjiè, 思路 sīlù' 등과 같이 쓴다.

客厅宽敞明亮。
Kètīng kuānchàng míngliàng.
거실이 넓고 밝다.

爸爸是位胸怀宽阔的人。
Bàba shì wèi xiōnghuái kuānkuò de rén.
아빠는 도량이 넓은 분이셔.

额头宽阔的人为人宽厚仁慈。
Étóu kuānkuò de rén wéirén kuānhòu réncí.
이마가 넓은 사람은 너그럽고 인자하다.

0174 宽容 kuānróng 너그럽다, 포용력 있다

宽容时就宽容，宽容其实是一种智慧。

Kuānróng shí jiù kuānróng, kuānróng qíshí shì yì zhǒng zhìhuì.

관용이 필요할 땐 관용을 베푸는 게 좋아, 관용은 사실 일종의 지혜거든.

你休想让我宽容地对待我的杀父仇人。

Nǐ xiūxiǎng ràng wǒ kuānróng de duìdài wǒ de shā fù chóurén.

내가 내 아버지를 죽인 원수를 너그럽게 대할 거라 생각하지 마세요.

[단어] 休想 xiūxiǎng 단념하라, 생각하지 마라

0175 懒惰 lǎnduò 게으르다, 나태하다 **유의** 懒 lǎn

반의 勤快 qínkuai 부지런하다

不要因为懒惰而错失创造财富的机会。

Búyào yīnwèi lǎnduò ér cuòshī chuàngzào cáifù de jīhuì.

게으름 때문에 부를 창조할 수 있는 기회를 잃지 마세요.

聪明的人创造机会，懒惰的人等待机会，愚蠢的人放弃机会。

Cōngming de rén chuàngzào jīhuì, lǎnduò de rén děngdài jīhuì, yúchǔn de rén fàngqì jīhuì.

똑똑한 사람은 기회를 만들고, 게으른 사람은 기회를 기다리며, 어리석은 사람은 기회를 놓친다.

懒惰 vs 懒

懒惰는 노동이나 일을 하기 싫어하고 부지런하지 않다는 뜻이고, 懒은 게으르다는 뜻과 함께 '피곤하고 힘이 없다'라는 뜻도 있다.

我三哥生性懒惰实在是无药可救。

Wǒ sāngē shēngxìng lǎnduò shízài shì wú yào kě jiù.

우리 셋째형은 천성이 게으른데 정말 구제불능이야.

[단어] 无药可救 wú yào kě jiù 구제불능이다, 희망이 없다

我老公在家可懒了。

Wǒ lǎogōng zài jiā kě lǎn le.

우리 남편은 집에선 정말 게을러.

今天下大雪，我懒得出门。

Jīntiān xià dàxuě, wǒ lǎn de chūmén.

오늘 눈이 많이 와서, 난 나가기 귀찮은데.

我妈妈是先天性聋哑，但我一点儿问题都没有。

Wǒ māma shì xiāntiānxìng lóngyǎ, dàn wǒ yìdiǎnr wèntí dōu méiyǒu.

우리 엄마는 선천성 농아신데, 난 아무 문제도 없어.

🗣 관련 표현

聋哑教育 lóngyǎ jiàoyù 농아 교육

聋哑人 lóngyǎrén 농아

聋哑学校 lóngyǎ xuéxiào 농아 학교

0189 隆重 lóngzhòng 성대하다, 성대하고 장중하다 □□□

国家主席为美国总统举行了隆重的欢迎仪式。

Guójiā zhǔxí wèi Měiguó zǒngtǒng jǔxíngle lóngzhòng de huānyíng yíshì.

국가 주석은 미국 대통령을 위해 성대한 환영식을 열었다.

我想这次世博会一定会非常隆重。

Wǒ xiǎng zhè cì shìbóhuì yídìng huì fēicháng lóngzhòng.

나는 이번 세계 박람회가 아주 성대할 거라 생각한다.

0190 啰唆 luōsuo 말이 많다, 수다스럽다 □□□

我说你吧，你嫌我啰唆，不理你吧，你又怪我冷酷。

Wǒ shuō nǐ ba, nǐ xián wǒ luōsuo, bù lǐ nǐ ba, nǐ yòu guài wǒ lěngkù.

너한테 뭐라 하면 잔소리 한다 하고, 가만 놔두면 또 살갑지 않다고 하고.

你这个男同志怎么比我妈还啰唆呢?

Nǐ zhè ge nán tóngzhì zěnme bǐ wǒ mā hái luōsuo ne?

넌 무슨 남자가 울 엄마보다 더 수다스럽니?

🗣 관련 표현

啰哩啰唆 luōli luōsuo 수다스럽다

0191 麻木 mámù 마비되다, 저리다, (반응이) 무감각하다

刚才上厕所，因为坐得太久，小腿都麻木了。

Gāngcái shàng cèsuǒ, yīnwèi zuò de tài jiǔ, xiǎotuǐ dōu mámù le.

방금 전에 화장실에 갔었는데, 너무 오래 앉아 있었더니 종아리까지 저려.

经常看见这种冒充乞丐骗钱的人，人们早就麻木了。

Jīngcháng kànjiàn zhè zhǒng màochōng qǐgài piànqián de rén, rénmen zǎojiù mámù le.

거지 행세하며 돈 뜯어가는 사람들을 자주 보니까, 사람들도 이젠 그러려니 해.

[단어] 冒充 màochōng 사칭하다, 가장하다

관련 표현

麻木状态 mámù zhuàngtài 무감각 상태

麻木不仁 má mù bù rén 성 몸이 마비되어 감각이 없다, 세상에 대해 전혀 관심이 없다

0192 漫长 màncháng (시간·길이) 멀다, 길다

참고 漫长的历史 màncháng de lìshǐ 유구한 역사

路还漫长，以后的日子要加倍努力。

Lù hái màncháng, yǐhòu de rìzi yào jiābèi nǔlì.

갈 길이 멀었으니, 앞으로는 배로 더 노력을 해야 한다.

世界上最漫长而又最短促的便是时间。

Shìjiè shang zuì màncháng ér yòu zuì duǎncù de biàn shì shíjiān.

세상에서 가장 길면서 가장 짧은 것이 바로 시간입니다.

0193 慢性 mànxìng 만성의, 성격이 느긋한 반의 急性 jíxìng 급성의, 성격이 급한

참고 慢性子 mànxìngzi 성격이 느긋한 사람

很多慢性疾病都是因为平时不注意而慢慢引起的。

Hěn duō mànxìng jíbìng dōu shì yīnwèi píngshí bú zhùyì ér mànmān yǐnqǐ de.

만성 질병의 대부분은 평소에 부주의해서 서서히 생긴 것이다.

弟弟是慢性人，做事经常叫人替他着急。

Dìdi shì mànxìngrén, zuòshì jīngcháng jiào rén tì tā zháojí.

동생은 느긋한 성격이라, 무슨 일을 할 때 다른 사람을 더 조바심 나게 만든다.

0194 盲目 mángmù 맹목적(인), 무작정인

需要做出选择时，不能盲目从众，一定要慎重。

Xūyào zuòchū xuǎnzé shí, bù néng mángmù cóngzhòng, yídìng yào shènzhòng.

선택을 해야 할 때는 무작정 다른 사람들의 얘기만 듣지 말고, 신중을 기해야 해.

[단어] 从众 cóngzhòng 여론에 따르다

盲目的爱情是维持不久的。

Mángmù de àiqíng shì wéichí bù jiǔ de.

맹목적인 사랑은 오래가지 못하는 법이야.

😊 관련 표현

瞎子跳舞 — 盲目乐观 헐후

xiāzi tiàowǔ — mángmù lèguān

장님이 춤을 추다 — 맹목적으로 좋아하다 : 실제 상황을 모르고 미리 좋아하다

0195 茫茫 mángmáng 아득하다, 요원하다, 까마득하다

茫茫人海中，你们能相遇当然是一种缘分。

Mángmáng rénhǎi zhōng, nǐmen néng xiāngyù dāngrán shì yì zhǒng yuánfèn.

수없이 많은 사람들 속에서, 너희들이 서로 만난 것은 당연히 인연인 거야.

海水冰冷刺骨，前方大雾茫茫，看不清方向。

Hǎishuǐ bīnglěng cìgǔ, qiánfāng dàwù mángmáng, kànbuqīng fāngxiàng.

바닷물이 차가워 살을 에고, 앞쪽에 안개가 많이 끼어서 방향을 알 수가 없다.

😊 관련 표현

渺渺茫茫 miǎo miǎo máng máng 성 아득하다, 까마득하다

0196 茫然 mángrán 아무것도 모르다, 망연하다, 막연하다

平时最足智多谋的他竟然也茫然不知所措。

Píngshí zuì zú zhì duō móu de tā jìngrán yě mángrán bù zhī suǒ cuò.

평소에 가장 기지가 넘치던 그가 어떻게 손을 써야 할지 몰라 막연해했다.

[단어] 足智多谋 zú zhì duō móu 성 지혜가 많고 계략이 풍부하다

看他一脸茫然的样子就知道他还是不明白。

Kàn tā yì liǎn mángrán de yàngzi jiù zhīdào tā háishi bù míngbai.

저 친구가 망연한 표정을 짓는 걸 보니 아직 이해를 못한 거야.

🔵 관련 표현

茫然若失 máng rán ruò shī 성 마치 뭔가를 잃어버린 것처럼 망연하다

驴子听相声 — 茫然不懂 헐후

lǘzi tīng xiàngsheng — mángrán bù dǒng

당나귀가 만담을 듣다 — 아무것도 모르다

0197 茂盛 màoshèng (식물이) 우거지다, 무성하다, (경제가) 번창하다

유의 茂密 màomì

这些植物在阳光和水分都很充足的地方生长十分茂盛。

Zhèxiē zhíwù zài yángguāng hé shuǐfèn dōu hěn chōngzú de dìfang shēngzhǎng shífēn màoshèng.

이 식물들은 햇빛과 수분이 충분한 곳에서 아주 무성하게 자란다.

生意兴隆通四海，财源茂盛达三江。

Shēngyì xīnglóng tōng sìhǎi, cáiyuán màoshèng dá sān jiāng.

사업이 번창하고, 재산이 많이 불어나다.

茂盛 vs 茂密

茂盛은 식물이 탐스럽게 자란 것을 뜻하고, 茂密는 식물이 많은 것을 뜻한다. 茂盛에는 재원의 뜻이 들어 있지만, 茂密에는 이러한 뜻이 없다.

这里的庄稼长得很茂盛。

Zhèlǐ de zhuāngjia zhǎng de hěn màoshèng.

이곳의 농작물이 탐스럽게 자랐다.

河边的草很茂密。

Hébiān de cǎo hěn màomì.

강가의 풀들이 무성하게 자랐다.

0198 美观 měiguān (형식·구성 등이) 보기 좋다, 예쁘다, 아름답다

유의 好看 hǎokàn

▶사람은 묘사할 수 없다.

我觉得这套家具看起来美观，但并不实用。
Wǒ juéde zhè tào jiājù kànqilai měiguān, dàn bìng bù shíyòng.
이 가구 세트는 보기에 좋은데, 그다지 실용적이진 않을 것 같아.

这款红酒冰箱因其时尚美观的造型，受到消费者的青睐。
Zhè kuǎn hóngjiǔ bīngxiāng yīn qí shíshàng měiguān de zàoxíng,
shòudào xiāofèizhě de qīnglài.
이 와인 냉장고는 세련되고 멋진 외관으로 소비자의 사랑을 받고 있다.

[단어] 青睐 qīnglài 총애, 호감, 인기

0199 美满 měimǎn 아름답고 원만하다 유의 圆满 yuánmǎn

祝愿你拥有一个幸福美满的家庭。
Zhùyuàn nǐ yōngyǒu yí ge xìngfú měimǎn de jiātíng.
네가 행복하고 예쁜 가정을 이루기를 바랄게.

他们的爱情会有美满的结局吗?
Tāmen de àiqíng huì yǒu měimǎn de jiéjú ma?
그들의 사랑이 아름다운 결실을 맺을까요?

0200 美妙 měimiào (문장·음악이) 아름답다, 훌륭하다, 미묘하다

通过相机，他们留下了这美妙的一刻。
Tōngguò xiàngjī, tāmen liúxiàle zhè měimiào de yíkè.
카메라를 통해 그들은 이 아름다운 순간을 포착했다.

听着美妙的音乐，可以让人忘记生活中的烦恼。
Tīngzhe měimiào de yīnyuè, kěyǐ ràng rén wàngjì shēnghuó zhōng
de fánnǎo.
아름다운 음악을 듣다 보면, 일상의 고민거리를 잊을 수 있다.

0201 猛烈 měngliè 맹렬하다, 세차다 [유의] 强烈 qiánɡliè

我们在冰天雪地里，猛烈追击逃跑的敌人。

Wǒmen zài bīngtiān xuědì li, měngliè zhuījī táopǎo de dírén.

우리는 지독히 추운 날씨에도, 도망치는 적들을 맹렬히 쫓아갔다.

大雨猛烈地敲着屋顶，冲击着玻璃，奏出激动人心的乐章。

Dàyǔ měngliè de qiāozhe wūdǐng, chōngjīzhe bōli, zòuchū jīdòng rénxīn de yuèzhāng.

큰 비가 세차게 지붕을 두드리고 유리에 부딪치며, 감동적인 악장을 연주하고 있었다.

猛烈 vs 强烈

猛烈는 기세와 역량이 대단함을 뜻하는 것으로 주로 사물을 묘사할 때 쓰고, 强烈는 아주 강렬하고 역량이 크다는 뜻으로 사람의 행위와 사물을 묘사할 때 쓴다.

风大，火势猛烈，扑救难度较大。

Fēng dà, huǒshì měngliè, pūjiù nándù jiào dà.

바람이 많이 불어, 불길이 거세지는 바람에, 화재 진압에 어려움이 많다.

他出国留学的愿望非常强烈。

Tā chūguó liúxué de yuànwàng fēicháng qiángliè.

그의 해외 유학에 대한 바람이 몹시 크다.

0202 渺小 miǎoxiǎo 매우 작다, 보잘것없다 [반의] 伟大 wěidà 위대하다

面对着大自然，人显得如此渺小。

Miànduìzhe dàzìrán, rén xiǎnde rúcǐ miǎoxiǎo.

대자연 앞에 서면, 사람이 이토록 작아 보이는 것을.

一个人的力量是渺小的，团结起来我们就是强者！

yí ge rén de lìliang shì miǎoxiǎo de, tuánjiéqǐlai wǒmen jiù shì qiángzhě!

한 사람의 힘은 보잘 것 없지만, 단결하면 우리는 강자가 됩니다.

0203 民主 mínzhǔ 민주적이다 참고 民主主义 mínzhǔ zhǔyì 민주주의

반의 独裁 dúcái 독재

我妈很民主，她让我喜欢做什么就做什么。

Wǒ mā hěn mínzhǔ, tā ràng wǒ xǐhuan zuò shénme jiù zuò shénme.

우리 엄마는 민주적이시라, 내가 하고 싶은 대로 하라고 하신다.

명 민주

民主和科学是中国五四运动时期的两大口号。

Mínzhǔ hé kēxué shì Zhōngguó Wǔ Sì yùndòng shíqī de liǎng dà kǒuhào.

민주와 과학은 중국 5·4운동 시기의 양대 구호였다.

0204 敏捷 mǐnjié (생각·동작 등이) 민첩하다, 빠르다 유의 敏锐 mǐnruì

只见小偷敏捷地翻过了大门，朝大街上跑去。

Zhǐ jiàn xiǎotōu mǐnjié de fānguòle dàmén, cháo dàjiē shang pǎoqù.

도둑이 대문을 재빨리 뛰어넘어, 큰길로 달려가는 것만 봤다.

我承认你聪明伶俐，思维敏捷，反应、动作都很快。

Wǒ chéngrèn nǐ cōngming línglì, sīwéi mǐnjié, fǎnyìng、dòngzuò dōu hěn kuài.

나는 네가 똑똑하고 이해력도 빠르고, 반응이나 동작이 다 빠르다는 걸 인정한다.

0205 敏锐 mǐnruì (감각·느낌이) 빠르다, 예리하다 유의 敏捷 mǐnjié

证券分析师用敏锐的市场嗅觉，建议大家购买A家的股票。

Zhèngquàn fēnxīshī yòng mǐnruì de shìchǎng xiùjué, jiànyì dàjiā gòumǎi A jiā de gǔpiào.

증권 애널리스트는 예리한 시장 통찰력을 발휘해, 사람들에게 A사 주식을 사라고 건의했다.

要成为一个伟大的作家，只有想象力显然不够，还要有敏锐的观察力。

Yào chéngwéi yí ge wěidà de zuòjiā, zhǐ yǒu xiǎngxiànglì xiǎnrán búgòu, hái yào yǒu mǐnruì de guānchálì.

위대한 작가가 되려면 단순히 상상력만 있어서는 확실히 부족하고, 예리한 관찰력이 있어야 한다.

敏锐 vs 敏捷

敏锐는 느낌이나 눈치가 빠르고 예리한 것을 뜻하고, 敏捷는 동작이나 생각이 신속하고 빠른 것을 뜻한다.

敏锐目光和非凡才华
mǐnruì mùguāng hé fēifán cáihuá
예리한 안목과 비범한 재능

兔子的动作非常敏捷。
Tùzi de dòngzuò fēicháng mǐnjié.
토끼의 동작이 엄청 빠르다.

0206 明智 míngzhì 총명하다, 현명하다 □□□

你做了明智的选择，虽然钱会少赚点，但是你留住了一些人。
Nǐ zuòle míngzhì de xuǎnzé, suīrán qián huì shǎo zuàn diǎn, dàn shì nǐ liúzhùle yìxiē rén.
너는 현명한 선택을 했어, 비록 돈은 적게 벌었어도 사람을 남겼으니까.

内行人都明白，他这么做实在不是明智之举。
Nèihángrén dōu míngbai, tā zhème zuò shízài bú shì míngzhì zhī jǔ.
전문가들은 다 알아, 그가 이렇게 한 것은 솔직히 현명한 처사가 아니라는 걸.

0207 拿手 náshǒu (어떤 기술에) 뛰어나다, 능하다, 자신 있다 □□□

红烧茄子是我最拿手的菜，要不要尝一尝我的手艺?
Hóngshāo qiézi shì wǒ zuì náshǒu de cài, yào bú yào cháng yi cháng wǒ de shǒuyì?
가지조림은 제가 가장 잘하는 요리인데, 제 솜씨 한번 보실래요?

我唱光良的《童话》最拿手。
wǒ chàng Guāng Liáng de《Tónghuà》zuì náshǒu.
난 광리앙의 〈동화〉가 18번이야.

🗨️ **관련 표현**

拿手好戏 ná shǒu hǎo xì 성
(배우가) 가장 잘하는 연기, (어떤 사람이) 가장 잘하는 재주

0208 耐用 nàiyòng 오래 쓰다, 질기다, 오래가다 BCT1

这家店的家具用料好，做工精良，经久耐用。

Zhè jiā diàn de jiājù yòngliào hǎo, zuògōng jīngliáng, jīngjiǔ nàiyòng.

이 가게의 가구는 자재도 좋고, 정교하게 만들어져, 두고두고 쓸 수 있다.

金属材质的筷子比木质和塑料的都更加耐用。

Jīnshǔ cáizhì de kuàizi bǐ mùzhì hé sùliào de dōu gèngjiā nàiyòng.

금속 재질의 젓가락이 목재와 플라스틱보다 내구성이 뛰어나다.

0209 难得 nándé (출현·발생이) 드물다, 얻기 어렵다, 하기 쉽지 않다

现在这么出色的人才很难得。

Xiànzài zhème chūsè de réncái hěn nándé.

요즘엔 이렇게 뛰어난 인재가 드물어.

今天难得有时间，想去妈妈那儿一趟。

Jīntiān nándé yǒu shíjiān, xiǎng qù māmānàr yí tàng.

오늘 모처럼 시간이 나서, 엄마께 한 번 다녀올까 해.

🗨️ 관련 표현

机会难得 jīhuì nándé 기회는 얻기 어렵다

难得一见 nándé yíjiàn 좀체로 보기 힘들다

百岁老人过生日 ─ 难得有一回 혈후

bǎisuì lǎorén guò shēngrì ─ nándé yǒu yì huí

백 세 노인이 생일을 쇠다 ─ 한 번 오기 어렵다 : 보기 드문 일이다

老虎打瞌睡 ─ 机会难得 혈후

lǎohu dǎ kēshuì ─ jīhuì nándé

호랑이가 졸다 ─ 기회를 얻기 어렵다 : 얻기 힘든 기회를 만나다

0210 难堪 nánkān 난감하다, 난처하다

没有人知道我当时有多么难堪、多么难过、多么愤怒。

Méiyǒu rén zhīdào wǒ dāngshí yǒu duōme nánkān、duōme nánguò、duōme fènnù.

당시에 내가 얼마나 힘들고, 얼마나 고통스럽고, 얼마나 화가 났는지 아무도 모른다.

他这样无理取闹，最后难堪的一定是他！

Tā zhèyàng wú lǐ qǔ nào, zuìhòu nánkān de yídìng shì tā!

그가 이렇게 억지 부려 봤자, 결국 난처해지는 건 자기지 뭐!

[단어] 无理取闹 wú lǐ qǔ nào ❸ 고의로 소란을 피우다

0211 恼火 nǎohuǒ 화내다, 성나다

这种路况，真让人恼火了。

Zhè zhǒng lùkuàng, zhēn ràng rén nǎohuǒ le.

이런 도로 상황은 정말로 사람을 화나게 해.

别恼火了，他已经向你道歉了嘛。

Bié nǎohuǒ le, tā yǐjing xiàng nǐ dàoqiàn le ma.

성내지 마, 그 친구가 이미 너한테 사과했잖아.

0212 内在 nèizài 내재적인, 내재하는 [반의] 外在 wàizài 외재적인, 외재하는

时间长了你才会发现，内在的东西比外在的更吸引人。

Shíjiān cháng le nǐ cái huì fāxiàn, nèizài de dōngxi bǐ wàizài de gèng xīyǐn rén.

시간이 오래 지나면 너도 알게 될 거야, 내적인 것이 외적인 것보다 훨씬 매력적이라는 것을.

🦛 관련 표현

内在价值 nèizài jiàzhí 내적 가치

内在原因 nèizài yuányīn 내적 원인

内在含义 nèizài hányì 속뜻, 진미

0213 浓厚 nónghòu (연기·안개·구름층 등이) 짙다, (의식이) 강하다, (흥미가) 크다

天上布满了浓厚的云彩，估计是要下雨了。

Tiān shang bùmǎnle nónghòu de yúncǎi, gūjì shì yào xiàyǔ le.

하늘에 구름이 짙게 낀 것이, 비가 올 것 같다.

他从小在艺术氛围极为浓厚的家庭中成长，喜欢艺术是理所当然的。

Tā cóngxiǎo zài yìshù fēnwéi jíwéi nónghòu de jiātíng zhōng chéngzhǎng, xǐhuan yìshù shì lǐ suǒ dāng rán de.

그는 어릴 때부터 예술적인 분위기가 농후한 가정에서 자랐으니, 예술을 좋아하는 것은 당연한 것이다.

[단어] 理所当然 lǐ suǒ dāng rán 성 도리로 보아 당연하다, 당연히 그렇다

他对中国文化的兴趣越来越浓厚了。

Tā duì Zhōngguó wénhuà de xìngqù yuèláiyuè nónghòu le.

그는 중국 문화에 대한 관심이 갈수록 커지고 있다.

0214 庞大 pángdà (형체 · 수량 · 규모 등이) 과도하게 크고 방대하다

访问美国代表团的规模过于庞大。

Fǎngwèn měiguó dàibiǎotuán de guīmó guòyú pángdà.

미국 방문단의 규모가 과도하게 크다.

庞大热气球群同时升起，看起来特别壮观。

Pángdà rèqìqiúqún tóngshí shēngqǐ, kànqilai tèbié zhuàngguān.

거대한 열기구들이 동시에 떠오르니, 굉장히 멋지다.

0215 疲惫 píbèi 대단히 피곤하다, 대단히 지치다

유의 疲乏 pífá, 疲倦 píjuàn, 疲劳 píláo

这项工作很辛苦而且很复杂，使我感到十分疲惫。

Zhè xiàng gōngzuò hěn xīnkǔ érqiě hěn fùzá, shǐ wǒ gǎndào shífēn píbèi.

이 일은 고생스러운데다 복잡하기까지 해서, 날 너무 지치게 해.

🔲 관련 표현

疲惫不堪 pí bèi bù kān 성 극도로 피곤하다

疲倦 píjuàn 피곤하고 졸리다, 지치다

유의 疲惫 píbèi, 疲乏 pífá, 疲劳 píláo

一进门他就疲倦地躺在沙发上，一会儿就睡着了。
Yí jìnmén tā jiù píjuàn de tǎngzài shāfā shang, yíhuìr jiù shuìzháo le.
문에 들어서자마자 그는 피곤해하며 소파에 눕더니, 금방 잠이 들었다.

连续上了六节课，我觉得相当疲倦。
Liánxù shàngle liù jié kè, wǒ juéde xiāngdāng píjuàn.
연달아 6시간 동안 수업을 들었더니, 상당히 피곤하네.

疲倦 vs 疲惫 vs 疲乏 vs 疲劳

疲倦은 피곤하고 졸리고 지치는 것을 나타내고, 疲惫는 온몸이 무기력할 정도로 많이 피곤함을 나타내고, 疲乏는 피곤해 힘이 빠진 것을 나타내고, 疲劳는 정신적, 육체적으로 피곤해 휴식이 필요한 것을 나타낸다. 疲倦과 疲劳는 가벼운 어감을 표현하고, 疲乏는 중간 정도의 어감을 표현하고, 疲惫의 정도가 가장 심하다.

他是个工作狂，从来不知道疲倦。
Tā shì ge gōngzuòkuàng, cónglái bù zhīdào píjuàn.
그는 일 중독이라, 피곤을 모른다니까.

忙了一天，觉得很疲惫。
Mángle yìtiān, juéde hěn píbèi.
하루 종일 바쁘게 지냈더니, 피곤하군.

出差回来，她疲乏得只想睡觉。
Chūchāi huílai, tā pífá de zhǐ xiǎng shuìjiào.
출장에서 돌아와, 그녀는 피곤에 절어 잠만 자고플 뿐이었다.

我不是病，只是疲劳过度。
Wǒ bú shì bìng, zhǐshì píláo guòdù.
난 병난 게 아니라, 그저 피로가 쌓였을 뿐이야.

偏僻 piānpì 외지다, 궁벽하다, 구석지다

这个酒店的地理位置不怎么好，比较偏僻，很难找。
Zhège jiǔdiàn de dìlǐ wèizhì bù zěnme hǎo, bǐjiào piānpì, hěn nán zhǎo.
이 호텔은 지리적인 위치가 그다지 좋지 않은데, 외딴 곳에 있어서 찾아가기 힘들다.

0218 贫乏 pínfá 빈궁하다, 가난하다, 부족하다 **유의** 贫困 pínkùn

应试教育最大的恶果就是让孩子们想象力贫乏。

Yìngshì jiàoyù zuì dà de èguǒ jiù shì ràng háizimen xiǎngxiànglì pínfá.

시험 준비를 위주로 하는 수업의 가장 나쁜 효과는 아이들의 상상력을 결핍시키는 것이다.

我不想过着这样贫乏的生活。

Wǒ bù xiǎng guòzhe zhèyàng pínfá de shēnghuó.

나는 이렇게 가난하게 살고 싶지 않아.

上班后我的业余生活变得很贫乏。

Shàngbān hòu wǒ de yèyú shēnghuó biàn de hěn pínfá.

직장에 나가면서 나의 여가 생활이 부족해졌어.

0219 贫困 pínkùn 빈곤하다, 형편이 어렵다 **유의** 贫苦 pínkǔ, 贫穷 pínqióng

참고 清除贫困 qīngchú pínkùn 빈곤 퇴치

政府的措施使富有者更加富有，贫困者更加贫困。

Zhèngfǔ de cuòshī shǐ fùyǒuzhě gèngjiā fùyǒu, pínkùnzhě gèngjiā pínkùn.

정부의 조치는 부유한 사람들은 더 부자로, 빈곤한 사람들은 더 가난하게 만들었다.

贫困 vs 贫苦 vs 贫穷

贫困은 가난하고 곤궁한 것을 뜻하고, 贫苦는 가난하고 고생스럽고 필수 생활용품이 부족한 것을 뜻하고, 贫穷은 돈이 없어 생활이 어려운 것을 뜻한다.

这个县是全国有名的贫困地区。

Zhè ge xiàn shì quánguó yǒumíng de pínkù dìqū.

이 현은 전국적으로 유명한 빈곤 지역이지요.

他1976年出生在一个贫苦的家庭。

Tā yī jiǔ qī liù nián chūshēngzài yí ge pínkǔ de jiātíng.

그는 1976년생으로 가난한 가정에서 태어났어.

因为家庭贫穷而辍学。

Yīnwèi jiātíng pínqióng ér chuòxué.

집이 가난해서 학교를 중퇴했다.

[단어] 辍学 chuòxué 중퇴하다

0220 频繁 pínfán 잦다, 빈번하다 [BCT1]

产品频繁出现质量问题是车间主任的错还是工人的错?

Chǎnpǐn pínfán chūxiàn zhìliàng wèntí shì chējiān zhǔrèn de cuò háishi gōngrén de cuò?

제품에서 빈번하게 품질 문제가 생기는 것은 현장 관리자의 잘못인가요, 아니면 노동자의 잘못인가요?

最近我同屋外出频繁，好像有了女朋友。

Zuìjìn wǒ tóngwū wàichū pínfán, hǎoxiàng yǒu le nǚpéngyou.

요즘 내 룸메이트가 외출이 잦은데, 아무래도 여자 친구가 생겼나 봐.

0221 平凡 píngfán 평범하다, 보통이다, 일반적이다 유의 平常 píngcháng

说是大师的作品，我怎么看也是一部很平凡的作品。

Shuō shì dàshī de zuòpǐn, wǒ zěnme kàn yě shì yí bù hěn píngfán de zuòpǐn.

대가의 작품이라는데, 내 눈엔 평범한 작품으로 보인다.

经历了许多是是非非之后，他感悟到平平凡凡才是幸福。

Jīnglìle xǔduō shìshìfēifēi zhīhòu, tā gǎnwùdào píngpingfánfán cái shì xìngfú.

여러 일들을 겪고 나서, 그는 평범한 것이야말로 행복이라는 것을 깨달았다.

平凡 vs 平常

平凡은 희귀하거나 진기하지 않은 것을 뜻하고, 平常은 보통이고 특별하지 않은 것을 뜻한다. 平常이 명사로 쓰이면 '평소'의 뜻을 나타낸다.

平凡的人，不平凡的爱。

Píngfán de rén, bù píngfán de ài.

평범한 사람, 평범하지 않은 사랑.

日子过得很平常。

Rìzi guò de hěn píngcháng.

그냥 평범하게 지내고 있어.

我平常很少生病。

Wǒ píngcháng hěn shǎo shēngbìng.

난 평소에 거의 병치레를 안 해.

0222 平坦 píngtǎn (도로·지대 등이) 평평하다, 평탄하다

반의 坎坷 kǎnkě 울퉁불퉁하다, 인생이 순탄하지 못하다

我的家乡在华北平原，那里地势很平坦。
Wǒ de jiāxiāng zài Huáběi píngyuán, nàli dìshì hěn píngtǎn.
우리 고향은 화북 평원에 있는데, 그곳은 지세가 평평하다.

古人云：人生逆境十之八九，人的一生中真正平坦的道路
太少了。
Gǔrén yún：rénshēng nìjìng shí zhī bā jiǔ, rén de yìshēng zhōng
zhēnzhèng píngtǎn de dàolù tài shǎo le.
선인께서는 인생에서 역경이 열에 아홉이고, 사람의 일생에서 진정으로 평탄한 길은 아주 적다고
하셨다.

0223 平行 píngxíng 평행한, 병행의, 동급의 [BCT1]

他们俩就像平行的两条直线，永远不会走在一起的。
Tāmen liǎ jiù xiàng píngxíng de liǎng tiáo zhíxiàn, yǒngyuǎn bú
huì zǒuzài yìqǐ de.
저 둘은 평행한 두 직선처럼 영원히 같이 갈 수 없다.

平行作业有助于减少机器安装时间。
Píngxíng zuòyè yǒu zhùyú jiǎnshǎo jīqì ānzhuāng shíjiān.
병행 작업은 기계 설치 시간을 줄이는 데 도움이 된다.

这两个机构是平行的。
Zhè liǎng ge jīgòu shì píngxíng de.
이 두 기구는 동급이다.

0224 平庸 píngyōng 평범하다, 보통이다, 그저 그렇다 **유의** 平凡 píngfán

我一直觉得他很一般，平庸得很。
Wǒ yìzhí juéde tā hěn yìbān, píngyōng de hěn.
나는 줄곧 그 친구가 그저 그렇고, 아주 평범하다 생각했다.

他虽然在学术方面资质平庸，但在商业方面如鱼得水。
Tā suīrán zài xuéshù fāngmiàn zīzhì píngyōng, dàn zài shāngyè
fāngmiàn rú yú dé shuǐ.
그는 공부 쪽으로는 별로지만, 장사 쪽으로는 뛰어나다.

[단어] 如鱼得水 rú yú dé shuǐ **성** 물고기가 물을 만난 것 같다. 자신에게 적합한 환경을 찾다

0225 朴实 pǔshí 소박하다, 성실하다, 착실하다 **유의** 朴素 pǔsù

她虽然没有刻意去打扮，却在朴实中透出一种非凡的气质。

Tā suīrán méiyou kèyì qù dǎban, què zài pǔshí zhōng tòuchū yì zhǒng fēifán de qìzhì.

그녀는 정성 들여 꾸미지는 않았지만, 수수함 속에서 남다른 기품이 묻어났다.

他人很好，善良、朴实、乐于助人。

Tā rén hěn hǎo, shànliáng、pǔshí、lèyú zhùrén.

저 친구 괜찮은 사람이야, 착하고 성실하고 남도 잘 도와주거든.

🗣 **관련 표현**

文风朴实 wénfēng pǔshí 글의 풍격이 질박하다

朴实无华 pǔshí wúhuá 수수하고 질박하다

性格朴实 xìnggé pǔshí 성격이 털털하다

衣着朴实 yīzhuó pǔshí 옷차림이 소박하다

0226 朴素 pǔsù 소박하다, 화려하지 않다 **유의** 朴实 pǔshí

她穿衣服既朴素又大方。

Tā chuān yīfu jì pǔsù yòu dàfang.

그녀는 소박하면서도 세련되게 옷을 입는다.

他的文章朴素但富有感情。

Tā de wénzhāng pǔsù dàn fùyǒu gǎnqíng.

그의 글은 담백하지만 정감이 넘친다.

🗣 **관련 표현**

朴素无华 pǔ sù wú huá **성** 매우 소박하다

朴素 vs 朴实

朴素는 색이나 디자인, 언어 등이 너무 화려하지 않고, 사람이 검소한 생활을 하며 소박한 것을 뜻하고, 朴实는 본질적인 모습이 소박하고 착실한 것을 뜻한다. 朴素는 사람, 의관, 생활, 장식 등을 묘사하고, 朴实는 사람의 성격, 스타일 등을 묘사한다.

着装一般都很朴素。 옷을 수수하게 입는다.
Zhuózhuāng yìbān dōu hěn pǔsù.

主持风格很朴实。 진행 스타일이 편안하다.
Zhǔchí fēnggé hěn pǔshí.

0227 凄凉 qīliáng 처량하다, 애처롭다, 외롭다 **유의** 悲凉 bēiliáng

突然来到陌生的地方，觉得自己心中有种莫名的凄凉。
Tūrán láidào mòshēng de dìfang, juéde zìjǐ xīnzhōng yǒu zhǒng mòmíng de qīliáng.
갑작스레 낯선 곳에 오니까, 내 마음 속에 까닭 모를 처량함이 일었다.

他年轻时很风光，晚年却很凄凉。
Tā niánqīng shí hěn fēngguāng, wǎnnián què hěn qīliáng.
그는 젊을 땐 잘 나갔는데, 말년엔 초라해졌어.

凄凉 vs 悲凉

凄凉은 적막하고 애처로운 것을 말하고, 悲凉은 구슬프고 애절한 것을 말한다. 凄凉은 환경이나 세월, 목소리 등을 묘사하고, 悲凉은 주로 목소리를 묘사한다.

这里到处是一片凄凉。 여기는 곳곳이 쓸쓸한 광경뿐이다.
Zhèlǐ dàochù shì yí piàn qīliáng.

那凄凉的歌声，如泣如诉。 그 처량한 노랫소리가 아주 애절하구나.
Nà qīliáng de gēshēng, rú qì rú sù.
[단어] 如泣如诉 rú qì rú sù 소리가 매우 애절하다

她那悲凉的哭声 tā nà bēiliáng de kūshēng 그녀의 구슬픈 울음소리

0228 齐全 qíquán 완전히 갖추다, 완비하다 BCT1 **유의** 齐备 qíbèi

▶齐全은 '准备 zhǔnbèi, 预备 yùbèi' 등의 보어로 쓸 수 있다.

我们公司技术力量雄厚、工艺水平先进、设备设施齐全。
Wǒmen gōngsī jìshù lìliang xiónghòu, gōngyì shuǐpíng xiānjìn, shèbèi shèshī qíquán.
우리 회사는 기술력이 탄탄하고, 가공 수준도 앞서가며, 설비도 완벽하게 갖추어져 있다.

由于申请文件不齐全，已经遭到退件。
Yóuyú shēnqǐng wénjiàn bù qíquán, yǐjing zāodào tuìjiàn.
신청 서류가 다 구비되지 않아, 이미 반려되었다.

将发给代表们的文件材料已准备齐全。
Jiāng fāgěi dàibiǎomen de wénjiàn cáiliào yǐ zhǔnbèi qíquán.
대표님들께 나눠 드릴 문서 자료는 이미 준비해 놓았습니다.

0229 奇妙 qímiào 기묘하다, 신기하다 [유의] 奇特 qítè

命运是个奇妙的东西，你永远不会知道下一刻将会发生什么。

Mìngyùn shì ge qímiào de dōngxi, nǐ yǒngyuǎn bú huì zhīdào xià yí kè jiāng huì fāshēng shénme.

운명은 신기한 것으로, 다음 순간에 어떤 일이 일어날지 절대 알 수 없다.

他总有很多奇妙的想法。

Tā zǒng yǒu hěn duō qímiào de xiǎngfǎ.

그는 늘 기발한 생각을 많이 한다.

0230 起码 qǐmǎ 최소한의, 기본적인 [유의] 至少 zhìshǎo

如果你要出门的话，最起码要跟大人打个招呼。

Rúguǒ nǐ yào chūmén dehuà, zuì qǐmǎ yào gēn dàrén dǎ ge zhāohu.

외출을 할 때는, 최소한 어른한테 말씀을 드려야지.

最低工资标准是百姓赖以生计的最起码的底线。

Zuìdī gōngzī biāozhǔn shì bǎixìng làiyǐ shēngjì de zuì qǐmǎ de dǐxiàn.

최저 임금 기준은 국민들이 생계를 꾸려 나가기 위한 가장 기본적인 한계선이다.

[단어] 赖以 làiyǐ 의지하다, 의존하다

0231 恰当 qiàdàng 알맞다, 타당하다, 합당하다

我一直想找个恰当的方式来表达我对你的心。

Wǒ yìzhí xiǎng zhǎo ge qiàdāng de fāngshì lái biǎodá wǒ duì nǐ de xīn.

나는 줄곧 적당한 방식으로 너에 대한 나의 마음을 표현하고 싶었어.

用词恰当首先是要用词规范，不用方言词语。

Yòng cí qiàdàng shǒuxiān shì yào yòng cí guīfàn, búyòng fāngyán cíyǔ.

단어를 적절하게 쓰려면 먼저 단어를 규범에 맞게 쓰고, 사투리 단어를 쓰지 않아야 한다.

这个成语用在这里最恰当了。

Zhège chéngyǔ yòngzài zhèlǐ zuì qiàdàng le.

이 성어를 여기에 쓰면 잘 맞겠어요.

0232 谦逊 qiānxùn 겸손하다

他谦逊地笑了笑，微微鞠躬表示感谢。

Tā qiānxùn de xiàole xiào, wēiwēi jūgōng biǎoshì gǎnxiè.

그는 겸손하게 웃으며, 살짝 허리 굽혀 인사하는 것으로 감사를 표했다.

🙂 관련 표현

十分谦逊 shífēn qiānxùn 대단히 겸손하다

谦逊的态度 qiānxùn de tàidù 겸손한 태도

为人谦逊 wéirén qiānxùn 사람됨이 겸손하다

0233 切实 qièshí 실제에 부합하다, 성실하다

为了确保高考工作的顺利进行，各部门要切实做好以下工作。

Wèile quèbǎo gāokǎo gōngzuò de shùnlì jìnxíng, gè bùmén yào qièshí zuòhǎo yǐxià gōngzuò.

대학입학학력고사가 순조롭게 진행될 수 있도록, 각 부서에서는 아래의 업무를 성실히 이행해야 합니다.

我们得制定一份切实可行的计划。

Wǒmen děi zhìdìng yí fèn qièshí kěxíng de jìhuà.

우리는 실행 가능한 계획을 세워야 한다.

0234 亲密 qīnmì 관계가 좋다, 사이가 좋다 유의 亲热 qīnrè, 亲切 qīnqiè

我们的关系非常亲密，什么话都说。

Wǒmen de guānxi fēicháng qīnmì, shénme huà dōu shuō.

우리 사이는 아주 좋아서, 무슨 말이든 다 한다.

他们曾经是亲密的情侣，现在却成了最熟悉的陌生人。

Tāmen céngjīng shì qīnmì de qínglǚ, xiànzài què chéngle zuì shúxī de mòshēngrén.

그들은 예전에는 사이 좋은 연인이었지만, 지금은 가장 익숙하면서 낯선 사람이 되어 버렸다.

🙂 관련 표현

一个方凳坐两人 — 亲密无间 헐후

yí ge fāngdèng zuò liǎng rén — qīn mì wú jiàn

네모난 의자 하나에 두 사람이 앉다 — 격의 없이 아주 친밀하다 : 사이가 아주 좋다

0235 亲热 qīnrè 친밀하고 다정스럽다 유의 亲切 qīnqiè, 亲密 qīnmì □□□

你都结婚了，还对其他女人那么亲热，不怕老婆吃醋啊?

Nǐ dōu jiéhūn le, hái duì qítā nǚrén nàme qīnrè, bú pà lǎopo chīcù a?

자녠 결혼까지 했으면서, 다른 여자들한테 그렇게 친근하게 굴면, 자네 집사람이 질투 안 해?

看着她亲热地为他整理衣领，我心里很不是滋味。

Kànzhe tā qīnrè de wèi tā zhěnglǐ yīlǐng, wǒ xīnli hěn bú shì zīwèi.

그녀가 다정하게 그의 옷깃을 정리해 주는 걸 보고, 나는 속이 참 안 좋았다.

亲热 vs 亲切 vs 亲密

亲热는 감정적으로 친밀하고 다정한 것을 뜻하고, 亲切는 태도가 진실하고 살가운 것을 뜻하고, 亲密는 애정이 돈독하고 사이가 좋은 것을 뜻한다. 亲密와 亲热는 사람과 사람 간의 관계와 감정에 대해 묘사하고, 亲切는 다른 사람에 대한 태도를 묘사한다. 亲密와 亲热는 중첩할 수 있다.

他们俩亲亲热热，黏黏糊糊。

Tāmen liǎ qīnqinrèrè, niánnianhūhū.

그 둘은 사이가 좋아서 딱 붙어 있다.

他总是对我很亲切。

Tā zǒngshì duì wǒ hěn qīnqiè.

그는 나에게 늘 살갑게 대한다.

他们俩是亲密无间的朋友。

Tāmen liǎ shì qīnmì wújiān de péngyou.

그들은 전혀 격의가 없는 친구이다.

0236 勤俭 qínjiǎn 근검하다, 부지런하고 알뜰하다 □□□

她每天都勤俭节约地过日子，从不浪费一分钱。

Tā měitiān dōu qínjiǎn jiéyuē de guò rìzi, cóng bú làngfèi yì fēn qián.

그녀는 매일 근검절약하며 생활하고, 한 푼도 낭비하는 일이 없다.

这个孩子不懂勤俭，花钱如流水。

Zhège háizi bù dǒng qínjiǎn, huāqián rú liúshuǐ.

이 아이는 절약을 모르고, 돈을 물같이 쓴다니까요.

🗨 **관련 표현**

勤工俭学 qín gōng jiǎn xué 고학, 일하면서 공부하다

勤俭持家 qín jiǎn chí jiā 성 근검절약을 원칙으로 집안을 꾸리다

0237 勤劳 qínláo (고생을 마다 않고) 부지런히 일하다 유의 勤恳 qínkěn □□□

他用勤劳的双手打开一片新天地。

Tā yòng qínláo de shuāngshǒu dǎkāi yí piàn xīntiāndì.

그는 부지런한 두 손으로 신천지를 개척했다.

勤劳 vs 勤恳

勤劳는 노동을 좋아하고 고생을 마다하지 않는 것이고, 勤恳은 노동을 하는 태도가 근면 성실한 것을 뜻하는 것으로 중첩할 수 있다.

他是勤劳勇敢的人。

Tā shì qínláo yǒnggǎn de rén.

그는 부지런하고 용감한 사람이다.

他总是勤恳地工作。

Tā zǒngshì qínkěn de gōngzuò.

그는 늘 근면하고 성실하게 일한다.

0238 倾斜 qīngxié 기울다, 경사지다, (한쪽으로) 치우치다 □□□

这座宋塔已经倾斜得比较厉害了，当地文管部门不允许游人走近。

Zhè zuò Sòngtǎ yǐjing qīngxié de bǐjiào lìhai le, dāngdì wénguǎn bùmén bù yǔnxǔ yóurén zǒujìn.

이 송탑은 이미 많이 기울어져 있어서, 현지 문화재 관리 기관에서는 관광객들이 접근하지 못하도록 하고 있다.

看到他的眼神后，我敢肯定，他心中的天平已经向我倾斜了。

Kàndào tā de yǎnshén hòu, wǒ gǎn kěndìng, tā xīnzhōng de tiānpíng yǐjing xiàng wǒ qīngxié le.

그의 눈빛을 본 후에, 나는 그의 마음의 저울이 이미 내게 기울었음을 확신할 수 있었다.

[단어] 天平 tiānpíng 천칭, 천평, 저울

관련 표현

倾斜角 qīngxiéjiǎo 경사(각) / 倾斜度 qīngxiédù 경사도

倾斜拱 qīngxiégǒng 경사 아치 / 倾斜仪 qīngxiéyí 경사계

0239 清澈 qīngchè 맑고 투명하다 **유의** 清澄 qīngchéng □□□

九寨沟的湖水清澈见底，让人流连忘返。
Jiǔzhàigōu de húshuǐ qīngchè jiàn dǐ, ràng rén liú lián wàng fǎn.
지우자이거우(구채구)의 호수 물은 맑고 투명해 바닥까지 보이는데, 너무 아름다워 차마 발길이
떨어지지 않는다.

[단어] 流连忘返 liú lián wàng fǎn **성** 발길이 떨어지지 않다, 아름다운 경치에 빠져 떠나기
싫어하다

看着她那清澈的眼神，我实在无法对她说谎。
Kànzhe tā nà qīngchè de yǎnshén, wǒ shízài wúfǎ duì tā shuōhuǎng.
그녀의 맑은 눈을 보노라면, 나는 정말 그녀에게 거짓말을 할 수가 없다.

0240 清洁 qīngjié 깨끗하다, 청결하다 □□□

维持医院环境清洁是医疗品质的重要指标。
Wéichí yīyuàn huánjìng qīngjié shì yīliáo pǐnzhì de zhòngyào zhǐbiāo.
병원 환경을 청결하게 유지하는 것은 의료 품질의 중요한 지표가 된다.

搞好仓库的清洁卫生，以防虫、鼠对库存菜品原料的破坏。
Gǎohǎo cāngkù de qīngjié wèishēng, yǐ fáng chóng、shǔ duì kùcún
càipǐn yuánliào de pòhuài.
창고를 청결히 관리해서, 벌레와 쥐가 저장된 식자재를 손상시키는 일이 없도록 해야 한다.

0241 清晰 qīngxī (보고 듣는 것이) 또렷하다, 분명하다 **유의** 清楚 qīngchu □□□
참고 清晰度 qīngxīdù 선명도, 해상도

她的汉语发音特别清晰，令人羡慕。
Tā de hànyǔ fāyīn tèbié qīngxī, lìng rén xiànmù.
그녀의 중국어 발음은 아주 또렷해서, 부러움을 산다.

这种耳机音质很好，声音很清晰。
Zhè zhǒng ěrjī yīnzhì hěn hǎo, shēngyīn hěn qīngxī.
이 이어폰은 음질이 좋고 소리도 분명하게 들린다.

394

0242 清醒 qīngxǐng (정신이) 맑다, 분명하다

今天不知道怎么了，整天昏昏沉沉的，头脑一点都不清醒。

Jīntiān bù zhīdào zěnme le, zhěngtiān hūnhunchénchén de, tóunǎo yìdiǎn dōu bù qīngxǐng.

오늘은 무엇 때문인지, 하루 종일 멍하니 머릿속이 뿌옇다.

听到这句话后，他立马清醒了。

Tīngdào zhè jù huà hòu, tā lìmǎ qīngxǐng le.

이 말을 듣고, 그는 정신이 번쩍 들었다.

동 의식을 회복하다

经历了10天的昏迷后，他终于清醒了过来，脱离了生命危险。

Jīnglìle shí tiān de hūnmí hòu, tā zhōngyú qīngxǐngle guòlai, tuōlíle shēngmìng wēixiǎn.

10일 동안 혼수 상태에 빠져 있다가, 그는 마침내 의식을 회복해 생명의 위험에서 벗어났다.

0243 清真 qīngzhēn 산뜻하고 질박하다, 이슬람교의

참고 **清真寺** qīngzhēnsì 회교 사원, 이슬람 사원

物欲横流的现代社会里，找个清真的人太难了。

Wùyù héngliú de xiàndài shèhuì li, zhǎo ge qīngzhēn de rén tài nán le.

물질 만능의 현대 사회에서, 순수한 사람을 찾기란 몹시 힘들다.

[단어] **物欲横流** wùyù héngliú 물욕이 흘러넘치다

信仰伊斯兰教的人们喜欢吃清真食品。

Xìnyǎng Yīsīlánjiào de rénmen xǐhuan chī qīngzhēn shípǐn.

이슬람교를 믿는 사람들은 할랄 푸드(halal food)를 즐긴다.

0244 晴朗 qínglǎng 쾌청하다, 구름 한 점 없이 맑다

今天的天空万里无云，晴朗无比。

Jīntiān de tiānkōng wàn lǐ wú yún, qínglǎng wúbǐ.

오늘의 하늘은 구름 한 점 없이, 더 없이 맑다.

[단어] **万里无云** wàn lǐ wú yún 온 하늘에 구름 한 점 없다

二十岁的天空，并不总是晴朗的，偶尔也会有阴云，有狂风，有暴雨。

Èrshí suì de tiānkōng, bìng bù zǒngshì qínglǎng de, ǒu'ěr yě huì yǒu yīnyún, yǒu kuángfēng, yǒu bàoyǔ.

스무 살의 하늘은 늘 맑지만은 않아, 때로는 구름도 끼었다가, 광풍도 불었다가, 폭우가 내리기도 하지.

0245 曲折 qūzhé 굽다. 구불구불하다 **반의** 笔直 bǐzhí 매우 곧다 ☐☐☐

到那个村子，需要走一条曲折的羊肠小道。

Dào nàge cūnzi, xūyào zǒu yì tiáo qūzhé de yáng cháng xiǎo dào.

그 마을에 가려면, 꼬불꼬불한 산속 오솔길을 지나야 한다.

[단어] 羊肠小道 yáng cháng xiǎo dào 꼬불꼬불한 오솔길

不管以后的道路会多么曲折，我都不会放弃自己的追求。

Bùguǎn yǐhòu de dàolù huì duōme qūzhé, wǒ dōu bú huì fàngqì zìjǐ de zhuīqiú.

앞으로 아무리 많은 어려움이 닥친다 해도, 나는 절대 내 꿈을 포기하지 않을 것이다.

🗣 **관련 표현**

迂回曲折 yū huí qū zhé **성** 길이 꼬불꼬불하다, 우여곡절을 겪다

0246 确切 quèqiè 확실하다 **유의** 确凿 quèzáo ☐☐☐

我不需要你什么大概的消息，一定要给我确切的。

Wǒ bù xūyào nǐ shénme dàgài de xiāoxi, yídìng yào gěi wǒ quèqiè de.

나는 네가 말하는 불확실한 정보는 필요 없으니, 확실한 정보를 알려 줘.

我对这件事并不了解，所以现在我无法给你一个确切的答复。

Wǒ duì zhè jiàn shì bìng bù liǎojiě, suǒyǐ xiànzài wǒ wúfǎ gěi nǐ yí ge quèqiè de dáfù.

난 이 일에 대해 잘 모르기 때문에, 지금은 너에게 확실한 대답을 할 수가 없어.

确切 vs 确凿

确切는 정확하고, 적당하고, 확실하다는 뜻이고, 确凿는 아주 확실하다는 뜻이다. 确切는 부사어로 쓸 수 있지만, 确凿는 부사어로 쓸 수 없다.

这里用词不确切。이곳은 단어의 쓰임이 적절하지 않네요.
Zhèlǐ yòng cí bú quèqiè.

在确凿的证据面前 확실한 증거 앞에서
zài quèzáo de zhèngjù miànqián

要确切保护自己的权益。자신의 권익을 확실히 보호해야 한다.
Yào quèqiè bǎohù zìjǐ de quányì.

0247 人工 réngōng 인위적인, 인공의

참고 人工智能 réngōng zhìnéng 인공 지능

学校里的湖是人工的，但是与天然的相比毫不逊色了。
Xuéxiào li de hú shì réngōng de, dànshì yǔ tiānrán de xiāngbǐ háo
bú xùnsè le.
학교 안에 있는 호수는 인공 호수지만, 천연 호수와 비교해 전혀 손색이 없다.

[단어] 逊色 xùnsè 손색

🅜 수공, 인력으로 하는 일

目前我厂全靠机器生产，早就不用人工。
Mùqián wǒ chǎng quán kào jīqì shēngchǎn, zǎojiù búyòng réngōng.
현재 우리 공장에서는 전부 기계 생산을 하고 있고, 오래전부터 인력은 쓰지 않고 있습니다.

🅜 한 사람의 하루 작업량, 하루 품, 일손

三个人工的费用大概是多少?
Sān ge réngōng de fèiyòng dàgài shì duōshao?
세 사람의 하루 일당이 대충 얼마나 되겠나?

0248 人为 rénwéi 인위적인

这次事故是运行管理缺失，人为责任事故，而不是天气和技术的问题。
Zhè cì shìgù shì yùnxíng guǎnlǐ quēshī, rénwéi zérèn shìgù, ér bú
shì tiānqì hé jìshù de wèntí.
이번 사고는 운행 관리의 부실과 인위적인 책임에 의한 사고이지, 날씨와 기술 문제는 아닙니다.

🅜 사람이 하는 일

事在人为 shì zài rén wéi 🅢 일의 성공 여부는 사람의 노력 여하에 달렸다

0249 仁慈 réncí 인자하다 ☐☐☐

她非常勤劳、节俭，还有一颗仁慈之心。
Tā fēicháng qínláo、jiéjiǎn, hái yǒu yì kē réncí zhī xīn.
그녀는 아주 부지런하고 근검하며, 인자한 마음씨를 가지고 있어.

0250 任性 rènxìng 제멋대로 하다, 마음 내키는 대로 하다 유의 任意 rènyì ☐☐☐

是什么让这个任性的孩子在几天之内变得这么乖巧懂事？
Shì shénme ràng zhège rènxìng de háizi zài jǐ tiān zhīnèi biàn de zhème guāiqiǎo dǒngshì?
무엇이 막무가내였던 아이를 며칠 사이에 이렇게 얌전하게 만들었을까?

不要从小就让孩子养成任性的坏习惯，这样对他也不好。
Búyào cóngxiǎo jiù ràng háizi yǎngchéng rènxìng de huài xíguàn, zhèyàng duì tā yě bù hǎo.
어릴 때부터 아이가 제멋대로 굴도록 내버려 두지 마세요. 그렇게 하면 아이한테도 안 좋아요.

任性 vs 任意

任性은 자신의 성질대로 행동하는 것이고, 任意는 어떠한 구속이나 제한 없이 맘대로 하는 것이다. 任性은 주로 부정적인 뜻으로 쓰인다.

这个孩子太任性了。
Zhè ge háizi tài rènxìng le.
이 아이는 너무 제멋대로야.

不能任意歪曲历史。
Bù néng rènyì wāiqū lìshǐ.
임의로 역사를 왜곡해서는 안 된다.

0251 荣幸 róngxìng 영광스럽고 행운이다 [BCT1] 유의 光荣 guāngróng ☐☐☐

能够见到您二老，我感到非常荣幸。
Nénggòu jiàndào nín èr lǎo, wǒ gǎndào fēicháng róngxìng.
두 분 어르신을 뵌 것만으로도, 대단히 영광스럽습니다.

这次能够访问贵公司，实在是荣幸级了。

Zhè cì nénggòu fǎngwèn guì gōngsī, shízài shì róngxìng jíle.

이번에 귀사를 직접 방문할 수 있었던 것은, 정말이지 큰 영광입니다.

荣幸 vs 光荣

荣幸은 영광스러우면서 행운이라고 느끼는 것이고, 光荣은 인민(국민)을 위하거나 정의
로운 일을 해서 존경받을 만하다고 공인받는 것이다.

我很荣幸地当选上了拔河队员。

Wǒ hěn róngxìng de dāngxuǎnshàngle báhé duìyuán.

나는 영광스럽게도 줄다리기 선수로 뽑혔다.

[단어] 拔河 báhé 줄다리기

很光荣的记忆 hěn guāngróng de jìyì 아주 영예로운 기억

0252 融洽 róngqià 사이가 좋다, 조화롭다, 융화하다 □□□

同事之间相处得融洽，有利于工作顺利进行。

Tóngshì zhījiān xiāngchǔ de róngqià, yǒulìyú gōngzuò shùnlì
jìnxíng.

동료 간에 서로 잘 맞으면, 업무를 순조롭게 진행하는 데 유리하다.

本次会议的气氛非常融洽。

Běn cì huìyì de qìfēn fēicháng róngqià.

이번 회의의 분위기는 아주 화기애애했다.

0253 柔和 róuhé (광선·목소리 등이) 연하고 부드럽다, 맛이 순하다 □□□

她的声音柔和中带有一点刚强。

Tā de shēngyīn róuhé zhōng dàiyǒu yìdiǎn gāngqiáng.

그녀의 목소리는 나긋나긋하면서 단호함이 섞여 있다.

在这样柔和的光线下，他的表白更加令我心动。

Zài zhèyàng róuhé de guāngxiàn xià, tā de biǎobái gèngjiā lìng
wǒ xīndòng.

은은한 불빛 아래에서, 그의 고백은 나를 더욱 감동시켰다.

0254 奢侈 shēchǐ 사치하다, 낭비하다 [BCT1]

반의 节俭 jiéjiǎn, 简朴 jiǎnpǔ 검소하다, 소박하다

对不懂珍惜的人来说，幸福是个奢侈品。
Duì bù dǒng zhēnxī de rén láishuō, xìngfú shì ge shēchǐpǐn.
소중함을 모르는 사람에게 있어, 행복은 사치품이다.

在这个年代，结婚或许对于我们来说是一种奢侈。
Zài zhège niándài, jiéhūn huòxǔ duìyú wǒmen láishuō shì yì zhǒng shēchǐ.
요즘 같은 시대에, 결혼은 어쩌면 우리들에겐 사치일지 모른다.

0255 深奥 shēn'ào (함의·이치·이론 등이) 심오하다, 깊다

老教授把深奥的道理讲得通俗浅显，让我们容易理解。
Lǎo jiàoshòu bǎ shēn'ào de dàolǐ jiǎng de tōngsú qiǎnxiǎn, ràng wǒmen róngyì lǐjiě.
노교수께서는 심오한 이치를 쉬운 말로 설명해 주셔서, 우리가 쉽게 이해할 수 있었다.

[단어] 浅显 qiǎnxiǎn (말이나 글이) 간단하고 이해하기 쉽다

这个话题太深奥了，我们还是换一个简单的吧。
Zhège huàtí tài shēn'ào le, wǒmen háishi huàn yí ge jiǎndān de ba.
이 주제는 너무 어렵네요. 우리 좀 쉬운 주제로 바꿔 보죠.

0256 深沉 shēnchén 내색하지 않다, 침착하고 신중하다

他的目光深沉，让人不敢接近。
Tā de mùguāng shēnchén, ràng rén bù gǎn jiējìn.
그의 눈빛이 진중해, 감히 접근하기 어렵다.

你不适合装深沉，有什么事求我，就直说吧。
Nǐ bú shìhé zhuāng shēnchén, yǒu shénme shì qiú wǒ, jiù zhíshuō ba.
너는 무게 잡는 게 안 어울리니까, 나한테 부탁할 거 있으면 솔직히 말해 봐.

0257 神奇 shénqí 신기하다, 기묘하다

这就是传说中的第六感？太神奇了！
Zhè jiù shì chuánshuō zhōng de dìliù gǎn? Tài shénqí le!
이게 말로만 듣던 육감인 거야? 정말 신기하다!

原来中国还有个这样神奇的地方啊!

Yuánlái Zhōngguó hái yǒu ge zhèyàng shénqí de dìfang a!

중국에 이렇게 신기한 곳이 있었다니!

0258 神圣 shénshèng 신성하다, 성스럽다　□□□

青海湖在我记忆中是个美丽而神圣的地方。

Qīnghǎihú zài wǒ jìyì zhōng shì ge měilì ér shénshèng de dìfang.

칭하이 호수는 내 기억 속에 아름답고 신성한 곳으로 남아 있다.

[단어] **青海湖** Qīnghǎi hú 青海省 동북부에 위치, 중국에서 가장 큰 내륙 호수이면서 함수호 (咸水湖)이다.

0259 慎重 shènzhòng 신중하다　유의 谨慎 jǐnshèn
　　　　　　　　　　　　　　　　　반의 轻率 qīngshuài 경솔하다, 신중하지 못하다　□□□

他不管做什么事都很草率，从不慎重考虑。

Tā bùguǎn zuò shénme shì dōu hěn cǎoshuài, cóng bù shènzhòng kǎolǜ.

저 녀석은 무슨 일을 해도 건성이고, 신중하게 생각하는 법이 없어.

当前市面上各种减肥产品良莠不齐，消费者要慎重选择。

Dāngqián shìmiàn shang gèzhǒng jiǎnféi chǎnpǐn liáng yǒu bù qí, xiāofèizhě yào shènzhòng xuǎnzé.

현재 시중에 각종 다이어트 제품이 넘쳐나고 있으니, 소비자들은 신중하게 선택해야 한다.

[단어] **良莠不齐** liáng yǒu bù qí 성 좋은 사람 나쁜 사람이 섞여 있다, 구분하기 힘들다

0260 生疏 shēngshū 생소하다, 낯설다, 관계가 멀어지다　유의 陌生 mòshēng　□□□

几年不见，曾经的闺蜜也变得生疏了。

Jǐ nián bú jiàn, céngjīng de guīmì yě biàn de shēngshū le.

몇 년 동안 못 만났더니, 예전에 절친했던 친구도 낯설어졌다.

[단어] **闺蜜** guīmì 아주 친한 친구

就算你装得和他很生疏，我也能一眼看穿你的鬼把戏。

Jiùsuàn nǐ zhuāng de hé tā hěn shēngshū, wǒ yě néng yì yǎn kànchuān nǐ de guǐbǎxì.

네가 저 친구와 모른 척해도, 난 단번에 네가 거짓말하는 걸 눈치챘어.

[단어] **鬼把戏** guǐbǎxì 속임수

▶(기계를 오랫동안 사용하지 않아) 미숙하다, 서툴다

好久没玩越野车了，感觉技术生疏了。
Hǎojiǔ méi wán yuèyěchē le, gǎnjué jìshù shēngshū le.
한동안 지프(jeep) 차를 안 탔더니, 운전이 손에 안 익는군.

生疏 vs 陌生

生疏는 만난 적이 없거나, 만난 횟수가 적어 잘 알지 못하거나, 사이가 가깝지 않은 것을 뜻하고, 陌生은 생소하고 익숙하지 않은 것을 뜻한다. 生疏는 사람에 대해 묘사하거나, (기계 등을) 오래 사용하지 않아 미숙함을 표현하기도 한다. 陌生은 사람만을 묘사한다.

我们俩的感情越来越生疏了。
Wǒmen liǎ de gǎnqíng yuèláiyuè shēngshū le.
우리 둘 사이가 갈수록 소원해지고 있어.

楼下有个陌生人在找你。
Lóuxià yǒu ge mòshēngrén zài zhǎo nǐ.
아래층에서 낯선 사람이 널 찾고 있어.

我的汉语有点儿生疏了。
Wǒ de hànyǔ yǒudiǎnr shēngshū le.
내 중국어가 입에서 약간 겉도는데.

0261 十足 shízú 충분하다, 넘쳐 흐르다, 순도가 높다 □□□

受到表扬之后，这群小伙子显得更加干劲十足。
Shòudào biǎoyáng zhīhòu, zhè qún xiǎohuǒzi xiǎnde gèngjiā gànjìn shízú.
칭찬을 듣고 나서, 젊은이들은 더욱 의욕이 넘쳐 보였다.

要是你们拿不出十足的证据，我们也不会放他的。
Yàoshi nǐmen nábuchū shízú de zhèngjù, wǒmen yě bú huì fàng tā de.
당신들이 확실한 증거를 못 내놓으면, 우리도 저 친구를 못 풀어 줍니다.

▶十足가 사람을 묘사할 때는, 뒤에 贬义词(biǎnyìcí : 폄의어)를 동반한다.

他是一个十足的大傻瓜。
Tā shì yí ge shízú de dà shǎguā.
저 친구는 진짜 명청이야.

神气十足 shén qì shí zú **성** 득의양양하고 자신 있다

斗赢了的公鸡 — 神气十足 **헐후**

dòuyíng le de gōngjī — shénqì shízú

싸움에서 이긴 수탉 — 의기양양하고 자신만만해하다 : 더없이 씩씩하고 자신만만하다

□□□

0262 **适宜** shìyí 알맞다, 적합하다 **유의** 适当 shìdàng

山东半岛地区空气清新，对于养老来说非常适宜。

Shāndōng bàndǎo dìqū kōngqì qīngxīn, duìyú yǎnglǎo láishuō fēicháng shìyí.

산동 반도 지역은 공기가 맑아, 노년을 보내기에 아주 적합하다.

挪威被选为世界上最适宜人类居住的国家。

Nuówēi bèi xuǎn wéi shìjiè shang zuì shìyí rénlèi jūzhù de guójiā.

노르웨이는 인류가 거주하기에 가장 좋은 국가로 선정되었다.

동 ~하기에 적합하다

昆明终年气候温润，长期居住非常适宜。

Kūnmíng zhōngnián qìhòu wēnrùn, chángqī jūzhù fēicháng shìyí.

쿤밍은 1년 내내 기후가 온난 습윤해서, 장기 거주하기에 적합하다.

[단어] **温润** wēnrùn 온난 습윤하다

最适宜养老的城市评选中，厦门荣登榜首。

Zuì shìyí yǎnglǎo de chéngshì píngsuǎn zhōng, Xiàmén róngdēng bǎngshǒu.

노후를 보내기에 가장 좋은 도시 선정에서 시아먼(하문)이 영예의 1위를 차지했다.

[단어] **荣登榜首** róngdēng bǎngshǒu 영광스럽게 수석을 차지하다

□□□

0263 **首要** shǒuyào 가장 중요하다 **유의** 重要 zhòngyào

반의 次要 cìyào 부차적이다

目前来讲，如何处理好劳资矛盾才是首要的问题。

Mùqián lái jiǎng, rúhé chǔlǐhǎo láozī máodùn cái shì shǒuyào de wèntí.

현재로서는 노사 문제를 어떻게 처리하느냐가 가장 중요한 문제이다.

联合国难民署的首要任务，是保障难民的权利及生活。
Liánhéguó nànmínshǔ de shǒuyào rènwù, shì bǎozhāng nànmín de quánlì jí shēnghuó.
유엔 난민 기구의 선결 과제는 난민의 권리 및 생활을 보장하는 것이다.

0264 舒畅 shūchàng 상쾌하다, 홀가분하다, 쾌적하다 유의 舒服 shūfu

换工作以后，我觉得比以前舒畅多了。
Huàn gōngzuò yǐhòu, wǒ juéde bǐ yǐqián shūchàngduō le.
직장을 옮기고 나서, 나는 전보다 훨씬 여유로워진 걸 느껴.

向大家坦白以后，他感觉心情舒畅。
Xiàng dàjiā tǎnbái yǐhòu, tā gǎnjué xīnqíng shūchàng.
모두에게 솔직히 털어 놓은 후에, 그는 마음이 가벼워졌다.

舒畅 vs 舒服

舒畅은 기분이나 정신적으로 유쾌한 것을 뜻하고, 舒服는 몸이나 느낌이 가볍고 편안한 것을 뜻한다. 舒畅은 사람에게만 쓰고, 舒服는 사람과 사물에 다 쓸 수 있다. 舒畅은 중첩할 수 없지만, 舒服는 중첩할 수 있다.

我心里很舒畅。Wǒ xīnli hěn shūchàng. 나는 마음이 편하다

身体很舒服。Shēntǐ hěn shūfu. 몸이 가볍다

舒舒服服地睡了一觉。Shūshufúfú de shuìle yì jiào. 편하게 한잠 잤다.

0265 疏远 shūyuǎn 소원하다, 멀다

原本亲密的两个人，却不知为何变得疏远了。
Yuánběn qīnmì de liǎng ge rén, què bù zhī wèihé biàn de shūyuǎn le.
원래 가까웠던 두 사람이, 무슨 일인지 소원해졌다.

 멀리하다

贤明的君主应该亲近贤臣，疏远小人。
Xiánmíng de jūnzhǔ yīnggāi qīnjìn xiánchén, shūyuǎn xiǎorén.
현명한 군주는 어진 신하를 가까이하고, 소인배를 멀리해야 한다.

0266 竖 shù 수직의, 세로의 **반의** 横 héng 가로의, 횡의

从汉字的笔画、结构上看，行书应当竖着写才好看。

Cóng Hànzì de bǐhuà、jiégòu shang kàn, xíngshū yīngdāng shùzhe xiě cái hǎokàn.

한자의 획수와 구조로 볼 때, 행서는 당연히 세로로 써야 보기 좋다.

동 똑바로 세우다

看完他精彩的表演后，连李导演也情不自禁地竖起了大拇指。

Kànwán tā jīngcǎi de biǎoyǎn hòu, lián Lǐ dǎoyǎn yě qíng bú zì jìn de shùqile dàmǔzhǐ.

그의 멋진 연기를 보고 나서, 이 감독까지도 자기도 모르게 엄지손가락을 번쩍 치켜세웠다.

🐵 **관련 표현**

柳眉倒竖 liǔ méi dào shù **성** (여자가) 화가 나서 눈썹을 치켜세우다

拆城隍庙竖土地庙 — 因小失大 **헐후**

chāi Chénghuángmiào shù tǔdìmiào — yīn xiǎo shī dà

성황묘를 헐고 토지신을 모신 사당을 세우다 — 작은 이익을 탐하다가 큰 것을 잃다 : 작은 일에 힘을 쓰다, 큰일을 그르치다

对着镜子竖拇指 — 自己夸自己 **헐후**

duìzhe jìngzi shù mǔzhǐ — zìjǐ kuā zìjǐ

거울을 보며 엄지손가락을 치켜들다 — 자기가 자기를 칭찬하다 : 자화자찬하다

0267 衰老 shuāilǎo 노쇠하다, 늙어 쇠약해지다

经历了这些打击之后，他一下子衰老了很多。

Jīnglìle zhèxiē dǎjī zhīhòu, tā yíxiàzi shuāilǎole hěn duō.

몇 번의 타격을 받고 나서, 그는 갑자기 폭삭 늙어 버렸다.

再神奇的化妆品，也只能做到延缓衰老。

Zài shénqí de huàzhuāngpǐn, yě zhǐnéng zuòdào yánhuǎn shuāilǎo.

아무리 신통한 화장품일지라도, 노화를 늦출 줄 뿐이다.

[단어] 延缓 yánhuǎn 늦추다, 연기하다

0268 爽快 shuǎngkuai 상쾌하다, 개운하다, 시원시원하다, 솔직하다 □□□

放假了，心情真是太爽快了，今天让自己好好睡个大懒觉。

Fàngjià le, xīnqíng zhēnshi tài shuǎngkuai le, jīntiān ràng zìjǐ
hǎohāo shuì ge dàlǎnjiào.

방학하니까 기분이 정말 날아갈 것 같아, 오늘은 늦잠이나 실컷 자야겠어.

你别这么婆婆妈妈了，快给我个爽快的答复。

Nǐ bié zhème pópomāmā le, kuài gěi wǒ ge shuǎngkuai de dáfù.

그렇게 질질 끌지 말고, 얼른 시원하게 대답해 줘요.

[단어] 婆婆妈妈 pópomāmā 수다스럽다, 미적거리다

0269 斯文 sīwen 고상하다, 점잖다, 얌전하다 **유의** 文雅 wényǎ □□□

他举止斯文没有半点轻浮，总是有礼貌地对待人。

Tā jǔzhǐ sīwen méiyǒu bàndiǎn qīngfú, zǒngshì yǒu lǐmào de
duìdài rén.

그는 행동거지가 점잖고 조금도 경망스럽지 않으며, 언제나 예의바르게 사람을 대한다.

💬 관련 표현

装斯文 zhuāng sīwén **관용** 얌전 떨다

饿猫不吃死耗子 — 假斯文 **헐후**

èmāo bù chī sǐ hàozi — jiǎ sīwén

배고픈 고양이가 죽은 쥐를 먹지 않다 — 점잖은 척하다 : 가식적이다

猴子戴眼镜 — 冒充斯文 **헐후**

hóuzi dài yǎnjìng — màochōng sīwén

원숭이가 안경을 쓰다 — 고상한 척하다

0270 踏实 tāshi 마음이 놓이다, 편안하다, 착실하다, 성실하다 **유의** 扎实 zhāshi □□□

有李老板您这句话我心里就踏实多了。

Yǒu Lǐ lǎobǎn nín zhè jù huà wǒ xīnli jiù tàshíduō le.

이 사장님의 말씀을 들으니 마음이 많이 놓이는군요.

只要你们踏踏实实地工作，一定能够大有作为。

Zhǐyào nǐmen tàtashíshí de gōngzuò, yídìng nénggòu dà yǒu zuò wéi.

자네들이 착실하게 일을 한다면, 틀림없이 크게 능력을 발휘할 날이 올 걸세.

[단어] 大有作为 dà yǒu zuò wéi 성 충분히 재주를 발휘할 여지가 있다

0271 贪婪 tānlán 매우 탐욕스럽다

正是由于人类贪婪的本性，自然才会被破坏成这样。

Zhèngshì yóuyú rénlèi tānlán de běnxìng, zìrán cái huì bèi pòhuài chéng zhèyàng.

사람들의 탐욕스러운 본성 때문에, 자연이 이토록 훼손된 것이다.

我并不是一个贪婪的人，我只想要回我应得的那份。

Wǒ bìng bú shì yí ge tānlán de rén, wǒ zhǐ xiǎng yàohuí wǒ yīng dé de nà fèn.

난 결코 욕심쟁이가 아니에요, 난 그저 내가 당연히 돌려 받아야 할 몫을 받으려는 것뿐이라고요.

[단어] 要回 yàohuí 되찾다, 되돌려 받다

🗨 관련 표현

贪婪无厌 tān lán wú yàn 성 탐욕스러워 영원히 만족하지 못하다

吃着碗里瞧着锅里 — 贪婪 헐후

chīzhe wǎnli qiáozhe guōli —tānlán

밥그릇에 담긴 것을 먹으면서 솥 안의 것을 쳐다보다 — 매우 탐욕스럽다 : 만족할 줄 모르다

贪婪鬼赴宴 — 贪吃贪喝 헐후

tānlánguǐ fùyàn — tān chī tān hē

욕심쟁이가 잔치에 가다 — 게걸스럽게 먹고 마시다 : 욕심내다

0272 坦白 tǎnbái 담백하다, 솔직하다 유의 坦率 tǎnshuài

坦白讲，我和她只是萍水相逢，我们根本是两个世界里的人。

Tǎnbái jiǎng, wǒ hé tā zhǐshì píng shuǐ xiāng féng, wǒmen gēnběn shì liǎng ge shìjiè li de rén.

솔직히 말해서, 나와 그녀는 오다가다 알게 된 것 뿐이야, 우리는 전혀 딴 세상 사람들이라고.

[단어] 萍水相逢 píng shuǐ xiāng féng 성 서로 모르는 사람끼리 우연히 만나 알게 되다

동 (잘못이나 죄를) 숨김없이 털어놓다

我希望大家都在场的时候，你向我们坦白一切。

Wǒ xīwàng dàjiā zài chǎng de shíhou, nǐ xiàng wǒmen tǎnbái yí qiè.

나는 다들 같이 있을 때, 네가 우리에게 모든 걸 솔직히 말해 줬음 좋겠어.

관련 표현

胸怀坦白 xiōng huái tǎn bái **성** 사심이 없고 공명정대하다, 마음이 담백하다

坦白 vs 坦率

坦白는 마음이 순수하고, 말을 허심탄회하게 하는 것이고, 坦率는 말이나 행동을 거리낌 없이 하는 것을 뜻한다. 坦白는 주로 사람의 마음, 도량을 묘사하고, 坦率는 사람의 성격과 행동 방식을 묘사한다.

他坦率地对我说 그가 솔직히 나에게 말하길
tā tǎnshuài de duì wǒ shuō

她心地坦白 그녀는 본심이 솔직하다
tā xīndì tǎnbái

0273 特定 tèdìng 특정한, 특별히 지정한, 일반과 다른 시기·장소·사람·사물 □□□

▶관형어로만 쓴다.

分析这个问题时，我们首先要考虑当时特定的社会环境。

Fēnxī zhège wèntí shí, wǒmen shǒuxiān yào kǎolù dāngshí tèdìng de shèhuì huánjìng.

이 문제를 분석할 때, 우리는 먼저 당시의 특수한 사회 환경을 고려해야 한다.

관련 표현

特定的任务 tèdìng de rènwù 특정한 임무

特定的历史时期 tèdìng de lìshǐ shíqī 특수한 역사적 시대

特定的身份 tèdìng de shēnfen 특정한 신분

特定地区 tèdìng dìqū 특정 지역

408

0274 天生 tiānshēng 타고난, 선천적인, 자연적으로 생긴

他对音乐的理解是天生的，得益于父母的优秀遗传基因。

Tā duì yīnyuè de lǐjiě shì tiānshēng de, déyìyú fùmǔ de yōuxiù yíchuán jīyīn.

그의 음악에 대한 이해력은 타고난 것으로, 부모의 좋은 유전자를 받은 덕분이다.

[단어] 得益于 déyìyú ~ 덕분이다

容貌是天生的，但是气质却是可以通过后天培养的。

Róngmào shì tiānshēng de, dànshì qìzhì què shì kěyǐ tōngguò hòutiān péiyǎng de.

생김새는 선천적인 것이지만, 기풍(아우라 Aura)은 후천적으로 만들어 가는 것이다.

관련 표현

金鸡配凤凰 — 天生的一对 [헐후]

jīnjī pèi fènghuáng — tiānshēng de yí duì

금계가 봉황과 결혼하다 — 천생연분이다

天生的歪脖子 — 更改不掉 [헐후]

tiānshēng de wāibózi — gēnggǎibudiào

천성적으로 비뚫어진 목 — 고칠 수 없다 : 바꿀 수 없다

0275 挺拔 tǐngbá 우뚝하다, 높이 (치)솟다, 힘차다

穿上正装之后，整个人看上去更加挺拔了。

Chuānshàng zhèngzhuāng zhīhòu, zhěnggè rén kànshangqu gèngjiā tǐngbá le.

정장을 입으니 사람 자체가 더 늠름해 보인다.

这些白杨树就像站岗的军人，挺拔地矗立在道路两旁。

Zhè xiē báiyángshù jiù xiàng zhàngǎng de jūnrén, tǐngbá de chùlìzài dàolù liǎngpáng.

이 백양나무들은 보초를 서는 군인처럼 도로 양쪽에 꿋꿋하게 서있다.

[단어] 站岗 zhàngǎng 직무를 수행하다, 근무를 하다 / 矗立 chùlì 우뚝 솟다, 우뚝 서다

他笔下的牡丹色彩浓重，格调浓丽，他画的雄鸡笔力挺拔。

Tā bǐxià de mǔdan sècǎi nóngzhòng, gédiào nónglì, tā huà de xióngjī bǐlì tǐngbá.

그가 그려낸 목단은 색채가 진하고, 스타일이 화려하며, 그가 그린 수탉은 필선이 힘차다.

0276 通俗 tōngsú (내용이나 글이) 통속적이다, 대중적이다

他的文学作品通俗易懂，深受广大读者的喜爱。

Tā de wénxué zuòpǐn tōngsú yìdǒng, shēshòu guǎngdà dúzhě de xǐ'ài.

그의 문학 작품은 대중적이고 이해가 쉬워, 많은 독자들의 사랑을 듬뿍 받고 있다.

0277 投机 tóujī 의기 투합하다, 견해가 일치하다 [BCT2]

他们在派对上认识，说起话来很快就投机了。

Tāmen zài pàiduì shàng rènshi, shuō qǐ huà lái hěn kuài jiù tóujī le.

그들은 파티에서 만났는데, 얘기를 시작하자마자 금방 말이 통했다.

[단어] 派对 pàiduì 파티(party)

🅱 투기하다

他们的投机心理太重，甚至还抱着一种侥幸心理。

Tāmen de tóujī xīnlǐ tài zhòng, shènzhì hái bàozhe yì zhǒng jiǎoxìng xīnlǐ.

그들의 투기 심리가 너무 강하고, 심지어 요행 심리마저 갖고 있다.

🗨 관련 표현

投机取巧 tóu jī qǔ qiǎo 🅢 기회를 틈타 사리사욕을 취하다, 요행으로 목적을 달성하다

投机倒把 tóu jī dǎo bǎ 🅢 투기로 폭리를 취하다

酒逢知己千杯少, 话不投机半句多 속담

jiǔ féng zhījǐ qiān bēi shǎo, huà bù tóujī bàn jù duō

술이 지기를 만나면 천 잔도 부족하고, 말이 통하지 않으면 반 마디 말도 많다 : 견해가 다르면 서로 이야기할 수 없다

0278 秃 tū 머리카락이 없다(벗어지다), 깃털이 없다, (나무가) 앙상하다, 물체의 끝이 무뎌지다

放化疗后，爸爸的头发都秃了，现在只好戴帽子。

Fànghuàliáo hòu, bàba de tóufa dōu tū le, xiànzài zhǐhǎo dài màozi.

방사선 화학 치료를 받고, 아버지의 머리카락이 다 빠져 버려서, 지금은 모자를 쓰실 수밖에 없다.

路边光秃秃的树枝在月光的照耀下显得更加凄凉。

Lùbiān guāngtūtū de shùzhī zài yuèguāng de zhàoyàoxià xiǎnde gèngjiā qīliáng.

길가의 앙상한 나뭇가지가 달빛 아래 더욱 처량해 보였다.

这支钢笔我用了5年了，尖儿都已磨秃了。

Zhè zhī gāngbǐ wǒ yòngle wǔ nián le, jiānr dōu yǐ mótū le.

이 만년필은 5년째 쓰고 있는데, 펜 끝이 이미 다 닳았다.

0279 妥当 tuǒdang 타당하다, 적당하다 **유의** 妥善 tuǒshàn

참고 妥当性 tuǒdàngxìng 타당성

遇到这样的事，应当老总出面处理才妥当吗？

Yùdào zhèyàng de shì, yīngdāng lǎozǒng chūmiàn chǔlǐ cái tuǒdang ma?

이런 일에 직면했을 때, 사장님께서 나서서 처리하시는 게 타당한가요?

现在除了协议书，就没有更妥当的办法了。

Xiànzài chúle xiéyìshū, jiù méiyǒu gèng tuǒdang de bànfǎ le.

지금으로선 합의서 말고는, 더 나은 방법이 없을 것 같군요.

0280 妥善 tuǒshàn 나무랄 데 없다, 알맞다, 적절하다 **유의** 妥当 tuǒdang

外交部表示希望印巴两国妥善解决领土争议。

Wàijiāobù biǎoshì xīwàng Yìn Bā liǎngguó tuǒshàn jiějué lǐngtǔ zhēngyì.

외교부는 인도와 파키스탄 양국이 영토 분쟁을 원만히 해결하길 바란다고 표했다.

我们还是派张老师去处理妥善一些。

Wǒmen háishi pài Zhāng lǎoshī qù chǔlǐ tuǒshàn yìxiē.

우리는 아무래도 장 선생님을 보내 처리하는 것이 좀 더 나을 것 같네요.

你家的小狗几乎天天都在不停地叫唤，闹得四邻不安，请妥善处理，好吗？

Nǐ jiā de xiǎogǒu jīhū tiāntiān dōu zài bùtíng de jiàohuan, nào de sìlín bù' ān, qǐng tuǒshàn chǔlǐ, hǎo ma?

댁네 강아지가 거의 매일 계속 짖어대서, 이웃들이 불안에 휩싸여 있어요. 잘 좀 처리해 주시겠어요?

0281 **外行** wàiháng (어떤 일에 대해) 문외한이다 [BCT1]

[반의] **内行** nèiháng 숙련되다, 능숙하다, 전문가

你不懂就说不懂吧，别老在业内人士面前说外行话了。

Nǐ bù dǒng jiù shuō bù dǒng ba, bié lǎo zài yènèi rénshì miànqián shuō wàiháng huà le.

자네 모르면 그냥 모른다고 하게, 괜히 업계 사람들 앞에서 엉뚱한 소리 하지 말고.

명 문외한, 비전문가

他当初虽然是一把手，可外界很多人都认为他是个外行。

Tā dāngchū suīrán shì yìbǎshǒu, kě wàijiè hěn duō rén dōu rènwéi tā shì ge wàiháng.

당시에 그는 이미 전문가였음에도, 외부 사람들은 그가 문외한이라 여기고 있었다.

0282 **外向** wàixiàng (성격이) 외향적이다, 대외 지향적인

[반의] **内向** nèixiàng 내향적이다

我姐姐是典型的小女子，我却是性格外向、喜欢开玩笑的女汉子。

Wǒ jiějie shì diǎnxíng de xiǎonǚzi, wǒ què shì xìnggé wàixiàng、xǐhuan kāiwánxiàode nǚhànzi.

우리 언니는 전형적인 얌전한 여자이고, 나는 성격이 외향적이고 농담을 좋아하는 여자 도령이야.

[단어] **女汉子** nǚhànzi [신조어] 남자 같은 성격을 가진 여성

世界经济"寒流"来袭，对我国外向型企业产生的影响较大。

Shìjiè jīngjì "hánliú" lái xí, duì wǒguó wàixiàngxíng qǐyè chǎnshēng de yǐngxiǎng jiào dà.

세계 경제에 한파가 몰아쳐, 우리나라의 수출 지향형 기업에 미친 영향이 비교적 크다.

[단어] **袭** xí 습격하다, 기습하다 / **外向型企业** wàixiàngxíng qǐyè 수출 지향형 기업

관련 표현

外向型 wàixiàngxíng 외향형, 적극적인 형태, 수출 지향형

外向性 wàixiàngxìng 외향성

外向力 wàixiànglì 외국 시장에 대응하는 능력

0283 完备 wánbèi 완비되어 있다, 모두 갖추다, 완전하다

유의 完善 wánshàn, 完美 wánměi

研究所的设施还不够完备, 需要添置一些东西。

Yánjiūsuǒ de shèshī hái búgòu wánbèi, xūyào tiānzhì yì xiē dōngxi.

연구소 시설은 아직 완벽하지 않으니, 물건들을 더 채워야 해요.

关于第二期隧道工程的上马, 我们已经具有了完备的条件。

Guānyú dì'èr qī suìdào gōngchéng de shàngmǎ, wǒmen yǐjing jùyǒule wánbèi de tiáojiàn.

제2기 터널 공사의 착수에 있어, 우리는 이미 모든 준비를 마쳤다.

[단어] 隧道 suìdào 굴, 터널 / 上马 shàngmǎ 시작되다, 착수하다

完备 vs 完善 vs 完美

完备는 충분한 조건을 갖추고 있음을 강조하여 기초와 조건에 관련된 단어에 쓰이고, 完善은 허점이나 결함이 없음을 강조하여 건축이나 의식 형태에 많이 쓰이며, 完美는 흠잡을 데가 없이 완벽함을 강조해 사람, 생김새, 동작, 언어 등에 쓰인다.

条件完备 tiáojiàn wánbèi 조건을 완비하다
完备的证据 wánbèi de zhèngjù 구비된 증거

完善管理制度 wánshàn guǎnlǐ zhìdù 관리 제도를 보완하다
设施完善 shèshī wánshàn 시설이 나무랄 데 없다

性格完美 xìnggé wánměi 성격이 완벽하다
完美的动作 wánměi de dòngzuò 완벽한 동작

0284 顽固 wángù 완고하다, 고집스럽다 유의 固执 gùzhí

반의 开明 kāimíng 깨어 있다, 진보적이다

你也太顽固了, 人家说句不好听的话, 你立刻就翻脸。

Nǐ yě tài wángù le, rénjiā shuō jù bù hǎotīng de huà, nǐ lìkè jiù fānliǎn.

당신도 참 고지식하세요, 남이 듣기 싫은 말 좀 한다고, 바로 얼굴을 붉히다니.

🅜 고집불통, 벽창호

我爸爸是个出了名的老顽固, 他不会轻易改变主意的。

Wǒ bàba shì ge chūle míng de lǎowángù, tā bú huì qīngyì gǎibiàn zhǔyì de.

우리 아버지는 소문난 벽창호셔, 그러니 쉽게 생각을 바꾸시진 않을 거야.

死顽固 sǐ wángù 매우 완고하다 / 顽固派 wángùpài 보수주의자

北极的冰川 — 顽固不化 헐후

běijí de bīngchuān — wángù bú huà

북극의 빙하 — 고집이 세서 녹지 않다 : 고집불통이다, 매우 완고하다

不碰南墙不回头 — 顽固到底 헐후

bú pèng nánqiáng bù huítóu — wángù dàodǐ

남쪽의 벽에 부딪치지 않으면 돌아보지 않는다 — 끝까지 고집부리다 : (고집이 세서) 실패를 맛 보지 않고서는 절대 포기하지 않다

0285 顽强 wánqiáng 완강하다, 강경하다 유의 坚强 jiānqiáng

他们以顽强的斗争精神去战胜一切困难。

Tāmen yǐ wánqiáng de dòuzhēng jīngshén qù zhànshèng yíqiè kùnnan.

그들은 완강한 투쟁 정신으로 모든 어려움을 이겨냈다.

这几年来，他一直顽强地跟疾病做斗争。

Zhè jǐ nián lái, tā yìzhí wánqiáng de gēn jíbìng zuò dòuzhēng.

몇 년 동안 그는 필사적으로 질병과 싸워 왔다.

> **顽强 vs 坚强**
>
> 顽强은 강인함을 강조하고, 坚强은 흔들리지 않고 꿋꿋함을 강조한다. 顽强은 주로 부 사어로 쓰이고, 坚强은 주로 관형어로 쓰인다.
>
> **顽强抵抗** wánqiáng dǐkàng 완강히 저항하다
> **顽强战斗** wánqiáng zhàndòu 필사적으로 전투하다
>
> **坚强的信念** jiānqiáng de xìnniàn 굳건한 믿음
> **坚强的意志** jiānqiáng de yìzhì 강건한 의지

0286 为难 wéinán 난처하다, 난감하다, 곤란하다, 딱하다 유의 难为 nánwei

该说的我已经都说了，你再不走我会很为难的。

Gāi shuō de wǒ yǐjīng dōu shuō le, nǐ zài bù zǒu wǒ huì hěn wéinán de.

할 얘긴 다 했으니, 자네가 더 머뭇거리면 내가 난처해질 거야.

📵 난처하게 만들다

你知道我数学一向不好，就别拿数学题来为难我了。

Nǐ zhīdào wǒ shùxué yíxiàng bù hǎo, jiù bié ná shùxuétí lái wéinán wǒ le.

내가 수학에 약한 거 알면서, 괜히 수학 문제 갖고 날 난처하게 만들지 마.

为难 vs 难为

为难과 难为는 모두 '난처하거나 어떻게 처리할지 난감하다'의 뜻을 갖고 있다. 为难은 형용사와 동사로 쓰이고, 难为는 동사로만 쓰인다.

我感到很为难。 Wǒ gǎndào hěn wéinán. 내가 난감하더군.
我感到很难为。(X)

你别为难(难为)我了。 날 난처하게 하지 말아 줘.
Nǐ bié wénnán(nánwei) wǒ le.

0287 蔚蓝 wèilán (맑은 하늘처럼) 짙푸른, 쪽빛의 　□□□

我们俩躺在草地上看着蔚蓝的天空。

Wǒmen liǎ tǎngzài cǎodì shang kàn zhe wèilán de tiānkōng.

우리는 잔디밭에 누워 파란 하늘을 바라보았다.

蔚蓝色的大海，本来是海鸥的乐园。

Wèilánsè de dàhǎi, běnlái shì hǎi'ōu de lèyuǎn.

짙푸른 바다는 원래 갈매기의 낙원이지.

0288 温和 wēnhé (기후가) 따뜻하다, 온난하다, 　□□□

(성정·태도·말투가) 온화하다, 부드럽다 **유의** 温柔 wēnróu

这两天天气比较温和，白天都在25度左右。

Zhè liǎng tiān tiānqì bǐjiào wēnhé, báitiān dōu zài èrshíwǔ dù zuǒyòu.

요즈음 날씨가 비교적 따뜻해서, 낮에는 25도 정도를 유지한다.

再温和的人一旦被逼到绝境，也会变得张牙舞爪的。

Zài wēnhé de rén yídàn bèi bīdào juéjìng, yě huì biàn de zhāng yá wǔ zhǎo de.

아무리 순한 사람이라도 궁지에 몰리면, 날을 세우게 되는 법이야.

[단어] 绝境 juéjìng 궁지, 절망적 상태 / 张牙舞爪 zhāng yá wǔ zhǎo **성** 몹시 난폭한 행동을 하다

0289 文雅 wényǎ (언행이나 태도 따위가) 품위가 있다, 우아하다, 단아하다

我朋友让我帮他孩子起个文雅的名字。
Wǒ péngyou ràng wǒ bāng tā háizi qǐ ge wényǎ de míngzi.
내 친구는 나더러 자기 아이한테 단아한 이름을 지어 달라고 한다.

她秀丽而不失文雅, 站在那里, 恰似仙女下凡啊!
Tā xiùlì ér bù shī wényǎ, zhànzài nàli, qiàsì xiānnǚ xiàfán a!
그녀는 수려하면서도 우아함을 잃지 않는 모습으로 저쪽에 서 있는데, 마치 선녀가 내려온 것 같다!

[단어] **恰似** qiàsì 마치 ~와 같다 / **下凡** xiàfán (신선이) 속세로 내려오다

0290 乌黑 wūhēi 새까맣다, 칠흑 같다, 깜깜하다

孩子的眼睛总是那么乌黑透亮, 天真无邪。
Háizi de yǎnjing zǒngshì nàme wūhēi tòuliàng, tiānzhēn wú xié.
아이의 눈은 그렇게 까맣고 반짝이며, 순진무구하지.

[단어] **天真无邪** tiān zhēn wú xié **성** 순진하다, 사악함이 없다

吹了一天的风, 这时停止了, 但夜空一片乌黑, 没有一颗星星。
Chūile yìtiān de fēng, zhèshí tíngzhǐ le, dàn yèkōng yí piàn wūhēi,
méiyǒu yì kē xīngxing.
하루 종일 바람이 불다가, 이제 가라앉았는데, 밤하늘은 칠흑 같고, 별이 하나도 안 떴다.

0291 **无比** wúbǐ 더 비할 바가 없다, 아주 뛰어나다

▶주로 좋은 방면에 쓴다.

她天生能歌善舞，具有无比优越的艺术天赋。

Tā tiānshēng néng gē shàn wǔ, jùyǒu wúbǐ yōuyuè de yìshù tiānfù.

저 앤 선천적으로 가무에 능해, 대단히 뛰어난 예술적 소질을 타고났다고.

拿到录取通知书时，他感到无比的喜悦。

Nádào lùqǔ tōngzhīshū shí, tā gǎndào wúbǐ de xǐyuè.

합격 통지서를 받았을 때, 그는 비할 수 없는 기쁨을 느꼈다.

관련 표현

无与伦比 wú yǔ lún bǐ (성) 비교가 안 된다, 견줄 데가 없다, 탁월하다

0292 **无偿** wúcháng 무상의, 보수가 없는

这些导盲犬都是无偿提供给盲人使用的。

Zhèxiē dǎomángquǎn dōu shì wúcháng tígòng gěi mángrén shǐyòng de.

이 맹인 안내견들은 모두 맹인들이 사용할 수 있도록 무상으로 지급된 것이다.

[단어] **导盲犬** dǎomángquǎn 맹도견, 맹인 안내견

前天和今天来了两位中医，都是来无偿为她们治疗的。

Qiántiān hé jīntiān láile liǎng wèi zhōngyī, dōu shì lái wúcháng wèi tāmen zhìliáo de.

그저께와 오늘 한의사 두 분이 오셨는데, 모두 무상으로 그녀들을 치료해 주었다.

0293 **无耻** wúchǐ 수치를 모르다, 뻔뻔스럽다

拿着公家的钱去胡乱消费的行为是无耻至极的。

Názhe gōngjiā de qián qù húluàn xiāofèi de xíngwéi shì wúchǐ zhìjí de.

공금을 가지고 함부로 막 쓰는 행위는 극도로 뻔뻔스러운 짓이다.

她为了保住儿子的地位做了一件很无耻的事情。

Tā wèile bǎozhù érzi de dìwèi zuòle yí jiàn hěn wúchǐ de shìqing.

그녀는 아들의 지위를 지키기 위해 파렴치한 일을 저질렀다.

无耻之尤 wú chǐ zhī yóu **성** 아주 염치가 없다

厚颜无耻 hòu yán wú chǐ **성** 후안무치하다, 뻔뻔스럽게 부끄러운 줄 모르다

0294 无辜 wúgū 무고하다, 죄가 없다 □□□

按事情的发展过程分析，他确实是无辜的。
Àn shìqing de fāzhǎn guòchéng fēnxī, tā quèshí shì wúgū de.
사건의 전개 과정을 분석해 볼 때, 그는 확실히 죄가 없다.

我相信他不会伤害无辜的人。
Wǒ xiāngxìn tā bú huì shānghài wúgū de rén.
나는 그가 무고한 사람을 해칠 리 없다고 믿는다.

猫儿偷食狗挨打 — 无辜受累 **헐후**
māor tōushí gǒu áidǎ —wúgū shòulèi
음식은 고양이가 훔치고 맞기는 개가 맞다 — 무고하게 연루되다 : 괜한 고생을 하다

没头发却要辫子税 — 无辜受罪 **헐후**
méi tóufa què yào biànzi shuì —wúgū shòuzuì
머리카락도 없는데 변발세를 내다 — 무고하게 고생하다 : 괜한 고생하다

0295 无赖 wúlài 무뢰하다, 막돼먹다 □□□

见过无赖的，但是没见过你这么无赖的。
Jiànguo wúlài de, dànshì méi jiànguo nǐ zhème wúlài de.
무뢰한 사람을 보긴 했어도, 너처럼 이렇게 막돼먹은 놈은 처음이야.

他有时很霸道，有时很无耻、很风流、很无赖。
Tā yǒushí hěn bàdào, yǒushí hěn wúchǐ、hěn fēngliú、hěn wúlài.
그는 때로는 포악스럽기도 하고, 때론 뻔뻔하고 방탕하고 무뢰하다.

[단어] 霸道 bàdào 포악하다, 횡포하다

泼妇骂街 — 耍无赖 **헐후**
pōfù mà jiē — shuǎ wúlài
사나운 여자가 길에서 마구 욕지거리를 해대다 — 행패를 부리다

418

通往成功的路狭窄且拥挤，每个人都削尖了头往里挤。

Tōngwǎng chénggōng de lù xiázhǎi qiě yōngyǐ, měi ge rén dōu xiāojiānle tóu wǎng lǐ jǐ.

성공으로 가는 길은 좁고 붐비기 때문에, 사람들은 모두 머리를 들이대고 안으로 들어가려 애쓴다.

[단어] 削尖 xiāojiān 끝을 깎아 날카롭게 하다

狭窄 vs 狭隘

狭窄는 객관적으로 묘사하는 느낌이 있고, 狭隘는 주관적으로 평가하는 어감이 강하다. 狭窄는 주로 사람의 속마음이나 도로, 복도, 골목 등을 묘사하고, 狭隘는 산길이나 안목, 속마음, 경험 등을 묘사한다.

狭窄的胡同　좁은 골목
xiázhǎi de hútòng

不能只凭狭隘的经验。
Bù néng zhǐ píng xiá'ài de jīngyàn.
얄팍한 경험만 믿어선 안 된다.

他是心地狭窄(狭隘)的人。
Tā shì xīndì xiázhǎi(xiá'ài) de rén.
그 친구 속이 좁은 사람이야.

0301 先进 xiānjìn 선진의, 남보다 앞선, 진보적인　□□□

公司引进先进设备后，产量增加了一倍。

Gōngsī yǐnjìn xiānjìn shèbèi hòu, chǎnliàng zēngjiāle yí bèi.

회사에 최신 설비를 들여온 후로, 생산량이 두 배가 늘었다.

这所大学不仅历史悠久，而且拥有先进的科学技术和教学方法。

Zhè suǒ dàxué bùjǐn lìshǐ yōujiǔ, érqiě yōngyǒu xiānjìn de kēxué jìshù hé jiàoxué fāngfǎ.

이 대학은 역사가 깊을 뿐 아니라, 선진적인 과학 기술과 교육 방법을 보유하고 있다.

명 선진적인 인물

学先进超先进。

Xué xiānjìn chāo xiānjìn.

앞서가는 사람을 배워서 그 사람을 앞지르다.

0302 鲜明 xiānmíng (색깔이) 선명하다, 분명하다,
(태도·관점·가치·특색 등이) 명확하다

画面的色彩很鲜明，暗红色的背景烘托出了人物。
Huàmiàn de sècǎi hěn xiānmíng, àn hóngsè de bèijǐng hōngtuō
chūle rénwù.
그림 속의 색채가 매우 선명하고, 암홍색의 배경이 인물을 부각시키고 있다.

[단어] 景烘 hōngtuō 부각시키다, 돋보이게 하다

他的态度很鲜明，说什么都不帮这个忙。
Tā de tàidù hěn xiānmíng, shuō shénme dōu bù bāng zhège máng.
그의 태도는 분명해서, 무슨 말을 해도 이 일을 도와주려 하지 않았다.

0303 贤惠 xiánhuì 어질고 총명하다, 품성이 곱다, 현모양처이다

几乎每个男人都想找一个既贤惠又漂亮的妻子。
Jīhū měi ge nánrén dōu xiǎng zhǎo yí ge jì xiánhuì yòu piāoliang
de qīzi.
거의 모든 남자들이 어질고 예쁜 아내를 얻고 싶어 한다.

0304 显著 xiǎnzhù 현저하다, 뚜렷하다, 두드러지다 BCT1
[유의] 明显 míngxiǎn

随着产业结构的变化，就业结构也发生了显著的变化。
Suízhe chǎnyè jiégòu de biànhuà, jiùyè jiégòu yě fāshēngle xiǎnzhù
de biànhuà.
산업 구조의 변화에 따라, 취업 구조에도 뚜렷한 변화가 생겼다.

自信的人有个显著的特点，那便是有一双炯炯有神的眼睛。
Zìxìn de rén yǒu ge xiǎnzhù de tèdiǎn, nà biàn shì yǒu yì shuāng
jiǒng jiǒng yǒu shén de yǎnjing.
자신감이 넘치는 사람들에게는 뚜렷한 특징이 있는데, 그건 반짝이고 생기가 넘치는 눈을 가졌다
는 것이다.

[단어] 炯炯有神 jiǒng jiǒng yǒu shén ❸ 눈이 반짝이고 생기 있다

在老师的耐心指导下，同学们的朗读水平显著地提高了。
Zài lǎoshī de nàixīn zhǐdǎo xia, tóngxuémen de lǎngdú shuǐpíng
xiǎnzhù de tígāo le.
선생님의 꾸준한 지도하에, 반 친구들의 낭독 수준이 눈에 띄게 향상되었다.

显著 vs 明显

显著는 아주 뚜렷한 것을 뜻하고, 明显은 분명하게 드러나서 쉽게 보고 느낄 수 있는 것을 뜻한다. 显著는 주로 추상 명사를 수식하고, 明显은 구체적인 명사와 추상 명사를 모두 수식한다.

投资环境有了显著(明显)的改善。
Tóuzī huánjìng yǒule xiǎnzhù(míngxiǎn) de gǎishàn.
투자 환경이 확실히 개선되었다.

字迹已经不明显了。(O) / 字迹已经不显著了。(X)
Zìjì yǐjing bù míngxiǎn le.
필적이 이미 분명하지 않다.

▶明显은 문장 앞에 단독으로 쓰여 부사어 역할을 하기도 한다.

很明显，他的意思是暗杀日本走狗。(O) / * 很显著 (X)
Hěn míngxiǎn, tā de yìsi shì ànshā Rìběn zǒugǒu.
분명히, 그의 의도는 일본 앞잡이를 암살하는 거야.

0305 现成 xiànchéng 이미 만들어져 있는, 기성의, 원래부터 있는

原材料都是现成的，你们下订单明天就交货。
Yuáncáiliào dōu shì xiànchéng de, nǐmen xià dìngdān míngtiān jiù jiāohuò.
원자재는 이미 만들어져 있으니, 주문을 하시면 내일 바로 납품합니다.

每天回家吃现成饭菜的感觉肯定很棒。
Měitiān huíjiā chī xiànchéng fàncài de gǎnjué kěndìng hěn bàng.
매일 집에 돌아가 누가 해준 밥을 먹는 기분은 틀림없이 좋을 거야.

现在有些朋友，"吃现成饭"思维很重。
Xiànzài yǒuxiē péngyou, "chī xiànchéngfàn" sīwéi hěn zhòng.
요즘 어떤 친구들은 '남에게 얹혀 가려는' 생각이 깊이 박혔더라고.

🐶 관련 표현

吃现成饭 chī xiànchéng fàn (관용) 남이 해 놓은 것을 가만히 앉아서 누리다

架着的锅，点着的火 — 样样现成 (헐후)
jiàzhe de guō, diǎnzháo de huǒ — yàng yàng xiànchéng
걸려 있는 솥, 점화된 불 — 여러 가지가 갖추어져 있다 : 이미 갖추어져 있다

0306 响亮 xiǎngliàng (소리가) 낭랑하다, 우렁차다

유의 嘹亮 liáoliàng, 洪亮 hóngliàng
반의 低沉 dīchén (소리가) 나지막하다

爸爸朗诵诗的声音很响亮，妈妈愿意听。
Bàba lǎngsòng shī de shēngyīn hěn xiǎngliàng, māma yuànyì tīng.
아빠가 시를 낭송하는 목소리는 낭랑해서, 엄마가 듣고 싶어 하신다.

声音不够响亮，继续喊！
Shēngyīn bú gòu xiǎngliàng, jìxù hǎn!
목소리에 힘이 덜 들어갔다, 계속 소리 질러!

他突然听到台下有人在为他鼓掌，那一声非常响亮。
Tā tūrán tīngdào tái xià yǒu rén zài wèi tā gǔzhǎng, nà yì shēng
fēicháng xiǎngliàng.
그는 문득 무대 아래에서 누군가가 자신을 위해 박수 치는 소리를 들었는데, 그 소리가 굉장히 우렁찼다.

响亮 vs 嘹亮 vs 洪亮

响亮은 사람의 외침, 부르는 소리, 박수소리와 북소리 등을 묘사하고, 嘹亮은 멀리 울려 퍼지는 노랫소리, 나팔소리 등을 묘사하고, 洪亮은 사람의 목청, 말소리, 종소리 등을 묘사한다.

请响亮地回答! 힘찬 목소리로 대답하세요!
Qǐng xiǎngliàng de huídá.

愿嘹亮的歌声陪伴着你。 낭랑한 노랫소리가 너와 함께했으면 해.
Yuàn liáoliàng de gēshēng péibànzhe nǐ.

他的嗓音非常洪亮。 그의 목청은 아주 시원스럽다.
Tā de sǎngyīn fēicháng hóngliàng.

0307 潇洒 xiāosǎ 멋스럽다, 거리낌 없다, 품위 있다

他很潇洒地打开车门，让夫人先上车。
Tā hěn xiāosǎ de dǎkāi chēmén, ràng fūrén xiān shàng chē.
그는 신사답게 차문을 열더니, 부인을 먼저 차에 오르게 했다.

既然来世，就潇洒走一回吧。
Jìrán lái shì, jiù xiāosǎ zǒu yì huí ba.
세상에 온 이상, 멋지게 한 번 살아 보자고.

0308 协调 xiétiáo 어울리다, 조화롭다

这两种颜色是很协调的,可以再选择一根咖啡色皮带。

Zhè liǎng zhǒng yánsè shì hěn xiétiáo de, kěyǐ zài xuǎnzé yì gēn kāfēisè pídài.

이 두 색은 잘 어울려요. 여기에 커피색 가죽 벨트를 선택하면 좋겠네요.

书的内容和插画很协调。

Shū de nèiróng hé chāhuà hěn xiétiáo.

책의 내용과 삽화가 잘 맞는다.

作为一名陈列设计师，要有很强的色彩协调能力。

Zuòwéi yì míng chénliè shèjìshī, yào yǒu hěn qiáng de sècǎi xiétiáo nénglì.

전시 디자이너는 고도의 색채 조합 능력이 있어야 한다.

🕓 협조하다, 어울리게 하다, 조율하다 [BCT1]

班长协调好大家的意见，到时候汇报给我。

Bānzhǎng xiétiáo hǎo dàjiā de yìjiàn, dào shíhou huìbàogěi wǒ.

반장은 모두의 의견을 조율해서 나한테 보고하도록 해요.

0309 辛勤 xīnqín 부지런하다, 근면하다 유의 **辛苦** xīnkǔ

这里的一切都是大家辛勤劳动的结晶，我不允许任何人在这里肆意搞破坏。

Zhèlǐ de yíqiè dōu shì dàjiā xīnqín láodòng de jiéjīng, wǒ bù yǔnxǔ rènhé rén zài zhèlǐ sìyì gǎo pòhuài.

이곳의 모든 것은 여러분의 땀으로 이룬 결과물이니, 저는 누구도 함부로 이곳을 해치지 못하도록 하겠습니다.

[단어] **肆意** sìyì 마음대로, 멋대로, 함부로

辛勤 vs 辛苦

辛勤은 고생하면서 근면하게 일하는 것이고, 辛苦는 몸과 마음이 고생스러운 것을 뜻한다. 辛勤은 문장에서 부사어로만 쓰인다. 辛苦는 동사로도 쓰이며, 중첩해서 부사어로 쓸 수 있다.

辛勤劳动挣的钱 xīnqín láodòng zhèng de qián 부지런히 일해 번 돈

同志们，辛苦了! Tóngzhìmen xīnkǔ le. 여러분, 수고하셨습니다!

不好意思，辛苦你了。 미안해요, 고생하시게 했네요.
Bùhǎoyìsi, xīnkǔ nǐ le.

辛辛苦苦地工作了十几年。 고생하며 십 몇 년을 일했다.
Xīnxīnkǔkǔ de gōngzuòle shí jǐ nián.

0310 欣慰 xīnwèi 기쁘고 안심이 되다 ☐☐☐

看到学生们都取得了好成绩，老师的脸上露出了欣慰的笑容。
Kàndào xuéshengmen dōu qǔdéle hǎo chéngjì, lǎoshī de liǎn
shang lùchūle xīnwèi de xiàoróng.
학생들이 모두 좋은 성적을 거두자, 선생님의 얼굴에 흡족한 미소가 번졌다.

0311 新颖 xīnyǐng 새롭다, 신선하다, 참신하다 유의 新鲜 xīnxiān ☐☐☐

该公司推出了新款手机，设计非常新颖。
Gāi gōngsī tuīchūle xīnkuǎn shǒujī, shèjì fēicháng xīnyǐng.
이 회사에서 신상품을 출시했는데 디자인이 아주 참신하다.

他提出的公司改革方案特别新颖。
Tā tíchū de gōngsī gǎigé fāng'àn tèbié xīnyǐng.
그가 제안한 회사 개혁 방안이 아주 참신한데.

新颖 vs 新鲜

新颖은 새롭고, 특이한 것을 뜻하는 것으로 주로 언어, 스타일, 형식, 내용, 견해 등을 묘
사하고, 新鲜은 변질되지 않고 시들지 않은 상태를 뜻하는 것으로, 구체적인 사물과 추
상적인 사물에 고루 쓰인다.

他的研究题材很新颖。 그의 연구 주제가 참신하다.
Tā de yánjiū tícái hěn xīnyǐng.

今天的蔬菜非常新鲜。 오늘 야채가 아주 신선해요.
Jīntiān de shūcài fēicháng xīnxiān.

▶ 新鲜은 어떤 사물이 세상에 나온 지 얼마 안 되었다는 뜻으로 쓰이기도 한다.

智能手机已经不是新鲜东西了。 스마트폰은 이미 새로울 게 없다고.
Zhìnéng shǒujī yǐjīng bú shì xīnxiān dōngxi le.

0312 兴隆 xīnglóng 번창하다, 융성하다 [BCT1]

반의 萧条 xiāotiáo 불경기이다, 부진하다

做生意的人都希望自己生意兴隆，财源广进。

Zuò shēngyì de rén dōu xīwàng zìjǐ shēngyì xīnglóng, cái yuán
guǎng jìn.

사업하는 사람들은 모두 자신의 사업이 번창하고, 부자가 되길 바란다.

[단어] 财源广进 cái yuán guǎng jìn 부자가 되다

🗨 **관련 표현**

姜子牙开算命馆 — 买卖兴隆 **헐후**

jiāngzǐyá kāi suànmìng guǎn — mǎimài xīnglóng

강태공이 점집을 열다 — 장사가 성업하다 : 사업이 잘 되다

tip 姜子牙 Jiāngzǐyá : (기원전 1156~기원전1017) 강태공의 본명. 강태공은 주나라 문왕을 도와
주나라를 건국한 일등 공신이며, 전국칠웅인 제(齐)나라의 공작이 되었다.

0313 兴旺 xīngwàng 흥성하다, 번창하다, 왕성하다 [BCT1]

유의 兴盛 xīngshèng

▶兴旺은 사람, 사업, 국가, 六畜(돼지 · 소 · 양 · 말 · 개 · 닭 등 가축) 등을 묘사한다.

祝愿我的祖国兴旺发达，人民安居乐业。

Zhùyuàn wǒ de zǔguó xīngwàng fādá, rénmín ān jū lè yè.

우리 조국이 대단히 번창하고, 국민이 안정된 생활을 하며 즐겁게 일할 수 있길 기원합니다.

[단어] 安居乐业 ān jū lè yè **성** 안정된 생활을 누리며 즐겁게 일하다

🗨 **관련 표현**

六畜兴旺 liùchù xīngwàng 각종 가축과 가금이 흥성하다

人丁兴旺 rén dīng xīng wàng **성** 가문이 번창하다

0314 腥 xīng 비린내가 나다

做鱼的时候是不是忘放醋了，怎么这么腥?

Zuò yú de shíhou shì bu shì wàng fàng cù le, zěnme zhème xīng?

생선 요리할 때 식초를 빼먹는 거 아냐, 왜 이렇게 비려?

我们要严厉打击各种"小偷小摸"，不能让"一条臭鱼"腥了"一锅汤"。

Wǒmen yào yánlì dǎjī gèzhǒng "xiǎotōu xiǎomō", bù néng ràng "yì tiáo chòuyú" xīngle "yì guō tāng".

우리는 좀도둑을 엄중히 단속해, 미꾸라지 한 마리가 온 방죽을 흐리게 하지 못하도록 해야 한다.

[단어] 小偷小摸 xiǎotōu xiǎomō 좀도둑

🔵 관련 표현

血雨腥风 xuèyǔ xīngfēng 피가 비 같고 바람에서 피비린내가 나다, 참혹한 전쟁터

想吃鱼又避腥 — 难得两全 혈후

xiǎng chī yú yòu bì xīng — nán dé liǎng quán

생선은 먹고 싶은데, 비린내는 안 맡고 싶어 하다 — 양쪽을 만족시키기 힘들다 : 두 가지를 만족시키기 힘들다

0315 性感 xìnggǎn 섹시하다, 야하다 □□□

走在街上，美丽性感的女人太多了，简直让我眼花缭乱。

Zǒuzài jiē shang, měilì xìnggǎn de nǚrén tài duō le, jiǎnzhí ràng wǒ yǎn huā liáo luàn.

길을 가다 보면, 아름답고 섹시한 여인네들이 너무 많아서, 눈이 어지러울 지경이다.

[단어] 眼花缭乱 yǎn huā liáo luàn 눈이 어지럽다, 눈이 부시다

0316 凶恶 xiōng'è (성격·행위·용모 등이) 흉악하다 □□□

他长得凶恶，天生就有一股杀气。

Tā zhǎng de xiōng'è, tiānshēng jiù yǒu yì gǔ shāqì.

그는 흉악하게 생겼는데, 선천적으로 살기를 띠고 있다.

昨天晚上梦见自己被凶恶的大狗使劲追赶。

Zuótiān wǎnshang mèngjiàn zìjǐ bèi xiōng'è de dàgǒu shǐjìn zhuīgǎn.

어젯밤에 내가 험악한 큰 개한테 죽어라 쫓기는 꿈을 꾼 거 있지.

村里的农民们怎么突然变得凶恶起来了？

cūnli de nóngmínmen zěnme tūrán biàn de xiōng'èqilai le?

마음의 농민들이 왜 갑자기 흉악스럽게 변한거야?

0317 汹涌 xiōngyǒng 물이 용솟음치다, 물이 세차게 일어나다 □□□

暴风突起，大海的风浪特别汹涌。

Bàofēng tūqǐ, dàhǎi de fēnglàng tèbié xiōngyǒng.

폭풍이 갑자기 밀려와, 바다의 파도가 아주 거세다.

汹涌的洪水淹没了村庄和农田，人们变得无家可归。

Xiōngyǒng de hóngshuǐ yānmòle cūnzhuāng hé nóngtián, rénmen biàn de wú jiā kě guī.

사나운 홍수가 마을과 농지를 집어 삼켜, 사람들은 돌아갈 곳이 없어졌다.

관련 표현

汹涌澎湃 xiōng yǒng péng pài 성 물결이 세차게 출렁이다

0318 雄厚 xiónghòu (인력·물자 등이) 풍부하다, 충분하다, 충족하다 □□□

반의 薄弱 bóruò 박약하다, 취약하다

公司资产很雄厚，完全可以进行扩张和并购。

Gōngsī zīchǎn hěn xiónghòu, wánquán kěyǐ jìnxíng kuòzhāng hé bìnggòu.

회사는 자금이 넉넉한지라, 사업을 확장하고 인수 합병을 하는 데 문제가 없다.

这所学校拥有雄厚的师资力量和先进的教学方法。

Zhè suǒ xuéxiào yōngyǒu xiónghòu de shīzī lìliang hé xiānjìn de jiàoxué fāngfǎ.

이 학교는 실력 있는 교원과 선진 교수법을 보유하고 있다.

[단어] 师资 shīzī 교사, 선생

0319 雄伟 xióngwěi (자연 경관·건축물 등이) 웅대하다, 웅장하다 □□□

유의 雄壮 xióngzhuàng

我终于看到了雄伟的万里长城。

Wǒ zhōngyú kàndàole xióngwěi de Wànlǐ Chángchéng.

나는 마침내 웅대한 만리장성을 보았다.

雄伟壮观的大雄宝殿里面有三尊佛像。

Xióngwěi zhuàngguān de dàxióng bǎodiàn lǐmiàn yǒu sān zūn fóxiàng.

웅장한 대웅전에는 삼존불이 있었다.

雄伟 vs 雄壮

雄伟는 건축물과 자연 경관을 묘사하고, 雄壮은 목소리, 기세, 기개 등을 묘사한다.

雄伟的喜马拉雅山 웅대한 히말라야 산
xióngwěi de Xǐmǎlāyǎ shān

雄壮的乐曲声 웅장한 음악소리
xióngzhuàng de yuèqǔshēng

0320 羞耻 xiūchǐ 부끄럽다, 수치스럽다 [참고] **羞耻之心** xiūchǐ zhīxīn 수치심 □□□

你这样无理取闹，难道不觉得羞耻吗?
Nǐ zhèyàng wú lǐ qǔ nào, nándào bù juéde xiūchǐ ma?
자네 이렇게 개판 쳐 놓고도, 설마 수치스럽지 않은 거야?

[단어] **无理取闹** wú lǐ qǔ nào [성] 아무런 까닭 없이 남과 다투다, 고의로 소란을 피우다

명 수치심

考试时，他竟然明目张胆作弊，一点羞耻心都没有。
Kǎoshì shí, tā jìngrán míng mù zhāng dǎn zuòbì, yìdiǎn xiūchǐxīn
dōu méiyǒu.
시험 볼 때, 그는 담 크게 컨닝을 하고는, 조금의 수치심도 느끼지 않았다.

[단어] **明目张胆** míng mù zhāng dǎn [성] 조금도 망설이지 않다

0321 虚假 xūjiǎ 거짓의, 가짜의, 허위의 [유의] **虚伪** xūwěi □□□
[반의] **真实** zhēnshí 진실하다

我分不清到底哪一面的他是真实的，哪一面的他是虚假的。
Wǒ fēnbuqīng dàodǐ nǎ yí miàn de tā shì zhēnshí de, nǎ yí miàn
de tā shì xūjiǎ de.
나는 어느 쪽의 그가 진실한 모습이고, 어느 쪽의 그가 위선적인 모습인지 도무지 모르겠어.

这些虚假的数据很不可信。
Zhèxiē xūjiǎ de shùjù hěn bù kěxìn.
이 허위 데이터는 믿을 수가 없어.

0322 虚伪 xūwěi (언어·행위·태도) 허위의, 거짓의, 위선의

유의 虚假 xūjiǎ 반의 真诚 zhēnchéng 진정성이 있다

人前一套人后又一套的人最虚伪了。
Rénqián yí tào rén hòu yòu yí tào de rén zuì xūwěi le.
남 앞에서의 행동과 남 뒤에서의 행동이 다른 사람이 가장 가식적인 사람이다.

这件事让我见识了他的虚伪和丑恶。
Zhè jiàn shì ràng wǒ jiànshile tā de xūwěi hé chǒu'è.
이 일로 해서 나는 그의 위선과 추악함을 알게 되었다.

> **虚伪 vs 虚假**
>
> 虚伪는 진실되지 않고, 억지로 꾸미는 것을 뜻하고, 虚假는 실제에 부합되지 않는 것을 뜻한다. 虚伪는 사람의 언어, 태도, 행동을 묘사하고, 虚假는 사람, 사물, 일에 대해 묘사한다.
>
> **你太虚伪了，太假了。** 당신은 너무 가식적이고, 너무 위선적이야.
> Nǐ tài xūwěi le, tài jiǎ le.
>
> **一看就是虚假广告。** 딱 봐도 허위 광고네.
> Yí kàn jiù shì xūjiǎ guǎnggào.

0323 喧哗 xuānhuá 떠들썩하다, 시끌시끌하다

会议期间请不要大声喧哗、不要随意走动。
Huìyì qījiān qǐng búyào dàshēng xuānhuá, búyào suíyì zǒudòng.
회의하는 동안 큰 소리로 떠들지 말고, 마음대로 돌아다니지 마세요.

0324 悬殊 xuánshū 차이가 크다, 동떨어져 있다

▶단어 자체에 차이가 아주 크다는 뜻을 포함하고 있으므로 뒤에 很大, 极大 등을 쓸 수 없다.

贫富悬殊是经济危机的真正元凶。
Pínfù xuánshū shì jīngjì wēijī de zhēnzhèng yuánxiōng.
빈부 차이가 경제 위기의 진짜 원흉이다.

国企高管和职工工资相差悬殊。
Guóqǐ gāoguǎn hé zhígōng gōngzī xiāngchà xuánshū.
국영 기업의 고위직 관리와 일반 직원은 월급 차이가 많이 난다.

众寡悬殊 zhòng guǎ xuán shū 성 쌍방의 수적 차이가 현저하다

□□□

0325 **压抑** yāyì 답답하다, 어색하다 유의 **压制** yāzhì

受到来自家庭和工作的双重压力，他整天都很压抑。
Shòudào láizì jiātíng hé gōngzuò de shuāngchóng yālì, tā zhěngtiān dōu hěn yāyì.
가정과 업무상의 이중 스트레스로 인해, 그는 늘 답답하다.

동 억누르다 반의 **发泄** fāxiè 쏟아내다, 발산하다

不要压抑自己真实的感情，顺着自己的感情去做。
Bú yào yāyì zìjǐ zhēnshí de gǎnqíng, shùnzhe zìjǐ de gǎnqíng qù zuò.
자신의 참된 감정을 억누르지 말고, 자신의 감정이 시키는 대로 하세요.

> **压抑 vs 压制**
>
> 压抑는 정신적으로 혹은 심리적으로 억압당하는 것을 뜻하고, 压制는 직권이나 여론을 이용해 주동적으로 제약하고 제재하는 것을 뜻한다.
>
> **这种气氛让人觉得很压抑。**
> Zhè zhǒng qìfen ràng rén juéde hěn yāyì.
> 이런 분위기는 숨이 막혀.
>
> **压制不同意见。**
> Yāzhì bù tóng yìjiàn.
> 다른 의견을 무시하다.

□□□

0326 **严寒** yánhán 추위가 심하다, 아주 춥다

반의 **炎热** yánrè, **酷热** kùrè 무덥다

在这严寒的冬日，没有比吃一顿热腾腾的火锅更美好的了。
Zài zhè yánhán de dōngrì, méiyou bǐ chī yí dùn rètēngtēng de huǒguō gèng měihǎo de le.
아주 추운 겨울날에는, 팔팔 끓는 샤브샤브를 먹는 것만큼 좋은 게 없지.

0327 严峻 yánjùn 심각하다, 가혹하다, 엄숙하다 [유의] 严重 yánzhòng

这场突发的能源危机是对新政府的严峻挑战。

Zhè chǎng tūfā de néngyuán wēijī shì duì xīn zhèngfǔ de yánjùn tiǎozhàn.

이번에 돌발한 에너지 위기는 신정부에 대한 심각한 도전이다.

我爷爷消瘦的脸、神色严峻、不爱说话，让人望而生畏。

Wǒ yéye xiāoshòu de liǎn、shénsè yánjùn、bú ài shuōhuà, ràng rén wàng ér shēng wèi.

우리 할아버지는 야윈 얼굴에, 표정이 엄숙하고, 말수가 적어, 뵙기만 해도 얼게 돼.

[단어] 望而生畏 wàng ér shēng wèi [성] 보기만 해도 두려워하다

0328 严厉 yánlì 호되다, 매섭다 [유의] 严肃 yánsù

姜教授对待学生很严厉，学生们都怕上他的课。

Jiāng jiàoshòu duìdài xuésheng hěn yánlì, xuéshengmen dōu pà shàng tā de kè.

강 교수님은 학생들에게 엄해서서, 학생들이 모두 교수님 수업 듣기를 겁낸다.

由于他犯了非常严重的错误，所以受到了严厉的批评。

Yóuyú tā fànle fēicháng yánzhòng de cuòwù, suǒyǐ shòudàole yánlì de pīpíng.

그는 중대한 실수를 저질러 호된 꾸중을 들었다.

严厉 vs 严肃 vs 严格

严厉는 근엄하고 매서운 것을 뜻하고, 严肃는 (표정·분위기가) 사람을 두렵게 하거나 (태도 등이) 엄격한 것을 뜻하며, 严格는 제도나 기준을 철저하게 지키는 것을 뜻한다.

严厉批评了作弊的学生。

Yánlì pīpíngle zuòbì de xuésheng.

부정 행위 한 학생을 호되게 혼냈다.

他是一个严肃的人。

Tā shì yí ge yánsù de rén.

그는 근엄한 사람이다.

要求运动员严格训练。

Yāoqiú yùndòngyuán yángé xùnliàn

운동 선수들이 엄격히 훈련할 것을 요구했다.

0329 严密 yánmì 빈틈없다, 치밀하다, 긴밀하다 **유의** 紧密 jǐnmì

里三层外三层的，包裹得很严密。
Lǐ sān céng wài sān céng de, bāoguǒ de hěn yánmì.
포장을 겹겹이 빈틈없이 했다.

[단어] 里三层外三层 lǐ sān céng wài sān céng (사람이) 겹겹이 둘러싸다, (포장이) 겹겹
이 싸이다

这条消息被他严密地封闭了，这里就没人知道。
Zhè tiáo xiāoxi bèi tā yánmì de fēngbì le, zhèlǐ jiù méi rén zhīdào.
이 소식은 그가 철저히 입 다물고 있었기 때문에, 이곳에서는 아는 사람이 없었다.

严密 vs 紧密

严密는 결합해 있는 사물 사이가 빈틈없이 꽉 맞물려 있는 것을 나타내고, 紧密는 결합
해 있는 사물을 분리할 수 없음을 나타낸다. 紧密는 연속적으로 끊임없이 나타나는 것을
표현하기도 한다.

严密的组织 yánmì de zǔzhí 치밀한 조직
联系紧密 liánxì jǐnmì 긴밀히 연락하다

紧密的枪声 jǐnmì de qiāngshēng 계속되는 총소리 (O)
严密的枪声 (X)

0330 炎热 yánrè (날씨가) 무덥다, 찌는 듯하다 **반의** 严寒 yánhán 아주 춥다

在炎热的条件下工作，人很容易中暑。
Zài yánrè de tiáojiàn xia gōngzuò, rén hěn róngyì zhòngshǔ.
찜통 더위 속에서 일을 하면, 사람은 더위를 먹기 쉽다.

医护人员表示，由于最近天气炎热，患急性肠胃炎的病人
增多。
Yīhù rényuán biǎoshì, yóuyú zuìjìn tiānqì yánrè, huàn jíxìng
chángwèiyán de bìngrén zēngduō.
의료 관계자는, 최근에 날씨가 무더운 관계로, 급성 위장염을 앓는 환자가 늘고 있다고 한다.

0331 遥远 yáoyuǎn (시간이나 거리가) 요원하다 □□□

不要把成功想得太遥远，有时候，它离我们很近。

Búyào bǎ chénggōng xiǎng de tài yáoyuǎn, yǒushíhou, tā lí wǒmen hěn jìn.

성공을 너무 멀게 생각하지 말라고, 어떤 때는 말이야, 성공이 우리와 가까이 있어.

无论是现在还是在遥远的未来，我都想跟你在一起。

Wúlùn shì xiànzài háishi zài yáoyuǎn de wèilái, wǒ dōu xiǎng gēn nǐ zàiyìqǐ.

지금도 그렇고 먼 훗날에도 난 언제나 너와 함께 있고 싶어.

0332 耀眼 yàoyǎn (광선이나 색채가 강렬하여) 눈부시다 □□□

我敢说，在几年后，他一定会成为演艺界一颗耀眼的明星。

Wǒ gǎn shuō, zài jǐ nián hòu, tā yídìng huì chéngwéi yǎnyìjiè yì kē yàoyǎn de míngxīng.

나는 감히 몇 년 후에 저 친구가 연예계의 큰 별이 될 거라 장담한다.

这款新车的车身都被镀铬包围，很是耀眼。

Zhè kuǎn xīn chē de chēshēn dōu bèi dùgè bāowéi, hěn shì yàoyǎn.

이 신차는 차체를 크롬(chromium) 도금해서 눈이 부시다.

[단어] **镀铬** dùgè 크롬 도금하다

0333 野蛮 yěmán 야만적이다, 미개하다, 야만스럽다 □□□

반의 **文明** wénmíng 교양 있다, 예의바르다

为了掠夺殖民地的财富，他们野蛮地屠杀当地居民。

Wèile lüèduó zhímíndì de cáifù, tāmen yěmán de túshā dāngdì jūmín.

식민지의 자산을 약탈하기 위해, 그들은 현지 주민들을 야만적으로 학살했다.

[단어] **掠夺** lüèduó 빼앗다, 약탈하다

0334 一贯 yíguàn (사상 · 태도 · 정책 등이) 한결같다, 일관되다, 변함없다 □□□

中方在伊朗核问题上的态度是一贯的、明确的。

Zhōngfāng zài Yīlǎng hé wèntí shang de tàidù shì yíguàn de、míngquè de.

중국 측의 이란 핵문제에 대한 태도는 일관되고 분명하다.

我们全体员工衷心感谢新老客户的一贯厚爱与支持。

Wǒmen quántǐ yuángōng zhōngxīn gǎnxiè xīnlǎo kèhù de yíguàn hòu'ài yǔ zhīchí.

저희 전체 직원은 신구 고객님의 변함 없는 사랑과 응원에 진심으로 감사 드립니다.

0335 一流 yìliú 일류의 □□□

我们有一流的质量，一流的服务保证让您宾至如归。

Wǒmen yǒu yìliú de zhìliàng, yìliú de fúwù bǎozhèng ràng nín bīn zhì rú guī.

저희는 일류 품질과 일류 서비스로 손님을 최고로 모시겠습니다.

[단어] 宾至如归 bīn zhì rú guī 성 훌륭한 접대를 하다, 숙박 업소의 접대가 매우 친절하고 주도면밀하다

建设一流大学，光靠投入资本是治标不治本的。

Jiànshè yìliú dàxué, guāng kào tóurù zīběn shì zhì biāo bú zhì běn de.

일류 대학을 만들기 위해, 단지 자본 투자만 하는 것은 임시적인 방편일 뿐 근본적인 해결 방법은 못 된다.

你不要小瞧他，他的手艺在当地可是一流的。

Nǐ búyào xiǎoqiáo tā, tā de shǒuyì zài dāngdì kě shì yìliú de.

저 친구를 무시하시 말라고, 저 친구 솜씨는 현지에서 알아주는 일류라네.

0336 异常 yìcháng 정상이 아니다, 심상치 않다 □□□

[반의] 正常 zhèngcháng 정상적이다

我发现今天她有些异常，和平时不太一样。

Wǒ fāxiàn jīntiān tā yǒuxiē yìcháng, hé píngshí bú tài yíyàng.

나는 오늘 그녀가 좀 이상해, 평소와 좀 다른데.

🈂 부 대단히

这里地势异常险要，普通人不敢上来。

Zhèlǐ dìshì yìcháng xiǎnyào, pǔtōngrén bùgǎn shànglai.

이곳은 지세가 대단히 험준해서, 일반인들은 올라올 생각을 못한다.

436

0337 隐约 yǐnyuē 희미하다, 흐릿하다, 어렴풋하다

반의 清晰 qīngxī, 清楚 qīngchu 또렷하다, 분명하다

我隐约记得昨晚有人敲了隔壁的门。

Wǒ yǐnyuē jìde zuówǎn yǒu rén qiāole gébì de mén.

난 어젯밤에 희미하게 누군가 옆집 문을 두드리는 소리를 들었다.

隐隐约约的路灯光线透过窗帘射进房间里。

Yǐnyinyuēyuē de lùdēng guāngxiàn tòuguo chuānglián shèjìn fángjīng li.

은은한 가로등 불빛이 커튼 사이로 방 안을 비추었다.

我记得昨晚睡觉时，隐约地听到吵架的声音。

Wǒ jìde zuówǎn shuìjiào shí, yǐnyuē de tīngdào chǎojià de shēngyīn.

어젯밤에 자다가, 어렴풋이 싸우는 소리를 들었어요.

0338 英明 yīngmíng 영명하다, 현명하다 **유의** 高明 gāomíng

他评价道，邓小平很清楚自己要讲什么，他是一位英明的伟人。

Tā píngjià dào, Dèng Xiǎopíng hěn qīngchu zìjǐ yào jiǎng shénme, tā shì yí wèi yīngmíng de wěirén.

그는, 덩샤오핑은 자신이 무슨 말을 해야 하는지 분명하게 아는, 현명한 위인이었다고 평가했다.

英明 vs 高明

英明은 걸출한 인물 및 그가 내린 결정을 찬양하는 데 쓰고, 일반인에게는 쓰지 않는다.
高明은 견해, 기능 등이 뛰어난 것을 뜻하거나, 고명한 사람을 가리킨다.

英明的领导人才会永远获得人民的赞赏。

Yīngmíng de lǐngdǎorén cái huì yǒngyuǎn huòdé rénmín de zànshǎng.

영명한 지도자만이 영원히 인민들의 칭송을 받을 수 있다.

他的医术十分高明。

Tā de yīshù shífēn gāomíng.

그의 의술이 아주 뛰어나다.

0339 英勇 yīngyǒng 영용하다, 매우 용감하다 [유의] 勇敢 yǒnggǎn

起义军英勇作战，一举攻下了总督府。
Qǐyìjūn yīngyǒng zuòzhàn, yì jǔ gōngxiàle zǒngdūfǔ.
봉기군은 용감하게 싸워, 한 번에 총독부를 함락시켰다.

成千上万的先烈，为了人民的利益，在我们的前头英勇地
牺牲了。
Chéng qiān shàng wàn de xiānliè, wèile rénmín de lìyì, zài wǒmen
de qiántóu yīngyǒng de xīshēng le.
수없이 많은 선열들이, 국민의 이익을 위해 우리보다 앞서 장렬히 희생했다.

> **英勇 vs 勇敢**
>
> 두 단어 모두 용감하다는 뜻을 나타내는데, 勇敢은 英勇보다 조금 더 가벼운 어감으로
> 구체적인 행동이나 말에 쓰이고, 英勇는 '특별히 용감하다'라는 뜻으로, 이상을 실현하기
> 위해 헌신하는 정신과 기개를 표현한다. 勇敢은 일반적인 행위에도 쓸 수 있지만, 英勇
> 은 보통 큰 일에만 쓴다.
>
> **英勇善战** yīngyǒng shànzhàn 용감히 선전하다
>
> **我很英勇，我不哭。** 난 용감하니까, 난 안 운다고.
> Wǒ hěn yīngyǒng, wǒ bù kū.
>
> **勇敢地面对困难。** 용감하게 어려움에 맞서다.
> Yǒnggǎn de miànduì kùnnan.
>
> **其实你很勇敢。** 사실 넌 용감해.
> Qíshí nǐ hěn yǒnggǎn.

0340 庸俗 yōngsú 범속하다, 속되다, 저속하다

[반의] 高尚 gāoshàng 고상하다

因为她那庸俗的个人主义令他反感，所以他离开她。
Yīnwèi tā nà yōngsú de gèrén zhǔyì lìng tā fǎngǎn, suǒyǐ tā líkāi tā.
그녀의 속된 개인주의가 그에게 반감을 주었고, 그래서 그는 그녀를 떠났다.

他本就是个喜欢金钱和名利的庸俗的人。
Tā běn jiù shì ge xǐhuan jīnqián hé mínglì de yōngsú de rén.
그는 본래 금전과 명리를 좋아하는 속물이야.

0351 圆满 yuánmǎn 원만하다, 완벽하다, 훌륭하다 유의 美满 měimǎn □□□

在全市人民的齐心协力之下，本届龙舟锦标赛取得了圆满成功。

Zài quán shì rénmín de qí xīn xié lì zhī xià, běn jiè lóngzhōu jǐnbiāosài qǔdéle yuánmǎn chénggōng.

전체 시민이 한 마음으로 노력한 끝에, 이번 용선 선수권 대회가 원만한 성공을 거두었다.

[단어] 齐心协力 qí xīn xié lì 성 한마음 한뜻으로 함께 노력하다 / 龙舟 lóngzhōu 뱃머리를 용의 머리처럼 장식해 전체적으로 용의 형상을 띠게 한 배, 용주 시합은 중국의 전통 체육 오락 활동임 / 锦标赛 jǐnbiāosài 선수권 대회

🗨 관련 표현

功德圆满 gōng dé yuán mǎn 성 일이 원만히 이루어지다

圆满 vs 美满

圆满은 (어떤 활동의 결과가) 흠잡을 데가 없는 것을 뜻하고, 美满은 (결혼, 애정생활 등이) 아주 행복해서 사람을 만족스럽게 하는 것을 뜻한다.

昨天的会议圆满结束。 어제 회의가 순조롭게 끝났다.
Zuótiān de huìyì yuánmǎn jiéshù.

幸福美满的家庭。 행복이 가득한 가정.
Měihǎo xìngfú de jiātíng.

0352 扎实 zhāshi 견실하다, 견고하다, 착실하다, 성실하다 유의 踏实 tāshi □□□

他的演艺功底十分扎实。

Tā de yǎnyì gōngdǐ shífēn zhāshi.

그의 연기 내공은 대단히 탄탄하다.

[단어] 功底 gōngdǐ 기초, 기본

我们要扎扎实实地做好每一件事，当我们遇到困难时要学习蜘蛛的坚强与执着。

Wǒmen yào zhāzhashíshí de zuòhǎo měi yí jiàn shì, dāng wǒmen yùdào kùnnan shí yào xuéxí zhīzhū de jiānqiáng yǔ zhízhuó.

우리는 성실하게 모든 일을 처리해야 하며, 어려움에 봉착할 때에는 거미의 강인함과 집착을 배워야 한다.

[단어] 蜘蛛 zhīzhū 거미 / 执着 zhízhuó 집착하다

0353 崭新 zhǎnxīn 아주 새롭다 **[반의]** 陈旧 chénjiù 낡다, 오래되다

▶중첩형은 崭新崭新으로 쓴다.

一个把自己封闭到过去里的人，是无法享受崭新的生活的。
Yí ge bǎ zìjǐ fēngbìdào guòqù li de rén, shì wúfǎ xiǎngshòu zhǎnxīn de shēnghuó de.
자신을 과거 속에 가둬 두는 사람은, 새로운 생활을 누릴 수 없다.

新型光源和新型材料的发明，使灯具的设计生产进入了一个崭新的时代。
Xīnxíng guāngyuán hé xīnxíng cáiliào de fāmíng, shǐ dēngjù de shèjì shēngchǎn jìnrùle yí ge zhǎnxīn de shídài.
신형 광원과 신형 자재의 발명으로, 조명의 디자인과 생산이 새로운 시대로 진입하게 되었다.

0354 珍贵 zhēnguì 진귀하다, 귀중하다

人们总是在失去之后，才发现有些东西是多么珍贵。
Rénmen zǒngshì zài shīqù zhīhòu, cái fāxiàn yǒuxiē dōngxi shì duōme zhēnguì.
사람들은 언제나 잃고 나서야, 그것이 얼마나 소중한 것이었던가를 발견하게 된다.

《清明上河图》是中国古代绘画中极其珍贵的代表作品。
《Qīngmíng shànghétú》 shì zhōngguó gǔdài huìhuà zhōng jíqí zhēnguì de dàibiǎo zuòpǐn.
〈청명상하도〉는 중국 고대 회화에서 대단히 진귀한 대표작이다.

tip 《清明上河图》: 북송(北宋) 화가 张择端(Zhāng Zéduān)의 작품으로, 중국 청명절에 도성 내외의 번화한 정경을 묘사한 그림.

동 아끼고 사랑하다

谁也没有想到，这些发黄的老照片竟是爷爷最珍贵的东西。
Shéi yě méiyou xiǎngdào, zhèxiē fāhuáng de lǎo zhàopiàn jìng shì yéye zuì zhēnguì de dōngxi.
누렇게 바랜 옛날 사진 몇 장이 할아버지께서 가장 아끼시는 것이라는 걸, 아무도 몰랐다.

관련 표현

剖鱼得珠 — 格外珍贵 **헐후**
pōu yú dé zhū — géwài zhēnguì
물고기의 배를 갈라 진주를 꺼내다 — 특별히 아끼다 : 아주 귀하다
[단어] 剖 pōu 절개하다, 가르다

0355 珍稀 zhēnxī 진귀하고 드물다

中国特有的或主要分布在中国的珍稀动物有100多种。

Zhōngguó tèyǒu de huò zhǔyào fēnbùzài Zhōngguó de zhēnxī
dòngwù yǒu yìbǎi duō zhǒng.

중국에만 있거나 주로 중국에 분포하고 있는 희귀 동물이 100여 종에 이른다.

0356 真挚 zhēnzhì 참된, 마음에서 우러나는, 진지한

在这美好的季节里，我给你写这封信，借此表达我对你的
真挚的感情。

Zài zhè měihǎo de jìjiéli, wǒ gěi nǐ xiě zhè fēng xìn, jiè cǐ biǎodá
wǒ duì nǐ de zhēnzhì de gǎnqíng.

이 아름다운 계절에, 나는 그대에게 편지를 쓰나니, 이를 빌어 그대에 대한 나의 진심을 전하려
하오.

曾经有一份真挚的爱情放在我面前。

Céngjīng yǒu yí fèn zhēnzhì de àiqíng fàngzài wǒ miànqián.

언젠가 진실한 사랑이 내게 왔었네.

0357 镇定 zhèndìng 침착하다, 냉정하다, 차분하다(긴급 상황에서) 태연하다

유의 **镇静** zhènjìng

她亲吻我一下，我假装很镇定。

Tā qīnwěn wǒ yíxià, wǒ jiǎzhuāng hěn zhèndìng

그녀가 나에게 키스했지만, 나는 아무렇지도 않은 척했다.

诸葛亮的镇定自若让一场空城计大获成功。

Zhūgě Liàng de zhèn dìng zì ruò ràng yì chǎng kōngchéngjì dà
huò chénggōng.

주거리앙(제갈량)의 태연자약함은 공성계로 큰 성공을 거두게 했다.

[단어] **镇定自若** zhèn dìng zì ruò 성 더할 나위 없이 차분하고 침착하다 / **空城计**
kōngchéngjì 성을 비워 적을 혼란에 빠뜨리는 계책, 위급한 상황에서 상대방을 속이는 계책

진정시키다

这款祛痘产品含有薰衣草、洋甘菊等成分，对镇定痘痘十分有效。

Zhè kuǎn qūdòu chǎnpǐn hányǒu xūnyīcǎo、yánggānjú děng chéngfèn, duì zhèndìng dòudòu shífēn yǒuxiào.

이 여드름 제거 제품은 라벤더와 캐모마일 성분을 함유하고 있어, 여드름을 진정시키는 데 대단히 효과가 있습니다.

[단어] 祛痘 qūdòu 여드름 제거 / 薰衣草 xūnyīcǎo 라벤더 / 洋甘菊 yánggānjú 캐모마일

0358 镇静 zhènjìng 차분하다, 침착하다 [유의] 镇定 zhèndìng   □□□

每当危险发生，记住，一定要镇静，镇静。
Měi dāng wēixiǎn fāshēng, jìzhù, yídìng yào zhènjìng, zhènjìng.
위험 상황이 발생했을 때는 언제나 침착, 또 침착해야 해.

동 마음을 가라앉히다

这项研究表明，茉莉花茶的茶香具有镇静作用。
Zhè xiàng yánjiū biǎomíng, mòlìhuāchá de cháxiāng jùyǒu zhènjìng zuòyòng.
이 연구에서는, 재스민차의 향기가 마음을 가라앉히는 작용이 있음을 보여 준다.

镇静 vs 镇定

镇静은 긴급 상황이 닥쳤을 때 속마음이 편안한 것을 뜻하고, 镇定은 긴급 상황이 닥쳤을 때 동요하지 않고, 감정이 흐트러지지 않는 것을 뜻한다.

他表现得非常镇静(镇定)。
Tā biǎoxiàn de fēicháng zhènjìng(zhèndìng).
그는 아주 침착한 모습을 보였다.

尽力镇静(镇定)自己。
Jìnlì zhènjìng(zhèndìng) zìjǐ.
최대한 자신을 진정시키다.

▶镇静은 관형어로 쓰일 때 직접적으로 명사를 수식할 수 있지만, 镇定은 직접적으로 명사를 수식할 수 없다.

打了一针镇静剂。
Dǎle yì zhēn zhènjìngjì.
진정제를 한 대 놓았다.

0359 **正规** zhèngguī 정규의, 표준의 [BCT1]

我想找一份稳定正规的工作。
Wǒ xiǎng zhǎo yí fèn wěndìng zhèngguī de gōngzuò.
나는 안정적이면서 정규적인 직장을 구하고 싶다.

我不是正规学校出来的，是培训班出来的。
Wǒ bú shì zhèngguī xuéxiào chūlai de、shì péixùnbān chūlai de.
저는 정규 학교를 나온 것은 아니고요, 학원 출신이에요.

[단어] 培训班 péixùnbān 양성소, 학원

🐸 관련 표현

正规军 zhèngguījūn 정규군 / **正规化** zhèngguīhuà 정규화

正规学校 zhèngguī xuéxiào 정규 학교

正规教育 zhèngguī jiàoyù 정규 교육

0360 **正经** zhèngjing 정직하다, 점잖다, 정당하다, 정식의

在场的每个人都装出一本正经的样子。
Zàichǎng de měi ge rén dōu zhuāngchū yì běn zhèngjing de yàngzi.
재석한 사람들 모두 점잖빼고 있었다.

[단어] 一本正经 yì běn zhèng jīng 🔵 태도가 단정하다, 진지하다, 엄숙하다

你不要嬉皮笑脸的，我和你说正经的呢。
Nǐ búyào xī pí xiào liǎn de, wǒ hé nǐ shuō zhèngjing de ne.
너 히죽거리지 말고 들어, 내가 지금 너한테 진지하게 얘기하고 있잖니.

[단어] 嬉皮笑脸 xī pí xiào liǎn 🔵 히히거리다, 진지하지 않다

我还有正经事要办，你们继续聊天吧。
Wǒ hái yǒu zhèngjing shì yào bàn, nǐmen jìxù liáotiān ba.
난 좀 중요한 일이 있어서 처리해야 하거든, 너희들은 계속 얘기해.

🐸 관련 표현

正经事 zhèngjing shì 바른 일 / **假正经** jiǎ zhèngjing 점잖은 체하다

说正经的 shuō zhèngjing de 관용 진지하게 말해서, 솔직하게 말해서

马捉老鼠 — 不干正经事 헐후
mǎ zhuō lǎoshǔ — bú gàn zhèngjing shì
말이 쥐를 잡다 — 옳은 일을 하지 않다 : 엉뚱한 짓을 하다

0361 **正宗** zhèngzōng 정통의, 진정한 □□□

正宗川菜也分三个派系，做法口味也各不同。

Zhèngzōng Chuān cài yě fēn sān ge pàixì, zuòfǎ kǒuwèi yě gè bù tóng.

정통 사천 요리만해도 세 가지 계파로 나뉘는데, 요리법과 맛도 각각 다르다.

他是咏春拳的正宗传人，很多人都是慕名而来找他学习。

Tā shì yǒngchūnquán de zhèngzōng chuánrén, hěn duō rén dōushì mù míng ér lái zhǎo tā xuéxí.

그는 영춘권의 정통 계승자로, 많은 사람들이 모두 그의 명성을 좇아 배움을 구하러 온다.

[단어] 咏春拳 yǒngchūnquán 중국 남파 무술의 일종 / 慕名而来 mù míng ér lái 성 명성을 흠모하여 찾아오다

0362 **郑重** zhèngzhòng 정중하다, 점잖고 엄숙하다 반의 草率 cǎoshuài 경솔하다 □□□

董事长郑重宣布向每位员工发放万元红包。

Dǒngshìzhǎng zhèngzhòng xuānbù xiàng měi wèi yuángōng fāfàng wàn yuán hóngbāo.

이사장께서는 정중하게 모든 직원들에게 만 위엔씩 특별 상여금을 지급한다고 발표했다.

如果我郑重地向你道歉，你会不会原谅我?

Rúguǒ wǒ zhèngzhòng de xiàng nǐ dàoqiàn, nǐ huì bu huì yuánliàng wǒ?

제가 정중히 사과 드린다면, 절 용서해 주시겠습니까?

0363 **执着** zhízhuó 고집스럽다, 집착하다 □□□

做事不应该一味地执着，也应学会变通。

Zuòshì bù yīnggāi yíwèi de zhízhuó, yě yīng xuéhuì biàntōng.

무슨 일을 할 때는 너무 집착하지 말고, 돌아가는 법도 배워야 해.

[단어] 变通 biàntōng 변통하다, 융통하다

他执着地要坐飞机，不肯坐火车。

Tā zhízhuó de yào zuò fēijī, bù kěn zuò huǒchē.

그는 비행기를 타야겠다고 고집부리며, 기차를 타려 하지 않았다.

0364 忠诚 zhōngchéng 충성하다, 충실하다, 성실하다 **유의** 忠实 zhōngshí

古代人对君主的忠诚，是从小就培养出来的。

Gǔdài rén duì jūnzhǔ de zhōngchéng, shì cóngxiǎo jiù péiyǎng chulai de.

고대인들의 군주에 대한 충성심은 어릴 때부터 길러진 것이다.

狗被普遍认为是对人类最忠诚的朋友。

Gǒu bèi pǔbiàn rènwéi shì duì rénlèi zuì zhōngchéng de péngyou.

개는 인류의 가장 충직한 친구라고 인식되고 있다.

0365 忠实 zhōngshí 충직하고 믿을 만하다, 진실하다 **유의** 忠诚 zhōngchéng

我是你忠实的观众和粉丝，你的每期节目我都看。

Wǒ shì nǐ zhōngshí de guānzhòng hé fěnsī, nǐ de měi qī jiémù wǒ dōu kàn.

저는 당신의 충직한 관중 겸 팬이에요. 당신이 진행하는 프로그램은 매회 다 시청하고 있어요.

这部电视剧的改编忠实于原著。

Zhè bù diànshìjù de gǎibiān zhōngshí yú yuánzhù.

이 드라마의 각색은 원작에 충실하고 있다.

[단어] 普遍 pǔbiàn (원작을) 각색하다, 개작하다

忠实 vs 忠诚

忠实는 충직하고 믿을 만한 것이고, 忠诚은 국가, 국민, 사업, 상사나 친구에게 힘과 성의를 다하는 것이다.

丈夫对她很忠实(忠诚)。
Zhàngfu duì tā hěn zhōngshí(zhōngchéng).
남편은 그녀에게 충실하다.

他为人忠诚老实。
Tā wéirén zhōngchéng lǎoshi.
그는 사람이 듬직하고 점잖다.

一定要忠实于原文。
Yídìng yào zhōngshíyú yuánwén.
반드시 원문에 충실해야 한다.

0366 衷心 zhōngxīn 충심의, 진심의

在此我们全家向您表示衷心的感谢。

Zài cǐ wǒmen quánjiā xiàng nín biǎoshì zhōngxīn de gǎnxiè.

이 자리를 빌려, 저희 온 가족이 당신에게 충심어린 감사를 표합니다.

我衷心祝福大家身体健康、生活美满。

Wǒ zhōngxīn zhùfú dàjiā shēntǐ jiànkāng、shēnghuó měimǎn.

저는 여러분이 건강하고, 멋지게 사시길 진심으로 축복합니다.

0367 周密 zhōumì 주도면밀하다, 꼼꼼하다

　　　　　　　　반의 粗疏 cūshū 꼼꼼하지 않다, 건성이다

他们周密谨慎地处理好这起事故。

Tāmen zhōumì jǐnshèn de chǔlǐhǎo zhè qǐ shìgù.

그들은 꼼꼼하고 신중하게 이번 사고를 처리했다.

为了发挥出最好的水平，他们在比赛前就做好了周密的作战计划。

Wèile fāhuīchū zuìhǎo de shuǐpíng, tāmen zài bǐsài qián jiù zuò hǎole zhōumì de zuòzhàn jìhuà.

가장 좋은 실력을 보여 주기 위해, 그들은 시합 전에 치밀한 작전 계획을 세웠다.

0368 庄严 zhuāngyán 장엄하다, 엄숙하다 유의 庄重 zhuāngzhòng

他们面对国旗，高举右手，庄严地宣誓。

Tāmen miànduì guóqí, gāojǔ yòushǒu, zhuāng yánde xuānshì.

그들은 국기 앞에 서서, 오른 손을 높이 들고, 엄숙하게 선서했다.

当来到天安门广场时，望着庄严雄伟的天安门城楼，我们都非常激动。

Dāng láidào Tiān'ānmén guǎngchǎng shí, wàngzhe zhuāngyán xióngwěi de Tiān'ānmén chénglóu, wǒmen dōu fēicháng jīdòng.

천안문 광장에 도착했을 때, 장엄하고 웅대한 천안문 성루를 보면서, 우리는 모두 가슴이 벅차올랐다.

0369 庄重 zhuāngzhòng (언행 · 행동이) 장중하다, 정중하다 □□□

유의 庄严 zhuāngyán

根据公关礼仪，在正式场合服装应该庄重一些。

Gēnjù gōngguān lǐyí, zài zhèngshì chǎnghé fúzhuāng yīnggāi zhuāngzhòng yì xiē.

접대 예절에 있어서, 공식적인 모임에서는 의복을 갖춰 입어야 한다.

两国代表非常庄重地在协议书上签了字。

Liǎng guó dàibiǎo fēicháng zhuāngzhòng de zài xiéyìshū shàng qiānle zì.

양국의 대표는 매우 위엄 있게 협의서에 서명을 했다.

庄重 vs 庄严

庄重은 사람의 말, 행동, 태도, 표정을 수식하고, 庄严은 중요한 장면, 국장(國章), 성명 등을 수식한다.

神情显得十分庄重。

Shénqíng xiǎn de shífēn zhuāngzhòng.

표정이 아주 근엄하다.

雄伟庄严的人民英雄纪念碑。

Xióngwěi zhuāngyán de rénmín yīngxióng jìniànbēi.

웅장하고 장엄한 인민영웅기념비.

0370 壮观 zhuàngguān 장관이다 유의 壮丽 zhuànglì □□□

夏天雨后雾中黄山很美，冬天雪后漫山雪松更为壮观。

Xiàtiān yǔ hòu wù zhōng Huáng Shān hěn měi, dōngtiān xuě hòu màn shān xuěsōng gèngwéi zhuàngguān.

여름에 비가 온 후 안개 속의 황산도 아름답지만, 겨울에 눈이 내린 후에 온산이 설송으로 덮인 모습이 더 장관이다.

🧩 관련 표현

宏伟壮观 hóng wěi zhuàng guān 형 웅위롭고 장관이다

0371 壮丽 zhuànglì 웅장하고 아름답다 [유의] 壮观 zhuàngguān

我看到三千多座秀美壮丽的山峰，这些山峰，形状各异，简直就是大自然的鬼斧神工。

Wǒ kàndào sānqiān duō zuò xiùměi zhuànglì de shānfēng, zhèxiē shānfēng, xíngzhuàng gè yì, jiǎnzhí jiù shì dàzìrán de guǐfǔ shéngōng.

나는 3천 여 개의 아름답고 웅장한 산봉우리를 보았는데, 이 산봉우리들은 모양이 제각기 다른 것이, 그야말로 대자연이 귀신처럼 조화를 부려 놓은 것 같았다.

[단어] 鬼斧神工 guǐ fǔ shén gōng **[성]** 기교가 귀신이 만든 것처럼 뛰어나다. 건축이나 조각 등의 기교가 사람이 했다고는 할 수 없을 정도로 정교하다

壮丽 vs 壮观

壮丽와 壮观은 모두 어떤 상황이나, 경치에 대해 묘사할 수 있는데, 壮丽는 시가(诗歌), 강산 등에 대해서도 묘사할 수 있다.

景色非常壮丽(壮观)。 풍경이 장관이다.
Jǐngsé fēicháng zhuànglì(zhuàngguān).

节日的广场显得格外壮丽(壮观)。 명절의 광장은 아주 멋지다.
Jiérì de guǎngchǎng xiǎnde géwài zhuànglì(zhuàngguān).

我爱祖国壮丽的山河。 나는 조국의 장려한 산하를 좋아한다.
Wǒ ài zǔguó zhuànglì de shānhé.

0372 壮烈 zhuàngliè 장렬하다

这个烈士陵园里埋藏着在抗日战争中壮烈牺牲的革命烈士。

Zhège lièshì língyuán li máicángzhe zài kàngrì zhànzhēng zhōng zhuàngliè xīshēng de gémìng lièshì.

이 열사 묘역에는 항일전쟁 중에 장렬히 희생한 혁명 열사들이 모셔져 있다.

0373 卓越 zhuóyuè 탁월하다, 출중하다 [유의] 出众 chūzhòng
[반의] 一般 yìbān 보통이다, 평범하다

杨博士在半导体应用领域取得了卓越的成就。

Yáng bóshì zài bàndǎotǐ yìngyòng lǐngyù qǔdéle zhuóyuè de chéngjiù.

양 박사님은 반도체 응용 분야에서 탁월한 성과를 거두었다.

在生命的调色板上，人人都希望自己是一个卓越的画家。

Zài shēngmìng de tiáosèbǎn shang, rén rén dōu xīwàng zìjǐ shì yí ge zhuóyuè de huàjiā.

인생이라는 팔레트에서, 사람들은 모두가 자신이 뛰어난 화가이길 바란다.

[단어] 调色板 tiáosèbǎn 조색판, 팔레트

0374 资深 zīshēn 경력이 오랜, 베테랑의 [BCT1] □□□

참고 资深推销员 zīshēn tuīxiāoyuán 경력직 판매원

身为一名资深记者，他写过很多深度报道。

Shēn wéi yì míng zīshēn jìzhě, tā xiěguo hěn duō shēndù bàodào.

베테랑 기자로서, 그는 심도 있는 기사를 많이 썼다.

관련 표현

居安资深 jū ān zīshēn 좋은 환경에서 학문을 연구하다

资深推销员 zīshēn tuīxiāoyuán 베테랑 판매원

资深教授 zīshēn jiàoshòu 경력이 풍부한 교수

0375 滋润 zīrùn 습윤하다, 촉촉하다, 윤택하다 □□□

与秋冬季节相比，夏天的皮肤显得更加白皙、滋润、有光泽。

Yǔ qiū dōng jìjié xiāngbǐ, xiàtiān de pífū xiǎnde gèngjiā báixī、zīrùn、yǒu guāngzé.

가을 겨울과 비교해 볼 때, 여름의 피부는 더 희고 촉촉하고 빛나 보인다.

他在这个小城市的生活是越来越滋润的。

Tā zài zhège xiǎo chéngshì de shēnghuó shì yuèláiyuè zīrùn de.

그는 이 소도시에서 생활함에 있어 갈수록 윤택해지고 있다.

0376 自卑 zìbēi 열등하다, 비굴하다 반의 自负 zìfù, 自大 zìdà 자부하다 □□□

참고 自卑感 zìbēigǎn 열등감

不要觉得你不如人家，也不要自卑，记得你是妈妈的骄傲。

Búyào juéde nǐ bùrú rénjiā, yě búyào zìbēi, jìde ní shì māma de jiāo'ào.

네가 남보다 못하다 여기지 말고, 열등감도 느끼지 말고, 너는 엄마의 자랑이라는 걸 기억하렴.

今年没考上大学，弟弟觉得很自卑。

Jīnnián méi kǎoshàng dàxué, dìdi juéde hěn zìbēi.

올해 대학에 못 붙어서, 동생은 자신이 못났다고 여겨.

0377 自发 zìfā 자발적인, 자연적인, 무의식적인 유의 自动 zìdòng

洪水发生之后，人们自发地去照顾灾民。

Hóngshuǐ fāshēng zhīhòu, rénmen zìfā de qù zhàogù zāimín.

홍수가 난 후에 사람들은 자발적으로 수재민을 보살펴 주었다.

群众们自发地参加这位无名英雄的追悼会。

Qúnzhòngmen zìfā de cānjiā zhè wèi wúmíng yīngxióng de zhuīdàohuì.

군중들은 이 무명 영웅의 추도회에 자발적으로 참가했다.

[단어] 追悼会 zhuīdàohuì 추도회

自发 vs 自动

自发는 사람의 행위만 수식하고, 自动은 사람의 행위와 기타 물체의 동작을 수식한다.

他们都自发(自动)来帮助我。

Tāmen dōu zìfā(zìdòng) lái bāngzhù wǒ.

그들은 모두 자발적으로 나를 도우러 왔다.

一些粉丝自发形成的组织

yìxiē fěnsī zìfā xíngchéng de zǔzhī

몇몇 팬들이 자발적으로 만든 개인 조직

生产过程实现了全自动化。

Shēngchǎn guòchéng shíxiànle quán zìdònghuà.

생산 공정에 전자동화가 이루어졌다.

0378 自满 zìmǎn 자만하다 반의 虚心 xūxīn 겸손하다

我们决不能一见成绩就自满自足起来。

Wǒmen jué bù néng yí jiàn chéngjì jiù zìmǎn zìzúqilai.

우리는 절대로 성과가 좀 있다고 해서 자만하고 자족하면 안 된다.

0379 纵横 zònghéng 가로 세로로 교차되다, 자유롭다 □□□

这里高速公路纵横交错，铁路动脉连通各地。

Zhèli gāosù gōnglù zòng héng jiāo cuò, tiělù dòngmài liántōng gèdì.

이곳은 고속도로가 사방으로 뻗어 있고, 철도의 주요 간선이 각지로 연결되어 있다.

[단어] 纵横交错 zòng héng jiāo cuò （성） (도로가) 가로 세로로 뻗다, 상황이 복잡하게 얽혀 있다

（동）종횡무진하다

他是纵横四海的金融大鳄。

Tā shì zònghéng sìhǎi de jīnróng dà'è.

그는 지구촌 구석구석을 누비는 금융 투자상이다.

[단어] 金融大鳄 jīnróng dà'è [신조어] 국제적인 금융 투자상

🐨 **관련 표현**

阡陌纵横 qiān mò zòng héng （성） 수많은 논밭길이 종횡으로 나 있다

纵横驰骋 zòng héng chí chěng （성） 종횡무진하다, 글을 거침없이 쓰다

동사

□ □ □

0001 挨 āi, ái

▶āi 순서에 따르다, 인접하다, 가까이 있다

别急，挨着拿。
Bié jí, āizhe ná.
서두르지 말고, 순서대로 하세요.

你困了就挨着我的肩膀睡一会儿吧。
Nǐ kùn le jiù āizhe wǒ de jiānbǎng shuì yíhuìr ba.
너 졸리면 내 어깨에 기대 잠깐 자.

我不喜欢和陌生人紧挨着坐在一起。
Wǒ bù xǐhuan hé mòshēngrén jǐn āizhe zuòzài yìqǐ.
난 모르는 사람이랑 같이 붙어 앉는 거 안 좋아해.

▶ái ~을 받다, ~을 당하다, (세월을) 고생스럽게 보내다

莫名其妙地挨了老师的批评，心情差极了。
Mò míng qí miào de áile lǎoshī de pīpíng, xīnqíng chàjíle.
영문도 모른 채 선생님한테 혼나서 기분이 너무 안 좋아.

[단어] 莫名其妙 mò míng qí miào (성) 영문을 알 수 없다, 이유 없이

我病了一年了，日子好难挨呀！
Wǒ bìngle yì nián le, rìzi hǎo nán ái ya!
내가 1년째 병을 앓다 보니, 하루하루가 지옥이야!

算了吧，挨过这阵子再打算吧！
Suànle ba, áiguo zhè zhènzi zài dǎsuan ba!
관두자고, 이 시기 잘 넘기고 나서 다시 생각하자고!

🐸 **관련 표현**

挨打 ái dǎ 매 맞다 / **挨骂** ái mà 욕을 먹다 / **挨饿** ái è 굶주리다

挨打受气 ái dǎ shòu qì (성) 매 맞고 수모당하다

挨冻受饿 ái dòng shòu è (성) 입을 것도 없고 먹을 것도 없다, 상황이 어렵다

挨鞭子不挨棍子 — 吃软不吃硬 **헐후**
ái biānzi bù ái gùnzi — chī ruǎn bù chī yìng
채찍은 맞고 몽둥이는 안 맞다 — 부드러운 것은 먹고, 딱딱한 것은 먹지 않는다 : 부드럽게 나오면 받아들이지만, 강압적이면 받아들이지 않는다

挨打的狗去咬鸡 — 拿别人出气 **헐후**
ái dǎ de gǒu qù yǎo jī — ná biérén chūqì
얻어맞은 개가 닭을 문다 — 다른 사람에게 화풀이하다

0002 爱戴 àidài 우러러 섬기다, 추대하다 **유의** 敬爱 jìng'ài

▶아랫사람의 윗사람에 대한 태도에만 쓴다.

周恩来总理是位深受人民爱戴的好总理。
Zhōu Ēnlái zǒnglǐ shì wèi shēnshòu rénmín àidài de hǎo zǒnglǐ.
저우언라이 총리는 국민들의 높은 추앙을 받는 훌륭한 총리이다.

爱戴 vs 敬爱

爱戴와 敬爱는 모두 아랫사람이 윗사람에 대해 쓰는 말이다. 예를 들면, 제자가 스승에게, 자녀가 부모에게, 후배가 선배에게 쓰는 말이다. 爱戴는 受到(得到)의 수식을 받을 수 있지만, 敬爱에는 이 용법이 없다.

人民衷心爱戴(敬爱)的领导人。
Rénmín zhōngxīn àidài(jìng'ài) de língdǎorén.
국민들이 진심으로 추앙하는 지도자.

同学们都爱戴(敬爱)张老师。
Tóngxuémen dōu àidài(jìng'ài) Zhāng lǎoshī.
학우들은 모두 장 선생님을 존경한다.

受到了广大观众的爱戴。
Shòudàole guǎngdà guānzhòng de àidài.
많은 관객들의 사랑을 받았다.

▶敬爱는 편지에서 호칭으로 쓸 수 있지만, 爱戴에는 이런 뜻이 없다.

敬爱的老师，您好!
Jìng'ài de lǎoshi, nín hǎo!
존경하는 선생님, 안녕하세요!

爱戴的老师，您好! (X)

0003 安置 ānzhì 적절한 자리를 찾아 주다, 제자리에 놓다 〔유의〕 **安排** ānpái

一定要保证此次矿难的所有遭害人员及其家属得到妥善安置。

Yídìng yào bǎozhèng cǐ cì kuàngnàn de suǒyǒu zāohài rényuán jíqí jiāshǔ dédào tuǒshàn ānzhì.

반드시 이번 광산 사고를 당한 모든 피해자와 그 가족에 대한 적절한 조치가 이루어져야 한다.

[단어] 矿难 kuàngnàn 광산 사고 / 妥善 tuǒshàn 알맞다, 적절하다

安置 vs 安排

安置는 업무나 생활 속에서 사람이나 사물에 적당한 위치를 찾아 주는 것을 말하고, 安排는 선후와 중요도에 따라 사람이나 사물을 짜임새 있게 배치하거나 조치하는 것을 말한다. 安置는 주로 사람에 쓰여 실업자, 졸업생, 퇴역 군인 등에 쓰이고, 安排는 업무, 학습, 생활, 거처, 주택 등에 쓰인다.

安置行李 ānzhì xíngli 짐을 놓다
安置人员 ānzhì rényuán 인원을 배치하다

安排采访时间 ānpái cǎifǎng shíjiān 취재 시간을 정하다
安排工作日程 ānpái gōngzuò rìchéng 업무 스케줄을 짜다

0004 按摩 ànmó 안마하다, 마사지하다

中式按摩历史悠远，传说战国时代的华佗是其发明者。

Zhōngshì ànmó lìshǐ yōuyuǎn, chuánshuō Zhànguó shídài de Huà Tuó shì qí fāmíngzhě.

중국 안마의 역사는 오랜 전통을 갖고 있는데, 전국 시대의 화투어(화타)가 그 발명자라 전해진다.

[단어] 战国 Zhànguó 전국(B.C.475년~B.C.221년)

我累得浑身都快散了架，要不，你给我按摩按摩，怎么样?

Wǒ lèi de húnshēn dōu kuài sǎnle jià, yàobù, nǐ gěi wǒ ànmó ànmó, zěnmeyàng?

나 피곤해서 온몸이 부서질 것 같은데, 네가 나한테 안마 좀 해 주면 어떨까?

458

0005 暗示 ànshì 암시하다 유의 表示 biǎoshì

虽然我已经暗示过很多次我喜欢他了，但他就是不回应。
Suīrán wǒ yǐjīng ànshìguo hěn duō cì wǒ xǐhuan tā le, dàn tā jiù shì bù huíyìng.
난 이미 여러 번 그에게 좋아하는 기색을 보였지만, 그는 전혀 반응이 없다.

他的话好像包含着某种暗示。
Tā de huà hǎoxiàng bāohánzhe mǒu zhǒng ànshì.
그의 말에 마치 모종의 암시가 들어 있는 것 같다.

暗示 vs 表示

暗示는 간접적이고 함축적인 방식으로 표현하는 것이고, 表示는 명백하고 직접적으로 표현하는 것을 말한다. 暗示의 주체는 대부분 사람이며 다른 사람으로 하여금 알아차리게 하는 것이고, 表示의 주체는 사람과 사물 모두 될 수 있다.

一再暗示他 yízài ànshì tā 거듭 그에게 암시하다
用手势暗示 yòng shǒushì ànshì 손짓으로 암시하다

表示敬意 biǎoshì jìngyì 경의를 표하다
表示同意 biǎoshì tóngyì 동의하다

0006 熬 áo 오래 끓이다, 푹 삶다, 참다, 달이다

夏天熬点绿豆粥喝，不容易中暑。
Xiàtiān áo diǎn lǜdòuzhōu hē, bù róngyì zhòngshǔ.
여름에 녹두죽을 좀 끓여 먹으면, 더위를 잘 안 먹는다.

这是我为你熬的中药，快趁热喝了吧。
Zhè shì wǒ wèi nǐ áo de zhōngyào, kuài chèn rè hē le ba.
이건 내가 너 주려고 달인 한약이야, 어서 따뜻할 때 마셔.

他写作的时候经常熬到深夜。
Tā xiězuò de shíhou jīngcháng áodào shēnyè.
그는 글을 쓸 때 늘 한밤중까지 일을 한다.

他在娱乐圈摸爬滚打十几年，也没见得熬出什么名堂来。

Tā zài yúlèquān mō pá gǔn dǎ shí jǐ nián, yě méi jiàndé áochū shénme míngtang lái.

그녀는 연예계에서 몇 십 년을 고생했지만, 크게 성공하지도 못했다.

[단어] 摸爬滚打 mō pá gǔn dǎ **성** 힘들게 훈련(일)하다 / 名堂 míngtáng 성적, 결과

 관련 표현

熬更守夜 áo gēng shǒu yè **성** 잠을 안 자고 밤샘하다

多年的媳妇熬成婆 속담

duōnián de xífù áochéng pó

며느리 노릇 오래 하니 시어머니가 되다, 여러 해 동안 경험을 쌓아 최고 자리에 오르다

大师傅熬稀粥 — 做贼心虚 헐후

dàshīfu áo xīzhōu — zuò zéi xīn xū

주방장이 죽을 끓이다 — 도둑이 제 발 저리다

一粒米熬三碗汤 — 淡而无味 헐후

yí lì mǐ áo sān wǎn tāng — dàn ér wú wèi

쌀 한 톨로 국 세 그릇을 만들다 — 싱거워 맛이 없다 : 무미건조하여 주의를 끌지 못하다

0007 巴不得 bābude 간절히 원하다, 몹시 바라다 □□□

我们巴不得您天天来我们这儿呢。

Wǒmen bābude nín tiāntiān lái wǒmen zhèr ne.

우리는 어르신께서 날마다 여기에 오셨으면 해요.

他可不是那么好心的人，他巴不得我早点辞职呢。

Tā kě bú shì nàme hǎoxīn de rén, tā bābude wǒ zǎodiǎn cízhí ne.

저 친구 정말이지 그리 선한 사람이 아냐, 저 친구는 내가 하루빨리 회사를 그만뒀으면 한다니까.

0008 巴结 bājie (권력에) 아첨하다, 아부하다, 빌붙다 유의 **奉承** fèngcheng □□□

听说他马上就要升官了，趁现在好好巴结巴结。

Tīngshuō tā mǎshàng jiùyào shēngguān le, chèn xiànzài hǎohāo bājie bājie.

저 사람이 조만간 승진한다니, 지금 잘 보여 놔야겠어.

我就看不惯他极力巴结老总的样子。

Wǒ jiù kànbuguàn tā jílì bājie lǎozǒng de yàngzi.

난 저 친구가 죽어라고 사장님께 아부 떠는 걸 못 봐 주겠어.

巴巴结结 bābajiējiē 말을 더듬다, 겨우, 억지로

□□□

0009 **扒** bā 매달리다, 달라붙다, 긁어내다, 파내다, 헐다

孩子们扒在走廊的窗户上，眼巴巴地望着那片白乎乎的雪地。

Háizimen bāzài zǒuláng de chuānghu shang, yǎnbābā de wàngzhe
nà piàn báihūhū de xuědì.

아이들은 복도 쪽 창문에 매달려, 눈을 동그랗게 뜨고는 하얀 눈밭을 바라보고 있다.

[단어] 眼巴巴 yǎnbābā 간절히 기다리는 모양, 멍하니 바라보는 모양

小时候，我特别喜欢扒土玩儿。

Xiǎoshíhou, wǒ tèbié xǐhuan bā tǔ wánr.

어릴 때, 나는 땅 파고 노는 걸 아주 좋아했다.

老王扒了旧房想盖新房，他托人买来砖瓦、木料。

Lǎo Wáng bāle jiù fáng xiǎng gài xīn fáng, tā tuō rén mǎi lái zhuānwǎ、
mùliào.

왕 씨는 낡은 집을 헐고 새집을 지으려고, 사람을 시켜 벽돌과 목재를 사오게 했다.

▶pá (손, 갈퀴로) 긁어모으다, 소매치기하다, 약한 불로 푹 삶다

你把那边的落叶扒到一起。

Nǐ bǎ nàbiān de luòyè pádào yìqǐ.

너 저쪽에 있는 낙엽을 한데 긁어모아.

临近年底了，扒手们的出没也更加频繁。

Línjìn niándǐ le, páshǒumen de chūmò yě gèngjiā pínfán.

연말이 가까워 오니까, 소매치기들의 출몰도 잦아진다.

厨师给我们介绍了扒羊肉怎么做才好吃。

Chúshī gěi wǒmen jièshàole páyángròu zěnme zuò cái hǎochī.

요리사님이 우리에게 양고기 스튜를 어떻게 만들어야 맛있는지 알려 주었어.

[단어] 扒羊肉 páyángròu 양고기 스튜

吃里扒外 chī lǐ pá wài 〈성〉이쪽의 도움을 받으면서 다른 쪽을 위해 일하다

警察当扒手 — 知法犯法 〈헐후〉
jǐngchá dāng páshǒu — zhī fǎ fàn fǎ
경찰이 소매치기가 되다 — 법을 알면서 고의로 법을 어기다

[단어] 扒手 páshǒu 소매치기

0010 把关 bǎ∥guān 관문을 지키다, 엄격히 심사하다

放心，有质监部门严格把关，质量绝对没问题。
Fàngxīn, yǒu zhìjiān bùmén yángé bǎguān, zhìliàng juéduì méi wèntí.
안심하세요. 품질관리부가 엄격하게 심사하고 있으니, 품질은 절대로 문제가 없습니다.

每个路口都有警察把关，会抓到凶犯的。
Měi ge lùkǒu dōu yǒu jiǎngchá bǎguān, huì zhuādào xiōngfàn de.
모든 길목에서 경찰이 지키고 있으니, 흉악범은 금방 잡힐 거야.

我有了男朋友，我想叫你去帮我把把关。
Wǒ yǒu le nán péngyou, wǒ xiǎng jiào nǐ qù bāng wǒ bǎbaguān
나한테 남자 친구가 생겼는데, 너한테 봐 달라고 하고 싶어.

0011 罢工 bà∥gōng 동맹 파업하다 [BCT2]

公交车司机们已经决定下周举行罢工。
Gōngjiāochē sījīmen yǐjing juédìng xiàzhōu jǔxíng bàgōng.
시내버스 기사들은 이미 다음 주에 파업하기로 결정했다.

为了抗议紧缩政策，11月14日欧洲23国爆发了联合罢工。
Wèile kàngyì jǐnsuō zhèngcè, shíyī yuè shísì rì Ōuzhōu èrshísān
guó bàofāle liánhé bàgōng.
긴축 정책에 항의하기 위해, 11월 14일 유럽 23개국에서 연합 파업을 일으켰다.

0012 掰 bāi (손으로 물건을) 쪼개다, 부러뜨리다

他把馒头掰开，给了我一半。
Tā bǎ mántou bāikāi, gěile wǒ yíbàn.
그는 만터우를 잘라, 나에게 반을 주었다.

崩溃 vs 瓦解

崩溃는 완전히 무너지는 것을 말하는 것으로, 주로 국가 정치, 경제, 군사 등에 쓰이고,
瓦解는 붕괴되거나 분열되는 것을 말한다. 崩溃는 목적어를 동반할 수 없다.

敌人的前线已经崩溃。
Dírén de qiánxiàn yǐjing bēngkuì.
적의 최전선이 이미 붕괴되었다.

瓦解敌人的斗志。
Wǎjiě dírén de dòuzhì.
적의 투지를 와해시키다.

0047 迸发 bèngfā (밖으로) 내뿜다, 분출하다, 터져 나오다 □□□

滚烫的岩浆从火山口源源不断地迸发出来。

Gǔntàng de yánjiāng cóng huǒshān kǒu yuán yuán bú duàn de bèngfāchulai.

뜨거운 마그마가 화산 입구에서 계속해서 흘러넘쳤다.

[단어] 岩浆 yánjiāng 암장, 마그마 / 源源不断 yuán yuán bú duàn 웹 연이어 계속되다

经过多次改革，该产业园再次迸发出新的活力。

Jīngguò duō cì gǎigé, gāi chǎnyèyuán zài cì bèngfāchū xīn de huólì.

여러 차례의 개혁을 통해, 이 산업 단지는 다시 한 번 새로운 에너지를 내뿜고 있다.

0048 蹦 bèng 뛰어오르다, 껑충 뛰다, 펄쩍 뛰다 □□□

这里的地板很滑，你就别蹦了，很危险。

Zhèli de dìbǎn hěn huá, nǐ jiù bié bèngle, hěn wēixiǎn.

여기 바닥이 미끄러우니까, 넌 뛰지 마라, 위험하다.

听说要放假了，孩子们高兴得蹦了起来。

Tīngshuō yào fàngjià le, háizimen gāoxìng de bèng le qǐlai.

방학한다는 소리를 듣고, 아이들은 좋아서 펄쩍펄쩍 뛰었다.

你看他活蹦乱跳的样子，哪里像是病人？

Nǐ kàn tā huó bèng luàn tiào de yàngzi, nǎli xiàng shì bìngrén?

저 친구 껑충껑충 뛰는 것 좀 봐요, 어디가 환자 같아요?

[단어] 活蹦乱跳 huó bèng luàn tiào 웹 기뻐서 껑충껑충 뛰다

黄豆碰上热锅 — 欢蹦乱跳 헐후

huángdòu pèngshàng règuō — huān bèng luàn tiào

대두가 뜨거운 솥을 만나다 — 기뻐서 깡충깡충 뛰다 : 생기가 넘치다

0049 逼迫 bīpò 핍박하다, 옥죄어 재촉하다 유의 强迫 qiǎngpò □□□

没有人能够逼迫你去做你不喜欢做的事情，除了你自己。

Méiyǒu rén nénggòu bīpò nǐ qù zuò nǐ bù xǐhuan zuò de shìqing, chúle nǐ zìjǐ.

아무도 네가 하기 싫은 일을 하도록 강요하진 않아, 너 스스로 그렇게 하지 않는 이상.

即使是在敌人的严刑逼迫之下，他也绝不背叛自己的祖国。

Jíshǐ shì zài dírén de yánxíng bīpò zhīxià, tā yě jué bú bèipàn zìjǐ de zǔguó.

설령 적들이 가혹한 고문으로 핍박한다 할지라도, 그는 절대 자신의 조국을 배반하지 않을 것이다.

0050 比方 bǐfang 비유하다, 예를 들다 유의 比如 bǐrú □□□

用常青的松柏比方人坚贞的品格是非常适当的。

Yòng chángqīng de sōngbǎi bǐfang rén jiānzhēn de pǐngé shì fēicháng shìdāng de.

사철 푸른 송백을 사람의 지조 있는 성품에 비유하는 것은 아주 적절하다.

[단어] 松柏 sōngbǎi 소나무와 잣나무

접 예컨대, 예를 들어

很多人喜欢追星，比方说我弟弟，就是这样。

Hěn duō rén xǐhuan zhuīxīng, bǐfang shuō wǒ dìdi, jiù shì zhèyàng.

많은 사람들이 연예인을 쫓아다니는데, 예를 들면 내 동생이 그러고 다녀.

比方说我是国王，你是大臣，那么我的地位肯定比你高。

Bǐfang shuō wǒ shì guówáng, nǐ shì dàchén, nàme wǒ de dìwèi kěndìng bǐ nǐ gāo.

예를 들어 내가 국왕이고 네가 신하라면, 내 지위가 틀림없이 너보다 높잖아.

명 예, 비유

我实在听不懂你说什么，你能打个比方吗?

Wǒ shízài tīngbudǒng nǐ shuō shénme, nǐ néng dǎ ge bǐfang ma?

난 정말 네가 무슨 말을 하는지 모르겠어, 너 예를 들어 줄 수 있겠니?

比方 vs 比如

比方은 이해하기 쉽도록 다른 사물을 비유해서 말하는 것이고, 比如는 예를 들어 열거하는 것이다. 比方은 명사로도 쓰이지만, 比如는 동사로만 쓰인다.

比方(比如)说, '二'和'两'
bǐfang(bǐrú) shuō, 'èr' hé 'liǎng'
예를 들어, '二'과 '两'은

打个比方来说 (O) / 打个比如来说 (X)
dǎ ge bǐfang láishuō
예를 들어 말하면

可以拿爬山来作比方。(O) / 可以拿爬山来作比如。(X)
Kěyǐ ná páshān lái zuò bǐfang.
등산을 예로 들 수 있겠죠.

0051 比喻 bǐyù 비유하다 □□□

如果我们把创业比喻成赤壁之战的话，那么这个东风就是机会。
Rúguǒ wǒmen bǎ chuàngyè bǐyùchéng chìbì zhī zhàn dehuà, nàme zhège dōngfēng jiù shì jīhuì.
만약 우리가 창업을 적벽대전에 비유한다면, 동풍이 바로 기회인 것이다.

명 비유(법)

在谈到对中国经济的看法时，他做了一个形象的比喻。
Zài tándào duì Zhōngguó jīngjì de kànfǎ shí, tā zuòle yí ge xíngxiàng de bǐyù.
중국 경제에 대한 관점에 대해 말할 때, 그는 생생한 비유를 들었다.

0052 鄙视 bǐshì 경멸하다, 무시하다 **반의** 重视 zhòngshì 중시하다 □□□

假如你是有钱人，请你不要鄙视那些穷人。
Jiǎrú nǐ shì yǒu qián rén, qǐng nǐ búyào bǐshì nàxiē qióngrén.
당신이 돈이 많은 사람이라면, 가난한 사람들을 무시하지 마세요.

0053 编织 biānzhī 엮다, 짜다, 삼다

这双鞋是用玉米叶编织的，既轻便又透气。

Zhè shuāng xié shì yòng yùmǐyè biānzhī de, jì qīngbiàn yòu tòuqì.

이 신발은 옥수수잎으로 짜서, 가볍고 통풍도 잘 되지요.

虽然从小失去了双脚，他仍不放弃自己的追求，用文字编织梦想。

Suīrán cóngxiǎo shīqùle shuāng jiǎo, tā réng bú fàngqì zìjǐ de zhuīqiú, yòng wénzì biānzhī mèngxiǎng.

비록 어릴 때 두 발을 잃었지만, 그는 여전히 꿈을 포기하지 않고, 글로써 꿈을 이뤄 가고 있다.

0054 鞭策 biāncè 격려하다, 채찍질하다, 편달하다 **유의** 督促 dūcù

教授经常鞭策我们要树立远大的理想并且要坚持到底。

Jiàoshòu jīngcháng biāncè wǒmen yào shùlì yuǎndà de lǐxiǎng bìngqiě yào jiānchí dàodǐ.

교수님께서는 늘 우리에게 원대한 이상을 수립하고 끝까지 지켜 나가라고 격려하신다.

爸爸的教诲一直鞭策我成长。

Bàba de jiàohuì yìzhí biāncè wǒ chéngzhǎng.

아버지의 가르침은 줄곧 내가 성장하는 채찍이 되었다.

[단어] 教诲 jiàohuì 가르치다, 깨우치다

0055 贬低 biǎndī 낮게 평가하다, 얕잡아 보다

拿贬低别人来抬高自己的做法是相当愚蠢的。

Ná biǎndī biérén lái táigāo zìjǐ de zuòfǎ shì xiāngdāng yúchǔn de.

남을 깎아내리면서 자신을 치켜세우는 것은 상당히 어리석은 짓이다.

0056 变迁 biànqiān 변천하다

无论时代如何变迁，美，一直是无数女性不断追逐的话题。

Wúlùn shídài rúhé biànqiān, měi, yìzhí shì wúshù nǚxíng búduàn zhuīzhú de huàtí.

세상이 어떻게 변하든, 아름다움은 계속해서 많은 여성들이 끝임 없이 추구하는 화제가 되고 있다.

这些邮票记录了中国铁路的历史变迁。

Zhèxiē yóupiào jìlùle Zhōngguó tiělù de lìshǐ biànqiān.

이 우표들은 중국 철로 역사의 변천을 기록하고 있다.

🐶 관련 표현

历史变迁 lìshǐ biànqiān 역사의 변천

时代变迁 shídài biànqiān 시대 변화

陵谷变迁 líng gǔ biàn qiān 성 구릉과 골짜기에 큰 변화가 생기다, 세상이 크게 변하다

0057 变质 biàn∥zhì 변질되다, 음식이 상하다 BCT1

政策是好政策，但是落实过程中就变质了。

Zhèngcè shì hǎo zhèngcè, dànshì luòshí guòchéng zhōng jiù biànzhì le.

정책은 좋은 정책인데, 실행 과정에서 변질되었다.

[단어] **落实** luòshí (정책·계획 등이) 실현되다, 구체화되다

买鸡蛋要摇一摇，有声响就说明鸡蛋变了质，不要买。

Mǎi jīdàn yào yáo yi yáo, yǒu shēngxiǎng jiù shuōmíng jīdàn biànle zhì, búyào mǎi.

계란을 살 때, 흔들어서 소리가 나면 변질된 것이니까, 사지 말아요.

🐶 관련 표현

蜕化变质 tuì huà biàn zhì 성 좋은 사람이 타락하여 변질되다

0058 便于 biànyú (~하기에) 쉽다, ~에 편하다 유의 **以便** yǐbiàn

学会换位思考便于更好地沟通。

Xuéhuì huàn wèi sīkǎo biànyú gèng hǎo de gōutōng.

상대방의 입장에서 생각하는 것을 배우면 소통을 더 잘할 수 있다.

新版的汉语词典将更加便于初学者使用。

Xīnbǎn de Hànyǔ cídiǎn jiāng gèngjiā biànyú chūxuézhě shǐyòng.

개정판 중국어 사전은 초보 학습자가 사용하기에 더 편하다.

□□□
0059 遍布 biànbù 널리 퍼지다, 널리 분포하다

李教授的学生遍布天南地北，五湖四海。
Lǐ jiàoshòu de xuésheng biànbù tiān nán dì běi, wǔ hú sì hǎi.
이 교수님의 제자들이 전국 각지에 고루 퍼져 있다.

[단어] 天南地北 tiān nán dì běi 전국 곳곳 / 五湖四海 wǔ hú sì hǎi 사방팔방

□□□
0060 辨认 biànrèn 식별해 내다 [유의] 辨别 biànbié

警察一下子就辨认出来了车上的小偷。
Jǐngchá yíxiàzi jiù biànrènchulaile chē shang de xiǎotōu.
경찰은 단번에 차안의 소매치기를 식별해 냈다.

可惜，他的《孙膑兵法》由于腐蚀，有许多字已无法辩认了。
Kěxī, tā de 《Sūn Bìn bīngfǎ》 yóuyú fǔshí, yǒu xǔduō zì yǐ wúfǎ biànrèn le.
아깝게도, 그의 《손빈병법》은 부식으로 인해, 많은 글자를 이미 식별해 낼 수가 없다.

[단어] 腐蚀 fǔshí 부식하다, 썩어 문드러지다

tip 孙膑 : 손빈. 중국 전국 시대 제나라의 병법가. 손무의 후손.

0061 辩护 biànhù 변호하다, 변론하다 **유의** 辩解 biànjiě ▢▢▢

这次庭审，他请了最有名的何律师来给他辩护。

Zhè cì tíngshěn, tā qǐngle zuì yǒumíng de Hé lùshī lái gěi tā biànhù.

이번 법정 심문 때, 그는 가장 유명한 하 변호사를 선임해 자신의 변호를 맡겼다.

[단어] 庭审 tíngshěn 법정에서 심문하다

不要替错误行为辩护，我们要为真理而辩护。

Búyào tì cuòwù xíngwéi biànhù, wǒmen yào wèi zhēnlǐ ér biànhù.

잘못된 행위를 위해 변론하지 말아요. 우리는 진리를 위해 변론해야 해요.

0062 辩解 biànjiě 해명하다, 변명하다 **유의** 辩护 biànhù ▢▢▢

你不用再辩解了，我是不会相信你的话的。

Nǐ búyòng zài biànjiě le, wǒ shì bú huì xiāngxìn nǐ de huà de.

더 이상 변명 안 해도 돼. 나는 네 말을 믿지 않을 거야.

有些人在被误会时，第一反应不是急于辩解，而是选择保持沉默。

Yǒuxiē rén zài bèi wùhuì shí, dìyī fǎnyìng bú shì jíyú biànjiě, ér shì xuǎnzé bǎochí chénmò.

어떤 이들은 오해를 받을 때, 첫 번째 반응으로 서둘러 변명하지 않고 침묵한다.

辩解 vs 辩护

辩解는 사실을 밝히고 원인을 설명하는 데에 중점을 두고, 辩护는 일을 분석하는 것 외에 사람을 보호하고 지켜 주는 행위를 말한다. 辩解는 원인이나 진상을 설명하는 것이고, 辩护는 해명하여 자신이나 다른 사람의 언행을 보호하는 것을 뜻한다. 辩护는 법률 용어로 쓰인다.

你再为自己辩护(辩解)也没有用。

Nǐ zài wèi zìjǐ biànhù(biànjiě) yě méiyǒu yòng.

넌 다시 네 자신을 위해 변호해도 소용없어.

请他做我的辩护律师。

Qǐng tā zuò wǒ de biànhù lùshī.

그에게 내 변호를 부탁했어.

为自己获得辩护。(O) / 为自己获得辩解 (X)

Wèi zìjǐ huòdé biànhù.

자신을 위해 변호를 확보하다.

□□□

0063 辩证 biànzhèng 변증하다, 논증하다

中药治疗必须仔细辩证施治。
Zhōngyào zhìliáo bìxū zǐxì biànzhèng shīzhì.
중의 치료를 할 때는 반드시 자세히 병증을 분석한 후에 시료해야 한다.

[단어] **辩证施治** biànzhèng shīzhì 병증의 성질과 원인 등을 분석 판단하여 상응하는 치료를 하다

 변증법적이다

我们要从正反两方面辩证地看待这个问题。
Wǒmen yào cóng zhèngfǎn liǎng fāngmiàn biànzhèng de kàndài zhège wèntí.
우리는 이 문제를 긍정과 부정 양쪽 방면에서 변증법적인 태도로 바라보아야 한다.

0064 表决 biǎojué 표결하다 □□□

他们常采用投票表决的方式来决定公司的重大事宜。
Tāmen cháng cǎiyòng tóupiào biǎojué de fāngshì lái juédìng gōngsī de zhòngdà shìyí.
그들은 자주 투표로 표결에 부치는 방식으로 회사의 중대 사안을 결정한다.

[단어] **事宜** shìyí (관련된) 일, 사항, 사무

🗣 **관련 표현**

多数表决 duōshù biǎojué 다수결
公民表决 gōngmín biǎojué 국민 투표

0065 表态 biǎo//tài 태도를 표명하다, 입장을 밝히다 □□□

老总没表态，大家都别瞎猜。
Lǎozǒng méi biǎotài, dàjiā dōu bié xiācāi.
사장님께서 태도를 표명하지 않으시니, 모두들 괜한 추측 마세요.

我都跟你提了这么多遍了，你就不能表表态啊?
Wǒ dōu gēn nǐ tíle zhème duō biàn le, nǐ jiù bù néng biǎobiao tài a?
내가 너한테 몇 번이나 말했으면, 너도 무슨 제스처라도 취해야 하지 않니?

0066 表彰 biǎozhāng 표창하다 <u>참고</u> 表彰仪式 biǎozhāng yíshì 표창식

政府决定对本年度作出突出成绩的先进集体和先进个人予以表彰。

Zhèngfǔ juédìng duì běn niándù zuòchū tūchū chéngjì de xiānjìn jítǐ hé xiānjìn gèrén yǔyǐ biǎozhāng.

정부에서는 올 한 해 걸출한 성과를 낸 모범 기업과 모범적인 개인에게 표창하기로 했다.

0067 憋 biē (숨을 안 쉬고, 말을 안 하고) 참다, 숨이 막히다, 속이 답답하다

水性好的人可以在水里憋上几分钟都没问题。

Shuǐxìng hǎo de rén kěyǐ zài shuǐ li biēshàng jǐ fēnzhōng dōu méi wèntí.

수영을 잘하는 사람은 물속에서 몇 분씩 숨을 안 쉬고 있어도 괜찮다.

[단어] 水性 shuǐxìng 수영 기술

最近我总是心烦，心里憋得难受，感觉喘不过气来。

Zuìjìn wǒ zǒng shì xīnfán, xīnli biē de nánshòu, gǎnjué chuānbuguò qì lái.

최근에 난 늘 짜증이 나고, 가슴이 꽉 막혀 답답한 게, 숨이 막히는 느낌이야.

我实在憋不住了，就把真相告诉他了。

Wǒ shízài biēbuzhù le, jiù bǎ zhēnxiàng gàosu tā le.

난 정말이지 못 참겠어, 진상을 그에게 말해 줘야겠어.

0068 濒临 bīnlín 인접하다, 가까이 가다

<u>참고</u> 濒临崩溃 bīnlín bēngkuì 붕괴 직전이다

希腊现在最大的问题是，由于资金正在迅速耗尽，政府已经濒临破产。

Xīlà xiànzài zuì dà de wèntí shì, yóuyú zījīn zhèngzài xùnsù hàojìn, zhèngfǔ yǐjing bīnlín pòchǎn.

그리스가 당면한 현재의 가장 큰 문제는, 자금이 신속하게 고갈되어 정부가 이미 파산 직전에 있다는 것이다.

白局作为南京唯一的地方戏曲，正处于濒临失传的境地。

Báijú zuòwéi Nánjīng wéiyī de dìfang xìqǔ, zhèng chǔyú bīnlín shīchuán de jìngdì.

백국은 난징(남경)의 유일한 지방극인데, 단절될 위기를 맞고 있다.

0069 并非 bìngfēi 결코 ~하지 않다, 결코 ~이 아니다

并非是我不想帮你，而是我帮不了你啊。
Bìngfēi shì wǒ bù xiǎng bāng nǐ, érshì wǒ bāng bùliǎo nǐ a.
결코 내가 너를 돕고 싶지 않은 게 아니라, 널 못 도와주는 거야.

种种情况表明，要改变这种状况并非易事。
Zhǒng zhǒng qíngkuàng biǎomíng, yào gǎibiàn zhèzhǒng qíngkuàng bìngfēi yìshì.
여러 상황이 말해 주듯이, 이 상황을 변화시키는 건 결코 쉬운 일이 아니야.

0070 并列 bìngliè 병렬하다 **유의 并排** bìngpái

两个人都得了满分，并列第一。
Liǎng ge rén dōu déle mǎnfēn, bìngliè dìyī.
두 사람 다 100점을 맞아 나란히 1등을 했다.

这句话是一个并列复句，并列复句本身没有轻重之分。
Zhè jù huà shì yí ge bìngliè fùjù, bìngliè fùjù běnshēn méiyǒu qīngzhòng zhī fēn.
이 말은 병렬 복문으로, 병렬 복문은 원래 경중의 차이가 없다.

0071 拨 bō (손·막대기를 이용해) 옆으로 밀다(움직이다), 나누어 주다, 전화 걸다

他把菜里的胡萝卜拨出来了。
Tā bǎ cài li de húluóbo bōchulai le.
그는 음식에 든 당근을 골라냈다.

第一车间人少，应该多给我们拨几个人来。
Dìyī chējiān rén shǎo, yīnggāi dūo gěi wǒmen bō jǐ ge rén lái.
제1 작업장에 사람이 적어요, 우리한테 몇 명을 보내 주셔야겠어요.

如果遇到紧急情况，就拨这个电话。
Rúguǒ yùdào jǐnjí qíngkuàng, jiù bō zhège diànhuà.
긴급 상황이 닥치면, 이 번호로 전화해요.

0072 剥削 bōxuē 착취하다 □□□

土地改革推翻了剥削阶级，让老百姓翻身做了主人。

Tǔdì gǎigé tuīfānle bāoxuē jiējí, ràng lǎobǎixìng fānshēn zuòle zhǔrén.

토지 개혁은 착취 계급을 전복시키고, 백성들을 주인으로 만들었다.

🗣 **관련 표현**

剥削阶级 bōxuē jiējí 착취 계급 / **中间剥削** zhōngjiān bōxuē 중간 착취

0073 播种 bōzhòng 파종하다 □□□

春玉米4月25日左右播种，夏玉米6月10日左右播种。

Chūn yùmǐ sì yuè èrshíwǔ rì zuǒyòu bōzhòng, xià yùmǐ liù yuè shí rì zuǒyòu bōzhòng.

봄 옥수수는 4월 25일 전후로 파종하고, 여름 옥수수는 6월 10일쯤 파종한다.

0074 搏斗 bódòu 격렬하게 싸우다, 격투하다 □□□

为了营救乘客，便衣警察与歹徒在列车上展开殊死搏斗。

Wèile yíngjiù chéngkè, biànyī jǐngchá yǔ dǎitú zài lièchē shang zhǎnkāi shūsǐ bódòu.

승객을 구하기 위해, 사복 경찰은 악당과 열차에서 사투를 벌였다.

[단어] **营救** yíngjiù 구조하다, 원조하다 / **殊死** shūsǐ 결사적으로, 목숨을 걸고

0075 不顾 búgù 고려하지 않다, 돌보지 않다, 신경 쓰지 않다 □□□

你为什么不顾我的感受？

Nǐ wèishénme bú gù wǒ de gǎnshòu?

너는 왜 내 기분은 생각하지 않니?

你这顾前不顾后的毛病什么时候才能改了呢？

Nǐ zhè gù qián búgù hòu de máobìng shénme shíhou cái néng gǎi le ne?

너의 그 경솔한 버릇은 언제가 되어야 고쳐질까?

[단어] **顾前不顾后** gù qián búgù hòu 😊 눈앞의 일만 고려하고 장래의 일은 고려하지 않다, 경솔하게 행동하다

不顾一切 bú gù yí qiè ❸ 아무것도 따지지 않다

不管不顾 bù guǎn bú gù ❸ (사람이) 거칠고 경솔하다

□□□

0076 **不愧** búkuì ~에 부끄럽지 않다, ~이라고 할 만하다, 손색이 없다

高手不愧是高手，仅用了一分钟就把困了我一个月的难题解开了。
Gāoshǒu búkuì shì gāoshǒu, jǐn yòngle yì fēnzhōng jiù bǎ kùnle wǒ yí ge yuè de nántí jiěkāi le.
고수는 역시 고수야. 1분 만에 나를 한 달 동안이나 괴롭혔던 문제를 풀어 내다니.

你说得很有道理，你不愧是我的好学生啊!
Nǐ shuō de hěn yǒu dàolǐ, nǐ búkuì shì wǒ de hǎo xuésheng a!
자네 말에 일리가 있네, 자넨 역시 내 제자다워!

□□□

0077 **补偿** bǔcháng 보충하다, 보상하다 BCT2

这件事对我公司造成的损失是无法用钱来补偿的。
Zhè jiàn shì duì wǒ gōngsī zàochéng de sǔnshī shì wúfǎ yòng qián lái bǔcháng de.
이 일로 우리 회사가 입은 손해는 돈으로는 보상할 수 없는 것이다.

如有数量不足，可以和我们联系，我们会给予补偿。
Rú yǒu shùliàng bùzú, kěyǐ hé wǒmen liánxì, wǒmen huì jǐyǔ bǔcháng.
만약 수량이 부족하면, 저희한테 연락하세요, 저희가 보충해 드리겠습니다.

🐸 관련 표현

补偿率 bǔchánglǜ 가산율(mark up)

补偿费 bǔchángfèi 위자료

补偿贸易 bǔcháng màoyì 보상 무역

0078 补救 bǔjiù 보완하다, 바로잡다, 만회하다 **유의** 弥补 míbǔ

☐☐☐

참고 补救心理 bǔjiù xīnlǐ 보상 심리

事已至此，你再怎么补救也是于事无补了。

Shì yǐ zhì cǐ, nǐ zài zěnme bǔjiù yě shì yú shì wú bǔ le.

일이 이렇게까지 되었는데, 네가 아무리 만회하려 한들 일에 하나도 도움이 안 돼.

[단어] 于事无补 yú shì wú bǔ **성** 일에 아무런 도움이 안 된다

0079 捕捉 bǔzhuō 잡다, 붙잡다, 포획하다, (시간·기회를) 포착하다 **유의** 捕 bǔ

☐☐☐

这只狡猾的豹不放过任何捕捉猎物的机会。

Zhè zhī jiǎohuá de bào bú fàngguo rènhé bǔzhuō lièwù de jīhuì.

교활한 표범은 사냥감을 포획할 기회를 절대로 놓치는 법이 없다.

摄影师马克·泰勒因能够精确地捕捉动物的柔情而闻名世界。

Shèxiàngshī Mǎkè·Tàilè yīn nénggòu jīngquè de bǔzhuō dòngwù de róuqíng ér wénmíng shìjiè.

사진사 마크 테일러(Mark Taylor)는 동물의 따뜻한 마음을 정확히 포착해 내는 것으로 유명하다.

tip 马克·泰勒 : (Mark Taylor, 1977~) 영국 출신의 동물 전문 사진 작가

0080 哺乳 bǔrǔ 젖을 먹이다 **참고** 哺乳动物 bǔrǔ dòngwù 포유 동물

☐☐☐

老虎妈妈正在给小老虎哺乳，小老虎闭着眼睛吃奶的样子，可爱极了。

Lǎohǔ māma zhèngzài gěi xiǎo lǎohǔ bǔrǔ, xiǎo lǎohǔ bìzhe yǎnjing chī nǎi de yàngzi, kě'ài jíle.

어미 호랑이가 새끼 호랑이에게 젖을 주고 있는데, 새끼 호랑이가 눈을 감고 젖을 먹는 모습이 참 사랑스럽다.

现在很多单位为哺乳期女职工安排1小时哺乳时间。

Xiànzài hěn duō dānwèi wèi bǔrǔqī nǚzhígōng ānpái yì xiǎoshí bǔrǔ shíjiān.

요즘은 많은 회사에서 수유기에 있는 여직원에게 한 시간의 수유 시간을 주고 있다.

0081 不堪 bùkān 감당할 수 없다, ~할 수 없다, (부정적인 의미로) 몹시 심하다

大火如果不能及时扑灭的话后果真是不堪设想。

Dàhuǒ rúguǒ bù néng jíshí pūmiè dehuà hòuguǒ zhēnshi bùkān shè xiǎng.

큰 불은 만약에 제때 끄지 못하면, 그 결과는 상상조차 할 수 없다.

[단어] 扑灭 pūmiè (화재를) 진압하다, (불을) 끄다 / **不堪设想** bù kān shè xiǎng 성 (결과가 매우 나쁘거나 위험해서) 상상조차 할 수 없다

你俩做的事真是让人不堪入目。

Nǐ liǎ zuò de shì zhēnshi ràng rén bùkān rùmù.

너희 둘이 저지른 일은 차마 눈을 뜨고 봐 줄 수가 없구나.

这两天我不仅没力气而且全身疼痛，疲惫不堪。

Zhè liǎngtiān wǒ bùjǐn méi lìqi érqiě quánshēn téngtòng, píbèi bùkān.

요즈음 난 힘도 없고 온몸이 쑤시는 게, 피곤해 죽겠어.

😊 **관련 표현**

不堪入耳 bùkān rù'ěr 듣기조차 민망하다, 들어줄 수 없다

0082 不惜 bùxī 아끼지 않다 유의 **舍得** shěde

我们一定要不惜一切代价争取到这次投资。

Wǒmen yídìng yào bùxī yíqiè dàijià zhēngqǔdào zhè cì tóuzī.

우리는 어떠한 대가를 치르더라도 이번 투자를 받아야 한다.

从长远考虑，我们只好不惜工本地投入。

Cóng chángyuǎn kǎolǜ, wǒmen zhǐhǎo bùxī gōngběn de tóurù.

장기적으로 볼 때, 우리는 생산 원가를 고려하지 않고 자금을 투입할 수밖에 없다.

[단어] 工本 gōngběn 생산 원가

😊 **관련 표현**

麻油炒豆腐 — 不惜代价 헐후

máyóu chǎo dòufu — bùxī dàijià

참기름으로 두부를 볶다 — 대가를 아까워하지 않다 : 어떤 일을 위해 재물과 노력을 아끼지 않다

0083 **不止** bùzhǐ 멈추지 않다, 그치지 않다,
(일정한 수량이나 범위를 초과하여) ~에 그치지 않다

虽然已经做了简单的包扎，但病人的伤口仍然流血不止。

Suīrán yǐjing zuòle jiǎndān de bāozā, dàn bìngrén de shāngkǒu réngrán liúxuè bùzhǐ.

이미 임시로 붕대를 감아 놨지만, 환자의 상처는 여전히 지혈이 되지 않는다.

[단어] 包扎 bāozā 싸매다

今天迟到的可不止他们两个，几乎都迟到了。

Jīntiān chídào de kě bùzhǐ tāmen liǎng ge, jīhū dōu chídào le.

오늘 지각한 사람은 저 애 둘뿐이 아니라, 거의 다 늦었어.

관련 표현

树欲静而风不止 성
shù yù jìng ér fēng bù zhǐ
나무는 가만히 있고 싶지만 바람이 끊임없이 흔들어 댄다, 사람의 일이 마음대로 되지 않다

不塞不流，不止不行 성
bú sè bù liú, bù zhǐ bù xíng
낡고 잘못된 것을 타파하지 않고는 새롭고 올바른 것을 세울 수 없다

0084 **布置** bùzhì 안배하다, 진열하다, 배치하다, (어떤 활동을) 계획하다 [BCT1]
유의 部署 bùshǔ

丁丁喜爱蓝色，她把房间布置得像海洋一样。

Dīngding xǐ'ài lánsè, tā bǎ fángjiān bùzhì de xiàng hǎiyáng yíyàng.

딩딩은 파란색을 좋아해서, 방을 바다처럼 꾸몄다.

上海车展快开幕了，工作人员忙着布置现场。

Shànghǎi chēzhǎn kuài kāimù le, gōngzuò rényuán mángzhe bùzhì xiànchǎng.

상하이 모터쇼가 곧 개막하기 때문에, 진행 요원들이 현장을 정비하느라 바쁘다.

老师布置完作业就回办公室了。

Lǎoshī bùzhìwán zuòyè jiù huí bàngōngshì le.

선생님께서는 숙제를 내 주시고는 교무실로 가셨다.

0085 部署 bùshǔ 배치하다, 안배하다 [BCT1] 유의 布置 bùzhì

领导强调，一定要认真部署旅游旺季的安全生产工作。

Lǐngdǎo qiángdiào, yídìng yào rènzhēn bùshǔ lǚyóu wàngjì de ānquán shēngchǎn gōngzuò.

사장님은, 여행 성수기의 안전한 생산 업무에 만전을 기해야 한다고 강조하셨다.

명 배치, 안배

看这分资料可以得知这支游击队的兵力部署和作战区域。

Kàn zhè fèn zīliào kěyǐ dézhī zhè zhī yóujīduì de bīnglì bùshǔ hé zuòzhàn qūyù.

이 자료를 보면 이 유격대의 병력 배치와 접전 지역을 알 수 있다.

> **部署 vs 布置**
>
> 部署는 대규모적이고 전면적인 배치가 필요한 중대한 활동에 쓰이고, 布置는 구체적인 일이나 행사에 쓰여 전시하고 장식한다는 뜻을 갖는다.
>
> **敌军在部署兵力** 적군이 병력을 배치하고 있다
> díjūn zài bùshǔ bīnglì
>
> **布置会场** 회의장을 배치하다
> bùzhì huìchǎng
>
> **老师布置了作业** 선생님이 숙제를 내시다
> lǎoshī bùzhìle zuòyè

0086 裁判 cáipàn 심판을 보다, 심판하다, (제삼자가) 판정하다

这次比赛裁判不公正，对于客队十分不利。

Zhè cì bǐsài cáipàn bù gōngzhèng, duìyú kèduì shífēn búlì.

이번 시합은 심판이 불공정해, 원정팀에게 대단히 불리했다.

명 심판, 레퍼리(referee)

这位裁判是本赛中遇到的最公正执法的裁判。

Zhè wèi cáipàn shì běn sài zhōng yùdào de zuì gōngzhèng zhífǎ de cáipàn.

이 심판은 이번 경기 중 가장 공정하게 심판을 보는 심판이다.

[단어] **执法** zhífǎ (운동 경기의) 심판을 보다, 법을 집행하다

0087 **裁员** cáiyuán 감원하다, 인원을 축소하다 [BCT1]

公司经营情况恶化，不得不采取裁员减薪等措施以应对。

Gōngsī jīngyíng qíngkuàng èhuà, bùdébú cǎiqǔ cáiyuán jiǎnxīn děng cuòshī yǐ yìngduì.

회사의 경영 상황이 악화되어, 부득이 감원 · 감봉 등의 조치를 취해 대처하게 되었다.

0088 **采购** cǎigòu 구입하다, 수매하다, 구매하다 [BCT2]

我们公司是专门委托代理商采购原材料。

Wǒmen gōngsī shì zhuānmén wěituō dàilǐshāng cǎigòu yuáncáiliào.

우리 회사는 전적으로 대리상에게 위탁해 원자재를 구입한다.

명 구매 담당 직원, 구매원

我们公司有两个采购，一个精明，一个忠厚。

Wǒmen gōngsī yǒu liǎng ge cǎigòu, yí ge jīngmíng, yí ge zhōnghòu.

우리 회사에는 두 명의 구매 담당이 있는데, 하나는 똑똑하고 하나는 충직하다.

0089 **采集** cǎijí 채집하다, 수집하다 **유의** 收集 shōují

一群孩子跟着老师在田野里采集昆虫标本。

Yì qún háizi gēnzhe lǎoshī zài tiányě li cǎijí kūnchóng biāoběn.

한 무리의 아이들이 선생님을 따라 야외로 나가 곤충 표본을 채집하고 있다.

他把50多年前采集的一本民歌选集送给了我。

Tā bǎ wǔshí duō nián qián cǎijí de yì běn míngē xuǎnjí sònggěile wǒ.

그는 50년 전에 수집한 민요 선집 한 권을 나에게 주었다.

0090 **采纳** cǎinà (건의 · 의견 · 요구 등을) 받아들이다, 수락하다 [BCT1]

유의 采取 cǎiqǔ

员工们提出的各种经营合理化建议共达30项，经研究，公司采纳了其中20项。

Yuángōngmen tíchū de gè zhǒng jīngyíng hélǐhuà jiànyì gòng dá sānshí xiàng, jīng yánjiū, gōngsī cǎinàle qízhōng èrshí xiàng.

직원들이 제시한 경영 합리화 건의 사항은 모두 30건에 달했는데, 검토 결과, 회사에서는 그중 20건을 받아들였다.

0091 参照 cānzhào (방법·경험 등을) 참조하다 BCT1

참고 **参照标准** cānzhào biāozhǔn 참조 표준

参照别人的经验教训可以为自己省不少事儿。
Cānzhào biérén de jīngyàn jiàoxùn kěyǐ wèi zìjǐ shěng bùshǎo shìr.
다른 사람의 경험이나 교훈을 참조하면 본인은 많은 일을 줄일 수 있다.

我市将参照沈阳、北京、上海三地的地铁票价来制定票价。
Wǒ shì jiāng cānzhào Shěnyáng、Běijīng、Shànghǎi sān dì de dìtiě piàojià lái zhìdìng piàojià.
우리 시에서는 선양(심양), 베이징(북경), 상하이(상해) 등 세 곳의 지하철표 값을 참조해 표 값을 정하려고 한다.

0092 残留 cánliú (부분적으로) 남아 있다, 잔류하다

我们派骑兵在附近巡察，没有发现残留敌军。
Wǒmen pài qíbīng zài fùjìn xúnchá, méiyǒu fāxiàn cánliú díjūn.
우리는 기마병을 보내 부근을 순찰하게 했는데, 잔류한 적군을 발견하지 못했다.

这些菜叶上面有农药残留，吃之前一定要洗干净。
Zhèxiē càiyè shàngmiàn yǒu nóngyào cánliú, chī zhīqián yídìng yào xǐgānjing.
이 야채 잎들에는 잔류 농약이 있으니, 먹기 전에 꼭 깨끗이 씻어야 해.

他的话把我对他残留的一点好感击碎了。
Tā de huà bǎ wǒ duì tā cánliú de yì diǎn hǎogǎn jīsuì le.
그가 한 말이 내가 그에게 갖고 있던 일말의 호감을 없애 버렸다.

0093 操劳 cāoláo 애써 일하다, 수고하다 □□□

母亲为我们操劳了大半辈子，也该享享清福了。
Mǔqīn wèiwǒmen cāoláole dà bànbèizi, yě gāi xiǎngxiǎng qīngfú le.
어머니는 우릴 위해 반평생을 고생하셨으니, 편안한 생활을 좀 하셔야 해.

当她终于有机会在舞台上表演的时候，却因操劳过度住进了医院。
Dāng tā zhōngyú yǒu jīhuì zài wǔtái shang biǎoyǎn de shíhou, què yīn cāoláo guòdù zhù jìnle yīyuàn.
그녀가 마침내 무대에서 공연할 기회를 얻었을 때, 오히려 과로로 병원에 입원하고 말았다.

0094 操练 cāoliàn 훈련하다, 연마하다 □□□

战士们每天早上都要按时参加军事操练。
Zhànshìmen měitiān zǎoshang dōu yào ànshí cānjiā jūnshì cāoliàn.
전사들은 매일 아침 규칙적으로 군사 훈련에 참가해야 한다.

0095 操纵 cāozòng (기계·기기 등을) 조작하다, (부당한 방법으로) 조종하다 □□□
유의 操作 cāozuò 참고 价格操纵 jiàgé cāozòng 가격 조작

看着工人们非常熟练地操纵这些新式设备，他们感到很震惊。
Kànzhe gōngrénmen fēicháng shúliàn de cāozòng zhèxiē xīnshì shèbèi, tāmen gǎndào hěn zhènjīng.
노동자들이 아주 능숙하게 신식 설비를 다루는 것을 보고, 그들은 깜짝 놀랐다.

足球场上裁判在暗地里操纵着比赛。
Zúqiúchǎng shang cáipàn zài àndìli cāozòngzhe bǐsài.
축구 경기장에서 심판은 몰래 시합을 조종하고 있었다.

0096 操作 cāozuò 조작하다, 다루다, 일하다 BCT1 유의 操纵 cāozòng □□□

我是新来的，还不会操作这台机器。
Wǒ shì xīn lái de, hái bú huì cāozuò zhè tái jīqì.
저는 새로 와서, 아직 이 기계를 다룰 줄 모릅니다.

这件事一定是他幕后操作的！
Zhè jiàn shì yídìng shì tā mùhòu cāozuò de!
이 일은 틀림없이 그가 뒤에서 조종한 거야!

只要按照软件上面的使用说明操作就行。

Zhǐyào ànzhào ruǎnjiàn shàngmiàn de shǐyòng shuōmíng cāozuò jiù xíng.

소프트웨어에 나와 있는 사용 설명에 따라 조작하기만 하면 됩니다.

操作 vs 操纵

操作와 操纵은 모두 기계를 조작하다는 뜻을 갖고 있는데, 操纵에는 부당한 수단과 방법으로 상황을 조종한다는 뜻이 들어 있다. 操作의 대상은 기계와 사무이고, 操纵의 대상은 사람과 사물이 될 수 있다.

厂里的工序是由电脑来操纵(操作)的。

Chǎngli de gōngxù shì diànnǎo lái cāozòng(cāozuò) de.

공장의 제조 공정은 컴퓨터로 조작된다.

机器的操作方法很简单。

Jīqì de cāozuò fāngfǎ hěn jiǎndān.

기계의 조작 방법이 간단하다.

有人操纵他干坏事。

Yǒurén cāozòng tā gàn huàishì.

누군가 그가 나쁜 짓을 하도록 조종하고 있다.

□□□

0097 测量 cèliáng 측량하다 **유의** 测算 cèsuàn

经测量，珠穆朗玛峰比以前变"矮"了。

Jīng cèliáng, Zhūmùlǎngmǎ fēng bǐ yǐqián biàn "ǎi" le.

측량해 보니, 에베레스트 산이 전보다 낮아졌어.

[단어] **珠穆朗玛峰** Zhūmùlǎngmǎ fēng 초모룽마(chomo lungma)봉. '에베레스트 산'의 티베트어 음역으로 '세계의 성모'라는 뜻이다.

昨天在实验室测量的数据出了问题。

Zuótiān zài shíyànshì cèliáng de shùjù chū le wèntí.

어제 실험실에서 측량한 데이터에 문제가 생겼어.

□□□

0098 策划 cèhuà 계획하다, 기획하다, 계책을 세우다, 일을 꾸미다 BCT1

他们终于策划出了一套克服危机的方案。

Tāmen zhōngyú cèhuàchūle yí tào kèfú wēijī de fāng'àn.

그들은 마침내 위기를 극복할 방안을 마련했다.

乘风破浪 chéng fēng pò làng (성) 어려움을 무릅쓰고 용감하게 나아가다

前人栽树，后人乘凉 (속담)
qiánrén zāi shù, hòurén chéng liáng
선인의 노력으로 후대 사람들이 혜택을 입다

烂汽车过朽桥 — 乘人之危 (헐후)
làn qìchē guò xiǔqiáo — chéng rén zhī wēi
낡은 자동차가 부식된 다리를 건너다 — 남의 위급한 상황을 틈타 남을 해치다

山顶乘凉 — 占上风 (헐후)
shāndǐng chéngliáng — zhàn shàngfēng
산 정상에서 더위를 식히다 — 상승세를 타다 : 우위를 점하다

上午栽树，下午乘凉 — 急不可待 (헐후)
shàngwǔ zāi shù, xiàwǔ chéng liáng — jí bù kě dài
오전에 나무를 심고, 오후에 더위를 식히다 — 조급하여 더 기다릴 수 없다 : 대단히 절박하다

0125 盛 chéng (용기 등에) 담다, 넣다

□□□

哥哥，你快坐吧，我给你盛饭。
Gēge, nǐ kuài zuò ba, wǒ gěi nǐ chéng fàn.
오빠, 얼른 앉아, 내가 밥 퍼 줄게.

你快告诉我，这个容器里盛的是什么液体！
Nǐ kuài gàosu wǒ, zhège róngqì li chéng de shì shénme yètǐ!
이 용기에 담아 놓은 것이 무슨 액체인지, 얼른 얘기해!

형 shèng 번성하다, 세차다, 성대하다, (감정이) 두텁다, 유행하다.

中国茶宴兴于唐朝，盛于宋代。
Zhōngguó cháyàn xìngyú Táng cháo, shèngyú Sòng dài.
중국의 다연은 당조에 시작되어 송대에 성행했다.

处在青春期的人年轻气盛，容易冲动。
Chǔzài qīngchūnqī de rén nián qīng qì shèng, róngyì chōngdòng.
사춘기의 아이들은 젊고 혈기가 왕성해, 충동적으로 행동하기 쉽다.

[단어] **年轻气盛** nián qīng qì shèng (성) 젊고 혈기 왕성하다

阿尔巴尼亚政府盛宴欢迎中国政府代表团。

Ā'ěrbāníyà zhèngfǔ shèngyàn huānyíng Zhōngguó zhèngfǔ dàibiǎotuán.

알바니아 정부는 성대한 연회로 중국 정부 대표단을 환영했다.

非常感谢您的盛情款待。

Fēicháng gǎnxiè nín de shèngqíng kuǎndài.

융숭하게 대접해 주셔서 대단히 감사합니다.

最近背包旅行很盛行。

Zuìjìn bèibāo lǚxíng hěn shèngxíng.

최근에 배낭 여행이 유행이다.

💬 관련 표현

箩筐盛石灰 — 处处留迹 (헐후)

luókuāng chéng shíhuī — chù chù liú jì

광주리에 석회를 담다 — 곳곳에 흔적을 남기다 : 여기저기 흔적을 남기다

庙小菩萨大 — 盛不下 (헐후)

miào xiǎo púsà dà — chéngbuxià

절은 작고 부처님은 크다 — 담을 수 없다 : 그릇이 안 되다

竹篮盛稀饭 — 漏洞百出 (헐후)

zhúlán chéng xīfàn — lòu dòng bǎi chū

대바구니에 죽을 담다 — 구멍이 아주 많다 : 빈틈이 많다, 실수 투성이다

0126 惩罚 chéngfá 처벌하다, 징벌하다 유의 惩办 chéngbàn

他做错了事，作为惩罚，刷三个月马桶。

Tā zuòcuòle shì, zuòwéi chéngfá, shuā sān ge yuè mǎtǒng.

그 애는 잘못을 저질러, 그 벌로 3개월 동안 변기 청소를 하게 되었다.

你这样害别人，上帝会惩罚你的。

Nǐ zhèyàng hài biérén, shàngdì huì chéngfá nǐ de.

자네가 이렇게 다른 사람에게 해를 입히면, 하늘이 자네를 벌할 거야.

0127 澄清 chéngqīng 분명히 하다, (혼란한 국면을) 평정하다 [BCT1]

公司召开新闻发布会，澄清了网络谣言。
Gōngsī zhàokāi xīnwén fābùhuì, chéngqīngle wǎngluò yáoyán.
회사는 기자회견을 열어, 인터넷 루머에 대해 분명히 밝혔다.

董事会已经澄清了财务经理的问题。
Dǒngshìhuì yǐjing chéngqīngle cáiwù jīnglǐ de wèntí.
이사회에서는 이미 재무팀장의 문제를 해결했다.

형 맑고 깨끗하다

我最喜欢这里的水潭，澄清见底还有大量的红鲤鱼。
Wǒ zuì xǐhuan zhèli de shuǐtán, chéngqīng jiàn dǐ hái yǒu dàliàng de hónglǐyú.
나는 이곳의 연못을 좋아하는데, 물이 맑아 바닥이 보이고 붉은 잉어가 많이 있어.

🐸 **관련 표현**

澄清天下 chéng qīng tiān xià **성** 세상을 태평하게 하다

0128 吃苦 chī∥kǔ 고생하다, 고통을 당하다 **유의** 受苦 shòukǔ

我不怕吃苦，就怕吃力不讨好。
Wǒ bú pà chīkǔ, jiù pà chīlì bù tǎo hǎo.
난 고생하는 것은 괜찮은데, 고생하고도 좋은 소리를 못 들을까 그게 우려돼.

为了治病，他吃了太多苦，受了太多罪。
Wèile zhìbìng, tā chīle tài duō kǔ, shòule tài duō zuì.
병을 고치기 위해, 그는 고생도 너무 많이 하고, 참 많이 시달렸다.

🐸 **관련 표현**

吃苦耐劳 chī kǔ nài láo **성** 고통과 어려움을 참고 견디다

黄牛咬黄连 — 吃苦耐劳 **헐후**
huángniú yǎo huánglián — chī kǔ nài láo
황소가 황련을 씹다 — 고달픔을 참고 힘든 일을 견디다 : 온갖 고생을 이겨내다

吃苦 vs 受苦

吃苦와 受苦는 모두 이합사로, 吃苦는 주동적이고 원해서 하는 고생에 쓸 수 있지만, 受苦는 원치 않고 피동적인 일에 쓰인다.

他吃(受)了一辈子的苦。 그는 평생 고생했다.
Tā chī(shòu)le yíbèizi de kǔ.

吃苦耐劳的精神 (O) / 受苦耐劳的精神 (X)
chī kǔ nǎi lào de jīngshén
고생을 마다않는 정신

吃苦在前 (O) / 受苦在前 (X)
chīkǔ zài qián
어려운 일에 먼저 나서다

0129 迟疑 chíyí 망설이다, 머뭇거리다, 주저하다 **유의** 犹豫 yóuyù

他毫不迟疑地转身就走，身影消失在阳光中。
Tā háobù chíyí de zhuǎnshēn jiù zǒu, shēnyǐng xiāoshī zài yángguāng zhōng.
그는 일말의 주저함도 없이 몸을 돌려 가버리더니, 햇살 속으로 홀연 사라져 버렸다.

他果断地作出决定，没有一点迟疑。
Tā guǒduàn de zuòchū juédìng, méiyou yìdiǎn chíyí.
그는 과감하게 결정하였고, 조금도 망설이지 않았다.

迟疑 vs 犹豫

迟疑는 동사이고, 犹豫는 형용사이면서 동사이다. 迟疑는 주저하느라 어떤 동작을 하는데 시간을 끌게 된 것을 말하고, 犹豫는 순간적으로 결정을 못해 어떤 일이나 동작을 못하게 된 것을 말한다.

他迟疑了一会儿。 그는 잠시 망설였다.
Tā chíyíle yíhuìr.

我有点儿犹豫不决。 나는 약간 우유부단하다.
Wǒ yǒudiǎnr yóu yù bù jué.

▶犹豫는 중첩할 수 있지만, 迟疑는 중첩할 수 없다.

她总是犹犹豫豫的。 그녀는 늘 주저주저한다.
Tā zǒngshi yóuyouyùyù de.

0130 冲击 chōngjī 돌격하다, 충돌하다 □□□

示威者冲击了政府大楼，要求面见市长。
Shìwēizhě chōngjīle zhèngfǔ dàlóu, yāoqiú miànjiàn shìzhǎng.
시위자는 정부 청사로 진입해, 시장을 직접 만나게 해 달라고 요구했다.

轮船航行的时候，会受到周期性波浪的冲击而左右摇摆。
Lúnchuán hángxíng de shíhou, huì shòudào zhōuqīxìng bōlàng de chōngjī ér zuǒyòu yáobǎi.
선박이 항해할 때는, 주기적으로 파도와 부딪혀 좌우로 흔들릴 수 있다.

[단어] 航行 hángxíng 항해하다, 운항하다

🔵명 충격, 쇼크 [참고] 美元冲击 měiyuán chōngjī 달러 쇼크

美国经济最容易受到高油价的冲击。
Měiguó jīngjì zuì róngyì shòudào gāoyóujià de chōngjī.
미국 경제는 고유가의 쇼크를 가장 쉽게 받는다.

0131 冲突 chōngtū 충돌하다, 부딪치다, 모순되다 [BCT1] □□□

明天的两个会议时间是否冲突？
Míngtiān de liǎng ge huìyì shíjiān shìfǒu chōngtū?
내일 있을 두 회의 시간이 겹치지 않나요?

他不想跟我吵架，我也不想跟他冲突。
Tā bù xiǎng gēn wǒ chǎojià, wǒ yě bù xiǎng gēn tā chōngtū.
그는 나와 싸우고 싶어 하지 않고, 나도 그와 부딪치고 싶지 않아.

🔵명 충돌, 모순 [유의] 矛盾 máodùn

两国军队双方一致表示，将努力缓和紧张局势避免武装冲突。
Liǎng guó jūnduì shuāngfāng yízhì biǎoshì, jiāng nǔlì huǎnhé jǐnzhāng júshì bìmiǎn wǔzhuāng chōngtū.
양국 군대는 앞으로 긴장 국면을 완화하고 무장 충돌을 피하도록 노력하겠다고 밝혔다.

0132 充当 chōngdāng (어떤 직무·역할을) 맡다, 담당하다, 충당하다 □□□

[유의] 当 dāng

由于婚礼的主持人突然有事，我只好充当临时主持人。
Yóuyú hūnlǐ de zhǔchírén tūrán yǒu shì, wǒ zhǐhǎo chōngdāng línshí zhǔchírén.
결혼식 사회자가 갑자기 일이 생기는 바람에, 내가 하는 수 없이 임시 사회자를 맡았다.

张学良之所以能躲过一劫，是多亏宋美龄充当了他的保护神。

Zhāng Xuéliáng zhī suǒyǐ néng duǒguò yì jié, shì duōkuī Sòng Měilíng chōngdāngle tā de bǎohùshén.

장쉐량이 화를 피할 수 있었던 것은, 송메이링이 그의 뒤를 돌봐준 덕분이다.

[단어] 劫 jié 재난, 화 / 保护神 bǎohùshén 수호신

tip 张学良 : (1898~2001) 중국의 정치가 · 군인 / 宋美龄 : (1897~2003) 장개석의 부인, 중국의 여류 정치가이며 송경령(쑨원의 아내)의 동생

0133 重叠 chóngdié 중첩되다, 중복되다 □□□

这个词语不能重叠，你就换个别的词语吧。

Zhège cíyǔ bù néng chóngdié, nǐ jiù huàn ge bié de cíyǔ ba.

이 단어는 중첩할 수 없으니, 다른 단어로 바꿔 쓰렴.

远处山峦重重叠叠，若隐若现。

Yuǎnchù shānluán chóngchongdiédié, ruò yǐn ruò xiàn.

멀리 보이는 산이 겹겹이 이어져 있어, 보일 듯 말 듯하다.

[단어] 山峦 shānluán 연산, 잇대어 있는 산 / 若隐若现 ruò yǐn ruò xiàn 성 보일 듯 말 듯하다

0134 崇拜 chóngbài 숭배하다 유의 崇敬 chóngjìng □□□
참고 个人崇拜 gèrén chóngbài 개인 숭배

每个人都有自己崇拜的人，我也不例外。

Měi ge rén dōu yǒu zìjǐ zuì chóngbài de rén, wǒ yě bú lìwài.

모든 이들에게는 자신이 숭배하는 사람이 있는데, 나도 예외는 아니야.

诸葛亮是我崇拜的偶像，他的故事让我感动万分。

Zhūgě Liàng shì wǒ chóngbài de ǒuxiàng, tā de gùshi ràng wǒ gǎndòng wànfēn.

주거리앙(제갈량)은 내가 숭배하는 우상으로, 그의 이야기는 나를 아주 감동시켰어.

🐼 관련 표현

瞎子敬神 — 盲目崇拜 헐후

xiāzi jìng shén — mángmù chóngbài

장님이 사당에 제사 드리다 — 맹목적으로 숭배하다

0135 崇敬 chóngjìng (정신으로) 숭배하고 존경하다 **유의** 崇拜 chóngbài

반의 鄙视 bǐshì 경멸하다

我崇敬他，是因为他平易近人，从不摆架子。

Wǒ chóngjìng tā, shì yīnwèi tā píng yì jìn rén, cóngbù bǎi jiàzi.

내가 그 분을 존경하는 것은, 그 분이 편하게 대해 주시고, 무게를 잡지 않기 때문이다.

[단어] 平易近人 píng yì jìn rén **성** 붙임성이 좋다, 성격이 온화해 가까이 하기에 좋다

0136 筹备 chóubèi 기획하고 준비하다 [BCT1] **유의** 准备 zhǔnbèi

你就放心去度假吧，我们会替你筹备好这次慈善晚会的。

Nǐ jiù fàngxīn qù dùjià ba, wǒmen huì tì nǐ chóubèihǎo zhè cì císhàn wǎnhuì de.

안심하고 휴가 떠나세요. 저희가 대신해서 이번 자선 만찬 행사 준비를 잘할 수 있어요.

他表示由于新产品的上市正在筹备之中，不便透露细节问题。

Tā biǎoshì yóuyú xīnchǎnpǐn de shàngshì zhèngzài chóubèi zhīzhōng, bú biàn tòulù xìjié wèntí.

그는 신제품 출시가 기획 단계에 있어, 세부 사항은 말하기 힘들다고 했다.

> 🗨 **관련 표현**
>
> 筹备委员会 chóubèi wěiyuánhuì 준비 위원회
>
> 筹备彩礼 chóubèi cǎilǐ 혼수를 장만하다

0137 出卖 chūmài (국가·민족·친구 등을) 배반하다, 팔아먹다, 배신하다

不管遇到什么情况，我都不会出卖朋友。

Bùguǎn yùdào shénme qíngkuàng, wǒ dōu bú huì chūmài péngyou.

어떤 일이 닥쳐도, 나는 친구는 팔지 않아.

我是穷，但是我不出卖我的感情。

Wǒ shì qióng, dànshì wǒ bù chūmài wǒ de gǎnqíng.

내가 가난하긴 하지만, 그래도 마음을 팔지는 않아요.

> 🗨 **관련 표현**
>
> 出卖良心 chūmài liángxīn 양심을 팔다

0138 出神 chū∥shén 넋을 잃다, 넋이 나가다

真不知道他在想什么想得那么出神。
Zhēn bù zhīdào tā zài xiǎng shénme xiǎng de nàme chūshén.
저 사람 무슨 생각을 하느라 저렇게 정신 줄을 놓고 있는지 모르겠어.

老师故事讲得津津有味，同学们听得出了神。
Lǎoshī gùshi jiǎng de jīn jīn yǒu wèi, tóngxuémen tīng de chūle shén.
선생님이 이야기를 재미있게 하셔서, 친구들이 넋을 잃고 들었다.

[단어] 津津有味 jīn jīn yǒu wèi 흥미진진하다

🗣 관련 표현

出神入化 chū shén rù huà 성 기예가 절묘한 경지에 이르다

0139 除 chú 제거하다, 없애다, 나누기하다

참고 加减乘除 jiā jiǎn chéng chú 가감승제(덧셈, 뺄셈, 곱셈, 나눗셈)

他已经旷工三次了，结果被公司除名了。
Tā yǐjing kuàng gōng sān cì le, jiéguǒ bèi gōngsī chúmíng le.
그는 이미 무단 결근을 세 번이나 해서, 회사에서 제명되었다.

吃这种药可以除掉脸上的痘痘。
Chī zhè zhǒng yào kěyǐ chúdiào liǎn shang de dòudou.
이 약을 먹으면 얼굴에 난 여드름을 없앨 수 있어요.

3除12等于4。
Sān chú shí'èr děngyú sì.
12 나누기 3은 4이다.

전 ~을 제외하고

除明明以外，他们都来了。
Chú Míngming yǐwài, tāmen dōu lái le.
밍밍 빼고, 다른 애들은 다 왔어요.

除了英语，她还会说日语和西班牙语。
Chúle Yīngyǔ, tā hái huì shuō Rìyǔ hé Xībānyáyǔ.
영어 외에, 그녀는 또 일어와 스페인어를 할 줄 안다.

手到病除 shǒu dào bìng chú 성 의술이 뛰어나다, 일을 쉽게 처리하다

除暴安良 chú bào ān liáng 성
사납고 횡포한 무리를 제거하고 선량한 백성을 평안하게 하다

拆庙散和尚 — 斩草除根 헐후
chāi miào sàn héshàng — zhǎn cǎo chú gēn
절을 부수고 스님을 쫓아내다 — 풀을 베고 뿌리를 뽑다 : 화근을 철저히 없애 버리다

0140 **处分** chǔfèn 징계하다, 처리하다 유의 处罚 chǔfá □□□

校长按照校规校纪处分了一批学生。
Xiàozhǎng ànzhào xiàoguī xiàojì chǔfènle yì pī xuésheng.
교장 선생님은 학교 규율에 따라 몇몇 학생을 징계했다.

명 처벌, 처분 참고 强制处分 qiángzhì chǔfèn 강제 처분

所有在此案中受到牵连的官员都受到了上级的行政处分。
Suǒyǒu zài cǐ àn zhōng shòudào qiānlián de guānyuán dōu
shòudàole shàngjí de xíngzhèng chǔfèn.
이 사건에 연루된 모든 관리들은 상부의 행정 처분을 받았다.

[단어] 行政处分 xíngzhèng chǔfèn 행정 처분

处分 vs 处罚

处分은 상황의 경중에 따라 처벌의 결정을 내리는 것을 말하는 것이고, 处罚는 법령이
나 규정에 따라 처벌하는 것으로, 이로 인해 정치적, 제적 손실을 입을 수도 있다. 处分
과 处罚의 대상은 모두 잘못을 저지르거나 범죄자일 수 있다.

处分了两个人 chǔfèn le liǎng ge rén 두 사람을 처벌했다
警告处分 jǐnggào chǔfèn 경고 처분

处罚学生 chǔfá xuésheng 학생을 처벌하다
处罚过一次 chǔfá guo yí cì 한 번 처벌 받았다

他的处分已经撤消了。 그에 대한 처분이 철회되었다.
Tā de chǔfèn yǐjing chèxiāo le.

0141 处置 chǔzhì 징벌하다, 처리하다, 처벌하다 유의 处理 chǔlǐ

至于如何处置，还请大人示下。
Zhìyú rúhé chǔzhì, hái qǐng dàren shìxià.
어떻게 처벌할지는, 영감께서 분부를 내리시지요.

他的案件，就交给你处置了。
Tā de ànjiàn, jiù jiāogěi nǐ chǔzhì le.
그의 사건은 자네한테 처리를 맡기겠네.

处置 vs 处理

处置의 대상은 보통 사람으로 그가 저지른 범죄 행위에 대해 처벌하는 것을 말하고, 处理는 사람, 물건, 일, 사람과 사람 사이의 관계 등을 해결하고 처리하는 것을 말한다. 处理에는 처벌의 뜻과 물건을 싸게 판다는 뜻도 들어 있다.

对她的处理(处置)不当。
Duì tā de chǔlǐ(chǔzhì) bù dāng.
그녀에 대한 처분이 부당하다.

日常事物由我爱人处理。
Rìcháng shìwù yóu wǒ àiren chǔlǐ.
일상적인 일은 우리 집사람이 처리해요.

这家店的东西明天开始处理。
Zhè jiā diàn de dōngxi míngtiān kāishǐ chǔlǐ.
이 가게의 물건은 내일부터 대폭 할인해요.

0142 储备 chǔbèi (물자를) 비축하다, 저장하다 BCT2 유의 储存 chǔcún

为了应对销量大增，仓库储备了足够的库存。
Wèile yìngduì xiāoliàng dàzēng, cāngkù chǔbèile zúgòu de kùcún.
소비량의 급증에 대비하기 위해, 창고에 충분한 재고를 비축해 두었다.

中国的外汇储备余额为3438万亿美元。
Zhōngguó de wàihuì chǔbèi yú'é wéi sānqiān sìbǎi sānshí bā wàn yì měiyuán.
중국의 외화 보유 잔액은 3438만 억 달러이다.

1985年以来外汇储备在国际储备中所占的比重逐渐增大。

Yī jiǔ bā wǔ nián yǐlái wàihuì chǔbèi zài guójì chǔbèi zhōng suǒ zhàn de bǐzhòng zhújiàn zēngdà.

1985년 이래 외화 보유고가 국제 보유고에서 차지하는 비중이 점점 커지고 있다.

❷ 비축한 물건, 예비품

储备不多，急需筹措。

Chǔbèi bù duō, jí xū chóucuò.

비축량이 많지 않아, 조속한 조치가 필요하다.

0143 储存 chǔcún (돈·물건 등을) 모아 두다, 쌓아 두다, 적립하여 두다 [BCT1]

유의 储备 chǔbèi

很多国家都把石油储存在海底以备不时之需。

Hěn duō guójiā dōu bǎ shíyóu chǔcúnzài hǎidǐ yǐbèi bù shí zhī xū.

많은 국가에서 석유를 해저에 저장해 두고 비상 시기를 대비하고 있다.

[단어] 以备 yǐbèi ~를 대비하다 / 不时之需 bù shí zhī xū ❸ 뜻하지 않은 수요, 임시 수요

电脑病毒感染了储存卡上的文件。

Diànnǎo bìngdú gǎnrǎnle chǔcúnkǎ shang de wénjiàn.

컴퓨터 바이러스가 메모리 카드에 저장된 문서를 감염시켰다.

[단어] 储存卡 chǔcúnkǎ 메모리 카드

储存 vs 储备

储存은 보관하여 일시적으로 사용하지 않음을 뜻하는 것으로, 그 대상은 물품, 물자, 양식, 돈, 수분, 데이터, 정보, 에너지 등이 된다. 储备는 필요할 때 쓰려고 준비하는 것을 말한다. 대상은 물품, 양식, 간부, 교사, 인원 등을 뜻한다

储存器 chǔcúnqì 메모리
储备金 chǔbèijīn 준비금
储备粮 chǔbèiliáng 비상 식량(비축미)

增加黄金储备 zēngjiā huángjīn chǔbèi 황금 보유를 늘리다
把钱储存在银行里 bǎ qián chǔcúnzài yínháng li 돈을 은행에 저금하다

0144 **储蓄** chǔxù 저축하다, 비축하다 BCT2

我这个人比较保守，觉得还是储蓄靠谱。
Wǒ zhège rén bǐjiào bǎoshǒu, juéde háishi chǔxù kàopǔ.
난 비교적 보수적이라 그런지, 저축이 믿을 만한 것 같더라고.

[단어] **靠谱** kàopǔ 이치에 맞다, 사실에 부합되다

명 저금, 예금, 저축

你爱花钱，手里一点储蓄都没有，将来怎么娶媳妇呢？
Nǐ ài huāqián, shǒu li yìdiǎn chǔxù dōu méiyǒu, jiānglái zěnme qǔ
xífù ne?
넌 돈 쓰기 좋아해서, 저축해 놓은 돈도 하나도 없으니, 앞으로 어떻게 아내를 얻을래?

0145 **触犯** chùfàn 저촉되다, 위반하다, 비위를 거슬리다 **유의** **违犯** wéifàn

凡触犯刑律的一律开除公职。
Fán chùfàn xínglǜ de yílǜ kāichú gōngzhí.
형법을 어기는 자는 누구나 공직을 박탈한다.

是谁触犯你爸爸了，他发这么大火？
Shì shéi chùfàn nǐ bàba le, tā fā zhème dàhuǒ?
누가 네 아빠를 열받게 해서, 저렇게 화를 크게 내시는 거니?

0146 **穿越** chuānyuè (산·들 등을) 넘다, 통과하다, 지나가다

这是一个穿越时空的爱情故事。
Zhè shì yí ge chuānyuè shíkōng de àiqíng gùshi.
이것은 시공을 초월하는 러브 스토리이다.

随着穿越小说的盛行，穿越题材的电视剧也应运而生。
Suízhe chuānyuè xiǎoshuō de shèngxíng, chuānyuè tícái de
diànshìjù yě yīng yùn ér shēng.
타임 슬립 소설이 성행하면서, 타임 슬립을 주제로 한 드라마도 만들어지고 있다.

[단어] **应运而生** yīng yùn ér shēng **성** 객관적인 형세에 따라 나타나다

0147 传达 chuándá 전하다, 전달하다 **유의** 传送 chuánsòng □□□

我已经给大家传达了上级的指示。
Wǒ yǐjīng gěi dàjiā chuándále shàngjí de zhǐshì.
제가 이미 사람들에게 상부의 지시를 전달했습니다.

명 접수, 접수원

学校传达室快成了接收学生网购包裹的仓库。
Xuéxiào chuándáshì kuài chéngle jiēshōu xuésheng wǎnggòu bāoguǒ de cāngkù.
학교 경비실은 머잖아 학생들이 인터넷 쇼핑몰에서 구입한 물건을 받는 창고가 될 거야.

[단어] **传达室** chuándáshì 접수처, 경비실

0148 传授 chuánshòu 전수하다, 가르치다 **유의** 教授 jiàoshòu □□□

师父把自己的武艺全部传授给了自己的弟子。
Shīfu bǎ zìjǐ de wǔyì quánbù chuánshòugěile zìjǐ de dìzi.
사부님은 자신의 무예를 제자에게 전부 전수해 주었다.

今天我将为大家介绍一种由减肥专家传授的减肥方法。
Jīntiān wǒ jiāng wèi dàjiā jièshào yì zhǒng yóu jiǎnféi zhuānjiā chuánshòu de jiǎnféi fāngfǎ.
오늘 내가 너희들에게 다이어트 전문가가 전수해 준 다이어트 방법을 소개해 줄게.

0149 喘气 chuǎn//qì 호흡하다, 헐떡거리다, 숨차다 □□□

在高原上，别说走路了，就连喘气也是很费力的。
Zài gāoyuán shang, bié shuō zǒulù le, jiù lián chuǎnqì yě shì hěn fèilì de.
고원에서는 걷는 것은 말할 것도 없고, 숨 쉬기도 힘들어.

虽然你很急，但是我刚下飞机，你先让我喘口气再说，行吗?
Suīrán nǐ hěn jí, dànshì wǒ gāng xià fēijī, nǐ xiān ràng wǒ chuǎn kǒu qì zài shuō, xíng ma?
네가 급한 건 알겠는데, 내가 막 비행기에서 내렸으니까, 숨 좀 돌리고 나서 말하게 해 줄래?

관련 표현

气喘吁吁 qì chuǎn xū xū **성** 숨이 가빠 씩씩거리다

0150 串 chuàn 꿰다, 잘못 연결하다, 뒤섞이다, 배역을 맡다

我想把这些珍珠串成一条美丽的项链，做订婚礼物。

Wǒ xiǎng bǎ zhèxiē zhēnzhū chuànchéng yì tiáo měilì de xiàngliàn, zuò dìnghūn lǐwù.

나는 이 진주들을 아름다운 목걸이로 만들어, 약혼 예물로 하고 싶어.

电话串线了，我听不清你的声音。

Diànhuà chuànxiàn le, wǒ tīngbuqīng nǐ de shēngyīn.

전화가 혼선이 되어서, 난 네 목소리를 잘 알아들을 수가 없어.

我说过多少次，不要把这几样放到一起，你看现在串味了吧！

Wǒ shuōguo duōshao cì, búyào bǎ zhè jǐ yàng fàngdào yìqǐ, nǐ kàn xiànzài chuànwèi le ba!

이것들을 같이 놓지 말라고 몇 번이나 말했고만, 맛이 다 섞어 버렸잖아!

有消息称，陈坤将客串这部电视剧的警察。

Yǒu xiāoxi chēng, Chén Kūn jiāng kèchuàn zhè bù diànshìjù de jǐngchá.

소식통에 의하면, 천쿤(진곤)이 이 드라마의 경찰로 특별 출연한대.

[단어] 客串 kèchuàn 특별 출연하다, 카메오

tip 陈坤 : (1976~) 중국의 유명 배우.

명(~儿) 꿰어 이루어진 것, 꼬치

说羊肉串儿吧，还是新疆人做的正宗一些。

Shuō yángròuchuànr ba, háishi Xīnjiāngrén zuò de zhèngzōng yìxiē.

양꼬치는 말이지, 어쨌든 신장 사람들이 만든 게 제맛이 난다고.

양 송이

一串串的葡萄都又新鲜又甜。

Yí chuànchuàn de pútao dōu yòu xīnxiān yòu tián.

포도송이 송이마다 싱싱하고 달아.

🐻 **관련 표현**

串通一气 chuàn tōng yí qì **성** 서로 공모하여 한통속이 되다

五百铜钱串一处 — 半吊子 **헐후**

wǔbǎi tóngqián chuàn yíchù — bàndiàozi

500개의 동전을 한데 꿰다 — 500전 : 덜렁이, 불성실한 사람

0151 创立 chuànglì 창립하다 [BCT1] 유의 创办 chuàngbàn

这家公司创立于2001年。

Zhè jiā gōngsī chuànglìyú èr íng íng yī nián.

이 회사는 2001년도에 창립했다.

他创立的基因理论实现了遗传学上的第一次理论综合。

Tā chuànglì de jīyīn lǐlùn shíxiànle yíchuánxué shang de dìyī cì lǐlùn zōnghé.

그가 세운 유전자 이론은 유전학상 최초로 이론을 종합한 것이다.

创立 vs 创办

创立는 회사, 정당, 국가, 이론 및 학설 등에 사용되고, 创办은 구체적인 단체나 회사를 설립할 때만 쓴다.

创立于2005年 chuànglìyú èr líng líng wǔ nián 2005년에 설립하다
创立了儒家学派 chuànglìle rújiā xuépài 유가학파를 창설하다

创办小学 chuàngbàn xiǎoxué 초등학교를 세우다
创办企业 chuàngbàn qǐyè 기업을 설립하다

0152 创新 chuàngxīn 새로운 것을 창조하다 [BCT1]

希望你们不断创新工作思路、工作方法，改进工作作风。

Xīwàng nǐmen búduàn chuàngxīn gōngzuò sīlù、gōngzuò fāngfǎ, gǎijìn gōngzuò zuòfēng.

여러분들이 업무에 대한 사고 방식과 업무 방식을 새롭게 창조해, 근무 태도를 개선했으면 합니다.

我们要多看多想多听，不断创新。

Wǒmen yào duō kàn duō xiǎng duō tīng, búduàn chuàngxīn.

우리는 많이 보고, 많이 생각하고, 많이 들으며, 부단히 새로운 아이디어를 내야 합니다.

명 창의성, 창조성, 창의

这部电影在摄影手法上有创新。

Zhè bù diànyǐng zài shèyǐng shǒufǎ shang yǒu chuàngxīn.

이 영화는 촬영 기법에서 창의성이 보인다.

当今时代急需富有自主性的创新型人才。

Dāngjīn shídài jíxū fùyǒu zìzhǔxìng de chuàngxīnxíng réncái.

오늘날은 자립성이 강한 창의적인 인재가 절실하다

0153 创业 chuàngyè 창업하다 BCT1

创业很难，首先是有资金，还要选好项目。

Chuàngyè hěn nán, shǒuxiān shì yǒu zījīn, hái yào xuǎnhǎo xiàngmù.

창업은 힘들어. 우선은 자금도 있어야 하고, 업종 선택도 잘 해야 한다고.

俗话说，守业比创业更难。

Súhuà shuō, shǒuyè bǐ chuàngyè gèng nán.

속담에, 가업을 지키는 게 창업보다 훨씬 어렵다는 말이 있어.

0154 创作 chuàngzuò (문예 작품을) 창작하다 유의 创造 chuàngzào

他创作了很多儿童文学作品，但大多是在逝世后出版的。

Tā chuàngzuòle hěn duō értóng wénxué zuòpǐn, dàn dàduō shì zài shìshì hòu chūbǎn de.

그는 수많은 아동 문학 작품을 창작했지만, 대부분이 작고한 후에 출판된 것이다.

명 문예 창작(품)

这是他平生最伟大的创作。

Zhè shì tā píngshēng zuì wěidà de chuàngzuò.

이것은 그의 일생에서 가장 위대한 작품이다.

创作 vs 创造

创作는 보통 문예 작품에만 국한해서 쓰고, 创造는 문예 작품 외에 구체적인 사물과 추상적인 사물에 모두 쓴다.

创作了三部作品 chuàngzuò le sān bù zuòpǐn 세 작품을 창작하다

创造好条件 chuàngzào hǎo tiáojiàn 좋은 조건을 만들다

创造了奇迹 chuàngzàole qíjì 기적을 일으켰다

0155 吹牛 chuī∥niú 허풍을 떨다, 큰소리치다 유의 吹 chuī

你少在那吹牛，谁不知道你几斤几两！

Nǐ shǎo zài nà chuīniú, shéi bù zhīdào nǐ jǐ jīn jǐ liǎng!

너 괜히 허풍 좀 떨지 마, 네가 어떤 사람인지 누가 모르니!

我这次吹牛吹大了，你得帮帮我啊。

Wǒ zhè cì chuīniú chuīdà le, nǐ děi bāngbang wǒ a.

내가 이번에 큰 소리를 좀 세게 쳤거든, 네가 꼭 좀 도와줘야 해.

□□□

0156 吹捧 chuīpěng (지나치게) 치켜세우다

他们聚到一起就知道互相吹捧、聊聊八卦，总之都做些没营养的事情。

Tāmen jùdào yìqǐ jiù zhīdào hùxiāng chuīpěng、liáoliao bāguà, zǒngzhī dōu zuò xiē méi yíngyǎng de shìqing.

저 사람들 모였다 하면 서로 치켜세우기나 하고, 시시콜콜한 얘기나 해 대고, 한마디로 영양가 없는 일만 하지.

□□□

0157 伺候 cìhou 시중들다, 모시다, 돌보다, 보살피다

如果你不嫌弃，我愿意天天在你身边伺候你。

Rúguǒ nǐ bù xiánqì, wǒ yuànyì tiāntiān zài nǐ shēnbiān cìhou nǐ.

당신이 싫다고 안 하신다면, 저는 날마다 당신 옆에서 당신의 시중을 들고 싶어요.

妈妈去伺候第妹做月子。

Māma qù cìhou dìmèi zuò yuèzi.

엄마는 올케의 산후 조리를 돌보러 가셨다.

[단어] 月子 yuèzi 산후 한 달, 산욕기

🐷 관련 표현

童养媳伺候公婆 — 小心在意 **헐후**

tóngyǎngxí cìhou gōngpó — xiǎoxīn zàiyì

민며느리가 시부모를 봉양하다 — 조심하다 : 신중하게 행동하다

[단어] 童养媳 tóngyǎngxí 민며느리

□□□

0158 刺 cì 찌르다, 뚫다

缝衣服的时候记得带上顶针就不会不小心刺破手指了。

Féng yīfu de shíhou jìde dàishàng dǐngzhen, jiù bú huì bù xiǎoxīn cìpò shǒuzhǐ le.

바느질할 때는 골무를 끼고 하면, 잘못해서 손가락을 찔리는 일이 없을 거야.

[단어] 顶针 dǐngzhen 골무

명(~儿) 가시, 바늘

小心点儿，这鱼刺儿多。

Xiǎoxīn diǎnr, zhè yú cìr duō.

조심해, 이 생선은 가시가 많아.

🗨 **관련 표현**

话中带刺儿 huà zhōng dài cìr 말 속에 뼈가 들어 있다

肉中刺 ròu zhōng cì 눈엣가시

挑毛拣刺 tiāo máo jiǎn cì 관용 트집 잡다, 결점을 들추어내다

鱼刺卡喉咙 — 进不去，出不来 헐후

yúcì qiǎ hóulóng —jìnbuqù, chūbulái

생선가시가 목에 걸리다 — 들어가지도 못하고, 나가지도 못하다 : 진퇴양난이다

嘴巴含钢针 — 说话带刺 헐후

zuǐba hán gāngzhēn —shuō huà dài cì

입에 바늘을 물고 있다 — 말 속에 가시가 있다

0159 **凑合** còuhe 그런대로 ～할 만하다, 아쉬운 대로 ～할 만하다, 한데 모으다 □□□

现在住的地方还凑合，该有的都有啥都不缺。

Xiànzài zhù de dìfang hái còuhe, gāi yǒu de dōu yǒu shá dōu bù quē.

지금 살고 있는 곳은 그런 대로 지낼 만해, 있을 것은 다 있고 부족한 게 없어.

家里没什么菜，中午就这么凑和凑和吧。

Jiā li méi shénme cài, zhōngwǔ jiù zhème còuhe còuhe ba.

집에 별 반찬이 없네요. 점심 땐 대충 이렇게 때우기로 해요.

业余时间他们常凑合在一起聊天。

Yèyú shíjiān tāmen cháng còuhe zàiyìqǐ liáotiān.

여가 시간에 그들은 자주 같이 모여 한담을 나눈다.

0160 **窜** cuàn 날뛰다, 도망가다 □□□

他突然窜出来打我，吓得我差点儿昏倒了。

Tā tūrán cuànchulai dǎ wǒ, xià de wǒ chàdiǎnr hūndǎo le.

그가 갑자기 나타나 나를 치는 바람에, 놀라서 하마터면 기절할 뻔 했지 뭐야.

公牛受惊后窜入附近的居民小区里了。
Gōngniú shòujīng hòu cuànrù fùjìn de jūmín xiǎoqū li le.
황소가 놀라 근처의 민가로 뛰어들었다.

🗣 관련 표현

上窜下跳 shàng cuàn xià tiào 성 여기저기서 날뛰다

东跑西窜 dōng pǎo xī cuàn 성 사방으로 도망가다

0161 摧残 cuīcán 심한 손해(손상)를 입다 유의 摧毁 cuīhuǐ □□□

不要相信毒品能治病的谎言，吸毒摧残身体添百病。
Búyào xiāngxìn dúpǐn néng zhìbìng de huǎngyán, xīdú cuīcán shēntǐ tiān bǎibìng.
마약이 병을 고칠 수 있다는 소문을 믿지 말라고, 마약을 하면 몸도 망가지고 각종 질병을 얻게 돼.

摧残 vs 摧毁

摧残은 나쁜 뜻으로 쓰는 동사로, 동작의 주체로 나쁜 사람, 반동 통치자 등이 될 수 있고, 대상은 생명이 있는 것도 되고, 문화, 예술, 경제, 정치 등도 될 수 있다. 摧毁의 대상은 건축물, 국가, 제도, 정권, 세력 등과 의지, 정신 등이 될 수 있다.

皮肤受到严重摧残。 피부에 심각한 손상을 입었다.
Pífū shòudào yánzhòng cuīcán.

地震摧毁了我们的家园。 지진이 우리의 터전을 파괴했다.
Dìzhèn cuīhuǐle wǒmen de jiāyuán.

疾病并不摧毁我的精神。 질병은 결코 나의 정신까지 망가뜨리진 못한다.
Jíbìng bìng bù cuīhuǐ wǒ de jīngshén.

0162 搓 cuō 비비다, 비벼 꼬다, 문지르다 □□□

双手互相搓几下就暖和过来了。
Shuāngshǒu hùxiāng cuō jǐ xià jiù nuǎnhuoguolai le.
두 손을 맞대고 몇 번 비비니까 따뜻해졌어.

这群人天天游手好闲的，见了面不是打牌就是搓麻将。
Zhè qúnrén tiāntiān yóu shǒu hào xián de, jiànle miàn búshì dǎpái jiùshì cuō májiàng.
저 사람들은 날마다 하는 일도 없이, 만나면 포커를 치거나 마작을 해.

[단어] 游手好闲 yóu shǒu hào xián 성 하는 일 없이 빈둥거리다

搓手顿脚 cuō shǒu dùn jiǎo 성 손을 비비고 발을 구르며 몹시 초조해하다

灯草搓绳，烂板搭桥 — 枉费心机 헐후

dēngcǎo cuō shéng, lànbǎn dā qiáo — wǎng fèi xīn jī

등 심지로 새끼를 꼬고, 썩은 널빤지로 다리를 놓다 — 쓸데없이 애쓰다 : 헛수고 하다

干泥巴做元宵 — 搓不圆 헐후

gān níba zuò yuánxiāo — cuō bù yuán

마른 흙으로 경단을 만들다 — 동그랗게 안 빚어지다 : 일이 뜻대로 되지 않다

□□□

0163 磋商 cuōshāng 반복하여 협의하다, 상세하게 논의하다 BCT1

经过多次磋商，双方终于达成了一个"双赢"的协议。

Jīngguò duō cì cuōshāng, shuāngfāng zhōngyú dáchéngle yí ge "shuāngyíng" de xiéyì.

여러 번의 협상 끝에, 양측은 마침내 '원원'하는 협의를 이뤄냈다.

这次中俄战略磋商可谓及时和明确。

Zhè cì Zhōng É zhànlüè cuōshāng kěwèi jíshí hé míngquè.

이번 중·러 전략 협정은 적절하고 명확했다고 할 만하다.

事先磋商 shìxiān cuōshāng 사전 협의

反复磋商 fǎnfù cuōshāng 계속하여 교섭하다

□□□

0164 挫折 cuòzhé 좌절하다, 실패하다

无论遇到多大的挫折，都不要灰心，要坚信我肯定能行！

Wúlùn yùdào duō dà de cuòzhé, dōu búyào huīxīn, yào jiānxìn wǒ kěndìng néng xíng!

아무리 큰 좌절을 맛보더라도 낙심하지 말고, 나는 틀림없이 할 수 있다고 믿으세요!

失败和挫折是每个人成长过程中的必修课。

Shībài hé cuòzhé shì měi ge rén chéngzhǎng guòchéng zhōng de bìxiū kè.

실패와 좌절은 모든 사람들이 성장하면서 겪는 필수 과목이다.

0165 搭 dā (막을) 치다, 더하다, 보태다, 널다, 걸다, (조·짝이) 되다, 결탁하다, 타다

周末，有的商场门前还会搭临时舞台举行庆典活动。
Zhōumò, yǒu de shāngchǎng ménqián hái huì dā línshí wǔtái jǔxíng qìngdiǎn huódòng.
주말에, 어떤 쇼핑 센터는 입구에 임시 무대를 설치하고 경축 행사를 벌이기도 한다.

这几天总是忙不过来的，连周末的时间都搭上了。
Zhè jǐ tiān zǒngshì mángbuguòlái de, lián zhōumò de shíjiān dōu dāshàng le.
요 며칠 계속 바빠서, 주말까지 다 헌납했어.

晾衣绳上搭满了刚洗完的衣服。
Liàngyīshéng shang dāmǎnle gāng xǐwán de yīfu.
빨랫줄에 방금 세탁한 옷이 가득 널려 있다.

[단어] 晾衣绳 liàngyīshéng 빨랫줄

他都有女朋友了，你还老跟他"勾肩搭背"的，这行吗？
Tā dōu yǒu nǚpéngyou le, nǐ hái lǎo gēn tā "gōu jiān dā bèi" de, zhè xíng ma?
그 사람은 이미 여자 친구가 있는데, 네가 그렇게 그 사람과 허물없이 지내면 되겠어?

[단어] 勾肩搭背 gōu jiān dā bèi 俗 어깨를 맞대고 팔을 끼다. 어깨동무하다

你还是搭我的车吧，我送你回家。
Nǐ háishi dā wǒ de chē ba, wǒ sòng nǐ huíjiā.
그냥 제 차 타세요. 집에 모셔다 드릴게요.

🐷 관련 표현

前言不搭后语 qiányán bù dā hòuyǔ 앞뒤 말이 맞지 않다. 앞뒤 말이 두서가 없다

拆了房子搭鸡棚 — 六神无主 혈후
chāile fángzi dā jīpéng — liùshén wú zhǔ
집을 부수고 닭장을 만들다 — 당황하여 어찌할 바를 모르다 : 넋이 나가다

烂柱子搭桥 — 不牢靠 혈후
lànzhùzi dā qiáo — bù láokao
썩은 기둥으로 다리를 만들다 — 튼튼하지 않다 : 믿을 수 없다

동사 **529**

0166 搭档 dādàng 협력하다, 짝이 되다

实在找不着人，咱俩搭档也行。
Shízài zhǎobuzháo rén, zán liǎ dādàng yě xíng.
딱히 마땅한 사람이 없으면, 우리 둘이서 한 팀이 되도 괜찮아.

명 협력자, 짝, 콤비

我当然认识他了，想当年我们可是足球队里的"黄金搭档"啊。
Wǒ dāngrán rènshi tā le, xiǎng dāngnián wǒmen kě shì zúqiúduì li de "huángjīn dādàng" a.
나야 당연히 그 친구를 알지, 그때 우리는 그야말로 축구팀의 '황금 콤비'였거든.

0167 搭配 dāpèi 배합하다, 조합하다, 안배하다

这件衬衫颜色太亮了，搭配起来有点麻烦。
Zhè jiàn chènshān yánsè tài liàng le, dāpèiqilai yǒudiǎn máfan.
이 셔츠는 색상이 너무 밝아서, 맞춰 입기가 좀 까다롭네.

芹菜和猪肉搭配味道不错。
Qíncài hé zhūròu dāpèi wèidào búcuò.
셀러리와 돼지고기를 섞어 요리하면 맛이 괜찮아.

在这件事上，他处理得很好，时间的搭配也很妙。
Zài zhè jiàn shì shang, tā chǔlǐ de hěn hǎo, shíjiān de dāpèi yě hěn miào.
이 일에 있어서, 그 친구가 처리를 잘했어, 타이밍도 적절했고.

0168 达成 dáchéng 달성하다, 도달하다, 얻다

当事双方就赔偿事宜达成了和解，避免了对簿公堂。
Dāngshì shuāngfāng jiù péicháng shìyí dáchéngle héjiě, bìmiǎnle duì bù gōng táng.
당사자 양측은 손해 배상 건에 대해 합의를 봐서, 법정 싸움은 피할 수 있게 되었다.

[단어] 对簿公堂 duì bù gōng táng 성 법정에 가서 재판을 받다

虽然双方代表已就此事反复磋商，但是至今仍未能达成协议。
Suīrán shuāngfāng dàibiǎo yǐ jiù cǐ shì fǎnfù cuōshāng, dànshì zhìjīn réng wèi néng dáchéng xiéyì.
쌍방 대표가 이미 이 일로 여러 차례 논의를 했지만, 지금까지 여전히 합의를 보지 못하고 있다.

[단어] 磋商 cuōshāng 반복하여 협의하다 / 达成协议 dáchéng xiéyì 합의를 보다

0169 答辩 dábiàn 답변하다 참고 论文答辩 lùnwén dábiàn 논문 구술 심사 □□□

导师说这次答辩做不好的话，就不让我毕业了。

Dǎoshī shuō zhè cì dábiàn zuòbuhǎo dehuà, jiù bú ràng wǒ bìyè le.

지도 교수님께서 이번 논문 심사에서 잘 못하면, 졸업을 안 시키신대요.

律师在法庭上为被告答辩。

Lǜshī zài fǎtíng shang wèi bèigào dábiàn.

변호사는 법정에서 피고를 위해 변론하고 있다.

🗣 관련 표현

法庭答辩 fǎtíng dábiàn 법정 답변

论文答辩 lùnwén dábiàn 논문 답변

0170 答复 dáfù (요구나 문제 등에) 회답하다, 답변하다 BCT1 유의 回答 huídá □□□

你们再等等，我们保证三天之内给贵公司答复。

Nǐmen zài děngdeng, wǒmen bǎozhèng sān tiān zhī nèi gěi guì gōngsī dáfù.

조금만 더 기다려 주세요. 저희가 3일 내에 귀사에 회답을 드리겠습니다.

我们争取最快的速度给客户们一个满意的答复。

Wǒmen zhēngqǔ zuì kuài de sùdù gěi kèhùmen yí ge mǎnyì de dáfù.

저희는 가장 빠른 시간 내에 바이어들께 만족스러운 답변을 드리도록 하겠습니다.

答复 vs 回答

答复와 回答 모두 '대답하다'의 뜻을 갖고 있는데, 答复는 보통 어떤 사안에 대한 '찬성 여부', '시비 여부', '허가 여부'를 상대에게 알려 주고, 回答는 자신이 얻은 결론을 상대에게 설명하는 것을 말한다. 答复한 내용에 대해서는 '맞다/틀리다'라고 말할 수 없지만, 回答의 내용에 대해서는 '맞다/틀리다'라고 말할 수 있다. 答复의 주체는 조직이 될 수 있지만, 回答의 주체는 대부분 개인이다.

答复他的信 dáfù tā de xìn 그의 편지에 답장하다

答复对方 dáfù duìfāng 상대방에게 답변하다

回答老师 huídá lǎoshī 선생님께 대답하다

回答记者的提问 huídá jìzhě de tíwèn 기자의 질문에 답하다

0171 打包 dǎ//bāo (종이·천 등으로) 포장하다, (음식을) 싸가다

随着毕业季的到来，毕业生们忙着打包行李邮寄回家。
Suízhe bìyèjì de dàolái, bìyèshēngmen mángzhe dǎbāo xíngli yóujì huíjiā.
졸업 시즌이 오면서, 졸업생들은 짐을 싸서 집으로 부치느라 바쁘다.

这些东西可以打成三个包。
Zhèxiē dōngxi kěyǐ dǎchéng sān ge bāo.
이 물건들은 세 보따리로 나누어서 싸면 되요.

服务员，请帮忙把这个菜打包。
Fúwùyuán, qǐng bāngmáng bǎ zhège cài dǎbāo.
아가씨, 이 음식 좀 포장해 주세요.

0172 打官司 dǎ guānsi 소송하다, 고소하다, 재판을 걸다

打官司太麻烦，为这么点事不值。
Dǎ guānsī tài máfan, wèi zhème diǎn shì bù zhí.
소송하는 것도 보통 일이 아닌데, 이만한 일로 소송까지 할 필요는 없잖아.

为了一间车库的归属权，一对邻居打了六次民事官司。
Wèile yì jiān chēkù de guīshǔquán, yí duì línjū dǎle liù cì mínshì guānsī.
차고 하나의 귀속권 때문에, 이웃 간에 민사 소송을 여섯 차례나 제기했다.

🗣 관련 표현

两口子打官司 — 一言难尽 헐후
liǎngkǒuzi dǎ guānsi — yì yán nán jìn
부부가 소송을 걸다 — 한마디로 이루 다 말할 수 없다 : 일이 아주 복잡하다

小偷打官司 — 输定了 헐후
xiǎotōu dǎ guānsi — shūdìng le
도둑이 소송을 걸다 — 틀림없이 지다

哑巴打官司 — 有理说不清 헐후
yǎba dǎ guānsi — yǒu lǐ shuōbuqīng
벙어리가 고소하다 — 이유가 있어도 명확히 말할 수 없다 : 유구무언이다

532

0173 打击 dǎjī 공격하다, 의욕이나 기를 꺾다

你的回答一下子打击了我的积极性。
Nǐ de huídá yíxiàzi dǎjīle wǒ de jījíxìng.
네 대답이 한 순간에 나의 사기를 꺾어 놓았어.

公安局长强调，严厉打击各种违法犯罪行为。
Gōng'ānjúzhǎng qiángdiào, yánlì dǎjī gè zhǒng wéifǎ fànzuì xíngwéi.
공안국장은 각종 위법한 범죄 행위를 엄중 처벌하겠다고 강조했다.

명 공격, 타격

他遭受了接二连三的打击，但他仍然是那么坚强。
Tā zāoshòule jiē èr lián sān de dǎjī, dàn tā réngrán shì nàme jiānqiáng.
그는 연달아 공격을 받았지만, 여전히 그렇게 강하게 버티고 있었다.

中国股市在本周遭受了近一年来最沉重的打击。
Zhōngguó gǔshì zài běnzhōu zāoshòule jìn yì nián lái zuì chénzhòng de dǎjī.
중국 주식 시장은 이번 주에 근 1년 중 가장 심각한 타격을 입었다.

0174 打架 dǎ//jià (때리며) 싸우다, 다투다

孩子嘛，有时候免不了打架。
Háizi ma, yǒu shíhou miǎnbuliǎo dǎjià.
애들이잖아요, 가끔 싸움질도 하고 그러는 거죠.

你从来没打过架，今天这是怎么了?
Nǐ cónglái méi dǎguo jià, jīntiān zhè shì zěnme le?
넌 한 번도 싸워 본 적이 없잖아, 오늘은 왜 그런 거야?

관련 표현

不倒翁打架 — 粉身碎骨 **헐후**
búdàowēng dǎjià — fěn shēn suì gǔ
오뚝이가 싸우다 — 분골쇄신하다 : 어떤 목적을 위해 헌신하다

胖子打架 — 抱成一团 **헐후**
pàngzi dǎjià — bào chéng yì tuán
뚱보가 싸우다 — 한 덩어리가 되다 : 하나로 뭉치다(부정적인 뜻)

0175 打量 dǎliang 살펴보다, 훑어보다, ~라고 여기다 [유의] 看 kàn

从一进门，妈妈就打量着未来的儿媳妇没完。
Cóng yí jìn mén, māma jiù dǎliangzhe wèilái de érxífu méi wán.
현관에 들어설 때부터, 엄마는 미래의 며느리감을 계속 훑어보셨다.

他打量我们真的不知道吧，你就先不要跟他说。
Tā dǎliang wǒmen zhēn de bù zhīdào ba, nǐ jiù xiān búyào gēn tā shuō.
쟨 우리가 정말 모를 거라고 생각하나 봐, 너 우선 쟤한테 얘기하지 마.

0176 打猎 dǎ//liè 사냥하다, 수렵하다

下过雪之后，猎人们就去森林里打猎了。
Xiàguo xuě zhīhòu, lièrénmen jiù qù sēnlín li dǎliè le.
눈이 내린 후에, 사냥꾼들은 숲속으로 사냥을 나갔다.

我看他从来没有真正打过猎，需要有人教教他。
Wǒ kàn tā cónglái méiyou zhēnzhèng dǎguo liè, xūyào yǒu rén jiàojiao tā.
저 친구는 한 번도 제대로 사냥을 해 본 적이 없는 것 같으니, 누군가가 좀 가르쳐 줘야겠어요.

🗨 관련 표현

打猎忘了带猎枪 — 丢三落四 [헐후]
dǎliè wàngle dài lièqiāng — diū sān là sì
사냥 나가면서 사냥총을 잊다 — 이것저것 빠뜨리다 : 잘 잊어버리다

裤腰上挂死耗子 — 假充打猎人 [헐후]
kùyāo shang guà sǐ hàozi — jiǎchōng dǎlièrén
허리춤에 죽은 쥐를 걸다 — 사냥꾼 흉내를 내다 : 전문가인 척하다

[단어] 假充 jiǎchōng 사칭하다, ~인 체하다

0177 打仗 dǎ//zhàng 전쟁하다, 전투하다, 싸우다

古代男人出去打仗，能活着回来就是万幸了。
Gǔdài nánrén chūqu dǎzhàng, néng huózhe huílai jiù shì wànxìng le.
고대에는 남자들이 전쟁에 나가 살아 돌아오는 것만으로도 천만다행한 일이었다.

有矛盾说出来大家一起解决，你们打什么仗啊！
Yǒu máodùn shuōchulai dàjiā yìqǐ jiějué, nǐmen dǎ shénme zhàng a!
문제가 있으면 말을 해서 다 같이 해결하면 되지, 너희들 왜 싸우고 그러니!

🐼 관련 표현

赵子龙打仗 — 百战不殆 헐후
Zhào Zǐlóng dǎzhàng — bǎi zhàn bú dài
조자룡이 싸움을 하다 — 백전불태 : 백 번 싸워도 위태롭지 않다

胆小鬼打仗 — 临阵脱逃 헐후
dǎnxiǎoguǐ dǎzhàng — lín zhèn tuō táo
겁쟁이가 싸우다 — 싸움터에 이르러 도망가다 : 중요한 시기에 발을 빼다

讲武堂里学打仗 — 纸上谈兵 헐후
jiǎng wǔtáng li xué dǎzhàng — zhǐ shàng tán bīng
무술관에서 싸움을 배우다 — 지면상으로 군사 전략을 논하다 : 탁상공론하다

□□□

0178 代理 dàilǐ 대리하다, 대신하다, 대행하다 BCT2

我们公司是香奈儿品牌在中国地区的总代理。
Wǒmen gōngsī shì Xiāngnài'ér pǐnpái zài Zhōngguó dìqū de zǒng dàilǐ.
우리 회사는 샤넬의 중국 총대리점이다.

副总的工作暂时由金主任代理。
Fù zǒng de gōngzuò zànshí yóu Jīn zhǔrèn dàilǐ.
부사장의 업무는 당분간 김 주임이 대신합니다.

명 대리(직위)

金代理，老总叫你过来呢。
Jīn dàilǐ, lǎozǒng jiào nǐ guòlai ne.
김 대리, 사장님께서 부르세요.

🐼 관련 표현

总代理 zǒngdàilǐ 총대리인, 총대리점

代理权 dàilǐquán 대리권

代理商 dàilǐshāng 대리상

国内代理商 Guónèi dàilǐshāng 국내 대리점

0179 带领 dàilǐng 인솔하다, 이끌다, 인도하다, 영도하다 〔유의〕率领 shuàilǐng □□□

老师带领学生们去实地练习。
Lǎoshī dàilǐng xuéshengmen qù shídì liànxí.
선생님은 학생들을 인솔해 현장 실습을 나가셨다.

能够带领群众发家致富的领导才是好领导。
Nénggòu dàilǐng qúnzhòng fā jiā zhì fù de lǐngdǎo cái shì hǎo lǐngdǎo.
군중이 부를 쌓게끔 이끌어 주는 지도자야말로 훌륭한 지도자이다.

[단어] 发家致富 fā jiā zhì fù 〔성〕집안을 일으켜 부유하게 하다

0180 怠慢 dàimàn 태만하다, 소홀하다 □□□

他对工作怠慢，对同事也不热情。
Tā duì gōngzuò dàimàn, duì tóngshì yě bú rèqíng.
그는 근무 태만에, 동료에게도 친절하지 않다.

她大事儿小事儿都找我，稍有怠慢就不高兴。
Tā dàshìr xiǎoshìr dōu zhǎo wǒ, shāo yǒu dàimàn jiù bù gāoxìng.
그녀는 무슨 일만 있으면 나를 찾는데, 조금이라도 홀대하면 기분 나빠한다.

0181 逮捕 dàibǔ 체포하다, 잡다, 붙들다 □□□

〔유의〕逮 dǎi 〔참고〕逮捕令 dàibǔlìng 체포령

警察接到线人举报，迅速逮捕了肇事逃逸者。
Jǐngchá jiēdào xiànrén jǔbào, xùnsù dàibǔle zhàoshì táoyìzhě.
경찰은 정보원의 제보를 받아, 신속하게 사고 도주자를 체포했다.

[단어] 线人 xiànrén 스파이, 정보원 / 肇事 zhàoshì 사고를 내다 / 逃逸 táoyì 도주하다

0182 担保 dānbǎo 보증하다, 담보하다 [BCT2] 〔참고〕担保人 dānbǎorén 담보인 □□□

有王总作担保，我们可以放一万个心了。
Yǒu Wáng zǒng zuò dānbǎo, wǒmen kěyǐ fàng yí wàn ge xīn le.
왕 사장님께서 보증해 주시면, 저희들은 아주 안심입니다.

不要轻易为他人作担保，不然你会后悔的。
Búyào qīngyì wèi tārén zuò dānbǎo, bùrán nǐ huì hòuhuǐ de.
함부로 다른 사람에게 보증 서 주지 마, 그러다가 후회해.

0183 诞生 dànshēng 탄생하다, 출생하다

凌晨1点5分，北京妇产医院诞生今年第一个羊宝宝。
Língchén yì diǎn wǔ fēn, Běijīng fùchǎn yīyuàn dànshēng jīnnián
dìyī ge yáng bǎobao.
새벽 1시 5분에, 베이징 산부인과에서 올해 첫 번째 양띠 아기가 태어났다.

这本书介绍了中医文化为什么只能诞生在中国。
Zhè běn shū jièshàole zhōngyī wénhuà wèishénme zhǐnéng
dànshēngzài Zhōngguó.
이 책은 한의학 문화가 왜 중국에서밖에 탄생할 수 없었는지를 소개하고 있다.

0184 当面 dāngmiàn 맞대면하다, 마주하다

你如果信不过我，我可以找他当面对质。
Nǐ rúguǒ xìnbuguò wǒ, wǒ kěyǐ zhǎo tā dāngmiàn duìzhì.
자네가 나를 못 믿는다면, 내가 그 친구를 찾아 대질할 수 있다고.

我父亲想现在过来向您当面道谢。
Wǒ fùqīn xiǎng xiànzài guòlai xiàng nín dāngmiàn dàoxiè.
저희 아버님께서는 지금 오셔서 선생님께 직접 감사 인사를 드리고 싶어 하십니다.

0185 当选 dāngxuǎn 당선되다 참고 当选谢礼 dāngxuǎn xièlǐ 당선 사례

习近平顺利当选为新一任国家主席。
Xí Jìnpíng shùnlì dāngxuǎnwéi xīn yí rèn guójiā zhǔxí.
시진핑은 신임 국가 주석으로 순조롭게 당선되었다.

他以十分微弱的优势当选本次主持人大赛的最佳主持人。
Tā yǐ shífēn wēiruò de yōushì dāngxuǎn běn cì zhǔchírén dàsài de
zuìjiā zhǔchírén.
그는 아주 미미한 차이로 이번 아나운서 대회에서 최우수 아나운서로 뽑혔다.

0186 导航 dǎoháng 항해나 항공을 유도하다 □□□

这座灯塔至今仍发挥着为轮船导航的作用。
Zhè zuò dēngtǎ zhìjīn réng fāhuīzhe wèi lúnchuán dǎoháng de zuòyòng.
이 등대는 지금까지 기선을 유도하는 역할을 해 왔다.

我伯伯曾经是一位优秀的导航员。
Wǒ bóbo céngjīng shì yí wèi yōuxiù de dǎohángyuán.
우리 큰아버지는 한때 뛰어난 항해사셨다.

🗨️ 관련 표현

导航系统 dǎoháng xìtǒng 네비게이션 시스템

导航台 dǎohángtái 관제탑

车载导航仪 chēzài dǎohángyí 자동차 네비게이션

0187 导向 dǎoxiàng 유도하다, (어느 방향으로) 이끌다 □□□

本次经济会谈将导向整个亚洲的经济合作。
Běn cì jīngjì huìtán jiāng dǎoxiàng zhěnggè Yàzhōu de jīngjì hézuò.
이번 경제 회담은 아시아 전체의 경제 협력을 유도할 것이다.

这些或大或小的变化都将导向一场新的变革。
Zhèxiē huò dà huò xiǎo de biànhuà dōu jiāng dǎoxiàng yì chǎng xīn de biàngé.
이들 크고 작은 변화가 모두 새로운 변혁을 이뤄 낼 것이다.

명 향방, 발전 방향

今后的工作目标要由业务导向型向客户导向型转变。
Jīnhòu de gōngzuò mùbiāo yào yóu yèwù dǎoxiàngxíng xiàng kèhù dǎoxiàngxíng zhuǎnbiàn.
이후의 업무 목표는 업무 위주에서 고객 위주로 바뀌어야 한다.

0188 捣乱 dǎoluàn 교란하다, 소란을 피우다, 방해하다 □□□

他们再敢来捣乱，你就直接收拾他们就行。
Tāmen zài gǎn lái dǎoluàn, nǐ jiù zhíjiē shōushi tāmen jiù xíng.
그놈들이 또 와서 소란을 피우거든, 자네가 알아서 처리하면 되네.

我用不着你帮忙，你只要不给我捣乱就行了。

Wǒ yòngbuzháo nǐ bāngmáng, nǐ zhǐyào bù gěi wǒ dǎoluàn jiù xíng le.

난 네 도움 필요 없으니까, 네가 말썽만 안 부리면 좋겠어.

🔵 관련 표현

豆腐炖骨头 ── 故意捣乱 [헐후]

dòufu dùn gǔtou ── gùyì dǎoluàn

두부와 뼈를 같이 고다 ── 일부러 교란하다 : 고의로 훼방 놓다

[단어] 炖 dùn (고기 등을) 푹 고다, 푹 삶다

要你抓鸡，你偏捉鹅 ── 捣乱 [헐후]

yào nǐ zhuā jī, nǐ piān zhuō é ── dǎoluàn

닭을 잡으랬더니, 굳이 거위를 잡아오다 ── 번거롭게 하다

□□□

0189 **倒闭** dǎobì 도산하다 [BCT2] [참고] 连锁倒闭 liánsuǒ dǎobì 연쇄 도산

怎么会这样！公司明明还好好的，怎么会突然倒闭了！

Zěnme huì zhèyàng! Gōngsī míngmíng hái hǎohāo de, zěnme huì tūrán dǎobì le!

어떻게 이런 일이 일어나지! 회사가 확실히 건재했었는데, 어떻게 갑자기 망하느냐고!

这里几年间已经倒闭了好几家电影院了。

Zhèlǐ jǐ nián jiān yǐjing dǎobìle hǎo jǐ jiā diànyǐngyuàn le.

이곳에서는 몇 년 사이에 이미 극장 몇 곳이 도산했다.

□□□

0190 **盗窃** dàoqiè 도둑질하다, 절도하다

小偷仅在这个宿舍楼就盗窃了三台笔记本电脑。

Xiǎotōu jǐn zài zhège sùshèlóu jiù dàoqièle sān tái bǐjìběn diànnǎo.

도둑은 이 기숙사에서만 노트북 컴퓨터를 세 대나 훔쳐갔다.

🔵 관련 표현

盗窃犯 dàoqièfàn 절도범

盗窃罪 dàoqièzuì 절도죄

盗窃国家机密 dàoqiè guójiā jīmì 국가 기밀을 훔치다

0191 得力 délì 도움을 받다, 힘을 얻다

我的小说得力于多年北漂经历。

Wǒ de xiǎoshuō délìyú duō nián běipiāo jīnglì.

내 소설은 베이징에서 여러 해 동안 생활했던 경험이 도움이 됐다.

[단어] 北漂 běipiāo [신조어] 베이징에서 방랑 생활을 하다

형 유능하다

在业务上，他可是我的得力助手。

Zài yèwù shang, tā kě shì wǒ de délì zhùshǒu.

업무에 있어서, 저 친구는 정말이지 나의 유능한 조수입니다.

0192 得罪 dézuì 미움을 사다, 노여움을 사다, 기분을 상하게 하다

说真话要得罪上面的人，你还是掂量掂量再张嘴。

Shuō zhēnhuà yào dézuì shàngmiàn de rén, nǐ háishi diānliáng diānliáng zài zhāngzuǐ.

진실을 말하면 윗분을 언짢게 할테니, 자네 잘 생각하고 나서 입 열라고.

[단어] 掂量 diānliáng 고려하다, 헤아리다

像你这样心直口快的人总是容易得罪别人。

Xiàng nǐ zhèyàng xīn zhí kǒu kuài de rén zǒngshì róngyì dézuì biérén.

너처럼 입바른 소리를 하는 사람은 늘 남의 심기를 불편하게 만들기 쉽지.

[단어] 心直口快 xīn zhí kǒu kuài **성** 거침없이 말하다, 생각하는 바를 숨김 없이 말하다 / 得罪 dézuì 미움을 사다, 기분을 상하게 하다

> **관련 표현**
>
> 依了媳妇得罪娘 ─ 难得两全 **헐후**
>
> yīle xífù dézuì niáng ─ nándé liǎngquán
>
> 마누라 편을 들어 어머니를 언짢게 하다 ─ 양쪽 모두 만족시키기 어렵다

0193 登陆 dēnglù 상륙하다, 육지에 오르다, (상품이) 시장에 진출하다

今年第六号强热带风暴将于明天在福建沿海登陆。

Jīnnián dìliù hào qiáng rèdài fēngbào jiāngyú míngtiān zài Fújiàn yánhǎi dēnglù.

올 들어 발생한 제6호 강력한 열대 폭풍이 내일 푸지엔 성 연안에 상륙한다.

[단어] 强热带风暴 qiáng rèdài fēngbào 풍력 계급 10~11의 바람

540

今年我们的产品首次登陆非洲市场。

Jīnnián wǒmen de chǎnpǐn shǒucì dēnglù Fēizhōu shìchǎng.

올해 우리 제품은 처음으로 아프리카 시장에 진출했다.

□□□

0194 登录 dēnglù 등록하다, 기입하다, 로그인하다

这个网站得先登录才能把视频下载下来。

Zhège wǎngzhàn děi xiān dēnglù cái néng bǎ shìpín xiàzǎixialai.

이 사이트는 먼저 회원 가입을 해야만 동영상을 다운 받을 수 있다.

由于不经常使用，我已经忘记邮箱的登录密码了。

Yóuyú bù jīngcháng shǐyòng, wǒ yǐjing wàngjì yóuxiāng de dēnglù mìmǎ le.

자주 안 쓰는 바람에, 나는 이미 메일함의 로그인 비밀번호를 잊어버렸지 뭐야.

□□□

0195 蹬 dēng (발에 힘을 주어) 밟다, 뻗다, 밀(치)다, 딛다

奶奶每天冒着严寒蹬着三轮车接送孙子。

Nǎinai měitiān màozhe yánhán dēngzhe sānlúnchē jiē sòng sūnzi.

할머니께서는 매일 추위를 무릅쓰고 삼륜차를 타고 손자를 데려다주고 데려오신다.

我已经蹬了一天的自行车，你就让我歇会儿吧。

Wǒ yǐjing dēngle yì tiān de zìxíngchē, nǐ jiù ràng wǒ xiē huìr ba.

내가 자전거를 하루 종일 탔거든, 나 좀 잠깐 쉬게 해 줘.

□□□

0196 等候 děnghòu 기다리다 **유의** 等待 děngdài

请在三号登机口等候登机。

Qǐng zài sān hào dēngjīkǒu děnghòu dēngjī.

3번 게이트에서 탑승 준비를 해 주세요.

她正在火车站等候客人。

Tā zhèngzài huǒchēzhàn děnghòu kèrén.

그녀는 기차역에서 손님을 기다리는 중이다.

🐷 **관련 표현**

等候登机 děnghòu dēngjī 탑승을 기다리다

等候客人 děnghòu kèrén 손님을 기다리다

等候上车 děnghòu shàngchē 차 타려고 기다리다

等候 vs 等待

等候와 等待 두 단어 모두 기대하고 있는 사람이나 사물이 나타날 때까지 어떠한 행동을 취하지 않고 있는 것을 뜻한다. 等候의 목적어는 구체적인 사람이나 구체적인 활동이될 수 있고, 等待의 목적어는 주로 '기대하고, 고대하고, 갖고 싶은 사물'이 많다.

等候命令 děnghòu mìnglìng 명령을 기다리다

等候出发 děnghòu chūfā 출발을 기다리다

等候了两个月 děnghòu le liǎng ge yuè 두 달을 기다리다

等待机会 děngdài jīhuì 기회를 기다리다

等待他们 děngdài tāmen 그들을 기다리다

等待消息 děngdài xiāoxi 소식을 기다리다

0197 瞪 dèng (눈을) 크게 뜨다　□□□

你再瞪，眼珠子都快掉下来了。

Nǐ zài dèng, yǎnzhūzi dōu kuài diàoxialai le.

너 눈을 조금만 더 크게 뜨면, 눈알이 빠져나오겠다.

这位选手的精彩表演让现场的嘉宾和观众目瞪口呆。

Zhè wèi xuǎnshǒu de jīngcǎi biǎoyǎn ràng xiànchǎng de jiābīn hé guānzhòng mù dèng kǒu dāi.

이 선수의 멋진 연기는 현장에 있던 초대 손님과 관중을 깜짝 놀라게 했다.

[단어] **目瞪口呆** mù dèng kǒu dāi （성） 놀라서 어안이 벙벙하다

🐟 관련 표현

吹胡子瞪眼 chuī húzi dèngyǎn （관용） 눈을 부라리며 화를 내다, 노발대발하다

瞪着眼吹死猪 — 长吁短叹 （혈후）
dèngzhe yǎn chuī sǐzhū — cháng xū duǎn tàn
눈을 부릅뜨고 죽은 돼지에 대해 떠벌리다 — 거듭 탄식하다 : 근심이 많다

0198 敌视 díshì 적대시하다, 적대하다　（유의） **仇视** chóushì　□□□

他总觉得别人都跟他过不去，每个人都敌视他。

Tā zǒng juéde biérén dōu gēn tā guòbuqù, měi ge rén dōu díshì tā.

그는 늘 다른 사람들이 모두 자신을 못마땅하게 여기고, 모두 다 자기를 적대시하는 것 같았다.

0199 抵达 dǐdá 도착(도달)하다

列车即将抵达终点站，请各位乘客收拾好行李。
Lièchē jíjiāng dǐdá zhōngdiǎnzhàn, qǐng gèwèi chéngkè shōushihǎo xíngli.
열차가 곧 종착역에 도착하오니, 승객 여러분께서는 짐을 챙겨 주시기 바랍니다.

由于大雾天气，飞机将晚点，我也无法按时抵达苏州了。
Yóuyú dà wù tiānqì, fēijī jiāng wǎndiǎn, wǒ yě wúfǎ ànshí dǐdá Sūzhōu le.
안개가 많이 끼어 비행기가 연착될 거라, 나도 제때 쑤저우에 도착할 수가 없겠어요.

0200 抵抗 dǐkàng 저항하다, 대항하다 **유의** 反抗 fǎnkàng

守军虽然抵抗了很久，但城池还是被攻占了。
Shǒujūn suīrán dǐkàngle hěn jiǔ, dàn chéngchí háishi bèi gōngzhàn le.
수비군들이 오랫동안 저항했지만, 결국 성을 점령당하고 말다.

糖尿病病人的抵抗力差，对细菌感染等的免疫力差。
Tángniàobìng bìngrén de dǐkànglì chà, duì xìjūn gǎnrǎn děng de miǎnyìlì chà.
당뇨병 환자의 저항력이 약해서, 세균 감염에 대한 면역력도 떨어진다.

抵抗 vs 反抗

抵抗은 침략, 공격, 질병 등에 맞서는 것을 말하고, 反抗은 압박, 통치, 착취 등에 맞서는 것을 말한다.

抵抗病菌 dǐkàng bìngjūn 병균에 저항하다
抵抗敌人 dǐkàng dírén 적에게 대항하다

反抗压迫 fǎnkàng yāpò 억압에 반항하다
反抗精神 fǎnkàng jīngshén 반항 정신

0201 抵制 dǐzhì 보이콧(boycott)하다, 배척하다, 억제하다
참고 联合抵制 liánhé dǐzhì 불매 동맹

抵制"洋节"，不如丰富传统节日。
Dǐzhì "yángjié", bùrú fēngfù chuántǒng jiérì.
서양의 명절을 보이콧하느니 전통 명절을 살리는 것이 낫다.

现在，许多国家都制定了抵制垃圾邮件的法律。

Xiànzài, xǔduō guójiā dōu zhìdìngle dǐzhì lājí yóujiàn de fǎlǜ.

오늘날, 많은 국가에서는 스팸 메일을 막는 법률을 제정하고 있다.

我们要抵制拜金主义思想的侵蚀。

Wǒmen yào dǐzhì bàijīn zhǔyì sīxiǎng de qīnshí.

우리는 배금주의에 물들어 가는 것을 막아야 한다.

[단어] 侵蚀 qīnshí 침식하다, (재물을) 잠식하다

0202 递增 dìzēng 점점 늘다, 점차 증가하다 [BCT1]

最近几年的物价呈逐年递增的趋势。

Zuìjìn jǐ nián de wùjià chéng zhúnián dìzēng de qūshì.

최근 몇 년 동안의 물가는 해마다 증가하는 추세를 보이고 있다.

[단어] 呈 chéng 드러내다, 나타내다 / 逐年 zhúnián 해마다

我老公每年收入递增，今年年收入差不多接近50万。

Wǒ lǎogōng měinián shōurù dìzēng, jīnnián niánshōurù chàbuduō jiējìn wǔshí wàn.

우리 남편은 연소득이 점점 늘어나서, 올해 연소득은 거의 50만 위엔 정도야.

0203 颠簸 diānbǒ (상·하로) 흔들리다, 요동하다

▶차·배·비행기 등 교통수단에만 쓰이고, 목적어를 동반하지 않는다.

在这次飞行中，飞机颠簸得非常厉害。

Zài zhè cì fēixíng zhōng, fēijī diānbǒ de fēicháng lìhai.

이번 비행에서는 비행기가 심하게 흔들렸다.

在火车上颠簸了两天两夜，终于来到了海南岛。

Zài huǒchē shang diānbǒle liǎng tiān liǎng yè, zhōngyú láidàole Hǎinándǎo.

기차에서 이틀을 꼬박 흔들리다가, 마침내 하이난다오에 도착했다.

0204 颠倒 diāndǎo (상하 · 전후의 위치가) 뒤바뀌다, 전도되다 ☐☐☐

宝宝现在还小，黑白颠倒也很正常的。
Bǎobao xiànzài hái xiǎo, hēibái diāndǎo yě hěn zhèngcháng de.
아기가 아직 어려서, 밤낮이 바뀌는 것은 정상이에요.

你们的任务就是把颠倒的历史再颠倒过来。
Nǐmen de rènwù jiù shì bǎ diāndǎo de lìshǐ zài diāndǎoguolai.
너희들의 임무는 바로 뒤바뀐 역사를 다시 바꿔 놓는 거야.

🗣️ 관련 표현

颠倒黑白 diān dǎo hēi bái 성 흑백을 전도하다, 사실을 왜곡하다

七颠八倒 qī diān bā dǎo 성 횡설수설하다, (말 · 행동이) 조리 없이 뒤죽박죽이다

神魂颠倒 shén hún diān dǎo 성 정신이 팔리다, 제 정신이 아니다

主客颠倒 zhǔ kè diān dǎo 성 주객이 전도되다

0205 点缀 diǎnzhuì 단장하다, 장식하다, 구색을 맞추다 ☐☐☐

蔚蓝的天空上点缀着朵朵白云，让人心旷神怡。
Wèilán de tiānkōng shang diǎnzhuìzhe duǒduǒ báiyún, ràng rén xīn kuàng shén yí.
파란 하늘에 조각 구름이 뭉게뭉게 떠 있는 모습이, 사람을 기분 좋게 만드는구나.

[단어] 蔚蓝 Wèilán 짙푸른, 쪽빛의 / 心旷神怡 xīn kuàng shén yí 성 마음이 후련하고 기분이 유쾌하다

这些书柜把房间点缀得古色古香，颇有欧洲中世纪的味道。
Zhèxiē shūguì bǎ fángjiān diǎnzhuì de gǔsè gǔxiāng, pōyǒu Ōuzhōu zhōngshìjì de wèidao.
이 책장들은 방을 고풍스럽게 꾸며 주어, 유럽의 중세 시대 분위기를 물씬 풍긴다.

[단어] 颇有 pōyǒu 흔히 있다, 적지 않다

0206 垫 diàn 받치다, 깔다, 돈을 대신 내다, 공백을 메우다 ☐☐☐

冬天座位凉，别忘了垫个垫子在下面。
Dōngtiān zuòwèi liáng, bié wàngle diàn ge diànzi zài xiàmiàn.
겨울엔 의자가 차가우니까, 아래에 방석 까는 걸 잊지 마.

如果你实在拿不出这笔钱，我可以先帮你垫上。
Rúguǒ nǐ shízài nábuchū zhè bǐ qián, wǒ kěyǐ xiān bāng nǐ diàn shàng.
만약에 네가 이 돈을 구하지 못하면, 내가 우선 채워 줄게.

 깔개

鞋垫儿 xiédiànr 신발 깔창 / **靠垫** kàodiàn 쿠션 / **坐垫** zuòdiàn 방석

0207 惦记 diànjì 늘 생각하다, 항상 마음에 두다, 걱정하다 | 유의 | 惦念 diànniàn □□□

自从你出国以后，姥姥就一直惦记着你。
Zìcóng nǐ chūguó yǐhòu, lǎolao jiù yìzhí diànjìzhe nǐ.
네가 출국한 후부터, 외할머니는 계속 네 걱정을 하고 계셨단다.

既然你这么惦记我，这些年来为什么不来看我?
Jìrán nǐ zhème diànjì wǒ, zhèxiē nián lái wèishénme bù lái kàn wǒ?
이렇게 내 생각을 많이 했다는 사람이, 요 몇 년 동안 왜 날 한 번도 찾아오지 않았어요?

> **惦记 vs 惦念**
> 惦记는 마음속으로 늘 생각하며 염려하는 것이고, 惦念은 마음속으로 생각함과 동시에 입으로 얘기하는 것을 말한다. 惦记는 사람과 일에 모두 쓸 수 있고, 惦念은 주로 사람에게만 쓴다.
>
> **你不要惦记(惦念)我。**
> Nǐ búyào diànjì(diànniàn) wǒ.
> 내 걱정은 하지 말아요.
>
> **他总惦记着这件事。**
> Tā zǒng diànjìzhe zhè jiàn shì.
> 그는 이 일을 마음속에 담고 있다.

0208 奠定 diàndìng 다지다, 닦다, 안정시키다 □□□

这次会议为下一步的谈判奠定了基础。
Zhè cì huìyì wèi xià yí bù de tánpàn diàndìngle jīchǔ.
이번 회의는 다음 회담을 위한 기초를 마련했다.

格林卡写出《卡马林斯卡幻想曲》奠定了俄罗斯交响音乐的基础。

Gélínkǎ xiěchū 《Kǎmǎlínsīkǎ huànxiǎngqǔ》 diàndìngle Éluósī jiāoxiǎng yīnyuè de jīchǔ.

글린카(Glinka)가 쓴 〈카마린스카야 환상곡(Fantasy Kamarinskaja)〉은 러시아 교향 음악의 기초를 다졌다.

0209 叼 diāo (물체의 일부분을) 입에 물다 □□□

小狗经过训练都会玩儿叼皮球的游戏。

Xiǎogǒu jīngguò xùnliàn dōu huì wánr diāo píqiú de yóuxì.

강아지는 훈련을 통해 고무공을 물어오는 놀이도 할 수 있게 되었다.

我最讨厌那些叼着香烟，翘着二郎腿的暴发户了。

Wǒ zuì tǎoyàn nàxiē diāozhe xiāngyān, qiàozhe èrlángtuǐ de bàofāhù le.

나는 담배를 꼬나물고, 다리를 꼬고 앉아 있는 졸부가 제일 미워.

[단어] 二郎腿 èrlángtuǐ 다리를 꼬고 앉은 자세 / 暴发户 bàofāhù 졸부

🙂 관련 표현

老鹰叼蛇 — 十拿九稳 혈후

lǎoyīng diāo shé — shí ná jiǔ wěn

매가 뱀을 물다 — 십중팔구는 틀림없다 : 따 놓은 당상이다

王八咬人 — 叼住不放 혈후

wángbā yǎo rén — diāo zhù bú fàng

거북이가 사람을 물다 — 물고 안 놓다 : 끈질기게 잡고 늘어지다

0210 雕刻 diāokè 조각하다 □□□

云冈石窟可以说是雕刻在石头上的王朝。

Yúngāng shíkū kěyǐ shuō shì diāokèzài shítou shàng de wángcháo.

운강 석굴은 바위에 조각한 왕조라 할 수 있다.

tip 云冈石窟 : 중국 山西省 大同에서 서쪽으로 15km 지점에 있는 불교 석굴군. 전체 길이는 동서로 약 1km에 이르며 석굴의 총수는 42개이다.

那些精美绝伦的雕刻艺术品，仍然令人叹为观止。

Nàxiē jīngměi juélún de diāokè yìshùpǐn, réngrán lìng rén tàn wéi guān zhǐ.

정교하고 아름다운 조각 예술품들은, 여전히 사람들의 감탄을 자아낸다.

[단어] **绝伦** juélún 매우 뛰어나다, 절등하다 / **叹为观止** tàn wéi guān zhǐ 성 감탄해 마지 않다, 더할 나위 없이 좋다

🐻 관련 표현

精雕细刻 jīng diāo xì kè 성 심혈을 기울여 세밀하게 새기다, (예술 작품을) 정밀하게 다듬다, 성실하고 세심하게 일을 하다

0211 吊 diào 걸다, 매달다   □□□

做武打演员，免不了要经常吊钢丝，摆出高难度的动作。

Zuò wǔdǎ yǎnyuán, miǎnbuliǎo yào jīngcháng diào gāngsī, bǎichū gāo nándù de dòngzuò.

활극 배우들은, 자주 와이어에 매달려 고난도의 동작을 할 수밖에 없다.

前往吊丧时，应表示沉痛哀悼之情，态度严肃、感情真挚。

Qiánwǎng diàosàng shí, yīng biǎoshì chéntòng āidào zhī qíng, tàidù yánsù, gǎnqíng zhēnzhì.

문상을 갈 때는 침통하고 애도의 마음을 담아, 엄숙한 태도와 진실한 감정을 표해야 한다.

[단어] **沉痛** chéntòng 침통하다, 비통하다

🐻 관련 표현

提心吊胆 tí xīn diào dǎn 성 매우 놀라거나 걱정하다

拉钩上吊 — 百年不许变 헐후
lāgōu shàngdiào — bǎi nián bù xǔ biàn
손가락을 꼭 걸다 — 백 년 동안 변하지 않다 : 한 번 약속한 것은 끝까지 지킨다

电线杆上吊暖壶 — 高水平 헐후
diànxiàngān shang diào nuǎnhú — gāo shuǐpíng
전봇대에 보온병을 매달다 — 높은 수준이다 : 능력이 뛰어나다

拿根面条去上吊 — 死不了人 헐후
ná gēn miàntiáo qù shàngdiào — sǐbuliǎo rén
국수 가락으로 목을 매다 — 죽을 일 없다 : 별일 아니다

0212 调动 diàodòng (인원·일을) 옮기다, 이동하다, 동원하다, 자극하다 [BCT1]

今年公司要进行人事调动，我希望被调到美国办事处。

Jīnnián gōngsī yào jìnxíng rénshì diàodòng, wǒ xīwàng bèi diàodào Měiguó bànshìchù.

올해 회사에서 인사 이동이 있을 건데, 나는 미국 사무소로 발령 받고 싶다.

我们一定要调动员工的工作积极性。

Wǒmen yídìng yào diàodòng yuángōng de gōngzuò jījíxìng.

우리는 반드시 직원의 업무에 대한 열성을 자극해야 한다.

0213 跌 diē 쓰러지다, 넘어지다, (값이) 내려가다 유의 摔 shuāi

看你身上青一块紫一块的，刚才跌得不轻吧。

Kàn nǐ shēnshang qīng yí kuài zǐ yí kuài de, gāngcái diē de bù qīng ba.

네 몸 여기저기가 멍든 걸 보니, 방금 전에 심하게 넘어진 모양이네.

不要老指望着在跌倒时会有人扶你一把。

Búyào lǎo zhǐwàngzhe zài diēdǎo shí huì yǒu rén fú nǐ yì bǎ.

넘어졌을 때마다 누군가가 일으켜 줄 거라는 기대는 하지 말라고.

两天之内五粮液股价跌掉近10%。

Liǎng tiān zhīnèi Wǔliángyè gǔjià diēdiào jìn bǎifēnzhī shí.

이틀 사이에 오량액 주가가 거의 10% 하락했다.

tip 五粮液 : 중국의 유명한 고량주, 四川省 에서 생산됨.

🐻 **관련 표현**

老鼠跌香炉 — 触一鼻子灰 헐후

lǎoshǔ diē xiānglú — chù yì bízi huī

쥐가 향로에 빠지다 — 재범벅이 되다 : 큰 코 다치다

寿星跌跟头 — 老得发昏 헐후

shòuxīng diē gēntou — lǎo de fāhūn

노인성이 거꾸러지다 — 늙어서 생각이 흐려지다

[단어] **寿星** shòuxīng 남극노인성, 예로부터 장수의 상징으로 삼음

0214 叮嘱 dīngzhǔ 신신당부하다, 재삼 부탁하다

出门前老妈总是一遍遍地叮嘱我要慢慢开车。
Chūmén qián lǎomā zǒngshì yí biànbiàn de dīngzhǔ wǒ yào mànmān kāichē.
집을 나서기 전에 엄마는 계속해서 나한테 차를 천천히 운전하라고 당부하신다.

老婆再三叮嘱让我给杨老师打电话。
Lǎopo zàisān dīngzhǔ ràng wǒ gěi Yáng lǎoshī dǎ diànhuà.
아내는 나더러 양 선생님한테 전화하라고 거듭 당부했다.

🐵 관련 표현

千叮万嘱 qiān dīng wàn zhǔ 성 신신당부하다

0215 盯 dīng 주시하다, 뚫어져라 쳐다보다

你老盯着那个帅哥看，是不是对人家有意思啊?
Nǐ lǎo dīngzhe nàge shuài gē kàn, shì bu shì duì rénjiā yǒu yìsi a?
너 저 잘생긴 남자를 계속 뚫어져라 보는데, 저 사람이 끌리는 거야?

我觉得我们好像被那帮坏人盯上了。
Wǒ juéde wǒmen hǎoxiàng bèi nà bāng huàirén dīngshàng le.
나는 아무래도 우리가 저 놈들한테 찍힌 것 같아.

🐵 관련 표현

小偷盯耗子 — 贼眉鼠眼 헐후
xiǎotōu dīng hàozi — zéi méi shǔ yǎn
도둑이 쥐를 지켜보다 — 도둑놈 상판 : 행동이 괴이쩍고 당당하지 못하다

两只眼盯着一个小钱 — 见钱眼开 헐후
liǎng zhī yǎn dīngzhe yí ge xiǎo qián — jiàn qián yǎn kāi
두 눈으로 작은 동전을 주시하다 — 돈을 보고는 눈을 아주 크게 뜨다 : 재물을 탐하다

0216 定期 dìngqī 날짜를 정하다(잡다) BCT1

公司决定每周四定期召开业务会议。
Gōngsī juédìng měi zhōu sì dìngqī zhàokāi yèwù huìyì.
회사에서는 매주 목요일마다 정기적으로 업무 회의를 하기로 결정했다.

🧡 정기적인

像你这种情况的顾客，还是定期存款比较合适。

Xiàng nǐ zhè zhǒng qíngkuàng de gùkè, háishi dìngqī cúnkuǎn bǐjiào héshì.

손님 같은 상황이라면, 정기 적금을 드시는 게 적당합니다.

0217 丢人 diū∥rén 체면을 잃다, 창피를 당하다 □□□

为儿子的事去求别人帮忙，太丢人了。

Wèi érzi de shì qù qiú biérén bāngmáng, tài diūrén le.

아들 일 때문에 다른 사람에게 부탁하자니 정말 면이 안 서는군.

我丢我的人，管你什么事啊？

Wǒ diū wǒ de rén, guǎn nǐ shénme shì a?

내 체면이 깎이는 건데, 자네가 무슨 상관인가?

🐷 관련 표현

光着屁股看戏 — 丢人现眼 혈후

guāngzhe pìgu kànxì — diū rén xiànyǎn

엉덩이를 내놓고 연극을 보다 — 남에게 망신을 당하다 : 추태를 보이다, 결점을 드러내다

0218 动荡 dòngdàng 동요하다, 출렁이다, (사회가) 불안정하다 □□□

南北朝时期，社会动荡不安，朝代更替频繁。

Nánběi cháo shíqī, shèhuì dòng dàng bù ān, cháodài gēngtì pínfán.

남북조 시기에는 사회가 어지럽고 불안해, 왕조의 교체가 빈번했다.

[단어] 更替 gēngtì 교환하다, 교체하다 / 动荡不安 dòng dàng bù ān 🔵 동요하다, (상황이) 불안하다

油价的上涨，带来的就是经济的动荡。

Yóujià de shàngzhǎng, dàilái de jiù shì jīngjì de dòngdàng.

유가가 상승하면서 경제적인 동요를 일으켰다.

0219 动身 dòng//shēn 출발하다, 길을 떠나다 [BCT1] **유의** 出发 chūfā

▶动身의 주체는 사람에만 국한된다.

今晚好好休息，明天一早我就动身。
Jīnwǎn hǎohāo xiūxi, míngtiān yì zǎo wǒ jiù dòngshēn.
오늘 밤에는 푹 쉬고, 내일 아침 일찍 출발하려고.

公司里来了很多客户，老总今天动不了身。
Gōngsī li láile hěn duō kèhù, lǎozǒng jīntiān dòngbuliǎo shēn.
회사에 바이어가 많이 오는 바람에, 사장님은 오늘 출발 못해서.

0220 动手 dòng//shǒu ~하다, 시작하다, 착수하다

참고 请勿动手 qǐng wù dòngshǒu 손대지 마세요

君子动口不动手，何况人家还是个女孩子呢！
Jūnzi dòngkǒu bú dòngshǒu, hékuàng rénjiā háishi ge nǚháizi ne!
군자는 말로 하지 폭력을 쓰지 않는 법인데, 하물며 상대가 여자아이잖아!

坦白讲，这是我平生第一次自己动手包饺子。
Tǎnbái jiǎng, zhè shì wǒ píngshēng dìyī cì zìjǐ dòngshǒu bāo jiǎozi.
솔직히 말하면, 이건 내 평생에 처음 직접 빚어 본 만두야.

0221 动员 dòngyuán 동원하다

他叫我动员大家参加植树活动。
Tā jiào wǒ dòngyuán dàjiā cānjiā zhíshù huódòng.
그는 나더러 식수 행사에 사람들을 동원해 달라고 했다.

为了按时交货，厂里已经进行了总动员。
Wèile ànshí jiāohuò, chǎng li yǐjīng jìnxíngle zǒng dòngyuán.
제때에 납품하기 위해, 공장에서는 이미 총동원을 하고 있다.

0222 冻结 dòngjié 동결하다 [BCT2]

美国冻结了利比亚的全部海外资产。
Měiguó dòngjiéle Lìbǐyà de quánbù hǎiwài zīchǎn.
미국은 리비아의 해외 자산 전부를 동결시켰다.

公司决定年底前招聘计划临时冻结。

Gōngsī juédìng niándǐ qián zhāopìn jìhuà línshí dòngjié.

회사에서는 연말 전에 사원을 모집하려던 계획을 잠시 동결시키기로 했다.

0223 **斗争** dòuzhēng 투쟁하다, 싸우다

我们跟敌军斗争了一晚上，他们九死，我们很多人受伤。

Wǒmen gēn díjūn dòuzhēngle yì wǎnshang, tāmen jiǔ sǐ, wǒmen hěn duō rén shòushāng.

우리는 적군과 밤새 싸웠는데, 그들은 거의 다 죽고 아군은 부상을 많이 당했다.

我思想斗争了好久觉得还是先等等吧。

Wǒ sīxiǎng dòuzhēngle hǎo jiǔ juéde háishi xiān děngdeng ba.

나는 고민을 아주 많이 했는데, 그래도 우선은 기다리는 게 나을 것 같다.

명 투쟁

他们怀着对敌人刻骨仇恨，与敌军展开激烈的斗争。

Tāmen huáizhe duì dírén kè gǔ chóu hèn, yǔ díjūn zhǎnkāi jīliè de dòuzhēng.

그들은 적에게 깊은 원한을 품고, 적군과 용맹한 전투를 벌였다.

[단어] 刻骨仇恨 kè gǔ chóu hèn 뼈에 사무치는 깊은 원한

0224 **督促** dūcù 독촉하다 **유의** 鞭策 biāncè, 催促 cuīcù

在厂长的督促下，工人们按时完成了任务。

Zài chǎngzhǎng de dūcù xià, gōngrénmen ànshí wánchéngle rènwù.

공장장의 재촉하에, 노동자들은 제때에 임무를 완성했다.

老师经常督促我们抓紧时间多学一些东西。

Lǎoshī jīngcháng dūcù wǒmen zhuājǐn shíjiān duō xué yìxiē dōngxi.

선생님께서는 늘 우리한테 최대한 짧은 시간에 많은 것을 배우라고 재촉하신다.

🗣 **관련 표현**

屡次督促 lǚcì dūcù 누차 독촉하다

互相督促 hùxiāng dūcù 서로 촉구하다

0225 独裁 dúcái 독재하다

希特勒在所谓合法的外衣下，建立了法西斯的独裁政权。
Xītèlè zài suǒwèi héfǎ de wàiyī xià, jiànlìle fǎxīsī de dúcái zhèngquán.
히틀러는 소위 합법이라는 옷을 걸친 채, 파시스트 독재 정권을 수립했다.

独裁者的野心无疑是民族的灾难。
Dúcáizhě de yěxīn wúyí shì mínzú de zāinàn.
독재자의 야심은 의심할 여지도 없이 민족의 재난이다.

0226 堵塞 dǔsè 막히다, 가로막다 유의 堵 dǔ
반의 疏通 shūtōng 잘 통하게 하다, 소통시키다

广场路口正在修建一条下水管道，造成交通堵塞。
Guǎngchǎng lùkǒu zhèngzài xiūjiàn yì tiáo xiàshuǐ guǎndào, zàochéng jiāotōng dǔsè.
광장 초입에서 하수도 공사를 하느라, 교통 혼잡을 야기하고 있다.

我的鼻子有点堵塞，发声的时候嗓子里好像有痰。
Wǒ de bízi yǒudiǎn dǔsè, fāshēng de shíhou sǎngzi li hǎoxiàng yǒu tán.
내 코가 좀 막혀서, 소리를 낼 때 목구멍에 꼭 가래가 낀 것 같아.

0227 **赌博** dǔbó 노름하다, 도박하다 <mark>유의</mark> 赌 dǔ

他偷了家里的钱拿去赌博，想把输掉的赢回来。
Tā tōule jiā li de qián ná qù dǔbó, xiǎng bǎ shūdiào de yínghuilai.
그는 집에서 돈을 훔쳐 도박을 했는데, 잃은 돈을 따오겠다는 심산이었다.

他平时喜欢赌博，并有一批赌友经常在一起玩。
Tā píngshí xǐhuan dǔbó, bìng yǒu yì pī dǔyǒu jīngcháng zàiyìqǐ wán.
그는 평소에 도박을 좋아해, 도박하는 친구들과 자주 어울린다.

0228 **杜绝** dùjué 철저히 막다, 두절하다, (나쁜 일을) 소멸하다 <mark>유의</mark> 消灭 xiāomiè

政府要采取"一刀切"的办法，杜绝赌博、吸毒等丑恶现象。
Zhèngfǔ yào cǎiqǔ "yì dāo qiē" de bànfǎ, dùjué dǔbó、xīdú děng chǒu'è xiànxiàng.
정부에서는 단호한 방법으로 도박, 마약 복용 등의 악행을 두절하려 한다.

考试期间，杜绝一切违法乱纪行为。
Kǎoshì qījiān, dùjué yíqiè wéifǎ luànjì xíngwéi.
시험 기간에는, 기강을 흐리는 일체의 행위를 철저히 금지한다.

杜绝 vs 消灭

杜绝는 모종의 상황이나 현상을 단절시키는 것을 말하고, 消灭는 강력한 힘을 동원해 대상을 없애는 것을 말한다.

杜绝迟到现象 dùjué chídào xiànxiàng 지각 현상을 두절하다

消灭文盲 xiāomiè wénmáng 문맹을 퇴치하다
消灭老鼠 xiāomiè lǎoshǔ 쥐를 소멸하다

0229 **端** duān 받쳐 들다 <mark>유의</mark> 捧 pěng, 拿 ná

老公，菜做好了，把它端走吧。
Lǎogōng, cài zuòhǎole, bǎ tā duānzǒu ba.
여보, 요리 다 됐어요, 들고 가세요.

他在餐厅端过盘子，卖过蔬菜水果，后来开了一家超市。
Tā zài cāntīng duānguo pánzi, màiguo shūcài shuǐguǒ, hòulái kāile yì jiā chāoshì.
그는 식당에서 접시도 날라 보고, 야채와 과일도 팔다가, 나중에는 슈퍼를 열었다.

명 사물의 끝, 발단(시작)

总理府每条走廊的两端都摆着各类珍贵的艺术品。

Zǒnglǐfǔ měi tiáo zǒuláng de liǎngduān dōu bǎizhe gè lèi zhēnguì de yìshùpǐn.

총리 댁에는 복도마다 양쪽 끝에 각종 진귀한 예술품이 놓여 있다.

🗣 **관련 표현**

变化多端 biàn huà duō duān **성** 변화가 많다

草帽子端水 —不妙 **헐후**
cǎomàozi duān shuǐ —búmiào
풀모자로 물을 받다 — 좋지 않다 : 심상치 않다

端金碗讨饭 —上不着天，下不着地 **헐후**
duān jīnwǎn tǎofàn —shàngbuzháo tiān, xiàbuzháo dì
금그릇을 들고 구걸을 하다 — 하늘에도 안 닿고, 땅에도 안 닿다 : 의지할 곳이 없다

端水缸救火 —好大的口气 **헐후**
duān shuǐgāng jiù huǒ —hǎo dà de kǒuqì
물 항아리를 들고 불을 끄다 — 자신만만한 말투

0230 断定 duàndìng 단정하다, 결론을 내리다 □□□

我没有证据，所以我无法断定犯人是不是他。

Wǒ méiyǒu zhèngjù, suǒyǐ wǒ wúfǎ duàndìng fànrén shì bu shì tā.

나는 증거가 없어서, 죄인이 저 친구인지 아닌지 단정할 수가 없다.

我断定他不适合做这份工作。

Wǒ duàndìng tā bú shìhé zuò zhè fèn gōngzuò.

나는 그가 이 일에 적합하지 않다고 결론 내렸어.

0231 断绝 duànjué 단절하다, 끊다, 차단하다 **유의** 隔绝 géjué □□□

中非政府决定断绝中非共和国和中国之间的外交关系。

Zhōngfēi zhèngfǔ juédìng duànjué Zhōngfēi gònghéguó hé Zhōngguó zhījiān de wàijiāo guānxi.

중앙아프리카 정부는 중앙아프리카 공화국과 중국 사이의 외교 관계를 단절하기로 결정했다.

如果你想跟她结婚，就不要再回家了，断绝母子关系。

Rúguǒ nǐ xiǎng gēn tā jiéhūn, jiù búyào zài huíjiā le, duànjué mǔzǐ guānxi.

네가 그 여자랑 결혼할 거면, 다시는 집에 돌아오지 마라, 모자 관계를 끊자.

🐷 관련 표현

断子绝孙 duàn zǐ jué sūn (성) 자손이 끊어지다, 대가 끊기다

断绝 vs 隔绝

断绝는 원래 연락되던 것을 중단하고, 연관되었던 것들이 더 이상 연관되지 않는 것을 말하고, 隔绝는 사람과 사람 사이 혹은 사람과 외부가 차단되는 것을 뜻한다. 断绝는 관계, 소식, 교류, 희망, 교통, 호흡, 행인 등에 쓰이고, 隔绝는 가정, 생활, 소식, 공기 등에 쓰인다.

与世隔绝 yǔ shì gé jué 세상과 담을 쌓고 살다

大雪断绝了交通，缺煤导致了停电。
Dàxuě duànjuéle jiāotōng, quē méi dǎozhìle tíngdiàn.
폭설은 교통을 두절시켰고, 연탄의 부족으로 정전을 야기했다.

他们俩曾经断绝过联系。
Tāmen liǎ céngjīng duànjuéguo liánxì.
그 둘은 예전에 연락이 끊겼었다.

我和家庭完全隔绝了。
Wǒ hé jiātíng wánquán géjuéle.
나는 집과 완전히 연락이 끊겼다.

☐☐☐

0232 堆积 duījī 쌓여 있다, 퇴적되다, 쌓아올리다

秋风一过，地面上堆积了一层落叶。
Qiūfēng yí guò, dìmiàn shang duījīle yì céng luòyè.
가을바람이 불고 지나가자, 바닥에 낙엽이 한 겹 쌓였다.

一想到堆积在仓库里的库存，我就头疼。
Yì xiǎngdào duījīzài cāngkù li de kùcún, wǒ jiù tóuténg.
창고에 쌓여 있는 재고를 생각하면, 난 머리가 지끈거려요.

🐷 관련 표현

堆积如山 duī jī rú shān (성) 산더미처럼 쌓여 있다

0233 对付 duìfu 대처하다, 대응하다, 다루다 □□□

这群人蛮不讲理，不好对付的。

Zhè qún rén mán bù jiǎnglǐ, bù hǎo duìfu de.

이 사람들은 경우가 없는 사람들이라, 다루기가 쉽지 않다.

[단어] 讲理 jiǎnglǐ 경우를 따지다, 도리를 알다

你去帮帮他吧，他一个人对付不过来那么多事。

Nǐ qù bāngbang tā ba, tā yí ge rén duìfubuguòlái nàme duō shì.

자네가 가서 저 친구 좀 돕게, 저 친구 혼자서 그렇게 많은 일을 다 처리할 수가 없을 거야.

0234 对抗 duìkàng 대항하다, 저항하다, 대립하다 유의 对立 duìlì □□□

在拥有十足的把握之前，我不想和他正面对抗。

Zài yōngyǒu shízú de bǎwò zhīqián, wǒ bù xiǎng hé tā zhèngmiàn duìkàng.

충분한 자신이 생기기 전에는, 나는 그와 정면 대립하고 싶지 않아.

教育孩子方法不当，使孩子产生逆反心理和对抗情绪。

Jiàoyù háizi fāngfǎ búdàng, shǐ háizi chǎnshēng nìfǎn xīnlǐ hé duìkàng qíngxù.

아이를 교육하는 방법이 잘못되면, 아이에게 반발 심리와 저항심이 생기게 한다.

0235 对立 duìlì 대립하다, 적대하다, 모순되다 □□□

两人对立许久，谁都不想先道歉。

Liǎng rén duìlì xǔjiǔ, shéi dōu bù xiǎng xiān dàoqiàn.

두 사람은 오랫동안 사이가 안 좋았는데, 누구도 먼저 사과할 생각을 안 한다.

虽然我们是好朋友，但在这件事情上，我们的观点是对立的。

Suīrán wǒmen shì hǎo péngyou, dàn zài zhè jiàn shìqing shang, wǒmen de guāndiǎn shì duìlì de.

우리가 친한 친구이긴 하지만, 이 일에 있어서만큼은 생각이 다르다.

0236 对应 duìyìng 대응하다, 상응하다 □□□

汉语语法和韩语语法并不对应。

Hànyǔ yǔfǎ hé hányǔ yǔfǎ bìng bú duìyìng.

중국어 어법과 한국어 문법은 결코 상응하지 않는다.

请把这句话对应的英文解释写到这张纸上。

Qǐng bǎ zhè jù huà duìyìng de yīngwén jiěshì xiědào zhè zhāng
zhǐ shang.

이 말에 상응하는 영문 해설을 이 종이에 쓰세요.

0237 对照 duìzhào 대조하다 BCT1 유의 对比 duìbǐ

참고 对照法 duìzhàofǎ 대조법

通过对照两幅作品，专家认定其中一幅是赝品。

Tōngguò duìzhào liǎng fú zuòpǐn, zhuānjiā rèndìng qízhōng yì fú
shì yànpǐn.

두 폭의 그림을 대조한 결과, 전문가들은 둘 중 한 폭은 위조품이라고 한다.

[단어] 赝品 yànpǐn 위조품

对照 vs 对比

对照에는 '참고하다'의 뜻이 들어 있고, 对比에는 '비교하다'의 뜻이 들어 있다.

认真对照原文 rènzhēn duìzhào yuánwén 철저하게 원문과 대조하다
进行对比 jìnxíng duìbǐ 대비하다

0238 兑现 duìxiàn (수표·어음 등을) 현금으로 바꾸다, 약속한 일이 실현되다 BCT2

他们公司开的支票好像有问题，去银行也兑现不了。

Tāmen gōngsī kāi de zhīpiào hǎoxiàng yǒu wèntí, qù yínháng yě
duìxiànbuliǎo.

그 회사에서 발행한 수표가 아무래도 문제가 있는지, 은행에 가도 현금으로 바꿀 수가 없네.

他说话算数，去年跟我说过的这回儿兑现了。

Tā shuōhuà suànshù, qùnián gēn wǒ shuōguo de zhè huír duìxiàn le.

그는 약속을 잘 지켜, 작년에 나한테 했던 말을 이번에 지켰어.

[단어] 算数 suànshù 한 말을 책임지다

0239 **多元化** duōyuánhuà 다원화하다 [반의] **一元化** yìyuánhuà 일원화하다

我们生活的这个世界，越来越多元化了。

Wǒmen shēnghuó de zhège shìjiè, yuèláiyuè duōyuánhuà le.

우리가 살고 있는 이 세계는 갈수록 다원화되고 있다.

0240 **哆嗦** duōsuo 떨다 [유의] **发抖** fādǒu

她大冷天只穿了一件外套，冻得直哆嗦。

Tā dà lěngtiān zhǐ chuānle yí jiàn wàitào, dòng de zhí duōsuo.

그녀는 굉장히 추운 날 겉옷 하나만 걸치고는, 추워서 덜덜 떨고 있다.

看着爷爷那严厉的目光，他吓得浑身哆嗦。

Kànzhe yéye nà yánlì de mùguāng, tā xià de húnshēn duōsuo.

할아버지의 무서운 눈빛을 보고, 그는 놀라서 온몸을 떨었다.

0241 **堕落** duòluò 타락하다, 부패하다

有些明星成名很快，但是堕落起来也很快。

Yǒuxiē míngxīng chéngmíng hěn kuài, dànshì duòluòqilai yě hěn kuài.

어떤 연예인들은 성공도 빨리 하지만, 추락도 빨리 한다.

我看着你越来越堕落的样子，心里很是伤心。

Wǒ kànzhe nǐ yuèláiyuè duòluò de yàngzi, xīnli hěn shì shāngxīn.

난 네가 점점 타락해 가는 모습을 보고 있자니, 마음이 너무 아프구나.

🗨 **관련 표현**

自甘堕落 zì gān duò luò 성 스스로 타락하다

0242 **恶化** èhuà 악화되다, 악화하다

为了防止病情进一步恶化，医生建议尽快做手术。

Wèile fángzhǐ bìngqíng jìnyíbù èhuà, yīshēng jiànyì jǐnkuài zuò shǒushù.

병세가 한층 더 악화되는 걸 막고자, 의사는 가능한 한 빨리 수술할 것을 건의했다.

在事态恶化之前，我们要找到解决办法。

Zài shìtài èhuà zhīqián, wǒmen yào zhǎodào jiějué bànfǎ.

사태가 악화되기 전에, 우리는 해결 방법을 찾아야 한다.

0243 **遏制** èzhì 저지하다, 억제하다 　**유의** 遏止 èzhǐ

　참고 遏制政策 èzhì zhèngcè 억제 정책

国家新出台财政政策，遏制房地产业发展过热势头。

Guójiā xīn chūtái cáizhèng zhèngcè, èzhì fángdìchǎnyè fāzhǎn guòrè shìtóu.

국가에서는 새롭게 재정 정책을 마련해, 부동산 산업의 과열 추세를 억제하고자 한다.

我无法遏制自己对她的思念。

Wǒ wúfǎ èzhì zìjǐ duì tā de sīniàn.

나는 그녀에 대한 그리움을 주체할 수가 없다.

遏制 vs 遏止

遏制는 어떤 행위가 더 이상 계속되지 않도록 통제하는 것을 강조하고, 遏止는 행위를 정지시키는 것을 강조한다. 감정이나 역량 등을 제어할 때는 遏制만 쓸 수 있다.

遏制反对力量 èzhì fǎnduì lìliang 반대 세력을 제거하다

遏止通货膨胀 èzhǐ tōnghuò péngzhàng 통화 팽창을 억제하다
遏止暴乱 èzhǐ bàoluàn 폭동을 제압하다

0244 **发布** fābù (명령·지시·뉴스 등을) 발포하다, 선포하다 　**유의** 发表 fābiǎo

气象台发布了台风即将在福州登陆的消息。

Qìxiàngtái fābùle táifēng jíjiāng zài Fúzhōu dēnglù de xiāoxi.

기상대에서는 태풍이 곧 푸저우(복주)에 상륙한다고 발표했다.

他经常在网上发布一些不实信息。

Tā jīngcháng zài wǎngshang fābù yìxiē bùshí xìnxī.

그는 자주 인터넷에 허위 정보를 유포한다.

发布 vs 发表

发布는 명령, 지시, 뉴스 등을 선포하는 것이고, 发表는 간행물에 문장이나 그림, 노래 등을 등재하거나, 집단이나 사회에 의견을 피력하는 것을 말한다.

新闻发布会 xīnwén fābùhuì 기자회견

团长发布命令 tuánzhǎng fābù mìnglìng 사단장이 명령을 발포했다

在报上发表了一篇文章。 신문에 글을 한 편 발표했다.
Zài bàoshang fābiǎole yì piān wénzhāng.

中国政府发表声明。 중국 정부가 성명을 냈다.
Zhōngguó zhèngfǔ fābiǎo shēngmíng.

0245 发财 fā∥cái 큰돈을 벌다, 부자가 되다 [BCT1]

每个人都希望自己可以发财，可想发财没那么容易。
Měi ge rén dōu xīwàng zìjǐ kěyǐ fācái, kě xiǎng fācái méi nàme róngyì.
모든 사람들은 자신이 부자가 되길 원하지만, 큰돈 벌기가 그리 쉬운 게 아니다.

等我发大财了，要去威尼斯度假。
Děng wǒ fā dà cái le, yào qù Wēinísī dùjià.
내가 부자가 되면, 베니스로 휴가를 떠날 거야.

🐷 **관련 표현**

恭喜发财 gōngxǐ fācái 돈 많이 버세요

0246 发呆 fā∥dāi 멍하다, 넋을 놓다, 얼이 빠지다

她闷闷不乐坐着发呆，肯定出什么事了吧。
Tā mèn mèn bú lè zuòzhe fādāi, kěndìng chū shénme shìle ba.
저 애가 시무룩하게 넋을 놓고 앉아 있는 게, 틀림없이 무슨 일이 생긴 거야.

[단어] 闷闷不乐 mèn mèn bú lè 성 마음이 답답하고 울적하다

老总叫你去一趟办公室，你发什么呆啊!
Lǎozǒng jiào nǐ qù yí tàng bàngōngshì, nǐ fā shénme dāi a!
사장님이 자네더러 사무실로 오라는데, 자네 왜 멍하게 있어!

0247 发动 fādòng 시동을 걸다, 발동하다, 동원하다 **유의** 动员 dòngyuán

冬天到了，必须加防冻液，要不然汽车就发动不了。
Dōngtiān dào le, bìxū jiā fángdòngyè, yàoburán qìchē jiù fādòng buliǎo.
겨울이 왔으니 꼭 부동액을 넣어야지, 안 그러면 자동차 시동을 걸 수가 없어.

德国、意大利、日本等国家发动了第二次世界大战。
Déguó、Yìdàlì、Rìběn děng guójiā fādòngle dì'èr cì shìjiè dàzhàn.
독일, 이탈리아, 일본 등의 나라가 제2차 세계 대전을 일으켰다.

市政府发动市民参加义务劳动。
Shì zhèngfǔ fādòng shìmín cānjiā yìwù láodòng.
시청에서는 시민들을 동원해 의무 노동에 참가하게 했다.

> **发动 vs 动员**
>
> 发动은 사람이나 사물을 움직이게 만드는 것을 뜻하고, 动员은 선전이나 홍보를 통해 사람들이 어떤 일을 하러 가도록 만드는 것을 말한다. 动员은 '전시 상황'에 쓰이기도 한다.
>
> 发动侵华战争 fādòng qīn huá zhànzhēng 중국 침략 전쟁을 발동하다
> 发动攻击 fādòng gōngjī 공격을 개시하다
>
> 动员全体职工 dòngyuán quántǐ zhígōng 전 직원을 동원하다
> 动员学生 dòngyuán xuésheng 학생을 동원하다

0248 发觉 fājué (몰랐거나 숨겨진 사실을) 알아차리다, 깨닫다 **유의** 发现 fāxiàn

直到走到公司门口，他才发觉自己忘带员工卡了。
Zhídào zǒudào gōngsī ménkǒu, tā cái fājué zìjǐ wàngdài yuángōng kǎ le.
회사 앞에 도착해서야, 그는 자신이 직원 카드를 빠뜨리고 온 것을 알아차렸다.

话说出口后，我才发觉我的话有些过分。
Huà shuō chūkǒu hòu, wǒ cái fājué wǒ de huà yǒuxiē guòfèn.
말을 뱉고 나서야, 나는 내 말이 좀 심했다는 것을 깨달았다.

0249 发射 fāshè 쏘다, 발사하다 ☐☐☐

1970年4月24日，中国成功地发射了第一颗人造卫星。
Yī jiǔ qī líng nián sì yuè èrshísì rì, Zhōngguó chénggōng de fāshèle dìyī kē rénzào wèixīng.
1970년 4월 24일에, 중국은 첫 번째 인공위성을 성공적으로 발사했다.

🔵 관련 표현

发射出去的火箭 — 无奇不有 **혈후**
fāshèchuqu de huǒjiàn — wú qí bù yǒu
발사한 로켓 — 온갖 기묘한 것들이 모두 있다 : 별의별 것이 다 있다

火箭发射 — 青云直上 **혈후**
huǒjiàn fāshè — qīng yún zhí shàng
로켓을 발사하다 — 높은 하늘로 바로 올라가다 : 출세가 아주 빠르다

0250 发誓 fā//shì 맹세하다 ☐☐☐

我今天在这里发誓，从今以后绝对不再赌博啦！
Wǒ jīntiān zài zhèlǐ fāshì, cóng jīn yǐhòu juéduì bú zài dǔbó la!
내가 오늘 이 자리에서 맹세컨대, 오늘 이후로 절대로 더는 도박을 안 할 거야!

我们曾经发过重誓的，先背叛感情的人会死的，但是到现在她还活得好好的。
Wǒmen céngjīng fāguo zhòng shì de, xiān bèipàn gǎnqíng de rén huì sǐ de, dànshì dào xiànzài tā hái huó de hǎohāo de.
우리가 예전에 먼저 배신하는 사람은 죽게 될거라 굳게 맹세를 했었거든, 근데 그녀는 지금까지도 아주 잘 살고 있잖아.

0251 发行 fāxíng (화폐·채권·우표·출판물 등을) 발행하다, 발매하다 BCT2 ☐☐☐

伦敦奥运会期间，英国王室将发行一套纪念币。
Lúndūn àoyùnhuì qījiān, Yīngguó wángshì jiāng fāxíng yí tào jìniànbì.
런던 올림픽 기간 동안, 영국 왕실에서는 기념 주화를 발행할 예정이다.

她在皇冠出版社遇上了一位颇具慧眼的出版发行人。
Tā zài Huángguàn chūbǎnshè yùshàngle yí wèi pō jù huìyǎn de chūbǎn fāxíngrén.
그녀는 황관출판사에서 대단한 혜안을 갖고 있는 출판 발행인을 만났다.

0252 发炎 fāyán 염증이 생기다, 염증을 일으키다 □□□

伤口如果发炎，不及时清理就有可能化脓。
Shāngkǒu rúguǒ fāyán, bù jíshí qīnglǐ jiù yǒu kěnéng huànóng.
상처에 염증이 생겼을 때, 바로 조치를 취하지 않으면 곪을 수도 있다.

[단어] 清理 qīnglǐ 깨끗이 정리하다 / 化脓 huànóng 곪다

你的嗓子只是发炎了，没有其他的大毛病。
Nǐ de sǎngzi zhǐshì fāyán le, méiyǒu qítā de dà máobìng.
환자분 목구멍은 단지 염증이 생겼을 뿐이고, 다른 큰 문제는 없습니다.

0253 发扬 fāyáng (전통·미풍양속 등을) 발양하다, 드높이다 **유의** 发挥 fāhuī □□□

本次活动是对民族文化的继承和发扬，因而受到人们的支持。
Běn cì huódòng shì duì mínzú wénhuà de jìchéng hé fāyáng, yīn'ér shòudào rénmen de zhīchí.
이번 행사는 민족 문화를 계승하고 드높이는 행사이기 때문에, 사람들의 지지를 받았다.

作为一位韩国人我们有责任发扬我们的传统美德。
Zuòwéi yí wèi Hánguórén wǒmen yǒu zérèn fāyáng wǒmen de chuántǒng měidé.
한국인으로서 우리는 우리의 전통 미덕을 발전시킬 책임이 있다.

0254 发育 fāyù 발육하다, 자라다, 성장하다 □□□

现在越来越多的孩子出现青春期早发育现象。
Xiànzài yuèláiyuè duō de háizi chūxiàn qīngchūnqī zǎo fāyù xiànxiàng.
요즘엔 갈수록 많은 아이들에게서 사춘기 조기 발육 현상이 나타나고 있다.

这种植物发育成熟需四到六周。
Zhè zhǒng zhíwù fāyù chéngshú xū sì dào liù zhōu.
이 식물은 발육하고 성숙하는 데 4주에서 6주가 걸린다.

0255 繁殖 fánzhí 번식하다, 증가하다, 불어나다

老鼠的繁殖能力很强，一个月就能产一胎。
Lǎoshǔ de fánzhí nénglì hěn qiáng, yí ge yuè jiù néng chǎn yì tāi.
쥐의 번식 능력은 강해서, 한 달에 한 번씩 새끼를 낳는다.

这几只人工繁殖的大熊猫身体都非常健壮。
Zhè jǐ zhī réngōng fánzhí de dàxióngmāo shēntǐ dōu fēicháng jiànzhuàng.
인공 번식한 판다 몇 마리는 모두 다 아주 튼실하다.

0256 反驳 fǎnbó 반박하다 `유의` 驳斥 bóchì

嫌疑人反驳说自己没有偷任何东西。
Xiányírén fǎnbó shuō zìjǐ méiyou tōu rènhé dōngxi.
혐의자는 자기는 아무것도 훔치지 않았다고 반박했다.

每次想和他商量个事，他总喜欢反驳我。
Měi cì xiǎng hé tā shāngliang ge shì, tā zǒng xǐhuan fǎnbó wǒ.
매번 그와 뭔가 상의하려 할 때마다, 그는 늘 나에게 반박을 한다.

0257 反感 fǎngǎn 반감을 가지다, 불만스럽다

我对上司那种盛气凌人的说话方式很反感。
Wǒ duì shàngsī nà zhǒng shèng qì líng rén de shuōhuà fāngshì hěn fǎngǎn.
나는 상사의 오만한 대화 방식에 심한 반감을 갖고 있다.

[단어] 盛气凌人 shèng qì líng rén `성` 매우 오만하다, 거드름을 피우다

都是成人了，管得太严谁都会反感。
Dōu shì chéngrén le, guǎn de tàiyán shéi dōu huì fǎngǎn.
성인이 되었는데도, 너무 엄하게 단속하면 누구나 반감을 갖게 돼요.

0258 反抗 fǎnkàng 반항하다, 저항하다, 반대하다

我家小孩子剃头就哭，使劲反抗。
Wǒ jiā xiǎoháizi tìtóu jiù kū, shǐjìn fǎnkàng.
우리 집 아이는 머리카락만 깎으려면 울고, 죽어라 반항을 해요.

压迫越严重，反抗也就越强烈。

Yāpò yuè yánzhòng, fǎnkàng yě jiù yuè qiángliè.

억압이 심해질수록 저항도 거세진다.

0259 反射 fǎnshè 반사하다 □□□

光通过水反射的时候，还会产生折射。

Guāng tōngguò shuǐ fǎnshè de shíhou, hái huì chǎnshēng zhéshè.

빛이 물을 통과해 반사될 때, 굴절이 생긴다.

训练狗狗时，就是根据条件反射的基础。

Xùnliàn gǒugǒu shí, jiù shì gēnjù tiáojiàn fǎnshè de jīchǔ.

개를 훈련시킬 때는, 조건 반사의 기초에 근거하는 거야.

0260 反思 fǎnsī 되돌아보다, 돌려 생각하다 □□□

大家都不要忙着下结论，还是回去各自反思一下。

Dàjiā dōu búyào mángzhe xià jiélùn, háishi huíqù gèzì fǎnsī yíxià.

다들 성급히 결론 내리지 말고, 돌아가서 각자 다시 한 번 생각해 보도록 해요.

0261 反问 fǎnwèn 반문하다 참고 反问句 fǎnwènjù 반어문 □□□

面对记者的追问，他平静地反问道："我能有什么目地？"

Miànduì jìzhě de zhuīwèn, tā píngjìng de fǎnwèn dào : "Wǒ néng yǒu shénme mùdì?"

기자의 추궁에 그는 침착하게 "저한테 무슨 목적이 있겠어요?"라고 반문했다.

0262 泛滥 fànlàn 범람하다, 넘치다 □□□

社会上假文凭假学历泛滥成灾。

Shèhuì shang jiǎ wénpíng jiǎ xuélì fànlàn chéngzāi.

사회적으로 거짓 증서와 거짓 학력이 넘쳐나 해를 끼치고 있다.

[단어] 文凭 wénpíng 졸업 증서 / 成灾 chéngzāi 재해를 낳다, 조성하다

这里水流湍急，每到雨季，河水泛滥，经常淹没岸边村舍。

Zhèlǐ shuǐliú tuānjí, měi dào yǔjì, hé shuǐ fànlàn, jīngcháng yānmò ànbiān cūnshè.

이곳은 물살이 세서, 장마철만 되면 강물이 범람해, 강 주변 마을이 침수된다.

[단어] 湍急 tuānjí 물살이 급하다 / 村舍 cūnshě 농가, 시골집

💬 관련 표현

泛滥成灾 fàn làn chéng zāi (성) 홍수가 나서 수해를 입다, 나쁜 것이 범람하여 해를 끼치다

自由泛滥 zì yóu fàn làn (성) 잘못된 언행이나 사상이 만연하다

0263 贩卖 fànmài (사들여) 판매하다 [참고] 毒品贩卖 dúpǐn fànmài 마약 밀매 □□□

两口子靠贩卖红薯过日子。

Liǎngkǒuzi kào fànmài hóngshǔ guò rìzi.

부부는 고구마를 팔아 연명하고 있다.

经过化妆师的打扮，他怎么看都像是贩卖毒品的坏蛋。

Jīngguò huàzhuāngshī de dǎban, tā zěnme kàn dōu xiàng shì fànmài dúpǐn de huàidàn.

분장사의 화장을 거치자, 그는 영락없이 마약을 파는 나쁜 놈으로 보였다.

0264 防守 fángshǒu 수비하다, 방어하다 [유의] 防护 fánghù □□□

在球场上，他擅长防守，我擅长进攻。

Zài qiúchǎng shang, tā shàncháng fángshǒu, wǒ shàncháng jìngōng.

코트에서 그는 수비를 잘하고, 나는 공격을 잘한다.

[단어] 擅长 shàncháng (어떤 방면에) 뛰어나다

加强堤坝的防守，决不能让洪水冲破防线。

Jiāqiáng dībà de fángshǒu, jué bù néng ràng hóngshuǐ chōngpò fángxiàn.

제방의 방어를 강화해서, 절대로 홍수가 방어선을 파괴하지 못하도록 해야 한다.

[단어] 堤坝 dībà 댐과 둑, 제방 / 冲破 chōngpò 부수다, 파손하다

0265 防御 fángyù 방어하다

长城一定程度上起到了防御外族入侵的作用。

Chángchéng yídìng chéngdù shang qǐdàole fángyù wàizú rùqīn de zuòyòng.

만리장성은 어느 정도는 외부 민족의 침입에 대한 방어 작용을 하였다.

我们不能消极地防御，进攻是最好的防御手段。

Wǒmen bù néng xiāojí de fángyù, jìngōng shì zuìhǎo de fángyù shǒuduàn.

우리는 소극적으로 방어해서는 안 되며, 공격은 가장 좋은 방어 수단이다.

0266 防止 fángzhǐ 방지하다

核武器出现后，防止核武器扩散问题引起了国际社会的高度重视。

Héwǔqì chūxiàn hòu, fángzhǐ héwǔqì kuòsàn wèntí yǐnqǐle guójì shèhuì de gāodù zhòngshì.

핵무기가 출현한 이후, 핵무기 확산 방지 문제는 국제 사회의 높은 관심을 불러일으켰다.

在国庆节期间，我们努力要防止一切犯罪活动的发生。

Zài guóqìngjié qījiān, wǒmen nǔlì yào fángzhǐ yíqiè fànzuì huódòng de fāshēng.

건국기념일 기간에, 우리는 모든 범죄 활동의 발생을 방지해야 한다.

0267 防治 fángzhì 예방 치료하다

对传染病的防治，我们还需要下大力气去研究。

Duì chuánrǎnbìng de fángzhì, wǒmen hái xūyào xià dà lìqi qù yánjiū.

전염병 예방 치료에 대해, 우리는 전력을 다해 연구할 필요가 있다.

卷心菜两边种香菜或洋葱可防治病虫害。

Juǎnxīncài liǎngbiān zhòng xiāngcài huò yángcōng kě fángzhì bìngchónghài.

양배추 양옆에 향채나 양파를 심으면 병충해를 막을 수 있다.

0268 **访问** fǎngwèn 방문하다, 둘러보다 BCT1 유의 参观 cānguān

法国总统访问了北京、上海、广州等地。

Fǎguó zǒngtǒng fǎngwènle Běijīng、Shànghǎi、Guǎngzhōu děngdì.

프랑스 대통령이 베이징, 상하이, 광저우 등을 방문했다.

韩国贸易代表团访问了海尔冰箱厂。

Hánguó màoyì dàibiǎotuán fǎngwènle Hǎi'ěr bīngxiāngchǎng.

한국 무역 대표단이 하이얼 냉장고 공장을 방문했다.

0269 **纺织** fǎngzhī 방직하다 BCT1

참고 纺织工业 fǎngzhī gōngyè 방적 산업

中国古代的纺织与印染技术具有非常悠久的历史。

Zhōngguó gǔdài de fǎngzhī yǔ yìnrǎn jìshù jùyǒu fēicháng yōujiǔ de lìshǐ.

중국 고대의 방직과 염색 기술은 아주 오랜 역사를 지니고 있다.

18世纪英国的确是纺织业大国。

Shíbā shìjì Yīngguó díquè shì fǎngzhīyè dàguó.

18세기의 영국은 확실히 방직업 대국이었다.

0270 **放大** fàngdà (화상·소리·기능 등을) 확대하다, 크게 하다, 증폭하다

你的声音太小了，再放大一点好吗?

Nǐ de shēngyīn tài xiǎo le, zài fàngdà yìdiǎn hǎo ma?

네 목소리가 너무 작아, 소리를 조금만 더 크게 낼래?

我想把这张照片放大几倍，不知你们能不能做。

Wǒ xiǎng bǎ zhè zhāng zhàopiàn fàngdà jǐ bèi, bù zhī nǐmen néng bù néng zuò.

전 이 사진을 몇 배로 확대하고 싶은데, 여기서 될지 모르겠네요.

0271 放射 fàngshè 방사하다, 방출하다, 뿜어내다

참고 放射性同位素 fàngshèxìng tóngwèisù 방사성 동위원소

太阳无语，却放射出光辉；鲜花无语，却散发出芬芳。

Tàiyáng wú yǔ, què fàngshèchū guānghuī：xiānhuā wú yǔ, què sànfāchū fēnfāng.

태양은 말이 없으나 빛을 발산하고, 꽃은 말이 없지만 향기를 발산한다.

他得了癌症，医生说等手术后还需要放射治疗。

Tā déle áizhèng, yīshēng shuō děng shǒushù hòu hái xūyào fàngshè zhìliáo.

그는 암에 걸렸는데, 의사는 수술 후에도 계속 방사능 치료가 필요하다고 한다.

0272 飞翔 fēixiáng 하늘을 빙빙 돌며 날다, 비상하다

飞翔在天空中的鸟儿，怎会知道水中鱼儿的忧伤。

Fēixiángzài tiānkōng zhōng de niǎor, zěn huì zhīdào shuǐ zhōng yúr de yōushāng.

하늘을 나는 새가 어찌 물속에 사는 물고기들의 고뇌를 알겠어.

一群群大雁在天空中飞翔，显得非常有秩序。

Yì qúnqún dàyàn zài tiānkōng zhōng fēixiáng, xiǎnde fēicháng yǒu zhìxù.

무리를 지은 기러기들이 하늘을 나는 모습이 매우 질서 있어 보인다.

🐷 관련 표현

清晨的云雀 — 展翅飞翔 헐후

qīngchén de yúnquè — zhǎnchì fēixiáng

이른 아침의 종달새 — 날개를 펴고 비상하다

蓝天的鸿雁 — 展翅飞翔 헐후

lántiān de hóngyàn — zhǎnchì fēixiáng

푸른 하늘의 기러기 — 날개를 펴고 비상하다

0273 飞跃 fēiyuè 비약하다, 나는 듯이 뛰어오르다

经过整体改革之后，公司在各方面取得了飞跃式的发展。

Jīngguò zhěngtǐ gǎigé zhīhòu, gōngsī zài gè fāngmiàn qǔdéle
fēiyuè shì de fāzhǎn.

전체적으로 개혁을 단행한 후에, 회사는 여러 측면에서 비약적인 발전을 하고 있다.

명 비약

该药的出现是历史上的一次重大突破与飞跃。

Gāi yào de chūxiàn shì lìshǐ shang de yí cì zhòngdà tūpò yǔ fēiyuè.

이 약의 출현은 역사상의 일대 약진이며 비약이다.

0274 诽谤 fěibàng 비방하다, 중상모략하다, 헐뜯다

法律顾问称，受害者有权知道恶意诽谤信息的发布者。

Fǎlǜ gùwèn chēng, shòuhàizhě yǒu quán zhīdào èyì fěibàng xìnxī
de fābùzhě.

법률 고문의 말에 의하면, 피해자는 악의적으로 비방하는 정보를 퍼뜨린 자를 알 권리가 있다고 한다.

我是清白的，你不要相信他的诽谤。

Wǒ shì qīngbái de, nǐ búyào xiāngxìn tā de fěibàng.

난 결백하니까, 너 그 친구가 중상 모략하는 것을 믿지 마.

0275 废除 fèichú (법령·제도·조약 등을) 취소하다, 폐지하다 **유의** 破除 pòchú

林肯废除了买卖黑奴的法令，获得了人们的支持。

Línkěn fèichúle mǎimai hēinú de fǎlìng, huòdéle rénmen de zhīchí.

링컨은 흑인 노예를 매매하는 법령을 폐지해, 사람들의 지지를 얻었다.

隋炀帝创建的科举制，在清朝末年被废除。

Suí Yángdì chuàngjiàn de kējǔzhì, zài Qīngcháo mònián bèi fèichú.

수양제가 만들었던 과거 제도는 청조 말년에 폐지되었다.

tip 隋炀帝 : (569~618) 수나라 제2대 황제.

废除 vs 破除

废除는 '취소하다'에 중점을 두고, 破除는 '타파하다'에 중점을 둔다. 废除의 대상은 주로 법령, 제도, 조약, 장정 등이고, 破除의 대상은 미신, 낡은 사상, 관습 등이다.

废除不平等条约 불평등 조약을 파기하다
fèichú bù píngděng tiáoyuē

废除这个法令 fèichú zhège fǎlìng 이 법령을 폐지하다

破除迷信 pòchú míxìn 미신을 타파하다

破除陈旧的观念 낡은 관념을 타파하다
pòchú chénjiù de guānniàn

□□□

0276 沸腾 fèiténg 비등하다, 들썩거리다, (감정이) 끓어오르다

羊肉汤锅里的水也已经沸腾了，把鱼倒在锅里吧。
Yángròutāng guō li de shuǐ yě yǐjing fèiténg le, bǎ yú dàozài guō li ba.
양고기 탕 냄비의 국물이 이미 끓었어, 생선을 냄비에 부어.

听到申奥成功的时候，整个中国沸腾了。
Tīngdào shēn'ào chénggōng de shíhou, zhěnggè Zhōngguó fèiténg le.
올림픽 유치에 성공했다는 소식을 들었을 때, 전 중국이 들썩거렸다.

□□□

0277 分辨 fēnbiàn 분별하다, 구분하다 **유의** 分辨 fēnbiàn

你已经被他迷住了，根本分辨不了他是在爱你还是同情你。
Nǐ yǐjing bèi tā mízhù le, gēnběn fēnbiànbuliǎo tā shì zài ài nǐ háishi tóngqíng nǐ.
너는 이미 그에게 빠져서, 그가 너를 사랑하는지 동정하는지 전혀 분별하지 못하고 있는 거야.

我可以从味道上来分辨不同品质的茶叶。
Wǒ kěyǐ cóng wèidao shang lái fēnbiàn bù tóng pǐnzhì de cháyè.
나는 맛을 통해 품질이 다른 찻잎의 맛을 구분할 수 있다.

동사 **573**

0278 分红 fēn//hóng (기업 등에서) 이익을 분배하다, 순이익을 배당하다 [BCT2]

本次收益分配方式为现金分红。
Běn cì shōuyì fēnpèi fāngshì wéi xiànjīn fēnhóng.
이번 수익 분배 방식은 현금으로 지급합니다.

听说他们公司今年给公司普通职工分了不少红。
Tīngshuō tāmen gōngsī jīnnián gěi gōngsī pǔtōng zhígōng fēnle bù shǎo hóng.
그 회사는 올해 평사원들에게 이익 배당을 많이 했다는데.

🗣 관련 표현

分红制 fēnhóngzhì 이윤 분배제 / 再分红 zàifēnhóng 재분배

无分红 wúfēnhóng 무배당

0279 分解 fēnjiě 분해하다, 분열하다

荧光剂被人体吸收后，不容易分解，将在体内蓄积。
Yíngguāngjì bèi réntǐ xīshōu hòu, bù róngyì fēnjiě, jiāng zài tǐnèi xùjī.
형광 물질은 인체에 흡수된 후, 분해가 잘 되지 않아, 체내에 축적된다.

饭前、饭后喝一杯乌龙茶，可以促进脂肪的分解。
Fànqián、fànhòu hē yì bēi wūlóngchá, kěyǐ cùjìn zhīfáng de fēnjiě.
식전·식후에 우롱차를 한 잔씩 마시면, 지방 분해를 촉진할 수 있다.

0280 分裂 fēnliè 분열하다, 결별하다 반의 统一 tǒngyī 통일하다, 하나로 일치되다

分裂国家的行为是不可容忍的。
Fēnliè guójiā de xíngwéi shì bùkě róngrěn de.
국가를 분열시키는 행위는 용인할 수 없다.

癌细胞最显著的特点就是无限分裂、永不停止。
Áixìbāo zuì xiǎnzhù de tèdiǎn jiù shì wúxiàn fēnliè、yǒng bù tíngzhǐ.
암세포의 가장 뚜렷한 특징은 무한 분열하고, 영원히 멈추지 않는다는 것이다.

0281 分泌 fēnmì 분비하다, 분비되어 나오다

蜘蛛会分泌一种液体，将猎物融化后进食。
Zhīzhū huì fēnmì yì zhǒng yètǐ, jiāng lièwù rónghuà hòu jìnshí.
거미는 일종의 액체를 분비해, 사냥감을 융해시킨 후 먹는다.

我耳朵里大概在一个月前出现过黄色脓性分泌物。
Wǒ ěrduo lǐ dàgài zài yí ge yuè qián chūxiànguo huángsè nóngxìng
fēnmìwù.
내 귀에서 대략 한 달 전에 노란 고름 같은 분비물이 나왔었어.

0282 吩咐 fēnfù 분부하다, 명령하다, (말로) 시키다 **유의** 嘱咐 zhǔfù

老总吩咐什么，你就照做呗，哪有那么多为什么。
Lǎozǒng fēnfù shénme, nǐ jiù zhào zuò bei, nǎ yǒu nàme duō
wèishénme.
사장님이 시키신 건 그렇게 하면 되지, 궁금한 게 뭐가 그렇게 많은가.

您有什么吩咐，请讲。
Nín yǒu shénme fēnfù, qǐng jiǎng.
분부하실 것 있으시면, 말씀하세요.

吩咐 vs 嘱咐

吩咐는 상사가 부하 직원에게, 연장자가 손아랫사람에게 지시나 명령을 하는 것을 말하고, 嘱咐는 '吩咐'의 뜻 외에 동창이나 동료, 같은 연배끼리 당부하는 것을 뜻한다

这件事我已经吩咐(嘱咐)她去做了。
Zhè jiàn shì wǒ yǐjing fēnfù(zhǔfù) tā qù zuò le.
이 일은 이미 그녀에게 하라고 시켰어요.

我该做什么，请您吩咐。
Wǒ gāi zuò shénme, qǐng nín fēnfù.
제가 뭘 해야 하는지 분부하십시오.

妈妈再三嘱咐我不要去那儿。
Māma zàisān zhǔfù wǒ búyào qù nàr.
엄마는 나에게 거기 가지 말라고 재삼 당부하셨어.

0283 丰收 fēngshōu 풍작을 이루다, 풍년이 들다 □□□

看今年的势头，粮食生产又是大丰收。
Kàn jīnnián de shìtóu, liángshí shēngchǎn yòu shì dà fēngshōu.
올해 정황을 보니, 양식 생산이 또 대풍년을 이루었다.

他忙碌了一年，终于获得了爱情和事业的双丰收。
Tā mánglùle yì nián, zhōngyú huòdéle àiqíng hé shìyè de shuāng fēngshōu.
그는 1년 동안 정신없이 보낸 끝에 마침내 사랑과 사업 두 마리 토끼를 잡았다.

0284 封闭 fēngbì 봉하다, 봉쇄하다, 폐쇄하다 □□□

我检查过酒瓶口封闭得很好。
Wǒ jiǎncháguo jiǔpíngkǒu fēngbì de hěn hǎo.
제가 살펴봤는데 술병 입구는 밀봉이 잘 되어 있었어요.

通过与她相处一阶段，给我感觉她太过于封闭自己的内心。
Tōngguò yǔ tā xiāngchǔ yì jiēduàn, gěi wǒ gǎnjué tā guòyú fēngbì zìjǐ de nèixīn.
그녀와 얼마 동안 만나 보니, 그녀가 자신의 마음을 지나치게 닫고 있다는 느낌을 받았어요.

因为大雪的缘故，首都机场封闭了几个小时。
Yīnwèi dàxuě de yuángù, shǒudū jīchǎng fēngbìle jǐ ge xiǎoshí.
눈이 많이 온 관계로, 수도공항이 몇 시간 동안 봉쇄되었다.

0285 封锁 fēngsuǒ (강제적으로) 폐쇄하다, 봉쇄하다 □□□

以色列曾经封锁过加沙地带。
Yǐsèliè céngjīng fēngsuǒguo Jiāshā dìdài.
이스라엘은 한때 가자 지구를 봉쇄했었다.

[단어] 以色列 Yǐsèliè 이스라엘(Israel) / 加沙地带 Jiāshā dìdài 가자(Gaza) 지구

我们已经在第一时间封锁了这条消息，你不用太担心了。
Wǒmen yǐjīng zài dìyī shíjiān fēngsuǒle zhè tiáo xiāoxi, nǐ búyòng tài dānxīn le.
우리는 즉시 이 소식의 유출을 막았으니, 너무 걱정하지 마세요.

逢 féng 만나다, 마주치다 □□□

你我萍水相逢，可谓是前世有缘。

Nǐ wǒ píng shuǐ xiāng féng, kěwèi shì qiánshì yǒu yuán.

우리가 이렇게 우연히 알게 된 건, 전생에 인연이 있었다고 할 수 있겠죠.

[단어] 萍水相逢 píng shuǐ xiāng féng 성 우연히 만나서 알게 되다

一个人独自在他乡，每逢过节的时候格外思念故乡的亲人。

Yí ge rén dúzì zài tāxiāng, měiféng guòjié de shíhou géwài sīniàn gùxiāng de qīnrén.

홀로 타향에서 지내다 보면, 명절이 올 때마다 고향에 있는 가족이 참 많이 그리워진다.

🗨 관련 표현

逢场作戏 féng chǎng zuò xì 성 기회가 되면 끼어들어 놀다, 즉흥적으로 얼버무리다

久别重逢 jiǔ bié chóng féng 성 오래 헤어져 있다가 다시 만나다

久旱逢甘雨 jiǔ hàn féng gānyǔ 성 오랜 가뭄 끝에 단비가 내리다

酒逢知己千杯少 jiǔ féng zhījǐ qiān bēi shǎo 속담 술이 지기를 만나면 천 잔도 부족하다

棋逢对手 ― 不相上下 혈후

qí féng duìshǒu ― bù xiāng shàng xià

바둑판에서 호적수를 만나다 ― 우열을 가릴 수 없다 : 수준이 대등하다

巷窄遇仇人 ― 狭路相逢 혈후

xiàng zhǎi yù chóurén ― xiá lù xiāng féng

골목이 좁은 데서 원수를 만나다 ― 좁은 길에서 만나 양보할 여지가 없다 : 원수를 외나무다리에서 만나다

奉献 fèngxiàn 삼가 바치다 □□□

他在自己的岗位上奉献了自己的青春和热血。

Tā zài zìjǐ de gǎngwèi shang fèngxiànle zìjǐ de qīngchūn hé rèxuè.

그는 자신의 직장에 자신의 청춘과 열정을 바쳤다.

我愿意，将我的青春奉献给祖国。

Wǒ yuànyì, jiāng wǒ de qīngchūn fèngxiàngěi zǔguó.

나는 내 청춘을 조국에 바치고 싶다.

0288 **否决** fǒujué (안건·의견 등을) 부결하다, 거부하다, 기각하다 ☐BCT1☐

大会否决了巴勒斯坦申请入联的决议。
Dàhuì fǒujuéle Bālèsītǎn shēnqǐng rùlián de juéyì.
총회에서는 팔레스타인의 연합국 가입 신청을 부결했다.

李总提出的工资草案被董事会否决了。
Lǐ zǒng tíchū de gōngzī cǎo'àn bèi dǒngshìhuì fǒujué le.
이 사장님이 제안한 임금 초안이 이사회에서 부결되었다.

🐼 **관련 표현**

否决权 fǒujuéquán 거부권
全票否决 quánpiào fǒujué 만장일치로 부결되다
投否决票 tóu fǒujuépiào 부표를 던지다
袋中否决 dàizhōng fǒujué (미국 대통령이나 주지사의) 의안 거부권

0289 **敷衍** fūyǎn 부연 설명하다, 형식적으로 하다, 무성의하게 하다

他们只是敷衍经文要旨。
Tāmen zhǐshì fūyǎn jīngwén yàozhǐ.
그들은 단지 경문의 요지를 부연 설명하고 있을 뿐이다.

如果我也有后台，你还会对我这么敷衍吗?
Rúguǒ wǒ yě yǒu hòutái, nǐ hái huì duì wǒ zhème fūyǎn ma?
나한테도 배경이 있다면, 자네가 나한테 이렇게 성의 없이 대하겠나?

[단어] 后台 hòutái 뒤를 봐주는 사람이나 세력, 백(back)

🐼 **관련 표현**

敷衍了事 fū yǎn liǎo shì 😀 일을 졸속으로 처리하다

0290 **服从** fúcóng 복종하다 😀유의😀 听从 tīngcóng

做为一个军人，应该服从上级命令。
Zuòwéi yí ge jūnrén, yīnggāi fúcóng shàngjí mìnglìng.
군인이라면 상사의 명령에 복종해야 한다.

578

服从 vs 听从

服从은 상대방이 시키는 대로 무조건 따르는 것을 말하고, 听从은 상대방의 행위를 거부하지 않고 받아들이는 것을 뜻한다. 服从은 '命令(mìnglìng 명령하다), 指示(zhǐshì 지시하다), 法律(fǎlǜ 법률), 组织(zǔzhī 조직)' 등의 단어와 같이 쓰이고, 听从은 '安排(ānpái 배치하다), 教诲(jiàohuì 가르치다), 指挥(zhǐhuī 지휘하다)' 등의 단어와 같이 쓰인다.

自愿服从 zìyuàn fúcóng 자발적으로 복종하다

少数服从多数 shǎoshù fúcóng duōshù 소수가 다수에 복종하다

听从他的指导方针 tīngcóng tā de zhǐdǎo fāngzhēn 그의 지도 방침을 따르다

听从他的劝告 tīngcóng tā de quàngào 그의 충고를 따르다

0291 服气 fúqì 진심으로 신복(복종)하다 □□□

我知道你心里肯定不服气，但是我也没有办法啊。

Wǒ zhīdào nǐ xīnli kěndìng bù fúqì, dànshì wǒ yě méiyǒu bànfǎ a.

나도 자네가 속으로 틀림없이 못 받아들일 걸 알지만, 나도 어쩔 수가 없네.

不服气就站起来再打啊，拿眼瞪什么瞪?

Bù fúqì jiù zhànqilai zài dǎ a, ná yǎn dèng shénme dèng?

신복 못하겠으면 일어나서 다시 쳐 봐, 눈을 부릅뜨긴 뭘 부릅떠?

0292 辐射 fúshè (중심에서 여러 방향으로) 복사하다, 영향을 미치다, 전자파가 방출되다 □□□

清连高速公路提升珠江三角洲向内陆地区辐射能力的作用。

Qīnglián gāosù gōnglù tíshēng Zhūjiāng sānjiǎozhōu xiàng nèilù dìqū fúshè nénglì de zuòyòng.

청련고속도로는 주강 삼각주에서 내륙으로 연결되는 기능을 향상시켰다.

在电脑旁放上几盆仙人掌，它可以有效地吸收辐射。

Zài diànnǎo páng fàng shàng jǐ pén xiānrénzhǎng, tā kěyǐ yǒuxiào de xīshōu fúshè.

컴퓨터 옆에 선인장 화분을 몇 개 놓으면 전자파를 흡수한다.

🐸 관련 표현

核辐射 héfúshè 방사능 / **热辐射** rèfúshè 열복사 / **光辐射** guāngfúshè 복사광

0293 抚摸 fǔmō 어루만지다, 쓰다듬다 유의 摸 mō

春风像妈妈的手，抚摸着我的脸颊。
Chūnfēng xiàng māma de shǒu, fǔmōzhe wǒ de liǎnjiá.
봄바람이 엄마의 손길처럼 내 볼을 어루만지고 있다.

婴儿在母亲的抚摸下渐渐进入梦乡。
Yīng'ér zài mǔqīn de fǔmō xià jiànjiàn jìnrù mèngxiāng.
아기는 엄마가 쓰다듬어 주자 서서히 잠이 들었다.

0294 抚养 fǔyǎng 부양하다

父母对子女有抚养教育的义务。
Fùmǔ duì zǐnǚ yǒu fǔyǎng jiàoyù de yìwù.
부모는 자녀에 대해 부양하고 교육시킬 의무가 있다.

他从小父母双亡，是奶奶把他抚养大的。
Tā cóngxiǎo fùmǔ shuāngwáng, shì nǎinai bǎ tā fǔyǎng dà de.
그는 어릴 때 부모를 다 잃어, 할머니가 그를 키워 주셨다.

🗨️ **관련 표현**

抚养家属 fǔyǎng jiāshǔ 부양 가족

抚养费 fǔyǎngfèi 양육비

0295 俯视 fǔshì 굽어보다, 내려다보다

我们站在山顶，俯视美丽的平原和五彩缤纷的小镇。
Wǒmen zhànzài shāndǐng, fǔshì měilì de píngyuán hé wǔcǎi bīnfēn de xiǎozhèn.
우리는 산꼭대기에 서서, 아름다운 평원과 알록달록한 작은 마을을 내려다보고 있다.

老师面带慈爱的神情来俯视着我。
Lǎoshī miàn dài cí'ài de shénqíng lái fǔshìzhe wǒ.
선생님께서 자애로운 표정으로 나를 내려다보고 계신다.

0296 辅助 fǔzhù 거들어 주다, 보조하다, 도와주다 □□□

我会好好辅助部长的工作。
Wǒ huì hǎohāo fǔzhù bùzhǎng de gōngzuò.
저는 부장님의 업무를 열심히 도와드릴 겁니다.

他的病已经好了，现在不需要辅助用具了。
Tā de bìng yǐjing hǎo le, xiànzài bù xūyào fǔzhù yòngjù le.
그의 병은 이미 좋아져서, 지금은 보조 기구가 필요 없어졌어요.

0297 腐败 fǔbài (물질이) 썩다, 부패하다, 변질되다 유의 腐朽 fǔxiǔ □□□

冰箱里的肉已经腐败变质，不能用它做菜了。
Bīngxiāng lǐ de ròu yǐjing fǔbài biànzhì, bù néng yòng tā zuòcài le.
냉장고에 있던 고기가 부패하고 변질되어서, 그것으로 요리를 할 수 없게 되었어.

형(사상·행동·조직 등이) 부패하다, 문란하다

官员腐败现象日趋严重，导致民众怨声不断。
Guānyuán fǔbài xiànxiàng rìqū yánzhòng, dǎozhì mínzhòng yuànshēng búduàn.
관원들의 부패 현상이 날이 갈수록 심각해져, 민중들의 원성이 끊이질 않는다.

0298 腐烂 fǔlàn (물질이) 부패하다, 부식하다, 썩어 문드러지다 유의 腐化 fǔhuà □□□

大蒜在所有蔬菜中最不容易腐烂。
Dàsuàn zài suǒyǒu shūcài zhōng zuì bù róngyì fǔlàn.
마늘은 모든 채소 중에서 가장 잘 안 썩는다.

路边弥漫着垃圾腐烂的臭味。
Lùbiān mímànzhe lājī fǔlàn de chòuwèi.
길가에 쓰레기 썩는 악취가 심하게 난다.

0299 腐蚀 fǔshí 부식하다, 좀먹다 유의 侵蚀 qīnshí □□□

一些优良传统慢慢被拜金主义腐蚀掉了。
Yìxiē yōuliáng chuántǒng mànmān bèi bàijīn zhǔyì fǔshídiào le.
좋은 전통이 배금주의에 의해 점차 설자리를 잃고 있다.

高锰酸钾具有很强的腐蚀作用。
Gāoměngsuānjiǎ jùyǒu hěn qiáng de fǔshí zuòyòng.
과망간산칼륨은 강력한 부식 작용을 일으킨다.

[단어] 高锰酸钾 gāoměngsuānjiǎ 과망간산칼륨

🐸 관련 표현

腐蚀剂 fǔshíjì 부식제 / **腐蚀酸** fǔshísuān 부식산
腐蚀作用 fǔshí zuòyòng 부식 작용

0300 **腐朽** fǔxiǔ (목재나 기타 섬유 물질이) 썩다, 부패하다 [유의] **腐败** fǔbài

我发现客厅里的木地板严重腐朽了。
Wǒ fāxiàn kètīng li de mùdìbǎn yánzhòng fǔxiǔ le.
나는 거실 마룻바닥이 심하게 썩은 것을 발견했다.

由于古墓中出土的遗骨已经腐朽，无法辨别尸体的性别。
Yóuyú gǔmù zhōng chūtǔ de yígǔ yǐjing fǔxiǔ, wúfǎ biànbié shītǐ de xìngbié.
고분에서 출토된 유골이 이미 부패해서, 시체의 성별을 구별할 수가 없다.

🈺 생각(사상)이 진부하다, 케케묵다

虽然时代改变了，但是他还是带着封建时代的腐朽思想。
Suīrán shídài gǎibiàn le, dànshì tā háishi dàizhe fēngjiàn shídài de fǔxiǔ sīxiǎng.
시대가 변했지만, 그는 여전히 봉건 시대의 진부한 사상을 갖고 있다.

> ### 腐朽 vs 腐败
> 腐朽는 썩어서 쓸 수 없는 것을 말하고, 腐败는 생물체가 변질된 것을 말한다. 腐朽와 腐败는 형용사로도 쓰여, 腐朽는 생각이나 사상이 시대에 뒤떨어져 활력이 없음을 나타내고, 腐败는 사람이나 사회가 타락한 것을 나타낸다.
>
> **腐朽的社会制度** fǔxiǔ de shèhuì zhìdù 진부한 사회 제도
> **极度腐朽** jídù fǔxiǔ 극도로 부패하다
>
> **腐败的统治** fǔbài de tǒngzhì 부패한 정치
> **反腐败** fǎn fǔbài 부패에 맞서다

0301 附和 fùhè 남의 언행을 따르다, 부화하다

我有我的原则，就算受到逼迫我也不会随声附和。

Wǒ yǒu wǒ de yuánzé, jiù suàn shòudào bīpò wǒ yě bú huì suí shēng fù hè.

나는 내 원칙이 있으니, 설령 압력을 받는다 해도 부화뇌동하진 않아요.

[단어] 随声附和 suí shēng fù hè 성 남이 말하는 대로 따라하다, 부화뇌동하다

0302 附属 fùshǔ 부속되다, 종속되다

这所医院附属于第一军事学院。

Zhè suǒ yīyuàn fùshǔyú dìyī jūnshì xuéyuàn.

이 병원은 제일군사대학에 속해 있다.

[단어] 学院 xuéyuàn 단과대학

형 부속의

我弟弟在师范大学附属中学上学。

Wǒ dìdi zài shīfàn dàxué fùshǔ zhōngxué shàngxué.

내 동생은 사범대학 부속 중학교에 다니고 있다.

0303 复活 fùhuó 부활하다, 다시 흥기하다 참고 复活节 Fùhuójié 부활절

他们相信耶稣的死和复活。

Tāmen xiāngxìn Yēsū de sǐ hé fùhuó.

그들은 예수의 죽음과 부활을 믿는다.

旧时代的制度复活了。

Jiù shídài de zhìdù fùhuó le.

구시대의 제도가 부활했다.

0304 复兴 fùxīng 부흥하다

为了实现民族复兴，各界人士纷纷献计献策。

Wèile shíxiàn mínzú fùxīng, gèjiè rénshì fēnfēn xiànjì xiàncè.

민족 부흥을 위해, 각계 인사들이 너도나도 방안을 내놓았다.

15世纪，法国开始了文艺复兴运动。
Shíwǔ shìjì, Fǎguó kāishǐle wényì fùxīng yùndòng.
15세기, 프랑스에서는 문예 부흥 운동이 일어나기 시작했다.

 0305 赋予 fùyǔ (중대한 임무나 사명 등을) 부여하다, 주다 □□□

这是上帝赋予我的一次机会，我不能后退，只能前进。
Zhè shì shàngdì fùyǔ wǒ de yí cì jīhuì, wǒ bù néng hòutuì, zhǐ néng qiánjìn.
이건 하늘이 내게 주신 기회이기 때문에, 난 물러설 수 없고, 전진하는 수밖에 없다.

我们一定要完成历史赋予我们的重任。
Wǒmen yídìng yào wánchéng lìshǐ fùyǔ wǒmen de zhòngrèn.
우리는 역사가 부여한 우리의 중대한 임무를 반드시 완수해야 한다.

0306 覆盖 fùgài 덮다, 뒤덮다, 덮어 가리다 유의 盖 gài □□□

这是全国森林覆盖率最高的地方。
Zhè shì quánguó sēnlín fùgàilǜ zuì gāo de dìfang.
여기는 전국에서 삼림 녹지율이 가장 높은 곳입니다.

珠穆朗玛峰的峰顶常年被厚厚的积雪覆盖。
Zhūmùlǎngmǎfēng de fēngdǐng chángnián bèi hòuhōu de jīxuě fùgài.
에베레스트 산의 정상은 일 년 내내 많은 눈으로 덮여 있다.

[단어] 常年 chángnián 일년 내내

0307 改良 gǎiliáng 개량하다 유의 改进 gǎijìn □□□

这个地方经过改良土壤后，玉米产量大大增加了。
Zhège dìfang jīngguò gǎiliáng tǔrǎng hòu, yùmǐ chǎnliàng dàdā zēngjiā le.
이곳은 토지를 개량한 후에, 옥수수 생산량이 크게 늘었다.

改良 vs 改进

改良과 改进은 모두 원래의 상황을 좋게 바꾸는 것을 뜻하는데, 改良은 토지, 토양, 농기구 등의 결점 부분을 좋게 바꾸는 것을 뜻하고, 改进은 업무, 태도, 방법을 한층 더 업그레이드된 것으로 바꾸는 것을 뜻한다. 改良의 목적어로는 대부분 2음절 명사형이 온다.

改良水质 gǎiliáng shuǐzhì 수질을 개량하다
改良成高产田 gǎiliáng chéng gāo chǎn tián 수확이 많은 밭으로 개량하다

改进工作作风 gǎijìn gōngzuò zuòfēng 업무 태도를 개선하다
改进技术 gǎijìn jìshù 기술을 개선하다

□□□

 盖章 gàizhāng 도장(직인)을 찍다, 날인하다

您在这上面盖章就可以。
Nín zài zhè shàngmiàn gàizhāng jiù kěyǐ.
이 위에 도장을 찍으시면 됩니다.

没有签字盖章的合同是没有任何法律效力的。
Méiyǒu qiānzì gàizhāng de hétong shì méiyǒu rènhé fǎlǜ xiàolì de.
서명 날인이 없는 계약서는 어떠한 법적 효력도 없습니다.

□□□

0309 干扰 gānrǎo 교란시키다, 방해하다 **유의 打扰** dǎrǎo

你在这里可能会干扰大家比赛。
Nǐ zài zhèli kěnéng huì gānrǎo dàjiā bǐsài.
네가 여기 있으면 아마도 다른 사람들이 경기하는 데 방해가 될 거야.

敌军已经开启电子干扰我们的无人机无法侦察。
Díjūn yǐjing kāiqǐ diànzi gānrǎo wǒmen de wúrénjī wúfǎ zhēnchá.
적군이 이미 우리의 무인 비행기에 대해 전파 방해를 일으켜 정찰을 할 수가 없습니다.

동사 **585**

干扰 vs 打扰

干扰와 打扰는 모두 방해하고 지장을 주는 것을 말하는데, 干扰는 때로는 비인위적인 것에 의해 무선 전파 등이 방해 받는 것을 말하고, 打扰는 인위적인 것을 말한다.

不要干扰(打扰)别人的工作。
Bú yào gānrǎo(dǎrǎo) biérén de gōngzuò.
다른 사람의 일을 방해하지 마세요.

正在休息，请勿打扰。
Zhèngzài xiūxi, qǐng wù dǎrǎo.
휴식 중이니, 방해하지 마세요.

手机信号受到干扰。
Shǒujī xìnhào shòudào gānrǎo.
휴대 전화 신호가 교란되다.

0310 干涉 gānshè 간섭하다 **유의** 干预 gānyù

没有人可以随意干涉你追求幸福的权力。
Méiyǒu rén kěyǐ suíyì gānshè nǐ zhuīqiú xìngfú de quánlì.
누구든 함부로 당신이 행복을 추구할 권리에 대해 간섭할 수 없습니다.

请不要干涉我个人的生活。
Qǐng búyào gānshè wǒ gèrén de shēnghuó.
제 사적인 생활에 대해 간섭하지 마세요.

0311 干预 gānyù 관여하다, 개입하다 **유의** 干涉 gānshè

这是您家的私事，我们外人不便干预。
Zhè shì nín jiā de sīshì, wǒmen wàirén bú biàn gānyù.
이는 귀댁의 사적인 일이라, 저희들이 관여하기가 좀 그렇습니다.

政府可以在适当的情况下通过政策干预市场。
Zhèngfǔ kěyǐ zài shìdāng de qíngkuàng xià tōngguò zhèngcè gānyù shìchǎng.
정부는 적절한 상황하에 정책을 통해 시장에 개입할 수 있다.

0312 感慨 gǎnkǎi 감격하다, 감개무량하다

回顾这四十多年的音乐生涯，真是感慨万千。

Huígù zhè sìshí duō nián de yīnyuè shēngyá, zhēnshi gǎn kǎi wàn qiān.

40여 년 동안의 음악 인생을 돌아보니, 정말이지 감개가 무량하다.

[단어] **感慨万千** gǎn kǎi wàn qiān **성** 감개가 무량하다

관련 표현

感慨系之 gǎn kǎi xì zhī **성** 슬픔에 젖어 한탄하다, 애석해하다

0313 感染 gǎnrǎn 감염되다, 전염되다, 감동시키다 **유의** 传染 chuánrǎn

医生说这种病毒具有高感染性。

Yīshēng shuō zhè zhǒng bìngdú jùyǒu gāo gǎnrǎnxìng.

의사는 이 바이러스가 높은 전염성을 띠고 있다고 했다.

他那先人后己、舍己为人的精神感染了大家。

Tā nà xiān rén hòu jǐ, shě jǐ wèi rén de jīngshén gǎnrǎnle dàjiā.

그의 이타 정신과 희생 정신은 사람들을 감동시켰다.

[단어] **先人后己** xiān rén hòu jǐ **성** 남을 먼저 생각하다 / **舍己为人** shě jǐ wèi rén **성** 타인을 위해 자신의 이익을 희생하다

感染 vs 传染

感染과 传染은 모두 '병이 옮다'의 뜻을 갖고 있는데, 感染은 '병에 전염된다'는 뜻을 강조하고, 传染은 '병을 전염시킨다'는 뜻을 강조한다. 感染의 주체는 '사람, 기타 생물'이 되고, 传染의 주체는 '질병'이 된다.

感染疾病 gǎnrǎn jíbìng 질병에 감염되다

细菌感染 xìjūn gǎnrǎn 세균 감염

这病不传染 zhè bìng bù chuánrǎn 이 병은 전염되지 않는다

空气传染 kōngqì chuánrǎn 공기 전염

0314 高涨 gāozhǎng (정서·물가 등이) 급상승하다, 뛰어오르다

반의 低落 dīluò 떨어지다, 낮아지다

最近物价高涨，我们只能省吃俭用了。

Zuìjìn wùjià gāozhǎng, wǒmen zhǐnéng shěng chī jiǎn yòng le.

요즘 물가가 급등해서, 우리는 절약하는 수밖에 없다.

出演了众多话题大剧之后，他的人气一路高涨。

Chūyǎnle zhòngduō huàtí dàjù zhī hòu, tā de rénqì yí lù gāozhǎng.

화제가 되었던 대작에 출연한 후에, 그의 인기가 급상승했다.

0315 告辞 gàocí 이별을 고하다, 하직하다 **유의** 告别 gàobié

我怕耽误老师休息时间，没聊一会儿就告辞了。

Wǒ pà dānwu lǎoshī xiūxi shíjiān, méi liáo yíhuìr jiù gàocí le.

선생님의 휴식 시간에 방해가 될까 봐, 몇 마디 안 나누고 바로 물러났다.

既然你还有事要办，那我就先告辞了。

Jìrán nǐ hái yǒu shì yào bàn, nà wǒ jiù xiān gàocí le.

네가 아직 할 일이 남았으니, 난 먼저 갈게.

告辞 vs 告别

告辞는 잠깐 머물던 곳을 떠나 원래 있던 곳으로 온다는 뜻이고, 告别는 원래 있던 곳을 떠나 멀리 가는 행위를 말한다. 告辞는 목적어를 동반할 수 없고, 告别는 목적어를 동반할 수 있다.

我还有事儿，先告辞了。

Wǒ hái yǒu shìr, xiān gàocí le.

제가 일이 있어서, 먼저 일어나겠어요.

今天我是来向您告别的。

Jīntiān wǒ shì láixiàng nín gàobié de.

오늘 저는 이별 인사하러 왔어요.

举行告别宴会。

Jǔxíng gàobié yànhuì.

고별 연회를 열다.

0316 告诫 gàojiè 훈계하다, 타이르다 **유의** 劝诫 quànjiè

▶주로 연장자(상급자)가 아랫사람을 타이를 때 쓴다.

我后悔没把长辈的告诫放在心上。

Wǒ hòuhuǐ méi bǎ zhǎngbèi de gàojiè fàngzài xīnshang.

나는 어른들의 가르침을 새겨듣지 않았던 것을 후회한다.

母亲天天告诫我必须戒烟。

Mǔqīn tiāntian gàojiè wǒ bìxū jièyān.

어머니는 날마다 나더러 꼭 담배를 끊어야 한다고 훈계하신다.

0317 搁 gē 놓다, 두다 **유의** 放 fàng

▶搁는 회화에만 쓴다.

这是点见面礼，您看搁哪儿好？

Zhè shì diǎn jiànmiànlǐ, nín kàn gē nǎr hǎo?

이건 약소한 선물입니다만, 어디에 놓는 것이 좋겠습니까?

[단어] 见面礼 jiànmiànlǐ 첫인사 때 주는 선물

他的事暂时搁一搁再说。

Tā de shì zànshí gē yi gē zàishuō.

그의 일은 잠깐 접어 뒀다가 다시 얘기하자고.

😊 관련 표현

帽子里搁砖头 — 头重脚轻 혈후

màozili gē zhuāntóu — tóu zhòng jiǎo qīng

모자에 벽돌을 넣어 놓다 — 머리는 무겁고 다리는 가볍다 : 기초가 튼튼하지 않다

门槛上搁板凳 — 站不住脚 혈후

ménkǎn shang gē bǎndèng — zhànbuzhù jiǎo

문지방에 걸상을 놓다 — 똑바로 서 있지 못하다 : 버티지 못하다

千斤担子肩上搁 — 负担太重 혈후

qiān jīn dànzi jiān shang gē — fùdān tài zhòng

천 근의 짐을 어깨에 메다 — 부담이 매우 크다

0318 割 gē (칼로) 절단하다, 자르다, 절개하다

爸爸正在田里割杂草，你也去帮帮忙吧。

Bàba zhèngzài tián li gē zácǎo, nǐ yě qù bāngbangmáng ba.

아버지가 밭에서 잡초를 자르고 계시니까, 너도 가서 도와드리렴.

无论你怎样阻挠都割不断我和他命中注定的姻缘。

Wúlùn nǐ zěnyàng zǔnáo dōu gēbuduàn wǒ hé tā mìng zhōng zhù dìng de yīnyuán.

당신이 아무리 갈라 놓으려 해도, 나와 그의 운명적인 인연을 끊어 놓진 못해요.

[단어] 阻挠 zǔnáo 방해하다 / 命中注定 mìng zhōng zhù dìng 성 운명으로 정해져 있다.

👤 관련 표현

牛刀割鸡 niú dāo gē jī 성

소 잡는 칼로 닭을 잡는다, 큰일을 처리할 기능을 작은 일을 처리하는 데 쓰다

心如刀割 xīn rú dāo gē 성

심장이 칼로 에이는 듯하다, 극도로 마음이 아프고 고통스럽다

割麦不用镰刀 ― 故弄玄虚 헐후

gē mài bú yòng liándāo ― gù nòng xuán xū

보리를 베는 데 낫을 쓰지 않다 ― 고의로 현묘(玄妙)한 것처럼 꾸미다 : 고의로 미혹시키다

[단어] 镰刀 liándāo 낫

割了脖子鸡还想飞 ― 假仁假义 헐후

gēle bózi jī hái xiǎng fēi ― jiǎ rén jiǎ yì

목이 베인 닭이 날고 싶어 하다 ― 가짜로 어질고 의로운 척하다 : 위선을 떨다

杨志卖刀 ― 忍痛割爱 헐후

Yáng Zhì mài dāo ― rěn tòng gē ài

양쯔가 칼을 팔다 ― 고통을 참고 애지중지하는 물건을 포기하다 : 고통을 참고 사랑하는 것을 버리다

tip 杨志 :《수호전》속의 인물

0319 歌颂 gēsòng (시로) 찬양하다, 찬미하다, 칭송하다 유의 赞颂 zànsòng

诗人在这首诗里歌颂菊花的高贵品质。

Shīrén zài zhè shǒu shī li gēsòng júhuā de gāoguì pǐnzhì.

시인은 이 시에서 국화의 고상한 기품을 칭송하고 있다.

这是一首歌颂伟大诗人李白的古诗。

Zhè shì yì shǒu gēsòng wěidà shīrén Lǐ Bái de gǔshī.

이는 위대한 시인 이백을 찬미하는 고시이다.

□□□

0320 **隔离** gélí 분리시키다, 격리시키다

医生怕他的病会传染给别人，把他隔离到一个单间去了。

Yīshēng pà tā de bìng huì chuánrǎngěi biérén, bǎ tā gélídào yí ge dānjiān qù le.

의사는 그의 병이 다른 사람에게 전염될까 봐, 그를 1인실로 격리했다.

不知为什么，我突然有了与外界隔离很久的感觉。

Bù zhī wèishénme, wǒ tūrán yǒu le yǔ wàijiè gélí hěn jiǔ de gǎnjué.

왠지 모르게, 나는 갑자기 외부 세계와 오랫동안 멀어져 있었던 것 같은 느낌이 들었다.

🗣 관련 표현

隔离衣 gélíyī 의료인이나 환자가 세균 감염을 피하기 위해 입는 옷

隔离病房 gélí bìngfáng 격리 병실

□□□

0321 **跟随** gēnsuí 뒤따르다, 동행하다, 수행하다

这些年他一直跟随在我左右，帮了我不少忙。

Zhèxiē nián tā yìzhí gēnsuízài wǒ zuǒyòu, bāngle wǒ bùshǎo máng.

여러 해 동안 그는 줄곧 내 옆에서, 나를 많이 도와주었다.

他跟随总统去过很多国家。

Tā gēnsuí zǒngtǒng qùguo hěn duō guójiā.

그는 대통령을 수행해 여러 나라에 갔었다.

□□□

0322 **跟踪** gēnzōng 미행하다, 추적하다

发现有人跟踪自己，她赶紧混进人群。

Fāxiàn yǒu rén gēnzōng zìjǐ, tā gǎnjǐn hùnjìn rénqún.

누군가 자신을 미행한다는 걸 알고, 그녀는 재빨리 인파 속으로 들어갔다.

他巧妙地甩掉了跟踪他的人。

Tā qiǎomiào de shuǎidiàole gēnzōng tā de rén.

그는 자신을 미행하는 사람을 교묘하게 따돌렸다.

0323 更新 gēngxīn 경신(갱신)하다, 업그레이드하다, 혁신하다

유의 更正 gēngzhèng

这些数据太旧了，你去更新一下吧。
Zhèxiē shùjù tài jiù le, nǐ qù gēngxīn yíxià ba.
이 데이터들은 너무 오래되었으니, 자네가 업그레이드 좀 시키게나.

公司章程是不能随便更新的。
Gōngsī zhāngchéng shì bù néng suíbiàn gēngxīn de.
회사 규정은 함부로 갱신할 수 있는 것이 아니다.

[단어] 章程 zhāngchéng 장정, 규정

0324 更正 gēngzhèng (말·내용·글자를) 정정하다 BCT1

유의 更新 gēngxīn

更正一下，不是北阳台是南阳台。
Gēngzhèng yíxià, bú shì běi yángtái shì nán yángtái.
정정하겠습니다. 북쪽 베란다가 아니라 남쪽 베란다입니다.

不好意思，要更正一下，是董事会，我刚才打错字了。
Bùhǎoyìsi, yào gēngzhèng yíxià, shì dǒngshìhuì, wǒ gāngcái dǎcuò zì le.
죄송합니다. 정정하겠습니다. 이사회입니다. 제가 방금 글자를 잘못 쳤습니다.

🗨 관련 표현

更正通知 gēngzhèng tōngzhī 정정 통지
更正启事 gēngzhèng qǐshì 정정 공고

更正 vs 更新

更正은 잘못된 것을 맞게 고치는 것이고, 更新은 옛것을 새것으로 바꾸는 것을 말한다. 更新은 '设备, 观念' 등의 목적어를 동반하고, 更正은 '字, 消息' 등의 목적어를 동반한다.

第五行需要更正一个字。
Dìwǔ háng xūyào gēngzhèng yí ge zì.
다섯 번째 줄에서 한 글자를 고쳐야 해요.

人们的观念不断在更新。
Rénmen de guānniàn bú duàn zài gēngxīn.
사람들의 생각이 끊임없이 바뀌고 있다.

592

0325 耕地 gēng∥dì 논밭을 갈다, 경작하다 □□□

随着农业的衰落，耕地的人越来越少了。

Suízhe nóngyè de shuāiluò, gēngdì de rén yuèláiyuè shǎo le.

농업이 쇠락하면서 경작하는 사람들도 갈수록 줄고 있다.

上午耕了这块地的五分之三。

Shàngwǔ gēngle zhè kuài dì de wǔ fēnzhī sān.

오전에 이 땅의 5분의 3을 갈았다.

명 경지

全村现有150户，500口人，耕地面积960亩。

Quáncūn xiàn yǒu yìbǎi wǔshí hù, wǔbǎi kǒu rén, gēngdì miànjī jiǔbǎi liùshí mǔ.

전체 촌에는 150호가 살고, 인구는 500인이고, 경작 면적은 960묘이다.

[단어] 亩 mǔ 묘(중국식 토지 면적의 단위), 약 666.7제곱미터

0326 公认 gōngrèn 공인하다, 모두가 인정하다 □□□

▶'是…的' 구문에 많이 쓴다.

她是大家公认的女强人，我们能挖她过来就好了。

Tā shì dàjiā gōngrèn de nǚqiángrén, wǒmen néng wā tā guòlai jiù hǎo le.

그녀는 모두가 인정하는 슈퍼우먼이니, 우리가 그녀를 스카웃해 오면 좋을 거예요.

这些书可以说是公认的年度好书。

Zhèxiē shū kěyǐ shuō shì gōngrèn de niándù hǎoshū.

이 책들은 공인된 올해의 좋은 책이라 할 수 있어요.

0327 公证 gōngzhèng 공증하다 BCT1 □□□

这份遗嘱内容很详细，并经过公证机关公证，是具有法律效力的。

Zhè fèn yízhǔ nèiróng hěn xiángxì, bìng jīngguò gōngzhèng jīguān gōngzhèng, shì jùyǒu fǎlǜ xiàolì de.

이 유언장은 내용이 자세한데다, 공증 기관의 공증을 받아, 법적 효력을 갖고 있다.

[단어] 遗嘱 yízhǔ 유언, 유언장

0328 攻击 gōngjī 공격하다, 진공하다

天空划过几颗红色的信号弹，双方开始互相攻击了。

Tiānkōng huáguo jǐ kē hóngsè de xìnhàodàn, shuāngfāng kāishǐ hùxiāng gōngjī le.

붉은 신호탄 몇 발이 하늘에서 터지더니, 쌍방이 공격을 개시했다.

候选人演讲时，不该对其他候选人进行人身攻击。

Hòuxuǎnrén yǎnjiǎng shí, bù gāi duì qítā hòuxuǎnrén jìnxíng rénshēn gōngjī.

후보자 연설을 할 때는, 다른 후보자에 대한 인신 공격을 해서는 안 된다.

[단어] **候选人** hòuxuǎnrén 입후보자

0329 攻克 gōngkè (적의 거점 등을) 점령하다, 함락시키다, 어려움을 극복하다

我们一下子攻克了敌人的据点。

Wǒmen yíxiàzi gōngkèle dírén de jùdiǎn.

우리는 일시에 적군의 거점을 점령했다.

癌症是当今医学界难以攻克的顽疾之一。

Áizhèng shì dāngjīn yīxuéjiè nányǐ gōngkè de wánjí zhī yī.

암은 당대 의학계에서 정복하기 힘든 난치병이다.

[단어] **顽疾** wánjí 고질병, 난치병

0330 供给 gōngjǐ 공급하다, 대다, 제공하다 BCT2 유의 供应 gōngyìng

随着供给量的上升，鸡蛋的价格出现小幅下降。

Suízhe gōngjǐliàng de shàngshēng, jīdàn de jiàgé chūxiàn xiǎofú xiàjiàng.

공급량이 늘어남에 따라, 계란 가격이 소폭 하락했다.

营养学会推荐的成年人钙供给量是每人每天800毫克。

Yíngyǎngxué huì tuījiàn de chéngniánrén gài gōngjǐliàng shì měi rén měitiān bābǎi háokè.

영양학회에서 권장하는 성인 칼슘 공급량은 한 사람당 매일 800mg이다.

0331 共计 gòngjì 합계하다, 합하여 계산하다, 함께 계획하다 BCT2

这次我们三个人去日本出差费用共计约5万元。
Zhè cì wǒmen sān ge rén qù Rìběn chūchāi fèiyòng gòngjì yuē wǔwàn yuán.
이번에 우리 세 사람이 일본으로 출장 가서 쓴 경비는 약 5만 위엔 정도야.

在"十一黄金周"期间，本汽车站共计发送旅客53万人。
Zài "Shí Yī huángjīnzhōu" qījiān, běn qìchēzhàn gòngjì fāsòng lǚkè wǔshísān wàn rén.
건국기념일 연휴 기간 동안, 본 터미널에서 출발한 여행객이 총 53만 명에 이른다.

愚民不可共计大事。
Yúmín bùkě gòngjì dàshì
어리석은 백성과는 큰일을 함께 도모할 수 없다.

0332 勾结 gōujié 결탁하다, 공모하다, 내통하다 유의 勾通 gōutōng

市区某鞋厂保安竟与外贼勾结偷盗厂里财物。
Shìqū mǒu xiéchǎng bǎo'ān jìng yǔ wàizéi gōujié tōudào chǎng li cáiwù.
시내의 모 신발 공장 경비가 외부 도둑과 공모해 공장의 기물을 훔쳤다.

我真没想到，与敌人暗中勾结的人居然是你!
Wǒ zhēn méi xiǎngdào, yǔ dírén ànzhōng gōujié de rén jūrán shì nǐ!
적과 암암리에 내통한 사람이 자네였다니, 정말 뜻밖이군!

🐼 **관련 표현**

价格勾结 jiàgé gōujié 가격 담합 / **暗中勾结** ànzhōng gōujié 암암리에 결탁하다

0333 构思 gòusī 구상하다 유의 构想 gòuxiǎng

这位编剧正为构思新剧本而烦恼。
Zhè wèi biānjù zhèng wèi gòusī xīn jùběn ér fánnǎo.
이 극작가는 새로운 시나리오 구상으로 고민 중이다.

他的文章构思新颖、语言诙谐，深受读者的喜爱。
Tā de wénzhāng gòusī xīnyǐng、yǔyán huīxié, shēnshòu dúzhě de xǐ'ài.
그의 글은 구상이 참신하고, 언어가 해학적이어서, 독자들의 큰 사랑을 받고 있다.

[단어] 诙谐 huīxié 해학적이다, 익살맞다

构思 vs 构想

构思는 예술이나 문학 창작을 할 때 하는 사유 활동을 뜻하고, 构想은 크고, 거대한 일이나 국가의 미래와 관계된 일을 생각하고 계획하는 것을 뜻한다.

他正在构思一部新的小说。
Tā zhèngzài gòusī yí bù xīn de xiǎoshuō.
그는 새 소설을 구상 중이다.

关于国家体制改革的构想
guānyú guójiā tǐzhì gǎigé de gòuxiǎng
국가 체제 개혁에 관한 구상

0334 **孤立** gūlì 고립하다, 고립시키다 □□□

东北敌军孤立分散，所占地区十分狭小，补给很困难。
Dōngběi díjūn gūlì fēnsàn, suǒ zhàn dìqū shífēn xiáxiǎo, bǔjǐ hěn kùnnan.
동북의 적군은 고립 분산되고, 점령 지역도 대단히 협소해, 보급도 힘들다.

형 고립되어 있다

我们要把问题联系起来，不能孤立地看问题。
Wǒmen yào bǎ wèntí liánxìqilai, bù néng gūlì de kàn wèntí.
우리는 문제를 연결시켜야지, 그것들을 분리해서 개별적으로 봐서는 안 돼.

0335 **辜负** gūfù (호의·기대·도움 등을) 헛되게 하다, 저버리다 □□□

我一定不会辜负大家的期望，争取考个好成绩。
Wǒ yídìng bú huì gūfù dàjiā de qīwàng, zhēngqǔ kǎo ge hǎo chéngjì.
저는 꼭 여러분의 기대를 저버리는 일 없이, 좋은 성적을 거두도록 할게요.

我知道善意很可贵，所以我不想辜负别人的好意。
Wǒ zhīdào shànyì hěn kěguì, suǒyǐ wǒ bù xiǎng gūfù biérén de hǎoyì.
난 선의가 소중하다는 것을 알기에, 다른 사람의 호의를 저버리고 싶지 않아.

0336 鼓动 gǔdòng 선동하다, 부추기다 **유의** 煽动 shāndòng

我肯定，这件事一定是有人鼓动她做的。
Wǒ kěndìng, zhè jiàn shì yídìng shì yǒu rén gǔdòng tā zuò de.
나는 이 일은 틀림없이 누군가가 그녀를 부추긴 것이라 확신해.

谁也没想到，林主任居然鼓动工人罢工。
Shéi yě méi xiǎngdào, Lín zhǔrèn jūrán gǔdòng gōngrén bàgōng.
임 주임이 노동자들의 파업을 선동했으리라고는, 아무도 생각하지 못했다.

鼓动 vs 煽动

鼓动은 중성사로 좋은 일 나쁜 일에 다 쓰지만, 煽动은 폄하어로 다른 사람으로 하여금 나쁜 일을 하게 할 때 쓴다.

是谁鼓动(煽动)你们去干的?
Shì shéi gǔdòg(shāndòng) nǐmen qù gàn de?
누가 당신들이 그렇게 하도록 부추긴 거요?

不要煽动工人罢工。
Búyào shāndòng gōngrén bàgōng
노동자들이 파업하도록 선동하지 말게.

0337 顾虑 gùlǜ 고려하다, 걱정하다, 고민하다.

你不必顾虑他们的反应，也不应怕他们不同意。
Nǐ búbì gùlǜ tāmen de fǎnyìng, yě bù yīng pà tāmen bù tóngyì.
자네는 그들의 반응이 어떨지 고민할 필요도 없고, 그들이 반대할까 걱정 안 해도 되네.

명 고민, 걱정

我在这里一切都很好，没什么顾虑。
Wǒ zài zhèli yíqiè dōu hěn hǎo, méi shénme gùlǜ.
난 여기서 아주 잘 지내, 별 고민거리도 없고.

관련 표현

顾虑重重 gù lǜ chóng chóng **성** 근심 걱정이 가득하다

0338 雇佣 gùyōng 고용하다 [BCT2]

公司雇佣了一名退伍军人做门卫。

Gōngsī gùyōngle yì míng tuìwǔ jūnrén zuò ménwèi.

회사에서는 퇴역 군인을 경비로 고용했다.

[단어] 退伍 tuìwǔ 제대하다, 퇴역하다

单位雇用智障残疾人，这样做有利于解决残疾人就业。

Dānwèi gùyōng zhìzhàng cánjírén, zhèyàng zuò yǒulìyú jiějué cánjírén jiùyè.

회사에서 지체 장애우들을 고용하면, 장애우 취업 문제에도 도움이 된다.

[단어] 智障 zhìzhàng 智力障碍(정신 박약)의 약칭

0339 关怀 guānhuái (윗사람이 아랫사람에게) 관심을 갖다, 배려하다

유의 关心 guānxīn

作为官员一定要时时刻刻关怀老百姓。

Zuòwéi guānyuán yídìng yào shíshí kèkè guānhuái lǎobǎixìng.

관직에 있는 사람은 언제나 서민들에게 관심을 가져야 한다.

谢谢您的关怀和厚爱。

Xièxie nín de guānhuái hé hòu'ài.

관심과 배려에 감사드립니다.

🗣 **관련 표현**

临终关怀 línzhōng guānhuái 호스피스(hospice)

关怀 vs 关心

关怀의 대상은 사람, 특히 내가 아닌 타인만 될 수 있고, 关心의 대상은 사람과 일 모두 될 수 있다. 关怀는 상사가 부하 직원에 대해서, 연장자가 손아랫사람에 대해서 쓰고, 关心은 제한이 없다.

老师对我们很关怀(关心)。 선생님은 우리에게 따뜻하게 대해 주신다.

Lǎoshī duì wǒmen hěn guānhuái(guānxīn).

我对这件事不关心。 난 이 일에 관심 없어요.

Wǒ duì zhè jiàn shì bù guānxīn.

我最关心的还是你。 내가 가장 관심 있는 건 너 뿐이야.

Wǒ zuì guānxīn de háishi nǐ.

0340 关照 guānzhào 돌보다, 배려하다, 구두 통지하다 **유의** 照顾 zhàogù

大家好，我是新来的，以后请大家多多关照。

Dàjiā hǎo, wǒ shì xīn lái de, yǐhòu qǐng dàjiā duōduō guānzhào.

여러분 안녕하세요, 저는 새로 온 사람입니다, 앞으로 많은 배려 부탁드립니다.

你走的时候请关照一声。

Nǐ zǒu de shíhou qǐng guānzhào yì shēng.

갈 때 한마디 해 주고 가세요.

关照 vs 照顾

关照의 대상은 사람만 되지만, 照顾의 대상은 사람과 사물이 다 될 수 있다. 关照에는 '구두로 통지하다'라는 뜻이 들어 있지만, 照顾에는 이 뜻이 없다.

谢谢你对我的关照(照顾)。
Xièxi nǐ duì wǒ de guānzhào(zhàogù).
저에 대한 배려에 감사드립니다.

我初次到这儿来，请多多关照。
Wǒ chūcì dào zhèr lái, qǐng duōduō guānzhào.
제가 이곳에 처음 왔거든요, 잘 부탁드립니다.

请关照食堂，午餐提前十分钟开饭。
Qǐng guānzhào shítáng, wǔcān tíqián shí fēnzhōng kāifàn.
식당에 연락해서, 점심 식사를 10분 당겨 시작한다고 해요.

对病人照顾得很周到。
Duì bìngrén zhàogù de hěn zhōudào.
환자를 꼼꼼하게 보살피다.

0341 观光 guānguāng 관광하다, 참관하다 **유의** 游览 yóulǎn

我们几个同事准备去杭州观光。

Wǒmen jǐ ge tóngshì zhǔnbèi qù Hángzhōu guānguāng.

우리는 몇몇 동료끼리 항저우를 관광하려고 한다.

今天观光了一下这个小区的房子，觉得总体还是不错的。

Jīntiān guānguāngle yíxià zhège xiǎoqū de fángzi, juéde zǒngtǐ háishi búcuò de.

오늘 이 아파트 단지의 집을 둘러봤는데, 전반적으로 괜찮아 보인다.

观光客 guānguāngkè 관광객 / 观光团 guānguāngtuán 관광단

观光电梯 guānguāng diàntī 전망 엘리베이터

矮子观光 — 随声附和 헐후

ǎizi guānguāng — suí shēng fù hè

난쟁이가 관광하다 — 남이 말하는 대로 따라 말하다 : 부화뇌동하다

观光 vs 游览

观光은 외국이나 외지의 명승지를 둘러보는 것이고, 游览은 여유롭게 걸으면서 명승지를 둘러보는 것이다. 观光 뒤에는 목적어를 동반할 수 없고, 游览 뒤에는 목적어를 동반할 수 있다.

我希望到世界各地去观光(游览)。

Wǒ xīwàng dào shìjiè gèdì qù guānguāng(yólǎn).

난 세계 각지에 가서 관광하고 싶어.

昨天我们游览了天安门和故宫。

Zuótiān wǒmen yóulǎnle Tiān'ānmén hé Gùgōng.

어제 우리는 천안문과 자금성을 구경했어.

0342 管辖 guǎnxiá 관할하다 □□□

这里是属于哪个区管辖的?

Zhèlǐ shì shǔyú nǎge qū guǎnxiá de?

이곳은 어느 구 관할에 속하나요?

那些岛屿自古以来是属于我国管辖的。

Nàxiē dǎoyǔ zìgǔ yǐlái shì shǔyú wǒ guó guǎnxiá de.

그 섬들은 자고 이래로 우리나라가 관할해 왔다.

0343 贯彻 guànchè (방침·정책·정신·방법 등을) 관철시키다, 철저하게 실현하다 □□□

我们一定要认真学习贯彻这次会议的精神。

Wǒmen yídìng yào rènzhēn xuéxí guànchè zhè cì huìyì de jīngshén.

우리는 이번 회의 정신을 진지하게 학습하고 관철시켜야 한다.

我们要继续贯彻执行新环境政策。

Wǒmen yào jìxù guànchè zhíxíng xīn huánjìng zhèngcè.

우리는 계속해서 신 환경 정책을 관철하고 집행하려 한다.

□□□

0344 灌溉 guàngài 논밭에 물을 대다, 관개하다

刚刚过完春节的农民们就忙着给庄稼灌溉浇水了。

Gānggāng guòwán Chūnjié de nóngmínmen jiù mángzhe gěi zhuāngjia guàngài jiāo shuǐ le.

막 설을 쇤 농민들은 바로 농작물에 물을 대 주느라 바쁘다.

[단어] 庄稼 zhuāngjià 농작물

现在用抽水机灌溉就方便多了。

Xiàzài yòng chōushuǐjī guàngài jiù fāngbiàn duō le.

지금은 양수기로 논밭에 물을 대니까 많이 편해졌어요.

□□□

0345 归还 guīhuán 돌려주다, 반환하다 [BCT1]

日本把《朝鲜王室仪轨》等古书归还韩国了。

Rìběn bǎ《Cháoxiǎn wángshì yíguǐ》děng gǔshū guīhuán Hánguó le.

일본은 《조선왕실의궤》 등 고서를 한국에 돌려주었다.

上世纪60年代末，英国曾两度考虑提前归还香港。

Shàng shìjì liùshí niándài mò, Yīngguó céng liǎng dù kǎolǜ tíqián guīhuán Xiānggǎng.

20세기 60년대 말, 영국은 일찍이 두 차례 앞당겨 홍콩을 반환할 것을 고려했었다.

□□□

0346 规划 guīhuà 기획하다, 계획하다, 꾀하다 유의 计划 jìhuà

我们应该好好规划一下怎么把日子过得更好。

Wǒmen yīnggāi hǎohāo guīhuà yíxià zěnme bǎ rìzi guò de gèng hǎo.

우리는 어떻게 하루하루를 더 잘 살 것인지 잘 계획해야 해.

명 기획, 계획

过去我们的城市规划不科学、不严谨、不严格。

Guòqù wǒmen de chéngshì guīhuà bù kēxué、bù yánjǐn、bù yángé.

과거에 우리의 도시 계획은 과학적이지 않고, 치밀하지 않고, 엄격하지 않았다.

0347 跪 guì 무릎을 꿇다, 꿇어앉다 □□□

他手中拿着玫瑰花，单膝跪地向她求婚了。
Tā shǒu zhōng názhe méiguīhuā, dān xī guì dì xiàng tā qiúhūn le.
그는 손에 장미꽃을 들고, 한 쪽 무릎을 꿇고는 그녀에게 청혼을 했다.

我宁可死也不会跪在你面前。
Wǒ nìngkě sǐ yě bú huì guìzài nǐ miànqián.
나는 죽을지언정 당신 앞에 무릎을 꿇진 않아요.

관련 표현

跪在老虎面前喊人 — 善恶不分 헐후
guìzài lǎohu miànqián hǎn rén — shàn è bù fēn
호랑이 앞에 꿇어 앉아 사람을 부르다 — 선악을 구별하지 못하다

0348 过渡 guòdù 과도하다, 넘어가다, 이행하다 □□□

厂里现在处于过渡期，估计很快就能正常运行。
Chǎng li xiànzài chǔyú guòdùqī, gūjì hěn kuài jiù néng zhèngcháng yùnxíng.
공장은 지금은 과도기이지만, 빠른 시일 내에 정상 운행이 가능할 것이다.

他们正在埃及首都开罗筹建"叙利亚过渡政府"。
Tāmen zhèngzài Āijí shǒudū kāiluó chóujiàn "Xùlìyà guòdù zhèngfǔ".
그들은 이집트 수도 카이로에 '시리아 과도 정부'를 수립하려고 준비 중이다.

[단어] 埃及 Āijí 이집트(Egypt) / 开罗 kāiluó 카이로(Cairo) / 筹建 chóujiàn 기획하고 건립하다 / 叙利亚 Xùlìyà 시리아(Syria)

0349 过奖 guòjiǎng 과찬이십니다, 과분한 칭찬입니다

您这样说真是太过奖了，我哪里敢当啊?
Nín zhèyàng shuō zhēnshi tài guòjiǎng le, wǒ nǎli gǎndāng a?
그렇게 말씀하시면, 너무 과한 칭찬입니다. 제가 가당키나 합니까?

😊 관련 표현

过奖过奖! Guòjiǎng guòjiǎng! 과찬이십니다!

0350 过滤 guòlǜ 거르다, 여과하다 참고 过滤网 guòlǜwǎng 여과망

这里的水得过滤一下才能喝。
Zhèli de shuǐ děi guòlǜ yíxià cái néng hē.
이곳의 물은 여과해야 마실 수 있다.

我已经把他的脏话过滤掉了。
Wǒ yǐjing bǎ tā de zānghuà guòlǜdiào le.
나는 이미 그가 한 나쁜 말들을 잊어버렸어.

0351 过问 guòwèn 관심을 갖다, 참견하다

我看这事你得去过问一下才行。
Wǒ kàn zhè shì nǐ děi qù guòwèn yíxià cái xíng.
내가 보기에 이 일은 자네가 관심을 좀 가져야 할 것 같은데.

这件事归我管，你无权过问。
Zhè jiàn shì guī wǒ guǎn, nǐ wú quán guòwèn.
이 일은 내가 알아서 할 일이니, 자네는 참견할 권리가 없네.

😊 관련 표현

秋后的扇子 — 无人过问 헐후
qiū hòu de shànzi —wú rén guò wèn
추수 이후의 부채 — 상관하지 않다 : 관심이 없다

0352 过瘾 guò//yǐn 만족하다, 실컷 하다, 인이 박히다

两人喝完一瓶还不过瘾，于是又拿红酒喝。

Liǎng rén hēwán yì píng hái bú guòyǐn, yúshì yòu ná hóngjiǔ hē.

두 사람은 한 병을 마시고는 성에 안 차, 와인 한 병을 더 마셨다.

等你参加完高考，我保证让你玩个过瘾。

Děng nǐ cānjiāwán gāokǎo, wǒ bǎozhèng ràng nǐ wán ge guòyǐn.

대학 입학 시험이 끝나면, 네가 실컷 놀 수 있게 해 줄게.

这部电影真的很过瘾，看起来动人心魄，回味无穷。

Zhè bù diànyǐng zhēn de hěn guòyǐn. Kànqilai dòng rén xīn pò,
huí wèi wú qióng.

이 영화는 정말이지 중독성이 있어서, 사람의 마음을 마구 흔들어 놓고, 여운도 아주 오래 남는다.

[단어] **动人心魄** dòng rén xīn pò 〔성〕 사람의 마음을 진하게 감동시키다 / **回味无穷** huí wèi wú qióng 〔성〕 뒷맛이 무궁무진하다

0353 寒暄 hánxuān (상투적인) 인사말을 나누다

我们只是坐在一起随便寒暄了几句。

Wǒmen zhǐshì zuòzài yìqǐ suíbiàn hánxuānle jǐ jù.

우리는 그저 같이 앉아 그냥 인사말만 몇 마디 나눴을 뿐이에요.

两人互相寒暄了一阵，开始讨论正事了。

Liǎng rén hùxiāng hánxuānle yízhèn, kāishǐ tǎolùn zhèngshì le.

두 사람은 인사말을 주고받고 나서, 사업 얘기를 시작했다.

0354 捍卫 hànwèi 수호하다, 보위하다 〔유의〕 **保卫** bǎowèi

我们应该用实际行动捍卫祖国的领土不受外来的侵犯。

Wǒmen yīnggāi yòng shíjì xíngdòng hànwèi zǔguó de lǐngtǔ bú
shòu wàilái de qīnfàn.

우리는 조국의 영토가 외세의 침범을 받지 않도록 실제 행동으로 지켜내야 한다.

他们是为捍卫毛主席思想而战斗。

Tāmen shì wèi hànwèi Máo zhǔxí sīxiǎng ér zhàndòu.

그들은 마오 주석의 사상을 지키기 위해 싸운다.

捍卫 vs 保卫

捍卫는 외세의 침범을 막아내 안전하게 지키는 것을 말하고, 保卫는 침범당하지 않도록 방호하는 것을 말한다. 捍卫의 대상은 국가, 민족, 주권, 사상, 주의 등이고, 保卫의 대상은 捍卫의 대상 외에 '사람'이 될 수도 있다.

捍卫和平 hànwèi hépíng 평화를 수호하다

捍卫国家主权 hànwèi guójiā zhǔquán 국가 주권을 지키다

保卫人员 bǎowèi rényuán 경호원

保卫自由 bǎowèi zìyóu 자유를 수호하다

□□□

0355 航空 hángkōng 비행하다 유의 航天 hángtiān

这家航空公司的工作人员对乘客非常热心，服务也很周到。

Zhè jiā hángkōng gōngsī de gōngzuò rényuán duì chéngkè fēicháng rèxīn, fúwù yě hěn zhōudào.

이 항공 회사의 직원들은 승객에게 친절할 뿐 아니라, 서비스도 완벽하다.

명 항공

时间紧的话只能走航空信了。

Shíjiān jǐn dehuà zhǐnéng zǒu hángkōngxìn le.

시간이 촉박하면 항공 우편으로 보낼 수밖에 없어요.

🐒 관련 표현

航空事业 hángkōng shìyè 항공 사업

航空母舰 hángkōng mǔjiàn 항공 모함

民用航空 mínyòng hángkōng 민용 항공

航空小姐 hángkōng xiǎojie 비행기 여승무원

国航 Guóháng 중국국제항공, 에어 차이나(CA), 中国国际航空公司(Zhōngguó Guójì hángkōng gōngsī)의 약칭

0356 航天 hángtiān 우주 비행하다 〔유의〕 航空 hángkōng □□□

航天飞机开始进入发射倒计时，它将于8日晚发射升空。

Hángtiān fēijī kāishǐ jìnrù fāshè dàojìshí, tā jiāngyú bā rì wǎn fāshè shēngkōng.

우주 왕복선이 카운트다운에 돌입해, 8일 밤에 하늘로 발사될 것이다.

[단어] 航天飞机 hángtiān fēijī 스페이스 셔틀, 우주 왕복선 / 倒计时 dàojìshí 초읽기하다

> 🧑 **관련 표현**

航天站 hángtiānzhàn 우주 정거장 / 航天服 hángtiānfú 우주복

航天员 hángtiānyuán 우주 비행사 / 航天器 hángtiānqì 우주선

0357 航行 hángxíng (배·잠수함·우주선) 항해하다, 항행하다, 비행하다 □□□

昨天离港的豪华游船正在大海上航行。

Zuótiān lígǎng de háohuá yóuchuán zhèngzài dàhǎi shang hángxíng.

어제 출항한 호화 유람선은 바다를 항해하고 있다.

[단어] 离港 lígǎng (배가) 출항하다, (비행기가) 공항을 이륙하다

人的一生就像在大海上航行的船只，风吹雨打、摇摇摆摆是很正常的。

Rén de yìshēng jiù xiàng zài dàhǎi shang hángxíng de chuánzhī, fēng chuī yǔ dǎ、yáoyáobǎibǎi shì hěn zhèngcháng de.

사람의 일생은 바다를 항해하는 배와 같아서, 어려움을 겪고 휘청거리는 것은 정상적인 것이다.

[단어] 风吹雨打 fēng chuī yǔ dǎ 〔성〕 비바람을 맞다, 고난을 겪다

0358 毫无 háowú 조금도(전혀) ~이 없다 □□□

我们毫无疑问地选择了这款车型。

Wǒmen háowú yíwèn de xuǎnzéle zhè kuǎn chēxíng.

우리는 조금의 의심도 없이 이 차량 모델을 선택했다.

我觉得他的那番话并不是毫无道理的。

Wǒ juéde tā de nà fān huà bìng bú shì háowú dàolǐ de.

내가 보기엔 그의 말이 전혀 일리가 없는 게 아니야.

0369 哄 hōng 왁자지껄하다, 떠들썩거리다

听了这个搞笑的故事我们就哄堂大笑了。

Tīngle zhège gǎoxiào de gùshi wǒmen jiù hōng táng dà xiào le.

이 유머를 듣고 우리는 웃음보를 터트렸다.

[단어] **哄堂大笑** hōng táng dà xiào 〈성〉 장내가 떠들썩하게 크게 웃다, 동시에 웃음보를 터 뜨리다

▶ hǒng 달래다, 비위맞추다

这个小孩，谁哄她都不听，还越哄就哭得越大声。

Zhège xiǎohái, shéi hǒng tā dōu bù tīng, hái yuè hǒng jiù kū de yuè dàshēng.

이 아이는 누가 달래도 소용이 없고, 달랠수록 더 크게 울어댄다.

我的男朋友是属于很会哄人，很会照顾人的那种。

Wǒ de nánpéngyou shì shǔyú hěn huì hǒngrén, hěn huì zhàogùrén de nà zhǒng.

내 남자 친구는 사람 비위도 잘 맞추고, 사람을 잘 챙기는 그런 타입이야.

▶ hòng 떠들어대다, 소란피우다

民警的身影一出现，群众就一哄而散了。

Mínjǐng de shēnyǐng yì chūxiàn, qúnzhòng jiù yí hòng ér sàn le.

인민 경찰이 모습을 드러내자, 군중은 소리를 지르며 뿔뿔이 흩어졌다.

[단어] **一哄而散** yí hòng ér sàn 〈성〉와 소리를 지르며 뿔뿔이 흩어지다, 한바탕 소란을 피우 고 흩어지다

🙂 관련 표현

放牧的换草场 — 乱哄哄 〈헐후〉

fàngmù de huàn cǎochǎng — luànhōnghōng

방목하는 초원을 바꾸다 — 왁자지껄하다 : 소란스럽다

蒙着眼睛哄鼻子 — 自欺欺人 〈헐후〉

méngzhe yǎnjing hǒng bízi — zì qī qī rén

눈을 가리고 코를 달래다 — 자기도 속이고 남도 속이다 : 자기도 믿지 못할 행동으로 남을 속이다

拿菜刀哄孩子 — 不是闹着玩的 〈헐후〉

ná càidāo hǒng háizi — bú shì nàozhe wán de

식도를 들고 아이를 달래다 — 장난처럼 대할 일이 아니다 : 경솔하게 할 일이 아니다

0370 烘 hōng (불에) 말리다, 쬐다, 데우다, 굽다, 두드러지게 하다 □□□

我喝完茶后发现，衣服已经烘干了。
Wǒ hēwán chá hòu fāxiàn, yīfu yǐjing hōnggān le.
나는 차를 다 마시고 나서, 옷이 이미 마른 것을 알았다.

烘云托月手法就是我们常说的衬托手法。
Hōng yún tuō yuè shǒufǎ jiù shì wǒmen chángshuō de chèntuō shǒufǎ.
'烘云托月' 기법이 바로 우리가 자주 얘기하는 부각 기법이다.

[단어] 烘云托月 hōng yún tuō yuè 성 형체 주변을 묵(墨)이나 엷은 색으로 칠하여 형체를 두드러지게 하다(중국화 화법의 하나)

🙂 관련 표현

冬烘先生 dōnghōng xiānsheng 얕은 지식과 진부한 사상의 소유자

暖烘烘 nuǎnhōnghōng 따뜻하다, 훈훈하다

0371 吼 hǒu (사람이 화나거나 흥분하여) 고함치다, 소리 지르다 □□□

我还没给你扎针呢，你吼什么?
Wǒ hái méi gěi nǐ zhāzhēn ne, nǐ hǒu shénme?
제가 아직 침도 안 놓았는데, 소리는 왜 지르세요?

我最讨厌有人在我耳边吼来吼去的。
Wǒ zuì tǎoyàn yǒu rén zài wǒ ěrbiān hǒu lái hǒu qù de.
나는 누가 내 귓가에 대고 고함치는 게 가장 싫어.

🙂 관련 표현

河东狮吼 hé dōng shī hǒu 성 질투가 심한 부인이 포악하게 굴다, 공처가

0372 候选 hòuxuǎn (조정의) 임용을 기다리다, 입후보하다 □□□

참고 候选人 hòuxuǎnrén 입후보자

他因群众举报被取消劳模候选人资格。
Tā yīn qúnzhòng jǔbào bèi qǔxiāo láomó hòuxuǎnrén zīgé.
그는 군중이 고발하는 바람에 모범근로자 후보인 자격이 취소되었다.

[단어] 举报 jǔbào (위법 행위를) 신고하다, 고발하다 / 劳模 láomó 劳动模范 láodòng mófàn(모범 근로자)의 약칭

612

我没想到自己能成为这个奖项的候选人。

Wǒ méi xiǎngdào zìjǐ néng chéngwéi zhè ge jiǎngxiàng de hòuxuǎnrén.

나는 내가 이 상의 후보가 되리라고는 생각지도 못했다.

0373 **呼唤** hūhuàn 외치다, 소리치다, 부르다 □□□

时代在呼唤人才，国家的振兴也需要人才。

Shídài zài hūhuàn réncái, guójiā de zhènxīng yě xūyào réncái.

시대는 인재를 부르고, 국가의 진흥에도 인재가 필요하다.

[단어] 振兴 zhènxīng 진흥시키다

0374 **呼啸** hūxiào (사람·바람·물체 등이) 날카롭고 긴 소리를 내다 □□□

昨天冷空气到来，北风呼啸，感觉特别地冷。

Zuótiān lěng kōngqì dàolái, běifēng hūxiào, gǎnjué tèbié de lěng.

어제 찬 공기가 몰려오면서, 북풍이 휙휙 불어대, 굉장히 춥게 느껴졌다.

我刚才听到了消防车的呼啸声。

Wǒ gāngcái tīngdàole xiāofángchē de hūxiàoshēng.

나는 방금 전에 소방차 경적 소리를 들었다.

0375 **呼吁** hūyù (동정이나 지지를) 구하다, 청하다, 호소하다 □□□

[참고] 呼吁书 hūyùshū 호소문

政府呼吁游行队伍结束暴力，展开和平对话。

Zhèngfǔ hūyù yóuxíng duìwǔ jiéshù bàolì, zhǎnkāi hépíng duìhuà.

정부는 시위대가 폭력을 멈추고, 평화로운 대화에 응해줄 것을 촉구했다.

政府向全社会发出紧急呼吁，号召全民积极捐款。

Zhèngfǔ xiàng quán shèhuì fāchū jǐnjí hūyù, hàozhào quánmín jījí juānkuǎn.

정부는 전 사회를 향해 긴급 지지를 촉구하며, 전 국민이 적극적으로 모금에 참여해 줄 것을 호소했다.

0376 忽略 hūlüè 소홀히 하다, 등한히 하다, 부주의하다 유의 忽视 hūshì

至于那些零头就可以忽略不计了。
Zhìyú nàxiē língtóu jiù kěyǐ hūlüè bújì le.
그 자투리들은 계산에 넣지 않아도 돼요.

[단어] 零头 língtóu (계산 단위·포장 단위 등에서) 일정한 단위가 못 되는 우수리, 자투리

为什么你总是忽略我的感受?
Wèishénme nǐ zǒngshì hūlüè wǒ de gǎnshòu?
왜 너는 늘 내 기분을 무시하는데?

> **忽略 vs 忽视**
>
> 忽略는 소홀하여 세심하지 않음을 나타내고, 忽视는 사람이나 사물을 중시하지 않음을 뜻한다.
>
> 容易忽略 róngyì hūlüè 쉽게 지나치다
> 忽略不计 hūlüè bújì 무시하여 따지지 않다
>
> 忽视训练 hūshì xùnliàn 훈련을 소홀히 하다
> 忽视大家的意见 hūshì dàjiā de yìjiàn 모두의 의견을 무시하다

0377 化验 huàyàn 화학 실험을 하다

经过化验，医生确认她得了胰腺癌。
Jīngguò huàyàn, yīshēng quèrèn tā déle yíxiàn'ái.
화학 실험 결과, 의사는 그녀가 췌장암에 걸린 것을 확인했다.

[단어] 胰腺癌 yíxiàn'ái 췌장암

我在化验室工作，平常接触有毒物质。
Wǒ zài huàyànshì gōngzuò, píngcháng jiēchù yǒudú wùzhì.
난 화학 실험실에서 일하기 때문에, 평소에 유독 물질을 접촉해요.

0378 化妆 huà∥zhuāng 화장하다

像你这么年轻的姑娘，不化妆也美丽动人。
Xiàng nǐ zhème niánqīng de gūniang, bú huàzhuāng yě měilì dòngrén.
너처럼 젊은 아가씨는 화장을 안 해도 매우 아름다워.

我觉得化得再好的妆都不如一张自信的脸蛋。

Wǒ juéde huà de zài hǎo de zhuāng dōu bùrú yì zhāng zìxìn de liǎndàn.

나는 아무리 화장을 잘했더라도 자신 있는 얼굴만은 못한 것 같더라고.

🐸 관련 표현

化妆水 huàzhuāngshuǐ 스킨 / **化妆品** huàzhuāngpǐn 화장품

化装师 huàzhuāngshī 메이크업 아티스트

大花脸化妆 — 面目全非 혈후

dàhuāliǎn huàzhāng — miàn mù quán fēi

대화검이 화장하다 — 모습이 전혀 달라지다 : 원래 모습을 찾아볼 수 없다

[단어] **大花脸** dàhuāliǎn 대화검(중국 전통극에서 원로·대신·재상으로 분장하는 배역)

演员化妆 — 涂脂抹粉 혈후

yǎnyuán huàzhuāng — tú zhī mǒ fěn

배우가 화장하다 — 연지와 분을 바르다 : 여자가 화장하다, 보기 좋게 꾸미다

□□□

0379 **划分** huàfēn (전체를 여러 부분으로) 나누다, 구획하다, 구별하다

中国的行政区域划分如下：全国分为省、自治区、直辖市，特别行政区。

Zhōngguó de xíngzhèng qūyù huàfēn rúxià : quánguó fēnwéi shěng、zìzhìqū、zhíxiáshì、tèbié xíngzhèngqū.

중국의 행정 구역은 아래와 같이 구분한다 : 전국은 성, 자치구, 직할시, 특별 행정구로 나눈다.

[단어] **疆域** jiāngy 강역, 국가의 영토 / **层次** céngcì 단계, 순서

按题材划分的话，这应该算是一篇散文。

Àn tícái huà fēn dehuà, zhè yīnggāi suàn shì yì piān sǎnwén.

소재에 따라 분류하자면, 이 글은 산문에 속한다.

□□□

0380 **还原** huányuán 원상회복하다, 환원하다, 복원하다

这些陶器破碎已经不完整，只能用石膏按照原来的形状进行还原。

Zhèxiē táoqì pòsuì yǐjing bù wánzhěng, zhǐnéng yòng shígāo ànzhào yuánlái de xíngzhuàng jìnxíng huányuán.

이 도자기들은 이미 파손되어 불완전한 상태라, 석고를 이용해 원래의 형태대로 복원하는 수밖에 없다.

回国后，他的英语又还原为初级水平了。
Huíguó hòu, tā de yīngyǔ yòu huányuánwéi chūjí shuǐpíng le.
귀국 후에, 그의 영어는 또 다시 초급 수준으로 돌아갔다.

0381 晃 huǎng 번개같이 스쳐 지나가다 □□□

光阴似箭，岁月如梭，一晃就是十年了。
Guāngyīn sì jiàn, suìyuè rú suō, yì huǎng jiù shì shí nián le.
시간은 화살 같고, 세월은 베틀 북 같아, 눈 깜짝할 사이에 10년이 흘렀다.

[단어] 梭 suō (베틀) 북

형 반짝거리다

这里有一个金晃晃的东西。
Zhèli yǒu yí ge jīnhuǎnghuǎng de dōngxi.
여기에 반짝거리는 물건이 있어요.

▶ huàng 흔들다, 요동하다

风真大，挂在车里的中国结被吹得晃来晃去。
Fēng zhēn dà, guàzài chēli de Zhōngguójié bèi chuī de huàng lái huàng qù.
바람이 얼마나 센지, 차 안에 걸린 중국 매듭이 바람에 흔들거린다.

[단어] 中国结 Zhōngguójié 중국 매듭

🐻 **관련 표현**

摇头晃脑 yáo tóu huàng nǎo **성** 머리를 흔들다. (책을 볼 때) 스스로 만족하다

0382 挥霍 huīhuò (돈을) 헤프게 쓰다, 물 쓰듯하다 □□□

父亲才去世不久，他就把继承财产都挥霍光了。
Fùqīn cái qùshì bù jiǔ, tā jiù bǎ jìchéng cáichǎn dōu huīhuòguāng le.
아버지가 돌아가신 지 얼마 안 되어, 그는 물려받은 재산을 다 탕진했다.

青春不是用来挥霍的。
Qīngchūn bú shì yònglái huīhuò de.
청춘은 허비하는 것이 아니다.

🐻 **관련 표현**

挥霍无度 huī huò wú dù **성** 돈을 물 쓰듯하다

616

0383 回报 huíbào 보고하다, 보답하다, 보복하다 [BCT2]

哪怕是出差在外工作，也应该将工作进展状况回报给上司。

Nǎpà shì chūchāi zàiwài gōngzuò, yě yīnggāi jiāng gōngzuò jìnzhǎn zhuàngkuàng huíbàogěi shàngsī.

외부 출장 중이어도, 업무 진행 상황을 상사에게 보고해야 하네.

我公司将以优质的产品和人性化的服务回报广大消费者。

Wǒ gōngsī jiāng yǐ yōuzhì de chǎnpǐn hé rénxìnghuà de fúwù huíbào guǎngdà xiāofèizhě.

저희 회사에서는 우수한 품질과 사람 중심의 서비스로 많은 소비자들께 보답하고자 합니다.

你的胡作非为也会遭到回报的。

Nǐ de hú zuò fēi wéi yě huì zāodào huíbào de.

네가 못된 짓을 한 만큼 보복을 받을 거야.

[단어] **胡作非为** hú zuò fēi wéi 성 도리에 어긋나는 짓을 하다, 마구 못된 짓을 하다

0384 回避 huíbì 회피하다, 피하다, 비켜가다

在记者招待会上，他刻意回避敏感的问题。

Zài jìzhě zhāodàihuì shang, tā kèyì huíbì mǐngǎn de wèntí.

기자 회견에서 그는 민감한 문제는 일부러 회피했다.

他一会儿会来找我，我看你还是先回避一下吧。

Tā yíhuìr huì lái zhǎo wǒ, wǒ kàn nǐ háishi xiān huíbì yíxià ba.

그 사람이 잠시 후에 나를 찾아올 거야, 넌 아무래도 피해 있는 게 좋겠어.

0385 回顾 huígù 회고하다, 회상하다, 돌이켜보다 유의 回忆 huíyì

在本期节目中，我将带大家回顾一下本年度国内外发生的重大事件。

Zài běn qī jiémù zhōng, wǒ jiāng dàijiā huígù yíxià běn niándù guónèiwài fāshēng de zhòngdà shìjiàn.

이번 방송에서는, 여러분과 함께 올해 국내외에서 일어났던 중대 사건을 회고해 보는 시간을 갖겠습니다.

回顾过去，我发现我的大学生活还算很充实。

Huígù guòqù, wǒ fāxiàn wǒ de dàxué shenghuó hái suàn hěn chōngshí.

과거를 돌아보니, 나의 대학 생활은 그래도 충실하게 보낸 편이더라고.

回顾 vs 回忆

回顾는 과거를 돌아보는 것으로, 자신의 일뿐 아니라, 국가나 사회의 중대 사건을 돌아보는 것이고, 回忆는 자신의 경험을 돌아보는 것이다. 回顾는 문어에 많이 쓰이고, 回忆는 문어와 구어에 다 쓰인다. 回忆는 명사로도 쓰인다.

回顾中国改革开放三十年的路程。
Huígù Zhōngguó gǎigé kāifàng sānshí nián de lùchéng.
중국 개혁 개방 30년의 여정을 회고하다.

爷爷喜欢回忆过去。
Yéye xǐhuan huíyì guòqù.
할아버지는 옛일을 회상하는 것을 좋아하신다.

对童年的回忆 duì tóngnián de huíyì
어린 시절에 대한 추억

0386 回收 huíshōu (폐품이나 오래된 물건을) 회수하다,
　　　　(대출금·자금 등을) 회수하다 BCT1 □□□

他多次回收流失在国外的中国古代艺术品。
Tā duō cì huíshōu liúshī zài guówài de Zhōngguó gǔdài yìshùpǐn.
그는 국외로 유실된 중국 고대 예술품을 여러 차례 회수했다.

现在资金无法回收，银行贷款也无法还上了。
Xiànzài zījīn wúfǎ huíshōu, yínháng dàikuǎn yě wúfǎ huánshàng le.
지금은 자금도 회수할 수가 없고, 은행 대출금도 갚을 수가 없게 되었다.

0387 悔恨 huǐhèn 뼈저리게 뉘우치다(후회하다) □□□

他伤心地流下了悔恨的眼泪，但过去的事情已经无法挽回。
Tā shāngxīn de liúxiàle huǐhèn de yǎnlèi, dàn guòqù de shìqing yǐjing wúfǎ wǎnhuí.
그는 슬프게 후회의 눈물을 흘렸지만, 과거의 일은 이미 되돌릴 수 없다.

[단어] **挽回** wǎnhuí 만회하다, 돌이키다

 관련 표현

悔恨交加 huǐ hèn jiāo jiā 성 아주 많이 후회하다

618

0388 毁灭 huǐmiè 훼멸(파괴·파멸)시키다 □□□

未来战争可以毁灭整个世界，希望不要发生这样可怕的事。
Wèilái zhànzhēng kěyǐ huǐmiè zhěnggè shìjiè, xīwàng búyào
fāshēng zhèyàng kěpà de shì.
미래의 전쟁은 전 세계를 파멸시킬 거야. 이렇게 무서운 일은 안 일어났으면 좋겠어.

他们帮罪犯破坏了现场，毁灭了证据。
Tāmen bāng zuìfàn pòhuàile xiànchǎng, huǐmièle zhèngjù.
그들은 범인을 도와 현장을 파손시키고, 증거를 없애 버렸다.

0389 汇报 huìbào (상사나 대중에게) 보고하다 □□□

在部门会议上，他汇报了明年的销售计划。
Zài bùmén huìyì shang, tā huìbàole míngnián de xiāoshòu jìhuà.
부서 회의에서 그는 내년 판매 계획을 보고했다.

 보고

这个汇报很简单，但其内容非常正确。
Zhège huìbào hěn jiǎndān, dàn qí nèiróng fēicháng zhèngquè.
이 보고서는 간단해 보여도, 그 내용은 아주 정확하다.

0390 会晤 huìwù 만나다, 회견하다 **유의** 会谈 huìtán □□□
참고 首脑会晤 shǒunǎo huìwù 수뇌 회합

两国元首在北京会晤，并就关心的国际问题交换了意见。
Liǎng guó yuánshǒu zài Běijīng huìwù, bìng jiù guānxīn de guójì
wèntí jiāohuànle yìjiàn.
양국 원수는 베이징에서 만나, 관심 있는 국제 문제에 대해 의견을 교환했다.

中美两国领导人此次会晤引起了全世界的关注。
Zhōng Měi liǎng guó lǐngdǎorén cǐ cì huìwù yǐnqǐle quán shìjiè de
guānzhù.
중미 양국 수뇌의 이번 회견은 전 세계의 주목을 받았다.

0391 贿赂 huìlù 뇌물을 주다, 매수하다 □□□

他非法收取承包商的贿赂，被判处有期徒刑2年缓刑3年。
Tā fēifǎ shōuqǔ chéngbāoshāng de huìlù, bèi pànchǔ yǒuqī túxíng liǎng nián huǎnxíng sān nián.
그는 불법으로 청부업자로부터 뇌물을 수수해, 징역 2년 형에 집행 유예 3년을 선고 받았다.

[단어] 承包商 chéngbāoshāng 도급자, 청부업자 / 判处 pànchǔ (법정에서) 판결을 내리다, 선고하다 / 有期徒刑 yǒuqī túxíng 유기 징역 / 缓刑 túxíng 집행 유예

虽然他老想贿赂我，我一直没让他得逞。
Suīrán tā lǎo xiǎng huìlù wǒ, wǒ yìzhí méi ràng tā déchěng.
비록 그가 나를 뇌물로 매수하고 싶어 하지만, 난 계속 그에게 기회를 주지 않았다.

[단어] 得逞 déchěng (나쁜 생각을) 실현하다, 목적을 달성하다

0392 昏迷 hūnmí 혼미하다, 의식불명이다 □□□

因昨天那起交通事故，他到现在还一直处于昏迷状态。
Yīn zuótiān nà qǐ jiāotōng shìgù, tā dào xiànzài hái yìzhí chǔyú hūnmí zhuàngtài.
어제 그 교통사고로 인해, 그는 지금까지도 계속 혼수 상태에 빠져 있다.

在现场直播中，嘉宾突然陷入昏迷，令现场陷入一片混乱。
Zài xiànchǎng zhíbō zhōng, jiābīn tūrán xiànrù hūnmí, lìng xiànchǎng xiànrù yí piàn hùnluàn.
생방송 중, 패널이 갑자기 의식 불명이 되는 바람에, 현장이 혼란에 빠졌다.

620

0393 混合 hùnhé 혼합하다, 함께 섞다

他们俩像油和水，总不能混合在一起。
Tāmen liǎ xiàng yóu hé shuǐ, zǒng bù néng hùnhé zàiyìqǐ.
그 둘은 기름과 물 같이, 늘 어울리지 못한다.

羽毛球混合双打半决赛在北京工人体育馆举行。
Yǔmáoqiú hùnhé shuāngdǎ bànjuésài zài Běijīng gōngrén tǐyùguǎn jǔxíng.
배드민턴 혼성 복식 준결승전이 베이징 노동자 체육관에서 열린다.

[단어] 双打 shuāngdǎ (탁구 · 테니스 등의) 복식

0394 混淆 hùnxiáo 뒤섞이다, 헷갈리다

为了避免混淆，两队分穿了不同颜色的运动服。
Wèile bìmiǎn hùnxiáo, liǎng duì fēn chuānle bù tóng yánsè de yùndòngfú.
혼동을 피하기 위해, 두 팀은 각기 다른 색의 운동복을 입었다.

我已经把历年高考中考生最容易混淆的英语单词列出来了。
Wǒ yǐjīng bǎ lìnián gāokǎo zhōng kǎoshēng zuì róngyì hùnxiáo de yīngyǔ dāncí lièchulai le.
나는 이미 역대 대학 입학 시험에서 수험생들이 가장 쉽게 헷갈려 하는 영어 단어를 뽑아 놓았다.

0395 活该 huógāi ~한 것은 당연하다, ~해도 당연하다

▶회화에 많이 쓰이며, 동정할 필요가 없음을 뜻한다.

造成这样的结果，我只想对你说，活该！
Zàochéng zhèyàng de jiéguǒ, wǒ zhǐ xiǎng duì nǐ shuō, huógāi!
이런 결과를 만들다니, 나는 그저 너한테 이렇게 말해 주고 싶구나, 꼴좋다!

我劝了那么多次他都不听，真是活该被骗。
Wǒ quànle nàme duō cì tā dōu bù tīng, zhēnshi huógāi bèi piàn.
내가 그토록 많이 말렸는데도 안 듣더니, 그 녀석 사기 당해도 싸.

동사 **621**

0396 讥笑 jīxiào 비웃다, 조소하다, 비꼬다 <mark>유의</mark> 取笑 qǔxiào, 嘲笑 cháoxiào

你自己也好不到哪儿去，凭什么讥笑别人?
Nǐ zìjǐ yě hǎobudào nǎr qù, píng shénme jīxiào biérén?
너도 별것 없으면서, 뭘 믿고 다른 사람을 비웃냐?

他从不在背后讥笑别人。
Tā cóng bú zài bèihòu jīxiào biérén.
그는 절대로 뒤에서 다른 사람을 비웃지 않는다.

0397 激发 jīfā (감정을) 불러일으키다, 끓어오르게 하다, 분발시키다

老师的鼓励能激发学生们的自信。
Lǎoshī de gǔlì néng jīfā xuéshengmen de zìxìn.
선생님의 격려는 학생들의 자신감을 키워 줄 수 있다.

这部热播的古装戏激发了人们对汉代历史的好奇。
Zhè bù rèbō de gǔzhuāngxì jīfāle rénmen duì Hàn dài lìshǐ de hàoqí.
절찬리 방영 중인 사극이 사람들의 한대 역사에 대한 호기심을 불러일으켰다.

[단어] **古装戏** gǔzhuāngxì (고대 복장으로 분장한) 시대극, 전통 사극

0398 激励 jīlì 격려하다, 북돋워 주다 <mark>유의</mark> 鼓励 gǔlì

正面的激励会鼓舞员工提高工作效率。
Zhèngmiàn de jīlì huì gǔwǔ yuángōng tígāo gōngzuò xiàolǜ.
긍정적인 격려는 직원들이 업무 효율을 높일 수 있도록 고무한다.

名言、谚语时常使我们受到鼓舞和激励。
Míng yán, yànyǔ shícháng shǐ wǒmen shòudào gǔwǔ hé jīlì.
명언과 속담은 때때로 우리를 고무하고 격려한다.

[단어] **谚语** yànyǔ 속담, 속어

> **激励 vs 鼓励**
> 激励의 주체는 사람, 조직, 사상이나 행위가 다 될 수 있지만, 鼓励의 주체는 사람과 조직에 국한된다. 激励는 주로 정신적인 격려를 뜻하지만, 鼓励는 정신적, 물질적 격려 두 방면에 모두 해당된다. 鼓励에는 '지지하고 권장한다'는 뜻도 포함되어 있다.
>
> **激励自己** jīlì zìjǐ 자신을 격려하다
> **激励我们前进** jīlì wǒmen qiánjìn 우리가 앞으로 나아가도록 격려하다

我觉得他派人暗中监视我。

Wǒ juéde tā pài rén ànzhōng jiānshì wǒ.

나는 그가 사람을 시켜 나를 몰래 감시하는 것 같아.

🗨️ 관련 표현

监视器 jiānshìqì 감시 카메라, CCTV

监视 vs 监督

监视는 '관찰하고 주시한다'는 뜻을 갖고 있고, 监督는 '독촉하고 검사한다'는 뜻을 갖고
있다. 监视는 보통 비밀리에 혹은 개인적으로 진행되고, 监督는 그 행위가 직접적이고
공개적으로 이루어진다. 监视의 대상은 주로 사람이나 행동이고, 监督의 대상은 업무,
공부, 시장, 법률, 생활 등이 된다.

跟踪监视 gēnzōng jiānshì 추적 감시하다
加以监视 jiāyǐ jiānshì 감시를 강화하다

监督他干活 jiāndū tā gànhuó 그가 일하는 것을 감독하다
现场监督 xiànchǎng jiāndū 현장 감독

0411 煎 jiān 부치다, 지지다, 약을 달이다

每天早晨他都会煎鸡蛋吃。

Měitiān zǎochén tā dōu huì jiān jīdàn chī.

매일 아침마다 그는 계란 프라이를 해 먹는다.

没馒头了，今晚就煎几个煎饼吧。

Méi mántou le, jīnwǎn jiù jiān jǐ ge jiānbǐng ba.

만터우가 떨어졌어, 오늘 저녁엔 지짐을 좀 해 먹자.

煎中药时放水应高过药面3厘米。

Jiān zhōngyào shí fàng shuǐ yīng gāoguò yàomiàn sān límǐ.

한약을 달일 때는 물을 약재보다 3센티미터 높게 부어야 한다.

🗨️ 관련 표현

麻油煎豆腐 ─ 下了大本钱 헐후

máyóu jiān dòufu ─ xiàle dà běnqián

참기름으로 두부를 부치다 ─ 원가를 많이 들이다 : 크게 투자하다

0412 拣 jiǎn 고르다, 선발하다, 선택하다

师傅，芒果拣大的给我5斤，好吗?
Shīfu, mángguǒ jiǎn dà de gěi wǒ wǔ jīn, hǎo ma?
아저씨, 망고 큰 걸로 골라서 5근 주실래요?

给你一分钟时间，拣最重要的说吧。
Gěi nǐ yì fēnzhōng shíjiān, jiǎn zuì zhòngyào de shuō ba.
너한테 1분의 시간을 줄테니, 가장 중요한 것을 선택해서 얘기해.

🔹 **관련 표현**

挑肥拣瘦 tiāo féi jiǎn shòu 성 오로지 자기에게 좋은 것만 골라내다

挑三拣四 tiāo sān jiǎn sì 성 이것저것 까다롭게 고르다

丢金碗拣木勺 — 得不偿失 헐후
diū jīnwǎn jiǎn mùsháo — dé bù cháng shī
금 밥그릇을 잃어버리고 나무 숟가락을 줍다 — 얻는 것보다 잃는 것이 더 많다

丢了羊群拣羊毛 — 大处不算，小处算 헐후
diūle yángqún jiǎn yángmáo — dàchù bú suàn, xiǎochù suàn
양 무리를 잃어버리고 양털을 줍다 — 큰 것은 따지지 않고 작은 것만 따지다 : 대들보 썩는 줄
모르고 기왓장 아끼는 격

0413 检讨 jiǎntǎo 깊이 반성하다, 자기 비판을 하다, 검토하다
유의 **检查 jiǎnchá**

希望你能检讨一下自己的所作所为。
Xīwàng nǐ néng jiǎntǎo yíxià zìjǐ de suǒ zuò suǒ wéi.
자네가 자신이 한 행동에 대해 반성하길 바라네.

你最好写一份检讨书给部长看看。
Nǐ zuìhǎo xiě yí fèn jiǎntǎoshū gěi bùzhǎng kànkan.
자네 시말서를 써서 부장님께 보여드리는 게 좋겠어.

[단어] **检讨书 jiǎntǎoshū** 시말서, 반성문

谁该对"这次事故"进行检讨?
Shéi gāi duì "zhè cì shìgù" jìnxíng jiǎntǎo?
누가 '이번 사고'에 대해 검토를 해야 하나요?

检讨 vs 检查

检讨와 检查는 모두 '결점과 잘못을 찾아내다'라는 뜻과 '반성하다'의 뜻을 갖고 있다. 检讨의 대상은 '检讨者' 자신을 뜻하고, 检查의 대상은 '检查者' 자신과 타인이 될 수 있다.

他们在检讨(检查)这次事故的原因。
Tāmen zài jiǎntǎo(jiǎnchá) zhè cì shìgù de yuányīn.
그들은 이번 사고의 원인을 검토하고 있다.

作弊的学生必须写出书面检讨(检查)。
Zuòbì de xuéshēng bìxū xiěchū shūmiàn jiǎntǎo(jiǎnchá).
부정 행위를 한 학생들은 반드시 반성문을 써야 한다.

我明天去检查身体。
Wǒ míngtiān qù jiǎnchá shēntǐ.
난 내일 신체 검사 받으러 가요.

0414 检验 jiǎnyàn 검증하다, 검사하다 BCT2 ▢▢▢

检验结果说明，这批货的质量符合标准。
Jiǎnyàn jiéguǒ shuōmíng, zhè pī huò de zhìliàng fúhé biāozhǔn.
검사 결과로 볼 때, 이번 화물의 품질은 기준에 부합한다.

把这些零部件拿去检验检验。
Bǎ zhèxiē língbùjiàn náqù jiǎnyàn jiǎnyàn.
이 부품들을 가져가서 검사해 보게.

😀 관련 표현

商品检验 shāngpǐn jiǎnyàn 상품 검사 / **检验员** jiǎnyànyuán 검사원, 조사원

检验费 jiǎnyànfèi 감정료

0415 剪彩 jiǎn//cǎi (개막·준공·개업 등의 식전에서) 기념 테이프를 끊다 ▢▢▢

明天上午我要陪老总去参加剪彩活动，剪完彩后去参观一个展会。
Míngtiān shàngwǔ wǒ yào péi lǎozǒng qù cānjiā jiǎncǎi huódòng, jiǎnwán cǎi hòu qù cānguān yí ge zhǎnhuì.
내일 나는 사장님을 모시고 기념 테이프 커팅 행사에 참가했다가, 행사를 마치고 난 후에는 전시회에 참관할 거야.

0416 简化 jiǎnhuà 간소화하다, 간략하게 만들다, 단순화하다 □□□

为了方便外国游客来华，政府出台了简化入境手续的政策。

Wèile fāngbiàn wàiguó yóukè lái huá, zhèngfǔ chūtáile jiǎnhuà rùjìng shǒuxù de zhèngcè.

외국 여행객들이 중국에 들어오기 쉽도록, 정부에서는 입국 수속을 간소화하기로 했다.

[단어] 出台 chūtái (정책·조치 등을) 정식으로 시행하다

现在使用的简化字全部来源于繁体字。

Xiànzài shǐyòng de jiǎnhuàzì quánbù láiyuányú fántǐzì.

지금 사용하고 있는 약자는 모두 번체자에서 유래한 것이다.

[단어] 简化字 jiǎnhuàzì 약자, 간화자, 간체자

0417 践踏 jiàntà 밟다, 디디다, 유린하다 [유의] 蹂躏 róulìn □□□

这里写着"请勿践踏草坪"，而人们对园内的警示视而不见。

Zhèlǐ xiězhe "Qǐng wù jiàntà cǎopíng", ér rénmen duì yuánnèi de jǐngshì shì ér bú jiàn.

여기에 "잔디밭을 밟지 마시오"라 쓰여 있지만, 사람들은 공원 안에 있는 경고문을 본 척 만 척한다.

[단어] 视而不见 shì ér bú jiàn 주의하지 않다, 보고도 못 본 체하다

这明明是践踏人权，明明是没有舆论自由。

Zhè míngmíng shì jiàntà rénquán, míngmíng shì méiyǒu yúlùn zìyóu.

이는 명백한 인권 유린이요, 명백히 여론의 자유가 없는 것이다.

践踏 vs 蹂躏

践踏와 蹂躏 모두 '유린하다'의 뜻을 갖고 있는데, 践踏는 주로 '法制, 民主' 등의 단어와 호응하고, 蹂躏은 주로 부녀자가 유린당했을 때 사용한다.

对民主的践踏 duì mínzhǔ de jiàntà 민주화에 대한 유린

践踏了国际法 jiàntàle guójìfǎ 국제법을 유린하다

蹂躏妇女 róulìn fùnǚ 부녀자를 유린하다

蹂躏弱小民族 róulìn ruòxiǎo mínzú 약소 민족을 짓밟다

0418 溅 jiàn (액체가) 튀다

今天真倒霉，被路边过去的一辆汽车溅了一身泥。

Jīntiān zhēn dǎoméi, bèi lùbiān guòqù de yí liàng qìchē jiànle yìshēn ní.

오늘 정말 재수 없게, 지나가던 차 때문에 온몸에 흙탕물을 뒤집어썼지 뭐야.

雨滴溅在地面上，积水上浮起一个个小小的水泡。

Yǔdī jiànzài dìmiàn shang, jīshuǐ shàng fúqǐ yí gègè xiǎoxiāo de shuǐpào.

빗방울이 땅에 떨어지니까, 고인 물 위에 작은 물거품이 일었다.

0419 鉴别 jiànbié 감별하다, 변별하다, 식별하다, 구별하다 **유의** 鉴定 jiàndìng

有些人难以鉴别蓝绿两种颜色。

Yǒuxiē rén nányǐ jiànbié lán lǜ liǎng zhǒng yánsè.

어떤 사람들은 청과 녹 두 색을 잘 식별하지 못한다.

经专家鉴别，这块石头并不是天然水晶。

Jīng zhuānjiā jiànbié, zhè kuài shítou bìng bú shì tiānrán shuǐjīng.

전문가의 감별 결과, 이 돌은 결코 천연 수정이 아니다.

0420 鉴定 jiàndìng 감정(鑑定)하다 **유의** 鉴别 jiànbié

警方通过鉴定指纹，判定这件刑事案件的主谋另有其人。

Jǐngfāng tōngguò jiàndìng zhǐwén, pàndìng zhè jiàn xíngshì ànjiàn de zhǔmóu lìng yǒu qírén.

경찰은 지문 감식을 통해, 이 형사 사건의 주범으로 다른 사람이 있다고 판단했다.

[단어] 指纹 zhǐwén 지문 / 主谋 zhǔmóu 주모자

经过鉴定，才知道这幅画是宋代的。

Jīngguò jiàndìng, cái zhīdào zhè fú huà shì Sòng dài de.

감정을 통해 이 그림이 송대 것이라는 걸 알았다.

文物鉴定属于文物学和博物馆学的范畴。

Wénwù jiàndìng shǔyú wénwùxué hé bówùguǎnxué de fànchóu.

문물 감정은 문물학과 박물관학의 범주에 속한다.

[단어] 范畴 fànchóu 범주, 범위, 유형

0421 鉴于 jiànyú ~의 점에서 보아, ~에 비추어 보아, ~을 고려해 □□□

▶주로 인과 관계를 나타내는 문장의 앞절에 쓰이고, 鉴于 뒤에는 보통 주어가 동반되지 않는다.

鉴于上述情况，我想通过行政诉讼解决问题。
Jiànyú shàngshù qíngkuàng, wǒ xiǎng tōngguò xíngzhèng sùsòng jiějué wèntí.
상술한 상황에 비추어, 저는 행정 소송을 통해 문제를 해결하고자 합니다.

鉴于市场变化，重新谈判是有必要的。
Jiànyú shìchǎng biànhuà, chóngxīn tánpàn shì yǒu bìyào de.
시장 변화를 고려할 때, 재협상은 필요한 것이다.

0422 将近 jiāngjìn 거의 ~에 근접하다, 거의 ~에 이르다 □□□

今年，国会削减了将近三分之二的财政预算。
Jīnnián, guóhuì xuējiǎnle jiāngjìn sān fēnzhī èr de cáizhèng yùsuàn.
올해, 국회에서는 거의 3분의 2에 해당하는 재정 예산을 삭감했다.

在这次会议上，将近九成的人投了反对票。
Zài zhè cì huìyì shang, jiāngjìn jiǔchéng de rén tóule fǎnduì piào.
이번 회의에서 거의 90%에 달하는 사람들이 반대표를 던졌다.

0423 将就 jiāngjiu 그런대로 ~할 만하다 **유의** 凑合 còuhe □□□

乡下没有城里条件好，你就在这里将就住几天吧。
Xiāngxià méiyou chénglǐ tiáojiàn hǎo, nǐ jiù zài zhèli jiāngjiu zhù jǐ tiān ba.
시골은 도시만큼 편하질 않으니, 그냥 여기서 며칠 견뎌 봐요.

别的事情可以将就，但是结婚除外。
Bié de shìqing kěyǐ jiāngjiu, dànshì jiéhūn chúwài.
다른 일은 대충해도 결혼은 예외야.

632

0424 奖励 jiǎnglì 장려하다, 표창하다

我公司奖励了5名模范员工每人一部手机和一千元奖励津贴。

Wǒ gōngsī jiǎnglìle wǔ míng mófàn yuángōng měirén yí bù shǒujī hé yìqiān yuán jiǎnglì jīntiē.

우리 회사에서는 모범 직원 5명에게 각각 휴대 전화 한 대와 1000위엔의 상여 수당을 주었다.

[단어] **津贴** jīntiē 수당, 보조금

명 상, 상금, 상품 **유의** **奖赏** jiǎngshǎng **반의** **惩罚** chéngfá 징벌

我这么做不是为了得到什么奖励。

Wǒ zhème zuò bú shì wèile dédào shénme jiǎnglì.

내가 이렇게 한 건 무슨 상을 받기 위해서가 아니야.

0425 奖赏 jiǎngshǎng 상을 주다, 포상하다

他们可是风雨无阻地练习着，我们应该奖赏他们。

Tāmen kě shì fēng yǔ wú zǔ de liànxízhe, wǒmen yīnggāi jiǎngshǎng tāmen.

그들은 정말이지 열심히 연습하고 있으니, 우리는 그들에게 상을 줘야 한다.

[단어] **风雨无阻** fēng yǔ wú zǔ **성** 상황에 상관없이 계획대로 진행하다

명 포상, 장려 **유의** **奖励** jiǎnglì

他为公司做出巨大贡献，所以获得这份奖赏。

Tā wèi gōngsī zuòchū jùdà gòngxiàn, suǒyǐ huòdé zhè fèn jiǎngshǎng.

그는 회사를 위해 큰 공을 세웠기에 이 상을 받았다.

0426 降临 jiànglín 도래하다, 일어나다, 들이닥치다

幸福不知不觉就降临到我身边。

Xìngfú bù zhī bù jué jiù jiànglíndào wǒ shēnbian.

행복은 나도 모르게 내 곁에 와 있었다.

突然降临的车祸使他失去了丈夫和儿子。

Tūrán jiànglín de chēhuò shǐ tā shīqùle zhàngfu hé érzi.

갑작스레 닥친 교통사고가 그녀에게서 남편과 아들을 앗아갔다.

0427 交叉 jiāochā 교차하다, 겹치다, 엇갈리다

这两条小路在这里交叉了。
Zhè liǎng tiáo xiǎolù zài zhèli jiāochā le.
두 오솔길은 이곳에서 교차합니다.

请大家一条腿交叉到另一条腿前面。
Qǐng dàjiā yì tiáo tuǐ jiāochādào lìng yì tiáo tuǐ qiánmiàn.
여러분 한쪽 다리를 다른 한쪽 다리 앞으로 엇갈리게 놓으세요.

0428 交代 jiāodài 설명하다, 인계하다, 당부하다, 고백하다

我还得跟我姑姑交代呢。
Wǒ hái děi gēn wǒ gūgu jiāodài ne.
난 우리 고모한테 설명을 해 드려야 해.

我会把部长交代的工作做好的。
Wǒ huì bǎ bùzhǎng jiāodài de gōngzuò zuòhǎo de.
나는 부장님께서 시키신 일을 잘 해낼 것이다.

我奶奶交代爸爸过马路要小心。
Wǒ nǎinai jiāodài bàba guò mǎlù yào xiǎoxīn.
우리 할머니는 아빠한테 길을 건널 때 조심하라고 당부하신다.

你得坦白交代，你的包里装的是什么?
Nǐ děi tǎnbái jiāodài, nǐ de bāo lǐ zhuāng de shì shénme?
너 솔직히 고백해, 네 가방 속에 뭐가 들어 있지?

0429 交涉 jiāoshè 교섭하다, 협상하다

针对菲律宾的反华游行，中方提出严正交涉。
Zhēnduì Fēilǜbīn de fǎnhuá yóuxíng, Zhōng fāng tíchū yánzhèng jiāoshè.
필리핀의 반 중국 시위에 대해, 중국은 정당한 교섭을 제기했다.

他们已经在跟海关交涉，应该很快就有结果了。
Tāmen yǐjing zài gēn hǎiguān jiāoshè, yīnggāi hěn kuài jiù yǒu jiéguǒ le.
그들이 이미 세관과 협의 중이니, 빠른 시일 내에 결과가 나올 겁니다.

幕后交涉 mùhòu jiāoshè 막후 협상

0430 **交易** jiāoyì 교역하다, 매매하다, 거래하다 BCT2 □□□

我们已经查到了他们交易的地点。
Wǒmen yǐjing chádàole tāmen jiāoyì de dìdiǎn.
우리는 이미 그들의 교역 장소를 알아냈다.

今年下半年的水产品交易量比往年上升了5个百分点。
Jīnnián xiàbànnián de shuǐchǎnpǐn jiāoyìliàng bǐ wǎngnián shàngshēngle wǔ ge bǎifēndiǎn.
올 하반기 수산품 거래량이 예년보다 5% 증가했다.

0431 **搅拌** jiǎobàn 휘저어 섞다, 반죽하다, 이기다 유의 搅 jiǎo □□□

你先把面粉用少量的水搅拌一下。
Nǐ xiān bǎ miànfěn yòng shǎoliàng de shuǐ jiǎobàn yíxià.
우선 밀가루에 물을 조금만 넣고 반죽하세요.

光靠人工，想一天内把这么多的混凝土搅拌好，简直是痴人说梦。
Guāng kào réngōng, xiǎng yì tiān nèi bǎ zhèmeduō de hùnníngtǔ jiǎobànhǎo, jiǎnzhí shì chī rén shuō mèng.
사람 손만으로 하루 만에 이 많은 콘크리트를 섞는다는 것은 정말이지 황당한 일이다.

[단어] 混凝土 hùnníngtǔ 콘크리트 / 痴人说梦 chī rén shuō mèng 성 황당무계한 말을 하다

🐻 관련 표현

搅拌机 jiǎobànjī 믹서(mixer)

水泥搅拌机 shuǐní jiǎobànjī 시멘트 믹서(cement mixer)

搅拌器 jiǎobànqì 교반기, 젓개

0432 缴纳 jiǎonà (규정에 따라) 납부하다, 납입하다 [BCT2]

참고 缴纳日 jiǎonàrì 납입 기일

如果缴费不及时，将有可能另外缴纳滞纳金。
Rúguǒ jiǎofèi bù jíshí, jiāng yǒu kěnéng lìngwài jiǎonà zhìnàjīn.
만약에 납부 비용을 제때 안 내면, 납부 연체료를 내야 합니다.

[단어] 滞纳金 zhìnàjīn 체납금

公司会定期为员工缴纳各项保险。
Gōngsī huì dìngqī wèi yuángōng jiǎonà gè xiàng bǎoxiǎn.
회사에서는 직원들을 위해 정기적으로 각종 보험금을 납부할 겁니다.

0433 较量 jiàoliàng (실력 · 기량을) 겨루다, 대결하다, 경쟁하다

你那么了不起的话，那我们较量较量，怎么样?
Nǐ nàme liǎobuqǐ dehuà, nà wǒmen jiàoliàng jiàoliàng, zěnmeyàng?
자네가 그렇게 대단하다면, 우리 한번 겨뤄 보면 어떻겠나?

这是两个球队本赛季的第一次较量。
Zhè shì liǎng ge qiúduì běn sàijì de dìyī cì jiàoliàng.
이번 경기는 두 팀이 이번 시즌에 벌이는 첫 대결이다.

😀 관련 표현

较量武艺 jiàoliàng wǔyì 무예를 겨루다

较量高低 jiàoliàng gāodī 우열을 가리다

较量力量 jiàoliàng lìliàng 역량을 비겨 보다

0434 揭露 jiēlù 폭로하다, 까발리다, 들추어내다 유의 揭发 jiēfā, 暴露 bàolù

我们必须揭露这个阴谋。
Wǒmen bìxū jiēlù zhège yīnmóu.
우리는 반드시 이 음모를 파헤쳐야 한다.

他的丑事最近在电视节目上被揭露了。
Tā de chǒushì zuìjìn zài diànshì jiémù shàng bèi jiēlù le.
그의 추행이 최근에 TV프로그램에서 밝혀졌다.

揭露矛盾 jiēlù máodùn 모순을 까발리다

揭露事物的本质 jiēlù shìwù de běnzhì 사물의 본질을 폭로하다

揭露真相 jiēlù zhēnxiàng 진상을 밝히다

揭露 vs 暴露

揭露는 고의로 폭로하는 것을 말하고, 暴露는 무의식적으로 혹은 고의로 폭로하는 것을 말한다. 揭露의 대상은 대부분 다른 사람과 관련된 것이고, 暴露는 본인에 관계된 것도 될 수 있고 다른 사람에 해당하는 내용도 될 수 있다.

揭露内幕 jiēlù nèimù 내막을 폭로하다

揭露隐私 jiēlù yǐnsī 사생활을 까발리다

暴露缺点 bàolù quēdiǎn 결점을 드러내다

暴露身份 bàolù shēnfen 신분을 노출하다

0435 节制 jiézhì 절제하다 □□□

医生提醒他喝酒需要节制。

Yīshēng tíxǐng tā hējiǔ xūyào jiézhì.

의사 선생님께서 그에게 술을 절제할 필요가 있다고 하셨다.

为了保持身材，她在饮食上十分节制。

Wèile bǎochí shēncái, tā zài yǐnshí shang shífēn jiézhì.

몸매 유지를 위해, 그녀는 음식 조절에 매우 신경 쓴다.

0436 结算 jiésuàn 결산하다, 결제하다 BCT2 □□□

年底了，各项费用都该结算一下了。

Niándǐle, gè xiàng fèiyòng dōu gāi jiésuàn yíxià le.

연말이 되었으니, 각종 비용을 결산해야 해요.

可以用人民币结算的消息引起了商界人士广泛关注。

Kěyǐ yòng rénmínbì jiésuàn de xiāoxi yǐnqǐle shāngjiè rénshì guǎngfàn guānzhù.

인민폐로 결제 가능하다는 소식은 사업가들의 폭넓은 관심을 불러일으켰다.

0437 截止 jiézhǐ 마감하다, 일단락 짓다 [BCT1]

对不起，网上报名已经截止了。
Duìbuqǐ, wǎngshàng bàomíng yǐjing jiézhǐ le.
죄송합니다. 인터넷 접수는 이미 마감되었습니다.

公务员考试报名截止到今天下午六点半。
Gōngwùyuán kǎoshì bàomíng jiézhǐdào jīntiān xiàwǔ liù diǎn bàn.
공무원 시험 접수는 오늘 오후 6시 반까지입니다.

0438 截至 jiézhì (시간적으로) ~까지 마감이다, ~에 이르다

截至今年六月底，房价累计上涨了16.7%。
Jiézhì jīnnián liù yuè dǐ, fángjià lěijì shàngzhǎngle bǎifēnzhī shíliù diǎn qī.
올 6월까지 집값의 누적 오름세는 16.7%에 달한다.

截至目前，已有一千名志愿者报名参加本次活动。
Jiézhì mùqián, yǐ yǒu yìqiān míng zhìyuànzhě bàomíng cānjiā běn cì huódòng.
현재까지, 천 명의 지원자가 이번 활동에 참가 등록을 했다.

0439 解除 jiěchú 없애다, 제거하다, 해소하다 <유의> 废除 fèichú

双方早就同意解除合同了。
Shuāngfāng zǎojiù tóngyì jiěchú hétong le.
쌍방은 벌써 계약을 파기하기로 동의했다.

学校已经解除了对他们的停学处分。
Xuéxiào yǐjing jiěchúle duì tāmen de tíngxué chǔfèn.
학교에서는 이미 그들에게 내렸던 정학 처분을 철회했다.

所有的医生都想着解除病人的疼痛及精神痛苦。
Suǒyǒu de yīshēng dōu xiǎngzhe jiěchú bìngrén de téngtòng jí jīngshén tòngkǔ.
모든 의사들은 환자의 통증 및 정신적인 고통을 없애 주고 싶어 한다.

解除 vs 废除

解除의 대상은 속박이나 자신을 압박하는 것으로 고통, 고민, 위험, 경보, 군장 등을 말하고, 废除의 대상은 불합리하거나 쓸모없는 제도, 법령, 조약, 특권 등을 말한다.

要尽快解除病人的痛苦。
Yào jǐnkuài jiěchú bìngrén de tòngkǔ.
가능한 빨리 환자의 고통을 해소시켜야 한다.

废除了不平等条约。
Fèichúle bù píngděng tiáoyuē.
불평등 조약을 파기하다.

0440 解放 jiěfàng 해방하다, 해방되다, 자유롭게 되다 □□□

不到一年时间，大半国土已经得到解放。
Bú dào yì nián shíjiān, dàbàn guótǔ yǐjing dédào jiěfàng.
1년도 안 되어, 국토의 반이 해방을 맞았다.

国共合作时期他成了一名解放军战士。
Guógòng hézuò shíqī tā chéngle yì míng jiěfàngjūn zhànshì.
국공 합작 때 그는 해방군 전사가 되었다.

> **tip** 解放战争 jiěfàng zhànzhēng : 중국의 제3차 중국 혁명 전쟁을 가리킨다. 1946년 2차 국공 합작에 실패한 중국 공산당은 1946년 6월부터 국민당과 내전을 벌이게 되고, 전쟁에서 승리한 후 1949년 10월 1일 중화인민공화국 수립을 선포한다.

0441 解雇 jiěgù 해고하다 BCT2 유의 解聘 jiěpìn □□□

公司这几年一年不如一年，我们也不得不解雇这些工人。
Gōngsī zhè jǐ nián yì nián bùrú yì nián, wǒmen yě bùdébù jiěgù zhèxiē gōngrén.
회사가 한 해가 다르게 상황이 안 좋아져서, 우리는 하는 수 없이 이 노동자들을 해고해야만 합니다.

公司要解雇员工的话，也得提前通知他们。
Gōngsī yào jiěgù yuángōng dehuà, yě děi tíqián tōngzhī tāmen.
회사에서 직원을 해고하려면, 미리 그들에게 통지를 해야 한다.

0442 解剖 jiěpōu 해부하다, 철저히 분석하다

我上初中的时候解剖过青蛙。
Wǒ shàng chūzhōng de shíhou jiěpōuguo qīngwā.
나는 중학교 다닐 때 청개구리를 해부해 봤다.

通过对这次案例的解剖，我们可以推测到罪犯人的心理状态。
Tōngguò duì zhè cì ànlì de jiěpōu, wǒmen kěyǐ tuīcèdào zuìfànrén de xīnlǐ zhuàngtài.
이번 사건을 해부해 봄으로써, 우리는 범인의 심리 상태를 추측할 수 있다.

😀 **관련 표현**

解剖麻雀 jiě pōu má què 성 전형(典型)적인 사례를 분석하다

0443 解散 jiěsàn 해산하다, 흩어지다

操场的学生们都解散了，可是这个孩子不肯走。
Cāochǎng de xuéshengmen dōu jiěsàn le, kěshì zhège háizi bù kěn zǒu.
운동장에 있던 아이들이 다 돌아갔는데, 이 아이는 갈 생각을 안 한다.

这个偶像组合终于宣布了解散。
Zhè ge ǒuxiàng zǔhé zhōngyú xuānbùle jiěsàn.
이 아이돌 그룹은 마침내 해체한다고 발표했다.

0444 解体 jiětǐ 해체되다, 전체의 구조가 분해되다, 와해되다

苏联解体是上世纪90年代震惊世界的大事。
Sūlián jiětǐ shì shàngshìjì jiǔshí niándài zhènjīng shìjiè de dàshì.
소련의 해체는 지난 세기 90년대에 세계를 깜짝 놀라게 한 큰 사건이었다.

受民族多样性的影响，欧元区存在着解体危机。
Shòu mínzú duōyàngxìng de yǐngxiǎng, ōuyuánqū cúnzàizhe jiětǐ wēijī.
민족 다양성의 영향을 받아, 유로 랜드(Euro land)가 와해 위기에 놓였다.

0466 拘束 jūshù 제한하다, 구속하다, 속박하다 **유의** 约束 yuēshù

我们没有必要为了别人的想法拘束自己的行为。

Wǒmen méiyou bìyào wèile biérén de xiǎngfǎ jūshù zìjǐ de xíngwéi.

우리는 다른 사람의 생각 때문에 자신의 행동을 구속할 필요가 없다.

형 거북하다, 어색하다, 주눅들다 **유의** 拘谨 jūjǐn

你要把这里当成自己家，别太拘束。

Nǐ yào bǎ zhèli dàngchéng zìjǐ jiā, bié tài jūshù.

여기를 너희 집이라 생각하고, 너무 불편해 하지 마.

0467 居住 jūzhù 거주하다

这个小镇的名字叫寻甸，这里居住着回族和彝族。

Zhège xiǎozhèn de míngzi jiào Xúndiàn, zhèli jūzhùzhe Huízú hé Yízú.

이 작은 마을의 이름은 '쉰디엔'이라 불리는데, 이곳에는 회족과 이족이 거주하고 있다.

[단어] 寻甸 Xúndiàn 쉰디엔, 운남성(云南省)에 있는 현(县)

我们部落的祖先就一直居住在这里。

Wǒmen bùluò de zǔxiān jiù yìzhí jūzhùzài zhèli.

우리 부족의 조상은 계속 이곳에 거주해 왔다.

🐶 **관련 표현**

居住证 jūzhùzhèng 거주증

0468 鞠躬 jū∥gōng 허리를 굽혀 인사하다

比赛前，两个队的运动员互相鞠躬。

Bǐsài qián, liǎng ge duì de yùndòngyuán hùxiāng jūgōng.

시합 전에, 두 팀의 운동 선수들은 서로 인사했다.

他面试完毕后，有礼貌地向面试官鞠了一个躬。

Tā miànshì wánbì hòu, yǒu lǐmào de xiàng miànshìguān jūle yí ge gōng.

그는 면접이 끝난 후에, 예의바르게 면접관을 향해 공손하게 인사를 했다.

🐶 **관련 표현**

鞠躬尽瘁 jū gōng jìn cuì **성** 나라를 위하여 온힘을 다하다

0469 局限 júxiàn 국한하다, 한정하다, 제한하다 **유의** 限制 xiànzhì

由于生长经历的局限，他的思想中存在着保守一面。

Yóuyú shēngzhǎng jīnglì de júxiàn, tā de sīxiǎng zhōng cúnzàizhe bǎoshǒu yí miàn.

성장 배경이 한계가 있다 보니, 그의 사상에 보수적인 면이 존재한다.

胎教不要局限于莫扎特等大音乐家的音乐。

Tāijiào búyào júxiànyú Mòzhātè děng dà yīnyuèjiā de yīnyuè.

태교할 때 모차르트 같이 대음악가의 음악에만 국한하지 마세요.

0470 咀嚼 jǔjué (음식물을) 씹다, 음미하다, 되새기다

不加咀嚼而吞咽食物，是一种坏习惯。

Bù jiā jǔjué ér tūnyān shíwù, shì yì zhǒng huài xíguàn.

음식물을 씹지 않고 그대로 넘기는 것은 나쁜 습관이다.

我不禁又把他的信拿出来好好咀嚼了一番。

Wǒ bù jīn yòu bǎ tā de xìn náchulai hǎohāo jǔjuéle yì fān.

나는 나도 모르게 또 그의 편지를 꺼내 찬찬히 곱씹어 봤다.

0471 据悉 jùxī 아는 바에 의하면 ～이라고 한다

据悉，伤者主要是脚踝和腿部受伤，不过均无生命危险。

Jùxī, shāngzhě zhǔyào shì jiǎohuái hé tuǐbù shòushāng, búguò jūn wú shēngmìng wēixiǎn.

부상자는 주로 발목과 다리 쪽에 부상을 당했는데, 모두 생명에는 지장이 없다고 한다.

[단어] 脚踝 jiǎohuái 복사뼈

据悉，这部电影将于10月1日在台湾先行上映。

Jùxī, zhè bù diànyǐng jiāngyú shí yuè yī rì zài Táiwān xiānxíng shàngyìng.

아는 바로는, 이 영화는 10월 1일에 타이완에서 먼저 상영한다고 한다.

0472 卷 juǎn 말다, 감다, 말아 올리다, 휩쓸다

他们卷起裤管，踏步走在沙滩上。

Tāmen juǎnqi kùguǎn, tàbù zǒuzài shātān shang.

그들은 바지 밑단을 걷어 올리고 모래사장을 걸었다.

[단어] 裤管 kùguǎn 바지통

她风卷残云般吃掉了一盘子饭菜。

Tā fēng juǎn cán yún bān chīdiàole yì pánzi fàncài.

그녀는 마파람에 게 눈 감추듯 접시에 담긴 음식을 단숨에 먹어 치웠다.

[단어] 风卷残云 fēng juǎn cán yún **성** 거센 바람이 남은 구름을 흩뜨리다. 한꺼번에 깨끗이 쓸어 없애 버리다

양 뭉치

师傅，这卷布料怎么卖?

Shīfu, zhè juǎn bùliào zěnme mài?

아저씨, 이 원단 한 롤에 얼마인가요?

명 juàn 시험지

考试时间快结束了，你们把考卷交给我吧。

Kǎoshì shíjiān kuài jiéshù le, nǐmen bǎ kǎojuàn jiāogěi wǒ ba.

곧 시험 시간이 종료됩니다. 여러분 시험지를 저한테 내 주세요.

관련 표현

席卷而逃 xí juǎn ér táo **성** 몽땅 챙겨서 도망가다

0473 觉悟 juéwù 깨닫다, 자각하다, 인식하다 **유의** 觉醒 juéxǐng

南老师 让我觉悟了真心才能打动别人的心。

Nán lǎoshī ràng wǒ juéwùle zhēnxīn cái néng dǎdòng biérén de xīn.

남 선생님은 나에게 진심만이 다른 사람의 마음을 감동시킬 수 있다는 것을 깨닫게 해 주셨다.

명 자각, 각오, 의식

我觉得他的政治觉悟太低了。

Wǒ juéde tā de zhèngzhì juéwù tài dī le.

나는 그의 정치 의식이 너무 낮다고 생각한다.

0474 觉醒 juéxǐng 각성하다, 깨닫다 **유의** 觉悟 juéwù

他很快就从发财的美梦中觉醒过来。
Tā hěn kuài jiù cóng fācái de měimèng zhōng juéxǐng guòlai.
그는 부자가 되겠다는 꿈에서 아주 빨리 깨어났다.

受到这么大的打击，他也该觉醒了。
Shòudào zhème dà de dǎjī, tā yě gāi juéxǐng le.
이렇게 큰 충격을 받았으니, 그 친구도 깨닫겠지.

0475 绝望 juéwàng 절망하다

我永远忘不了那时他那绝望的表情。
Wǒ yǒngyuǎn wàngbuliǎo nà shí tā nà juéwàng de biǎoqíng.
나는 영원히 그 시절 그의 절망스러운 표정을 잊을 수가 없다.

형 절망스럽다

明明是春天我却感到绝望，夏天来临了我还是看不到希望了。
Míngmíng shì chūntiān wǒ què gǎndào juéwàng, xiàtiān láilínle wǒ háishi kànbudào xīwàng le.
확실히 봄이 왔건만 나는 오히려 절망을 느끼고, 여름이 가까워있는데도 나는 여전히 희망을 보지 못하고 있다.

0476 开采 kāicǎi 채굴하다, 발굴하다, 개발하다 **참고** 开采权 kāicǎiquán 채광권

我们村所在的那座野山正在开采天然气。
Wǒmen cūn suǒzài de nà zuò yěshān zhèngzài kāicǎi tiānránqì.
우리 마을 소재의 그 야산에서는 천연가스 채굴이 한창이다.

中国石油的现有储量与开采量达不到市场的需求。
Zhōngguó shíyóu de xiànyǒu chǔliàng yǔ kāicǎiliàng dábudào shìchǎng de xūqiú.
중국 석유 공사의 현재 보유량과 채굴량은 시장의 수요를 충족시키지 못하고 있다.

0477 开除 kāichú 제명하다, 해고하다, 면직시키다

他经常跟同事们闹矛盾，因此他被公司开除了。
Tā jīngcháng gēn tóngshìmen nào máodùn, yīncǐ tā bèi gōngsī kāichú le.
그는 자주 동료들과 문제를 일으켜, 회사에서 해고되었다.

他曾经是失足青年，被三所学校开除过。

Tā céngjīng shì shīzú qīngnián, bèi sān suǒ xuéxiào kāichú guo.

그는 전에 비행 청소년이었는데, 3개 학교에서 퇴학을 당했었다.

[단어] 失足青年 shīzú qīngnián 탈선 청소년, 비행 청소년

관련 표현

开除学籍 kāichú xuéjí 학적을 박탈하다

开除公职 kāichú gōngzhí 공직에서 면직시키다

开除军籍 kāichú jūnjí 군인의 신분을 박탈하다

0478 开辟 kāipì (길을) 열다, 개척하다 유의 **开拓** kāituò

□□□

今年上半年东方航空共开辟了四条新航线。

Jīnnián shàngbànnián Dōngfāng hángkōng gòng kāipìle sì tiáo xīn hángxiàn.

올 상반기에 동방항공은 모두 네 개의 새로운 노선을 개통했다.

他们在曾是野草丛生的地方开辟了果园。

Tāmen zài céng shì yěcǎo cóngshēng de dìfang kāipìle guǒyuán.

그들은 전에 잡초만 무성하던 곳을 과수원으로 만들었다.

관련 표현

开辟销路 kāipì xiāolù 판로를 개척하다

开辟生路 kāipì shēnglù 활로를 개척하다

0479 开拓 kāituò 개척하다, 개간하다, 확장하다 유의 **开辟** kāipì

□□□

他辛辛苦苦开拓了一个新的学术领域。

Tā xīnxinkǔkǔ kāituòle yí ge xīn de xuéshù lǐngyù.

그는 힘들게 새로운 학술 영역을 개척했다.

公司在未来两年将致力于开拓国际市场。

Gōngsī zài wèilái liǎng nián jiāng zhìlìyú kāituò guójì shìchǎng.

회사는 앞으로 2년 동안 국제 시장을 개척하는 데 힘을 쏟으려 한다.

命运是要靠自己的双手来开拓的。

Mìngyùn shì yào kào zìjǐ de shuāngshǒu lái kāituò de.

운명은 자신의 두 손으로 개척하는 것이다.

开拓型 kāituòxíng 진취형 / **开拓精神** kāituò jīngshén 개척 정신

开拓市场 kāituò shìchǎng 시장 개척(market developing)

开拓 vs 开辟

开拓는 작은 것에서 큰 것으로 확장하는 과정을 나타내고, 开辟는 무에서 유를 창조해
내는 과정을 뜻한다. 开拓는 학술 영역이나 포부 등에 응용해서 쓰이고, 开辟는 일이나
사업에 응용해서 쓰인다.

开拓市场 kāituò shìchǎng 시장을 개척하다

开拓命运 kāituò mìngyùn 운명을 개척하다

开辟新时代 kāipì xīn shídài 새 시대를 열다

开辟新航线 kāipì xīn hángxiàn 새 항로를 개통하다

0480 **开展** kāizhǎn 전개되다(하다), 벌리다, 펼치다 ☐☐☐

▶1음절 단어는 开展의 목적어로 쓰일 수 없다.

市政府公务员积极开展了形式多样的禁毒宣传活动。
Shìzhèngfǔ gōngwùyuán jījí kāizhǎnle xíngshì duōyàng de jìndú
xuānchuán huódòng.
시청 공무원들이 다양한 형태의 마약 금지 선전 활동을 적극적으로 전개하고 있다.

⑧ (전람회 · 전시회가) 열리다

中国国际摄影艺术展览在杭州大剧院隆重开展。
Zhōngguó guójì shèyǐng yìshù zhǎnlǎn zài Hángzhōu dàjùyuàn
lóngzhòng kāizhǎn.
중국 국제 사진 예술전이 항저우 대극장에서 성대히 열렸다.

0481 **开支** kāizhī 지불하다, 지출하다 BCT2 ☐☐☐

这些花销是要算入公帐的，我们不能随便开支。
Zhèxiē huāxiāo shì yào suànrù gōngzhàng de, wǒmen bù néng
suíbiàn kāizhī.
이 경비들은 공금에 들어가는 것이라, 우리가 함부로 쓰면 안 돼요.

명 지출, 씀씀이

消费者正在缩减开支，企业亦是如此。

Xiāofèizhě zhèngzài suōjiǎn kāizhī, qǐyè yì shì rúcǐ.

소비자들은 지출을 줄이고 있고, 기업 역시 마찬가지다.

公司的开支过大，严重影响公司的整体发展。

Gōngsī de kāizhī guòdà, yánzhòng yǐngxiǎng gōngsī de zhěngtǐ fāzhǎn.

회사의 지출이 너무 많으면, 회사의 전체적인 발전에 심각한 영향을 끼친다.

0482 刊登 kāndēng (신문·잡지 등에) 게재하다, 싣다, 등재하다 □□□

他的研究成果已被刊登在美国《科学》杂志上了。

Tā de yánjiū chéngguǒ yǐ bèi kāndēngzài Měiguó 《Kēxué》 zázhì shang le.

그의 연구 성과는 이미 미국의 《사이언스(Science)》 잡지에 실렸다.

这位女星多次被刊登在全球知名杂志的封面上。

Zhè wèi nǚxīng duō cì bèi kāndēngzài quánqiú zhīmíng zázhì de fēngmiàn shang.

이 여배우는 여러 번 전 세계적으로 알려진 잡지의 표지 모델이 되었다.

0483 勘探 kāntàn 탐사하다, 조사하다 □□□

他哥哥一直从事着矿产资源的考察与勘探活动。

Tā gēge yìzhí cóngshìzhe kuàngchǎn zīyuán de kǎochá yǔ kāntàn huódòng.

그의 형은 줄곧 광산 자원에 대한 관찰과 탐사 업무에 종사하고 있다.

🐷 **관련 표현**

野外勘探 yěwài kāntàn 야외 탐사

勘探宝藏 kāntàn bǎozàng 지하 자원을 탐사하다

勘探石油 kāntàn shíyóu 석유를 탐사하다

0484 砍伐 kǎnfá 벌채하다

警察逮捕了这些随意砍伐稀有树种的山民。

Jǐngchá dàibǔle zhèxiē suíyì kǎnfá xīyǒu shùzhǒng de shānmín.

경찰은 함부로 희귀 수종을 벌채한 산골 주민을 체포했다.

[단어] **逮捕** dàibǔ 체포하다, 잡다 / **稀有** xīyǒu 희귀하다, 드물다

0485 看待 kàndài 다루다, 취급하다, ~으로 대하다 유의 **对待** duìdài

你怎么看待别人，别人就会怎么看待你。

Nǐ zěnme kàndài biérén, biérén jiù huì zěnme kàndài nǐ.

네가 다른 사람을 어떻게 대하느냐에 따라, 다른 사람도 그렇게 널 대하는 거야.

他老是把我当成小孩儿看待，甚至还把我当成没断奶的小孩儿。

Tā lǎoshì bǎ wǒ dāngchéng xiǎoháir kàndài, shènzhì hái bǎ wǒ dāngchéng méi duàn nǎi de xiǎoháir.

그 사람은 늘 나를 어린애 취급하고, 심지어 나를 젖도 안 뗀 아이로 본다니까.

0486 扛 káng (어깨에) 메다, 짊어지다

你快把这袋大米扛到厨房里去。

Nǐ kuài bǎ zhè dài dàmǐ kángdào chúfáng li qù.

자네 어서 이 쌀자루를 주방으로 옮겨 놓게.

真没想到，这么沉的东西你都扛得动。

Zhēn méi xiǎngdào, zhème chén de dōngxi nǐ dōu kángdedòng.

이렇게 무거운 물건도 자네가 짊어질 수 있다니, 뜻밖인 걸.

🐸 **관련 표현**

拔山扛鼎 bá shān káng dǐng (성) 힘이 매우 세다

猴子扛大梁 — 受不了 (헐후)

hóuzi káng dàliáng — shòubuliǎo

원숭이가 대들보를 메다 — 견딜 수 없다 : 임무가 막중해 부담이 크다

码头工人扛麻包 — 难回头 (헐후)

mǎtou gōngrén káng mábāo — nán huítóu

부두 노동자가 마대를 짊어지고 있다 — 고개를 돌리기 힘들다 : 뒤를 돌아볼 여지가 없다

抗议 kàngyì 항의하다　□□□

抗议油价过高的声音越来越高，引起政府重视。

Kàngyì yóujià guò gāo de shēngyīn yuèláiyuè gāo, yǐnqǐ zhèngfǔ zhòngshì.

기름값이 너무 비싸다는 항의의 목소리가 갈수록 커지자, 정부에서 주목하고 있다.

명 항의

一些群众发起反对现任总统的抗议活动。

Yìxiē qúnzhòng fāqǐ fǎnduì xiànrèn zǒngtǒng de kàngyì huódòng.

일부 군중은 현임 대통령을 반대하는 항의 활동을 벌였다.

考察 kǎochá 고찰하다, 정밀히 관찰하다　**유의** 调查 diàochá　□□□

他们去北极进行科学考察遇到了很多困难。

Tāmen qù běijí jìnxíng kēxué kǎochá yùdàole hěn duō kùnnan.

그들은 북극에 가서 과학 고찰을 하던 중에 많은 문제에 부딪쳤다.

如果你不放心，就和我们一起去实地考察吧。

Rúguǒ nǐ bú fàngxīn, jiù hé wǒmen yìqǐ qù shídì kǎochá ba.

만약 자네가 못 믿겠다면, 우리랑 같이 현장 조사를 가 보자고.

考古 kǎogǔ 고고학을 연구하다　□□□

她不但在考古方面很出色，而且精通六国语言。

Tā bú dàn zài kǎogǔ fāngmiàn hěn chūsè, érqiě jīngtōng liù guó yǔyán.

그녀는 고고학 연구 방면에 뛰어날 뿐만 아니라, 6개 국어에 정통하다.

명 고고학

我报考了考古专业，现在正在等待结果。

Wǒ bàokǎole kǎogǔ zhuānyè, xiànzài zhèngzài děngdài jiéguǒ.

나는 고고학과에 지원하고, 지금 결과를 기다리고 있어.

0490 考核 kǎohé 심사하다, 대조하다 □□□

特殊工序操作人员必须经过培训，考核合格后能上岗。

tèshū gōngxù cāozuò rényuán bìxū jīngguò péixùn, kǎohé hégé hòu néng shànggǎng.

특수한 공정을 담당하는 직원은 반드시 교육을 거쳐, 심사를 통과한 후에 업무에 투입될 수 있다.

[단어] 上岗 shànggǎng 직장에서 근무를 하다, 임무에 오르다

人事考核方案由人力资源部制定标准。

Rénshì kǎohé fāng'àn yóu rénlì zīyuánbù zhìdìng biāozhǔn.

인사 고과 방안은 인력자원부에서 기준을 정한다.

0491 考验 kǎoyàn 시험하다, 시련을 주다, 검증하다 □□□

通过这种测试可以考验一下你们的应变能力和理解能力。

Tōngguò zhè zhǒng cèshì kěyǐ kǎoyàn yíxià nǐmen de yìngbiàn nénglì hé lǐjiě nénglì.

이 테스트를 통해 여러분의 순발력과 이해 능력을 시험할 수 있습니다.

명 시험, 시련, 검증

我总觉得上帝对我的考验太残酷了。

Wǒ zǒng juéde shàngdì duì wǒ de kǎoyàn tài cánkù le.

나는 아무래도 하늘이 내게 너무 잔인한 시련을 주시는 것 같아.

관련 표현

久经考验 jiǔ jīng kǎo yàn **성** 오랜 기간 동안 여러 가지 시련을 겪다

0492 靠拢 kàolǒng (간격을) 좁히다, 접근하다 **유의** 靠近 kàojìn □□□

前排的靠拢一点坐，好吗?

Qiánpái de kàolǒng yìdiǎn zuò, hǎo ma?

앞줄에 앉으신 분들 좀 더 가까이 앉아 주실래요?

我不会为了什么目的而向有权有势的人靠拢。

Wǒ bú huì wèile shénme mùdì ér xiàng yǒu quán yǒu shì de rén kàolǒng.

나는 어떤 목적을 위해 권세가 있는 사람한테 접근하지는 않을 거야.

0493 磕 kē (단단한 곳에) 부딪치다 □□□

他把头磕在了墙上，头上起了一个鼓包。

Tā bǎ tóu kēzàile qiáng shang, tóu shang qǐle yí ge gǔbāo.

그는 머리를 벽에 부딪치는 바람에, 머리에 혹이 하나 났다.

[단어] 鼓包 gǔbāo (물체나 몸에 난) 돌기 · 종자 · 혹

> 관련 표현

烧香忘磕头 — 顾此失彼 헐후

shāoxiāng wàng kētóu — gù cǐ shī bǐ

향을 켜고 절하는 것을 잊다 — 하나를 돌보다가 다른 것을 놓치다 : 한 번에 여러 가지를 다 할 수가 없다

0494 可行 kěxíng 실행할 만하다, 가능하다, 해도 된다 BCT1 □□□

这至少在理论上是可行的，但是理论不代表现实。

Zhè zhìshǎo zài lǐlùn shang shì kěxíng de, dànshì lǐlùn bú dàibiǎo xiànshí.

이는 적어도 이론적으로는 가능성이 있는데, 이론이 현실을 대변하지는 않으니까.

实践证明，你提出的方案并不可行。

Shíjiàn zhèngmíng, nǐ tíchū de fāng'àn bìng bù kěxíng.

실제로 해 본 결과, 자네가 제시한 방안은 실행 가능성이 없어.

> 관련 표현

可行性 kěxíngxìng (계획 · 방안 등의) 실행 가능성

可行性调查 kěxíngxìng diàochá 가능성 조사

可行性报告 kěxíngxìng bàogào 가능성 조사 보고

可行性分析 kěxíngxìng fēnxī 사업 타당성 분석

0495 渴望 kěwàng 갈망하다, 간절히 바라다 유의 希望 xīwàng □□□

小时候的我老渴望快快长大，长大以后却想回到童年。

Xiǎo shíhou de wǒ lǎo kěwàng kuàikuāi zhǎngdà, zhǎngdà yǐhòu què xiǎng huídào tóngnián.

어릴 때의 난 얼른얼른 자라길 간절히 소망했는데, 어른이 되니 오히려 어린 시절로 돌아가고 싶어.

她厌烦了被摄影机和记者包围的生活，现在渴望成为普通人。

Tā yànfánle bèi shèyǐngjī hé jìzhě bāowéi de shēnghuó, xiànzài kěwàng chéngwéi pǔtōngrén.

그녀는 카메라와 기자들에게 둘러싸이는 생활이 지겨워져, 지금은 평범한 사람이 되고 싶어 한다.

0496 克制 kèzhì (감정을) 억제하다, 자제하다　□□□

不要激动，不要伤心，学会克制自己的感情。

Búyào jīdòng, búyào shāngxīn, xuéhuì kèzhì zìjǐ de gǎnqíng.

흥분하지 말고, 슬퍼하지도 말고, 자신의 감정을 억제하는 법을 배워야 해.

我的克制力怎么那么差？戒烟戒不了，戒牌戒不了。

Wǒ de kèzhìlì zěnme nàme chà? Jièyān jièbuliǎo, jiè pái jièbuliǎo.

내 자제력은 왜 그리 형편없지? 담배도 못 끊고, 포커도 못 끊고 말야.

0497 啃 kěn 물어뜯다, 뜯어 먹다, 갉아먹다, 쏠다　□□□

这个问题是块很难啃的骨头。

Zhège wèntí shì kuài hěn nán kěn de gǔtou.

이 문제는 해결하기 어려운 문제이다.

我的牙口不好，实在啃不动这块肉。

Wǒ de yákǒu bù hǎo, shízài kěnbudòng zhè kuài ròu.

나는 이가 안 좋아서, 이 고기를 뜯어 먹을 수가 없다.

都这么大了，不去找工作，还在啃父母，这丢不丢脸？

Dōu zhème dà le, bú qù zhǎo gōngzuò, hái zài kěn fùmǔ, zhè diū bu diū liǎn?

다 큰 게 일자리도 안 구하고, 부모님한테 얹혀 살면 창피하지 않나?

🈵 관련 표현

啃骨头 kěn gǔtou 관용 해결하기 어려운 문제를 조금씩 해결하다

啃硬骨头 kěn yìnggǔtou 매우 어렵고 힘든 임무를 수행하다

啃板凳出身 kěn bǎndèng chūshēn 어릴 때부터 경극을 배우며 자랐다

啃老族 kěnlǎozú 캥거루족, 분가할 나이가 되어서도 부모와 떨어지지 않고 생계를 의탁하는 젊은 세대

梦里啃甘蔗 — 想得倒甜 [헐후]
mèngli kěn gānzhe — xiǎngde dào tián
꿈에 사탕수수를 깨물다 — 생각은 좋다 : 김칫국을 마시다

[단어] 甘蔗 gānzhe 사탕수수

0498 坑 kēng (사람을) 함정에 빠뜨리다 □□□

骗子要是存心坑人，我们怎么也躲不开。
Piànzi yàoshì cúnxīn kēngrén, wǒmen zěnme yě duǒbukāi.
사기꾼이 작정하고 골탕 먹이려 달려들면, 우리가 아무리 발버둥쳐도 피할 수가 없어.

你这不是存心坑人吗？岂有此理！
Nǐ zhè bú shì cúnxīn kēngrén ma? Qǐ yǒu cǐ lǐ!
너 작정하고 사람 골탕 먹이는 거 아냐? 어이없어 정말!

[단어] 岂有此理 qǐ yǒu cǐ lǐ 어찌 이럴 수 있단 말인가!

🐶 **관련 표현**

焚书坑儒 fén shū kēng rú [성] 분서갱유, 진(秦)나라 진시황(秦始皇)이 책을 불태우고 유생 등을 죽인 사건, 문화를 파괴하거나 지식인을 박해하는 것

坑蒙拐骗 kēng mēng guǎi piàn [성] 남을 교묘히 속여 사취하다

0499 空想 kōngxiǎng 공상하다 [유의] 幻想 huànxiǎng □□□

他提出的一些办法都是坐在办公室里空想出来的。
Tā tíchū de yìxiē bànfǎ dōu shì zuòzài bàngōngshì li kōngxiǎng chulai de.
그가 제시한 방법들은 모두 사무실에 앉아서 공상한 거야.

[명] 공상 [유의] 理想 lǐxiǎng, 幻想 huànxiǎng

他是个空想家，总有做不完的梦。
Tā shì ge kōngxiǎngjiā, zǒng yǒu zuòbu wán de mèng.
저 앤 공상가야, 언제나 꿈 이야기가 넘친다니까.

空想 vs 幻想

空想은 실현 불가능한 근거 없는 생각을 말하고, 幻想은 비현실적인 것을 생각하거나, 어떤 사물에 대해 자유롭게 생각하는 것을 말한다.

陷入空想 xiànrù kōngxiǎng 공상에 잠기다

空想家 kōngxiǎngjiā 공상가

摆脱幻想 bǎituō huànxiǎng 환상에서 벗어나다

幻想着美好的未来 huànxiǎngzhe měihǎo de wèilái 아름다운 미래를 꿈꾸다

0500 恐吓 kǒnghè 협박하다, 공갈하다, 으름장을 놓다 □□□

匪徒们端着枪恐吓店员把保险柜拿出来。
Fěitúmen duānzhe qiāng kǒnghè diànyuán bǎ bǎoxiǎnguì ná chulai.
강도들은 총을 들고 점원을 협박해 금고를 가져오도록 했다.

[단어] **匪徒** fěitú 강도, 악당 / **保险柜** bǎoxiǎnguì 금고, 태비닛

🙂 관련 표현

恐吓信 kǒnghèxìn 협박장 / **恐吓罪** kǒnghèzuì 공갈죄

0501 恐惧 kǒngjù 겁먹다, 두려워하다, 공포감을 느끼다 **유의** 恐怖 kǒngbù □□□

我在他面前，突然感到很恐惧，也说不出话来。
Wǒ zài tā miànqián, tūrán gǎndào hěn kǒngjù, yě shuōbuchū huà lái.
나는 그의 앞에서, 갑자기 무섭다는 생각이 들어 말도 안 나왔어.

我们对癌症都有一种恐惧心理。
Wǒmen duì áizhèng dōu yǒu yì zhǒng kǒngjù xīnlǐ.
우리는 암에 대해 모두 일종의 공포 심리를 갖고 있다.

恐惧 vs 恐怖

恐惧는 위험을 느껴 두려워하는 것이고, 恐怖는 생명의 위협을 느껴 두려워하는 것이다. 恐怖는 명사로도 쓰인다.

恐惧不安 kǒngjù bù'ān 두렵고 불안하다

十分恐惧 shífēn kǒngjù 대단히 무섭다

0516 乐意 lèyì 기꺼이 ~하다, 언제든지 곧 ~하다, ~하기를 원하다

不管他多忙，他总是乐意帮助别人。
Bùguǎn tā duō máng, tā zǒngshì lèyì bāngzhù biérén.
그는 아무리 바쁠지라도, 늘 다른 사람을 기꺼이 도와준다.

⑱ 만족스럽다, 즐겁다

我说他几句，他就不乐意了。
Wǒ shuō tā jǐ jù, tā jiù bú lèyì le.
내가 그한테 싫은 소리 몇 마디 하자, 그는 바로 기분 나빠하더라고.

0517 冷却 lěngquè 냉각하다, 냉각되다

汽车发动机过热时，可以利用水来冷却下来。
Qìchē fādòngjī guòrè shí, kěyǐ lìyòng shuǐ lái lěngquèxialai.
자동차 엔진이 과열되었을 때는, 물을 이용해 냉각시킬 수 있다.

两国关系在经济上大有发展，在政治上却冷却了。
Liǎng guó guānxi zài jīngjì shang dà yǒu fāzhǎn, zài zhèngzhì shang què lěngquè le.
양국 관계는 경제적으로는 많이 호전되었지만, 정치적으로는 오히려 냉각되었다.

0518 愣 lèng 멍해지다, 얼빠지다, 어리둥절하다

听着他说的话，她愣了好一阵子，转身出去了。
Tīngzhe tā shuō de huà, tā lèngle hǎo yí zhènzi, zhuǎnshēn chūqu le.
그의 말을 들으며, 그녀는 한참을 멍해 있다가, 돌아서 나갔다.

看到你我就愣住了，脑子就空了。
Kàndào nǐ wǒ jiù lèngzhù le, nǎozi jiù kōng le.
너를 보고 나는 얼빠졌고, 머리가 하얘졌어.

🐷 **관련 표현**

愣头愣脑 lèng tóu lèng nǎo 덜렁대는 모양, 멍청한 모양

一愣一愣 yí lèng yí lèng [신조어] 매우 감탄하거나 숭배하다

0519 理睬 lǐcǎi 상대하다, 거들떠보다

我恳求他帮忙，但他完全不理睬我的请求。
Wǒ kěnqiú tā bāngmáng, dàn tā wánquán bù lǐcǎi wǒ de qǐngqiú.
내가 그에게 도와달라고 사정했지만, 그는 내 부탁을 완전히 무시했다.

我很在乎她，她对我总是不理不睬的。
Wǒ hěn zàihu tā, tā duì wǒ zǒngshì bù lǐ bù cǎi de.
나는 그녀에게 관심이 많은데, 그녀는 늘 나한테 시큰둥하다.

[단어] 不理不睬 bù lǐ bù cǎi 성 본체만체하다, 상대하지 않다

0520 力求 lìqiú 온갖 노력을 다하다, 몹시 애쓰다 유의 力争 lìzhēng

这个问题我们要力求尽快解决。
Zhè ge wèntí wǒmen yào lìqiú jǐnkuài jiějué.
이 문제를 우리는 되도록 빨리 해결하려 힘쓰고 있다.

他在工作上面总是力求完美。
Tā zài gōngzuò shàngmiàn zǒngshì lìqiú wánměi.
그는 업무에 있어 언제나 완벽하려 애쓴다.

0521 力争 lìzhēng (목표를 달성하기 위해) 매우 노력하다, 노력을 아끼지 않다
유의 力求 lìqiú

目前很多中小企业把眼光投向国外，力争把自己的产品打入
国际市场。
Mùqián hěn duō zhōngxiǎo qǐyè bǎ yǎnguāng tóuxiàng guówài,
lìzhēng bǎ zìjǐ de chǎnpǐn dǎrù guójì shìchǎng.
현재 많은 중소기업들이 눈을 국외로 돌려, 자사 제품을 국제 시장에 진출시키려 힘쓰고 있다.

我们队去年得了亚军，今年要力争夺冠军。
Wǒmen duì qùnián déle yàjūn, jīnnián yào lìzhēng duó guànjūn.
우리 팀은 작년에 준우승을 했는데, 올해는 우승을 하기 위해 힘쓰고 있다.

🗨️ 관련 표현

力争上游 lì·zhēng shàng yóu 성 남보다 앞서려고 언제나 노력하다

670

0522 立足 lìzú 발붙이다, 근거하다, 입각하다, (어떤 입장에) 서다

世界这么大，难道没有我立足之地吗？
Shìjiè zhème dà, nándào méiyǒu wǒ lìzú zhī dì ma?
세상이 이렇게나 큰데, 설마 내가 발붙일 곳이 없겠어?

[단어] 立足之地 lì zú zhī dì （성） 발붙일 여지, 터전, 기반

我们要立足本职，从实际出发，多观察、多学习。
Wǒmen yào lìzú běnzhí, cóng shíjì chūfā, duō guānchá、duō xuéxí.
우리는 본직에 입각하여, 실제에서 출발하고, 많이 관찰하고, 많이 공부해야 한다.

我们公司立足于国内市场，专门研发生产高质量电子产品。
Wǒmen gōngsī lìzúyú guónèi shìchǎng, zhuānmén yán fā shēngchǎn gāo zhìliàng diànzǐ chǎnpǐn.
우리 회사는 국내 시장에 기반을 두고, 고품질의 전자 제품을 전문적으로 연구·개발 생산하고 있다.

🐵 **관련 표현**

立足点 lìzúdiǎn 발판, 입장

0523 例外 lìwài 예외로 하다, 예외(가 되)다

这是我们餐厅的规定，谁也不能例外！
Zhè shì wǒmen cāntīng de guīdìng, shéi yě bù néng lìwài!
이건 저희 식당의 규정이니, 그 누구도 예외일 수 없습니다!

명 예외

我从不轻易夸奖别人，但他是个例外。
Wǒ cóng bù qīngyì kuājiǎng biérén, dàn tā shì ge lìwài.
나는 절대 쉽사리 남을 칭찬하지 않는데, 그 친구는 예외이다.

0524 联欢 liánhuān 함께 모여 즐기다, 친목을 맺다

一年一度的春节联欢晚会进入最后倒计时。
Yì nián yí dù de chūnjié liánhuān wǎnhuì jìnrù zuìhòu dàojìshí.
1년에 한 번 있는 설 디너쇼가 마지막 카운트다운에 들어갔다.

[단어] 倒计时 dàojìshí 초읽기하다

由市福利院主办的重阳节联欢活动在老年活动中心举行。

Yóu shì fúlìyuàn zhǔbàn de chóngyángjié liánhuān huódòng zài lǎonián huódòng zhōngxīn jǔxíng.

시 양로원이 주최하는 중양절 친목 행사가 노인 복지관에서 진행되었다.

0525 联络 liánluò 연락하다, 접촉하다, 소통하다 **유의 联系** liánxì

这里的信号不好，我和他联络不上。

Zhèli de xìnhào bù hǎo, wǒ hé tā liánluòbushàng.

여기는 신호가 안 좋아서, 나는 그와 연락이 되지 않아요.

请你一定要发短信给我，不要把联络方式直接写在回帖中。

Qǐng nǐ yídìng yào fā duǎnxìn gěi wǒ, búyào bǎ liánluò fāngshì zhíjiē xiězài huítiē zhōng.

반드시 저에게 문자 메시지를 주시고, 연락 방식을 댓글에 직접 달지는 마세요.

[단어] 回帖 huítiē 인터넷 게시물의 덧글

我们几个同学偶尔会聚会，联络一下感情。

Wǒmen jǐ ge tóngxué ǒu'ěr huì jùhuì, liánluò yíxià gǎnqíng.

우리 몇몇 동창생들은 가끔 모여 마음을 나눈다.

0526 联想 liánxiǎng 연상하다

科学家指出，记忆主要是通过联想起作用的。

Kēxuéjiā zhǐchū, jìyì zhǔyào shì tōngguò liánxiǎng qǐ zuòyòng de.

과학자들은, 기억은 주로 연상을 통해 작용하는 것이라 한다.

我一看见她，就不禁联想到《雨巷》中描绘的浪漫情景。

Wǒ yí kànjiàn tā, jiù bù jīn liánxiǎngdào 《Yǔxiàng》 zhōng miáohuì de làngmàn qíngjǐng.

나는 그녀를 보자마자, 나도 모르게 《비오는 골목》에 묘사되어 있는 낭만적인 풍경이 떠올랐다.

0527 谅解 liàngjiě 양해하다, 이해하여 주다 **유의 理解** lǐjiě

就算你骗了他，他也一定会谅解你的。

Jiù suàn nǐ piànle tā, tā yě yídìng huì liàngjiě nǐ de.

자네가 그 친구를 속였다 해도, 그 친구는 자네를 이해해 줄 거야.

今天开幕式随着特殊情况的发生推迟一个小时，请大家谅解!

Jīntiān kāimùshì suízhe tèshū qíngkuàng de fāshēng tuīchí yí ge
xiǎoshí, qǐng dàjiā liàngjiě!

오늘 개막식이 특수 상황의 발생으로 한 시간 늦춰진 점, 여러분의 양해 부탁드립니다!

谅解 vs 理解

谅解는 이유를 알고 난 후에 용서하는 것을 뜻하고, 理解에는 '谅解'의 뜻 외에 '懂得,
明白'의 뜻이 들어 있다. 谅解의 대상은 사람만 될 수 있지만, 理解의 대상은 사람과 사
물이 다 될 수 있다.

你们是朋友，应该互相谅解(理解)。
Nǐmen shì péngyou, yīnggāi hùxiāng liángjiě(lǐjiě).
너희들은 친구니까 서로 이해해 줘야 해.

他这么无礼，我无法谅解他。(O) / 他这么无礼，我无法理解他。(X)
Tā zhème wúlǐ, wǒ wúfǎ liángjiě ta.
저 녀석이 이렇게 무례해서, 내가 용서할 수가 없어.

我很理解他的心情。(O) / 我很谅解他的心情。(X)
Wǒ hěn lǐjiě tā de xīnqíng.
나는 그의 마음을 십분 이해해.

0528 晾 liàng (물건을 그늘이나 바람에) 말리다, (햇볕에) 널다, 푸대접하다 □□□

柿饼是在柿子还坚硬的时候，削去外皮晾制而成的。
Shìbǐng shì zài shìzi hái jiānyìng de shíhou, xiāoqù wàipí liàng zhì
ér chéng de.
곶감은 감이 아직 딱딱할 때, 껍질을 벗겨 말려서 만든 것이다.

[단어] 削去 xiāoqù 깎아내다, 벗겨내다, 삭제하다

趁今天阳光好把被子拿出来晾一晾。
Chèn jīntiān yángguāng hǎo bǎ bèizi náchulai liàng yi liàng.
오늘처럼 햇볕이 좋을 때 이불을 꺼내 말리자고.

他好歹也是客人，你就这么把他晾在一边不好吧?
Tā hǎodǎi yě shì kèrén, nǐ jiù zhème bǎ tā liàngzài yì biān bù hǎo ba?
그 사람도 어쨌든 손님인데, 저렇게 혼자 내버려 두면, 안 되는 거 아닌가요?

[단어] 好歹 hǎodǎi 어쨌든, 아무튼

0529 列举 lièjǔ 열거하다 참고 **列举名单** lièjǔ míngdān 명단을 열거하다

他列举了各种可能出现的情况。
Tā lièjǔle gè zhǒng kěnéng chūxiàn de qíngkuàng.
그는 각종 출현 가능한 상황을 열거했다.

你列举的这几个人我一个也不认识。
Nǐ lièjǔ de zhè jǐ ge rén wǒ yí ge yě bú rènshi.
네가 열거한 몇 사람 중에서 내가 아는 사람이 한 명도 없는데.

0530 临床 línchuáng (의사가 직접 병상을 돌며) 치료하다

他在医院工作，一干就是30多年，积累了丰富的临床经验。
Tā zài yīyuàn gōngzuò, yí gàn jiù shì sānshí duō nián, jīlěile fēngfù de línchuáng jīngyàn.
그는 병원에서 일하는데, 30여 년 일하는 동안 풍부한 임상 경험을 쌓았다.

临床实践对一个医生的成长非常重要。
Línchuáng shíjiàn duì yí ge yīshēng de chéngzhǎng fēicháng zhòngyào.
임상 실습은 의사의 성장에 있어 매우 중요하다.

🌱 **관련 표현**

临床实验 línchuáng shíyàn 임상 실험
临床医学 línchuáng yīxué 임상 의학
临床治疗 línchuáng zhìliáo 임상 치료

0531 淋 lín (물이나 액체에) 젖다

白色的短袖衫被汗水淋透了，贴在他身上。
Báisè de duǎnxiùshān bèi hànshuǐ líntòu le, tiēzài tā shēnshang.
흰색 반소매 셔츠가 땀으로 흠뻑 젖어, 그의 몸에 달라붙었다.

下这么大的雨，估计阳台上的衣服都被雨淋湿了。
Xià zhème dà de yǔ, gūjì yángtái shang de yīfu dōu bèi yǔ línshī le.
비가 너무 많이 내려, 베란다에 있는 옷들이 다 젖었겠는걸.

日晒雨淋 rì shài yǔ lín 성 환경이 열악하다

淋漓尽致 lín lí jìn zhì 성 (글이나 말 등이) 아주 솔직하다

淋了雨的熟石榴 ─ 咧开了嘴 헐후
línle yǔ de shú shíliu ─ liěkāile zuǐ
소나기를 맞은 익은 석류 ─ 입이 벌어지다 : 아주 기뻐하다

山半腰遭雨淋 ─ 上下两难 헐후
shān bànyāo zāo yǔlín ─ shàngxià liǎng nán
산중턱에서 소나기를 만나다 ─ 위로 올라가지도 아래로 내려오지도 못하다 : 이러지도 저러지도 못하다

0532 领会 lǐnghuì 이해하다, 파악하다, 터득하다 유의 体会 tǐhuì □□□

我希望经过这件事，你可以领会爸爸的用心良苦。
Wǒ xīwàng jīngguò zhè jiàn shì, nǐ kěyǐ lǐnghuì bàba de yòng xīn liáng kǔ.
난 이 일을 통해, 네가 아빠의 마음을 좀 알아주면 좋겠구나.

我听到这里，突然领会到他说的意图。
Wǒ tīngdào zhèli, tūrán lǐnghuìdào tā shuō de yìtú.
나는 여기까지 듣고, 갑자기 그가 말하는 의도를 알아차렸다.

领会 vs 体会

领会는 어떤 사물에 대해 '이해'하게 되는 것을 뜻하고, 体会는 체험에서 얻은 '느낌'에 중점을 둔다. 体会는 명사로도 쓰인다.

领会言外之意 lǐnghuì yánwài zhī yì 암시하는 뜻을 깨닫다
领会了他的心意 lǐnghuìle tā de xīnyì 그의 마음을 알았다

深有体会 shēn yǒu tǐhuì 깊이 체득하다
学习体会 xuéxí tǐhuì 학습 경험

0533 领悟 lǐngwù (도리나 뜻을) 깨닫다, 이해하다, 납득하다

这种事需要自己去领悟，外人是帮不上什么忙的。
Zhè zhǒng shì xūyào zìjǐ qù lǐngwù, wàirén shì bāngbushàng
shénme máng de.
이런 일은 스스로 깨달아야지, 다른 사람은 도와줄 수가 없어.

我终于领悟你这句话的意思了。
Wǒ zhōngyú lǐngwù nǐ zhè jù huà de yìsi le.
난 마침내 네 말의 뜻을 이해했어.

0534 领先 lǐngxiān (함께 나아갈 때) 앞장서다, 선두에 서다, 리드하다

虽然被对手领先了3分，他表现得还是很冷静。
Suīrán bèi duìshǒu lǐngxiānle sān fēn, tā biǎoxiàn de háishi hěn
lěngjìng.
비록 상대 선수에게 3점을 내주었지만, 그는 여전히 침착한 태도를 보였다.

中国的生命科学研究处于世界领先地位。
Zhōngguó de shēngmìng kēxué yánjiū chǔyú shìjiè lǐngxiān dìwèi.
중국의 생명과학 연구는 세계적으로 선두적인 위치를 점하고 있다.

0535 溜 liū 미끄러지다, (살짝) 빠져나가다,

孩子们一次次从滑梯上溜下，玩儿得很开心。
Háizimen yícìcì cóng huátī shang liūxià, wánr de hěn kāixīn.
아이들은 계속해서 미끄럼틀을 타며, 재미있게 놀고 있다.

[단어] 滑梯 huátī 미끄럼틀

你又想趁大家不注意的时候偷偷溜走啊？
Nǐ yòu xiǎng chèn dàjiā bú zhùyì de shíhou tōutōu liūzǒu a?
너 또 남들이 신경 안 쓰는 틈을 타 살짝 빠져나가려고?

🦜 **관련 표현**

酸溜溜 suānliūliū (냄새·맛이) 시큼하다, (마음이) 아프다

溜须拍马 liū xū pāi mǎ 성 비위를 맞추고 아첨하다

溜之大吉 liū zhī dà jí 성 몰래 달아나다, 줄행랑 놓다

0536 留恋 liúliàn 떠나기 서운해하다, 미련을 두다

我很留恋那段日子、那里的人。

Wǒ hěn liúliàn nà duàn rìzi、nàli de rén.

나는 그 시절과 그곳 사람들에게 참 많은 미련이 남아 있다.

这次云南之旅，最令人留恋的就是这家客栈。

Zhè cì Yúnnán zhī lǚ, zuì lìng rén liúliàn de jiù shì zhè jiā kèzhàn.

이번 운남 여행에서, 가장 떠나기 아쉬웠던 것은 바로 이 객잔이다.

[단어] **客栈** kèzhàn 여인숙, 객잔

0537 留念 liú//niàn 기념으로 남기다, (남겨 두어) 기념으로 삼다 [유의] 纪念 jìniàn

这位明星为现场粉丝签名留念。

Zhè wèi míngxīng wèi xiànchǎng fěnsī qiānmíng liúniàn.

이 스타는 현장에 있던 팬들을 위해 기념으로 사인을 해 주었다.

[단어] **粉丝** fěnsī 팬

我们快要分别了，大家拍张照片留个念吧。

Wǒmen kuài yào fēnbié le, dàjiā pāi zhāng zhàopiàn liú ge niàn ba.

우리 곧 헤어지게 되니, 다 같이 사진을 찍어 기념으로 남기자.

 관련 표현

拍照留念 pāizhào liúniàn 사진을 찍어 기념으로 남기다

题词留念 tící liúniàn 글을 남겨 기념하다

留念 vs 纪念

留念은 기념으로 삼는 것이고, 纪念은 사물이나 행동으로 어떤 사람이나 사물에 대해 그리워하고 잊지 않는 것이다. 留念은 이합사이고, 纪念은 동사와 명사로 쓰인다.

快要毕业了，同学们纷纷合影留念。

Kuàiyào bìyè le, tóngxuémen fēnfēn héyǐng liúniàn.

졸업이 가까워 오자, 학생들은 계속 같이 기념사진을 찍고 있다.

我市举行国际残疾人日纪念活动。

Wǒ Shì jǔxíng guójì cánjírénrì jìniàn huódòng.

우리 시에서는 국제장애인의 날 기념 행사를 개최했다.

今天是公司成立五周年纪念日。

Jīntiān shì gōngsī chénglì wǔ zhōunián jìniànrì.

오늘은 회사 창립 5주년 기념일이다.

0538 留神 liú∥shén 주의하다, 조심하다, 유의하다

유의 留心 liúxīn, 留意 liúyì

越是人多的地方越容易遭小偷，你可得留神。

Yuè shì rén duō de dìfang yuè róngyì zāo xiǎotōu, nǐ kě děi liúshén.

사람이 많은 곳일수록 소매치기를 만나기 쉬우니, 넌 특히 신경 써라.

这里经常出车祸，大家开车都留点神。

Zhèlǐ jīngcháng chū chēhuò, dàjiā kāichē dōu liú diǎn shén.

여기는 차 사고가 자주 나는 곳이에요. 여러분 운전할 때 주의하세요.

0539 流浪 liúlàng 유랑하다, 방랑하다

吉卜赛人四处流浪，没有固定的家园。

Jíbǔsàirén sì chù liúlàng, méiyǒu gùdìng de jiāyuán.

집시들은 여기저기 떠돌아다니고, 고정된 집이 없다.

[단어] 吉卜赛人 jíbǔsàirén 집시(Gypsy)

几年的流浪生活使我在不知不觉中习惯了孤独的味道。

Jǐ nián de liúlàng shēnghuó shǐ wǒ zài bù zhī bù jué zhōng xíguànle gūdú de wèidao.

몇 년 동안의 유랑 생활은 나도 모르는 사이에 고독함에 길들여지게 만들었다.

[단어] 不知不觉 bù zhī bù jué 자기도 모르는 사이에, 부지불식간에

0540 流露 liúlù (생각·감정을) 무의식중에 나타내다, 무심코 드러내다

他的眼神中流露着爱意，你还没感觉到啊？

Tā de yǎnshén zhōng liúlùzhe àiyì, nǐ hái méi gǎnjuédào a?

그의 눈빛에 사랑이 담겨 있던데, 넌 아직도 못 느낀 거야?

尹护士只是不流露出自己的感情而已。

Yǐn hùshi zhǐshì bù liúlùchū zìjǐ de gǎnqíng éryǐ.

윤 간호사는 단지 자신의 감정을 드러내지 않았을 뿐이에요.

0541 流通 liútōng 유통하다, 막힘없이 잘 통하다 [BCT2]

空气不流通的地方容易传染疾病。
Kōngqì bù liútōng de dìfang róngyì chuánrǎn jíbìng.
공기가 통하지 않는 곳에서는 질병이 쉽게 전염된다.

据了解，这些有问题的药品仍在市场上流通。
Jù liǎojiě, zhèxiē yǒu wèntí de yàopǐn réng zài shìchǎng shang liútōng.
알아본 바로는, 이들 문제 있는 약품들이 여전히 시장에서 유통되고 있다고 한다.

0542 垄断 lǒngduàn 농단하다, 독점하다, 마음대로 다루다 [BCT2]

通过低价倾销，可以快速垄断当地市场。
Tōngguò dījià qīngxiāo, kěyǐ kuàisù lǒngduàn dāngdì shìchǎng.
저가로 덤핑 판매를 하면, 빠른 속도로 현지 시장을 독점할 수 있다.

[단어] 倾销 qīngxiāo 덤핑(dumping) 판매하다

国外品牌的介入打破了国有企业在奶制品市场的垄断地位。
Guówài pǐnpái de jièrù dǎpòle guóyǒu qǐyè zài nǎizhìpǐn shìchǎng de lǒngduàn dìwèi.
해외 유명 브랜드의 개입으로 국유 기업이 유제품 시장에서 갖고 있던 독점 지위가 무너졌다.

0543 笼罩 lǒngzhào (빛·공기·비 등이) 뒤덮다, 자욱하다

死亡的阴影笼罩在巴格达上空。
Sǐwáng de yīnyǐng lǒngzhàozài Bāgédá shàngkōng.
죽음의 그림자가 바그다드 상공을 뒤덮고 있었다.

[단어] 巴格达 Bāgédá 바그다드(Baghdad)

月光淡淡， 笼罩着村外的松林。
Yuèguāng dàndān, lǒngzhàozhe cūnwài de sōnglín.
달빛이 고요히 마을 외곽의 소나무 숲을 비추고 있다.

0544 搂 lǒu (두 팔로) 껴안다, (가슴에) 품다

她把两个宝贝紧紧地搂在怀里，放心地笑了。
Tā bǎ liǎng ge bǎobèi jǐnjǐn de lǒuzài huái li, fàngxīn de xiào le.
그녀는 두 아이를 가슴에 품고는 안심의 미소를 지었다.

这棵银杏树太粗了，我一个人搂不过来。

Zhè kē yínxìngshù tài cū le, wǒ yí ge rén lǒubuguòlái.

이 은행나무는 너무 굵어서, 나 혼자서 안을 수가 없다.

0545 履行 lǚxíng 이행하다, 실행하다 `BCT1` 유의 执行 zhíxíng □□□

要想享受权利就要履行相应的义务。

Yào xiǎng xiǎngshòu quánlì jiù yào lǚxíng xiāngyìng de yìwù.

권리를 누리려면, 그에 상응하는 의무를 이행해야 한다.

如果贵公司不履行合同，就要承担违约的责任。

Rúguǒ guì gōngsī bù lǚxíng hétong, jiù yào chéngdān wéiyuē de zérèn.

만약 귀사에서 계약을 이행하지 않는다면, 위약에 대한 책임을 져야 합니다.

> **履行 vs 执行**
>
> 履行과 执行 모두 '구체적으로 실현하다'의 뜻을 나타내는데, 履行은 계약, 의무, 약속, 협의 등에 쓰이고, 执行은 정책, 명령, 계획, 결의, 노선, 임무 등에 쓰인다.
>
> **履行诺言** lǚxíng nuòyán 약속을 이행하다
> **履行自己的义务** lǚxíng zìjǐ de yìwù 자신의 의무를 이행하다
>
> **执行法律** zhíxíng fǎlǜ 법률을 집행하다
> **执行命令** zhíxíng mìnglìng 명령을 집행하다

0546 掠夺 lüèduó 빼앗다, 강탈하다, 약탈하다 □□□

近代史上中华文物遭受了大肆掠夺和破坏。

Jìndàishǐ shang zhōnghuá wénwù zāoshòule dàsì lüèduó hé pòhuài.

근대 역사 속에서 중화 문물은 함부로 약탈당하고 파손되었다.

[단어] **大肆** dàsì 제멋대로, 함부로

如今领土和经济掠夺已经不再时髦，最可怕的就是文化的侵略。

Rújīn lǐngtǔ hé jīngjì lüèduó yǐjing bú zài shímáo, zuì kěpà de jiù shì wénhuà de qīnlüè.

오늘날은 영토와 경제 약탈은 더 이상 성행하지 않지만, 가장 무서운 것이 바로 문화의 침략이다.

0547 落成 luòchéng 준공되다, 낙성(완공)되다 유의 竣工 jùngōng

今天上午将举行新楼的落成典礼。

Jīntiān shàngwǔ jiāng jǔxíng xīnlóu de luòchéng diǎnlǐ.

오늘 오전에 새 빌딩의 준공식이 거행될 거예요.

得知新建的火车站已经落成，近日就要投入使用。

Dézhī xīnjiàn de huǒchēzhàn yǐjing luòchéng, jìnrì jiùyào tóurù shǐyòng.

새로 건설된 기차역이 이미 완공되었고, 가까운 시일 내에 가동된다고 한다.

[단어] 得知 dézhī 알게 되다, 알다

0548 落实 luòshí (정책·계획·조치 따위가) 실현되다, 확정되다

做好这项工作，关键是要落实资金。

Zuòhǎo zhè xiàng gōngzuò, guānjiàn shì yào luòshí zījīn.

이 프로젝트를 완성하려면, 관건은 자금을 확보하는 것이다.

这些措施一旦全面落实，整个行业将会发生一次彻底的变革。

Zhèxiē cuòshī yídàn quánmiàn luòshí, zhěnggè hángyè jiāng huì fāshēng yí cì chèdǐ de biàngé.

이 조치가 일단 전면적으로 실시되면, 전체 업계에 철저한 변혁이 이루어질 것이다.

0549 麻痹 mábì 마비되다 유의 麻木 mámù

昨晚他开风扇睡的觉，被风吹得全身麻痹了。

Zuówǎn tā kāi fēngshàn shuì de jiào, bèi fēng chuī de quánshēn mábì le.

어제 밤 그는 선풍기를 켜놓고 잠을 자다가, 선풍기 바람에 전신이 마비되었다.

为了忘记在意外中死去的妻子，他天天用酒来麻痹自己。

Wèile wàngjì zài yìwài zhōng sǐqù de qīzi, tā tiāntiān yòng jiǔ lái mábì zìjǐ.

뜻밖의 사고로 죽은 아내를 잊기 위해, 그는 날마다 술에 빠져 산다.

0550 麻醉 mázuì 마취하다, (의식을) 마비시키다, 현혹시키다

一般全身、半身麻醉时，需要麻醉医生来执行。
Yìbān quánshēn、bànshēn mázuì shí, xūyào mázuì yīshēng lái zhíxíng.
보통 전신·반신 마취 시에는 마취과 의사가 와서 시술한다.

他在你身旁不断地用甜言蜜语来麻醉你，但他并不爱你。
Tā zài nǐ shēnpáng búduàn de yòng tiányán mìyǔ lái mázuì nǐ, dàn tā bìng bú ài nǐ.
그가 네 옆에서 끊임없이 달콤한 말로 널 현혹하지만, 그 사람은 결코 널 사랑하진 않아.

🐵 **관련 표현**

局部麻醉 júbù mázuì 국부 마취 / **麻醉师** mázuìshī 마취(의)사
麻醉药 mázuìyào 마취약

0551 埋伏 máifú 매복하다

四名警察埋伏了五个夜晚，终于逮捕了嫌犯。
Sì míng jǐngchá máifúle wǔ ge yèwǎn, zhōngyú dàibǔle xiánfàn.
4명의 경찰이 5일 밤을 매복한 끝에, 마침내 용의자를 체포했다.

这伙人专门埋伏在十字路口，向等待红绿灯的市民实施抢劫。
Zhè huǒ rén zhuānmén máifúzài shízì lùkǒu, xiàng děngdài hónglǜdēng de shìmín shíshī qiǎngjié.
이 사람들은 작정하고 교차로에 잠복해 있다가, 신호등을 기다리는 시민을 대상으로 강도짓을 했다.

[단어] 抢劫 qiǎngjié 강도짓하다, 강탈하다

0552 埋没 máimò 매몰되다, 묻히다

几年前，这里发生一场剧烈的地震，整个村子都被埋没了。
Jǐ nián qián, zhèlǐ fāshēng yì chǎng jùliè de dìzhèn, zhěnggè cūnzi dōu bèi máimò le.
몇 년 전, 이곳에 한 차례 강력한 지진이 나서, 온 마을이 다 매몰되었다.

如果没有遇见这位老总，你这才华就被埋没了。
Rúguǒ méiyou yùjiàn zhè wèi lǎozǒng, nǐ zhè cáihuá jiù bèi máimò le.
만약에 이 사장님을 만나지 못했더라면, 자네 재능은 묻혀 버렸을 거네.

0563 弥漫 mímàn (연기·안개·모래·먼지·냄새 등이) 자욱하다, 가득하다

我觉得空气里弥漫着甜蜜的幸福花香。
Wǒ juéde kōngqì li mímànzhe tiánmì de xìngfú huāxiāng.
공기 중에 달콤한 행복 냄새가 가득한 것 같다.

山上雾气弥漫，能见度不足10米，还夹杂着小雨。
Shān shang wùqì mímàn, néng jiàndù bùzú shí mǐ, hái jiāzázhe xiǎoyǔ.
산에는 안개가 자욱해, 10미터 앞을 볼 수 없고, 이슬비마저 내리고 있다.

[단어] **夹杂** jiāzá 혼합하다, 뒤섞다

🗨 **관련 표현**

硝烟弥漫 xiāoyān mímàn 포연이 자욱하다

烟尘弥漫 yānchén mímàn 연기와 먼지가 자욱하다

妖气弥漫 yāoqì mímàn 요기가 서리다

烟雾弥漫 yānwù mímàn 안개(연기)가 자욱하다

0564 迷惑 míhuò 미혹되다, 현혹되다

你已经被他的假象迷惑了，所以我说什么都听不进去。
Nǐ yǐjing bèi tā de jiǎxiàng míhuò le, suǒyǐ wǒ shuō shénme dōu tīngbujìnqù.
넌 이미 그의 가짜 모습에 미혹되어서, 내가 뭐라 해도 안 들리는 거야.

千万别被这些虚假的广告迷惑了。
Qiānwàn bié bèi zhèxiē xūjiǎ de guǎnggào míhuò le.
절대로 이 허위 광고들에 현혹되지 마세요.

0565 迷人 mírén 사람을 홀리다, 마음을 끌다, 매력적이다

香港迷人的夜景会使你难以忘怀。
Xiānggǎng mírén de yèjǐng huì shǐ nǐ nányǐ wànghuái.
홍콩의 멋진 야경은 잊기 힘드실 겁니다.

他是一个很讲人情味的人，他的笑容很迷人。
Tā shì yí ge hěn jiǎng rénqíngwèi de rén, tā de xiàoróng hěn mírén.
그는 인정이 많은 사람이고, 그의 미소는 참으로 매력적이다.

0566 密封 mìfēng 밀봉하다, 밀폐하다, 꽉 봉하다

密封好的酒就不跑味儿、不漏酒。
Mìfēnghǎo de jiǔ jiù bù pǎo wèir、bú lòu jiǔ.
밀봉이 잘 된 술은 냄새도 안 날아가고, 술도 안 샌다.

他肯定想不到我把合同密封到这个盒子里了。
Tā kěndìng xiǎngbudào wǒ bǎ hétong mìfēngdào zhège hézi li le.
그는 내가 계약서를 이 함에 넣어 놓은 것을 틀림없이 생각하지 못할 거야.

蔬菜冷藏之前需用密封袋装好，再放入冰箱保存。
Shūcài lěngcáng zhīqián xū yòng mìfēngdài zhuānghǎo, zài fàngrù
bīngxiāng bǎocún.
야채는 냉장하기 전에 지퍼백(zipperbag)에 담아, 다시 냉장고에 넣어 보관한다.

0567 免疫 miǎnyì 면역이 되다

病毒已经对这种治疗药物免疫了，我们需要开发新的疫苗。
Bìngdú yǐjing duì zhè zhǒng zhìliáo yàowù miǎnyì le, wǒmen
xūyào kāifā xīn de yìmiáo.
바이러스가 이미 이런 치료약에 면역이 생겼기 때문에, 우리는 새로운 백신을 개발할 필요가 있다.

[단어] 疫苗 yìmiáo 백신

这种事我们已经看得太多了，都有免疫力了。
Zhè zhǒng shì wǒmen yǐjing kàn de tài duō le, dōu yǒu miǎnyìlì le.
이런 일을 우리는 너무 많이 봐서, 이미 면역이 됐어.

如果身体的免疫力下降了，就容易生病。
Rúguǒ shēntǐ de miǎnyìlì xiàjiàng le, jiù róngyì shēngbìng.
몸의 면역력이 저하되면, 병에 걸리기 쉽다.

0568 勉励 miǎnlì 고무하다, 격려하다, 장려하다 [유의] 鼓励 gǔlì

虽然现在的确很艰苦，但让我们互相勉励，坚持走下去吧。
Suīrán xiànzài díquè hěn jiānkǔ, dàn ràng wǒmen hùxiāng miǎnlì,
jiānchí zǒuxiaqu ba.
비록 지금 확실히 힘들긴 하지만, 우리 서로 격려하며 버텨 나갑시다.

总理勉励大学生要有理想、有担当、有胆量。

Zǒnglǐ miǎnlì dàxuéshēng yào yǒu lǐxiǎng、yǒu dāndāng、yǒu dǎnliàng.

총리는 대학생은 이상이 있어야 하고, 책임도 질 줄 알고, 용기도 있어야 한다고 격려했다.

0569 勉强 miǎnqiǎng 강요하다, 간신히(억지로) ~하다 □□□

如果你实在不愿意，我是不会勉强你的。

Rúguǒ nǐ shízài bú yuànyì, wǒ shì bú huì miǎnqiǎng nǐ de.

만약에 네가 정말로 원치 않으면, 나는 강요하지는 않을 거야.

今天你身体不舒服，千万不要勉强参加比赛。

Jīntiān nǐ shēntǐ bù shūfu, qiānwàn búyào miǎnqiǎng cānjiā bǐsài.

오늘 네 몸이 안 좋으면, 절대로 시합에 억지로 참가하지 마.

형 억지스럽다

我觉得你的解释有些勉强。

Wǒ juéde nǐ de jiěshì yǒuxiē miǎnqiǎng.

난 네 설명이 좀 억지스러워 보이는데.

0570 描绘 miáohuì (생생하게) 묘사하다, 그리다 **유의** 描写 miáoxiě □□□

画家用极为细腻的笔触将人物的肖像以及人物的衣着体态描绘出来。

Huàjiā yòng jíwéi xìnì de bǐchù jiāng rénwù de xiàoxiàng yǐjí rénwù de yīzhuó tǐtài miáohuìchulai.

화가는 아주 정교한 필법으로 인물의 초상 및 인물의 의관과 자태를 그려냈다.

[단어] 笔触 bǐchù 필법, 필치 / 衣着 yīzhuó 복장, 옷차림 / 体态 tǐtài 자태

在游记中，他把他的所见所闻生动地描绘了出来。

Zài yóujì zhōng, tā bǎ tā de suǒjiàn suǒwén shēngdòng de miáohuìle chūlai.

기행문에서, 그는 그가 듣고 들은 바를 생생하게 묘사해 내고 있다.

[단어] 所见所闻 suǒjiàn suǒwén 견문, 보고 들은 것

0571 瞄准 miáozhǔn 조준하다, 겨냥하다

他站在那里，缓缓地瞄准了靶心。
Tā zhànzài nàli, huǎnhuān de miáozhǔnle bǎxīn.
그는 저쪽에 서서 천천히 과녁을 조준했다.

[단어] 靶心 bǎxīn 과녁, 표적의 중심

这种产品是瞄准国际市场的。
Zhè zhǒng chǎnpǐn shì miáozhǔn guójì shìchǎng de.
이 제품은 국제 시장을 겨냥한 것이다.

0572 藐视 miǎoshì 경시하다, 얕보다 [유의] 看不起 kànbuqǐ

不要藐视别人的爱好。
Búyào miǎoshì biérén de àihào.
다른 사람의 취미를 우습게 보지 말아요.

你别误会，我真的没有藐视你的意思。
Nǐ bié wùhuì, wǒ zhēn de méiyou miǎoshì nǐ de yìsi.
오해하지 마, 난 정말 널 얕보려는 뜻이 없어.

0573 灭亡 mièwáng 멸망하다

秦朝建立于公元前221年，灭亡于公元前206年。
Qín cháo jiànlìyú gōngyuánqián èr èr yī nián, mièwángyú gōngyuánqián èr líng liù nián.
진 왕조는 기원전 221년에 세워져, 기원전 206년에 멸망했다.

自取灭亡 zì qǔ miè wáng (성) 멸망을 자초하다

0574 蔑视 mièshì 멸시하다, 깔보다, 업신여기다 **반의** 重视 zhòngshì 중시하다

□□□

这个军官因发表蔑视阿富汗领导人的言论而被免去职务。
Zhège jūnguān yīn fābiǎo mièshì Āfùhàn lǐngdǎorén de yánlùn ér bèi miǎnqù zhíwù.
이 장교는 아프가니스탄 지도자를 멸시하는 발언으로 인해 면직 당했다.

[단어] 阿富汗 Āfùhàn 아프가니스탄(Afghanistan)

他的眼神里透出了一种蔑视，一种嘲讽。
Tā de yǎnshén li tòuchūle yì zhǒng mièshì, yì zhǒng cháofěng.
그의 눈빛에 멸시와 비웃음이 담겨 있었다.

[단어] 嘲讽 cháofěng 조롱하다, 비웃다

0575 命名 mìngmíng 명명하다, 이름 짓다

□□□

1867年美国从俄国赎回的阿拉斯加州是由俄国人命名的。
Yī bā liù qī nián Měiguó cóng Éguó shúhuí de Ālāsījiā zhōu shì yóu Éguórén mìngmíng de.
1867년 미국이 러시아로부터 사들인 알래스카 주는 러시아 사람이 명명한 것이다.

[단어] 赎回 shúhuí (대금을 치르고) 저당물을 되찾다 / 阿拉斯加 Ālāsījiā 알래스카(Alaska)

人们为纪念送草药的仙鹤，就把这种野草命名为"仙鹤草"。
Rénmen wèi jìniàn sòng cǎoyào de xiānhè, jiù bǎ zhè zhǒng yěcǎo mìngmíng wéi "xiānhècǎo".
사람들은 약초를 갖다 준 백학을 기념하기 위해, 이 약초를 '백학초'라 이름 지었다.

[단어] 仙鹤 xiānhè 흰두루미, 신선이 기르는 백학

0576 摸索 mōsuǒ (방법·경험 따위를) 모색하다, (길·방향을) 더듬어 찾다

□□□

走廊的灯坏了，她笨手笨脚地摸索着钥匙开门。
Zǒuláng de dēng huài le, tā bèn shǒu bèn jiǎo de mōsuǒzhe yàoshi kāimén.
복도의 등이 고장 나서, 그녀는 더듬더듬 열쇠를 찾아 문을 열었다.

下午在同事的帮助下摸索出了这个方法，极度兴奋！

Xiàwǔ zài tóngshì de bāngzhù xià mōsuǒchule zhège fāngfǎ, jídù xīngfèn!

오전에 동료의 도움으로 이 방법을 찾아내고는, 매우 흥분되었다.

🗣 관련 표현

暗中摸索 àn zhōng mō suǒ **성** 암중모색

0577 **摩擦** mócā 마찰하다, 비비다 **유의** 磨擦 mócā □□□

寒冷的冬天，双手摩擦会感到手发热。

Hánlěng de dōngtiān, shuāngshǒu mócā huì gǎndào shǒu fārè.

추운 겨울에, 두 손을 비비면 손에서 열이 나는 걸 느낄 수 있다.

명 마찰, 충돌

在生活中，我们难免会与别人发生摩擦。

Zài shēnghuó zhōng, wǒmen nánmiǎn huì yǔ biérén fāshēng mócā.

살면서, 우리는 다른 사람과 마찰을 빚게 마련이다.

0578 **磨合** móhé 길들(이)다, 적응하다, 교섭(절충)하다 □□□

新车都这样，磨合一段时间就好了。

Xīnchē dōu zhèyàng, móhé yí duàn shíjiān jiù hǎo le.

새 차는 다 이래요. 어느 정도 길들이면 괜찮아집니다.

经过几年的磨合他们终于成为默契十足的搭档。

Jīngguò jǐ nián de móhé tāmen zhōngyú chéngwéi mòqì shízú de dādàng.

몇 년 동안 적응한 끝에, 그들은 마침내 아주 잘 맞는 파트너가 되었다.

[단어] 默契 mòqì 마음이 잘 통하다, 호흡이 잘 맞다 / 搭档 dādàng 협력자, 짝, 파트너

经过近半年的磋商和磨合，双方终于达成初步协议。

Jīngguò jìn bàn nián de cuōshāng hé móhé, shuāngfāng zhōngyú dáchéng chūbù xiéyì.

거의 반 년에 걸친 협상과 절충을 벌여, 양측은 마침내 1차적인 합의를 보았다.

[단어] 磋商 cuōshāng 반복하여 협의하다

0579 抹杀 mǒshā 말살하다, 없애다, 지우다 □□□

我们不能因为他犯的一个小错误就抹杀了他的贡献。
Wǒmen bù néng yīnwèi tā fàn de yí ge xiǎo cuòwù jiù mǒshāle tā de gòngxiàn.
우리는 그가 저지른 작은 실수 때문에 그의 업적을 부인해서는 안 된다.

你这样做就可以抹杀掉事实吗?
Nǐ zhèyàng zuò jiù kěyǐ mǒshādiào shìshí ma?
네가 이렇게 한다고 사실이 덮어지겠니?

0580 谋求 móuqiú 강구하다, 모색하다, 꾀하다 유의 寻求 xúnqiú □□□

我们可以在竞争中谋求利益,但是这个社会更需要合作意识。
Wǒmen kěyǐ zài jìngzhēng zhōng móuqiú lìyì, dànshì zhège shèhuì gèng xūyào hézuò yìshí.
우리는 경쟁 중 이익을 꾀할 수 있지만, 이 사회는 협조 정신이 더 필요하다.

为了减少经营风险,我们公司正在谋求新的发展模式。
Wèile jiǎnshǎo jīngyíng fēngxiǎn, wǒmen gōngsī zhèngzài móuqiú xīn de fāzhǎn móshì.
경영 리스크를 감소시키기 위해, 우리 회사에서는 새로운 발전 모형을 모색 중이다.

0581 目睹 mùdǔ 직접 보다, 목도하다 유의 目击 mùjī □□□

我在中国留学期间,亲眼目睹了中国的快速发展。
Wǒ zài Zhōngguó liúxué qījiān, qīnyǎn mùdǔle Zhōngguó de kuàisù fāzhǎn.
나는 중국 유학 기간 동안, 중국이 빠르게 발전하는 것을 직접 보았다.

我没有目睹过程,但是我知道事情的真相。
Wǒ méiyou mùdǔ guòchéng, dànshì wǒ zhīdào shìqing de zhēnxiàng.
나는 과정을 목격하지는 못했지만, 사건의 진상은 알고 있다.

😊 **관련 표현**

耳闻目睹 ěr wén mù dǔ 성 직접 귀로 듣고 눈으로 보다

0582 沐浴 mùyù 목욕하다, (햇살·이슬) 받다, (좋은 분위기에) 푹 빠지다 □□□

古人祀神祭祖之前都要沐浴净身。
Gǔrén sìshén jìzǔ zhīqián dōu yào mùyù jìngshēn.
옛 사람들은 신과 조상에게 제사를 지낼 때마다 목욕재계를 했다.

[단어] 祀神 sìshén 신에게 제사지내다 / 祭祖 jìzǔ 조상에게 제사지내다

整座城市都沐浴在晨光之中。
Zhěng zuò chéngshì dōu mùyùzài chénguāng zhīzhōng.
온 도시가 아침 햇살을 받고 있다.

这天夜晚，我们全家都沐浴在欢乐的气氛中。
Zhè tiān yèwǎn, wǒmen quánjiā dōu mùyùzài huānlè de qìfēn zhōng.
이날 밤, 우리 가족은 모두 즐거운 분위기에 취해 있었다.

🔗 **관련 표현**

斋戒沐浴 zhāi jiè mù yù 성 목욕재계하다

0583 纳闷儿 nà∥mènr 답답하다, 속이 터지다 □□□

钱能自己长翅膀飞了?
Qián néng zìjǐ zhǎng chìbǎng fēi le?
돈이 스스로 날개가 돋쳐서 날아간 거야?

这件事处理得确实不妥，这让人觉得很纳闷。
Zhè jiàn shì chǔlǐ de quèshí bù tuǒ, zhè ràng rén juéde hěn nàmèn.
이 일은 확실히 잘못 처리되어서, 사람을 속 터지게 한다.

0584 拟定 nǐdìng 입안하다, 초안을 세우다 □□□

两国的谈判代表已拟定了一份安全协议草案。
Liǎng guó de tánpàn dàibiǎo yǐ nǐdìngle yí fèn ānquán xiéyì cǎo'àn.
양국의 협상 대표는 이미 안전 협정 초안을 마련했다.

0585 逆行 nìxíng 역행하다 □□□

一辆轿车逆行停在了路中间，情况很危险。
Yí liàng jiàochē nìxíng tíngzàile lù zhōngjiān, qíngkuàng hěn wēixiǎn.
어떤 자동차가 길 한복판에 역으로 정차해 있어, 상황이 아주 위험하다.

三文鱼沿着河流逆行返回出生地产卵。

Sānwényú yánzhe héliú nìxíng fǎnhuí chūshēngdì chǎnluǎn.

연어는 강물을 거슬러올라 태어난 곳으로 가서 산란한다.

0586 捏 niē (손가락으로) 집다, 잡다 □□□

孩子还小，两个手指捏不住筷子，只能用拳头抓住。

Háizi hái xiǎo, liǎng ge shǒuzhǐ niēbuzhù kuàizi, zhǐnéng yòng quántóu zhuāzhù

아이가 아직 어려서, 두 손가락으로 젓가락을 쥐지 못하고, 주먹으로 잡는다.

见到侄女的笑脸，他就忍不住想捏一下。

Jiàndào zhínǚ de xiàoliǎn, tā jiù rěnbuzhù xiǎng niē yíxià.

조카딸의 웃는 얼굴을 보고, 그는 한번 꼬집어 주고 싶었다.

🦊 관련 표현

捏一把汗 niē yì bǎ hàn `관용` 걱정되어 손에 땀을 쥐다, 극도로 긴장하다

烂泥巴捏神像 — 没个好心肠 `헐후`

làn níba niē shénxiàng — méi ge hǎo xīncháng

붉은 흙으로 신상을 빚다 — 좋은 마음이 아니다 : 속에 꿍꿍이가 있다

0587 拧 níng 짜다, 비틀다 □□□

他把酒瓶盖拧开，把瓶子凑近鼻孔闻了一下。

Tā bǎ jiǔ pínggài níngkāi, bǎ píngzi còujìn bíkǒng wénle yíxià.

그는 술병 뚜껑을 돌려 열고는, 병을 코 가까이 대고 냄새를 맡았다.

晾衣服之前，把衣服拧得干一些才干得快。

Liàng yīfu zhīqián, bǎ yīfu níng de gān yìxiē cái gān de kuài.

빨래 널기 전에, 빨래를 좀 비틀어 짜서 물기를 빼야 빨리 마른다.

▶ **nǐng** 비틀다

胳膊拧不过大腿 gēbo nǐngbuguò dàtuǐ `관용` 약자가 강자를 당해 낼 수 없다

烂麻拧成绳 — 有了头绪 `헐후`

lànmá nǐngchéng shéng — yǒule tóuxù

헤진 마로 새끼를 꼬다 — 실마리가 풀리다

老虎拧尾巴 — 发威 [헐후]

lǎohu nǐng wéiba — fāwēi

호랑이가 꼬리를 감다 — 권위를 내세우다 : 위세를 부리다

🔵 관련 표현

拧成一股绳 níngchéng yì gǔ shéng [관용] 하나로 뭉치다, 굳게 단합되다

0588 凝固 nínggù 응고하다, 굳어지다, 굳어버리다 [유의] 凝结 níngjié

在混凝土凝固以前，一定要把柱子竖直了。

Zài hùnníngtǔ nínggù yǐqián, yídìng yào bǎ zhùzi shùzhí le.

콘크리트가 응고하기 전에 기둥을 똑바로 세워야 한다.

[단어] 混凝土 hùnníngtǔ 콘크리트

一听到她的名字，他的表情就凝固了。

Yì tīngdào tā de míngzi, tā de biǎoqíng jiù nínggù le.

그녀의 이름을 듣자마자, 그의 표정이 바로 굳어졌다.

> **凝固 vs 凝结**
>
> 凝固는 액체가 고체로 변할 때만 쓰고, 凝结는 기체가 액체로 변하거나, 액체가 고체로 변할 때 모두 쓸 수 있다.
>
> 迅速凝固 xùnsù nínggù 신속히 응고하다
> 凝固时间 nínggù shíjiān 응고 시간
>
> 凝结成冰 níngjiéchéng bīng 응고하여 얼음이 되다
> 凝结在玻璃上 níngjiézài bōli shang 유리에 맺히다

0589 凝聚 níngjù 맺히다, 응집하다(모으다) [참고] 凝聚力 níngjùlì 응집력

花蕊里凝聚着清亮、晶莹的露珠。

Huāruǐ li níngjùzhe qīngliàng、jīngyíng de lùzhū.

꽃술에 맑고 투명하고 빛나는 이슬이 맺혀 있다.

[단어] 花蕊 huāruǐ 꽃술, 화예 / 清亮 qīngliàng 맑고 투명하다 / 晶莹 jīngyíng 반짝반짝 빛나다

我们的心凝聚在一起就没有完不成的事。

Wǒmen de xīn níngjù zàiyìqǐ jiù méiyou wánbuchéng de shì.

우리들의 마음이 하나가 된다면 못 해낼 일이 없을 거야.

696

0590 凝视 níngshì 주목하다, 뚫어지게 바라보다 **유의** 注视 zhùshì

小鹿凝视着它倒映在森林水池里的影子。

Xiǎolù níngshìzhe tā dàoyìngzài sēnlín shuǐchí li de yǐngzi.

새끼 사슴은 숲속 연못에 비친 자신의 그림자를 뚫어져라 보고 있다.

照片上新郎与新娘深情凝视的样子真令人羡慕。

Zhàopiàn shang xīnláng yǔ xīnniáng shēnqíng níngshì de yàngzi zhēn lìng rén xiànmù.

사진 속 신랑 신부가 사랑스럽게 응시하는 모습은 사람을 참 부럽게 만든다.

0591 扭转 niǔzhuǎn 바로잡다, 시정하다, 방향을 바꾸다

这种发展是不可持续的，现在必须把这种现象扭转。

Zhè zhǒng fāzhǎn shì bù kě chíxù de, xiànzài bìxū bǎ zhè zhǒng xiànxiàng niǔzhuǎn.

이런 발전은 오래가지 못하니, 지금 반드시 이 현상을 바로잡아야 한다.

这个替补队员上场后很快扭转了本队失利的局面。

Zhège tìbǔ duìyuán shàngchǎng hòu hěn kuài niǔzhuǎnle běnduì shīlì de júmiàn.

이 후보 선수가 투입된 후, 우리 팀이 지고 있던 상황이 금방 빠르게 반전되었다.

[단어] 替补队员 tìbǔ duìyuán 후보 선수

0592 虐待 nüèdài 학대하다

残酷虐待动物是文明社会不应容忍的行为。

Cánkù nüèdài dòngwù shì wénmíng shèhuì bù yīng róngrěn de xíngwéi.

참혹하게 동물 학대를 하는 것은 문명 사회에서 용인할 수 없는 행위이다.

自从被关进地下室以后，她每天都遭受了非人的虐待。

Zìcóng bèi guānjìn dìxiàshì yǐhòu, tā měitiān dōu zāoshòule fēirén de nüèdài.

지하실에 갇힌 이후, 그녀는 비인간적인 학대를 받았다.

0593 挪 nuó 옮기다, 움직이다, (위치를) 변경하다 □□□

我想把这张桌子挪一下，但是太重了。

Wǒ xiǎng bǎ zhè zhāng zhuōzi nuó yíxià, dànshì tài zhòng le.

나는 이 탁자를 옮겨 놓고 싶은데, 너무 무겁네요.

这封匿名信揭发了他擅自挪用公款的丑恶行径。

Zhè fēng nìmíngxìn jiēfāle tā shànzì nuóyòng gōngkuǎn de chǒu'è xíngjìng.

이 익명의 편지는 그가 공금을 마음대로 횡령한 추악한 짓을 폭로했다.

[단어] 匿名信 nìmíngxìn 익명의 편지 / 擅自 shànzì (월권하여) 자기 멋대로 하다

🗣 **관련 표현**

东挪西凑 dōng nuó xī còu (성) 돈이나 물건을 여기저기서 긁어모으다

胡萝卜搬家 — 挪挪窝 [헐후]

húluóbo bān jiā — nuónuo wō

당근이 이사하다 — 둥지를 옮기다 : 자리를 옮기다

媳妇向公公借钱 — 挪用公款 [헐후]

xífù xiàng gōnggōng jiè qián — nuóyòng gōngkuǎn

며느리가 시아버지한테 돈을 빌리다 — 공금을 유용하다

0594 殴打 ōudǎ 구타하다 □□□

我们发现他的时候，他被狂徒殴打，已陷入昏迷状态。

Wǒmen fāxiàn tā de shíhou, tā bèi kuángtú ōudǎ, yǐ xiànrù hūnmí zhuàngtài.

우리가 그를 발견했을 때, 그는 악당들에게 구타당해, 이미 혼수 상태에 빠져 있었다.

0595 呕吐 ǒutù 구토하다, 구역질하다 □□□

他连着喝几杯炸弹酒后立刻去呕吐了。

Tā liánzhe hē jǐ bēi zhàdànjiǔ hòu lìkè qù ǒutù le.

그는 폭탄주를 연거푸 몇 잔 마신 뒤 바로 가서 토했다.

姐姐最近经常恶心、呕吐，她是不是怀孕了?

Jiějie zuìjìn jīngcháng ěxīn、ǒutù, tā shì bu shì huáiyùn le?

언니가 요즘 계속 구역질을 하고 토하는데, 임신한 거 아닌가?

0596 趴 pā 엎드리다

趴下，双手放在头上，把枪放下！

Pāxià, shuāngshǒu fàngzài tóu shang, bǎ qiāng fàngxià!

엎드려! 두 손을 머리에 얹고, 총은 내려 놓으라고!

他饿得趴在桌上，一动也不想动。

Tā è de pāzài zhuō shang, yí dòng yě bù xiǎng dòng.

그는 배가 고파 책상에 엎드려, 꼼짝도 하기 싫었다.

🐷 **관련 표현**

蚊子趴在玻璃上 ─ 插不上嘴 [헐후]

wénzi pāzài bōlishang ─ chābushàng zuǐ

모기가 유리에 엎드려 있다 ─ 끼어들지 못하다

0597 排斥 páichì 배척하다 [유의] 排挤 páijǐ

[반의] 吸引 xīyǐn, 拉拢 lālǒng 끌어당기다

他俩就像磁石的南北两极，见了面就互相排斥。

Tā liǎ jiù xiàng císhí de nánběi liǎngjí, jiànle miàn jiù hùxiāng páichì.

저 둘은 자석의 N극과 S극처럼, 만났다 하면 서로 잡아먹으려 해.

我们并不歧视，也不排斥外来文化。

Wǒmen bìng bù qíshì, yě bù páichì wàilái wénhuà.

우리는 결코 외래 문화를 차별하지도, 배척하지도 않아요.

排斥 vs 排挤

排斥는 다른 사람이나 사물을 따돌리거나 거부하는 것이고, 排挤는 다른 세력이나 수단을 이용해 자신에게 불리한 사람의 지위나 이익을 잃게 만드는 것을 말한다.

排斥异党 páichì yì dǎng 다른 당을 배척하다

排斥外来思想 páichì wàilái sīxiǎng 외래 사상을 배척하다

遭到排挤 zāodào páijǐ 따돌림 당하다

排挤同事 páijǐ tóngshì 동료를 따돌리다

0598 排除 páichú 제거하다, 없애다

这种手术成功率很高，但也不能排除手术失败的可能性。

Zhè zhǒng shǒushù chénggōnglǜ hěn gāo, dàn yě bù néng páichú shǒushù shībài de kěnéngxìng.

이 수술의 성공률은 높지만, 수술이 실패할 수 있는 가능성도 배제하지 못한다.

由于他提供了不在场证明，所以排除了他的作案嫌疑。

Yóuyú tā tígòngle bú zàichǎng zhèngmíng, suǒyǐ páichúle tā de zuò'àn xiányí.

그가 현장에 없었다는 증거를 제공했기 때문에, 그는 사건에 대한 혐의를 벗었다.

0699 排放 páifàng (폐수·폐기물 등을) 배출하다, 방류하다

这里的饭店和餐厅随意往路边排放污水，既破坏环境又影响交通。

zhèlǐ de fàndiàn hé cāntīng suíyì wǎng lùbiān páifàng wūshuǐ, jì pòhuài huánjìng yòu yǐngxiǎng jiāotōng.

이곳의 호텔과 식당이 함부로 길가로 오수를 방류해, 환경을 훼손할 뿐 아니라 교통에도 영향을 주고 있다.

汽车排放的废气主要由一氧化碳(CO)、碳氢化合物(HC)和氮氧化合物(NOX)等组成。

Qìchē páifàng de fèiqì zhǔyào yóu yìyǎnghuàtàn(CO)、tànqīnghuàhéwù(HC) hé dànyǎnghuàhéwù(NOX) děng zǔchéng.

자동차가 방출하는 매연은 주로 일산화탄소, 탄화수소, 질소산화물로 이루어져 있다.

0600 排练 páiliàn 무대 연습을 하다, 리허설하다

人生无法排练，每一天，都是实战的现场直播。

Rénshēng wúfǎ páiliàn, měi yì tiān, dōu shì shízhàn de xiànchǎng zhíbō.

인생은 리허설을 못해, 하루하루가 다 실전인 생중계지.

下午三点做最后一次排练，请大家到排练场集合。

Xiàwǔ sān diǎn zuò zuìhòu yí cì páiliàn, qǐng dàjiā dào páiliànchǎng jíhé.

오후 3시에 마지막 리허설을 하니까, 모두 연습실로 모이세요.

0601 徘徊 páihuái 거닐다, 배회하다

他忧心如焚地走到院子里，独自徘徊。

Tā yōu xīn rú fén de zǒudào yuànzi li, dúzì páihuái.

그는 수심이 가득한 채 마당으로 나가, 혼자 거닐고 있다.

[단어] 忧心如焚 yōu xīn rú fén 근심걱정으로 애가 타다

他们俩的关系总是徘徊在爱情与友情之间。

Tāmen liǎ de guānxi zǒngshì páihuáizài àiqíng yǔ yǒuqíng zhījiān.

그 둘의 관계는 늘 애정과 우정 사이를 넘나든다.

0602 派遣 pàiqiǎn 파견하다 BCT1

政府宣布将派遣一支救援团队前往尼泊尔协助抗震救灾。

Zhèngfǔ xuānbù jiāng pàiqiǎn yì zhī jiùyuán tuánduì qiánwǎng Níbó'ěr xiézhù kàngzhèn jiùzāi.

정부는 지원단을 네팔로 파견해 지진 구제 작업을 돕겠다고 발표했다.

公司派遣他去广州参加为期两个月的职业培训。

Gōngsī pàiqiǎn tā qù Guǎngzhōu cānjiā wéiqī liǎng ge yuè de zhíyè péixùn.

회사에서는 그를 광저우로 파견해 두 달짜리 직업 훈련을 받게 했다.

0603 攀登 pāndēng 등반하다, (적극적으로) 나아가다 유의 攀 pān

他们提醒他攀登喜马拉雅山很危险，可他还是出发了。

Tāmen tíxǐng tā pāndēng Xǐmǎlāyǎ shān hěn wēixiǎn, kě tā háishi chūfā le.

그들이 그에게 히말라야 산을 등반하는 것은 위험하다고 말했지만, 그는 그래도 출발했다.

你不要往下看，要不断向上攀登。

Nǐ búyào wǎng xià kàn, yào búduàn xiàng shàng pāndēng.

너는 아래를 쳐다보지 말고, 끊임없이 위를 향해 올라가야 해.

🗣 관련 표현

攀登岩壁 pāndēng yánbì 암벽 등반하다

攀登岩石 pāndēng yánshí 바위를 타다

攀登绝壁 pāndēng juébì 절벽을 기어오르다

0604 盘旋 pánxuán 선회하다, 빙빙 돌다, 맴돌다

鹰在袭击之前绕着猎物在空中盘旋。

Yīng zài xíjī zhīqián ràozhe lièwù zài kōngzhōng pánxuán.

독수리는 공격 전에 사냥감 주위를 공중에서 선회한다.

[단어] 袭击 xíjī 기습하다

他留给我的那句话，仍然在我心里盘旋了很久。

Tā liú gěi wǒ de nà jù huà, réngrán zài wǒ xīnli pánxuánle hěn jiǔ.

그가 내게 했던 그 말이, 오래도록 내 맘 속에서 맴돌고 있다.

0605 判决 pànjué 판결하다, 선고하다

我方不服判决，要向上一级法院上诉。

Wǒ fāng bù fú pànjué, yào xiàng shàng yì jí fǎyuàn shàngsù.

우리 쪽에서는 판결에 승복할 수 없기에, 상급 법원에 항소하려고 합니다.

今天法院对此案作出判决，宣告二人的婚姻关系无效。

Jīntiān fǎyuàn duì cǐ àn zuòchū pànjué, xuāngào èr rén de hūnyīn guānxi wúxiào.

오늘 법원에서는 이 안에 대한 판결을 내렸는데, 두 사람의 혼인 관계가 무효임을 선고했다.

0606 抛弃 pāoqì 버리다, 포기하다 [유의] 放弃 fàngqì

既然他已经改过自新，我们就应该抛弃偏见去接受他。

Jìrán tā yǐjing gǎi guò zì xīn, wǒmen jiù yīnggāi pāoqì piānjiàn qù jiēshòu tā.

기왕에 그가 이미 개과천선을 했으니, 우리는 편견을 버리고 그를 받아들여야 해.

[단어] 改过自新 gǎi guò zì xīn [성] 개과천선하다

我们应该抛弃这种恶习，树立新的风俗习惯。

Wǒmen yīnggāi pāoqì zhè zhǒng èxí, shùlì xīn de fēngsú xíguàn.

우리는 이러한 악습을 버리고, 새로운 풍습을 만들어야 한다.

관련 표현

抛弃旧观念 pāoqì jiù guānniàn 낡은 관념을 버리다

抛弃友谊 pāoqì yǒuyì 우의를 저버리다

抛弃自我 pāoqì zìwǒ 아집을 버리다

0622 评估 pínggū (품질·수준·성적 등을) 평가하다 [BCT2]

[유의] 评价 píngjià [참고] 资产评估 zīchǎn pínggū 자산 평가

教学质量评估是教师绩效考核的重要内容之一。

Jiàoxué zhìliàng pínggū shì jiàoshī jìxiào kǎohé de zhòngyào nèiróng zhī yī.

교학 수준 평가는 교사의 업적과 성과를 심사하는 중요한 부분 중의 하나이다.

[단어] 绩效 jìxiào 업적과 성과 / 考核 kǎohé 심사하다

在这次文明城市评估工作中，他担任评委。

Zài zhè cì wénmíng chéngshì pínggū gōngzuò zhōng, tā dānrèn píngwěi.

이번 문화 도시 평가 업무에서, 그는 평가 위원을 맡았다.

🔗 관련 표현

评估师 pínggūshī 사정관

再评估 zàipínggū 재평가

资产评估 zīchǎn pínggū 자산 평가

鉴定评估 jiàndìng pínggū 감정 평가(survey valuation)

0623 评论 pínglùn 평론하다, 논평하다, 논의하다 [BCT1] [유의] 评价 píngjià

这位知名主持人对这次欧洲杯足球赛做了精彩的评论。

Zhè wèi zhīmíng zhǔchírén duì zhè cì ōuzhōubēi zúqiúsài zuòle jīngcǎi de pínglùn.

이 유명 아나운서는 이번 유럽 배 축구 시합에서 멋진 평론을 했다.

大家正在评论这部作品的艺术性。

Dàjiā zhèngzài pínglùn zhè bù zuòpǐn de yìshùxìng.

사람들은 이 작품의 예술성에 대해 논의하고 있다.

🔵명 평론, 논설

我爱看这位主编写的评论。

Wǒ ài kàn zhè wèi zhǔbiān xiě de pínglùn.

나는 이 편집장이 쓴 논설을 즐겨 본다.

0624 泼 pō (물 등의 액체를) 뿌리다, 붓다

天冷了，刚泼出去的水立刻就结冰了。
Tiān lěng le, gāng pōchūqu de shuǐ lìkè jiù jiébīng le.
날씨가 추워져, 금방 뿌린 물이 바로 얼어 버렸다.

tip 泼水节 : 물 뿌리는 축제, 중국의 소수 민족인 태족(傣族)과 태국·미얀마 등 일부 민족의 최대 명절(청명절 후 10일경)

🗣 **관련 표현**

泼冷水 pō lěngshuǐ **관용** 찬물을 끼얹다, 흥을 깨다

针插不进，水泼不进 **관용**
zhēn chā bú jìn, shuǐ pō bú jìn
바늘이 들어갈 틈과 물샐 틈이 없다 : 자기 견해를 고집하느라 남의 말을 듣지 않다

向河里泼水 — 随大流 **헐후**
xiàng héli pōshuǐ — suí dàliú
강으로 물을 뿌리다 — 여러 사람이 하는 대로 따르다 : 대세에 순응하다

一碗水泼在地 — 收拾不起来 **헐후**
yìwǎn shuǐ pōzài dì — shōushibuqǐlái
물 한 그릇을 땅에 뿌리다 — 수습할 수 없다

0625 迫害 pòhài 박해하다, 학대하다

文化大革命时，马凤祥神父被迫害致死。
Wénhuà dà gémìng shí, Mǎfèngxiáng shénfù bèi pòhài zhìsǐ.
문화 대혁명 때, 마펑시앙 신부는 박해를 받아 죽음에 이르렀다.

当时很多华人为避免受到迫害放弃了中国国籍。
Dāngshí hěn duō huárén wèi bìmiǎn shòudào pòhài fàngqìle Zhōngguó guójí.
당시 많은 중국인들이 박해를 피해 중국 국적을 포기했다.

0626 破例 pò//lì (관례·통례를) 깨다

真没想到他这么严格的人，居然会为了你破例。
Zhēn méi xiǎngdào tā zhème yángé de rén, jūrán huì wèile nǐ pòlì.
저 친구처럼 철저한 사람이, 자네를 위해 관례를 깨다니 정말 뜻밖이군.

一旦破了例，就很难收住了，我们得好好考虑。
Yídàn pòle lì, jiù hěn nán shōuzhù le, wǒmen děi hǎohāo kǎolǜ.
일단 통례를 깨면, 수습하기가 힘드니, 우리는 생각을 잘해야 해.

0627 扑 pū 갑자기 달려들다, (몸을) 던지다, (코를) 찌르다, ~에 몰두하다 □□□

看见满桌的美味佳肴，他像饿虎扑食般冲了上去。
Kànjiàn mǎnzhuō de měiwèi jiāyáo, tā xiàng è hǔ pū shí bān chōngle shàngqu.
식탁 가득 차려진 맛있는 음식들을 보고, 그는 배고픈 호랑이가 먹이에 덤벼들듯 달려 들었다.

[단어] 饿虎扑食 è hǔ pū shí 성 굶주린 호랑이가 먹을 것을 덮치듯 동작이 신속하고 기세가 맹렬하다

窗外茉莉花香气扑面而来，感觉真好。
Chuāng wài mòlìhuā xiāngqì pūmiàn ér lái, gǎnjué zhēn hǎo.
창밖에서 재스민 향기가 풍겨 오니, 느낌이 너무 좋다.

他一心扑在工作上，取得了一系列的成绩。
Tā yì xīn pūzài gōngzuò shang, qǔdéle yíxìliè de chéngji.
그는 전심을 다해 일에 몰두한 결과, 일련의 성과를 거두었다.

🗣 관련 표현

飞蛾扑火 fēi é pū huǒ 성 나방이 불에 날아들다, 스스로 멸망을 초래하다

锦鸡扑火 — 自取灭亡 헐후
jǐnjī pūhuǒ — zì qǔ mièwáng
금계가 불속으로 뛰어들다 — 멸망을 자초하다

0628 铺 pū (물건을) 깔다, 펴다 □□□

客厅里铺着很考究的羊毛地毯，一看就知道主人家很有品位。
Kètīng li pūzhe hěn kǎojiu de yángmáo dìtǎn, yí kàn jiù zhīdào zhǔrénjiā hěn yǒu pǐnwèi.
거실에 정교한 양털 카펫이 깔려 있는 걸 보니, 한눈에 주인이 품격 있는 분이란 걸 알겠다.

[단어] 考究 kǎojiu 정교하다, 아름답다

黄昏时分，日光铺在沙滩上，折射出一种美丽的颜色。

Huánghūn shífēn, rìguāng pūzài shātān shang, zhéshèchū yì zhǒng měilì de yánsè.

해질 무렵, 햇빛이 모래사장을 비추어, 아름다운 색을 만들어 내고 있다.

[단어] 折射 zhéshè (빛이나 음파 등이) 굴절하다

🗨 관련 표현

铺张扬厉 pū zhāng yáng lì (성)

지나치게 과장하여 떠벌이다, 지나치게 겉치레를 하다

铁匠铺卖豆腐 — 软硬兼施 (혈후)

tiějiàngpù mài dòufu — ruǎn yìng jiān shī

철공소에서 두부를 팔다 — 강건책과 유화책을 함께 쓰다

杂货铺子 — 无所不有 (혈후)

záhuò pùzi — wú suǒ bù yǒu

잡화점 — 없는 것이 없다 : 뭐든 다 가지고 있다

0629 普及 pǔjí (지역이나 범위로) 보급되다, 확산되다 [BCT1] □□□

随着智能手机的普及，很多工作都从电脑上转移到手机上。

Suízhe zhìnéng shǒujī de pǔjí, hěn duō gōngzuò dōu cóng diànnǎo shang zhuǎnyídào shǒujī shang.

스마트폰의 보급으로, 많은 업무가 컴퓨터에서 휴대 전화로 옮겨지고 있다.

中国云计算行业刚起步，普及率并不高。

Zhōngguó yúnjìsuàn hángyè gāng qǐbù, pǔjílǜ bìng bù gāo.

중국에서는 클라우드 컴퓨팅 산업이 시작 단계라, 보급률이 그리 높지 않다.

[단어] 云计算 yúnjìsuàn 클라우드 컴퓨팅(Cloud Computing) / 普及率 pǔjílǜ 보급률

0630 期望 qīwàng 기대하다, 바라다, 소망하다 □□□

在薪酬谈判中，应该提到期望工资和税后工资。

Zài xīnchóu tánpàn zhōng, yīnggāi tídào qīwàng gōngzī hé shuì hòu gōngzī.

임금 협상을 할 때는, 당연히 희망 급료와 세후 급료를 이야기해야 한다.

我对自己的生活和未来都寄予了很高的期望。
Wǒ duì zìjǐ de shēnghuó hé wèilái dōu jìyǔle hěn gāo de qīwàng.
나는 내 자신의 삶과 미래에 대해 아주 큰 기대를 걸고 있다.

[단어] 寄予 jìyǔ 기대, 희망을 걸다

□□□
0631 欺负 qīfu 얕보다, 괴롭히다, 업신여기다

你还记得中学时欺负你的后座吗?
Nǐ hái jìde zhōngxué shí qīfu nǐ de hòuzuò ma?
중학교 때 너 괴롭히던 뒷자리에 앉았던 애 아직도 기억하니?

世界上最可恶的一种人，就是专门欺负弱者的人。
Shìjièshàng zuì kě'wù de yì zhǒng rén, jiù shì zhuānmén qīfu
ruòzhě de rén.
세상에서 가장 가증스러운 인간은, 전적으로 약자만 괴롭히는 놈들이야.

□□□
0632 欺骗 qīpiàn 속이다, 사기 치다, 기만하다 유의 欺诈 qīzhà

她太容易相信别人，我怕她被利用和欺骗。
Tā tài róngyì xiāngxìn biérén, wǒ pà tā bèi lìyòng hé qīpiàn.
그녀는 너무 쉽게 남을 믿어서, 난 그녀가 이용당하고 사기당할까 봐 걱정 돼.

我不知道你是在欺骗自己还是在欺骗我。
Wǒ bù zhīdào nǐ shì zài qīpiàn zìjǐ háishi zài qīpiàn wǒ.
난 네가 네 자신을 속이고 있는 건지 아니면 나를 속이고 있는 건지 모르겠어.

□□□
0633 歧视 qíshì 괄시하다, 차별 대우하다

"金钱至上"的社会，人们总是歧视没钱的人。
"jīnqián zhìshàng" de shèhuì, rénmen zǒngshì qíshì méi qián de rén.
'황금 만능주의'의 사회에서, 사람들은 늘 돈 없는 사람들을 괄시한다.

我们不应该歧视那些身体或者心理有残缺的人。
Wǒmen bù yīnggāi qíshì nàxiē shēntǐ huòzhě xīnlǐ yǒu cánquē de
rén.
우리는 신체적으로 혹은 심리적으로 장애가 있는 사람들을 차별해서는 안 된다.

0634 企图 qǐtú 의도하다, 도모하다 **유의** 妄图 wàngtú

他们企图利用这样的方式来减少损失。

Tāmen qǐtú lìyòng zhèyàng de fāngshì lái jiǎnshǎo sǔnshī.

그들은 이런 방식으로 손실을 줄이려 하고 있다.

他们企图由她获得对手机密。

Tāmen qǐtú yóu tā huòdé duìshǒu jīmì.

그들은 그녀로부터 적수의 기밀을 빼내려 하고 있다.

명 의도, 계획

你这么做有什么企图啊?

Nǐ zhème zuò yǒu shénme qǐtú a?

자네가 이렇게 하는 건 무슨 의도인가?

0635 启程 qǐchéng 출발하다, 길을 나서다 BCT1

유의 动身 dòngshēn, 出发 chūfā **반의** 抵达 dǐdá, 到达 dàodá 도착하다

第一批来自河北的经济考察团即将启程赴韩。

Dìyī pī láizì Héběi de jīngjì kǎochátuán jí jiāng qǐchéng fù Hán.

흐어베이(하북)에서 온 제1기 경제 사찰단이 한국으로 출발할 예정이다.

他已经启程了，先飞到香港，停留10个小时，然后再飞到巴黎。

Tā yǐjing qǐchéng le, xiān fēidào Xiānggǎng, tíngliú shí ge xiǎoshí, ránhòu zài fēidào Bālí.

그 친구 이미 출발했어. 먼저 홍콩에서 10시간 동안 체류한 후에 파리로 갈 거야.

0636 启蒙 qǐméng 계몽하다

人生路途上他是我的启蒙老师。

Rénshēng lùtú shang tā shì wǒ de qǐméng lǎoshī.

인생에서 그 분은 내게 깨달음을 준 선생님이시다.

这些小孩儿在新生活中接受启蒙教育。

Zhèxiē xiǎoháir zài xīn shēnghuó zhōng jiēshòu qǐméng jiàoyù.

이 아이들은 새로운 생활 속에서 계몽 교육을 받았다.

启蒙运动 qǐméng yùndòng 계몽 운동

启蒙思想 qǐméng sīxiǎng 계몽 사상

0637 **启示** qǐshì 계시하다, 시사하다 유의 **启发** qǐfā 참고 **启示录** qǐshìlù 계시록

这件事启示我们要孝敬父母，关爱家人。
Zhè jiàn shì qǐshì wǒmen yào xiàojìng fùmǔ, guān'ài jiārén.
이 일은 우리가 부모님께 효도하고, 가족을 잘 돌봐야 한다는 것을 일깨워 주었다.

명 계시, 깨달음

大自然给了我很多启示。
Dàzìrán gěile wǒ hěn duō qǐshì.
대자연은 나에게 많은 깨달음을 주었다.

启示 vs 启发

启示는 직접적으로 도리를 알려 주어 상대가 깨닫게 한다는 뜻을 갖고 있고, 启发는 안내와 지도를 통해 상대의 사고가 깨이도록 한다는 뜻을 갖고 있다.

启示前进的方向 qǐshì qiánjìn de fāngxiàng 나아갈 방향을 계시하다
上帝的启示 shàngdì de qǐshì 하느님의 계시

启发愚昧的人 qǐfā yúmèi de rén 우매한 사람을 깨우치다
耐心启发 nàixīn qǐfā 인내심을 갖고 계몽하다

0638 **起草** qǐcǎo 글의 초안을 작성하다 [BCT1]

经过会议讨论，劳资双方已经起草了一份新的劳资协议。
Jīngguò huìyì tǎolùn, láozī shuāngfāng yǐjing qǐcǎole yí fèn xīn de láozī xiéyì.
회의를 거쳐, 노사 쌍방은 이미 새로운 노사 협약 초안을 작성했다.

他是这份商业计划书的起草人，有什么疑问就问他吧。
Tā shì zhè fèn shāngyè jìhuàshū de qǐcǎorén, yǒu shénme yíwèn jiù wèn tā ba.
저 사람이 이 사업 계획서의 초안자이니, 의문점이 있으면 그에게 물어보세요.

0639 **起伏** qǐfú 기복을 이루다, 감정 변화가 심하다 [BCT1]

참고 **物价起伏** wùjià qǐfú 물가 변동

他一生过得平平淡淡的，没有多大的起伏。
Tā yìshēng guò de píngpingdàndàn de, méiyǒu duō dà de qǐfú.
그는 평생을 평범하게, 큰 기복 없이 살았다.

我对他的感情总是起伏不定，所以我不敢接受他的求婚。
Wǒ duì tā de gǎnqíng zǒngshì qǐfú bú dìng, suǒyǐ wǒ bù gǎn jiēshòu tā de qiúhūn.
그에 대한 감정이 계속 흔들려서, 나는 그의 청혼을 받아들이기가 겁난다.

0640 **起哄** qǐhòng (다수가 소수를) 놀리다, 조롱하다, (많은 사람이) 소란을 피우다

婚礼上大家起哄着让新郎讲出求婚的经过。
Hūnlǐ shang dàjiā qǐhòngzhe ràng xīnláng jiǎngchū qiúhūn de jīngguò.
결혼식장에서 사람들은 신랑더러 청혼하게 된 과정을 이야기하라고 부추겼다.

大家不要跟着他起哄了。
Dàjiā búyào gēnzhe tā qǐhòng le.
여러분 저 사람과 합세해 소란 피우지 마세요.

0641 **掐** qiā (손가락으로) 꼬집다, 누르다, 끊다

我又没说错，你掐我干什么?
Wǒ yòu méi shuō cuò, nǐ qiā wǒ gàn shénme?
내가 말실수한 것도 아닌데, 날 왜 꼬집고 난리야?

你别掐我勃子了，我快闷死了。
Nǐ bié qiā wǒ bózi le, wǒ kuài mènsǐ le.
내 목 조르지 마, 질식해 죽을 것 같아.

院子里的花不能随便掐。
Yuànzi lǐ de huā bù néng suíbiàn qiā.
정원에 있는 꽃은 함부로 꺾으면 안 된다.

🗨 **관련 표현**

掐指一算 qiāzhǐ yísuàn 엄지로 다른 손가락을 짚어 가며 셈하다

能掐会算 néng qiā huì suàn 셩 점술이 교묘하다, 정확하게 예측하다

0642 洽谈 qiàtán 협의하다, 상담하다 [BCT1] 유의 商洽 shāngqià

참고 投资洽谈会 tóuzī qiàtánhuì 투자 협의회

会议室里两个老总正在洽谈一笔进口买卖。

Huìyìshì li liǎng ge lǎozǒng zhèngzài qiàtán yì bǐ jìnkǒu mǎimai.

회의실에서 두 분 사장님이 수입 건에 대한 협의를 하고 계시다.

本次贸易洽谈会在友好的氛围中圆满落幕。

Běn cì màoyì qiàtánhuì zài yǒuhǎo de fēnwéi zhōng yuánmǎn luòmù.

이번 무역 상담회는 좋은 분위기 속에서 원만하게 마무리되었습니다.

[단어] 贸易洽谈会 màoyì qiàtánhuì 무역 상담회 / 落幕 luòmù 막을 내리다

0643 迁就 qiānjiù (남에게) 맞춰 주다, 끌려가다

你越迁就他，他就越跟你对着干。

Nǐ yuè qiānjiù tā, tā jiù yuè gēn nǐ duìzhe gàn.

자네가 그 친구에게 맞춰 줄수록, 그 친구는 자네한테 더 고약하게 굴 거야.

[단어] 对着干 duìzhe gàn 상반된 행동으로 맞받아치다, 맞수를 두다

不要因为"传统美德"而放弃自己的自尊，对男人一味地迁就。

Búyào yīnwèi "chuántǒng měidé" ér fàngqì zìjǐ de zìzūn, duì nánrén yí wèi de qiānjiù.

'전통 미덕' 때문에 자신의 자존감을 버리고, 남자한테 일방적으로 끌려가지는 마.

[단어] 迁就 qiānjiù 끌려가다

0644 迁徙 qiānxǐ 옮겨 가다

每到冬季，一群群的候鸟从北方往南方迁徙。

Měi dào dōngjì, yì qúnqún de hòuniǎo cóng běifāng wǎng nán fāng qiānxǐ.

겨울이 되면, 무리를 이룬 철새들은 북방에서 남방으로 이동한다.

[단어] 候鸟 hòuniǎo 철새

0645 牵 qiān 끌다, 끌고가다, ~와 관련되다

□□□

妈妈牵着孩子的手在走路。
Māma qiānzhe háizi de shǒu zài zǒulù.
엄마가 아이의 손을 잡고 길을 걷고 있다.

他到底牵进去多少官员?
Tā dàodǐ qiānjinqu duōshao guānyuán?
그 사람 도대체 공무원들을 몇 명이나 연루시킨 거야?

🗣️ 관련 표현

牵强附会 qiān qiǎng fù huì 성 견강부회, 억지로 갖다 붙이다

牵一发而动全身 qiān yí fà ér dòng quánshēn 성 아주 사소한 것이 대세에 영향을 미친다

顺手牵羊 shùn shǒu qiān yáng 성 기회를 틈타 남의 물건을 슬쩍 가져가다

无牵无挂 wú qiān wú guà 성 마음에 거리끼는 것 없이 홀가분하다

蚕宝宝牵蜘蛛 — 顶呱呱 혈후
cánbǎobǎo qiān zhīzhū —dǐngguāguā
누에가 거미를 당기다 — 아주 좋다 : 최고이다

红娘牵线 — 成人之美 혈후
hóngniáng qiān xiàn —chéng rén zhī měi
중매쟁이가 중매 서다 — 남의 좋은 일을 도와 성사시켜 주다 : 남의 성공을 도와주다

646 牵扯 qiānchě 연루되다, 관련되다

□□□

这件事牵扯到太多人了,你最好不要插手。
Zhè jiàn shì qiānchědào tài duō rén le, nǐ zuìhǎo búyào chāshǒu.
이 일에는 너무 많은 사람들이 연루되어 있으니, 너는 끼어들지 않는 것이 좋겠어.

好像这两个人命中注定不能牵扯在一块儿。
Hǎoxiàng zhè liǎng ge rén mìng zhōng zhùdìng bù néng qiānchě zài yíkuàir.
마치 이 두 사람은 운명적으로 같이 엮이면 안 된다고 정해져 있는 것 같아.

[단어] 命中注定 mìng zhōng zhù dìng 성 운명으로 정해져 있다

0647 牵制 qiānzhì 견제하다

采购部和财务部互相牵制，结果工作效率提高了。

Cǎigòubù hé cáiwùbù hùxiāng qiānzhì, jiéguǒ gōngzuò xiàolù tígāo le.

구매과와 재무과가 서로 견제한 결과, 업무 효율이 향상되었다.

他上场后，对方的主力球员终于被牵制住了。

Tā shàngchǎng hòu, duìfāng de zhǔlì qiúyuán zhōngyú bèi qiānzhìzhù le.

그가 시합에 투입된 후에, 상대방 주력 선수가 결국 견제되었다.

0648 签署 qiānshǔ (중요한 문서상에) 정식 서명하다 BCT2 유의 签订 qiāndìng

中英两国政府代表正式签署了联合声明。

Zhōng Yīng liǎng guó zhèngfǔ dàibiǎo zhèngshì qiānshǔle liánhé shēngmíng.

중·영 양국 정부의 대표는 연합 성명에 정식으로 조인했다.

如果没有别的事情，我就挂了，这边还有很多文件等我签署。

Rúguǒ méiyǒu biéde shìqing, wǒ jiù guà le, zhèbiān hái yǒu hěn duō wénjiàn děng wǒ qiānshǔ.

만약에 별 다른 일이 없으면, 전화 끊을게, 여기에 아직 사인해야 할 서류가 많아서 말이야.

签署 vs 签订

签署는 문서나 의견에 쓰고, 签订은 주로 조약, 계약서, 협의서에 쓴다. 签署는 상대가 없이 일방적인 행위가 가능하고, 签订은 반드시 쌍방 혹은 다자 간에 이루어져야 한다.

签署联合公报 qiānshǔ liánhé gōngbào 공동 성명에 조인하다

签署合作协议书 qiānshǔ hézuòxié xiéyìshū 합작 협의서에 서명하다

签订合同 qiāndìng hétong 계약을 체결하다

签订条约 qiāndìng tiáoyuē 조약을 체결하다

0649 潜水 qiánshuǐ 잠수하다, (컴퓨터) 내용만 읽고 댓글을 달지 않음

我不会潜水，所以很羡慕那些潜水高手。

Wǒ bú huì qiánshuǐ, suǒyǐ hěn xiànmù nàxiē qiánshuǐ gāoshǒu.

나는 잠수를 못해서, 잠수 고수를 보면 아주 부러워.

我一直在线，只不过是一直潜水，没冒泡而已。

Wǒ yìzhí zài xiàn, zhǐbuguò shì yìzhí qiánshuǐ, méi màopào éryǐ.

나는 계속 접속해 있는데, 단지 댓글을 달지 않고, 얌전히 있을 뿐이야.

[단어] **冒泡** màopào (인터넷 공간에서) 말 한마디를 하다

0650 谴责 qiǎnzé 비난하다, 질책하다, 견책하다

참고 **公开谴责** gōngkāi qiǎnzé 공개 비판

用眼光也可以达到谴责别人的效果。

Yòng yǎnguāng yě kěyǐ dádào qiǎnzé biérén de xiàoguǒ.

눈빛만으로도 다른 사람을 질책하는 효과를 거둘 수 있다.

朝鲜连续开展几次核试验的行为遭到了世界各国的谴责。

Cháoxiān liánxù kāizhǎn jǐ cì hé shìyàn de xíngwéi zāodàole shìjiè gèguó de qiǎnzé.

북한에서 몇 차례 핵 실험을 한 행위는 세계 각국의 비난을 받았다.

0651 强迫 qiǎngpò 강요하다, 강제로 시키다, 핍박하다　유의 **强制** qiángzhì

你可以喜欢狗，但不要强迫别人与你为伍。

Nǐ kěyǐ xǐhuan gǒu, dàn búyào qiǎngpò biérén yǔ nǐ wéiwǔ.

네가 개를 좋아한다고 해서, 다른 사람이 너랑 같은 생각을 하도록 강요하면 안 되지.

[단어] **为伍** wéiwǔ 동료가 되다, 동반자로 삼다

妈妈不应一味强迫孩子学习，而应首先了解孩子对于什么事物感兴趣。

Māma bù yīng yí wèi qiǎngpò háizi xuéxí, ér yīng shǒuxiān liǎojiě háizi duìyú shénme shìwù gǎn xìngqù.

엄마는 무턱대고 아이에게 공부를 강요할 게 아니라, 먼저 아이가 어떤 것에 흥미를 느끼는지 알아야 한다.

0652 强制 qiángzhì 강제하다, 강요하다, 강압하다　유의 **强迫** qiǎngpò

你可以做出自己的选择，但不能强制别人去选择。

Nǐ kěyǐ zuòchū zìjǐ de xuǎnzé, dàn bùnéng qiángzhì biérén qù xuǎnzé.

너는 너 자신의 선택은 할 수 있지만, 다른 사람의 선택을 강요해서는 안 돼.

CCC认证是中国强制性产品认证制度的简称。

CCC rènzhèng shì Zhōngguó qiángzhìxìng chǎnpǐn rènzhèng zhìdù de jiǎnchēng.

CCC 인증은 중국 강제 제품 인증 제도의 약칭이다.

[단어] CCC China Compulsory Certification

💬 관련 표현

强制价格 qiángzhì jiàgé 강제 가격(forced price)

强制审计 qiángzhì shěnjì 강제 감사(compulsory audit)

强制拍卖 qiángzhì pāimài 강제 경매(forced sale)

强制 vs 强迫

强制는 정치, 경제, 법률, 행정 등의 수단을 이용해 강제로 시키는 것을 뜻하고, 强迫는 정신적으로 압박을 가해 강제로 시키는 것을 뜻한다. 强制를 실시하는 주체는 국가와 조직이고, 强迫를 실시하는 주체는 국가, 조직, 개인이 다 될 수 있다.

强制执行 qiángzhì zhíxíng 강제 집행하다

强制实行 qiángzhì shíxíng 강제 실행하다

强制手段 qiángzhì shǒuduàn 강제 수단

强迫他去 qiǎngpò tā qù 그가 가도록 강요하다

强迫我们服从 qiǎngpò wǒmen fúcóng 우리가 복종하도록 강요하다

0653 **抢劫** qiǎngjié 강도짓하다, (재물을) 강탈하다, 약탈하다 □□□

遇到抢劫事件时应该先保命要紧。

Yùdào qiǎngjié shìjiàn shí yīnggāi xiān bǎomìng yàojǐn.

강도 사건을 만났을 때는 우선 목숨을 보전하는 것이 중요하다.

王某因犯有抢劫、盗窃罪被判刑十年。

Wáng mǒu yīn fàn yǒu qiǎngjié、dàoqièzuì bèi pànxíng shí nián.

왕모 씨는 강도, 절도죄로 10년형을 구형 받았다.

0654 抢救 qiǎngjiù (응급 상황에서) 서둘러 구호하다, 구조하다, 응급 처치하다

유의 急抢救资金 jǐnjí qiǎngjiù zījīn 긴급 구제 자금

救护车赶来之前，他为伤者做了简单的抢救工作。
Jiùhùchē gǎnlái zhīqián, tā wèi shāngzhě zuòle jiǎndān de qiǎngjiù gōngzuò.
구급차가 도착하기 전에, 그는 부상자를 위해 간단한 응급 조치를 해 주었다.

要不是你抢救得及时，我也许都活不到现在了。
Yào bú shì nǐ qiǎngjiù de jíshí, wǒ yěxǔ dōu huóbudào xiànzài le.
자네가 적시에 구출해 주지 않았다면, 난 아마도 지금까지 살지 못했을 걸세.

0655 翘 qiáo 휘다, 뒤틀리다

木地板由于受潮，都翘了。
Mùdìbǎn yóuyú shòu cháo, dōu qiáo le.
나무 장판이 습기를 먹어 다 휘어 버렸다.

▶qiào (꼬리, 고개를) 치켜들다

每当看到他的短信，我的嘴角就会不自觉地往上翘。
Měi dāng kàndào tā de duǎnxìn, wǒ de zuǐjiǎo jiù huì bú zìjué de wǎng shàng qiào.
그의 문자메시지를 볼 때마다, 내 입꼬리가 나도 모르게 위로 올라간다.

孔雀高傲地翘着尾巴，神气地走来走去。
Kǒngquè gāo'ào de qiàozhe wěiba, shénqì de zǒu lái zǒu qù.
공작이 도도하게 꼬리를 치켜들고는, 뽐내며 거닐고 있다.

🐱 **관련 표현**

翘首以待 qiáo shǒu yǐ dài （성） 고개를 들고 기다리다, 고대하다

翘足而待 qiáo zú ér dài （성） 어떤 일이 곧 일어날 것이다

鹅在水中寻食 — 尾巴翘上天 （혈후）
é zài shuǐzhōng xún shí — wěiba qiào shàng tiān
거위가 물속에서 먹이를 찾다 — 꼬리를 하늘로 쳐들다 : 거만하다

0656 钦佩 qīnpèi 경복(敬服)하다, 탄복하다 **유의** 佩服 pèifu

很多外国人对中国的少林功夫钦佩不已，并慕名而来。
Hěn duō wàiguórén duì Zhōngguó de Shàolín gōngfū qīnpèi bùyǐ,
bìng mù míng ér lái.
많은 외국인들이 중국의 소림 무술에 감탄해 마지 않을 뿐 아니라, 그 명성을 듣고 찾아오기도 한다.

[단어] 慕名而来 mù míng ér lái **성** 명성을 흠모하여 찾아오다

最令我钦佩的不是他那口流利的外语，而是他讲话时的那
股自信。
Zuì lìng wǒ qīnpèi de búshì tā nà kǒu liúlì de wàiyǔ, érshì tā
jiǎnghuà shí de nà gǔ zìxìn.
나로 하여금 가장 탄복하게 만드는 것은 그의 유창한 외국어 실력이 아니라, 그가 말할 때 보여
준 자신감이다.

0657 侵犯 qīnfàn (불법적으로 타인의 권리를) 침해하다, (영토를) 침범하다
유의 侵略 qīnlüè

他的行为侵犯了我的肖像权。
Tā de xíngwéi qīnfànle wǒ de xiàoxiàngquán.
그의 행위는 나의 초상권을 침해했다.

他们派遣大批武装人员侵犯我国领土。
Tāmen pàiqiǎn dàpī wǔzhuāng rényuán qīnfàn wǒguó lǐngtǔ.
그들은 대규모 무장 인원을 파견해 우리나라 영토를 침범했다.

0658 侵略 qīnlüè 침략하다 **유의** 侵犯 qīnfàn
참고 侵略战争 qīnlüè zhànzhēng 침략 전쟁

他幻想着将来外星人会大举侵略地球。
Tā huànxiǎngzhe jiānglái wàixīngrén huì dàjǔ qīnlüè dìqiú.
그는 미래에 외계인이 지구를 대대적으로 침략할 거라고 공상하고 있다.

[단어] 大举 dàjǔ 대개, 대대적으로, 대규모로

日本首相总是否认日本曾经残暴地侵略亚洲多国的事实。
Rìběn shǒuxiàng zǒngshì fǒurèn rìběn céngjīng cánbào de qīnlüè
yàzhōu duō guó de shìshí.
일본 수상은 일본이 아시아 여러 나라를 잔혹하게 침략했던 사실을 계속 극구 부인하고 있다.

[단어] 残暴 cánbào 잔학하다, 잔혹하다

0659 倾听 qīngtīng 귀를 기울여 듣다, 경청하다

多倾听他人的意见，可以让我们从不同角度看待问题。
Duō qīngtīng tārén de yìjiàn, kěyǐ ràng wǒmen cóng bù tóng jiǎodù kàndài wèntí.
다른 사람의 의견에 귀를 많이 기울이면, 우리는 다른 각도에서 문제를 볼 수 있게 된다.

好的领导，会懂得如何倾听群众的心声。
Hǎo de lǐngdǎo, huì dǒngde rúhé qīngtīng qúnzhòng de xīnshēng.
훌륭한 지도자는, 군중의 마음의 소리를 어떻게 경청해야 하는지 알고 있다.

 관련 표현

侧耳倾听 cè ěr qīng tīng ⑱ 남의 말에 귀를 기울여 듣다

0660 清除 qīngchú 깨끗이 없애다, 제거하다 **유의** 消除 xiāochú

▶清除의 대상은 '나쁜 것'을 뜻한다.

市民携犬外出时，及时清除犬排泄的粪便。
Shìmín xié quǎn wàichū shí, jíshí qīngchú quǎn páixiè de fènbiàn.
시민이 개를 데리고 외출할 때는, 개가 배설한 대소변을 바로 치워야 한다.

[단어] **排泄** páixiè 배설하다 / **粪便** fènbiàn 대소변

由于工作失误，他被公司清除了。

Yóuyú gōngzuò shīwù, tā bèi gōngsī qīngchú le.

업무 과실로, 그는 회사에서 쫓겨났다.

几个清洁工很快就清除了公园里的垃圾。

Jǐ ge qīngjiégōng hěn kuài jiù qīngchúle gōngyuán li de lājī.

몇몇 청소부가 공원의 쓰레기를 재빨리 치웠다.

🗨 관련 표현

清除蔽障 qīngchú bìzhàng 장애물을 없애다

清除贫困 qīngchú pínkùn 빈곤 퇴치

清除毒害 qīngchú dúhài 해독물을 없애다

0661 清理 qīnglǐ 깨끗이 정리(처리)하다 유의 **整理** zhěnglǐ

及时清理电脑垃圾，可以提高电脑运行速度。

Jíshí qīnglǐ diànnǎo lājī, kěyǐ tígāo diànnǎo yùnxíng sùdù.

제때 제때 컴퓨터 휴지통을 비우면, 컴퓨터 구동 속도를 향상시킬 수 있다.

今天你去洗车，顺便把后车箱清理清理。

Jīntiān nǐ qù xǐchē, shùnbiàn bǎ hòuchēxiāng qīnglǐ qīnglǐ.

오늘 세차하러 가는 김에, 트렁크 정리도 좀 해요.

清理 vs 整理

清理는 불필요한 것은 버리고, 필요한 것만 남겨 두는 것을 뜻하고, 整理는 가지런하게 정돈하는 것을 뜻한다.

快把桌子上的东西清理清理(整理整理)。

Kuài bǎ zhuōzi shang de dōngxi qīnglǐ qīnglǐ(zhěnglǐ zhěnglǐ).

얼른 책상 위의 물건을 좀 정리해 봐.

把公司的帐目清理一下。

Yào bǎ gōngsī de zhàngmù qīnglǐyíxià.

회사의 장부를 좀 정리하세요.

我把这些资料整理出来了。

Wǒ bǎ zhèxiē zīliào zhěnglǐchulai le.

내가 이 자료들을 정리했어.

0662 **请教** qǐngjiào 가르침을 청하다

我想向您请教一下有关乙肝方面的问题。
Wǒ xiǎng xiàng nín qǐngjiào yíxià yǒuguān yǐgān fāngmiàn de wèntí.
선생님께 B형 간염에 관해 여쭙고 싶은데요.

[단어] 乙肝 yǐgān B형 간염

关于这个问题，你最好去请教专家。
Guānyú zhège wèntí, nǐ zuìhǎo qù qǐngjiào zhuānjiā.
이 문제는 전문가에게 물어보시는 것이 좋겠어요.

0663 **请示** qǐngshì (상급자에게) 물어보다, (상급자의) 지시를 기다리다 BCT1

这笔单子我做不了主，你得请示一下总经理。
Zhè bǐ dānzi wǒ zuòbuliǎo zhǔ, nǐ děi qǐngshì yíxià zǒngjīnglǐ.
이 비용은 제 선에서 처리가 힘들겠어요. 사장님의 지시에 따르도록 하세요.

尊敬的顾客，您反映的情况我已向上级请示了。
Zūnjìng de gùkè, nín fǎnyìng de qíngkuàng wǒ yǐ xiàng shàngjí qǐngshì le.
존경하는 고객님, 고객님께서 말씀하신 상황은 제가 이미 윗분께 보고했습니다.

0664 **区分** qūfēn 구분하다, 분별하다 유의 区别 qūbié

现在的假币做得越来越逼真，肉眼很难区分。
Xiànzài de jiǎbì zuò de yuèláiyuè bīzhēn, ròuyǎn hěn nán qūfēn.
지금은 위조 지폐도 갈수록 진짜처럼 만들기 때문에, 육안으로는 구별하기가 매우 힘들다.

[단어] 逼真 bīzhēn 진짜와 같다

他提供给了我们一个新的样品和区分左右的标准。
Tā tígōnggěile wǒmen yí ge xīn de yàngpǐn hé qūfēn zuǒyòu de biāozhǔn.
그는 우리에게 새로운 샘플과 좌우를 구분할 수 있는 기준을 제공했다.

区分 vs 区别

区分은 나누고 분별하는 것을 뜻하고, 区别는 사물의 차이를 분별하는 것을 말한다. 区分은 동사로만 쓰이고, 区别는 명사, 동사로 쓰인다.

区分历史时代 qūfēn lìshǐ shídài 역사 시대를 구분하다
区分敌友 qūfēn díyǒu 적과 친구를 구분하다

区别好坏 qūbié hǎohuài 좋고 나쁨을 구별하다
这些人要区别对待 zhè xiē rén yào qūbié duìdài 이들은 대우를 달리해야 한다

□□□

0665 驱逐 qūzhú 몰아내다, 쫓아내다 **유의** 驱赶 qūgǎn

참고 驱逐令 qūzhúlìng 추방령

伊朗驱逐了英国大使，这引发了一场外交风波。
Yīlǎng qūzhúle Yīngguó dàshǐ, zhè yǐnfāle yì chǎng wàijiāo fēngbō.
이란이 영국 대사를 축출함으로써, 한 차례 외교 분쟁을 일으켰다.

暖暖的阳光照耀着大地，寒意很快就被驱逐了。
Nuǎnnuān de yángguāng zhàoyàozhe dàdì, hányì hěn kuài jiù bèi qūzhú le.
따뜻한 햇살이 온 대지를 비추어, 찬 기운이 아주 빠르게 사라졌다.

□□□

0666 屈服 qūfú 굴복하다 **반의** 反抗 fǎnkàng 반항하다, 저항하다

我绝不会屈服于别人的威胁。
Wǒ jué bú huì qūfúyú biérén de wēixié.
나는 절대로 다른 이의 위협에 굴복하지 않을 것이다.

你不要以为你这么做我就会向你屈服。
Nǐ búyào yǐwéi nǐ zhème zuò wǒ jiù huì xiàng nǐ qūfú.
당신이 이렇게 한다고 내가 당신한테 굴복할 거라 생각하지 마세요.

□□□

0667 取缔 qǔdì (공개적으로) 금지하다

公安机关依法取缔了这个无照经营的餐馆。
Gōng'ān jīguān yīfǎ qǔdìle zhè ge wúzhào jīngyíng de cānguǎn.
공안 기관에서는 법에 의거해 무허가로 경영하던 이 식당에 정지 처분을 내렸다.

0668 权衡 quánhéng 비교하다, 따지다, 재다 BCT1

权衡利弊后，我们决定停止对贵司的投资。

Quánhéng lìbì hòu, wǒmen juédìng tíngzhǐ duì guì sī de tóuzī.

이로움과 폐단을 따져 본 후에, 우리는 귀사에 대한 투자를 중단하기로 결정했습니다.

[단어] 利弊 lìbì 이로움과 폐단

🗣 **관련 표현**

权衡得失 quánhéng déshī 득과 실을 따져 보다

权衡轻重 quánhéng qīngzhòng 사물의 경중이나 이해 득실을 따지다

0669 缺席 quēxí 결석하다 반의 出席 chūxí 출석하다

费德勒由于脚伤缺席了今年的澳大利亚网球公开赛。

Fèidélè yóuyú jiǎoshāng quēxíle jīnnián de Àodàlìyà wǎngqiú gōngkāisài.

페더러는 다리 부상으로 올해 호주 테니스 오픈 경기에 불참했다.

[단어] 费德勒 Fèidélè Roger Federer, 스위스의 테니스 선수

由于临时有急事，他不得不缺席此次戛纳电影节。

Yóuyú línshí yǒu jíshì, tā bùdébù quēxí cǐ cì Jiánà diànyǐngjié.

갑작스레 급한 일이 생겨, 그는 이번 칸 국제 영화제에 불참했다.

[단어] 戛纳电影节 Jiánà diànyǐngjié 칸 국제 영화제

0670 瘸 qué 절뚝거리다, 다리를 절다

那男孩儿的脚受了伤，他只好一瘸一拐地走路。

Nà nánháir de jiǎo shòule shāng, tā zhǐhǎo yì qué yì guǎi de zǒulù.

그 남자아이는 다리를 다쳐, 절뚝거리며 걸을 수밖에 없었다.

[단어] 一瘸一拐 yì qué yì guǎi 절뚝거리다

从那么高的地方跳下去不把腿摔瘸了才怪呢。

Cóng nàme gāo de dìfang tiàoxiaqu bù bǎ tuǐ shuāiquéle cái guài ne.

그렇게 높은 곳에서 뛰어내렸는데 다리가 부러져 절지 않는 것이 이상하다.

🗣 **관련 표현**

瘸子跟瞎子走 — 取长补短 혈후

quézi gēn xiāzi zǒu — qǔ cháng bǔ duǎn

절름발이가 장님과 가다 — 장점을 취하고 단점을 보완하다

0671 **确保** quèbǎo 확보하다, 확실히 보장하다

保全证据的最终目的是为了确保物证的客观性、真实性。
Bǎoquán zhèngjù de zuìzhōng mùdì shì wèile quèbǎo wùzhèng de kèguānxìng、zhēnshíxìng.
증거를 보전하려는 최종 목적은 물증의 객관성과 진실성을 확보하기 위해서이다.

只有防患于未然才能确保不出事故。
Zhǐyǒu fánghuànyú wèirán cái néng quèbǎo bù chū shìgù.
사전에 예방을 철저히 해야 사고를 막을 수 있다.

[단어] **防患** fánghuàn 사고를 예방하다

0672 **确立** quèlì 확립하다, 수립하다 **유의** 建立 jiànlì, 树立 shùlì

我们应该先确立一个目前适合自己的短期目标。
Wǒmen yīnggāi xiān quèlì yí ge mùqián shìhé zìjǐ de duǎnqī mùbiāo.
우리는 먼저 현재 자신에게 맞는 단기 목표를 확립해야 한다.

《红与黑》确立了司汤达在文学史上的重要位置。
《Hóng yǔ hēi》quèlìle Sītāngdá zài wénxuéshǐ shang de zhòngyào wèizhì.
《적과 흑》은 스탕달이 문학사에서 중요한 지위를 확립하게 해 주었다.

[단어] **司汤达** Sītāngdá 스탈당, 프랑스의 소설가

0673 **确信** quèxìn 확신하다, 조금도 의심하지 않다

不要担心这次考试，我确信你会通过的。
Búyào dānxīn zhè cì kǎoshì, wǒ quèxìn nǐ huì tōngguò de.
이번 시험 걱정하지 마, 나는 네가 붙을 거라 확신해.

其实错了并不可怕，我确信我能改。
Qíshí cuò le bìng bù kěpà, wǒ quèxìn wǒ néng gǎi.
사실 실수하는 것은 결코 겁나지 않아, 나는 내가 고칠 수 있다고 확신한다니까.

0674 染 rǎn 염색하다, 물들이다 □□□

用好的产品，染发后会让头发比以前更亮。

Yòng hǎo de chǎnpǐn, rǎnfà hòu huì ràng tóufa bǐ yǐqián gèng liàng.

좋은 제품을 쓰면, 염색 후에 머리카락이 전보다 윤기날 거예요.

我最喜欢的花是"出淤泥而不染，濯清涟而不妖"的荷花。

Wǒ zuì xǐhuan de huā shì "chū yūní ér bù rǎn, zhuó qīnglián ér bù yāo" de héhuā.

내가 가장 좋아하는 꽃은 '진흙 속에서 나왔으나 더러움에 물들지 않고, 맑은 물결에 몸을 씻었으나 요염하지 않은' 연꽃이다.

[단어] 淤泥 yūní 진흙

🗣 관련 표현

一尘不染 yì chén bù rǎn (성) 청렴결백하거나 인품이 고상하여 티끌만큼도 세상의 물욕에 물들어 있지 않다

染缸里的珍珠 — 上不了色 (헐후)

rǎngāng li de zhēnzhū — shàngbuliǎo sè

염색 항아리 속의 진주 — 물이 들지 않다

0675 嚷 rǎng 고함을 치다, 부르짖다, 소란피우다 □□□

别嚷了，他们在上课呢。

Bié rǎng le, tāmen zài shàngkè ne.

조용히 해요, 그들이 지금 수업 중이에요.

不许嚷嚷，把嘴闭起来！

Bù xǔ rǎngrang, bǎ zuǐ bìqilai!

소란피우지 말고, 입 닥치라고!

0676 让步 ràng//bù 양보하다 □□□

我们已经作了这么大的让步，贵公司应该意思意思啊。

Wǒmen yǐjing zuòle zhème dà de ràngbù, guì gōngsī yīnggāi yìsi yìsi a.

우리가 이미 이렇게나 많이 양보를 했는데, 귀사에서도 성의는 보이셔야죠.

作为晚辈，让让步，这没有什么。

Zuòwéi wǎnbèi, ràngrangbù, zhè méiyou shénme.

손아랫사람으로서 양보 좀 하는 것인데, 별거 아니에요.

0677 饶恕 ráoshù (처벌을) 면해 주다, 용서하다 유의 宽恕 kuānshù

谁都会犯错误，他若悔过，我就饶恕他。

Shéi dōu huì fàn cuòwù, tā rùo huǐguo, wǒ jiù ráoshù tā.

누구나 잘못은 저지를 수 있으니까, 그 사람이 만약 뉘우치면, 나는 그 사람을 용서하겠어.

🗣 **관련 표현**

玉皇大帝不饶恕 — 天理难容 헐후

yùhuáng dàdì bù ráoshù — tiān lǐ nán róng

옥황상제가 용서 안 한다 — 절대로 받아들일 수 없다

0678 扰乱 rǎoluàn 혼란시키다, 어지럽히다 BCT1 유의 搅乱 jiǎoluàn

他们利用谎言和虚假宣传扰乱良好的社会秩序。

Tāmen lìyòng huǎngyán hé xūjiǎ xuānchuán rǎoluàn liánghǎo de shèhuì zhìxù.

그들은 거짓말과 허위 선전으로 건전한 사회 질서를 어지럽히고 있다.

他们的行为已经严重扰乱人们正常的生活。

Tāmen de xíngwéi yǐjing yánzhòng rǎoluàn rénmen zhèngcháng de shēnghuó.

그들의 행위는 이미 사람들의 정상적인 생활을 심각하게 방해하고 있다.

🗣 **관련 표현**

扰乱和平 rǎoluàn hépíng 평화를 교란하다

扰乱秩序 rǎoluàn zhìxù 질서를 어지럽히다

扰乱作战 rǎoluàn zuòzhàn 교란 작전

0679 惹祸 rě//huò 화를 초래하다, 일을 저지르다 □□□

你自己惹的祸自己处理，我不会替你背黑锅。
Nǐ zìjǐ rě de huò zìjǐ chǔlǐ, wǒ bú huì tì nǐ bèi hēiguō.
네가 자초한 화니까 알아서 수습해. 난 너 대신 뒤집어 쓸 수 없어.

[단어] **背黑锅** bèi hēiguō 관용 남을 대신해서 당하다

管好你家的小孩儿，别到处惹祸。
Guǎnhǎo nǐ jiā de xiǎoháir, bié dàochù rěhuò.
댁의 아이 관리 좀 잘하세요, 여기저기서 말썽부리지 않게 말이에요.

🗣 **관련 표현**

招灾惹祸 zhāo zāi rě huò 성
재난을 초래하고 말썽을 일으키다, 화를 자초하고 일을 저지르다

0680 忍耐 rěnnài 인내하다, 참다, 견디다 유의 忍受 rěnshòu □□□

医生马上就到，你再忍耐一会儿，好吗?
Yīshēng mǎshàng jiù dào, nǐ zài rěnnài yíhuìr, hǎo ma?
의사 선생님이 곧 도착하시니까, 조금만 더 참아 볼래요?

你是不是在考验我们的忍耐力?
Nǐ shì bu shì zài kǎoyàn wǒmen de rěnnàilì?
너 우리의 인내심을 시험하고 있는 거니?

[단어] **忍耐力** rěnnàilì 남을 인내심, 인내력

0681 忍受 rěnshòu (어려움, 불행, 고통을) 이겨 내다, 참다 유의 忍耐 rěnnài □□□

这里的天气好热，不知道我得再忍受到多久。
Zhèli de tiānqì hǎo rè, bù zhīdào wǒ děi zài rěnshòudào duō jiǔ.
이곳의 날씨는 너무 더워, 얼마나 더 견뎌야 할지 모르겠어.

虽然疾病带来的痛苦缠绕着我，但我会忍受。
Suīrán jíbìng dàilai de tòngkǔ chánràozhe wǒ, dàn wǒ huì rěnshòu.
질병이 동반한 고통이 나를 괴롭혀도, 나는 참을 수 있다.

忍受 vs 忍耐

忍受는 '견뎌내다'의 뜻을 나타내고, 忍耐는 '억누르고 버티다'의 뜻을 나타낸다. 忍受는 뒤에 목적어를 동반하고, 忍耐는 뒤에 보어를 동반하는 경우가 많다.

默默忍受 mòmò rěnshòu 묵묵히 참다

忍受痛苦 rěnshòu tòngkǔ 고통을 참다

忍受耻辱 rěnshòu chǐrǔ 치욕을 견디다

不能忍耐 bùnéng rěnnài 참을 수 없다

忍耐着愤怒 rěnnàizhe fènnù 분노를 참고 있다

0682 认定 rèndìng 인정하다, 확신하다, 확정하다 □□□

既然他已经认定我是坏人，那我也无话可说。
Jìrán tā yǐjīng rèndìng wǒ shì huàirén, nà wǒ yě wú huà kě shuō.
그가 이미 나를 나쁜 놈이라 여긴다면, 나도 할 말이 없다.

在家属的一片质疑声中，警方坚持认定死者死因为自杀。
Zài jiāshǔ de yí piàn zhìyí shēng zhōng, jǐngfāng jiānchí rèndìng sǐzhě sǐyīn wéi zìshā.
가족들이 의혹을 제기했음에도, 경찰에서는 사망자의 사인이 자살이라고 확정했다.

0683 认可 rènkě 인정하다, 인가하다, 허락하다 □□□

[유의] 同意 tóngyì, 承认 chéngrèn

我们这边的工商部门不认可质监局颁发的食品生产许可证。
Wǒmen zhèbiān de gōngshāng bùmén bú rènkě zhìjiānjú bānfā de shípǐn shēngchǎn xǔkězhèng.
우리 쪽 상공부에서는 품질 기술 감독원에서 발급한 식품 생산 허가증을 인정하지 않습니다.

[단어] 质监局 zhìjiānjú 품질 기술 감독원(质量技术监督局) / 颁发 bānfā (증서 · 상장 등을) 수여하다

老总已经认可了组织员工外语培训班。
Lǎozǒng yǐjīng rènkěle zǔzhī yuángōng wàiyǔ péixùnbān.
사장님께서는 이미 직원 외국어 학습반 만드는 것을 허락하셨다.

0684 任命 rènmìng 임명하다

经过十几年的拼搏，他终于如愿以偿地被任命为市长。

Jīngguò shí jǐ nián de pīnbó, tā zhōngyú rú yuàn yǐ cháng de bèi rènmìng wéi shìzhǎng.

십 몇 년을 열심히 뛴 덕에, 그는 마침내 소원대로 시장에 임명되었다.

[단어] 拼搏 pīnbó 전력을 다해 분투하다, 끝까지 싸우다 / 如愿以偿 rú yuàn yǐ cháng
⑤ 소원 성취하다

习近平被任命为中华人民共和国国家主席。

Xí Jìnpíng bèi rènmìngwéi Zhōnghuá rénmín gònghéguó guójiā zhǔxí.

시진핑은 중화인민공화국 국가 주석으로 임명되었다.

0685 容纳 róngnà 수용하다, 넣다

朋友，是能容纳你所有烦恼的一口深井。

Péngyou, shì néng róngnà nǐ suǒyǒu fánnǎo de yì kǒu shēnjǐng.

친구란, 너의 모든 번뇌를 담을 수 있는 깊은 우물이다.

该停车场占地面积约为15亩，能容纳300多辆车停泊。

Gāi tíngchēchǎng zhàndì miànjī yuē wéi shíwǔ mǔ, néng róngnà sānbǎi duō liàng chē tíngbó.

이 주차장은 점유 면적이 15묘에 달해, 300여 대의 차를 세울 수 있다.

0686 容忍 róngrěn 용인하다, 참고 견디다

日本对独岛的言论，真让人难以容忍。

Rìběn duì Dúdǎo de yánlùn, zhēn ràng rén nányǐ róngrěn.

일본의 독도에 대한 발언은, 정말이지 용인하기가 어렵다.

当老板没有那么简单，你得容忍很多事情。

Dāng lǎobǎn méiyou nàme jiǎndān, nǐ děi róngrěn hěn duō shìqing.

사장이 된다는 건 그리 쉬운 일이 아니야, 자네는 많은 일들을 참고 견뎌야 해.

0687 溶解 róngjiě 용해하다

今天从超市购买的奶粉竟然在水中无法溶解。
Jīntiān cóng chāoshì gòumǎi de nǎifěn jìngrán zài shuǐ zhōng wúfǎ róngjiě.
오늘 마트에서 산 분유가 물에 녹지 않는 거 있지.

你用勺子搅一搅，搅到糖溶解后，把它喝下去就行。
Nǐ yòng sháozi jiǎo yi jiǎo, jiǎodào táng róngjiě hòu, bǎ tā hēxiaqu jiù xíng.
숟가락으로 좀 젓다가, 설탕이 다 녹은 후에, 그걸 마시면 돼.

0688 融化 rónghuà 용해하다, 녹다

进入春季，山上的积雪慢慢开始融化了。
Jìnrù chūnjì, shān shang de jīxuě mànmān kāishǐ rónghuà le.
봄이 되면서, 산에 쌓여 있던 눈이 서서히 녹기 시작했다.

一个真心可以融化一个人的心。
Yí ge zhēnxīn kěyǐ rónghuà yí ge rén de xīn.
진심은 한 사람의 마음을 풀어 줄 수 있다.

0689 揉 róu (손으로) 비비다, 주무르다, 문지르다, 구기다

你看看你的眼睛，被揉得像兔子眼一样红。
Nǐ kànkan nǐ de yǎnjing, bèi róu de xiàng tùzi yǎn yíyàng hóng.
네 눈 좀 봐, 얼마나 비볐는지 토끼눈처럼 빨개.

小时候，一肚子疼，妈妈就揉一下我的肚子。
Xiǎo shíhou, yí dùzi téng, māma jiù róu yíxià wǒ de dùzi.
어릴 때는, 배가 아프면 엄마가 내 배를 문질러 주셨다.

我一时生气把他寄来的信揉成了一团。
Wǒ yìshí shēngqì bǎ tā jìlái de xìn róuchéngle yì tuán.
나는 순간적으로 화가 나서 그가 보내온 편지를 구겨 버렸다.

🐵 관련 표현

矫揉造作 jiǎo róu zào zuò 성 어색하게 꾸며대다

打一巴掌揉三揉 — 一无所获 〔歇后〕

dǎ yì bāzhang róu sān róu — yì wú suǒ huò

따귀를 한 대 때리고 세 번 어루만져 주다 — 아무것도 얻은 것이 없다 : 소득이 없다

0690 撒谎 sā//huǎng 거짓말을 하다, 허튼소리를 하다 □□□

你一而再，再而三地对我撒谎，我都听腻了。

Nǐ yì ér zài, zài ér sān de duì wǒ sāhuǎng, wǒ dōu tīngnì le.

너 계속 나한테 거짓말하는 거, 나도 이젠 신물 난다.

[단어] 一而再，再而三 yì ér zài, zài ér sān 〔성〕 몇 번이고 반복하다

撒一个谎就要编造另一个谎言来自圆其说。

Sā yí ge huǎng jiù yào biānzào lìng yí ge huǎngyán lái zì yuán qí shuō.

거짓말을 한 번 하게 되면, 다른 거짓말을 꾸며 자신을 합리화시켜야 한다.

[단어] 自圆其说 zì yuán qí shuō 〔성〕 자기 말을 합리화하다, 앞뒤 말을 그럴듯하게 둘러맞추다

0691 散布 sànbù 퍼뜨리다, 퍼져 있다 □□□

他们在网上散布这样的谣言是为了什么?

Tāmen zài wǎngshàng sànbù zhèyàng de yáoyán shì wèile shénme?

그들이 인터넷에서 이런 소문을 퍼뜨리는 건 뭘 위해서지?

苗族，是一个古老的民族，苗族人散布在世界各地。

Miáozú, shì yí ge gǔlǎo de mínzú, Miáozúrén sànbùzài shìjiè gèdì.

묘족은 오래된 민족으로, 묘족 사람들은 세계 곳곳에 퍼져 있다.

0692 散发 sànfā 발산하다, 내뿜다, 배포하다 □□□

这些花散发出令人愉悦的香味儿。

Zhèxiē huā sànfāchū lìng rén yúyuè de xiāngwèir.

이 꽃들은 사람을 기분 좋게 하는 향기를 풍긴다.

为了推销产品，一些商家大量散发传单。

Wèile tuīxiāo chǎnpǐn, yìxiē shāngjiā dàliàng sànfā chuándān.

제품 판촉을 위해, 몇몇 상점에서는 전단지를 대량으로 배포한다.

0693 丧失 sàngshī 잃어버리다, 상실하다 **유의** 失去 shīqù

你千万不要因为一时冲动而丧失理智，做出伤人害己的蠢事。

Nǐ qiānwàn búyào yīnwèi yìshí chōngdòng ér sàngshī lǐzhì, zuòchū shāngrén hàijǐ de chǔnshì.

너 절대로 일시적인 충동으로 이성을 잃어, 다른 사람과 네 자신을 해치는 어리석은 일은 하지 마라.

他由于犹豫不决而丧失了很多机会。

Tā yóuyú yóuyù bù jué ér sàngshīle hěn duō jīhuì.

그는 우물쭈물하다 많은 기회를 잃었다.

0694 骚扰 sāorǎo 소란을 피우다, 교란하다 **참고** 性骚扰 xìngsāorǎo 성추행

昨天被蚊子骚扰了一晚上，睡不好觉。

Zuótiān bèi wénzi sāorǎole yì wǎnshang, shuìbuhǎo jiào.

어제는 밤새 모기한테 시달리느라, 잠을 잘 못 잤어.

分手后，男友总是打电话骚扰她。

Fēnshǒu hòu, nányǒu zǒngshì dǎ diànhuà sāorǎo tā.

헤어진 후에, 남자 친구는 전화로 계속 그녀를 괴롭혔다.

0695 刹车 shā∥chē (자동차의) 브레이크를 걸다, 차를 세우다

不要突然刹车，那样的话后面的车子会很容易撞上来的。

Búyào tūrán shāchē, nàyàng dehuà hòumiàn de chēzi huì hěn róngyì zhuàngshanglai de.

갑자기 브레이크를 밟지 마세요. 그렇게 하면 뒤에 오던 차가 들이받기 쉬워요.

幸亏出租车司机及时刹住了车，否则我现在不会在你面前了。

Xìngkuī chūzūchē sījī jíshí shāzhùle chē, fǒuzé wǒ xiànzài bú huì zài nǐ miànqián le.

택시 기사님이 제때 차를 세우셨으니 망정이지, 아니었음 난 지금 네 앞에 없었을 거야.

0696 筛选 shāixuǎn 체로 치다, 골라내다, 선별하다

今天我就给大家分享一下猎头筛选简历的一些技巧。
Jīntiān wǒ jiù gěi dàjiā fēnxiǎng yíxià liètóu shāixuǎn jiǎnlì de yìxiē jìqiǎo.
오늘 저는 여러분들에게 헤드헌터가 이력서를 골라내는 테크닉을 알려드리지요.

经过此次筛选，他终于进入了最终面试。
Jīngguò cǐ cì shāixuǎn, tā zhōngyú jìnrùle zuìzhōng miànshì.
이번 선발을 통해, 그는 마침내 최종 면접에 합격했다.

0697 闪烁 shǎnshuò 반짝이다, 깜박거리다, (말을) 얼버무리다

天上的星星闪烁不定，发出美丽的光芒。
Tiān shang de xīngxīng shǎnshuò bú dìng, fāchū měilì de guāngmáng.
하늘의 별들이 반짝이며, 아름다운 빛을 발산하고 있다.

别闪闪烁烁的，快说说昨天的事吧。
Bié shǎnshanshuòshuò de, kùi shuōshuo zuótiān de shì ba.
머뭇거리지 말고, 빨리 어제 일에 대해 얘기해 봐.

0698 擅长 shàncháng (어떤 방면에) 뛰어나다, 정통하다 BCT1
유의 拿手 náshǒu

他擅长于篮球，喜欢钓鱼和游泳。
Tā shànchángyú lánqiú, xǐhuan diàoyú hé yóuyǒng.
그는 농구를 아주 잘하고, 낚시와 수영을 좋아한다.

这家医院擅长面部轮廓整形，所以外国人也来排队挂号。
Zhè jiā yīyuàn shàncháng miànbù lúnkuò zhěngxíng, suǒyǐ wàiguórén yě lái páiduì guàhào.
이 병원은 안면 윤곽 성형에 정통해, 외국인까지 와서 접수를 한다.

[단어] 轮廓 lúnkuò 윤곽, 테두리

0699 擅自 shànzì (월권하여) 자기 멋대로 하다, 독단적으로 하다

职工未经请假不得擅自离开工作岗位。
Zhígōng wèijīng qǐngjià bùdé shànzì líkāi gōngzuò gǎngwèi.
직원은 휴가 신청 없이 무단으로 근무처를 이탈해선 안 된다.

任何超市在没有获得相关部门批准之前，都不得擅自涨价。

Rènhé chāoshì zài méiyou huòdé xiāngguān bùmén pīzhǔn zhīqián, dōu bù dé shànzì zhǎngjià.

어떤 마트라도 관련 부처의 허가를 받기 전에는, 독단적으로 가격을 올릴 수 없다.

0700 上进 shàngjìn 향상하다, 진보하다 참고 上进心 shàngjìnxīn 성취욕 □□□

只要你肯努力上进，就能获得地位和财运。

Zhǐyào nǐ kěn nǔlì shàngjìn, jiù néng huòdé dìwèi hé cáiyùn.

당신이 발전하려는 노력만 한다면, 지위와 재물을 얻을 거예요.

他一直是个积极上进的好员工。

Tā yìzhí shì ge jījí shàngjìn de hǎo yuángōng.

그는 한결같이 적극적으로 노력하는 모범 직원이에요.

0701 上任 shàng//rèn 부임하다, 취임하다 BCT1 반의 离任 lírèn 이임하다 □□□

他刚上任没多久就废除了许多陋习。

Tā gāng shàngrèn méi duō jiǔ jiù fèichúle xǔduō lòuxí.

그는 부임한 지 얼마 안 되어 바로 많은 악습을 폐지했다.

[단어] 陋习 lòuxí 구습, 악습

财务总裁的上任时间定在10月2号。

Cáiwù zǒngcái de shàngrèn shíjiān dìngzài shí yuè èr hào.

재무이사의 취임 일자는 10월 2일로 정해졌다.

🙊 관련 표현

新官上任三把火 xīnguān shàngrèn sān bǎ huǒ 속담 새로 부임한 관리가 세 개의 횃불처럼 기세등등하다, 신임자는 묵은 폐단을 일소하는 데 열심인 법이다

0702 上瘾 shàng//yǐn 중독되다, 인이 박히다 □□□

毒品、网络游戏、烟都是容易让人上瘾的东西。

Dúpǐn、wǎngluò yóuxì、yān dōu shì róngyì ràng rén shàngyǐn de dōngxi.

마약, 인터넷 게임, 담배는 모두 사람들이 쉽게 중독되는 것들이다.

我偶尔打一次麻将上不了瘾。
Wǒ ǒu'ěr dǎ yí cì májiàng shàngbuliǎo yǐn.
나는 어쩌다 한 번씩 마작을 하기 때문에 중독되지 않아.

□□□
0703 捎 shāo 가는 김에 지니고 가다, 인편에 보내다

我今天要去市里，你想让我给你捎什么东西回来吗?
Wǒ jīntiān yào qù shìlǐ, nǐ xiǎng ràng wǒ gěi nǐ shāo shénme dōngxi huílai ma?
나 오늘 시내에 가는데, 내가 뭐 사다 줄 거라도 있어?

你把东西放在那里吧，有空时我会帮你捎给他的。
Nǐ bǎ dōngxi fàngzài nàli ba, yǒukòng shí wǒ huì bāng nǐ shāo gěi tā de.
물건을 저쪽에 놔 둬, 시간 날 때 내가 그 사람한테 갖다 줄게.

🗣 **관련 표현**

木排上捎信 — 靠不住 혈후
mùpái shang shāo xìn — kàobuzhù
뗏목에 소식을 실어 전하다 — 믿을 수 없다

□□□
0704 设立 shèlì (기구·조직 등을) 설립하다, 건립하다 BCT1 유의 设置 shèzhì

我公司出资设立了一个全资子公司。
Wǒ gōngsī chūzī shèlìle yí ge quánzīzǐ gōngsī.
우리 회사는 출자하여 완전 자회사를 설립하였다.

[단어] 全资子公司 quánzīzǐ gōngsī 완전 자회사

这家跨国公司计划在中国设立研发中心。
Zhè jiā kuàguó gōngsī jìhuà zài Zhōngguó shèlì yánfā zhōngxīn.
이 다국적 기업에서는 중국에 연구 개발 센터를 설립할 계획이다.

□□□
0705 设想 shèxiǎng 가상하다, 상상하다, 생각하다 BCT1

我想谈一谈，关于我设想的一个比较完美的幼儿园。
Wǒ xiǎng tán yi tán, guānyú wǒ shèxiǎng de yí ge bǐjiào wánměi de yòu'éryuán.
나는 내가 상상하고 있는, 비교적 완벽한 유치원에 대해 얘기할까 해요.

幸亏凌晨五点钟有公交车经过这里，否则后果不堪设想。

Xìngkuī língchén wǔ diǎnzhōng yǒu gōngjiāochē jīngguò zhèli, fǒuzé hòuguǒ bù kān shè xiǎng.

다행히 새벽 다섯 시에 첫차가 있었게 망정이지, 그렇지 않았으면 큰일 날 뻔했어.

[단어] **不堪设想** bù kān shè xiǎng 〔성〕 (결과가 매우 나쁘거나 위험해서) 상상조차 할 수 없다

명 가상, 생각

这只是我的一个设想，能不能实现还不知道呢。

Zhè zhǐshì wǒ de yí ge shèxiǎng, néng bu néng shíxiàn hái bù zhīdào ne.

이건 그저 저의 생각일 뿐이고, 실현될지는 아직 몰라요.

0706 设置 shèzhì (기구를) 설립하다, 설치하다 [BCT1]

□□□

유의 设立 shèlì, 安装 ānzhuāng

经过调整后，公司新设置了以下三个部门。

Jīngguò tiáozhěng hòu, gōngsī xīn shèzhìle yǐxià sān ge bùmén.

조정을 거쳐, 회사는 이하 3개 부서를 신설했다.

车间里设置了两台大型空调。

Chējiān li shèzhìle liǎng tái dàxíng kōngtiáo.

작업장에 대형 에어컨 두 대를 설치했다.

0707 涉及 shèjí 관련되다, 연관되다, 연루되다

□□□

这位明星表示，他将拒绝回答涉及感情和隐私的提问。

Zhè wèi míngxīng biǎoshì, tā jiāng jùjué huídá shèjí gǎnqíng hé yǐnsī de tíwèn.

이 유명 연예인은 애정과 사생활에 관련된 질문에는 대답하지 않겠다고 했다.

我能告诉你的就是这件事涉及到国外的某个恐怖势力。

Wǒ néng gàosu nǐ de jiù shì zhè jiàn shì shèjídào guówài de mǒu ge kǒngbù shìlì.

내가 자네에게 알려줄 수 있는 것은 이 일이 국외의 모 테러 조직과 연루되어 있다는 거야.

0708 申报 shēnbào (상급·관련 기관에) 서면으로 보고하다, 신고하다 `BCT1`

出口货物的发货人应当向海关如实申报。
Chūkǒu huòwù de fāhuòrén yīngdāng xiàng hǎiguān rúshí shēnbào.
수출 화물의 선적인은 당연히 세관에 사실대로 신고해야 한다.

政府官员的财产申报不等于财产公开。
Zhèngfǔ guānyuán de cáichǎn shēnbào bù děngyú cáichǎn gōngkāi.
정부 관료의 재산 신고는 재산 공개와는 다르다.

0709 呻吟 shēnyín 신음하다

他在床上呻吟着，发觉身上的伤口痛得他几乎快要昏厥。
Tā zài chuáng shang shēnyínzhe, fājué shēnshang de shāngkǒu tòng de tā jīhū kuàiyào hūnjué.
그는 침대에서 신음하고 있었는데, 몸에 난 상처가 너무 아파 곧 정신을 잃을 것 같았다.

[단어] **晕厥** yūnjué 졸도하다, 까무러치다

🙂 관련 표현

无病呻吟 wú bìng shēn yín (성) 별것 아닌 일로 우는 소리 하다, (문예 작품이) 너무 꾸며 부자연스럽다

0710 审查 shěnchá 심사하다, 검열하다, 심의하다 `BCT1`

这部影片早已拍摄完毕，等的只是电影审查委员会的许可。
Zhè bù yǐngpiàn zǎoyǐ pāishè wánbì, děng de zhǐshì diànyǐng shěnchá wěiyuánhuì de xǔkě.
이 영화는 벌써 촬영이 다 끝난 상태이고, 영화 심의 위원회의 허가를 기다리고 있을 뿐이다.

由于未通过资格审查，我们公司没有参加本次招标活动。
Yóuyú wèi tōngguò zīgé shěnchá, wǒmen gōngsī méiyou cānjiā běn cì zhāobiāo huódòng.
자격 심사에 통과하지 못해, 우리 회사는 이번 입찰 경쟁에 참가하지 못했다.

[단어] **招标** zhāobiāo 입찰 공공하다

□□□

0711 审理 shěnlǐ 심리하다, 심사하여 처리하다 BCT2

法院将公开审理这起非法传销案。
Fǎyuàn jiāng gōngkāi shěnlǐ zhè qǐ fēifǎ chuánxiāo'àn.
법원에서는 이번 불법 다단계 사건을 공개 심리하려고 한다.

[단어] 传销 chuánxiāo 다단계 판매

昨天上午"饥饿疗法"诈骗案件，再次开庭审理。
Zuótiān shàngwǔ "jī'è liáofǎ" zhàpiàn ànjiàn, zàicì kāitíng shěnlǐ.
어제 오전에 '기아 요법' 사기 건에 대한 2차 재판이 있었다.

[단어] 饥饿疗法 jī'è liáofǎ 비만 치료를 목적으로 절식하는 것 / 诈骗 zhàpiàn 속이다, 갈취하다

□□□

0712 审美 shěnměi 아름다움을 감상하고 평가하다

他有自己的一套和别人有所不同的审美观。
Tā yǒu zìjǐ de yí tào hé biérén yǒu suǒ bù tóng de shěnměiguān.
그에게는 다른 사람과 다소 다른 자신만의 심미관이 있다.

□□□

0713 审判 shěnpàn 심판하다, 재판하다, 심리하다 BCT2

在这次审判过程中被告一直保持着沉默。
Zài zhè cì shěnpàn guòchéng zhōng bèigào yìzhí bǎochízhe chénmò.
이번 재판 과정에서 피고는 계속 묵비권을 행사했다.

任何罪犯都必须受到法律的正义审判。
Rènhé zuìfàn dōu bìxū shòudào fǎlǜ de zhèngyì shěnpàn.
어떠한 범죄자라도 반드시 법률의 정의로운 심판을 받는다.

관련 표현

审判员 shěnpànyuán 판사, (운동 경기의) 심판
审判长 shěnpànzhǎng 재판장
审判权 shěnpànquán 심판권
审判庭 Shěnpàntíng 시민 법정, 민사 법원

0714 **渗透** shèntòu (액체가) 스며들다, 삼투하다, (세력이) 침투하다　□□□

他的衣服上已经渗透出大量血渍，赶紧给他止血。

Tā de yīfu shang yǐjing shèntòuchū dàliàng xuèzì, gǎnjǐn gěi tā zhǐxuè.

그 사람 옷에 이미 많은 양의 피가 배어 있어요, 어서 그 사람에게 지혈을 하세요.

[단어] 血渍 xuèzì 혈흔, 핏자국

细胞通过渗透作用吸收水分。

Xìbāo tōngguò shèntòu zuòyòng xīshōu shuǐfèn.

세포는 삼투 작용을 통해 수분을 흡수한다.

这里的建筑体现了东西方文化互相渗透的特点。

Zhèli de jiànzhù tǐxiànle dōngxīfāng wénhuà hùxiāng shèntòu de tèdiǎn.

이곳의 건축은 동서양 문화가 상호 침투한 특징을 보여 준다.

0715 **生存** shēngcún 생존하다, 살다　반의 死亡 sǐwáng 사망하다　□□□

他的病情逐渐恶化，目前看来几乎没有继续生存的可能。

Tā de bìngqíng zhújiàn èhuà, mùqián kànlái jīhū méiyou jìxù shēngcún de kěnéng.

그의 병세가 점점 악화되어, 지금으로선 거의 살아날 가능성이 없어 보인다.

企业的生存与发展在于自身的核心竞争力。

Qǐyè de shēngcún yǔ fāzhǎn zàiyú zìshēn de héxīn jìngzhēnglì.

기업의 생존과 발전은 회사 자체의 핵심 경쟁력에 달려 있다.

🗨 **관련 표현**

生存率 shēngcúnlǜ 생존율

生存斗争 shēngcún dòuzhēng 생존 경쟁

适者生存 shìzhě shēngcún 적자 생존

0716 **生效** shēng//xiào 효과가 나타나다, 효력이 발생하다　BCT2　□□□

本合同经双方签字、盖章后立即生效。

Běn hétong jīng shuāngfāng qiānzì、gàizhāng hòu lìjí shēngxiào.

이 계약서는 쌍방이 서명하고 도장을 찍은 후 바로 효력이 발생합니다.

本协议一旦生效，将无法修改。

Běn xiéyì yídàn shēngxiào, jiāng wúfǎ xiūgǎi.

본 협의서는 일단 효력이 발생하면 수정할 수 없습니다.

0717 生锈 shēng∥xiù 녹이 슬다 □□□

俗话说，刀不磨会生锈，人不学会落后。

Súhuà shuō, dāo bù mó huì shēngxiù, rén bù xué huì luòhòu.

속담에, 칼은 갈지 않으면 녹이 슬고, 사람은 공부하지 않으면 낙후한다는 말이 있다.

最近我总觉得自己的脑子跟生了锈似的。

Zuìjìn wǒ zǒng juéde zìjǐ de nǎozi gēn shēngle xiù sì de.

요즘 나는 계속 내 머리가 녹슨 것처럼 느껴져.

0718 生育 shēngyù 출산하다, 아이를 낳다 □□□

手机辐射会影响生育，所以孕妇最好不要随身携带手机。

Shǒujī fúshè huì yǐngxiǎng shēngyù, suǒyǐ yùnfù zuìhǎo búyào suíshēn xiédài shǒujī.

휴대 전화 전자파는 출산에 영향을 미칠 수 있으므로, 임산부는 휴대 전화를 휴대하지 않는 것이 좋다.

据了解，中国自全面推行计划生育政策以来，少生了3亿多人。

Jù liǎojiě, Zhōngguó zì quánmiàn tuīxíng jìhuà shēngyù zhèngcè yǐlái, shǎo shēngle sān yì duō rén.

중국이 전면적으로 가족 계획 정책을 추진한 이래로, 3억여 명을 적게 낳았다고 한다.

0719 声明 shēngmíng 성명하다, 공개적으로 선언하다 유의 **神明** shénmíng □□□

我们郑重声明，此事与我公司无关。

Wǒmen zhèngzhòng shēngmíng, cǐ shì yǔ wǒ gōngsī wúguān.

우리는 이 일이 우리 회사와 무관함을 정중히 선언하는 바입니다.

명 성명서, 성명문

越南外交部发言人发表声明，谴责美国飞机轰炸越南北方。

Yuènán wàijiāobù fāyánrén fābiǎo shēngmíng, qiǎnzé Měiguó fēijī hōngzhà Yuènán běifāng.

베트남 외교부 대변인은 미국 항공기가 베트남 북방을 폭격한 것을 비난하는 성명서를 발표했다.

[단어] 谴责 qiǎnzé 비난하다, 질책하다 / 轰炸 hōngzhà (비행기 따위가) 폭격하다

0720 盛产 shèngchǎn 많이 나다, 많이 생산하다 BCT1 □□□

临潼市盛产石榴，所以该市的市花就成了石榴花。

Líntóng shì shèngchǎn shíliu, suǒyǐ gāi shì de shìhuā jiù chéngle shíliu huā.

린통 시는 석류가 많이 나서, 이 시의 시화는 석류꽃이 되었다.

[단어] 临潼 Líntóng 린통, 산시(陕西) 성에 있는 지명

该产品的生产技术已成熟，进入了盛产期。

Gāi chǎnpǐn de shēngchǎn jìshù yǐ chéngshú, jìnrùle shèngchǎnqī.

이 제품의 생산 기술이 이미 성숙되어, 대량 생산기로 접어들었다.

0721 盛开 shèngkāi (꽃이) 활짝 피다, 만발하다 □□□

看着莲花盛开得如此鲜艳，她非常高兴。

Kànzhe liánhuā shèngkāi de rúcǐ xiānyàn, tā fēicháng gāoxìng.

이처럼 아름답게 만개한 연꽃을 보면서, 그녀는 참으로 기뻤다.

春天，正是桃花盛开的季节。

Chūntiān, zhèngshì táohuā shèngkāi de jìjié.

봄은 바야흐로 복숭아꽃이 만발하는 계절이다.

0722 盛行 shèngxíng 성행하다, 널리 유행하다 □□□

유의 流行 liúxíng, 风行 fēngxíng

加班是IT行业非常盛行的一种企业文化。

Jiābān shì IT hángyè fēicháng shèngxíng de yì zhǒng qǐyè wénhuà.

잔업은 IT 업계에서는 대단히 유행하는 일종의 기업 문화이다.

今年夏天最盛行的是波西米亚风格的凉鞋。

Jīnnián xiàtiān zuì shèngxíng de shì Bōxīmǐyà fēnggé de liángxié.

올 여름에 가장 유행한 것은 보헤미안 스타일의 샌들이다.

[단어] 波西米亚 Bōxīmǐyà 보헤미안(Bohemian)

识别 vs 辨别

识别의 목적은 사람과 사물의 잘잘못, 고하, 진위, 선악 등을 분명히 하려는 것이고, 辨别의 목적은 '시비'를 분명히 가리는 것이다. 识别하는 건 시각 기관이고, 辨别는 대뇌로 하므로, 시각 기관이 반드시 필요한 것은 아니다.

光看外表不能识别好人和坏人。
Guāng kàn wàibiǎo bù néng shíbié hǎorén hé huàirén.
외모만 가지고선 선한 사람인지 나쁜 사람인지 식별할 수 없다.

要不断提高自己辨别是非的能力。
Yào búduàn tígāo zìjǐ biànbié shìfēi de nénglì.
스스로 시비를 가릴 수 있는 능력을 끊임없이 향상시켜야 한다.

0729 **实施** shíshī (법령·정책을) 실시하다, 실행하다

참고 **实施令** shíshīlìng 시행령

这项政策自2016年高考开始实施。
Zhè xiàng zhèngcè zì èr líng yī liù nián gāokǎo kāishǐ shíshī.
이 정책은 2016년 대입 수학 능력 시험부터 실시된다.

今年政府将实施哪些便民政策和措施？
Jīnnián zhèngfǔ jiāng shíshī nǎ xiē biànmín zhèngcè hé cuòshī?
올해 정부는 어떤 대민 정책과 조치를 실행하지?

0730 **实行** shíxíng (이론·강령·방침·정책·계획·주장 등을) 실행하다

유의 **施行** shīxíng

紧急时期政府都会实行宵禁。
Jǐnjí shíqī zhèngfǔ dōu huì shíxíng xiāojìn.
비상 시기에는 정부에서 야간 통행 금지를 실시한다.

[단어] **宵禁** xiāojìn 야간 통행 금지

学校在招生方面实行新政策。
Xuéxiào zài zhāoshēng fāngmiàn shíxíng xīn zhèngcè.
학교에서는 학생 모집 분야에서 새로운 정책을 시행한다.

0731 拾 shí 줍다, 집다 **유의** 捡 jiǎn

今天我在街上拾到了一个钱包，接着把它交到了派出所。
Jīntiān wǒ zài jiē shang shídàole yí ge qiánbāo, jiēzhe bǎ tā jiāodàole pàichūsuǒ.
오늘 나는 길에서 지갑을 하나 주웠는데, 줍자마자 파출소에 갖다 주었다.

我很喜欢鲁迅先生写的散文集《朝花夕拾》。
Wǒ hěn xǐhuan Lǔ Xùn xiānsheng xiě de sǎnwénjí《Zhāo huā xī shí》.
나는 루쉰 선생의 산문집《아침 꽃을 저녁에 줍다》를 아주 좋아한다.

tip《朝花夕拾》의 뜻 : 과거의 아름다운 추억을 하나하나 회상하다

열, 10, '十(shí)'의 갖은자

你交拾元即可。
Nǐ jiāo shí yuán jíkě.
10위엔만 내시면 됩니다.

관련 표현

拾金不昧 shí jīn bú mèi **성**
재물을 주워도 자기 것으로 탐내지 않다, 주인을 찾아주다

拾钱出告示 ─ 不贪意外之物 **헐후**
shí qián chū gàoshi ─ bù tān yìwài zhī wù
돈을 주워 공고하다 ─ 뜻하지 않게 생긴 물건을 탐내지 않다 : 뜻밖의 횡재를 바라지 않다

拾柴打兔子 —— 一举两得 ^{헐후}

shí chái dǎ tùzi —— yì jǔ liǎng dé

장작을 주워 토끼를 사냥하다 —— 일거양득

0732 示范 shìfàn 시범(모범)을 보이다 □□□

我先给大家做个示范，请大家跟我一起学习。

Wǒ xiān gěi dàjiā zuò ge shìfàn, qǐng dàjiā gēn wǒ yìqǐ xuéxí.

제가 여러분께 먼저 시범을 보일 테니, 여러분은 저를 따라 배우세요.

这位同学的动作非常标准，请上台给大家示范一下。

Zhè wèi tóngxué de dòngzuò fēicháng biāozhǔn, qǐng shàngtái gěi dàjiā shìfàn yíxià.

이 학생의 동작이 아주 정확하군요. 무대로 올라와서 모두에게 시범을 좀 보여 주세요.

🐷 **관련 표현**

示范效果 shìfàn xiàoguǒ 전시 효과(demonstration effect)

示范农场 shìfàn nóngchǎng 모범 농장(model farm)

示范销售 shìfàn xiāoshòu 실연 판매(demonstration)

0733 示威 shìwēi 시위하다 ^{참고} 游行 yóuxíng 시위 행진하다 □□□

美国首都华盛顿举行大规模反战示威集会，数千名抗议者参与了此次集会。

Měiguó shǒudū Huáshèngdùn jǔxíng dà guīmó fǎnzhàn shìwēi jíhuì, shù qiān míng kàngyìzhě cānyùle cǐ cì jíhuì.

미국의 수도 워싱턴에서 대규모 반전 시위 집회가 열렸는데, 수천 명의 항의자들이 이 집회에 참여했다.

🐷 **관련 표현**

示威游行 shìwēi yóuxíng 시위 행진

示威者 shìwēizhě 시위자

示威抗议者 shìwēi kàngyìzhě 피켓 농성 시위자

0734 示意 shìyì (동작·표정·함축된 말 등으로) 의사를 나타내다, 뜻을 표시하다 □□□

我们走进屋子，她举起一只手来示意叫我们不要出声。

Wǒmen zǒujìn wūzi, tā jǔqǐ yì zhī shǒu lái shìyì jiào wǒmen búyào chūshēng.

우리가 방으로 들어섰을 때, 그녀는 한 손을 들어 우리더러 소리를 내지 말라고 표시했다.

他用手指摆了个V字，示意事情进行地很顺利。

Tā yòng shǒuzhǐ bǎile ge V zì, shìyì shìqing jìnxíng de hěn shùnlì.

그는 손으로 V 자를 그리며, 일이 순조롭게 진행되고 있음을 알렸다.

0735 试图 shìtú 시도하다 □□□

无论丈夫还是妻子，都不要试图将对方重塑为另一个自己。

Wúlùn zhàngfu háishi qīzi, dōu búyào shìtú jiāng duìfāng chóngsù wéi lìng yí ge zìjǐ.

남편이든 아내든, 상대를 또 다른 나로 리모델링하려고 시도하지 마세요.

[단어] 重塑 chóngsù 리모델링(remodeling)

0736 试验 shìyàn 실험하다, 시험하다 BCT1 유의 实验 shíyàn □□□

古巴研制的艾滋病疫苗已在老鼠身上试验成功。

Gǔbā yánzhì de àizībìng yìmiáo yǐ zài lǎoshǔ shēnshang shìyàn chénggōng.

쿠바에서 연구한 에이즈 백신은 이미 쥐 실험에 성공했다.

[단어] 疫苗 yìmiáo 백신

명 시험, 실험

温州金融改革正是打破银行垄断的一次重要试验。

Wēnzhōu jīnróng gǎigé zhèng shì dǎpò yínháng lǒngduàn de yí cì zhòngyào shìyàn.

원저우(온주) 금융 개혁은 은행 독점 행위를 타파하는 중요한 시도이다.

[단어] 垄断 lǒngduàn 독점하다, 마음대로 다루다

0737 逝世 shìshì 서거하다, 작고하다 **유의** 死亡 sǐwáng, 去世 qùshì □□□

他看电视时，突然听到总统逝世的消息。
Tā kàn diànshì shí, tūrán tīngdào zǒngtǒng shìshì de xiāoxi.
그는 TV를 보다가, 갑자기 대통령 서거 소식을 들었다.

今天是邓小平逝世17周年纪念日。
Jīntiān shì Dèng Xiǎopíng shìshì shí'qī zhōunián jìniànrì.
오늘은 덩샤오핑 서거 17주년 기념일이다.

tip 邓小平(1904~1997) : 정치가, 외교가 중국 개혁 개방 정책 추진

0738 释放 shìfàng 석방하다 **참고** 无罪释放 wúzuì shìfàng 무죄 석방 □□□

官方表示，所有被关押的示威人士将在六个月内被释放。
Guānfāng biǎoshì, suǒyǒu bèi guānyā de shìwēi rénshì jiāng zài liù ge yuè nèi bèi shìfàng.
정부에서는 수감되어 있는 시위자들이 6개월 내에 석방될 것이라고 했다.

[단어] 关押 guānyā 감옥에 가두다, 수감하다

他因抢劫被判处有期徒刑两年，今年五月份刑满释放。
Tā yīn qiǎngjié bèi pànchǔ yǒuqī túxíng liǎngnián, jīnnián wǔ yuèfèn xíngmǎn shìfàng.
그는 강도 행위로 유기징역 2년을 판결 받았는데, 올해 5월에 형기를 채우고 석방되었다.

[단어] 有期徒刑 yǒuqī túxíng 유기 징역 / 刑满 xíngmǎn 형기를 채우다

0739 收藏 shōucáng 수장하다, 소장하다 □□□

他的作品极具收藏价值，值得买一幅。

Tā de zuòpǐn jíjù shōucáng jiàzhí, zhídé mǎi yì fú.

그의 작품은 소장 가치가 높기 때문에, 한 폭 사 둘 만하다.

他从小就痴迷收藏，邮票、名人字画、古币都是他喜爱的藏品。

Tā cóngxiǎo jiù chīmí shōucáng, yóupiào、míngrén zìhuà、gǔbì dōu shì tā xǐài de cángpǐn.

그는 어려서부터 소장하길 좋아했는데 우표, 유명 인사의 글과 그림, 옛날 화폐는 다 그가 좋아하는 소장품이다.

[단어] 痴迷 chīmí 푹 빠지다, 열중하다

😀 관련 표현

收藏夹 shōucángjiā (컴퓨터) 즐겨찾기

收藏品 shōucángpǐn 소장품

收藏癖 shōucángpǐ 수집벽

0740 收缩 shōusuō 수축하다, 졸아들다, 긴축하다 □□□

经常使用这款化妆水可以起到收缩毛孔的作用。

Jīngcháng shǐyòng zhè kuǎn huàzhuāngshuǐ kěyǐ qǐdào shōusuō máokǒng de zuòyòng.

자주 이 스킨을 쓰다 보면 모공 수축 효과를 거둘 수 있다.

上个月开支太大了，这个月我们只能忍痛收缩开支。

Shàng ge yuè kāizhī tài dà le, zhège yuè wǒmen zhǐnéng rěntòng shōusuō kāizhī.

지난달에 지출이 너무 많아서, 이번 달에는 우리가 힘들어도 지출을 줄일 수밖에 없어.

[단어] 忍痛 rěntòng 고통을 참다

0741 守护 shǒuhù 지키다, 수호하다 유의 守卫 shǒuwèi □□□

我们要守护祖国优秀的传统文化。

Wǒmen yào shǒuhù zǔguó yōuxiù de chuántǒng wénhuà.

우리는 조국의 우수한 전통 문화를 지켜야 한다.

守护神 shǒuhùshén 수호천사, 수호신

守护石 shǒuhùshí 수호석

0742 受罪 shòu∥zuì 고생하다, 시달리다, 괴로움을 당하다 □□□

十一黄金周期间去风景区，真是花钱受罪啊!

Shí Yī huángjīnzhōu qījiān qù fēngjǐngqū, zhēnshi huāqián shòuzuì a!

건국기념일 휴가 기간에 관광지에 가는 건, 정말이지 돈 주고 사서 고생하는 일이야!

这些年你究竟吃了多少苦，受了多少罪?

Zhèxiē nián nǐ jiūjìng chīle duōshao kǔ, shòule duōshao zuì?

요 몇 년 동안 넌 도대체 얼마나 힘들고, 얼마나 고생한 거야?

0743 授予 shòuyǔ (훈장·상장·명예·학위 등을) 수여하다, 주다 □□□

"鸟叔"被授予韩国文化勋章。

"Niǎoshū" bèi shòuyǔ Hánguó wénhuà xūnzhāng.

싸이는 한국 문화 훈장을 받았다.

[단어] 勋章 xūnzhāng 훈장

我校2016届学士学位授予仪式将于明天下午三点在学校礼堂举行。

Wǒ xiào èr líng yī liù jiè xuéshì xuéwèi shòuyǔ yíshì jiāng yú míngtiān xiàwǔ sān diǎn zài xuéxiào lǐtáng jǔxíng.

우리 학교 2016년 학사 학위 수여식이 내일 오후 3시에 학교 강당에서 열린다.

汤姆·克鲁斯将被授予"釜山市名誉市民"称号。

Tāngmǔ·Kèlǔsī jiāng bèi shòuyǔ "Fǔshān Shì míngyù shìmín" chēnghào.

톰크루즈는 부산 시 명예 시민으로 위촉된다.

tip 汤姆·克鲁斯 : (1962~) 미국의 영화배우

0744 **疏忽** shūhu 소홀히 하다, 대수롭지 않게 여기다 **유의** **忽略** hūlüè

我一时疏忽，考卷上没写名字就交给老师了。
Wǒ yìshí shūhu, kǎojuàn shang méi xiě míngzi jiù jiāogěi lǎoshī le.
난 잠시 방심하다, 시험지에 이름을 안 쓰고 그냥 선생님께 제출했다.

如果我在工作上有疏忽的地方，你一定要告诉我。
Rúguǒ wǒ zài gōngzuò shang yǒu shūhu de dìfang, nǐ yídìng yào gàosu wǒ.
제가 업무상 소홀한 점이 있으면, 꼭 말씀해 주세요.

> **疏忽 vs 忽略**
> 疏忽는 덜렁대다가 주의하지 못하는 것을 말하고, 忽略는 중시하지 않아 빠뜨리는 것을 말한다.
>
> **疏忽了重要的事** shūhule zhòngyào de shì 중요한 문제를 소홀히 다루다
> **忽视锻炼身体** hūshì duànliàn shēntǐ 운동을 경시하다
> **忽视群众的生活问题** hūshì qúnzhòng de shēnghuó wèntí 민중의 생활 문제를 홀시하다

0745 **束** shù 묶다, 매다, 동이다

他为了健身买了跑步机，但没跑几天就束之高阁没再用过。
Tā wèile jiànshēn mǎile pǎobùjī, dàn méi pǎo jǐ tiān jiù shù zhī gāo gé méi zài yòngguo.
그는 헬스를 위해 러닝 머신을 샀지만, 며칠 안 뛰고 한쪽에 방치한 채 다시는 쓰지 않았다.

[단어] 束之高阁 shù zhī gāo gé **성** 방치해 두고 사용하지 않다

如果我输了，我就遵守和你的约定，每天都把头发束起来。
Rúguǒ wǒ shū le, wǒ jiù zūnshǒu hé nǐ de yuēdìng, měitiān dōu bǎ tóufa shùqilai.
만약에 내가 지면, 너와의 약속대로 매일 머리카락을 묶겠어.

양 다발

结婚纪念日那天，我老公送我一束花和一瓶葡萄酒。
Jiéhūn jìniànrì nàtiān, wǒ lǎogōng sòng wǒ yí shù huā hé yì píng pútáojiǔ.
결혼기념일에 우리 남편은 나에게 꽃 한 다발과 와인 한 병을 선물했어.

관련 표현

束手待毙 shù shǒu dài bì 성 가만히 앉아 패망을 기다리다, 팔짱 끼고 죽음을 기다리다

束手就擒 shù shǒu jiù qín 성 반항할 생각을 하지 않다, 저항할 힘이 없다

束手束脚 shù shǒu shù jiǎo 성 이것저것 걱정만 많이 하고 감히 손대지 못하다

济公的装束 — 衣冠不整 헐후
jìgōng de zhuāngshù — yīguān bù zhěng
제공의 행색 — 의관이 정결하지 않다 : 행색이 남루하다

tip 济公: 남송(南宋) 시대의 승려. 성명은 이심원(李心遠). 민간 전설에서 불의를 보면 용감하게 뛰어들고, 위험에 처한 사람을 도와주고, 곤궁에 빠진 사람을 구제하는, 미치광이 승려로 형상화 되었다.

大海里的黄花鱼 — 束手就擒 헐후
dàhǎili de huánghuāyú — shù shǒu jiù qín
바다의 조기 — 스스로 손을 결박하고 사로잡히다 : 반항할 생각을 하지 않다

0746 **束缚** shùfù 구속하다, 속박하다, 결박하다 유의 约束 yuēshù
반의 解脱 jiětuō, 摆脱 bǎituō 벗어나다, 빠져나오다

这篇文章表达了渴望摆脱封建束缚，追求自由的感情。
Zhè piān wénzhāng biǎodále kěwàng bǎituō fēngjiàn shùfù,
zhuīqiú zìyóu de gǎnqíng.
이 글에는 봉건 속박을 벗어나려는 갈망과 자유를 추구하는 감정이 실려 있다.

他们被束缚着双手，趴在地上。
Tāmen bèi shùfùzhe shuāngshǒu, pāzài dì shang.
그들은 두 손을 결박당한 채, 바닥에 엎드렸다.

0747 **树立** shùlì 수립하다, 세우다 유의 建立 jiànlì

我觉得勇敢地去实践比树立远大理想更重要。
Wǒ juéde yǒnggǎn de qù shíjiàn bǐ shùlì yuǎndà lǐxiǎng gèng
zhòngyào.
나는 용감하게 실천하는 것이 원대한 이상을 세우는 것보다 중요한 것 같다.

我们应该树立好的风气。
Wǒmen yīnggāi shùlì hǎo de fēngqì.
우리는 좋은 기풍을 수립해야 한다.

0748 耍 shuǎ (사투리) 놀리다, 장난하다 □□□

他在我眼皮底下卖假古董，简直是关公面前耍大刀!
Tā zài wǒ yǎnpí dǐxia mài jiǎ gǔdǒng, jiǎnzhí shì guāngōng miànqián shuǎ dà dāo!
저 사람 내 앞에서 가짜 골동품을 팔려 들다니, 정말이지 공자 앞에서 문자 쓰고 있구먼!

[단어] 关公面前耍大刀 uāngōng miànqián shuǎ dà dāo 관우 앞에서 칼을 휘두르다, 주제를 모르고 까불다

我会派保镖跟着你的，你不要耍什么花样。
Wǒ huì pài bǎobiāo gēnzhe nǐ de, nǐ búyào shuǎ shénme huā yàng.
내가 보디가드를 붙여 자넬 따라다니게 할 테니, 괜한 수작 부리지 말라고.

🐸 관련 표현

耍把戏 shuǎ bǎxì 잔재주를 부리다

耍花招 shuǎ huāzhāo 잔꾀를 부리다

耍贫嘴 shuǎ pínzuǐ 쓸데없는 얘기를 늘어놓다

耍花腔 shuǎhuāqiāng 그럴싸한 거짓말을 하다

关公面前耍大刀 — 自不量力 헐후
guāngōng miànqián shuǎ dàdāo — zì bú liànglì
관우 앞에서 칼 솜씨를 자랑하다 — 자신의 능력을 정확하게 헤아리지 못하다 : 주제를 모르다

小娃娃耍单杠 — 高攀不上 헐후
xiǎowáwa shuǎ dāngàng — gāo pānbushàng
아이가 철봉을 하다 — 높아서 못 올라가다 : 지위나 신분이 높아 감히 사귈 엄두를 못 내다

0749 衰退 shuāituì (신체 기능이) 쇠퇴하다, (국력·경제가) 쇠락하다 BCT2 □□□

动过几次大手术后，他的记忆力的确衰退了很多。
Dòngguo jǐ cì dà shǒushù hòu, tā de jìyìlì díquè shuāituìle hěn duō.
몇 차례 대수술을 거친 후에, 그의 기억력은 확실히 많이 떨어졌다.

经济衰退导致消费不活跃，法国家庭购买力下降0.1%。

Jīngjì shuāituì dǎozhì xiāofèi bù huóyuè, Fǎguó jiātíng gòumǎilì xiàjiàng bǎifēnzhī líng diǎn yī

경기 감퇴가 소비 침체를 불러와, 프랑스 가정의 구매력이 0.1% 줄었다.

🐸 관련 표현

经济衰退 jīngjì shuāituì 경기 감퇴

工业衰退 gōngyè shuāituì 산업 불황

文明衰退 wénmíng shuāituì 문명이 쇠퇴하다

□□□

0750 率领 shuàilǐng (무리나 단체를) 거느리다, 이끌다, 인솔하다

유의 **带领** dàilǐng

公元前225年，王贲率领六十万大军攻打魏国。

Gōngyuán qián èrbǎi èrshíwǔ nián, Wáng Bēn shuàilǐng liùshí wàn dàjūn gōngdǎ wèiguó.

기원전 225년, 왕뻔은 60만 대군을 이끌고 위나라를 공격했다.

[단어] **王贲** Wáng Bēn 왕뻔, 진(秦) 나라 명장

俄罗斯总理将率领代表团参加伦敦奥运会开幕式。

Éluósī zǒnglǐ jiāng shuàilǐng dàibiǎotuán cānjiā Lúndūn àoyùnhuì kāimùshì.

러시아 총리는 대표단을 이끌고 런던 올림픽 개막식에 참가할 것이다.

率领 vs 带领

率领은 비교적 중요하고 점잖은 자리에 쓰이는 단어로, 인솔자는 주로 지위가 높고 권력이 있는 사람들이 된다. 带领은 소풍, 등산, 견학, 식수, 모임에 참가하는 등의 일반적인 상황에 쓰이는 것으로 인솔자는 '부모, 선생님, 친구' 등의 보통 사람이다.

率领队伍 shuàilǐng duìwu 대오를 이끌다

率领医疗队 shuàilǐng yīliáoduì 의료단을 인솔하다

带领新同学 dàilǐng xīn tóngxué 신입생을 데리고 가다

带领大家 dàilǐng dàjiā 사람들을 이끌다

0751 涮火锅 shuàn huǒguō 중국식 샤브샤브를 먹다

冬天里一家人凑在一起涮火锅，其乐无穷。
Dōngtiān li yì jiārén còuzài yìqǐ shuàn huǒguō, qí lè wú qióng.
겨울에 온 식구가 모여 같이 샤브샤브를 먹다 보면 재미가 넘친다.

我们几个姐们儿都喜欢涮火锅。
Wǒmen jǐ ge jiěmenr dōu xǐhuan shuàn huǒguō.
내 몇몇 친한 친구들은 모두 샤브샤브를 좋아한다.

[단어] **姐们儿** jiěmenr 자매들, 주로 친한 여자 친구들을 가리킬 때 씀 반의 **哥们儿** gēmenr
형제들, 형제 같은 친구

0752 思念 sīniàn 그리워하다, 보고 싶어하다

유의 **怀念** huáiniàn, **想念** xiǎngniàn

我非常思念我已逝世的父亲。
Wǒ fēicháng sīniàn wǒ yǐ shìshì de fùqīn.
나는 돌아가신 아버지가 몹시 그립다.

《静夜思》这首诗表达了李白对故乡的思念之情。
《Jìngyèsī》 zhè shǒu shī biǎodále Lǐ Bái duì gùxiāng de sīniàn zhī qíng.
《정야사(静夜思)》이 시는 이백의 고향에 대한 그리움을 표현하고 있다.

> **思念 vs 怀念**
> 思念의 대상은 멀리 떨어져 있는 사람이나 지역으로 다시 만날 수 있는 것을 말하고,
> 怀念의 대상은 멀리 떨어져 있는 대상이나 더 이상 만날 수 없는 사람(죽은 사람 포함),
> 세월, 지역 등을 말한다.
>
> **身在异乡，我很思念(怀念)家乡和亲人。**
> Shēn zài yìxiāng, wǒ hěn sīniàn(huáiniàn) jiāxiāng hé qīnrén.
> 타향에 있다 보니, 고향과 가족이 그리워요.
>
> **我天天思念着你。**
> Wǒ tiāntiān sīniànzhe nǐ.
> 난 날마다 당신이 그립소.
>
> **我怀念和你一起度过的时光。**
> Wǒ huáiniàn hé nǐ yìqǐ dùguò de shíguāng.
> 난 너와 함께 보낸 그 시간이 그리워.

0753 思索 sīsuǒ 사색하다, 깊이 생각하다 **유의** 思考 sīkǎo

读书不要贪多，而是要多加思索，这样的读书会使你获益不少。

Dúshū búyào tān duō, érshì yào duō jiā sīsuǒ, zhèyàng de dúshū huì shǐ nǐ huòyì bù shǎo.

독서할 때는 다독하지 말고, 사색을 많이 해야 해. 이렇게 독서하면 네가 얻는 것이 많을 거야.

思索 vs 思考

思索는 어떤 것에 대해 깊이 생각하여, 일이나 문제를 분명히 알려는 것이고, 思考는 어떤 것에 대해 깊이 생각하고 궁리하여 결정을 내리는 것이다.

不懂的地方要认真思索。
Bùdǒng de dìfang yào rènzhēn sīsuǒ.
이해가 안 가는 부분은 골똘히 생각해 봐요.

这是我思考了很久才决定的。
Zhè shì wǒ sīkǎole hěnjiǔ cái juédìng de.
이건 내가 오랫동안 생각해서 결정한 거예요.

0754 死亡 sǐwáng 사망하다, 멸망하다, 생명을 잃다

반의 诞生 dànshēng 탄생하다, 生存 shēngcún 생존하다

一对儿70岁左右夫妻的尸体在家中被发现，死亡原因不明。

Yí duìr qīshí suì zuǒyòu fūqī de shītǐ zài jiā zhōng bèi fāxiàn, sǐwáng yuányīn bù míng.

70세가량 된 노부부의 사체가 집안에서 발견되었는데, 사망 원인이 불분명하다.

公司一步一步走向死亡。
Gōngsī yí bù yí bù zǒuxiàng sǐwáng.
회사는 차츰차츰 파국으로 치닫고 있었다.

관련 표현

脑死亡 nǎosǐwáng 뇌사

死亡率 sǐwánglǜ 사망률

死亡证明 sǐwáng zhèngmíng 사망 증명서

0755 饲养 sìyǎng 먹이다, 기르다, 사육하다 [유의] 喂养 wèiyǎng

个人饲养这种猴子需要饲养许可证。
Gèrén sìyǎng zhè zhǒng hóuzi xūyào sìyǎng xǔkězhèng.
개인이 이 원숭이를 기르려면 사육 허가증이 있어야 한다.

今天上午，红山动物园的猩猩咬伤了饲养员。
Jīntiān shàngwǔ, Hóngshān dòngwùyuán de xīngxīng yǎoshāngle sìyǎngyuán.
오늘 오전에 홍산 동물원의 오랑우탄이 사육사를 물어 상처를 입혔다.

饲养 vs 喂养

饲养의 대상은 동물이고, 喂养의 대상은 사람과 동물이 모두 될 수 있다.

饲养动物 sìyǎng dòngwù 동물을 사육하다

精心饲养 jīngxīn sìyǎng 정성을 다해 기르다

喂养幼儿 wèiyǎng yòu'ér 어린아이를 키우다

喂养宠物 wèiyǎng chǒngwù 애완동물을 기르다

0756 耸 sǒng 치솟다, 우뚝 솟다, 놀라게 하다

他朝我招了招手，我耸耸肩朝他笑了笑。
Tā cháo wǒ zhāole zhāoshǒu, wǒ sǒngsong jiān cháo tā xiàole xiào.
그는 내 쪽으로 손을 흔들었고, 나는 어깨를 으쓱이며 그를 향해 웃었다.

在这个网站经常可以看到网友转载的各种耸人听闻的故事。
Zài zhège wǎngzhàn jīngcháng kěyǐ kàndào wǎngyǒu zhuǎnzǎi de gèzhǒng sǒng rén tīng wén de gùshi.
이 사이트에서는 네티즌이 올려 놓은 각종 놀라운 기사를 자주 보게 된다.

[단어] 耸人听闻 sǒng rén tīng wén (성) 고의로 과장하거나 날조하여 듣는 사람을 놀라게 하다

🗣 **관련 표현**

惊险小说 — 危言耸听 [혈후]
jīngxiǎn xiǎoshuō — wēi yán sǒng tīng
스릴러 소설 — 일부러 놀래는 말을 하여 사람을 놀라고 두렵게 하다 : 무서운 이야기를 하여 사람을 깜짝 놀라게 하다

0757 苏醒 sūxǐng 되살아나다, 소생하다, 의식을 회복하다

참고 苏醒剂 sūxǐngjì 각성제

春天来了，万物都苏醒了，到处都是小燕子的欢笑声。
Chūntiān lái le, wànwù dōu sūxǐng le, dàochù dōu shì xiǎoyànzi de huānxiàoshēng.
봄이 오니, 만물이 모두 소생하고, 여기저기에서 제비들의 즐거운 노랫소리가 들린다.

我希望有一天奇迹能够发生，爸爸能苏醒过来。
Wǒ xīwàng yǒu yì tiān qíjì nénggòu fāshēng, bàba néng sūxǐngguolai.
나는 어느 날 기적이 일어나서, 아빠가 깨어나셨으면 좋겠다.

0758 诉讼 sùsòng 소송하다, 고소하다, 재판을 걸다 BCT2

民事案件当事人都是为自己的权益在进行诉讼。
Mínshì ànjiàn dāngshìrén dōu shì wèi zìjǐ de quányì zài jìnxíng sùsòng.
민사 사건 당사자들은 모두 자신의 권익을 위해 소송을 진행한다.

因对保险公司的赔偿金额不满，张某向法院提起诉讼。
Yīn duì bǎoxiǎn gōngsī de péicháng jīn'é bù mǎn, Zhāng mǒu xiàng fǎyuàn tíqǐ sùsòng.
보험 회사의 보상금에 불만을 품고, 장 모 씨는 법원에 고소했다.

0759 塑造 sùzào (진흙 등으로) 빚어서 만들다, (인물을) 형상화하다

这里的铜像是为纪念毛泽东同志诞辰一百周年而塑造的。
Zhèlǐ de tóngxiàng shì wèi jìniàn Máo Zédōng tóngzhì dànchén yìbǎi zhōunián ér sùzào de.
이곳의 동상은 마오저뚱(모택동) 동지의 탄신 100주년을 기념하기 위해 만든 것이다.

她在小说里塑造了一个更为复杂多面的克伦威尔。
Tā zài xiǎoshuō li sùzàole yí ge gèng wéi fùzá duōmiàn de Kèlúnwēi'ěr.
그녀는 소설 속에서 복잡하고 다면적인 크롬웰을 그려내고 있었다.

tip 克伦威尔 : 올리버 크롬웰(Oliver Cromwell, 1599~1658), 영국의 정치가이며 군인.

0760 **算数** suàn∥shù 한 말을 책임지다, 그것으로 됐다

我那么信任你，你怎么能说话不算数呢？
Wǒ nàme xìnrèn nǐ, nǐ zěnme néng shuōhuà bú suànshù ne?
내가 그렇게 너를 믿었는데, 너는 왜 말한 것을 안 지키니?

我绝不会放弃，我考上律师考试才算数。
Wǒ jué bú huì fàngqì, wǒ kǎoshàng lǜshī kǎoshì cái suànshù.
난 절대로 포기하지 않을 것이고, 변호사 시험에 합격해야 그만둘 것이다.

0761 **随意** suíyì 자기 생각대로 마음대로 하다 **유의** **随便** suíbiàn

我说，你们就随意吧，想吃的就吃，想喝的就喝。
Wǒ shuō, nǐmen jiù suíyì ba, xiǎng chī de jiù chī, xiǎng hē de jiù hē.
자네들 마음대로 하라고. 먹고 싶은 사람은 먹고, 마시고 싶은 사람은 마시고 말이야.

请各位会员在注册成功以后，不要随意更改自己的注册信息。
Qǐng gèwèi huìyuán zài zhùcè chénggōng yǐhòu, búyào suíyì gēnggǎi zìjǐ de zhùcè xìnxī.
회원 여러분, 등록한 후에는 자신의 등록 정보를 마음대로 고치지 마세요.

0762 **损坏** sǔnhuài (원래의 기능·효과 등을) 손상시키다, 파손시키다 BCT1
유의 **破坏** pòhuài

公司规定，恶意损坏公司的财物的人员要赔偿。
Gōngsī guīdìng, èyì sǔnhuài gōngsī de cáiwù de rényuán yào péicháng.
회사에서는 악의로 회사 기물을 파손하는 직원은 보상하도록 규정하고 있다.

受飓风影响下，遭到损坏的船只正朝左侧倾斜。
Shòu jùfēng yǐngxiǎng xià, zāodào sǔnhuài de chuánzhī zhèng cháo zuǒcè qīngxié.
허리케인의 영향으로, 파손된 배가 왼쪽으로 기울어졌다.

[단어] 飓风 jùfēng 허리케인(hurricane)

764

损坏 vs 破坏

损坏는 무의식적으로 일어나는 경우가 많고, 破坏는 주로 주동적이고 의식적으로 일어나는 경우가 많다. 破坏는 구체적인 사물과 추상적인 사물에 모두 쓸 수 있다.

损坏书籍 sǔnhuài shūjí 서적을 파손하다
损坏机器 sǔnhuài jīqì 기계를 파손하다

破坏桥梁 pòhuài qiáoliáng 교량을 파괴하다
破坏旧制度 pòhuài jiù zhìdù 낡은 제도를 타파하다

□□□

0763 索取 suǒqǔ 달라고 하다, 요구하다, 받아내다

如果工作上需要，你可以向有关部门索取资料。
Rúguǒ gōngzuò shang xūyào, nǐ kěyǐ xiàng yǒuguān bùmén suǒqǔ zīliào.
업무상 필요하다면, 관련 부서에 자료를 요청할 수 있습니다.

《婚姻法》规定："禁止借婚姻索取财物"。
《Hūnyīnfǎ》guīdìng : "jìnzhǐ jiè hūnyīn suǒqǔ cáiwù".
《혼인법》 규정에는 혼인을 빌미로 한 금품 요구를 금지하고 있다.

□□□

0764 塌 tā 꺼지다, 움푹 패다, 무너지다(붕괴하다)

这座楼就要塌了，还不快跑！
Zhè zuò lóu jiùyào tā le, hái bú kuài pǎo!
이 건물이 무너지려 하는데, 아직도 도망 안 가고 뭐해요!

宝宝的鼻子扁扁的，他爸就是塌鼻梁，所以这可能是遗传。
Bǎobao de bízi biǎnbiān de, tā bà jiù shì tā bíliáng, suǒyǐ zhè kěnéng shì yíchuán.
아기 코가 납작한데, 애 아빠가 납작코거든, 아마도 유전인가 봐.

这几天一直很忙，累得她眼框都塌了下来。
Zhè jǐ tiān yìzhí hěn máng, lèi de tā yǎnkuàng dōu tāle xiàlai.
요 며칠 그녀는 계속 바쁘더니, 피곤한 나머지 눈 주위가 움푹 들어갔더라고.

天塌了用头顶 — 假充好汉 `헐후`
tiān tā le yòng tóu dǐng — jiǎ chōng hǎohàn
하늘이 무너지자 머리로 이다 — 호걸인 척하다

脚踩牛屎 — 一塌糊涂 `헐후`
jiǎo cǎi niúshǐ — yì tā hú tú
소똥을 밟다 — 엉망진창이다 : 뒤죽박죽이다

快要倒塌的房子 — 危在旦夕 `헐후`
kuàiyào dǎotā de fángzi — wēi zài dàn xī
다 쓰러져 가는 집 — 위험이 조석에 달려 있다 : 매우 위급하다

0765 贪污 tānwū 탐오하다, 횡령하다 `유의` 贪墨 tānmò □□□

这个公司的财务贪污了数千万美元，跑国外去了。
Zhège gōngsī de cáiwù tānwūle shù qiānwàn měiyuán, pǎo guówài qù le.
이 회사의 경리는 수천만 달러를 횡령해, 외국으로 도망쳤다.

因收受贿赂贪污公款，他们被法院一审判处有期徒刑十年。
Yīn shōushòu huìlù tānwù gōngkuǎn, tāmen bèi fǎyuàn yìshěn pànchǔ yǒuqī túxíng shí nián.
뇌물 수수와 공금 횡령으로, 그들은 법원으로부터 제1심에서 유기징역 10년을 언도 받았다.

[단어] 贪污公款 tānwù gōngkuǎn 공금 횡령

贪污公款 tānwū gōngkuǎn 공금 횡령

贪污腐化 tān wū fǔ huà `성` 횡령과 수뢰를 일삼고 타락한 생활을 하다

0766 瘫痪 tānhuàn 반신불수가 되다, 중풍이 들다, 마비되다, (조직 · 교통이) 마비되다 □□□

李爷爷多年来一直照料瘫痪老伴儿，但他还是很乐观。
Lǐ yéye duō nián lái yìzhí zhàoliào tānhuàn lǎobànr, dàn tā háishi hěn lèguān.
이 씨 할아버지는 여러 해 동안 중풍에 걸린 마나님의 수발을 들고 계시지만, 그래도 낙관적이시다.

我奶奶得了脊髓炎病，现在她两腿都瘫痪不能走路。

Wǒ nǎinai déle jǐsuǐyánbìng, xiànzài tā liǎngtuǐ dōu tānhuàn bù néng zǒulù.

우리 할머니는 척수염에 걸리셨는데, 지금 할머니는 두 다리가 마비되어 걷질 못하신다.

昨天遭暴雨袭击，整个城市交通几乎陷入瘫痪。

Zuótiān zāo bàoyǔ xíjī, zhěnggè chéngshì jiāotōng jīhū xiànrù tānhuàn.

어제 갑자기 폭우가 내려, 전 도시의 교통이 거의 마비 상태가 되었다.

0767 叹气 tàn//qì 탄식하다, 한숨짓다, 한탄하다 □□□

事情已经发生了，与其叹气不如重新做。

Shìqing yǐjing fāshēng le, yǔqí tànqì bùrú chóngxīn zuò.

일이 이미 벌어졌으니, 한숨 쉬고 있는 것보다는 다시 시작하는 것이 낫다.

他很是失望地叹了一口气，然后沉默地抬头望天。

Tā hěn shì shīwàng de tànle yì kǒu qì, ránhòu chénmò de táitóu wàng tiān.

그는 아주 실망스러운 듯 깊은 한숨을 내쉬고는, 조용히 고개를 들어 하늘을 바라보았다.

🗨️ 관련 표현

唉声叹气 āi shēng tàn qì (성) 가슴이 답답하거나 슬프거나 고통으로 인해서 한숨을 쉬다

0768 探测 tàncè (기구로) 탐측하다, 관측하다, 탐지하다 □□□

유의 探测仪 tàncèyí 탐지기

雷达探测到在船的正前方有一个很大的冰山。

Léidá tàncèdào zài chuán de zhèngqiánfāng yǒu yí ge hěn dà de bīngshān.

레이다는 배의 정면에 커다란 빙산이 있음을 탐지했다.

科学家将对海底的天然气储量进行探测。

Kēxuéjiā jiāng duì hǎidǐ de tiānránqì chǔliàng jìnxíng tàncè.

과학자는 해저의 천연가스 매장량을 탐측하려고 한다.

0769 探索 tànsuǒ 탐색(탐구)하다, 의문을 풀다 □□□

참고 探索者 tànsuǒzhě (컴퓨터) 익스플로러

我们经过反复地探索，终于找到了很好的方案。
Wǒmen jīngguò fǎnfù de tànsuǒ, zhōngyú zhǎodàole hěn hǎo de fāng'àn.
우리는 여러 번의 탐구를 거쳐, 마침내 좋은 방안을 찾아냈다.

希望你能探索出适合自己的人生之路。
Xīwàng nǐ néng tànsuǒchū shìhé zìjǐ de rénshēng zhī lù.
네가 네 자신에게 맞는 삶의 방향을 찾길 바란다.

0770 探讨 tàntǎo 연구 토론하다, 탐구하다 BCT1 □□□

大家先探讨一下可行性，然后再正式统计。
Dàjiā xiān tàntǎo yíxià kěxíngxìng, ránhòu zài zhèngshì tǒngjì.
모두들 먼저 실행 가능성에 대해 토론해 보고 나서, 정식으로 통계를 내 봅시다.

这应该是一个值得探讨的问题，请大家留意！
Zhè yīnggāi shì yí ge zhídé tàntǎo de wèntí, qǐng dàjiā liúyì!
이건 탐구해 볼 만한 문제이니, 여러분 염두에 두세요!

0771 探望 tànwàng 방문하다, 문안하다, 보다, 살피다 유의 看望 kànwàng □□□

她出事的前一天晚上还来探望过我。
Tā chūshì de qián yì tiān wǎnshang hái lái tànwàngguo wǒ.
그 애는 사고 전날 밤에 나를 보러 왔었어요.

警察下车后四处探望了好几眼，却没发现罪犯的踪迹。
Jǐngchá xiàchē hòu sìchù tànwàngle hǎo jǐ yǎn, què méi fāxiàn zuìfàn de zōngjì.
경찰은 하차한 후 사방을 몇 번이나 둘러보았지만, 범인의 종적은 발견하지 못했다.

> **探望 vs 看望**
> 探望은 어떤 상황을 발견하기 위해 살피는 것을 말하고, 멀리 있는 대상을 찾아가 보는 것을 말한다. 看望은 연장자나 친척, 친구를 찾아가 보는 것을 말한다. 探望의 대상은 사람이나 상황이 될 수 있고, 看望의 대상은 사람만 된다. 가까이에 있는 친척, 친구를 찾아갈 때는 看望만 쓸 수 있다.

我准备回国探望(看望)父母。
Wǒ zhǔnbèi huíguó tànwàng(kànwàng) fùmǔ.
나는 부모님을 뵈러 귀국하려고 한다.

我发现有人在四处探望。
Wǒ fāxiàn yǒurén zài sìchù tànwàng.
나는 누군가가 여러 곳을 살피는 것을 발견했다.

我想去医院看望舅舅。
Wǒ xiǎng qù yīyuàn kànwàng jiùjiu.
나는 병원으로 외삼촌 병문안을 가려 해.

0772 掏 tāo (손이나 도구로) 꺼내다, 끄집어내다, 파다 ☐☐☐

出去吃饭时，他从来不让女士掏腰包。
Chūqu chīfàn shí, tā cónglái bú ràng nǚshì tāo yāobāo.
외식할 때, 그는 절대 여자가 돈을 내게 하지 않는다.

[단어] 掏腰包 tāo yāobāo 〔관용〕 비용을 내다

小时候最喜欢妈妈这样给我掏耳朵了。
Xiǎo shíhou zuì xǐhuan māma zhèyàng gěi wǒ tāo ěrduo le.
어릴 땐 엄마가 이렇게 내 귓밥을 파 주시는 게 가장 좋았다.

🗣 **관련 표현**

剃头掏耳朵 — 收拾得干干净净 〔헐후〕
tìtóu tāo ěrduo — shōushi de gānganjìngjìng
이발하면서 귀 후비다 — 깨끗하게 정리하다

喜鹊窝里掏凤凰 — 搞错地方了 〔헐후〕
xǐque wōli tāo fènghuáng — gǎocuò dìfang le
까치 둥지에서 봉황을 꺼내다 — 장소를 잘못 알다

0773 陶醉 táozuì 도취하다 ☐☐☐

在这种令人陶醉的风景中散步真是人生的一大享受。
Zài zhè zhǒng lìng rén táozuì de fēngjǐng zhōng sànbù zhēnshi
rénshēng de yí dà xiǎngshòu.
이렇게 멋진 풍경 속을 거니는 것은 인생의 큰 즐거움이다.

大家都被他精彩的演奏吸引了过去，并且陶醉其中。

Dàjiā dōu bèi tā jīngcǎi de yǎnzòu xīyǐnle guòqù, bìngqiě táozuì qízhōng.

모두들 그의 멋진 연주에 빠져들어, 음악에 취해 있다.

0774 淘汰 táotài 도태하다, 추려 내다 `BCT1` □□□

没有竞争力的产品，最终要被市场淘汰。

Méiyǒu jìngzhēnglì de chǎnpǐn, zuìzhōng yào bèi shìchǎng táotài.

경쟁력이 없는 제품은, 결국 시장에서 도태된다.

他们队在冠军杯预选赛中被淘汰了。

Tāmen duì zài guànjūnbēi yùxuǎnsài zhōng bèi táotài le.

그 팀은 챔피언스리그 예선전에서 탈락했다.

> 😀 **관련 표현**

淘汰赛 táotàisài 토너먼트 방식 / 自然淘汰 zìrán táotài 자연 도태

0775 讨好 tǎohǎo 잘 보이다, 기분을 맞추다 □□□

我不是那种善于讨好别人的人。

Wǒ bú shì nà zhǒng shànyú tǎohǎo biérén de rén.

나는 남의 기분을 잘 맞추는 그런 사람이 아냐.

我会帮你的，你不用刻意讨好我。

Wǒ huì bāng nǐ de, nǐ búyòng kèyì tǎohǎo wǒ.

내가 자네를 도울테니, 자네 일부러 나한테 잘 보일 필요 없네.

[단어] 刻意 kèyì 애써서, 힘껏

> 😀 **관련 표현**

八面讨好 bā miàn tǎo hǎo 〈성〉 처세술에 능하여 남의 비위를 잘 맞추다

0776 提拔 tíbá 발탁하다, 등용하다 〈유의〉 提升 tíshēng □□□

鉴于这几年他的出色表现，上级提拔他为部长。

Jiànyú zhè jǐ nián tā de chūsè biǎoxiàn, shàngjí tíbá tā wéi bùzhǎng.

요 몇 년 동안 그가 보여 준 출중한 능력을 고려해, 상부에서는 그를 부장으로 승진시켰다.

[단어] 鉴于 jiànyú ~을 고려하다

我想看部轻松的影片来调剂一下现在复杂的情绪。

Wǒ xiǎng kàn bù qīngsōng de yǐngpiàn lái tiáojì yíxià xiànzài fùzá de qíngxù.

나는 가벼운 영화를 보면서 지금의 복잡한 기분을 달래고 싶어.

由于高考成绩不是很高，他被调剂到了化学专业。

Yóuyú gāokǎo chéngjì bú shì hěn gāo, tā bèi tiáojìdàole huàxué zhuānyè.

대학 입학 시험 성적이 높지 않아, 그 아이는 화학 전공으로 배정되었다.

0786 调节 tiáojié 조절하다 [BCT1] **유의** 调整 tiáozhěng, 调剂 tiáojì

早餐吃些甜食有助于减肥，还可以帮助调节新陈代谢。

Zǎocān chī xiē tiánshí yǒu zhùyú jiǎnféi, hái kěyǐ bāngzhù tiáojié xīnchén dàixiè.

아침에 단 음식을 먹으면 다이어트에 도움이 될 뿐 아니라, 신진대사 조절에도 도움이 된다.

大家在一起吃饭时，他非常善于调节气氛。

Dàjiā zàiyìqǐ chīfàn shí, tā fēicháng shànyú tiáojié qìfēn.

사람들이 같이 밥 먹을 때, 그는 분위기를 아주 잘 맞춘다.

🗣 **관련 표현**

调节税 tiáojiéshuì 조정 세금 / **调节书** tiáojiéshū 조정서(adjustment letter)

调节剂 tiáojiéjì 품질 개량제(conditioning agent)

调节力 tiáojiélì 조절력(調節力) / **调节水温** tiáojié shuǐwēn 수온을 맞추다

调节 vs 调整 vs 调剂

调节는 요구에 맞게 수량이나 정도를 맞추는 것이고, 调整은 혼란, 불합리, 불균형 등을 바로 잡아 객관적인 조건에 맞추는 것을 뜻하며, 调剂는 수량, 바쁨과 한가함, 크기, 강약 등을 적당하게 조정하는 것을 뜻한다.

调节人的情绪 tiáojié rén de qíngxù 사람의 정서를 조절하다

可以调节体温 kěyǐ tiáojié tǐwēn 체온을 조절할 수 있다

调整人力 tiáozhěng rénlì 인력을 조정하다

调整物价 tiáozhěng wùjià 물가를 조절하다

散散步能调剂精神 sànsànbù néng tiáojì jīngshén 산책은 기분을 바꿀 수 있다

0787 调解 tiáojiě 조정하다, 중재하다, 화해시키다 BCT1 유의 调和 tiáohé

经过仲裁委员会的两次调解，事情终于圆满解决了。

Jīngguò zhòngcái wěiyuánhuì de liǎng cì tiáojiě, shìqing zhōngyú yuánmǎn jiějué le.

중재위원회의 두 번에 걸친 조정으로, 일이 마침내 원만히 해결되었다.

[단어] 仲裁 zhòngcái 중재하다, 조정하다

如果你去调解这件事，他们可能会觉得你管得太多。

Rúguǒ nǐ qù tiáojiě zhè jiàn shì, tāmen kěnéng huì juéde nǐ guǎn de tài duō.

만약에 자네가 가서 이 일을 중재한다면, 그들은 자네가 너무 많은 것을 참견한다고 여길 거야.

调解 vs 调和

调解는 쌍방 간에 존재하던 문제를 제거하는 것을 말하고, 调和는 쌍방이 처음처럼 관계가 다시 좋아지는 것을 말한다. 调和에는 '타협하고 양보하다'의 뜻도 들어 있다.

调解矛盾 tiáojiě máodùn 문제를 조율하다
调解人 tiáojiěrén 조정자
进行调解 jìnxíng tiáojiě 조율하다
没有调和的余地 méiyǒu tiáohé de yúdì 화해의 여지가 없다

0788 挑拨 tiǎobō 충동질하다, 부추기다, 이간시키다 반의 调解 tiáojiě 중재하다

他们俩成了仇人是因为中间有人捣鬼，故意挑拨离间。

Tāmen liǎ chéngle chóurén shì yīnwèi zhōngjiān yǒu rén dǎoguǐ, gùyì tiǎo bō lí jiàn.

그 두 사람이 원수가 된 것은, 중간에서 누가 음모를 꾸며, 일부러 이간질을 시켰기 때문이야.

[단어] 捣鬼 dǎoguǐ 음모를 꾀하다 / 挑拨离间 tiǎo bō lí jiàn 성 이간질하여 불화를 일으키게 하다

我们宿舍六个人，有一个人特别爱挑拨是非。

Wǒmen sùshè liù ge rén, yǒu yí ge rén tèbié ài tiǎobō shìfēi.

우리 기숙사에는 여섯 명이 있는데, 한 사람이 유난히 싸움을 잘 붙여.

0789 挑衅 tiǎoxìn 도전하다, 도발하다, 싸움을 걸다 [유의] 挑战 tiǎozhàn

你是在向我挑衅吗?
Nǐ shì zài xiàng wǒ tiǎoxìn ma?
너 지금 나한테 도전하는 거야?

印度军队从来没有停止过他们的挑衅行为。
Yìndù jūnduì cónglái méiyou tíngzhǐguo tāmen de tiǎoxìn xíngwéi.
인도 군대는 그들의 도발 행위를 멈춘 적이 없다.

0790 跳跃 tiàoyuè 뛰어오르다, 도약하다

小狗跳跃着, 抬起前脚, 仰头面对着我。
Xiǎogǒu tiàoyuèzhe, táiqǐ qián jiǎo, yǎngtóu miànduìzhe wǒ.
강아지는 뛰어오르며, 앞발을 들고, 고개를 들어 나를 보고 있다.

做跳跃运动时肌肉的收缩可以刺激骨膜。
Zuò tiàoyuè yùndòng shí jīròu de shōusuō kěyǐ cìjī gǔmó.
넓이 뛰기 할 때 근육의 수축은 골막에 충격을 줄 수도 있다.

[단어] 跳跃运动 tiàoyuè yùndòng 넓이 뛰기 / 收缩 shōusuō 수축하다 / 骨膜 gǔmó 골막

0791 停泊 tíngbó (배가) 정박하다, 머물다

这里游客很多, 码头停泊着好多豪华游艇。
Zhèlǐ yóukè hěn duō, mǎtou tíngbózhe hǎo duō háohuá yóutǐng.
이곳에는 여행객이 많아, 부두에 호화 유람선이 많이 정박해 있다.

관련 표현

停泊费 tíngbófèi 계선비(laying up charge)

停泊日 tíngbórì 정박일(Anchoring date)

停泊税 tíngbóshuì 정박세(anchorage due)

停泊处 tíngbóchù 계류장

0792 停顿 tíngdùn 머물다, 멈추다 ☐☐☐

念到这里，你就稍微停顿一下，然后慢慢环顾听众。
Niàndào zhèli, nǐ jiù shāowēi tíngdùn yíxià, ránhòu mànmān huángù tīngzhòng.
여기까지 읽고, 너는 살짝 멈추고, 천천히 청중을 둘러봐.

[단어] 环顾 huángù 사방을 둘러보다

欢快的音乐突然停顿下来，开始演奏了布鲁斯音乐的旋律。
Huānkuài de yīnyuè tūrán tíngdùnxialai, kāishǐ yǎnzòule bùlǔsī yīnyuè de xuánlǜ.
신나는 음악이 갑자기 멈추면서, 블루스 선율이 연주되기 시작했다.

[단어] 布鲁斯 bùlǔsī 블루스

0793 停滞 tíngzhì 정체되다, 막히다, 침체하다 [BCT2] 반의 发展 fāzhǎn 발전하다 ☐☐☐

这个厂的生产目前处于停滞状态。
Zhège chǎng de shēngchǎn mùqián chǔyú tíngzhì zhuàngtài.
이 공장의 생산은 현재 정체 상태에 놓여 있다.

如今世道变了，他的思想却停滞不前，还是那么顽固。
Rújīn shìdào biàn le, tā de sīxiǎng què tíngzhì bù qián, háishi nàme wángù.
지금은 세상도 변했건만, 저 친구의 생각은 도무지 변하질 않고, 여전히 고리타분해.

🐷 관련 표현

经济停滞 jīngjì tíngzhì 경기 둔화
出口停滞 chūkǒu tíngzhì 수출 부진
长期停滞 chángqī tíngzhì 장기 침체

0794 通缉 tōngjī 지명 수배하다 ☐☐☐

警方两周搜索无果后，于十五日对凶手发出通缉令。
Jǐngfāng liǎng zhōu sōusuǒ wú guǒ hòu, yú shíwǔ rì duì xiōngshǒu fāchū tōngjīlìng.
경찰에서는 2주 동안 수색 결과가 없자, 15일에 살인범에 대해 지명 수배령을 내렸다.

[단어] 搜寻 sōuxún 도처에 찾아다니다, 수색하다 / 通缉令 tōngjīlìng 지명 수배령

778

0795 通讯 tōngxùn 통신하다, 소식을 전달하다 [BCT1]

在落后的乡村，基本无法跟外界通讯。

Zài luòhòu de xiāngcūn, jīběn wúfǎ gēn wàijiè tōngxùn.

낙후한 시골에서는 거의 외부와 통신할 수가 없다.

명 통신

新华通讯社，简称新华社，是中国国家通讯社。

Xīnhuá tōngxùnshè, jiǎnchēng Xīnhuáshè, shì Zhōngguó guójiā tōngxùnshè.

신화 통신사는 줄여서 신화사라고 하며, 중국 국영 통신사이다.

0796 通用 tōngyòng 통용되다, 유통되다, 두루 쓰이다

微笑是全世界通用的语言。

Wēixiào shì quán shìjiè tōngyòng de yǔyán.

미소는 전 세계에서 통용되는 언어이다.

"词"与"辞"这两个字音同义近，有时可以通用。

"Cí" yǔ "cí" zhè liǎng ge zì yīn tóng yì jìn, yǒushí kěyǐ tōngyòng.

'词'와 '辞' 이 두 글자는 동음이고 뜻도 비슷해, 때로는 통용된다.

0797 统计 tǒngjì 통계하다 [BCT1]

据我们初步统计，基本药物的价格大约下降了30%。

Jù wǒmen chūbù tǒngjì, jīběn yàowù de jiàgé dàyuē xiàjiàngle bǎifēnzhī sānshí.

우리가 낸 1차적인 통계에 의하면, 기본 약물의 가격은 대략 30% 하락했다.

명 통계

这些统计数据已被重新予以核实，非常准确。

Zhèxiē tǒngjì shùjù yǐ bèi chóngxīn yǔyǐ héshí, fēicháng zhǔnquè.

이 통계 데이터들은 이미 한 번 더 사실을 확인한 거라서, 아주 정확해요.

[단어] 予以 yǔyǐ ~을 주다, ~되다 / 核实 héshí 실태를 조사하다, 사실을 확인하다

🐾 관련 표현

统计局 tǒngjìjú 통계청 / 统计表 tǒngjìbiǎo 통계표 / 统计学 tǒngjìxué 통계학

0798 统治 tǒngzhì 통치하다 □□□

唐朝统治时期的中国相当开放。

Táng cháo tǒngzhì shíqī de Zhōngguó xiāngdāng kāifàng.

당나라 통치 시기의 중국은 상당히 개방적이었다.

康熙是清皇中统治中国最久的一位皇帝。

Kāngxī shì Qīng huáng zhōng tǒngzhì Zhōngguó zuì jiǔ de yí wèi huángdì.

강희는 청나라 황제 중 중국을 가장 오래 통치한 황제이다.

tip 康熙 : (1654~1722년) 중국 청나라의 제4대 황제. 묘호(廟號)는 성조(聖祖). 이름은 '爱新觉罗 · 玄烨 Àixīnjuéluó · Xuányè'임. 재위 기간이 61년에 달한다.

0799 投票 tóu∥piào 투표하다 참고 投票站 tóupiàozhàn 투표소 □□□

这次选举投票时间是从早上6点到下午6点。

Zhè cì xuǎnjǔ tóupiào shíjiān shì cóng zǎoshang liù diǎn dào xiàwǔ liù diǎn.

이번 선거의 투표 시간은 아침 6시부터 오후 6시까지이다.

经过认真比较，我就给他投了一票。

Jīngguò rènzhēn bǐjiào, wǒ jiù gěi tā tóule yí piào.

꼼꼼히 비교해 보고 나서, 나는 그에게 한 표를 던졌어.

0800 投诉 tóusù 호소하다, 불편 신고하다 □□□

就凭你那恶劣的服务态度，我也要向主管部门投诉你。

Jiù píng nǐ nà èliè de fúwù tàidù, wǒ yě yào xiàng zhǔguǎn bùmén tóusù nǐ.

당신의 형편없는 서비스 태도에 대해, 나도 관련 부서에 당신을 신고하겠어요.

这家酒店不愿意承担责任，我只能向消费者协会投诉此事了。

Zhè jiā jiǔdiàn bú yuànyì chéngdān zérèn, wǒ zhǐ néng xiàng xiāofèizhě xiéhuì tóusù cǐ shì le.

이 호텔에서 책임을 지지 않겠다면, 저도 이 일을 소비자협회에 고발하는 수밖에 없겠어요.

0801 投降 tóuxiáng 투항하다, 항복하다

我警告你们，现在投降还有机会，不然的话，我们就不客气了。

Wǒ jǐnggào nǐmen, xiànzài tóuxiáng hái yǒu jīhuì, bùrán dehuà, wǒmen jiù búkèqi le.

내가 경고하겠는데, 지금 항복하면 그래도 기회가 있지만, 그렇지 않으면 우리도 봐주지 않을 거야.

1945年8月15日，日本宣布无条件投降。

Yī jiǔ sì wǔ nián bā yuè shíwǔ rì, Rìběn xuānbù wú tiáojiàn tóuxiáng.

1945년 8월 15일, 일본은 무조건 항복한다고 선포했다.

0802 投掷 tóuzhì 던지다, 투척하다

愤怒的主队球迷向球场内投掷石块、酒瓶等杂物。

Fènnù de zhǔduì qiúmí xiàng qiúchǎng nèi tóuzhì shíkuài、jiǔpíng děng záwù.

분노한 홈팀 축구팬들은 운동장 안으로 돌·술병 등 잡동사니를 던졌다.

今晚男子标枪的决赛共有14位选手参加，每位选手共有6次投掷机会。

Jīnwǎn nánzi biāoqiāng de juésài gòng yǒu shísì wèi xuǎnshǒu cānjiā, měi wèi xuǎnshǒu gòng yǒu liù cì tóuzhì jīhuì.

오늘 밤 남자 창던지기 결승전에는 14명의 선수가 참가합니다. 각 선수에게는 모두 여섯 차례의 투척 기회가 주어집니다.

[단어] 标枪 biāoqiāng 투창 경기

0803 透露 tòulù 누설하다, 드러내다

这是商业机密，我们不能对外透露。

Zhè shì shāngyè jīmì, wǒmen bù néng duì wài tòulù.

이는 상업 기밀이므로, 우리는 밖으로 유출할 수 없습니다.

他只提到要退出政坛，并没有透露原因。

Tā zhǐ tídào yào tuìchū zhèngtán, bìng méiyou tòulù yuányīn.

그는 단지 정계를 떠나겠다는 말만 했을 뿐, 결코 원인을 밝히지 않았다.

[단어] 政坛 zhèngtán 정계

0804 突破 tūpò 돌파하다, (한계·난관을) 타파하다 **[유의]** 冲破 chōngpò

[참고] 突破口 tūpòkǒu 돌파구

上海港集装箱年吞吐量突破了3000万箱。

Shànghǎi gǎng jízhuāngxiāng nián tūntǔliàng tūpòle sānqiān wàn xiāng.

상하이 항의 컨테이너 연간 물동량이 3,000만 박스를 넘어섰다.

[단어] 集装箱 jízhuāngxiāng 컨테이너 / 吞吐量 tūntǔliàng 항구의 물동량

红军于11月4日又突破了敌人的第二道封锁线。

Hóngjūn yú shíyī yuè sì rì yòu tūpòle dírén de dì'èr dào fēngsuǒxiàn.

홍군은 11월 4일에 적의 두 번째 봉쇄선을 또 뚫었다.

0805 涂抹 túmǒ 칠하다, 바르다, 덧칠해서 지우다

这是外用膏药，直接涂抹在患处就可以。

Zhè shì wàiyòng gāoyào, zhíjiē túmǒ zài huànchù jiù kěyǐ.

이것은 외용 연고로, 직접 환부에 바르면 됩니다.

孩子正在墙上胡乱涂抹油漆。

Háizi zhèngzài qiáng shang húluàn túmǒ yóuqī.

아이가 벽에 아무렇게나 페인트 칠을 하고 있다.

[단어] 油漆 túmǒ 페인트, 도료

合同上有被涂抹过的痕迹。

Hétong shang yǒu bèi túmǒguo de hénjì.

계약서에 지웠던 흔적이 있다.

관련 표현

东涂西抹 dōng tú xī mǒ **성** 문사에 종사하는 사람이 자신의 작품을 겸손하게 이르는 말

0806 团结 tuánjié 단결하다, 뭉치다, 단합하다

对祖国的热爱，让这些来自五湖四海的异乡人团结在一起。

Duì zǔguó de rè'ài, ràng zhèxiē láizì wǔ hú sì hǎi de yìxiāngrén tuánjiézài yìqǐ.

조국에 대한 사랑이, 도처에서 모여든 타향 사람들을 단결하도록 만들었다.

[단어] 五湖四海 wǔ hú sì hǎi 방방곡곡, 전국 각지 / 异乡人 yìxiāngrén 타향 사람, 타고 장 사람

🔒형 화목하다, 사이가 좋다

我们村里的人都很团结，也很讲文明懂礼貌。

Wǒmen cūn li de rén dōu hěn tuánjié, yě hěn jiǎng wénmíng dǒng lǐmào.

우리 마을 사람들은 모두 사이가 좋고, 교양과 예의를 중시한다.

0807 团圆 tuányuán 흩어졌다가 다시 모이다, 한자리에 모이다

유의 团聚 tuánjù

儿子从国外回来，他们一家人终于可以团圆了。

Érzi cóng guówài huílai, tāmen yì jiārén zhōngyú kěyǐ tuányuán le.

아들이 해외에서 돌아와, 그 일가족은 마침내 한자리에 모이게 되었다.

大年三十晚上，我们一家人围坐在餐桌前吃团圆饭。

Dànián sānshí wǎnshang, wǒmen yì jiārén wéizuò zài cānzhuō qián chī tuányuánfàn.

설 전야에 우리 가족은 식탁에 둘러앉아 식사를 했다.

[단어] 团圆饭 tuányuánfàn 명절에 가족이 함께 모여 먹는 밥

团圆 vs 团聚

团员은 부부나 부자(父子) 등이 흩어졌다가 다시 모이는 것을 뜻하고, 团聚는 친족이나 친구들이 헤어져 있다가 다시 만나는 것을 뜻한다. 团聚는 친족이나 친구가 서로 만나는 것 외에 역량을 한데 모으는 것을 뜻하기도 한다.

你们母子团圆(团聚)，应该高兴才是。

Nǐmen mǔzi tuányuán(tuánjù), yīnggāi gāoxìng cái shì.

너희 모자가 만나니까, 기뻐야 맞지.

我们全家吃一顿团圆饭吧。

Wǒmen quánjiā chī yídùn tuányuán fàn ba.

우리 온 가족이 가족 식사 한 번 해요.

大学同学们团聚在一起。

Dàxué tóngxuémen tuánjùzài yìqǐ.

대학 동창들이 한데 모였다.

0808 推测 tuīcè 추측하다, 헤아리다 `BCT1` **유의** 估计 gūjì, 猜想 cāixiǎng

国家的政策不好推测，但是未来市场还是会好转。
Guójiā de zhèngcè bù hǎo tuīcè, dànshì wèilái shìchǎng háishi huì hǎozhuǎn.
국가의 정책은 추측하기 힘들지만, 미래 시장은 그래도 호전될 것이다.

这些古董是什么年代的，现在还没法推测。
Zhèxiē gǔdǒng shì shénme niándài de, xiànzài hái méifǎ tuīcè.
이 골동품들이 어느 시대 것인지, 지금으로선 추측할 수 없다.

据专家推测，这是一亿年前的恐龙化石。
Jù zhuānjiā tuīcè, zhè shì yí yì nián qián de kǒnglóng huàshí.
전문가의 추측에 따르면, 이것은 1억 년 전의 공룡 화석이라고 한다.

> ### 推测 vs 估计 vs 猜想
> 推测와 估计는 이미 알고 있는 사물을 근거로 삼아 추측하는 것을 말하고, 猜想은 주관적인 생각을 말한다. 일상적인 사리 관계에는 估计가 많이 쓰이고, 수량을 근거로 이야기 할 때는 주로 推测를 쓴다. 상상이 많이 들어가 있을 때는 猜想을 쓴다.
>
> **推测未来** tuīcè wèilái 미래를 추측하다
> **推测局势变化** tuīcè júshì biànhuà 정세 변화를 추측하다
>
> **估计这些不够** gūjì zhèxiē búgòu 이것들로는 부족할 것이다
> **估计他不会同意** gūjì tā búhuì tóngyì 그는 찬성하지 않을 것이다
>
> **主观猜想** zhǔguān cāixiǎng 주관적으로 짐작하다
> **猜想不到** cāixiǎng búdào 추측해 내지 못하다

0809 推翻 tuī∥fān 뒤집어엎다, (정권을) 전복시키다, (이론·결정을) 뒤집다

我由于太激动，竟不小心推翻了面前的汤碗。
Wǒ yóuyú tài jīdòng, jìng bù xiǎoxīn tuīfānle miànqián de tāngwǎn.
나는 너무 흥분한 나머지, 잘못해서 앞에 있던 국그릇을 엎었다.

辛亥革命推翻了清政府的腐朽统治。
Xīnhài gémìng tuīfānle Qīng zhèngfǔ de fǔxiǔ tǒngzhì.
신해혁명은 청 정부의 부패한 정치를 무너뜨렸다.

[단어] 腐朽 fǔxiǔ 썩다, 부패하다

无所畏惧 wú suǒ wèi jù 성 조금도 두려워할 만한 것이 없다, 아무것도 두려워하지 않다

畏惧 vs 害怕

畏惧는 무섭고 두려운 것을 뜻하고, 害怕는 곤란하고 위험한 상황에 직면했을 때 불안하고 당황하는 것을 뜻한다. 畏惧는 부정문과 문어에 많이 쓰이고, 害怕는 구어에 많이 쓰이며, 긍정문과 부정문에 고루 쓰인다.

面对持刀的歹徒，他毫不畏惧地扑了上去。
Miànduì chí dāo de dǎitú, tā háo bù wèijù de pūle shàngqù.
칼을 소지한 악당을 보고도, 그는 조금도 두려워하지 않고 달려들었다.

我害怕晚上一个人走路。
Wǒ hàipà wǎnshang yí ge rén zǒulù.
나는 밤에 혼자 걷는 게 무서워.

0834 **喂** wèi 기르다, 먹이를 주다, (음식이나 약을) 먹이다

家里喂几只狗，都很可爱。
Jiā li wèi jǐ zhī gǒu, dōu hěn kě'ài.
집에서 개 몇 마리를 기르는데 다 귀엽다.

我姐姐生了一个男娃娃，她给孩子喂母乳。
Wǒ jiějie shēngle yí ge nánwáwa, tā gěi háizi wèi mǔrǔ.
우리 언니가 남자 아기를 낳았는데, 언니는 아기에게 모유를 먹인다.

金鱼喂猫 — 不合算 헐후
jīnyú wèi māo — bù hésuàn
금붕어를 고양이에게 먹이다 — 수지가 안 맞다 : 계산에 안 맞다

0835 **慰问** wèiwèn (말이나 선물로) 위문하다, 위로하고 안부를 묻다

请代我向亡者家属表示慰问。
Qǐng dài wǒ xiàng wángzhě jiāshǔ biǎoshì wèiwèn.
저 대신 망자의 가족에게 위로를 해 주세요.

他去养老院看老人，顺便送去了很多慰问品。

Tā qù yǎnglǎoyuàn kàn lǎorén, shùnbiàn sòngqùle hěn duō wèiwènpǐn.

그는 양로원으로 노인들을 뵈러 가면서 많은 위문품을 전했다.

0836 问世 wènshì (저서·제품 등이) 세상에 나오다, 발표되다 □□□

这本书自问世以来，60年长盛不衰，再读，不失原味。

Zhè běn shū zì wènshì yǐlái, liùshí nián cháng shèng bù shuāi, zài dú, bù shī yuánwèi.

이 책은 출판 이래, 60년 동안 인기를 누리고 있으며, 다시 읽어도 처음 읽을 때와 느낌이 같다.

自电脑问世以来，全世界发生了巨大的变化。

Zì diànnǎo wènshì yǐlái, quán shìjiè fāshēngle jùdà de biànhuà.

컴퓨터가 출현한 후에, 세상에는 거대한 변화가 일어났다.

0837 污蔑 wūmiè 모독하다, 중상하다, 비방하다 유의 诬陷 wūxiàn □□□

他这么做，简直是毫无根据地污蔑善良的人。

Tā zhème zuò, jiǎnzhí shì háowú gēnjù de wūmiè shànliáng de rén.

저 사람이 이렇게 하는 건, 정말이지 아무 근거도 없이 착한 사람을 중상하는 거라고.

你以为你级别高就能随便污蔑别人吗?

Nǐ yǐwéi nǐ jí bié gāo jiù néng suíbiàn wūmiè biérén ma?

당신이 지위가 높으니, 함부로 사람을 모독해도 된다고 여기시나요?

0838 诬陷 wūxiàn (사실을 날조하여) 모함하다, 억울한 죄를 씌우다

유의 污蔑 wūmiè

你想要诬陷我，结果却事与愿违。

Nǐ xiǎng yào wūxiàn wǒ, jiéguǒ què shì yǔ yuàn wéi.

네가 나를 모함하려 했지만, 결과는 뜻대로 되지 않았지.

[단어] 事与愿违 shì yǔ yuàn wéi 성 일이 바라는 대로 되지 않다

有人诬陷他挪用了公款。

Yǒu rén wūxiàn tā nuóyòngle gōngkuǎn.

누군가 그가 공금을 유용했다고 모함했다.

诬陷 vs 污蔑

诬陷과 污蔑 모두 '없는 사실을 만들어 상대를 비방한다'는 뜻을 갖고 있다. 污蔑에는 '모욕하다'의 뜻이 들어 있지만, 诬陷에는 이 뜻이 없다.

诬陷他人 wūxiàn tārén 남을 모함하다
横遭诬陷 hèngzāo wūxiàn 공연히 모함을 하다

污蔑中伤 wūmiè zhòngshāng 중상 모독하다
造谣污蔑 zàoyáo wūmiè 소문을 퍼뜨려 모욕하다

□ □ □

0839 侮辱 wǔrǔ (언행으로) 모욕(능욕)하다 **반의** 尊重 zūnzhòng 존중하다

之前的事，我向你道歉，我不是有意要侮辱你的。

Zhīqián de shì, wǒ xiàng nǐ dàoqiàn, wǒ bú shì yǒuyì yào wǔrǔ nǐ de.

지난번 일. 너에게 사과할게, 내가 일부러 널 모욕하려고 했던 거 아니야.

民族尊严决不能遭到蹂躏，我们的儿女决不能遭人侮辱。

Mínzú zūnyán jué bù néng zāodào róulìn, wǒmen de érnǚ jué bù néng zāo rén wǔrǔ.

민족 존엄은 절대로 유린당할 수 없고, 우리의 아들딸은 절대로 능욕을 당해선 안 된다.

□ □ □

0840 误解 wùjiě (다른 사람의 뜻을) 오해하다 **유의** 误会 wùhuì

我只是出于好心而已，你们别误解我了。

Wǒ zhǐshì chūyú hǎoxīn éryǐ, nǐmen bié wùjiě wǒ le.

난 그냥 좋은 마음에서 한 것뿐이니, 너희들 오해는 말아라.

他对我的误解很深，可我也不想跟他解释。

Tā duì wǒ de wùjiě hěn shēn, kě wǒ yě bù xiǎng gēn tā jiěshì.

그가 나를 심하게 오해하고 있지만, 나도 애써 설명하고 싶지 않더라고.

误解 vs 误会

误解는 상대방의 뜻을 잘못 이해하고 있는 것으로, 일방적인 경우가 많으며, 误会는 다른 사람의 말뜻을 잘못 이해하거나 상황 판단을 잘못하는 것으로, 쌍방 간에 이루어지는 경우가 많다.

你完全误解(误会)我了。

Nǐ wánquán wùjiě(wùhuì) wǒ le.

넌 나를 완전히 오해하고 있는 거야.

他们俩因误会分手了。

Tāmen liǎ yīn wùhuì fēnshǒu le.

그들은 오해 때문에 헤어졌어.

0841 牺牲 xīshēng (사람·일을 위해) 대가를 치르다, 희생하다,
(정의를 위해) 목숨을 버리다 **유의** 死 sǐ

참고 牺牲品 xīshēngpǐn 희생양, 희생품

他牺牲了健康和幸福以换得名声。

Tā xīshēngle jiànkāng hé xìngfú yǐ huàndé míngshēng.

그는 건강과 행복을 명성과 바꿨다.

他那么坏，不值得你为他牺牲。

Tā nàme huài, bù zhídé nǐ wèi tā xīshēng.

저 사람 아주 나빴잖아, 너 그런 사람을 위해 희생할 필요 없어.

他在战火中，消灭了很多敌人，却最终牺牲在战场上。

Tā zài zhànhuǒ zhōng, xiāomièle hěn duō dírén, què zuìzhōng xīshēngzài zhànchǎng shang.

그는 전쟁 중에, 많은 적들을 섬멸했지만, 마지막에 결국은 전장에서 생을 마쳤다.

0842 熄灭 xīmiè (등이나 불이) 꺼지다, 소멸하다 **반의** 燃烧 ránshāo 연소하다

突然，整个宿舍楼的灯都熄灭了。

Tūrán, zhěnggè sùshèlóu de dēng dōu xīmiè le.

갑자기, 기숙사 건물 불이 다 꺼졌어.

他们最终决定将女儿的器官捐赠出来，点亮另一盏将要熄灭的生命之灯。

Tāmen zuìzhōng juédìng jiāng nǚ'ér de qìguān juānzèngchulai, diǎn liàng lìng yì zhǎn jiāngyào xīmiè de shēngmìng zhī dēng.

그들은 딸의 장기를 기증해 꺼져 가는 또 다른 생명의 등불을 밝히기로 최종 결정했다.

798

0843 袭击 xíjī 기습(습격)하다, (의외의) 습격을 받다 □□□

在这次夜间袭击中，一共有521名无辜的市民丧生。
Zài zhè cì yèjiān xíjī zhōng, yígòng yǒu wǔbǎi èrshíyī míng wúgū de shìmín sàngshēng.
이번 야간 습격에서, 모두 521명의 무고한 시민이 목숨을 잃었다.

[단어] 丧生 sàngshēng 목숨을 잃다

5月31日晚起，广西来宾市遭遇特大暴雨袭击。
Wǔ yuè sānshíyī rì wǎn qǐ, Guǎngxī Láibīn Shì zāoyù tèdà bàoyǔ xíjī.
5월 31일 밤부터, 광시 라이빈(내빈) 시는 엄청난 폭우의 습격을 받았다.

0844 掀起 xiānqǐ 열다, 들어올리다, 출렁거리다, 행동하게 하다 □□□

他跑到新娘的面前，掀起她的面纱，幸福地笑了。
Tā pǎodào xīnniáng de miànqián, xiānqǐ tā de miànshā, xìngfú de xiào le.
그는 신부 앞으로 달려가 베일을 올리더니, 행복하게 웃었다.

大海掀起一阵阵浪，就像是海上盛开了一朵朵美丽的花。
Dàhǎi xiānqǐ yí zhènzhèn làng, jiù xiàng shì hǎi shàng shèngkāile yì duǒduǒ měilì de huā.
바다가 계속 파도를 일으키는 모습이, 마치 아름다운 꽃이 만발한 것 같았다.

工人们在全国范围内掀起了大罢工。
Gōngrénmen zài quánguó fànwéi nèi xiānqǐle dà bàgōng.
노동자들은 전국적으로 대파업을 일으켰다.

0845 衔接 xiánjiē (사물이 서로) 맞물리다, 이어지다, 연결되다 [유의] 对接 duìjiē □□□

火车时刻编排得与公交车运行时刻相衔接。
Huǒchē shíkè biānpái de yǔ gōngjiāochē yùnxíng shíkè xiāng xiánjiē.
기차 시각 편성이 시내 버스 운행 시간과 서로 연결되어 있다.

把下列句子组成前后衔接、意思完整的一段话。
Bǎ xià liè jùzi zǔchéng qiánhòu xiánjiē、yìsī wánzhěng de yí duàn huà.
아래 예문을 앞뒤로 연결해, 뜻이 완벽한 한 단락으로 만드세요.

0846 嫌 xián 싫어하다, 불만스럽다 [유의] 嫌弃 xiánqì

如果你不嫌麻烦的话，就帮我看这篇文章，好吗?
Rúguǒ nǐ bù xián máfan dehuà, jiù bāng wǒ kàn zhè piān wénzhāng, hǎo ma?
네가 귀찮다는 생각이 안 들면, 이 글 좀 한 번 봐 줄래?

很久没和别人说这么多了，别嫌我啰嗦啊!
Hěn jiǔ méi hé biérén shuō zhème duō le, bié xián wǒ luōsuo a!
오랫동안 다른 사람과 이렇게 말을 많이 해 보지 못했어요, 제가 수다스럽다 욕하지 마세요!

🗨️ **관련 표현**

一窝老鼠不嫌臊 — 气味相投 [헐후]
yì wō lǎoshǔ bù xián sāo — qìwèi xiāng tóu
한 우리의 쥐는 노린내를 싫어하지 않는다 — 취향이 투합되다 : 마음이 맞다

锅嫌水壶黑 — 不知自丑 [헐후]
guō xián shuǐhú hēi — bù zhī zì chǒu
솥이 물주전자가 까맣다고 싫어하다 — 자신의 결점을 모르다

0847 陷害 xiànhài 모함하다, 남을 해치다, 남을 어려운 처지로 몰다

故意编造谣言来陷害别人的人应该受法律惩罚。
Gùyì biānzào yáoyán lái xiànhài biérén de rén yīnggāi shòu fǎlù chéngfá.
고의로 유언비어를 날조해 남을 모함하는 사람은 법률의 처벌을 받아야 마땅하다.

这明明是陷害，你还真信他们的话呀?
Zhè míngmíng shì xiànhài, nǐ hái zhēn xìn tāmen de huà ya?
이건 분명히 모함인데, 넌 정말로 그 사람들 말을 믿는 거야?

0848 陷入 xiànrù (불리한 환경에) 빠지다, 떨어지다, ~에 깊이 빠져들다

真正的朋友会在你陷入困境时对你伸出援助之手。
Zhēnzhèng de péngyou huì zài nǐ xiànrù kùnjìng shí duì nǐ shēnchū yuánzhù zhī shǒu.
진정한 친구라면 당신이 곤란을 겪을 때 도움의 손길을 내밀 것이다.

听到那熟悉的老歌，他不禁陷入对往事的回忆中。
Tīngdào nà shúxī de lǎogē, tā bújìn xiànrù duì wǎngshì de huíyì zhōng.
귀에 익은 옛 노래를 듣고, 그는 자기도 모르게 지난날의 추억 속으로 빠져들었다.

0849 相差 xiāngchà 서로 차이가 나다, 서로 다르다 BCT1

虽然他们是双胞胎，但是他们的身高发育相差很大。

Suīrán tāmen shì shuāngbāotāi, dànshì tāmen de shēngāo fāyù xiāngchà hěn dà.

저 애들은 쌍둥이이긴한데, 둘 사이에 키 차이가 많이 난다.

从产品形状来说，这三种产品相差不大。

Cóng chǎnpǐn xíngzhuàng láishuō, zhè sān zhǒng chǎnpǐn xiāngchà bú dà.

제품의 형태로 봤을 때, 이 세 제품은 별 차이가 없다.

0850 相等 xiāngděng (수량·분량·정도 등이) 같다, 대등하다

유의 **平等** píngděng

该房地产占地4,000平方米，土地使用年限为50年，共24层，每层建筑面积相等。

Gāi fángdìchǎn zhàndì sìqiān píngfāngmǐ, tǔdì shǐyòng niánxiàn wéi wǔshí nián, gòng èrshísì céng, měi céng jiànzhù miànjī xiāngděng.

이 부동산의 점유 면적은 4,000㎡, 토지 사용 연한은 50년, 모두 24층으로, 각 층 건축 면적이 같다.

在兵力相等的情况下，攻方胜算更大。

Zài bīnglì xiāngděng de qíngkuàng xià, gōngfāng shèngsuàn gèng dà.

병력이 대등한 상황에서는 공격자의 승산이 더 크다.

0851 相应 xiāngyìng 서로 맞다, 호응하다

他的业务能力和职位极不相应。

Tā de yèwù nénglì hé zhíwèi jí bù xiāngyìng.

그의 업무 능력과 직위가 너무 안 맞는다.

这句话不仅很有内涵，而且首尾相应。

Zhè jù huà bùjǐn hěn yǒu nèihán, érqiě shǒu wěi xiāng yìng.

이 말은 깊은 뜻을 담고 있으며, 앞뒤가 서로 호응한다.

[단어] **首尾相应** shǒu wěi xiāng yìng 성 글의 앞뒤가 서로 호응한다

형 적당하다, 적절하다

你为公司作出重大贡献，公司应当给予相应的待遇。

Nǐ wèi gōngsī zuòchū zhòngdà gòngxiàn, gōngsī yīngdāng jǐyǔ xiāngyìng de dàiyù.

자네가 회사를 위해 중대한 공헌을 했으니, 회사에서도 당연히 적절한 대우를 해 줘야지.

🗣 관련 표현

同声相应，同气相求 tóngshēng xiāngyìng, tóngqì xiāngqiú **성**

의기투합하는 사람들끼리는 저절로 한데 모이다, 의기투합하다

0852 镶嵌 xiāngqiàn 끼워 넣다, 박아 넣다, 상감하다

镶嵌在戒指上的钻石，在灯光的照射下闪闪发光。

Xiāngqiànzài jièzhǐ shang de zuànshí, zài dēngguāng de zhàoshè xia shǎnshān fāguāng.

반지에 박힌 다이아몬드가, 불빛 아래에서 반짝거린다.

🗣 관련 표현

乌银镶嵌 wūyín xiāngqiàn 니엘로 세공(niello 細工)

镶嵌工艺 xiāngqiàn gōngyì 상감 공예

0853 响应 xiǎngyìng (말·행동으로) 응답하다, 호응하다

政府的号召得到了全民的响应。

Zhèngfǔ de hàozhào dédàole quánmín de xiǎngyìng.

정부의 호소는 전 국민의 호응을 얻었다.

短短一小时内，就有近千名青年上前签名响应倡议。

Duǎnduǎn yì xiǎoshí nèi, jiù yǒu jìn qiān míng qīngnián shàngqián qiānmíng xiǎngyìng chàngyì.

짧은 한 시간 동안 거의 천 명에 가까운 젊은이가 앞다투어 서명하며 제안에 호응했다.

经过反复协商，他们两家的意见最终达成一致。

Jīngguò fǎnfù xiéshāng, tāmen liǎng jiā de yìjiàn zuìzhōng dáchéng yízhì.

반복적인 협상을 통해, 그 두 회사는 최종적으로 의견 일치를 보았다

协商 vs 协议

协商은 의견 일치를 보기 위해 공동으로 상의하는 것을 뜻하고, 协议는 국가, 정당, 단체 등이 담판이나 협상 후에 의견 일치를 보는 것을 뜻한다.

经过友好协商，双方达成了技术合作协议。

Jīngguò yóuhǎo xiéshāng, shuāngfāng dáchéngle jìshù hézuò xiéyì.

우호적인 협상을 통해, 쌍방은 기술 협력을 하기로 합의하였다.

中国的民主党派通过政治协商会议来参政议政。

Zhōngguó de mínzhǔ dǎngpài tōngguò zhèngzhì xiéshāng huìyì lái cānzhèng yìzhèng.

중국의 민주당파는 정치 협상 회의를 통해 정치에 참여하여 정무를 논의한다.

协议规定的条款 xiéyì guīdìng de tiáokuǎn 합의 규정의 조항

0862 **协议** xiéyì 협의하다, 합의하다 BCT2

유의 协定 xiédìng. 协商 xiéshāng

按照协议规定，双方都不得在未经对方允许的情况下，向第三方销售此产品。

Ànzhào xiéyì guīdìng, shuāngfāng dōu bùdé zài wèijīng duìfāng yǔnxǔ de qíngkuàng xià, xiàng dìsān fāng xiāoshòu cǐ chǎnpǐn.

협의 규정에 따라, 양측은 모두 상대방의 허가 없이는 이 제품을 제3자에게 판매할 수 없다.

双方协议离婚，孩子归女方抚养。

Shuāngfāng xiéyì líhūn, háizi guī nǚfāng fǔyǎng.

쌍방은 이혼하기로 합의했고, 아이는 여자 쪽에서 부양하기로 했다.

명 협의, 합의

我只是和单位签订了一份书面协议。

Wǒ zhǐshì hé dānwèi qiāndìngle yí fèn shūmiàn xiéyì.

저는 회사와 서면 협의서로만 계약했어요.

协议 vs 协定

협의는 의견 일치를 보았음을 뜻하는 것으로 문어와 구어에 고루 쓰이며, 协定은 협상 후 공동으로 준수하기 위해 체결한 조항을 가리킨다.

协议的结果 xiéyì de jiéguǒ 협의한 결과
达成协议 dáchéng xiéyì 합의를 보다

协定的条款 xiédìng de tiáokuǎn 협정의 조항
贸易协定 màoyì xiédìng 무역 협정

 协助 xiézhù 협조하다, 보조하다, 협력하다 **유의** 帮助 bāngzhù

这项任务几乎都是他单独完成的，我只是协助他而已。

Zhè xiàng rènwù jīhū dōu shì tā dāndú wánchéng de, wǒ zhǐshì xiézhù tā éryǐ.

이 임무는 거의 다 그 사람이 단독으로 완수한 것이고, 나는 그저 보조했을 뿐이다.

现在公司遇到了困难，请大家多多协助！

Xiànzài gōngsī yùdàole kùnnan, qǐng dàjiā duōduō xiézhù!

지금 회사가 어려운 상황이니, 여러분이 많이 좀 도와주세요.

协助 vs 帮助

协助는 옆에서 도와 공동으로 완성하는 것을 말하고, 帮助는 옆에서 도와 공동으로 완성하거나, 혹은 남을 대신해 완성하는 것을 말하기도 한다. 协助는 전투, 업무 등 구체적인 일에 쓰이고, 帮助는 구체적인 것과 추상적인 것에 두루 쓰인다.

积极协助 jījí xiézhù 적극적으로 협조하다
政府的协助 zhèngfǔ de xiézhù 정부의 협조

主动帮助 zhǔdòng bāngzhù 주동적으로 돕다
从物资上帮助 cóng wùzī shang bāngzhù 물질적으로 돕다
帮助群众 bāngzhù qúnzhòng 민중을 돕다

0864 携带 xiédài 휴대하다, 지니다, 데리고 가다

国内航班规定，100毫升以上的液体物品是不能随身携带的。

Guónèi hángbān guīdìng, yì bǎi háoshēng yǐshàng de yètǐ wùpǐn shì bù néng suíshēn xiédài de.

국내선 규정상, 100ml 이상의 액체 물품은 휴대할 수 없습니다.

[단어] **毫升** háoshēng 밀리리터(ml)

禁止携带宠物进入公共场合。

Jìnzhǐ xiédài chóngwù jìnrù gōnggòng chǎnghé.

애완동물을 데리고 공공장소에 들어갈 수 없습니다.

0865 泄露 xièlòu (비밀 · 기밀 등을) 누설하다, 폭로하다

유의 **透露** tòulù, **走露** zǒulòu 반의 **保密** bǎomì 비밀을 지키다

他把国家机密泄露给敌人了。

Tā bǎ guójiā jīmì xièlòu gěi dírén le.

그는 국가 기밀을 적에게 누설했다.

虽然他极力保持冷静，但他的眼神却泄露了他此刻的心情。

Suīrán tā jílì bǎochí lěngjìng, dàn tā de yǎnshén què xièlòule tā cǐkè de xīnqíng.

비록 그는 침착하려 애썼지만, 그의 눈이 그의 현재 심경을 말하고 있었다.

0866 泄气 xiè∥qì 낙심(낙담)하다, 공기가 새다

不管面对什么困难，他从来不泄气。

Bùguǎn miànduì shénme kùnnan, tā cónglái bú xièqì.

어떤 어려움이 닥쳐도, 그는 절대 낙담하지 않는다.

放下电话，他像只泄了气的皮球，一屁股跌坐在椅子上。

Fàngxià diànhuà, tā xiàng zhī xièle qì de píqiú, yípìgu diēzuòzài yǐzi shang.

수화기를 내려놓고, 그는 바람 빠진 풍선처럼, 의자에 털썩 주저앉았다.

[단어] **一屁股** yípìgu 털썩 주저않는 모양

0867 谢绝 xièjué 사절하다, 정중히 거절하다

他婉言谢绝了我的要求，说是要去参加一个重要会议。

Tā wǎnyán xièjuéle wǒ de yāoqiú, shuō shì yào qù cānjiā yí ge zhòngyào huìyì.

그는 공손한 어조로 내 제의를 거절하면서, 중요한 회의에 참가해야 한다고 했다.

[단어] **婉言** wǎnyán 완곡한 말, 에둘러 하는 말

虽然他是位高官，但对别人的无端馈赠，一概谢绝。

Suīrán tā shì wéi gāoguān, dàn duì biérén de wúduān kuìzèng, yí gài xièjué.

비록 그는 고위직에 있지만, 다른 사람이 주는 이유 없는 선물에 대해서는 일괄 사절했다.

[단어] **无端** wúduān 이유 없는, 공연한 / **馈赠** kuìzèng 선물

0868 心疼 xīnténg 아까워하다, 애석해하다, 몹시 아끼다 유의 **心爱** xīn'ài

有些人吧，花别人的钱不心疼，花自己的钱却很舍不得。

Yǒuxiē rén ba, huā biérén de qián bù xīnténg, huā zìjǐ de qián què hěn shěbude.

어떤 사람들은 남의 돈 쓰는 건 안 아까워하고, 자기 돈 쓸 때는 벌벌 떨지.

他的故事有的让人听了爆笑，有的让人心疼。

Tā de gùshi yǒu de ràng rén tīng le bàoxiào, yǒu de ràng rén xīnténg.

그의 이야기는 어떤 부분은 웃음보가 터지는가 하면, 어떤 부분에서는 가슴이 찡했다.

他非常心疼儿子，但管得却很严格。

Tā fēicháng xīnténg érzi, dàn guǎn de què hěn yángé.

그는 아들을 몹시 사랑하면서도 엄하게 키웠다.

0869 信赖 xìnlài 신뢰하다, 신임하다 유의 **信任** xìnrèn

我绝对不能忘记的是朋友们对我投来的信赖的目光。

Wǒ juéduì bú néng wàngjì de shì péngyoumen duì wǒ tóulái de xìnlài de mùguāng.

내가 절대로 잊을 수 없는 것은 친구들이 내게 보내 주었던 신뢰의 눈빛이야.

我和他可以成为彼此值得信赖的朋友，却无法成为彼此的
另一半。

Wǒ hé tā kěyǐ chéngwéi bǐcǐ zhídé xìnlài de péngyou, què wúfǎ
chéngwéi bǐcǐ de lìng yíbàn.

나와 그는 서로 믿을 만한 친구는 될 수 있지만, 서로의 반려자가 될 수는 없어.

□□□

0870 修复 xiūfù 수리하여 복원하다, (관계를) 회복하다, (조직을) 재생하다

圆明园古建修复工程在争议中重新启动。

Yuánmíngyuán gǔjiàn xiūfù gōngchéng zài zhēngyì zhōng
chóngxīn qǐdòng.

위엔밍위엔(원명원)의 고건축물 복원 공사가 논란 속에 재개되었다.

[단어] **修复工程** xiūfù gōngchéng 복원 공사

tip 圆明园 Yuánmíngyuán : 청(清)나라 강희(康熙) 연간(1709년)에 건설한 이궁(離宮).
1860년 영 · 불 연합군에 의해 소실되었다.

两个邻国正在努力修复因领土争议引发的紧张关系。

Liǎng ge línguó zhèngzài nǔlì xiūfù yīn lǐngtǔ zhēngyì yǐnfā de
jǐnzhāng guānxi.

두 인접 국가는 영토 논쟁으로 유발된 긴장 관계를 회복하려 노력 중이다.

这款面膜可以有效修复晒伤的皮肤。

Zhè kuǎn miànmó kěyǐ yǒuxiào xiūfù shàishāng de pífū.

이 마사지 팩은 햇볕에 그을린 피부를 효과적으로 재생시켜 준다.

[단어] **面膜** miànmó 마사지팩

□□□

0871 修建 xiūjiàn 건조(建造)하다, 건설하다, 건축하다, 시공하다 **유의** 修盖 xiūgài

许多中、小城市修建的马路比大城市的马路还宽。

Xǔduō zhōng、xiǎo chéngshì xiūjiàn de mǎlù bǐ dà chéngshì de
mǎlù hái kuān.

많은 중 · 소도시에 건설된 도로가 대도시의 도로보다 더 넓다.

秦始皇不惜耗费巨大的人力物力修建了极度奢华的阿房宫。

Qínshǐhuáng bùxī hàofèi jùdà de rénlì wùlì xiūjiànle jídù shēhuá
de ēfánggōng.

진시황은 막대한 인력과 물력을 투입해 극도로 사치스럽고 화려한 아방궁을 축조했다.

[단어] **奢华** shēhuá 사치스럽고 화려하다

修建 vs 修盖

修建은 가옥 외에 공항, 댐, 교량 등에 쓰이고, 修盖는 가옥 등의 건축물에만 쓰인다.

修建宿舍 xiūjiàn sùshè 기숙사를 건립하다

重新修建铁路 chóngxīn xiūjiàn tiělù 새로이 철도를 부설하다

修盖厂房 xiūgài chǎngfáng 공장을 짓다

修盖房屋 xiūgài fángwū 집을 짓다

0872 绣 xiù 수놓다 □□□

她的衬衣上绣着几朵玫瑰花。

Tā de chènyī shang xiùzhe jǐ duǒ méiguīhuā.

그녀의 블라우스에 장미꽃이 몇 송이 수놓아져 있다.

这些十字绣都是我妈妈亲手绣的，已经有二十多年了。

Zhèxiē shízìxiù dōu shì wǒ māma qīnshǒu xiù de, yǐjing yǒu èrshí duō nián le.

이 십자수들은 우리 엄마가 직접 수놓으셨는데, 벌써 20여 년이 넘었어.

🗨 **관련 표현**

武松绣花 — 胆大心细 혈후

Wǔ sōng xiù huā — dǎn dà xīn xì

무송이 수를 놓다 — 대담하면서도 세심하다 : 대담하면서 찬찬하다

石头上绣花 — 起头难 혈후

shítou shang xiù huā — qǐtóu nán

돌에 수를 놓다 — 시작이 어렵다

0873 许可 xǔkě 허가하다, 승낙하다, 허락하다 BCT1 유의 容许 róngxǔ □□□

참고 许可证 xǔkězhèng 허가증

未经许可猎杀任何野生鸟类都属非法。

Wèijīng xǔkě lièshā rènhé yěshēng niǎolèi dōu shǔ fēifǎ.

허가 없이는 그 어떤 야생 조류를 사냥해 죽이더라도 다 불법이다.

812

没有老板的许可，厂里的产品一律不得出厂。

Méiyǒu lǎobǎn de xǔkě, chǎng li de chǎnpǐn yílǜ bùdé chūchǎng.

사장님의 허가 없이는, 공장의 제품을 일괄적으로 출고하지 않는다.

[단어] 出厂 chūchǎng 생산품이 (공장에서) 출하되다

0874 畜牧 xùmù 축산하다, 목축하다 [참고] 畜牧业 xùmùyè 축산업, 목축업 □□□

纳瓦霍人以前靠狩猎和采集为生，现在主要以畜牧为生。

Nàwǎhuò rén yǐqián kào shòuliè hé cǎijí wéi shēng, xiànzài zhǔyào yǐ xhùmù wéi shēng.

나바호(Navajo) 족은 예전에는 수렵과 채집으로 생활했지만, 지금은 주로 목축으로 먹고 산다.

[단어] 纳瓦霍 Nàwǎhuò 나바호(Navajo) 족, 북아메리카 인디언 종족

沿着草原走着，我们遇到了畜牧羊群，但不见人影。

Yánzhe cǎoyuán zǒuzhe, wǒmen yùdàole xùmù yángqún, dàn bú jiàn rényǐng.

초원을 따라 걷다가 우리는 방목하는 양떼를 보았는데, 사람은 보이지 않았다.

0875 酗酒 xùjiǔ 무절제하게 술을 마시다, 주정하다, 취해서 함부로 행동하다 □□□

他在餐厅内酗酒闹事，还影响了别的顾客用餐。

Tā zài cāntīng nèi xùjiǔ nàoshì, hái yǐngxiǎngle bié de gùkè yòngcān.

그가 식당에서 술주정하고 소란을 피워, 다른 손님의 식사까지 방해를 했다.

孕妇在孕期酗酒会对胎儿脑神经造成恶劣影响。

Yùnfù zài yùnqī xùjiǔ huì duì tāi'ér nǎoshénjīng zàochéng èliè yǐngxiǎng.

임산부가 임신 기간에 폭음을 하는 것은 태아의 뇌신경에 악영향을 끼친다.

0876 宣誓 xuān∥shì 선서하다 [참고] 宣誓仪式 xuānshì yíshì 선서식 □□□

新任总统将在本月25日宣誓就职。

Xīnrèn zǒngtǒng jiāng zài běn yuè èrshíwǔ rì xuānshì jiùzhí.

신임 대통령은 이번 달 25일에 취임 선서를 한다.

[단어] 宣誓就职 xuānshì jiùzhí 취임 선서를 하다

请不要忘记我们曾经一起宣过誓。
Qǐng búyào wàngjì wǒmen céngjīng yìqǐ xuānguo shì.
우리가 예전에 같이 선서했던 것을 잊지 마.

0877 宣扬 xuānyáng 선양하다, 널리 알리다, 말을 퍼뜨리다

유의 宣传 xuānchuán

我们应该大力宣扬社会上的好人好事。
Wǒmen yīnggāi dàlì xuānyáng shèhuì shang de hǎorén hǎoshì.
우리는 사회의 착한 사람과 좋은 일을 널리 알려야 한다.

[단어] 好人好事 hǎorén hǎoshì 단정하고 모범적인 사람과 사회에 유익한 일

这也不是什么光彩的事，你就不要到处宣扬了。
Zhè yě bú shì shénme guāngcǎi de shì, nǐ jiù búyào dàochù xuānyáng le.
이 일이 뭐 그리 자랑할 만한 일도 아니니, 넌 여기저기 떠들고 다니지 마.

0878 悬挂 xuánguà 걸다, 매달다

我走进会场，看见正中悬挂着大红横幅。
Wǒ zǒujìn huìchǎng, kànjiàn zhèngzhōng xuánguàzhe dàhóng héngfú.
내가 회의장에 들어갔을 때, 정중앙에 빨간색 플래카드가 걸려 있는 것이 보였다.

[단어] 横幅 héngfú 현수막, 가로폭 서화

一艘悬挂日本国旗的商船今天下午在香港附近海域沉没。
Yì sōu xuánguà Rìběn guóqí de shāngchuán jīntiān xiàwǔ zài Xiānggǎng fùjìn hǎiyù chénmò
일본 국기를 걸고 있던 상선 한 척이 오늘 오후 시앙강(홍콩) 부근 해역에서 침몰했다.

0879 悬念 xuánniàn 걱정하다, 염려하다, 그리워하다 유의 挂念 guàniàn

爸爸一个人在外地工作，妈妈时刻悬念。
Bàba yí ge rén zài wàidì gōngzuò, māma shíkè xuánniàn.
아빠 혼자 외지에서 일을 하고 계시기 때문에, 엄마는 늘 걱정을 하신다.

명 궁금증, 여운, 서스펜스(suspense)

연극 · 영화 혹은 다른 예술 작품을 볼 때 줄거리, 인물의 운명에 갖게 되는 관심

《六龙飞天》第十四集结束的时候，给观众们留下了很大的悬念。
〈Liù lóng fēitiān〉dì shísì jí jiéshù de shíhou, gěi guānzhòngmen liúxiàle hěn dà de xuánniàn.
〈육룡이 나르샤〉 14회가 끝나면서, 시청자들에게 아주 큰 궁금증을 남겼다.

0880 旋转 xuánzhuǎn (빙빙) 돌다, 회전하다, 선회하다, 돌리다 □□□

陀螺在地上旋转了没几圈后停了下来。
Tuóluó zài dì shang xuánzhuǎnle méi jǐ quān hòu tíngle xiàlai.
팽이가 바닥에서 몇 바퀴 돌지도 않고 멈춰 서 버렸다.

[단어] **陀螺** tuóluó 팽이

这位建筑师设计的八角形房屋可以实现360度旋转。
Zhè wèi jiànzhùshī shèjì de bājiǎoxíng fángwū kěyǐ shíxiàn sānbǎi liùshí dù xuánzhuǎn.
이 건축가가 설계한 8각형 건물은 360도 회전할 수 있다.

心情不好的时候，我喜欢去游乐场坐旋转木马。
Xīnqíng bù hǎo de shíhou, wǒ xǐhuan qù yóulèchǎng zuò xuánzhuǎn mùmǎ.
기분이 좋지 않을 때, 나는 놀이 공원에 가서 회전 목마 타는 것을 좋아한다.

0881 选拔 xuǎnbá (인재를) 선발하다 **유의** 挑选 tiāoxuǎn, 选定 xuǎndìng □□□

他想从当地的学校球队中选拔出一批最好的球员。
Tā xiǎng cóng dāngdì de xuéxiào qiúduì zhōng xuǎnbáchū yì pī zuì hǎo de qiúyuán.
그는 현지 학교의 운동팀에서 가장 우수한 선수들을 선발할 생각이다.

选拔干部要德才兼备，首先是德其次是才。
Xuǎnbá gànbù yào décái jiān bèi, shǒuxiān shì dé qícì shì cái.
간부를 뽑을 때는 덕과 재능을 겸비한 사람이어야 하는데, 먼저 덕이 갖춰 져야 하고, 그 다음이 재능이다.

[단어] **德才兼备** dé cái jiān bèi **성** 덕과 재능을 겸비하다

0882 选举 xuǎnjǔ 선거하다, 선출하다 유의 选 xuǎn

韩国总统选举定于明年12月20日举行。

Hánguó zǒngtǒng xuǎnjǔ dìngyú míngnián shí'èr yuè èrshí rì jǔxíng.

한국 대통령 선거는 내년 12월 20일에 거행된다.

大家都选举王明当选班长。

Dàjiā dōu xuǎnjǔ Wáng Míng dāngxuǎn bānzhǎng.

모두들 왕밍을 반장으로 선출했다.

0883 炫耀 xuànyào 자랑하다

他经常炫耀自己是成功人士。

Tā jīngcháng xuànyào zìjǐ shì chénggōng rénshì.

그는 자주 자신이 성공한 인사라 자랑한다.

他虽然富有，却从不炫耀自己的财富。

Tā suīrán fùyǒu, què cóng bú xuànyào zìjǐ de cáifù.

그는 부유하지만, 절대로 자신의 재산을 자랑하지 않는다.

0884 削弱 xuēruò (역량 · 세력이) 약화되다, 약해지다 유의 减弱 jiǎnruò
반의 壮大 zhuàngdà, 加强 jiāqiáng 강대해지다, 강화되다

这些内部纠纷削弱了这个政党的力量。

Zhèxiē nèibù jiūfēn xuēruòle zhège zhèngdǎng de lìliang.

일련의 내분은 이 정당의 역량을 약화시켰다.

他们的进攻削弱了敌人的主力。

Tāmen de jìngōng xuēruòle dírén de zhǔlì.

그들의 진공이 적의 주력을 약화시켰다.

0885 熏陶 xūntáo (점차) 영향을 받다, 영향을 끼치다 □□□

他从小受到父亲的熏陶，养成了照顾别人的习惯。

Tā cóngxiǎo shòudào fùqīn de xūntáo, yǎngchéngle zhàogù biérén de xíguàn.

그는 어릴 때부터 아버지의 영향을 받아, 다른 사람을 배려하는 습관이 몸에 배었다.

🐻 관련 표현

熏陶成性 xūn táo chéng xìng 성 한 방면의 영향을 계속 받아 습관이 되다

0886 寻觅 xúnmì 찾다 유의 寻找 xúnzhǎo □□□

蝙蝠白天睡觉，夜晚才出来寻觅食物。

Biānfú báitiān shuìjiào, yèwǎn li cái chūlai xúnmì shíwù.

박쥐는 낮에는 잠을 자고, 밤이 되어서야 먹이를 찾으러 나온다.

[단어] 蝙蝠 biānfú 박쥐

我一直都在寻觅知音，可惜还没遇到过。

Wǒ yìzhí dōu zài xúnmì zhīyīn, kěxī hái méi yùdàoguo.

나는 계속해서 지기를 찾고 있지만, 아직까지 만나지 못해 안타깝다.

[단어] 知音 zhīyīn 마음이 통하는 친한 벗

🐻 관련 표현

寻死觅活 xún sǐ mì huó 성 죽느니 사느니 하며 소란을 피우다, 사네 못 사네 하면서 야단법석을 떨다

0887 巡逻 xúnluó 순찰하다, 순시하다 □□□

他刚出车祸，就被正在附近巡逻的警车送去了医院。

Tā gāng chū chēhuò, jiù bèi zhèngzài fùjìn xúnluó de jǐngchē sòngqùle yīyuàn.

그는 차 사고가 나자마자, 근처를 순찰 중이던 경찰차에 의해 병원으로 후송되었다.

这个小区的30名志愿队员每天晚上轮流巡逻。

Zhège xiǎoqū de sānshí míng zhìyuàn duìyuán měitiān wǎnshang lúnliú xúnluó.

이 아파트 단지에서 선출된 30명의 자원봉사 대원들은 매일 밤 돌아가며 순찰을 돈다.

0888 循环 xúnhuán 순환하다 BCT1

头部和肩部运动，不仅有助于消除疲劳，还有助于头部血液循环。

Tóubù hé jiānbù yùndòng, bùjǐn yǒu zhùyú xiāochú píláo, hái yǒu zhùyú tóubù xuèyè xúnhuán.

머리와 어깨 운동은 피로를 풀어 줄 뿐 아니라, 머리의 혈액 순환을 촉진한다.

这次篮球赛是淘汰赛，不是循环赛。

Zhè cì lánqiúsài shì táotàisài, bú shì xúnhuánsài.

이번 농구 시합은 토너먼트 방식이지, 리그전이 아니야.

[단어] **淘汰赛** táotàisài 토너먼트 방식 / **循环赛** xúnhuánsài 리그전

🗨 **관련 표현**

循环往复 xún huán wǎng fù 성 쉬지 않고 되풀이하다, 끊임없이 반복하다

循环经济 xúnhuán jīngjì 순환 경제

0889 压迫 yāpò 억압하다, 압박하다 유의 压制 yāzhì

封建地主对农民剥削压迫的主要手段是收取地租。

Fēngjiàn dìzhǔ duì nóngmín bōxuē yāpò de zhǔyào shǒuduàn shì shōuqǔ dìzū.

봉건 지주의 농민에 대한 착취와 억압의 주요 수단은 소작료를 받는 것이었다.

[단어] **地租** dìzū 소작료

专家称，趴着睡容易压迫面部，使皮肤产生皱褶。

Zhuānjiā chēng, pāzhe shuì róngyì yāpò miànbù, shǐ pífū chǎnshēng zhòuzhě.

전문가들은 엎드려 자면 얼굴을 압박하기 쉬워, 피부에 주름이 생긴다고 한다.

[단어] **皱褶** zhòuzhě 주름, 주름살

🗨 **관련 표현**

压迫感 yāpògǎn 압박감 / **压迫者** yāpòzhě 압제자

0899 掩护 yǎnhù 신변을 보호하다, 몰래 보호하다, 엄호하다

由他掩护着，二哥一定可以安全回来。

Yóu tā yǎnhùzhe, èrgē yídìng kěyǐ ānquán huílai.

그가 엄호하고 있으니까, 둘째 형은 꼭 안전하게 돌아올 거야.

警察分析南京枪击案说，可能有人掩护嫌犯逃脱。

Jǐngchá fēnxī Nánjīng qiāngjī àn shuō, kěnéng yǒu rén yǎnhù xiánfàn táotuō.

경찰은 난징의 총기 난동 사건을 분석하며, 아마도 누군가 용의자를 도와 도주시킨 것 같다고 했다.

[단어] 逃脱 táotuō 달아나다, 도망치다

革命军士兵们在炮弹掩护下开始进攻了。

Gémìngjūn shìbīngmen zài pàodàn yǎnhù xià kāishǐ jìngōng le.

혁명군 사병들은 포탄의 엄호하에 진공을 시작했다.

명 엄폐물

他们利用森林中的树木做掩护。

Tāmen lìyòng sēnlín zhōng de shùmù zuò yǎnhù.

그들은 숲속의 나무들을 엄폐물로 삼았다.

0900 掩饰 yǎnshì (결점·실수를) 덮어 숨기다, 감추다 **유의** 掩盖 yǎngài

他总是用伤害别人的方式来掩饰自己的缺点。

Tā zǒngshì yòng shānghài biérén de fāngshì lái yǎnshì zìjǐ de quēdiǎn.

그는 언제나 다른 사람에게 상처를 주는 방법으로 자신의 결점을 숨긴다.

精致的妆容也掩饰不了她一脸的疲惫。

Jīngzhì de zhuāngróng yě yǎnshì bùliǎo tā yì liǎn de píbèi.

공들인 화장도 그녀의 피곤함을 감추진 못했다.

掩饰 vs 掩盖

掩饰와 掩盖는 모두 '숨기고 감추다'라는 뜻을 갖고 있다. 掩饰는 감추는 것에 중점을 두고 주로 추상적인 사물에 많이 쓰이며, 掩盖는 은폐하는 것에 중점을 두고, 추상적인 사물과 구체적인 사물에 다 쓴다.

掩饰缺点 yǎnshì quēdiǎn 결점을 숨기다

掩饰内心的不安 yǎnshì nèixīn de bù'ān 불안한 속내를 감추다

掩盖血迹 yǎngài xuèjì 혈흔을 감추다

掩盖矛盾 yǎngài máodùn 모순을 은폐하다

0901 演变 yǎnbiàn (긴 시간을 두고) 변화 발전하다, 변천하다 □□□

中国民营企业的用人机制在不断地演变着。

Zhōngguó mínyíng qǐyè de yòngrén jīzhì zài búduàn de yǎnbiànzhe.

중국 민영 기업의 인재 등용 방법은 끊임없이 변하고 있다.

[단어] 机制 jīzhì 매커니즘, 체제, 시스템

今天的汉字就是从甲骨文演变而来。

Jīntiān de Hànzì jiù shì cóng jiǎgǔwén yǎnbiàn ér lái.

오늘날의 한자는 바로 갑골문에서 발전한 것이다.

0902 演习 yǎnxí 군사 훈련하다, 모의 연습하다 □□□

俄罗斯将在北极举行战术飞行演习。

Éluósī jiāng zài běijí jǔxíng zhànshù fēixíng yǎnxí.

러시아는 북극에서 전술 비행 훈련을 하려고 한다.

士兵们正在实弹演习。

Shìbīngmen zhèngzài shídàn yǎnxí.

사병들이 실탄 훈련을 하고 있다.

🗨 관련 표현

军事演习 jūnshì yǎnxí 군사 훈련을 하다

实兵演习 shíbīng yǎnxí 실전 연습

防空演习 fángkōng yǎnxí 방공 훈련

0903 演绎 yǎnyì 전개하다, 벌이다 □□□

我们要在人生这个大舞台中演绎着真实的自己。

Wǒmen yào zài rénshēng zhège dà wǔtái zhōng yǎnyìzhe zhēnshí de zìjǐ.

우리는 인생이라는 이 무대에서 진정한 자신을 보여 주어야 한다.

博物馆里的300件老旗袍，演绎了南京的"花样年华"。

Bówùguǎn li de sānbǎi jiàn lǎoqípao, yǎnyìle nánjīngde "huā yàng nián huá".

박물관에 있는 300벌의 낡은 치파오는 난징(남경)의 '꽃다운 시절'을 보여 준다.

명 연역

大家要学会使用归纳和演绎这两种推理方法。

Dàjiā yào xuéhuì shǐyòng guīnà hé yǎnyì zhè liǎng zhǒng tuīlǐ fāngfǎ.

여러분은 귀납과 연역 이 두 가지 추리 방식을 사용할 줄 알아야 해요.

0904 演奏 yǎnzòu 연주하다 □□□

民间艺人阿炳演奏的《二泉映月》十分感人。

Mínjiān yìrén Ābǐng yǎnzòu de 《Èr quán yìng yuè》 shífēn gǎnrén.

민간 예술인 아빙이 연주한 《二泉映月》은 대단히 감동적이다.

tip 阿炳：(Ā Bǐng, 1893~1950) 본명은 华彦钧(Huá Yànjūn), 중국의 민간 음악가, 얼후(二胡) 연주가. 江苏省(Jiāngsū Shěng) 无锡(Wúxī)에 있는 惠山泉(Huìshānquán)은 사람들로부터 '天下第二泉(천하 제2의 샘)'이라 불리는데, 阿炳의 《二泉映月》의 二泉은 바로 여기서 따온 말이다.

4年前我们在新年音乐会上欣赏过伦敦爱乐乐团的演奏。

Sì nián qián wǒmen zài xīnnián yīnyuèhuì shang xīnshǎngguo Lúndūn àiyuè yuètuán de yǎnzòu.

4년 전에 우리는 신년 음악회에서 런던 필하모니 오케스트라의 연주를 감상했었다.

[단어] 伦敦爱乐乐团 Lúndūn àiyuè yuètuán 런던 필하모니 오케스트라(London Philharmonic Orchestra)

관련 표현

演奏家 yǎnzòujiā 연주가 / 演奏会 yǎnzòuhuì 연주회

演奏室 yǎnzòushì 연주실

동사 **825**

0905 厌恶 yànwù 혐오하다, 몹시 싫어하다 **유의** 讨厌 tǎoyàn

他那表里不一的样子令人厌恶。
Tā nà biǎolǐ bù yī de yàngzi lìng rén yànwù.
저 친구 표리부동한 모습은 정말 밉상이라니까.

我极其厌恶懒惰的人，这你也知道的。
Wǒ jíqí yànwù lǎnduò de rén, zhè nǐ yě zhīdào de.
난 게으른 사람을 몹시 싫어해, 그건 너도 알고 있잖아.

[단어] 懒惰 lǎnduò 게으르다, 나태하다

0906 验收 yànshōu 검수(檢收)하다, 검사하여 받다 [BCT1]

请验收完这些物品后在这收据上面签字。
Qǐng yànshōuwán zhèxiē wùpǐn hòu zài zhè shōujù shàngmiàn qiānzì.
이 물건들을 검수한 후에 이 영수증에 서명해 주세요.

[단어] 收据 shōujù 영수증, 인수증

房子装修工程结束了，您去验收一下吧。
Fángzi zhuāngxiū gōngchéng jiéshù le, nín qù yànshōu yíxià ba.
집 인테리어 공사가 끝났으니, 검수하시지요.

0907 验证 yànzhèng 검증하다

참고 验证码 yànzhèngmǎ 인증번호, 시리얼 넘버

学生们通过自己的实际考察，验证了老师的话是真的。
Xuéshengmen tōngguò zìjǐ de shíjì kǎochá, yànzhèngle lǎoshī de huà shì zhēn de.
학생들은 자신의 실제 조사를 통해, 선생님의 말씀이 사실이라는 것을 검증했다.

消费者可以通过产品包装上的防伪标识，验证产品的真伪。
Xiāofèizhě kěyǐ tōngguò chǎnpǐn bāozhuāng shàng de fángwěi biāoshí, yànzhèng chǎnpǐn de zhēnwěi.
소비자들은 제품 포장에 있는 위조 방지 마크를 통해, 제품의 진위를 검증할 수 있다.

[단어] 防伪标识 fángwěi biāoshí 위조 방지 마크

0908 摇摆 yáobǎi 흔들거리다, 흔들흔들하다, (마음이) 흔들리다 □□□

到了晚上，狂风吹得树木东摇西摆。

Dào le wǎnshang, kuángfēng chuī de shùmù dōng yáo xī bǎi.

밤이 되자, 사나운 바람에 나무가 이리저리 흔들렸다.

他一直在两个女人之间摇摆不定，最后把两个女人都失去了。

Tā yìzhí zài liǎng ge nǚrén zhījiān yáo bǎi bú dìng, zuìhòu bǎ liǎng ge nǚrén dōu shīqù le.

그는 계속 두 여자 사이에서 마음을 정하지 못하더니, 결국엔 두 여자를 다 잃었다.

[단어] 东摇西摆 dōng yáo xī bǎi 성 이리 비틀 저리 비틀하다 / 摇摆不定 yáo bǎi bú dìng 성 (물체가) 흔들거리다, (마음이) 동요하다

0909 遥控 yáokòng (기계 등을) 원격 조종하다 참고 遥控器 yáokòngqì 리모컨 □□□

这件新型玩具汽车可以通过声音来遥控。

Zhè jiàn xīnxíng wánjù qìchē kěyǐ tōngguò shēngyīn lái yáokòng.

이 신형 장난감 자동차는 목소리를 통해 조종할 수 있다.

老总去德国出差了，但还是遥控着公司。

Lǎozǒng qù Déguó chūchāi le, dàn háishi yáokòngzhe gōngsī.

사장님께서는 독일로 출장 나가셨지만, 그래도 회사를 관리하고 계시다.

0910 要命 yào∥mìng 목숨을 잃다 □□□

我提醒过你，一定不要沾毒品，那东西是要命的。

Wǒ tíxǐngguo nǐ, yídìng búyào zhān dúpǐn, nà dōngxi shì yàomìng de.

내가 말했었잖아, 절대 마약에는 손대지 말라고, 그건 목숨을 앗아가는 물건이야.

[단어] 沾 zhān 접촉하다, 관계하다

你的愚蠢决定差点儿要了我的命。

Nǐ de yúchǔn juédìng chàdiǎnr yàole wǒ de mìng.

너의 바보 같은 결정 때문에 하마터면 내 목숨이 달아날 뻔했어.

[단어] 愚蠢 yúchǔn 어리석다, 우둔하다

휑 죽을 지경이다

眼皮上被蚊子叮了一下，痒得要命。

Yǎnpí shang bèi wénzi dīngle yíxià, yǎng de yàomìng.

눈꺼풀을 모기한테 물려서 간지러워 죽겠어.

[단어] 叮 dīng (모기 등이) 물다, 쏘다

0911 依旧 yījiù (상황이) 여전하다, 의구하다 □□□

如今的凤凰，风物依旧，只是店铺林立、游人如织。

Rújīn de Fènghuáng, fēngwù yījiù, zhǐshì diànpù línlì, yóurén rú zhī.

지금의 펑황은 풍물은 그대로인데, 단지 상점이 많이 늘고, 관광객으로 넘쳐날 뿐이다.

[단어] 凤凰 Fènghuáng 펑황, 후난 성(湖南省)에 있는 관광 도시 / 林立 línlì 즐비하다

휑 여전히 **유의** 依然 yīrán

回乡后他们依旧过着寻常日子，生活得很开心。

Huí xiāng hòu tāmen yījiù guòzhe xúncháng rìzi, shēnghuó de hěn kāixīn.

고향에 돌아온 후 그들은 여전히 평범하게 지내고, 즐겁게 생활하고 있다.

0912 依据 yījù 의거하다, 근거하다 **유의** 根据 gēnjù □□□

请问你是依据什么来推断的?

Qǐngwèn nǐ shì yījù shénme lái tuīduàn de?

당신은 무엇을 근거로 해서 판단한 것인가요?

휑 근거

你说的话没有任何事实依据，警方是不会相信的。

Nǐ shuō de huà méiyǒu rènhé shìshí yījù, jǐngfāng shì bú huì xiāngxìn de.

자네의 말에는 사실적인 근거가 하나도 없기 때문에, 경찰에서는 믿지 않을 거야.

0913 依靠 yīkào 의존하다, 의지하다, 기대다 **유의** 依赖 yīlài □□□

胜利是依靠大家的努力才取得的。

Shènglì shì yīkào dàjiā de nǔlì cái qǔdé de.

승리는 모두의 노력으로 얻을 수 있었던 것이다.

刚去国外留学的时候，他没有朋友，只能依靠自己。

Gāng qù guówài liúxué de shíhou, tā méiyǒu péngyou, zhǐnéng yīkào zìjǐ.

막 외국에 나가 유학 생활을 시작했을 때, 그는 친구가 없어, 스스로에게 의지해야만 했다.

명 의지할 사람, 의지할 것

你现在是我在这个世上唯一的依靠了。

Nǐ xiànzài shì wǒ zài zhège shì shang wéiyī de yīkào le.

넌 지금 내가 이 세상에서 유일하게 기댈 수 있는 사람이야.

0914 依赖 yīlài 의지하다, 기대다, 불가분의 관계다 **유의** 依靠 yīkào □□□

我不依赖父母，自己挣钱养活自己。

Wǒ bù yīlài fùmǔ, zìjǐ zhèngqián yǎnghuó zìjǐ.

나는 부모님께 의지하지 않고, 스스로 벌어서 생활한다.

宗教与道德是互相依赖的关系，但在本质上，道德从属于宗教。

Zōngjiào yǔ dàodé shì hùxiāng yīlài de guānxi, dàn zài běnzhì shang, dàodé cóngshǔyú zōngjiào.

종교와 도덕은 서로 불가분의 관계이지만, 본질적으로 도덕은 종교에 종속되어 있다.

[단어] 从属 cóngshǔ 종속하다, 종속되다

依赖 vs 依靠

依赖는 다른 사람이나 사물에 의존하는 것을 뜻하고, 依靠는 다른 사람이나 사물을 의지하고 기대는 것을 뜻한다.

不能有依赖思想，要自立更生。

Bùnéng yǒu yīlài sīxiǎng, yào zìlì gēngshēng.

어딘가에 의존하는 마음이 있으면 안 되고, 자력으로 일어서야 한다.

[단어] 自立更生 zìlì gēngshēng 자력갱생하다

他依靠政府的救济金过日子。

Tā yīkào zhèngfǔ de jiùjìjīn guò rìzi.

그는 정부의 구제 기금에 의지해 생활하고 있다.

只能依靠自己的双手。

Zhǐnéng yīkào zìjǐ de shuāngshǒu.

자신의 두 손에 의지할 수밖에 없다.

0915 依托 yītuō 의지하다, 기대다

老想着依托别人去解决问题，终究不是长久之计。

Lǎo xiǎngzhe yītuō biérén qù jiějué wèntí, zhōngjiū·bú shì cháng jiǔ zhī jì.

늘 다른 사람한테 기대 문제를 해결하려 하는 것은, 어쨌든 장기적인 해법이 아니야.

[단어] **长久之计** cháng jiǔ zhī jì 성 장기적인 해법, 장기적인 해법

명 의지할 사람(것), 바탕, 근거 유의 **依靠** yīkào

他们以当地独特的自然风光为依托，发展旅游业。

Tāmen yǐ dāngdì dútè de zìrán fēngguāng wéi yītuō, fāzhǎn lǚyóuyè.

그들은 현지의 독특한 자연 풍광을 바탕으로, 여행업을 발전시키고 있다.

我终于明白，她才是我生命的真正依托。

Wǒ zhōngyú míngbai, tā cái shì wǒ shēngmìng de zhēnzhèng yītuō.

나는 마침내 그녀가 내 삶에서 진정으로 의지가 되는 사람임을 깨달았다.

0916 遗传 yíchuán 유전하다

如果父母均为高度近视，那么遗传给后代的几率会很高。

Rúguǒ fùmǔ jūn wéi gāodù jìnshì, nàme yíchuángěi hòudài de jīlǜ huì hěn gāo.

만약에 부모가 모두 심한 근시면, 후대에 유전될 확률이 높다.

[단어] **几率** jīlǜ 확률

糖尿病会遗传，你有糖尿病的家族史，你得注意。

Tángniàobìng huì yíchuán, nǐ yǒu tángniàobìng de jiāzúshǐ, nǐ děi zhùyì.

당뇨병은 유전되는데, 자네는 당뇨병 가족력이 있으니, 주의해야 해.

🔊 관련 표현

遗传学 yíchuánxué 유전학

遗传工程学 yíchuán gōngchéngxué 유전자 공학

遗传因子 yíchuán yīnzi 유전자 = **遗传基因** yíchuán jīyīn

隐性遗传 yǐnxìng yíchuán 열성 유전

0926 迎面 yíng∥miàn 얼굴을 마주하다

面对迎面走过来的老师，很多学生低头装作没看见。
Miànduì yíngmiàn zǒuguolai de lǎoshī, hěn duō xuésheng dītóu zhuāngzuò méi kànjiàn.
앞에서 걸어오시는 선생님을 보고, 학생들은 머리를 숙이고는 못 본 척하고 있다.

他在开车时接了一个电话，差点撞上迎面而来的大货车。
Tā zài kāichē shí jiēle yí ge diànhuà, chàdiǎn zhuàngshàng yíngmiàn ér lái de dà huòchē.
그는 운전 중에 전화를 받다가, 하마터면 앞에서 오던 대형 화물차와 부딪칠 뻔했다.

0927 应酬 yìngchou 응대하다, 접대하다 BCT1

참고 交际应酬费 jiāojì yìngchóufèi 접대비

金总下班后，大部分时间都用来应酬，很少用来陪伴家人。
Jīn zǒng xiàbān hòu, dàbùfen shíjiān dōu yònglái yìngchou, hěn shǎo yònglái péibàn jiārén.
김 사장님은 퇴근 후에, 대부분의 시간을 손님 접대하느라, 가족과는 거의 같이 있지 못한다.

명 연회, 모임

从事销售工作的人经常参加应酬是在所难免的。
Cóngshì xiāoshòu gōngzuò de rén jīngcháng cānjiā yìngchou shì zài suǒ nán miǎn de.
영업에 종사하는 사람은 모임에 자주 참석할 수밖에 없다.

[단어] 在所难免 zài suǒ nán miǎn 성 피할 수 없다, 불가피하다

0928 应邀 yìngyāo 초청(초대)에 응하다, 초청을 받아들이다 BCT1

我也应邀参加了这次展览的开幕式。
Wǒ yě yìngyāo cānjiāle zhè cì zhǎnlǎn de kāimùshì.
나도 초대에 응해 이번 박람회의 개막식에 참가했다.

在奥运会上获得了冠军的运动员均应邀出席了此次活动。
Zài àoyùnhuì shang huòdéle guànjūn de yùndòngyuán jūn yìngyāo chūxíle cǐ cì huódòng.
올림픽에서 금메달을 딴 운동 선수들은 모두 초청을 수락해 이번 행사에 참석했다.

0929 拥护 yōnghù (당파·지도자·정책·노선 등을) 옹호하다, 지지하다 □□□

让我们一起拥护和平，反对战争吧！

Ràng wǒmen yìqǐ yōnghù hépíng, fǎnduì zhànzhēng ba!

우리 같이 평화를 옹호하고, 전쟁을 반대합시다!

我们兄弟姐妹一致拥护爸爸的英明决定。

Wǒmen xiōngdì jiěmèi yízhì yōnghù bàba de yīngmíng juédìng.

우리 형제자매는 만장일치로 아버지의 현명한 결정을 지지해요.

0930 拥有 yōngyǒu 보유하다, 소유하다, 가지다 유의 具有 jùyǒu □□□

今晚我很想你，很想我们曾共同拥有过的美好时光。

Jīnwǎn wǒ hěn xiǎng nǐ, hěn xiǎng wǒmen céng gòngtóng yōngyǒuguo de měihǎo shíguāng.

오늘밤엔 너도 참 보고 싶고, 우리가 전에 함께했던 아름다운 시절도 몹시 그립구나.

中国拥有世界上比较强大的军事队伍，目前中国拥有正规军250万人。

Zhōngguó yōngyǒu shìjiè shang bǐjiào qiángdà de jūnshì duìwǔ, mùqián Zhōngguó yōngyǒu zhèngguījūn liǎngbǎi wǔshí wàn rén.

중국은 세계에서 비교적 강대한 군대를 보유하고 있는데, 현재 중국이 보유한 정규군은 250만 명이다.

拥有 vs 具有

拥有는 구체적인 사람이나 사물, 추상적인 사물에 쓰이고, 具有는 추상적인 사물에만 쓰이고, 사람에게는 쓰지 않는다.

拥有石油资源 석유 자원을 갖고 있다
yōngyǒu shíyóu zīyuán

拥有百万家产 아주 많은 재산을 갖고 있다
yōngyǒu bǎiwàn jiāchǎn

具有耐高温的特点 고온에 견디는 특징을 갖고 있다
jùyǒu nài gāowēn de tèdiǎn

具有男子汉的风度 대장부의 기개를 품고 있다
jùyǒu nánzǐhàn de fēngdù

0931 勇于 yǒngyú 용감하게(과감하게) ~하다 **유의 勇敢** yǒnggǎn

勇于承认错误并积极改正错误，才是正确的工作态度。

Yǒngyú chéngrèn cuòwù bìng jījí gǎizhèng cuòwù, cái shì zhèngquè de gōngzuò tàidù.

과감하게 잘못을 인정하고 적극적으로 잘못을 고치는 것이, 올바른 업무 태도이다.

孩子，要勇于追求你心中的梦想。

Háizi, yào yǒngyú zhuīqiú nǐ xīnzhōng de mèngxiǎng.

애야, 네가 품고 있는 꿈을 과감하게 펼쳐 나가려무나.

0932 涌现 yǒngxiàn (사람·사물이) 한꺼번에 나타나다(배출되다) BCT1

随着社会的发展，生活中不断涌现出大量的新词语。

Suízhe shèhuì de fāzhǎn, shēnghuó zhōng búduàn yǒngxiànchū dàliàng de xīn cíyǔ.

사회의 발전에 따라, 대량의 신조어가 끊임없이 생성되고 있다.

在吴鹏、张琳和孙杨涌现出来之前，中国男子游泳经历了漫长的黑暗时代。

Zài Wú Péng、Zhāng Lín hé Sūn Yáng yǒngxiànchulai zhīqián, Zhōngguó nánzi yóuyǒng jīnglìle màncháng de hēi'àn shídài.

우펑, 장린, 쑨양이 배출되기 전에, 중국 남자 수영은 장시간의 암흑기를 거쳤다.

0933 踊跃 yǒngyuè 펄쩍 뛰어오르다, 껑충껑충 뛰다

孩子听到爸爸要回来的消息，踊跃欢呼。

Háizi tīngdào bàba yào huílai de xiāoxi, yǒngyuè huānhū.

아이는 아빠가 돌아올 거라는 소식을 듣고 펄쩍펄쩍 뛰며 환호했다.

형 적극적이다, 열렬하다

社会各界踊跃参与此次教育基金募捐活动。

Shèhuì gèjiè yǒngyuè cānyù cǐ cì jiàoyù jījīn mùjuān huódòng.

사회 각계에서 이번 교육 기금 모금 행사에 적극적으로 참여하고 있다.

0934 优先 yōuxiān 우선하다

我公司招聘销售员20名，年龄不限，会外语者优先录用。

Wǒ gōngsī zhāopìn xiāoshòuyuán èrshí míng, niánlíng bú xiàn, huì wàiyǔzhě yōuxiān lùyòng.

당사에서는 판매원 20명을 뽑는데, 연령 제한은 없고, 외국어 가능자를 우선 채용합니다.

你们的安全是我们考虑的头等大事。

Nǐmen de ānquán shì wǒmen kǎolù de tóuděng dà shì.

여러분의 안전이 우리가 최우선으로 생각하는 사안입니다.

0935 犹如 yóurú 마치 ~과 같다 **유의** 好像 hǎoxiàng

▶ 뒤에 반드시 목적어를 동반한다.

我爱看书，这就犹如老鼠爱大米、小鸟爱蓝天。

Wǒ ài kàn shū, zhè jiù yóurú lǎoshǔ ài dà mǐ, xiǎoniǎo ài lántiān.

내가 책을 좋아하는 건, 쥐가 쌀을 좋아하고 새가 푸른 하늘을 좋아하는 것과 같아.

一时间夜空上礼花齐放，犹如白昼。

Yì shíjiān yèkōng shang lǐhuā qífàng, yóurú báizhòu.

순간적으로 밤하늘에 불꽃이 만발해 꼭 대낮 같았다.

[단어] 礼花 lǐhuā 불꽃 / 齐放 qífàng 일제히 피다

犹如 vs 好像

犹如와 好像 모두 비유를 나타내는데, 好像은 판단과 추측을 나타낼 수 있다. 犹如는 문어에만 쓰고, 好像은 문어와 구어에 고루 쓰인다.

他们俩犹如(好像)亲兄弟一样。

Tāmen liǎ yóurú(hǎoxiàng) qīnxiōngdì yíyàng.

그 둘은 꼭 친형제 같아요.

这个消息犹如(好像)晴天霹雳。

Zhège xiāoxī yóurú(hǎoxiàng) qíng tiān pī lì.

이 소식은 청천벽력과도 같아요.

▶ 好像은 부사로도 쓰인다.

这个女孩儿我好像在哪儿见过。

Zhè ge nǚháir wǒ hǎoxiàng zài nǎr jiànguo.

이 소녀를 내가 어디선가 본 것 같은데.

0936 诱惑 yòuhuò 유혹하다, 매료시키다

他们用高额回扣诱惑她，但她对此无动于衷。

Tāmen yòng gāo'é huíkòu yòuhuò tā, dàn tā duì cǐ wú dòng yú zhōng.

그들은 고액의 리베이트로 그녀를 유혹했지만, 그녀는 이에 대해 아무런 관심이 없었다.

[단어] 回扣 huíkòu 수수료, 커미션 / 无动于衷 wú dòng yú zhōng (성) 전혀 무관심하다

虽然决心要减肥，但她还是抵挡不住美食的诱惑。

Suīrán juéxīn yào jiǎnféi, dàn tā háishi dǐdǎngbuzhù měishí de yòuhuò.

다이어트를 하겠다고 결심은 했지만, 그녀는 여전히 맛있는 음식의 유혹을 떨칠 수가 없다.

[단어] 抵挡 dǐdǎng 저항하다, 저지하다

0937 预料 yùliào 예상하다, 예측하다, 전망하다 **유의** 预测 yùcè

谁也无法预料自己的未来会发生什么事情。

Shéi yě wúfǎ yùliào zìjǐ de wèilái huì fāshēng shénme shìqing.

아무도 자신의 미래에 어떤 일이 생길지 예측할 수가 없다.

명 예측, 예상

比赛的结果，最终没有出乎大家的预料。

Bǐsài de jiéguǒ, zuìzhōng méiyou chūhū dàjiā de yùliào.

시합의 결과는, 결국 사람들의 예상을 벗어나지 않았다.

预料 vs 预测

预料는 사전에 추측하는 것으로, 머릿속에 떠오른 미래의 상황이나 결과를 나타내고, 预测는 미리 추정하는 것으로 정확히 계산하는 것을 뜻한다.

不出预料，他得了冠军。

Bùchū yùliào, tā déle guànjūn.

예상대로, 그는 우승을 했다.

气象台预测得很准确。

Qìxiàngtái yùcè de hěn zhǔnquè.

기상대가 정확히 예측했다.

0938 预期 yùqī 예기하다, 미리 기대하다 `BCT2` □□□

公司精心制作了这部宣传片，但该片没取得预期效果。

Gōngsī jīngxīn zhìzuòle zhè bù xuānchuánpiàn, dàn gāi piàn méi qǔdé yùqī xiàoguǒ.

회사에서 정성들여 홍보 영상물을 제작했지만, 이 홍보 영상물은 기대한 효과를 거두지 못했다.

这次中俄联合反恐军事演习圆满落幕，完全达到了预期目的。

Zhè cì Zhōng É liánhé fǎnkǒng jūnshì yǎnxí yuánmǎn luòmù, wánquán dádàole yùqī mùdì.

이번 중·러 연합 반테러 군사 훈련이 순조롭게 끝나, 완벽하게 예기한 목적을 달성했다.

[단어] 落幕 luòmù 폐막하다, 막을 내리다

💬 **관련 표현**

预期值 yùqīzhí 기대치

预期率 yùqīlǜ 예정률(expected rate)

预期额 yùqī'é 예정액

0939 预算 yùsuàn 예산하다 `BCT2` □□□

我买了一套118平方米 的房子，请预算一下装修费用。

Wǒ mǎile yí tào yìbǎi yìshíbā píngfāngmǐ de fángzi, qǐng yùsuàn yíxià zhuāngxiū fèiyòng.

제가 118㎡짜리 집을 샀는데요, 인테리어 비용 좀 뽑아 주세요.

명 예산

明年政府多个部门开支预算大增。

Míngnián zhèngfǔ duō ge bùmén kāizhī yùsuàn dà zēng.

내년 정부 여러 부처의 지출 예산이 크게 증가했다.

0940 预言 yùyán 예언하다 **유의** 预见 yùjiàn □□□

有人预言，到2030年印度人口数量可能会超过中国。

Yǒu rén yùyán, dào èr líng sān líng nián Yìndù rénkǒu shùliàng kěnéng huì chāoguò Zhōngguó.

누가 예언하길, 2030년에는 인도의 인구 수가 중국을 넘어설 거라고 한다.

명 예언

这位预言家的预言都在现实中得到了应验。

Zhè wèi yùyánjiā de yùyán dōu zài xiànshí zhōng dédàole yìngyàn.

이 예언가의 예언은 현실에서 적중하고 있다.

[단어] 应验 yìngyàn (예언·예감이) 들어맞다, 적중하다

0941 预兆 yùzhào 조짐(징조·전조)을 보이다 □□□

云层浓密低沉，预兆着暴雨将要来临。

Yúncéng nóngmì dīchén, yùzhàozhe bàoyǔ jiāng yào láilín.

구름이 진하게 낮게 깔리면, 폭우가 임박한 징조이다.

명 징조

有人说左眼皮老跳是吉祥的预兆。

Yǒu rén shuō zuǒyǎnpí lǎo tiào shì jíxiáng de yùzhào.

어떤 이는 왼쪽 눈꺼풀이 떨리면 좋은 일이 있을 징조라고 한다.

0942 约束 yuēshù 규제하다, 속박하다, 구속하다 BCT1 유의 拘束 jūshù □□□

任何公司都受劳动法的约束。

Rènhé gōngsī dōu shòu láodòngfǎ de yuēshù.

모든 회사는 다 노동법의 구속을 받는다.

千万不要用大人的观点来约束孩子的想象力。

Qiānwàn búyào yòng dàrén de guāndiǎn lái yuēshù háizi de xiǎngxiànglì.

절대로 어른의 생각으로 아이들의 상상력을 제한하지 마세요.

> ### 约束 vs 拘束
>
> 约束은 어떤 범위를 벗어나지 못하도록 제한하는 것을 말하는 것으로, 사람의 언행이나 일을 제약할 수 있다. 拘束은 다른 사람이 마음대로 행동하지 못하게 제한하는 것이고, 형용사로 쓰이기도 한다.
>
> **约束着自己** yuēshùzhe zìjǐ 자신을 단속하다
> **约束孩子的言行** yuēshù háizi de yánxíng 아이의 언행을 제한하다
>
> **千万不要拘束** qiānwàn búyào jūshù 절대 구속하지 마세요
> **感到十分拘束** gǎndào shífēn jūshù 몹시 거북스럽게 느끼다

0943 孕育 yùnyù 낳아 기르다, 생육하다, 배태하다

这个山清水秀的地方孕育了许多名人。
Zhège shān qīng shuǐ xiù de dìfang yùnyùle xǔduō míngrén.
산수가 아름다운 이 고장에서는 유명 인사를 많이 배출했다.

[단어] 山清水秀 shān qīng shuǐ xiù 성 산수가 아름답다

春天充满着希望，夏天洋溢着热情，秋天满载着丰收，冬天孕育着生命。
Chūntiān chōngmǎnzhe xīwàng, xiàtiān yángyìzhe rèqíng, qiūtiān mǎnzàizhe fēngshōu, dōngtiān yùnyùzhe shēngmìng.
봄은 희망으로 가득 차 있고, 여름은 열정이 넘치고, 가을에는 풍년의 물결이 넘실거리며, 겨울은 생명을 배태하고 있다.

0944 运算 yùnsuàn 연산하다, 운산하다 참고 四则运算 sìzé yùnsuàn 사칙 계산

谁可以帮我分析一下这道题的运算过程？
Shéi kěyǐ bāng wǒ fēnxī yíxià zhè dào tí de yùnsuàn guòchéng?
누가 나한테 이 문제의 연산 과정을 좀 분석해 줄 수 있을까?

你能不能教我分式运算怎么做？
Nǐ néng bu néng jiāo wǒ fēnshì yùnsuàn zěnme zuò?
너 나한테 분식 연산을 어떻게 푸는지 가르쳐 줄 수 있어?

0945 运行 yùnxíng (차·열차·배·별 등이) 운행하다

由于暴雪的原因，昨天我县出租车停运，现在恢复正常运行了。
Yóuyú bàoxuě de yuányīn, zuótiān wǒ xiàn chūzūchē tíngyùn, xiànzài huīfù zhèngcháng yùnxíng le.
폭설로 인해, 어제 우리 현의 택시 운행이 중단되었는데, 지금은 정상 운행을 하고 있다.

青藏铁路的开通运行加强了中国东部和西部的交流。
Qīngzàng tiělù de kāitōng yùnxíng jiāqiángle Zhōngguó dōngbù hé xībù de jiāoliú.
칭짱철도의 개통과 운행으로 중국 동부와 서부의 교류가 강화되었다.

[단어] 青藏铁路 QīngZàng tiělù 중국 칭하이 성(青海省) 시닝(西宁)과 티베트 자치구(西藏) 라싸(拉萨)를 연결하는 철도. 총길이 1,956km, 2006년 개통

0946 酝酿 yùnniàng 술을 빚다(발효시키다), (사전에) 준비하다, 성숙시키다 [BCT1] □□□

这种酒是以优质高粱、小麦及天然无污染的水为原料酝酿而成。

Zhè zhǒng jiǔ shì yǐ yōuzhì gāoliáng、xiǎomài jí tiānrán wúwūrǎn de shuǐ wéi yuánliào yùnniàng ér chéng.

이 술은 양질의 수수, 밀과 오염되지 않은 천연수를 원료로 빚어낸 것이다.

经过一年的酝酿，这家汽车电影院终于开业了。

Jīngguò yì nián de yùnniàng, zhè jiā qìchē diànyǐngyuàn zhōngyú kāiyè le.

1년 동안의 준비 끝에, 이 자동차 극장은 마침내 개업했다.

她拍哭戏时，通过喝酒来酝酿感情。

Tā pāi kūxì shí, tōngguò hē jiǔ lái yùnniàng gǎnqíng.

그는 우는 연기를 할 때, 술을 마시고 감정을 잡는다.

0947 蕴藏 yùncáng 잠재하다, 매장되다, 간직하다 □□□

成功蕴藏于每一滴汗水之中。

Chénggōng yùncángyú měi yì dī hànshuǐ zhīzhōng.

성공은 한 방울 한 방울의 땀 속에 숨겨져 있다.

专家推测这片大海的海底蕴藏着丰富的石油资源。

Zhuānjiā tuīcè zhè piàn dàhǎi de hǎidǐ yùncángzhe fēngfù de shíyóu zīyuán.

전문가는 이 바다의 해저에 풍부한 석유 자원이 매장되어 있을 거라 추측하고 있다.

他越看越感到这幅画里蕴藏着一股可怕的力量。

Tā yuè kàn yuè gǎndào zhè fú huà li yùncángzhe yì gǔ kěpà de lìliàng.

그는 보면 볼수록 이 그림 속에 무서운 에너지가 들어 있음을 느낀다.

0948 熨 yùn 다리다, 다림질하다 [참고] 熨斗 yùndǒu 다리미 □□□

为老公熨西装、衬衫，这样的小事让她感到很幸福。

Wèi lǎogōng yùn xīzhuāng、chènshān, zhèyàng de xiǎoshì ràng tā gǎndào hěn xìngfú.

남편을 위해 양복과 셔츠를 다리는, 이런 사소한 일에서 그녀는 행복을 느낀다.

熨斗烫衣服 — 服服帖帖 **헐후**
yùndǒu tàng yīfu — fú fú tiē tiē
다리미로 옷을 다리다 — 고분고분하다

0949 杂交 zájiāo 교잡하다, 교배하다 □□□

美国迈阿密动物园中养育着几只由雄狮与雌虎杂交后生育
的罕见狮虎兽。
Měiguó Màiāmì dòngwùyuán zhōng yǎngyùzhe jǐ zhī yóu xióngshī
yǔ cíhǔ zájiāo hòu shēngyù de hǎnjiàn shīhǔ shòu.
미국 마이애미 동물원에서는 숫사자와 암호랑이가 교배해서 낳은 보기 힘든 라이거 몇 마리를 사
육하고 있다.

有种芒果叫苹果芒，听说是苹果和芒果的杂交，简直太好吃了。
Yǒu zhǒng mángguǒ jiào píngguǒmáng, tīngshuō shì píngguǒ hé
mángguǒ de zájiāo, jiǎnzhí tài hǎochī le.
망고의 종류 중에 애플망고가 있는데, 사과와 망고를 접붙인 것으로, 정말이지 너무 맛있다.

0950 砸 zá (무거운 것으로) 눌러 으스러뜨리다, 내리치다, 깨뜨리다, 실패하다 □□□

他故意砸坏了我的自行车灯。
Tā gùyì záhuàile wǒ de zìxíngchē dēng.
그는 고의로 내 자전거 등을 부쉈다.

他被楼上掉下来的花盆砸破了头。
Tā bèi lóushang diàoxialai de huāpén zápòle tóu.
그는 위층에서 떨어진 화분에 머리가 깨졌다.

你帮我砸蒜吧，我来切菜。
Nǐ bāng wǒ zá suàn ba, wǒ lái qiē cài.
넌 마늘을 좀 다져 줘, 나는 야채를 썰게.

这次考试又考砸了。
Zhè cì kǎoshì yòu kǎozá le.
이번 시험을 또 망쳤어.

搬起石头砸自己的脚 bānqǐ shítou zá zìjǐ de jiǎo 관용 돌을 옮기다 제 발을 찧다, 남을 해치려다 결과적으로 자신을 해치다

砸饭碗 zá fànwǎn 관용 실직하다, 밥벌이를 잃다

砸牌子 zá páizi 관용 간판을 깨뜨리다, 상표(브랜드)의 명예를 실추시키다

砸锅卖铁 zá guō mài tiě 성 자기가 가지고 있는 모든 재물을 다 내놓다, 어떤 일을 하기 위해 가지고 있는 모든 것을 바치다

砸烂了的西瓜 —红白相杂 헐후

zálànle de xīguā — chóngbái xiāngzá

깨진 수박 — 붉은 색과 흰색이 뒤섞이다 : 뒤죽박죽이다

0951 栽培 zāipéi (식물을) 재배하다, (인재를) 기르다, 등용하다 유의 培养 péiyǎng □□□

经过四年的栽培，这片果园里的蓝莓目前已进入采摘期。

Jīngguò sì nián de zāipéi, zhè piàn guǒyuán li de lánméi mùqián yǐ jìnrù cǎizhāiqī.

4년 동안 재배한 결과, 이 과수원의 블루베리는 현재 수확기에 접어들었다.

[단어] 蓝莓 lánméi 블루베리

我能做出这样的成绩，全靠您的栽培。

Wǒ néng zuòchū zhèyàng de chéngjì, quán kào nín de zāipéi.

제가 이런 성과를 거둘 수 있었던 것은, 다 선생님께서 지도를 잘 해 주셨기 때문입니다.

관련 표현

软化栽培 ruǎnhuà zāipéi 연화 재배(일조량을 차단하거나 제한하여 채소를 희고 부드럽게 재배하는 농법)

无土栽培 wútǔ zāipéi 수경 재배(水耕栽培)

栽培 vs 培养

栽培와 培养이 '인재를 기르다'라는 뜻을 나타낼 때, 栽培는 감사의 뜻을 담은 인사말로 쓰이고, 培养은 순수하게 인재를 길러낸다는 뜻을 나타낸다.

栽培果树 zāipéi guǒshù 과수를 재배하다
栽培技术 zāipéi jìshù 재배 기술

培养疫苗 péiyǎng yìmiáo 백신을 배양하다
培养好习惯 péiyǎng hǎo xíguàn 좋은 습관을 기르다
培养人才 péiyǎng réncái 인재를 양성하다

0952 宰 zǎi (가축을) 잡다, 바가지 씌우다 □□□

他们宰了一只羊作为祭品。
Tāmen zǎile yì zhī yáng zuòwéi jìpǐn.
그들은 양을 한 마리 잡아 제물로 삼았다.

那个理发店太宰人了，我以后再也不去了。
Nàge lǐfàdiàn tài zǎirén le, wǒ yǐhòu zàiyě bú qù le.
그 이발소는 너무 바가지를 씌워. 난 다시는 안 갈 거야.

🐼 관련 표현

老牛死了 — 任人宰割 혈후
lǎoniú sǐ le — rèn rén zǎigē
늙은 소가 죽다 — 아무에게나 유린당하다

0953 在意 zài//yì 마음에 두다, 신경 쓰다 □□□

她显然并不在意这次模拟考试的成绩。
Tā xiǎnrán bìng bú zàiyì zhè cì mónǐ kǎoshì de chéngjì.
그녀는 확실히 이번 모의고사 성적에 연연하지 않는다.

虽然他嘴上不说，但他心里是很在意你的。
Suīrán tā zuǐ shang bù shuō, dàn tā xīnli shì hěn zàiyì nǐ de.
그 친구가 말은 안 해도, 속으론 너에 대해 신경 많이 쓰고 있어.

0954 攒 zǎn 쌓다, 모으다, 저축하다 □□□

不知不觉，他已经攒了近一千元的硬币了。
Bù zhī bù jué, tā yǐjing zǎnle jìn yìqiān yuán de yìngbì le.
어느새, 그는 동전을 1000위엔 가까이 모았다.

工作几年，我终于攒够了买车钱。

Gōngzuò jǐ nián, wǒ zhōngyú zǎngòule mǎi chē qián.

몇 년 동안 일해서, 나는 마침내 차 살 돈을 저축했다.

0955 赞叹 zàntàn 찬탄하다, 찬미하다   □□□

当我看见美丽的风景时，都会忍不住赞叹。

Dāng wǒ kànjiàn měilì de fēngjǐng shí, dōu huì rěnbuzhù zàntàn.

나는 아름다운 풍경을 볼 때마다, 감탄을 금치 못한다.

这个球员出色的控球能力令现场球迷赞叹不已。

Zhège qiúyuán chūsè de kòngqiú nénglì lìng xiànchǎng qiúmí zàntàn bùyǐ.

이 선수의 뛰어난 볼 컨트롤 능력은 현장에 있던 축구팬들의 감탄을 자아냈다.

[단어] 赞叹不已 zàntàn bùyǐ 감탄해 마지않다

0956 赞助 zànzhù 찬조하다, 협찬하다 [BCT2]   □□□

▶요즘은 주로 경제적인 도움을 가리킨다.

由于没找到合适的赞助商，这个项目不得不泡汤了。

Yóuyú méi zhǎodào héshì de zànzhùshāng, zhè ge xiàngmù bùdébù pàotāng le.

적당한 협찬사를 구하지 못해, 이 프로젝트는 물거품이 됐다.

[단어] 泡汤 pàotāng 물거품이 되다, 수포로 돌아가다, 실패하다

我们公司赞助了这次残疾人运动会。

Wǒmen gōngsī zànzhùle zhè cì cánjírén yùndònghuì.

우리 회사는 이번 장애인 운동회를 협찬했다.

> 관련 표현

赞助商 zànzhùshāng 협찬사

赞助人 zànzhùrén 스폰서

赞助金 zànzhùjīn 찬조금

0957 遭受 zāoshòu (불행 또는 손해를) 입다, 당하다, 만나다, 부닥치다

유의 受到 shòudào

全球规模的"超级飓风"使世界各国遭受了巨大的损失。
Quánqiú guīmó de "chāojí jùfēng" shǐ shìjiè gèguó zāoshòule jùdà
de sǔnshī.
세계적인 규모의 '슈퍼 허리케인'으로 인해 세계 각국이 막대한 손실을 입었다.

[단어] 飓风 jùfēng 허리케인(hurricane), 풍력 12 이상인 바람

**在人生的旅途中，我们总难免会遭受到大大小小的挫折与
失败。**
Zài rénshēng de lǚtú zhōng, wǒmen zǒng nánmiǎn huì zāoshòudào
dàdà xiǎoxiāo de cuòzhé yǔ shībài.
인생의 여정에서, 우리는 어쨌든 크고 작은 좌절과 실패를 겪게 마련이야.

🗣 관련 표현

遭受非刑 zāoshòu fēixíng 부당한 형벌을 당하다

遭受灾殃 zāoshòu zāiyāng 재앙을 받다

遭受雪灾 zāoshòu xuězāi 설화를 입다

0958 遭殃 zāo//yāng 재난을 입다, 재앙(봉변)을 당하다

"大象打架，草地遭殃"，普通民众是战争中的最大牺牲品。
"Dàxiàng dǎjià, cǎodì zāoyāng", pǔtōng mínzhòng shì zhànzhēng
zhōng de zuì dà xīshēngpǐn.
'코끼리 싸움에 고통 받는 건 풀'이라고, 일반 국민은 전쟁의 최대 희생양이다.

由于楼上严重漏水，楼下的邻居也跟着遭了殃。
Yóuyú lóushàng yánzhòng lòushuǐ, lóuxià de línjū yě gēnzhe
zāole yāng.
윗층에서 물이 심하게 새는 바람에, 아래층에 사는 이웃도 봉변을 당했다.

🗣 관련 표현

先下手为强，后下手遭殃
xiān xiàshǒu wéi qiáng, hòu xiàshǒu zāoyāng
선수를 잡으면 유리하고, 후수를 두면 손해를 본다

0959 遭遇 zāoyù (적 또는 불행한 일을) 만나다, 맞닥뜨리다 유의 遭受 zāoshòu □□□

他这一生遭遇了太多的苦难。
Tā zhè yìshēng zāoyùle tài duō de kǔnàn.
그는 한평생 너무나 많은 고초를 겪었다.

명 처지, 운명, 환경

家庭的不幸遭遇给他的心灵留下极大的阴影。
Jiātíng de búxìng zāoyù gěi tā de xīnlíng liúxià jídà de yīnyǐng.
가정의 불우한 환경은 그의 마음에 아주 큰 상처를 남겼다.

0960 糟蹋 zāota 낭비하다, 파손하다, 모욕하다 반의 爱惜 àixī 아끼다 □□□

我们不能糟蹋粮食，因为粮食就是农民的心血。
Wǒmen bù néng zāota liángshí, yīnwèi liángshí jiù shì nóngmín de xīnxuè.
우리는 양식을 낭비해서는 안 된다, 양식은 바로 농민의 심혈이기 때문이다.

他绝对是个好人，你别糟蹋他了。
Tā juéduì shì ge hǎorén, nǐ bié zāota tā le.
저 친구는 틀림없는 착한 사람이니, 너 그를 모욕하지 마.

0961 责怪 zéguài 원망하다, 책망하다, 탓하다 유의 责备 zébèi □□□

在事情还没有弄清楚之前，你不要责怪别人。
Zài shìqing hái méiyou nòngqīngchu zhīqián, nǐ búyào zéguài biérén.
일이 아직 분명히 밝혀지기 전에, 다른 사람을 원망하지 마요.

你不能因为昨天发生的事情而责怪孩子们。
Nǐ bù néng yīnwèi zuótiān fāshēng de shìqing ér zéguài háizimen.
당신은 어제 일어난 일 때문에 아이들을 탓해서는 안 돼요.

0962 增添 zēngtiān 더하다, 늘리다, 보태다

유의 增加 zēngjiā **반의** 削减 xuējiǎn 삭감하다, 줄이다

五颜六色的彩灯扮靓了县城，增添了节日气氛。
Wǔ yán liù sè de cǎidēng bànliàngle xiànchéng, zēngtiānle jiérì qìfēn.
형형색색의 색등이 읍내를 밝혀, 축제 분위기를 돋우었다.

[단어] 扮靓 bànliàng 치장하다, 모양을 내다

这些时尚的小饰品为整个房间增添了活力。
Zhèxiē shíshàng de xiǎoshìpǐn wèi zhěnggè fángjiān zēngtiānle
huólì.
세련된 소품들이 방 전체에 생기를 불어넣었다.

0963 赠送 zèngsòng 증정하다, 선사하다, 주다

참고 赠送税 zèngsòngshuì 증여세

本店在活动期间会向每天前100位顾客赠送精美礼品。
Běn diàn zài huódòng qījiān huì xiàng měitiān qián yìbǎi wèi gùkè
zèngsòng jīngměi lǐpǐn.
본 상점에서는 이벤트 기간 동안 매일 선착순 100분의 손님께 멋진 선물을 증정합니다.

这只玩具熊非常适合当做礼物赠送给小孩子。
Zhè zhī wánjù xióng fēicháng shìhé dāngzuò lǐwù zèngsònggěi
xiǎo háizi.
이 장난감 곰은 아이들에게 선물로 주기에 아주 적합합니다.

0964 扎 zhā (뾰족한 물건으로) 찌르다, [북경어] 들어가다 **참고** 扎啤 zhāpí 생맥주

这几天他经常感到浑身像被针扎似的疼。
Zhè jǐ tiān tā jīngcháng gǎndào húnshēn xiàng bèi zhēnzhā sì de
téng.
요 며칠, 그는 자주 온몸이 바늘에 찔리는 듯한 아픔을 느꼈다.

爸爸总喜欢用胡子扎在孩子粉嫩的脸上。
Bàba zǒng xǐhuan yòng húzi zhāzài háizi fěnnèn de liǎn shang.
아빠는 수염으로 아이의 여린 얼굴을 부비는 것을 좋아한다.

宋师傅听到水边传来的呼救声后，一个猛子扎进了水里。

Sòng shīfu tīngdào shuǐbiān chuánlái de hūjiùshēng hòu, yí ge měngzi zhājìnle shuǐ li.

송씨 아저씨는 물가에서 들려오는 구해 달라는 소리를 듣고, 물속으로 풍덩 뛰어들었다.

 관련 표현

安营扎寨 ān yíng zhā zhài **성** 군대가 진을 치고 주둔하다. 임시 주거지를 세우다

0965 **眨** zhǎ (눈을) 깜박거리다. 깜짝이다

☐☐☐

我拼命眨眼示意他不要说出来，可他还是说了出来。

Wǒ pīnmìng zhǎyǎn shìyì tā búyào shuōchulai, kě tā háishi shuōle chūlai.

내가 죽어라 눈짓을 보내며 그에게 말하지 말라고 했지만, 그는 홀라당 얘기해 버렸다.

他的眼睛一眨不眨地盯着窗外来往的行人。

Tā de yǎnjing yì zhǎ bù zhǎ de dīngzhe chuāng wài láiwǎng de xíngrén.

그는 눈을 깜빡이지도 않고 창밖으로 지나다니는 행인을 주시하고 있었다.

 관련 표현

一眨眼 yìzhǎyǎn 눈 깜짝할 사이

杀人不眨眼 shā rén bù zhǎ yǎn **성** 사람을 죽이는데 눈도 깜짝 안 하다. 매우 잔인하다

两眼一眨，老母鸡变鸭 — 说变就变 **헐후**

liǎng yǎn yì zhǎ, lǎo mǔjī biàn yā — shuō biàn jiù biàn

두 눈을 깜빡이자 늙은 암탉이 오리가 되다 — 변한다는 말이 떨어지기가 무섭게 변하다 : 변화가 매우 빠르다

眨眼打哈欠 — 扬眉吐气 **헐후**

zhǎ yǎn dǎ hāqiàn — yáng méi tǔ qì

눈을 깜빡이며 하품하다 — 미간을 펴고 원망을 털어놓다 : 홀가분하다

0966 **诈骗** zhàpiàn 속이다. 갈취하다. 편취하다. 사취하다 [BCT1]

☐☐☐

利用金融手段进行诈骗的人越来越多了。

Lìyòng jīnróng shǒuduàn jìnxíng zhàpiàn de rén yuèláiyuè duō le.

금융 수단을 이용해 사기를 치는 사람들이 점점 많아지고 있다.

他被诈骗了十几万，到现在也没抓到那个人。

Tā bèi zhàpiànle shí jǐ wàn, dào xiànzài yě méi zhuādào nàge rén.

그는 십 몇 만 위엔을 갈취 당했는데, 아직까지 그 사람을 찾지 못했다.

🔊 관련 표현

诈骗分子 zhàpiàn fènzi 사기꾼

诈骗团伙 zhàpiàn tuánhuǒ 사기단

诈骗犯 zhàpiànfàn 사기범

0967 沾光 zhān∥guāng 덕을 보다 ☐☐☐

他在职的时候，很多人来沾光讨好，他一退休就没人理了。

Tā zàizhí de shíhou, hěn duō rén lái zhānguāng tǎohǎo, tā yí tuìxiū jiù méi rén lǐ le.

그 사람이 재직하고 있을 때는, 너도나도 덕 보려 달려들더니, 그 사람이 퇴직하니까 아는 척하는 사람이 없어.

虽然他官大，但他的3个女儿从未靠沾他的光吃过一顿饭。

Suīrán tā guān dà, dàn tā de sān ge nǚ'ér cóng wèi kào zhān tā de guāng chīguo yí dùn fàn.

비록 그가 고위직에 있지만, 그의 세 딸은 한 번도 아버지 덕으로 밥 한 끼 얻어먹은 적이 없다.

0968 瞻仰 zhānyǎng 우러러보다, 참배하다 ☐☐☐

小学生们在老师的带领下瞻仰了人民英雄纪念碑。

Xiǎoxuéshengmen zài lǎoshī de dàilǐng xia zhānyǎngle rénmín yīngxióng jìniànbēi.

초등학생들은 선생님의 인솔하에 인민 영웅 기념비를 참배했다.

0969 展示 zhǎnshì 드러내다, 나타내다, 전시하다 BCT1 유의 展览 zhǎnlǎn ☐☐☐

公司将在这次新品发布会上展示自家的主打产品。

Gōngsī jiāng zài zhè cì xīnpǐn fābùhuì shang zhǎnshì zìjiā de zhǔdǎ chǎnpǐn.

회사에서는 이번 신제품 발표회에서 우리의 주력 상품을 전시하려 한다.

在面试官面前，你可以展示出你的关键技能。

Zài miànshìguān miànqián, nǐ kěyǐ zhǎnshìchū nǐ de guānjiàn jìnéng.

면접관 앞에서 당신은 주특기를 보여 줄 수 있습니다.

0970 展望 zhǎnwàng 멀리 바라보다, 전망하다 [BCT1] □□□

站在山顶上向四处展望，周围山势耸拔雄伟。

Zhànzài shāndǐng shang xiàng sìchù zhǎnwàng, zhōuwéi shānshì sǒngbá xióngwěi.

산꼭대기에 서서 사방을 둘러보니, 주위의 산세가 우뚝솟아 웅장하고 힘 있다.

[단어] **耸拔** sǒngbá 우뚝솟다

回顾历史是为了展望未来，总结经验是为了开创未来。

Huígù lìshǐ shì wèile zhǎnwàng wèilái, zǒngjié jīngyàn shì wèile kāichuàng wèilái.

역사를 회고하는 것은 미래를 전망하기 위해서이고, 경험을 종합 평가하는 것은 미래를 창조하기 위해서이다.

0971 展现 zhǎnxiàn 드러내다, 나타나다 유의 展出 zhǎnchū □□□

希望每个人都把最好的一面展现给大家。

Xīwàng měi ge rén dōu bǎ zuìhǎo de yímiàn zhǎnxiàngěi dàjiā.

각자 가장 잘하는 것을 모두에게 보여 주길 바랍니다.

一下车，展现在人们眼前的是一片美丽如画的湖光山色。

Yí xiàchē, zhǎnxiànzài rénmen yǎnqián de shì yí piàn měilì rú huà de hú guāng shān sè.

차에서 내리자, 그림같이 아름다운 호수와 산색이 어우러진 풍경이 사람들 눈앞에 펼쳐졌다.

[단어] **湖光山色** hú guāng shān sè 성 호수와 산이 서로 어우러져 이루는 아름다운 경치

0972 占据 zhànjù (지역·장소·지위를) 점거하다, 점유하다, 차지하다 □□□
　　　　　　　유의 占有 zhànyǒu, 占领 zhànlǐng

我军已经占据了援军通行的必经之路。

Wǒ jūn yǐjing zhànjùle yuánjūn tōngxíng de bì jīng zhī lù.

아군은 이미 지원군이 통행하는 주요 경로를 점거했다.

[단어] **必经之路** bì jīng zhī lù 성 반드시 거쳐야 하는 길(과정)

太阳能将在未来的能源结构中占据重要地位。

Tàiyángnéng jiāng zài wèilái de néngyuán jiégòu zhōng zhànjù zhòngyào dìwèi.

태양 에너지는 미래의 에너지 구조에서 중요한 위치를 차지할 것이다.

0973 占领 zhànlǐng (토지나 진지를) 점령하다 [유의] 占据 zhànjù

这款手机一上市便迅速占领了全球的手机市场。

Zhè kuǎn shǒujī yí shàngshì biàn xùnsù zhànlǐngle quánqiú de shǒujī shìchǎng.

이 휴대 전화는 출시되자마자 빠르게 전 세계 휴대 전화 시장을 점령했다.

他们在战争中取得了胜利，却没有占领敌国的领土。

Tāmen zài zhànzhēng zhōng qǔdéle shènglì, què méiyou zhànlǐng díguó de lǐngtǔ.

그들은 전쟁에서 승리를 거두었지만, 적국의 영토를 점령하지는 못했다.

🐾 관련 표현

占领军 zhànlǐngjūn 점령군

市场占领 Shìchǎng zhànlǐng 시장 지배(market occupation)

非法占领 fēifǎ zhànlǐng 불법 점거하다

0974 招标 zhāo//biāo 입찰 공고하다 [BCT2]

局长再次强调要做好本次招标工作。

Júzhǎng zàicì qiángdiào yào zuòhǎo běn cì zhāobiāo gōngzuò.

국장님은 재차 이번 입찰 업무를 잘 이행하라 강조하셨다.

我们公司经常参加国内外的重大工程招标。

Wǒmen gōngsī jīngcháng cānjiā guónèiwài de zhòngdà gōngchéng zhāobiāo.

우리 회사는 국내외 중요 프로젝트의 입찰에 자주 참가한다.

0975 **招收** zhāoshōu (학생·일꾼 등을) 모집하다, 받아들이다 [BCT1]

유의 **招聘** zhāopìn

本校常年招收学徒，随到随学。
Běn xiào chángnián zhāoshōu xuétú, suí dào suí xué.
본교에서는 학생들을 상시 모집하기 때문에, 언제든 입학이 가능합니다.

招聘员工时，公司都愿意招收那些有丰富经验和实力的人。
Zhāopìn yuángōng shí, gōngsī dōu yuànyì zhāoshōu nàxiē yǒu fēngfù jīngyàn hé shílì de rén.
직원 모집을 할 때, 회사에서는 풍부한 경험과 실력을 갖춘 사람을 뽑길 원한다.

招收 vs 招聘

招收는 시험이나 기타 방법으로 학생이나 직원을 받아들이는 것이고, 招聘은 공고의 방식으로 필요한 인원을 초빙하는 것이다. 招收는 일반적인 인원을 모집하는 것이고, 招聘은 전문적인 지식을 가진 각 방면의 인재를 구하는 것을 뜻한다.

今年，我校将招收本科生4750人。
Jīnnián, wǒ xiào jiāng zhāoshōu běnkēshēng sìqiān qībǎi wǔshí rén.
올해, 우리 학교에서는 학부생 4750명을 모집한다.

公司要招聘一些技术研发人员。
Gōngsī yào zhāopìn yìxiē jìshù yánfā rényuán.
회사에서는 기술 연구원 약간 명을 채용한다.

0976 **着迷** zháo∥mí 몰두하다, 정신이 팔리다, 미치다 유의 **入迷** rùmí

她着迷于时尚、流行音乐，以及韩剧。
Tā zháomíyú shíshàng、liúxíng yīnyuè, yǐjí hánjù.
그녀는 패션과 유행 음악, 그리고 한국 드라마에 푹 빠져 있다.

上高中的时候，我对武侠电影着过一阵迷。
Shàng gāozhōng de shíhou, wǒ duì wǔxiá diànyǐng zháoguo yí zhèn mí.
고등학교에 다닐 때, 나는 무협 영화에 한동안 빠져 있었다.

0977 照样 zhào//yàng 어떤 모양대로 하다, 그대로 하다

▶동사로 쓸 때, 동사와 목적어 분리 형식으로만 쓴다.

你就照这个样画一张给我看看，好吗?
Nǐ jiù zhào zhège yàng huà yì zhāng gěi wǒ kànkan, hǎo ma?
이대로 그려서 저한테 좀 보여 주실래요?

⑤ 그대로, 여전히 **유의** 照常 zhàocháng

闹钟响了好几下了，他还照样蒙头大睡。
Nàozhōng xiǎngle hǎo jǐ xia le, tā hái zhàoyàng méngtóu dàshuì.
자명종이 몇 번이나 울렸는데도, 그는 여전히 이불을 뒤집어쓰고 자고 있다.

[단어] 蒙头 méngtóu 머리에 뒤집어 쓰다, 머리에 덮다

就算病了，他照样会去上班。
Jiùsuàn bìng le, tā zhàoyàng huì qù shàngbān.
설령 병이 나더라도, 그 친구는 여전히 출근할 걸.

0978 照耀 zhàoyào 밝게 비추다, 눈부시게 비치다 **유의** 照射 zhàoshè

我独自一人在烈日的照耀下，漫步在久别的公园。
Wǒ dúzì yì rén zài lièrì de zhàoyào xià, mànbù zài jiǔbié de gōngyuán.
나는 혼자서 뜨거운 햇살을 받으며, 오랜만에 들른 공원을 천천히 산책했다.

夕阳西下，一片火红的云霞照耀着坐在河边的老夫妻。
Xīyáng xī xià, yí piàn huǒhóng de yúnxiá zhàoyàozhe zuòzài hébiān de lǎo fūqī.
석양 아래, 붉은 노을이 강가에 앉아 있는 노부부를 비추고 있다.

阳光照耀在高高的雪山上，到处是一片耀眼的光芒。
Yángguāng zhàoyàozài gāogāo de xuěshān shang, dàochù shì yí piàn yàoyǎn de guāngmáng.
햇빛이 높은 설산을 비춰, 사방으로 눈부신 빛이 퍼진다.

0979 折腾 zhēteng 괴롭히다, 들볶다 **유의** 折磨 zhémó

这个病折腾了我一年多，也去大医院看了，可还是没效果。
Zhège bìng zhētengle wǒ yì nián duō, yě qù dà yīyuàn kàn le, kě háishi méi xiàoguǒ.
이 병은 1년 넘게 나를 괴롭히고 있는데, 큰 병원에도 가 봤지만 여전히 효과가 없어.

我一晚上在床上睡不着，一直折腾到早上5点多。
Wǒ yì wǎnshang zài chuáng shang shuìbuzháo, yìzhí zhētengdào zǎoshang wǔ diǎn duō.
난 밤새 잠이 안 와서 새벽 5시 넘도록 뒤척였어.

我今天帮同事搬家，折腾了一天，现在累得要命。
Wǒ jīntiān bāng tóngshì bānjiā, zhētengle yìtiān, xiànzài lèi de yàomìng.
난 오늘 동료가 이사하는 걸 도왔는데, 하루 종일 시달렸더니, 지금 피곤해 죽을 지경이야.

0980 遮挡 zhēdǎng 막다, 차단하다, 가리다

雨太大了，伞遮挡不了雨水，衣服全湿了。
Yǔ tài dà le, sǎn zhēdǎngbuliǎo yǔshuǐ, yīfu quán shī le.
비가 너무 많이 와서, 우산으로도 빗물을 못 막아, 옷이 다 젖었어.

她抬头看天并且用手遮挡阳光。
Tā táitóu kàn tiān bìngqiě yòng shǒu zhēdǎng yángguāng.
그녀는 고개를 들어 하늘을 보면서 손으로 해를 가렸다.

명 방해물

这里没有树木和岩石遮挡，视野开阔。
Zhèli méiyǒu shùmù hé yánshí zhēdǎng, shìyě kāikuò.
이곳은 나무와 바위 같은 방해물이 없어, 시야가 탁 트인다.

0981 折 zhé 꺾다, 부러뜨리다, 방향을 바꾸다, 접다, 대체하다, 할인하다

他一生气，竟把那只木棍折断了。
Tā yì shēngqì, jìng bǎ nà zhī mùgùn zhéduàn le.
그는 화가 나서, 그 나무 몽둥이를 부러뜨렸다.

奇怪，怎么人都走出去了，又折回来了呢?
Qíguài, zěnme rén dōu zǒuchuqu le, yòu zhéhuílai le ne?
이상하네, 어떻게 나갔던 사람이 또 돌아왔어?

她正准备折一千只纸鹤送给她的偶像。
Tā zhèng zhǔnbèi zhé yì qiān zhī zhǐhè sònggěi tā de ǒuxiàng.
그녀는 종이학 천 마리를 접어 자기의 우상에게 주려고 한다.

100元能折成多少韩元?
Yìbǎi yuán néng zhéchéng duōshao hányuán?
백위엔은 원화로 얼마나 되죠?

▶ zhē 구르다, 쏟다

公交车司机突然刹车，我朋友折了个跟头。
Gōngjiāochē sījī tūrán shāchē, wǒ péngyou zhēle ge gēntóu.
시내버스 기사가 갑자기 브레이크를 밟는 바람에, 내 친구가 곤두박질쳤다.

[단어] 公交车 gōngjiāochē 시내버스(=公共汽车 gōnggòng qìchē)

水太热，你去用两个碗折一折。
Shuǐ tài rè, nǐ qù yòng liǎng ge wǎn zhē yi zhē.
물이 너무 뜨거우면, 밥그릇 두 개에다 번갈아가면서 부어 봐.

▶ shé 부러지다, 손해보다

哥哥的腿摔折了，现在只能架双拐走路。
Gēge de tuǐ shuāishéle, xiànzài zhǐnéng jià shuāngguǎi zǒulù.
오빠의 다리가 부러져서, 지금 목발을 짚고 걸어.

[단어] 双拐 shuāngguǎi 목발, 목다리

他最近炒股折了几十万。
Tā zuìjìn chǎogǔ shéle jǐ shí wàn.
그는 최근에 주식 투자로 몇 십 만 위엔을 손해봤어.

명 zhé 할인

今天我们商店的商品一律打8折。
Jīntiān wǒmen shāngdiàn de shāngpǐn yílù dǎ bā zhé.
오늘 저희 가게의 상품은 일괄적으로 20% 할인합니다.

🐸 관련 표현

不为五斗米折腰 bú wèi wǔ dǒu mǐ zhéyāo **성** 다섯 말의 쌀을 위해 머리를 굽
히지 않는다, 패기 있고 떳떳하게 살아가다

损兵折将 sǔn bīng zhé jiàng （성）병졸이나 장수 할 것 없이 죽거나 다치다. 많은 군사를 잃다. 작전에 패배하다

一波三折 yì bō sān zhé （성）작품의 내용이 우여곡절이 많다. (일의 전개가) 파란만장하다. 우여곡절이 많다. 순조롭지 않다

胳膊折了往袖里藏 — 足智多谋 （헐후）
gēbo shéle wǎng xiùli cáng — zú zhì duō móu
팔이 부러져 소매 안에 감추다 — 지혜가 많고 계략이 풍부하다. 지략이 풍부하다

木匠的折尺 — 能屈能伸 （헐후）
mùjiang de zhéchǐ — néng qū néng shēn
목수의 줄자 — 늘었다 줄었다 하다 : 환경에 잘 적응하다

□□□

0982 折磨 zhémó (육체적 · 정신적으로) 고통스럽게 하다. 괴롭히다. 못살게 굴다

（유의）折腾 zhēteng

这个杀人犯因受不了良心的折磨，向警方自首了。
Zhège shārénfàn yīn shòubuliǎo liángxīn de zhémó, xiàng jǐngfāng zìshǒu le.
이 살인범은 양심의 가책을 견딜 수 없어. 경찰에 자수했다.

看着女儿受病痛折磨却无力拯救，母亲心如刀割。
Kànzhe nǚ'ér shòu bìngtòng zhémó què wúlì zhěngjiù, mǔqīn xīn rú dāo gē.
딸아이가 병고에 시달리는 걸 보면서도 낫게 해 줄 방법이 없어. 어머니는 가슴이 찢어질 듯 아팠다.

[단어] 心如刀割 xīn rú dāo gē （성）심장이 칼로 에이는 듯하다. 극도로 마음이 아프다

🔗 관련 표현

百般折磨 bǎi bān zhé mó （성）온갖 방법을 동원해 괴롭히다

□□□

0983 侦探 zhēntàn 정탐하다

特警用警犬侦探到了犯罪分子藏匿的毒品。
Tèjǐng yòng jǐngquǎn zhēntàndàole fànzuì fènzi cángnì de dúpǐn.
특수 경찰은 경찰견을 이용해 범죄자가 은닉한 마약을 찾아냈다.

[단어] 藏匿 cángnì 숨다. 은닉하다. 숨기다

명 탐정, 스파이 **참고** 侦探小说 zhēntàn xiǎoshuō 탐정 소설

我非常佩服这位侦探的破案能力。

Wǒ fēicháng pèifú zhè wèi zhēntàn de pò'àn nénglì.

나는 이 탐정의 사건 해결 능력에 정말 감탄한다.

0984 斟酌 zhēnzhuó 심사숙고하다, 자세히 퇴고하다 **유의** 掂量 diānliáng □□□

这件事不是小事，希望你再三斟酌后再做决定。

Zhè jiàn shì bú shì xiǎoshì, xīwàng nǐ zàisān zhēnzhuó hòu zài zuò juédìng.

이 일은 간단한 일이 아니니, 재차 숙고한 후에 다시 결정하길 바랍니다.

这个稿子应该说不错，可有几个部分，我觉得还要斟酌斟酌。

Zhège gǎozi yīnggāi shuō búcuò, kě yǒu jǐ ge bùfen, wǒ juéde hái yào zhēnzhuó zhēnzhuó.

이 원고는 괜찮긴 한데, 내 생각에 몇 군데는 좀 더 다듬어야 할 것 같군요.

0985 振奋 zhènfèn 분발하다(시키다), 진작하다(시키다) □□□

这振奋人心的好消息，真是鼓舞人心。

Zhè zhènfèn rénxīn de hǎo xiāoxi, zhēnshi gǔ wǔ rén xīn.

사기를 북돋아 주는 좋은 소식이, 정말이지 큰 힘이 된다.

[단어] 鼓舞人心 gǔ wǔ rén xīn **성** 격려하고 용기를 북돋아준다

听了他的话，我感到精神振奋。

Tīngle tā de huà, wǒ gǎndào jīngshén zhènfèn.

그의 얘기를 듣고, 나는 정신이 번쩍 들었다.

他的拼搏精神振奋了许多人。

Tā de pīnbó jīngshén zhènfènle xǔduō rén.

그의 투혼은 많은 이들을 분발시켰다.

0986 振兴 zhènxīng 진흥시키다 BCT1 □□□

这位富商年轻时为振兴我国民族经济做出了很大的贡献。

Zhè wèi fùshāng niánqīng shí wèi zhènxīng wǒguó mínzú jīngjì zuòchule hěn dà de gòngxiàn.

이 부상은 젊은 시절에 우리나라의 민족 경제를 진흥시키기 위해 큰 공을 세웠다.

我们盼望着京剧艺术振兴。

Wǒmen pànwàngzhe jīngjù yìshù zhènxīng.

우리는 경극 예술의 진흥을 기대한다.

0987 震撼 zhènhàn 진동시키다, 뒤흔들다

这些来自大自然的壮丽景象，让我内心受到震撼。

Zhèxiē láizì dà zìrán de zhuànglì jǐngxiàng, ràng wǒ nèixīn shòudào zhènhàn.

대자연으로부터 나온 웅장하고 아름다운 풍경들이 내 마음을 흔들어 놓았다.

兵马俑，这沉睡了几千年的瑰宝，一朝醒来，震撼了全世界。

Bīngmǎyǒng, zhè chénshuìle jǐ qiān nián de guībǎo, yì zhāo xǐng lái, zhènhànle quán shìjiè.

병마용, 몇 천 년 동안 잠자고 있던 이 보물이, 어느 날 잠에서 깨어나 전 세계를 뒤흔들었다.

[단어] 瑰宝 guībǎo 진귀한 보물, 보배

0988 震惊 zhènjīng 깜짝 놀라게 하다, 경악하게 하다

1937年，日本侵略军制造了举世震惊的南京大屠杀事件。

Yī jiǔ sān qī nián, Rìběn qīnlüèjūn zhìzàole jǔshì zhènjīng de Nánjīng dàtúshā shìjiàn.

1937년 일본군은 세계를 경악케 한 난징(남경) 대학살 사건을 일으켰다.

tip 南京大屠杀 : 1937년 12월~1938년 1월 사이 일본군이 자행한 대학살 사건. 이때 약 30만 명의 무고한 시민이 학살되었다.

在比赛结束时，他又一次做出了震惊全场的举动。

Zài bǐsài jiéshù shí, tā yòu yí cì zuòchule zhènjīng quán chǎng de jǔdòng.

경기가 끝난 후에, 그는 또 한 번 경기장을 깜짝 놀라게 하는 행동을 했다.

0989 争夺 zhēngduó 쟁탈하다, 다투다 [반의] 谦让 qiānràng 겸양하다

[참고] 争夺战 zhēngduózhàn 쟁탈전

下届世界杯足球赛主办权的争夺将非常激烈。

Xià jiè shìjièbēi zúqiúsài zhǔbànquán de zhēngduó jiāng fēicháng jīliè.

차기 월드컵 개최지 유치 경쟁이 대단히 치열할 것이다.

我不愿意和别人争夺什么，你要，便拿去。

Wǒ bú yuànyì hé biérén zhēngduó shénme, nǐ yào, biàn náqù.

나는 다른 사람과 뭘 가지고 싸우는 것을 원치 않아, 네가 갖고 싶으면 가져가.

🐶 관련 표현

争夺市场 zhēngduó shìchǎng 시장 쟁탈

争夺冠军 zhēngduó guànjūn 우승을 놓고 싸우다

争夺领导权 zhēngduó lǐngdǎoquán 주도권 쟁탈

你争我夺 nǐ zhēng wǒ duó (성) 내 거니 네 거니 서로 빼앗다

0990 **争气** zhēng//qì 잘하려고 애쓰다, 분발하다 □□□

我是不争气的孩子，别人都说我不像我的父母。

Wǒ shì bù zhēngqì de háizi, biérén dōu shuō wǒ bú xiàng wǒ de fùmǔ.

내가 열심히 노력하는 아이가 아니다 보니, 다들 내가 우리 부모님을 안 닮았다고 한다.

他们不仅为自己争了气，也为祖国争了气。

Tāmen bùjǐn wèi zìjǐ zhēngle qì, yě wèi zǔguó zhēngle qì.

그들은 자신을 위해 분발했을 뿐 아니라, 조국을 위해서도 열심히 했다.

0991 **争议** zhēngyì 쟁의하다, 논의하다, 논쟁하다 BCT1 □□□

유의 **争论** zhēnglùn

在最关键的薪资问题上，双方争议了很久。

Zài zuì guānjiàn de xīnzī wèntí shang, shuāngfāng zhēngyìle hěn jiǔ.

가장 중요한 급여 문제에 대해, 쌍방은 오랫동안 논의했다.

如何计算裁员补偿金中的加班费成为大家争议的焦点。

Rúhé jìsuàn cáiyuán bǔchángjīn zhōng de jiābānfèi chéngwéi dàjiā zhēngyì de jiāodiǎn.

감원 대상자의 보상금 중에서 잔업 비용을 어떻게 계산할 것인지가 모두의 논쟁의 초점이 되고 있다.

[단어] **裁员** cáiyuán 인원을 축소하다

🐶 관련 표현

劳动争议 láodòng zhēngyì 노동 쟁의

继承争议 jìchéng zhēngyì 상속 쟁의

商事争议 shāngshì zhēngyì 상업 분쟁

0992 征服 zhēngfú 정복하다, 굴복시키다, 마음을 사로잡다

참고 征服者 zhēngfúzhě 정복자

拿破仑的野心可大着呢，他的目标是征服全世界。
Nápòlún de yěxīn kě dàzhe ne, tā de mùbiāo shì zhēngfú quán shìjiè.
나폴레옹은 야심이 굉장히 컸는데, 그의 목표는 전 세계를 정복하는 것이었다.

她充满激情的演奏，很快就征服了所有在场的听众。
Tā chōngmǎn jīqíng de yǎnzòu, hěn kuài jiù zhēngfúle suǒyǒu zàichǎng de tīngzhòng.
그녀의 감동적인 연주는, 객석을 채운 모든 청중의 마음을 아주 빠르게 사로잡았다.

0993 征收 zhēngshōu (공출미나 세금을) 징수하다 BCT2

반의 缴纳 jiǎonà (규정에 따라) 납부하다

停止征收农业税不但减少了农民的负担，还增加了农民的公民权利。
Tíngzhǐ zhēngshōu nóngyèshuì búdàn jiǎnshǎole nóngmín de fùdān, hái zēngjiāle nóngmín de gōngmín quánlì.
농업세 징수를 중단한 것은 농민의 부담을 줄였을 뿐 아니라, 농민의 시민권을 강화시켰다.

抗日战争时期征收公粮是为了确保抗战食粮之供给。
Kàngrì zhànzhēng shíqī zhēngshōu gōngliáng shì wèile quèbǎo kàngzhàn shíliáng zhī gōngjǐ.
항일 전쟁 시기에 공량을 거둔 것은 항전 식량의 보급을 위해서였다.

[단어] 公粮 gōngliáng 식량으로 내는 현물세

0994 挣扎 zhēngzhá (아프거나 안 좋은 상황에서) 발버둥치다, 몸부림치다, 발악하다

他的腿疼得又开始挣扎了。
Tā de tuǐ téng de yòu kāishǐ zhēngzhá le.
그는 다리가 아파 또다시 몸부림치기 시작했다.

有些事就好像手铐一样，你越挣扎，手铐就收得越紧。
Yǒuxiē shì jiù hǎoxiàng shǒukào yíyàng, nǐ yuè zhēngzhá, shǒukào jiù shōu de yuè jǐn.
어떤 일은 꼭 수갑 같아, 발버둥 치면 칠수록, 수갑은 더 옥죄잖아.

看着她拼命挣扎的样子，我感到难受。
Kànzhe tā pīnmìng zhēngzhá de yàngzi, wǒ gǎndào nánshòu.
그녀가 필사적으로 발악하는 모습을 보니, 내가 괴롭군.

🗣 관련 표현

垂死挣扎 chuí sǐ zhēng zhá 🈺 (사람·세력 등이) 최후의 몸부림을 치다, 마지막 발악을 하다

□□□

0995 蒸发 zhēngfā 증발하다, 종적을 감추다

等锅里的水都蒸发了，再把油倒在锅里。
Děng guō li de shuǐ dōu zhēngfā le, zài bǎ yóu dǎozài guō li.
냄비의 물이 다 증발한 후에, 기름을 냄비에 부어 주세요.

他借了我的钱以后，便跟鬼似的从人间蒸发了。
Tā jièle wǒ de qián yǐhòu, biàn gēn guǐ sì de cóng rénjiān zhēngfā le.
그 녀석은 내 돈을 빌려간 후에, 세상에서 귀신처럼 사라져 버렸어.

□□□

0996 整顿 zhěngdùn 정비하다, 바로잡다, 정돈하다 BCT1
유의 **整理** zhěnglǐ

这家咖啡厅因多次违规经营而被工商局勒令停业整顿。
Zhè jiā kāfēitīng yīn duō cì wéiguī jīngyíng ér bèi gōngshāngjú lèlìng tíngyè zhěngdùn.
이 카페는 여러 차례에 걸쳐 영업 규정을 어겨, 상공부로부터 영업을 중단하고 시정하라는 명령을 받았다.

[단어] **工商局** gōngshāngjú 工商行政管理局：상공 행정 관리국 / **勒令** lèlìng (어떤 일을 하도록) 강제로 규정하다

经过一翻整顿，仓库果然大变其样，不像以前那么乱。
Jīngguò yì fān zhěngdùn, cāngkù guǒrán dà biàn qíyàng, bú xiàng yǐqián nàme luàn.
한 바탕 정리를 하고 나니, 창고가 크게 바뀌어, 전처럼 지저분하지 않았다.

🗣 관련 표현

经济整顿 jīngjì zhěngdùn 경제 조정

结构整顿 jiégòu zhěngdùn 구조 조정

企业整顿 qǐyè zhěngdùn 기업 정비

0997 正当 zhèngdāng 마침 ~한 때가 되다 □□□

正当我想放弃时，他鼓励我要坚持下去。

Zhèngdāng wǒ xiǎng fàngqì shí, tā gǔlì wǒ yào jiānchíxiaqu.

내가 포기하려 할 때, 그는 나에게 계속 밀고 나가라고 격려해 주었다.

正当妈妈专心看电视的时候，她偷偷从家里溜了出去。

Zhèngdāng māma zhuānxīn kàn diànshì de shíhou, tā tōutōu cóng jiā li liūle chūqu.

엄마가 마침 TV에 몰두하고 계실 때, 그녀는 몰래 집에서 빠져나갔다.

0998 证实 zhèngshí 실증하다, 사실을 증명하다 유의 证明 zhèngmíng □□□

这个消息是不是谣言，还有待证实。

Zhège xiāoxi shì bu shì yáoyán, hái yǒu dài zhèngshí.

이 소식이 소문인지 아닌지 확인해 봐야 한다.

警方已经证实了我与这个案子无关。

Jǐngfāng yǐjing zhèngshíle wǒ yǔ zhège ànzi wúguān.

경찰은 이미 내가 이 사건과 무관하다는 것을 확인했다.

0999 支撑 zhīchēng 버티다, 지탱하다 □□□

观众给我的掌声和欢呼声支撑了我继续唱下去。

Guānzhòng gěi wǒ de zhǎngshēng hé huānhūshēng zhīchēngle wǒ jìxù chàngxiaqu.

관중이 내게 보낸 박수 소리와 환호성이 나로 하여금 계속 노래 부르게끔 한다.

修建这座桥时用木头支撑是为了减缓沉降。

Xiūjiàn zhè zuò qiáo shí yòng mùtou zhīchēng shì wèile jiǎnhuǎn chénjiàng.

이 교량을 축조할 때 목재로 버팀목을 한 것은 침강 속도를 늦추기 위해서이다.

[단어] **减缓** jiǎnhuǎn (속도를) 늦추다, (정도를) 가볍게 하다 / **沉降** chénjiàng 침강하다, 가라앉다, (건물 따위가) 내려앉다

1000 支出 zhīchū 지출하다 [BCT2] 유의 支付 zhīfù

반의 收入 shōurù 받다, 받아들이다, 수입

本月共支出工资18万元。
Běn yuè gòng zhīchū gōngzī shíbāwàn yuán.
이번 달에 월급으로 모두 18만 위엔을 지출했다.

🅜 지출

公司将减少在产品开发方面的支出。
Gōngsī jiāng jiǎnshǎo zài chǎnpǐn kāifā fāngmiàn de zhīchū.
회사에서는 제품 개발 쪽의 지출을 줄이려 한다.

1001 支配 zhīpèi 배치하다, 지배하다, 통제하다

周六、周日都安排得满满的，我要是能自由支配时间就好了。
Zhōuliù、zhōurì dōu ānpái de mǎnmān de, wǒ yàoshi néng zìyóu zhīpèi shíjiān jiù hǎo le.
토요일, 일요일 모두 스케줄이 꽉 차 있어, 내가 자유롭게 시간을 쓸 수 있으면 좋을 텐데.

该公司可支配资金已达10亿美元。
Gāi gōngsī kězhīpèi zījīn yǐ dá shíyì měiyuán.
이 회사의 운전 자금은 이미 10억 달러에 달한다.

[단어] 可支配资金 kězhīpèi zījīn 운전 자금

我不愿意事事都受别人支配。
Wǒ bú yuànyì shìshì dōu shòu biérén zhīpèi.
나는 사사건건 남의 통제를 받는 걸 원치 않아요.

1002 支援 zhīyuán 돕다, 지원하다 유의 支持 zhīchí

他主动要去灾区支援重建工作。
Tā zhǔdòng yào qù zāiqū zhīyuán chóngjiàn gōngzuò.
그는 자진해서 재해 지역으로 가 재건 사업을 도우려고 한다.

🅜 지원

对大家的支援，我们感激不尽。
Duì dàjiā de zhīyuán, wǒmen gǎnjī bú jìn.
여러분의 지원에, 저희들은 감사할 따름입니다.

支援 vs 支持

支援은 인력, 재력, 물질 혹은 기타 실제 행동으로 지지와 원조를 하는 것이고, 支持는 지탱하거나 격려하고 협찬하는 것을 말한다. 支援은 물질적인 것을 가리키고 목적어는 구체적인 명사를 동반하고, 支持는 주로 정신적, 도의적인 것을 가리키고 목적어는 추상명사를 동반한다.

我完全支持你的想法。
Wǒ wánquán zhīchí nǐ de xiǎngfǎ.
난 너의 생각을 백퍼센트 지지해.

政府大力支援西部开发。
Zhèngfǔ dàlì zhīyuán xībù kāifā.
정부에서는 서부 개발에 대폭적인 지원을 하고 있다.

▶支持는 '억지로 버티다'의 뜻도 가지고 있다.

我累得实在支持不住了。
Wǒ lèi de shízài zhīchíbuzhù le.
난 피곤해서 정말 견딜 수가 없다.

1003 **执行** zhíxíng 집행하다, 실시하다, 수행하다 BCT1 유의 **实行** shíxíng

참고 **执行董事** zhíxíng dǒngshì 상무이사

最高法院判定对凶手执行枪决。
Zuìgāo fǎyuàn pàndìng duì xiōngshǒu zhíxíng qiāngjué.
최고 법원에서는 흉악범에게 총살형을 집행하라는 판결을 내렸다.

他正在执行公务，不方便接电话。
Tā zhèngzài xhíxíng gōngwù, bù fāngbiàn jiē diànhuà.
그는 공무 수행 중이라, 전화 받기가 불편하다.

这些政策的初衷是好的，但是很难执行。
Zhèxiē zhèngcè de chūzhōng shì hǎo de, dànshì hěn nán zhíxíng.
이들 정책의 처음 의도는 좋았지만, 집행하기가 어렵다.

[단어] **初衷** chūzhōng 최초의 소망

1004 直播 zhíbō 생중계하다 □□□

本台将对今晚的网球男单决赛进行现场直播。
Běn tái jiāng duì jīnwǎn de wǎngqiú nándān juésài jìnxíng xiànchǎng zhíbō.
본 방송국에서는 오늘 밤 테니스 남자 단식 결승전을 현장 생중계합니다.

[단어] **男单** nándān (구기 종목의) 남자 단식

在电视台现场直播中总是会出现各种或大或小的意外。
Zài diànshìtái xiànchǎng zhíbō zhōng zǒngshì huì chūxiàn gèzhǒng huò dà huò xiǎo de yìwài.
방송국 생방송 중에는 늘 크고 작은 사고가 발생한다.

1005 值班 zhí//bān 당번이 되다, 당직을 맡다, 당번을 서다 □□□

自从提高值班补贴之后，他们都抢着值班。
Zìcóng tígāo zhíbān bǔtiē zhīhòu, tāmen dōu qiǎngzhe zhíbān.
당직 수당이 늘면서 그들은 서로 당직을 서려고 한다.

这个假期我得值三天班，哪儿都去不了了。
Zhè ge jiàqī wǒ děi zhí sān tiān bān, nǎr dōu qùbuliǎo le.
이번 휴가 때 나는 3일 동안 당직을 서야 해서, 아무 데도 못 가요.

1006 指定 zhǐdìng (사전에 사람·시간·장소 등을) 지정하다, 확정하다 [BCT1]

组委会指定该品牌的纯净水为大赛唯一饮用水。

Zǔwěihuì zhǐdìng gāi pǐnpái de chúnjìngshuǐ wéi dàsài wéiyī yǐnyòngshuǐ.

조직위원회는 이 브랜드의 생수를 대회 공식 음료로 확정했다.

请接到面试通知的考生于明天下午一点到指定地点参加面试。

Qǐng jiēdào miànshì tōngzhī de kǎoshēng yú míngtiān xiàwǔ yì diǎn dào zhǐdìng dìdiǎn cānjiā miànshì.

합격 통지서를 받은 수험생은 내일 오후 한 시에 지정된 장소에 가서 면접을 보세요.

1007 指令 zhǐlìng 지시하다, 명령하다 **유의** 指示 zhǐshì

▶'명사' 용법으로 더 많이 쓰인다.

这事宋局长也是接了刘书记指令执行的。

Zhè shì Sòng júzhǎng yě shì jiēle Liú shūjì zhǐlìng zhíxíng de.

이 일은 송 국장님 역시 유 서기님 지시로 집행한 것입니다.

명 지령, 명령

在接到上级的指令之前，我们谁都不会轻举妄动。

Zài jiēdào shàngjí de zhǐlìng zhīqián, wǒmen shéi dōu bú huì qīng jǔ wàng dòng.

상부의 명령을 받기 전에는, 우리는 누구도 경거망동을 해서는 안 된다.

1008 指示 zhǐshì 가리키다, 지시하다 **유의** 指令 zhǐlìng

老总指示我们一定要完成年度指标。

Lǎozǒng zhǐshì wǒmen yídìng yào wánchéng niándù zhǐbiāo.

사장님께서는 우리에게 연간 목표를 반드시 달성하라고 지시하셨다.

前边十字路口的路标指示我们向左拐。

Qiánbiān shízì lùkǒu de lùbiāo zhǐshì wǒmen xiàng zuǒguǎi.

앞쪽 교차로의 도로 표지판은 우리더러 좌회전하라고 한다.

명 (구두상·서면상의) 지시, 명령

在下达指示和命令的过程中，我们要打开沟通的渠道。

Zài xiàdá zhǐshì hé mìnglìng de guòchéng zhōng, wǒmen yào dǎkāi gōutōng de qúdào.

지시와 명령을 하달하는 과정에서, 우리는 소통하는 방법을 열어 두어야 한다.

指示灯 zhǐshìdēng 지시등

指示代词 zhǐshì dàicí 지시대명사

指示器 zhǐshìqì (계기의) 표시기

1009 **指望** zhǐwàng 기대하다, 바라다, 소망하다 □□□

我就指望下一辈子还能做你的老公。

Wǒ jiù zhǐwàng xià yíbèizi hái néng zuò nǐ de lǎogōng.

나는 다음 생에서도 당신의 남편이 될 수 있기를 바란다오.

명 희망, 가망성

你先别着急放弃，我看这事儿还有点儿指望。

Nǐ xiān bié zháojí fàngqì, wǒ kàn zhè shìr hái yǒu diǎnr zhǐwàng.

너 미리 포기하지는 마, 내가 보기에 이 일은 아직 일말의 희망이 있어.

1010 **指责** zhǐzé 지적하다, 질책하다, 책망하다 **유의** **谴责** qiǎnzé □□□

我们对自己不了解的事情，没必要妄加指责。

Wǒmen duì zìjǐ bù liǎojiě de shìqing, méi bìyào wàng jiā zhǐzé.

우리는 자신이 이해하지 못하는 일에 대해, 함부로 비난할 필요가 없다.

[단어] 妄加指责 wàng jiā zhǐzé 함부로 비난하다

1011 **制裁** zhìcái 처벌하다, 제재하다 BCT1 □□□

我们要求政府给奸商以严厉的法律制裁。

Wǒmen yāoqiú zhèngfǔ gěi jiānshāng yǐ yánlì de fǎlǜ zhìcái.

우리는 정부가 악덕 상인에 대해 무서운 법률로 처벌해 줄 것을 요구한다.

[단어] 奸商 jiānshāng 악덕 상인

美国和欧盟已经对伊朗制裁了有一段时间了。

Měiguó hé Ōuméng yǐjing duì Yīlǎng zhìcáile yǒu yí duàn shíjiān le.

미국과 유럽 연합이 이란에 대해 제재 조치를 취한 지 한참 되었다.

😊 관련 표현

法律制裁 fǎlǜ zhìcái 법적 제재를 가하다

经济制裁 jīngjì zhìcái 경제 제재(economic sanction)

国际制裁 guójì zhìcái 국제 제재(international sanction)

1012 制约 zhìyuē 제약하다 BCT1 □□□

绝对的权力是危险的，权力之间应当存在着制约。

Juéduì de quánlì shì wēixiǎn de, quánlì zhījiān yīngdāng cúnzàizhe zhìyuē.

절대적인 권력은 위험한 것이므로, 권력 사이에는 당연히 제약이 따라야 한다.

在法治社会中，任何人都受到法律的制约。

Zài fǎzhì shèhuì zhōng, rènhé rén dōu shòudào fǎlǜ de zhìyuē.

법치 사회에서는 모두가 법률의 제약을 받는다.

1013 制止 zhìzhǐ 제지(저지)하다 유의 禁止 jìnzhǐ □□□

我做了一个手势，制止她再说下去。

Wǒ zuòle yí ge shǒushì, zhìzhǐ tā zài shuōxiaqu.

나는 손짓을 해서, 그녀가 계속 말하려는 걸 막았다.

幸亏民警及时赶到，才制止了事态进一步恶化。

Xìngkuī mínjǐng jíshí gǎndào, cái zhìzhǐle shìtài jìn yí bù èhuà.

다행히 경찰이 제때 도착해, 사태가 더 악화되는 것을 막았다.

制止 vs 禁止

制止는 강제로 정지시키고 막는 것으로, 대상은 전쟁, 침략 등 큰 사건이 되고, 禁止는 주로 일상생활에서 나타나는 부당 행위를 허가하지 않는 것을 말한다. 모두 문어에 많이 쓰는 표현이다.

我不得不制止他继续说下去。
Wǒ bùdébù zhìzhǐ tā jìxù shuōxiaqu.
나는 어쩔 수 없이 그가 말을 계속하지 못하도록 말렸어.

公共场合禁止吸烟。
Gōnggòng chǎnghé jìnzhǐ xīyān.
공공 장소에서는 흡연을 금합니다.

1014 治理 zhìlǐ 통치하다, 관리하다, 정비하다, 바로잡다 □□□

他宣布辞去总统职务，表示不想靠铁拳治理国家。
Tā xuānbù cíqù zǒngtǒng zhíwù, biǎoshì bù xiǎng kào tiěquán zhìlǐ guójiā.
그는 대통령직을 사임한다고 발표하고, 철권으로 나라를 다스리고 싶지 않다고 했다.

环保专家称，在环境保护方面，事前预防比事后治理更重要。
Huánbǎo zhuānjiā chēng, zài huánjìng bǎohù fāngmiàn, shìqián yùfáng bǐ shìhòu zhìlǐ gèng zhòngyào.
환경 전문가는 환경 보호는 사전에 예방하는 것이, 사후에 시정하는 것보다 훨씬 더 중요하다고 한다.

🐾 **관련 표현**

环境治理 huánjìng zhìlǐ 환경 복원

治理整顿 zhì lǐ zhěng dùn 성 경제 환경을 정비하고 경제 질서를 시정하다

1015 致辞 zhì∥cí (의식이나 집회에서) 인사말을 하다, 축사를 하다 유의 致词 zhìcí □□□

下面请奥运会组织委员会主席刘淇致辞！
Xiàmiàn qǐng àoyùnhuì zǔzhī wěiyuánhuì zhǔxí Liú Qí zhìcí!
다음은 올림픽 조직위원회 의장 리우치 선생을 모셔 인사 말씀을 듣겠습니다.

在开幕式上市长向贵宾致了欢迎辞。
Zài kāimùshì shang shìzhǎng xiàng guìbīn zhìle huānyíngcí.
개막식에서 시장은 귀빈들에게 환영사를 했다.

872

1016 **致力** zhìlì 힘쓰다, 진력하다 □□□

他一生致力于对《红楼梦》的研究。
Tā yìshēng zhìlìyú duì《Hónglóumèng》de yánjiū.
그는 평생을《홍루몽》에 대한 연구에 힘썼다.

周总理一生致力于中国的共产主义事业。
Zhōu zǒnglǐ yìshēng zhìlìyú Zhōngguó de gòngchǎn zhǔyì shìyè.
저우 총리는 평생을 중국의 공산주의 사업에 힘썼다.

1017 **致使** zhìshǐ ~을 초래하다, ~을 야기하다 유의 导致 dǎozhì □□□

强烈地震带来的余震不断，致使救灾工作进展受阻。
Qiángliè dìzhèn dàilái de yúzhèn búduàn, zhìshǐ jiùzāi gōngzuò
jìnzhǎn shòuzǔ.
강력한 지진으로 인한 여진이 끊이지 않아, 구조 작업에 차질을 빚고 있다.

乱停车致使交通堵塞达一个多小时。
Luàn tíngchē zhìshǐ jiāotōng dǔsè dá yí ge duō xiǎoshí.
개념 없는 주차로 한 시간 넘는 교통 체증을 초래했다.

1018 **滞留** zhìliú ~에 머물다(체류하다) □□□

受天气影响飞机不能起飞，大量乘客滞留在机场。
Shòu tiānqì yǐngxiǎng fēijī bù néng qǐfēi, dàliàng chéngkè zhìliú
zài jīchǎng.
날씨의 영향으로 비행기가 이륙을 못해, 많은 승객들이 공항에 묶여 있다

国家对非法滞留者严格管理。
Guójiā duì fēifǎ zhìliúzhě yángé guǎnlǐ.
국가에서는 불법 체류자들에 대해 엄격히 관리한다.

1019 **中断** zhōngduàn 중단하다, 끊다 유의 中止 zhōngzhǐ □□□
반의 持续 chíxù, 继续 jìxù 지속하다

人可以中断上学，但不能中断学习。
Rén kěyǐ zhōngduàn shàngxué, dàn bù néng zhōngduàn xuéxí.
사람은 학교는 그만둘 수 있지만, 공부는 중단하면 안 된다.

由于天空突降暴雨，这场棒球赛被迫中断。

Yóuyú tiānkōng tū jiàng bàoyǔ, zhè chǎng bàngqiúsài bèipò zhōngduàn.

갑자기 폭우가 내리는 바람에, 이 야구 경기는 중단될 수밖에 없었다.

[단어] 被迫 bèipò 어쩔 수 없다

1020 中立 zhōnglì 중립하다, 중도를 지키다　□□□

瑞士对国际事务采取了温和的中立政策。

Ruìshì duì guójì shìwù cǎiqǔle wēnhé de zhōnglì zhèngcè.

스위스는 국제 문제에 대해 온건적인 중립 정책을 택했다.

为了不伤害任何一方，他只好保持中立。

Wèile bù shānghài rènhé yīfāng, tā zhǐhǎo bǎochí zhōnglì.

어느 한쪽에도 상처 주지 않기 위해, 그는 중립을 지킬 수밖에 없었다.

🗣 관련 표현

中立主义 zhōnglì zhǔyì 중립주의

中立货币 zhōnglì huòbì 중립 화폐(neutral money)

中立国 zhōnglìguó 중립국

1021 终止 zhōngzhǐ 마치다, 중지하다, 끝내다　BCT1　□□□

我们将于2016年6月1日起终止送货上门服务。

Wǒmen jiāng yú èr líng yī liù nián liù yuè yī rì qǐ zhōngzhǐ sònghuò shàngmén fúwù.

저희는 2016년 6월 1일부터 상품 배달 서비스를 하지 않습니다.

我公司已经决定终止与他们公司的合作关系。

Wǒ gōngsī yǐjing juédìng zhōngzhǐ yǔ tāmen gōngsī de hézuò guānxi.

우리 회사는 이미 그 회사와 협력 관계를 끝내기로 결정했다.

1022 种植 zhòngzhí 종식하다, 재배하다　□□□

这里的土地适合种植棉花。

Zhèli de tǔdì shìhé zhòngzhí miánhua.

이곳의 토지는 목화를 재배하는 데 적합하다.

他按照专家的建议，在地里种植了3种不同的作物。

Tā ànzhào zhuānjiā de jiànyì, zài dìli zhòngzhíle sān zhǒng bù tóng de zuòwù.

그는 전문가의 건의에 따라, 밭에 각기 다른 세 종류의 작물을 심었다.

□□□

1023 周转 zhōuzhuǎn 융통하다, 변통하다, 자금을 회전시키다 BCT2

因资金周转不开，本人忍痛将爱车转让。

Yīn zījīn zhōuzhuǎnbukāi, běnrén rěntòng jiāng àichē zhuǎnràng.

자금을 변통하기 힘들어, 본인은 마음이 쓰리지만 아끼는 차를 양도하려 합니다.

上半年多数化工和炼油企业资金周转已出现严重困难。

Shàngbànnián duōshù huàgōng hé liànyóu qǐyè zījīn zhōuzhuǎn yǐ chūxiàn yánzhòng kùnnan.

상반기에는 다수의 화공과 정유 기업의 자금 회전에서 이미 심각한 어려움이 나타났다.

🗣 **관련 표현**

周转房 zhōuzhuǎnfáng (집이 철거되거나 재건축을 하는 동안 제공되는) 임시 주택

周转金 zhōuzhuǎnjīn 회전(운전) 자금

周转期 zhōuzhuǎnqī 회수 기간

周转率 zhōuzhuǎnlǜ 동태 비율(dynamic ratio)

□□□

1024 主办 zhǔbàn 주최하다

我们公司主办过两次国际艺术展。

Wǒmen gōngsī zhǔbànguo liǎng cì guójì yìshùzhǎn.

우리 회사는 국제아트페어를 두 번 개최했다.

本次上海国际电影节由中国国家广播电影电视总局和上海市人民政府主办。

Běn cì Shànghǎi guójì diànyǐngjié yóu Zhōngguó guójiā guǎngbō diànyǐng diànshì zǒngjú hé Shànghǎi Shì rénmín zhèngfǔ zhǔbàn.

이번 상하이 국제 영화제는 중국국가방송영화드라마 총국과 상하이 시 인민 정부가 주최한다.

[단어] 上海国际电影节 Shànghǎi guójì diànyǐng jié 상하이 국제 영화제(1993년에 시작되었음)

동사 **875**

主办方 zhǔbànfāng 주최자(주최측)

主办国 zhǔbànguó 개최국, 호스트 컨트리

申请主办 shēnqǐng zhǔbàn 주최 신청(bid to host)

□□□

1025 主导 zhǔdǎo 주도하다 [BCT1]

公益事业应该政府主导，民间参与。
Gōngyì shìyè yīnggāi zhèngfǔ zhǔdǎo, mínjiān cānyù.
공익 사업은 정부가 주도하고, 민간이 참여해야 한다.

형 **주도의**

孔子的儒家思想是中国封建社会的主导思想。
Kǒngzǐ de Rújiā sīxiǎng shì zhōngguó fēngjiàn shèhuì de zhǔdǎo sīxiǎng.
공자의 유가 사상은 중국 봉건 사회의 주도적 사상이었다.

명 **주도적인 것**

中国发展国民经济的方针是以农业为基础、以工业为主导。
Zhōngguó fāzhǎn guómín jīngjì de fāngzhēn shì yǐ nóngyè wéi jīchǔ、yǐ gōngyè wéi zhǔdǎo.
중국이 국민 경제를 발전시키고자 하는 방침은 농업을 기초로 하고, 공업을 주도적인 것으로 삼는 것이다.

□□□

1026 主管 zhǔguǎn 주관하다, 주무하다 [BCT1]

她主管预订业务。
Tā zhǔguǎn yùdìng yèwù.
그녀는 예약 업무를 담당한다.

老唐是李家的管家，李家的事由他主管。
Lǎo Táng shì Lǐ jiā de guǎnjiā, Lǐ jiā de shì yóu tā zhǔguǎn.
탕 씨는 이 씨 집안의 집사로, 이 씨 집안의 일은 그가 맡아 관리합니다.

명 **주관자, 팀장**

这位就是我们公司的财政主管。
Zhè wèi jiù shì wǒmen gōngsī de cáizhèng zhǔguǎn.
이분이 바로 우리 회사의 재무 팀장이십니다.

1027 拄 zhǔ (지팡이로) 몸을 지탱하다, 짚다

才爬了没多久，他就累得拄起了登山杖。

Cái pá le méi duō jiǔ, tā jiù lèi de zhǔqǐle dēngshānzhàng.

얼마 올라가지 않아서, 그는 힘들어 하며 등산 지팡이를 짚었다.

🐵 **관련 표현**

撑肠拄肚 chēng cháng zhǔ dù （성） 너무 많이 먹어 배가 터질 지경이다

拄笏看山 zhǔ hù kàn shān （성） 홀을 잡고 먼 산을 바라보다, 매우 편안한 생활을 하다

穿钉鞋拄拐棍 — 步步扎实 （헐후）

chuān dīngxié zhǔ guǎigùn — bùbù zhāshi

징이 박힌 신발을 신고 지팡이를 짚다 — 만반의 준비를 하다

1028 嘱咐 zhǔfù 분부하다, 당부하다 （유의） 嘱托 zhǔtuō

父亲再三嘱咐儿子说话要谨慎小心。

Fùqīn zàisān zhǔfù érzi shuōhuà yào jǐnshèn xiǎoxīn.

아버지는 다시 한 번 아들에게 말에 신중을 기하고 조심하라고 당부하셨다.

他临死前嘱咐我们一定要为他报仇。

Tā lín sǐ qián zhǔfù wǒmen yídìng yào wèi tā bàochóu.

그는 죽기 전에 우리에게 반드시 복수해 달라고 부탁했다.

1029 注射 zhùshè 주사하다

我刚刚给她注射了镇静剂，一会儿她会睡过去的。

Wǒ gānggāng gěi tā zhùshèle zhènjìngjì, yíhuìr tā huì shuìguoqu de.

제가 막 그녀에게 안정제를 주사했으니, 잠시 후에 그녀가 잠들 거예요.

您先去注射室扎针，然后再去取药吧。

Nín xiān qù zhùshèshì zhāzhēn, ránhòu zài qù qǔyào ba.

환자분은 먼저 주사실에 가서 주사를 맞으신 후에, 약을 타러 가세요.

🐵 **관련 표현**

注射剂 zhùshèjì 주사제, 주사약

注射器 zhùshèqì 주사기

注射液 zhùshèyè 주사액

注视 zhùshì (면밀하게) 주시하다, 깊은 관심을 갖다, 주목하다

□□□

유의 凝视 níngshì

全世界几十亿人都在注视着哥本哈根气候变化大会。

Quán shìjiè jǐ shí yì rén dōu zài zhùshìzhe Gēběnhāgēn qìhòu biànhuà dàhuì.

전 세계 몇 십 억 사람들이 모두 코펜하겐의 기후 변화 포럼에 관심을 보이고 있다.

[단어] 哥本哈根 Gēběnhāgēn 코펜하겐(Copenhagen), 덴마크 수도

他们目不转睛地注视着这场惊心动魄的比赛。

Tāmen mù bù zhuǎn jīng de zhùshìzhe zhè chǎng jīng xīn dòng pò de bǐsài.

그들은 눈도 꿈쩍하지 않고 긴장감 넘치는 경기를 주시하고 있다.

注视 vs 凝视

注视는 주의력과 정신을 집중에서 바라보거나 측면에서 혹은 몰래 관찰하는 것을 말하고, 凝视는 모종의 표정을 띠고 오랫동안 한 곳을 집중적으로 쳐다보는 것을 말한다. 注视의 대상은 사람, 변화가 있는 사물이 되고, 凝视의 대상은 사람과 정지해 있는 사물이 된다. 注视는 구체적인 목적어, 추상적인 목적어를 다 동반할 수 있고, 凝视는 구체적인 목적어만을 동반한다.

注视着黑板 zhùshìzhe hēibǎn 칠판을 주시하다

全部注视着奖牌 quánbù zhùshìzhe jiǎngpái 전부 메달에 눈독들이고 있다

凝视远方 níngshì yuǎnfāng 먼 곳을 응시하다

凝视着那幅画 níngshìzhe nà fú huà 그 그림을 뚫어지게 보고 있다

注释 zhùshì 주해하다, 주석하다 유의 注解 zhùjiě

□□□

他在研究并注释朱自清的著作。

Tā zài yánjiū bìng zhùshì Zhū Zìqīng de zhùzuò.

그는 주즈칭의 저서를 연구하면서 주석을 달고 있다.

[단어] 朱自清 Zhū Zìqīng 주즈칭(1898~1948), 중국의 현대 문학가

명 주석, 해설

这部唐诗集的注释既详细又容易懂。

Zhè bù Táng shījí de zhùshì jì xiángxì yòu róngyì dǒng.

이 당시집은 해설이 상세하고 이해하기 쉽다.

1032 注重 zhùzhòng 중시하다, 중점을 두다 **유의** 着重 zhuózhòng

在工作上，他是个非常注重信誉的人。
Zài gōngzuò shang, tā shì ge fēicháng zhùzhòng xìnyù de rén.
업무적으로, 그는 신용을 아주 중시하는 사람이다.

明星们平时特别注重自己的形象。
Míngxīngmen píngshí tèbié zhùzhòng zìjǐ de xíngxiàng.
스타들은 평소에 자신의 이미지를 특히 중시한다.

1033 驻扎 zhùzhā (부대나 근무 인원이 어떤 곳에) 주둔하다, 주재하다
반의 开拔 kāibá (군대 등이) 출발하다, 이동하다

今晚我们部队将在城外郊区驻扎下来。
Jīnwǎn wǒmen bùduì jiāng zài chéngwài jiāoqū zhùzhāxialai.
오늘 밤 우리 부대는 도시 외곽에 주둔할 것이다.

今日菲律宾民众举行反美游行，抗议美军驻扎。
Jīnrì Fēilǜbīn mínzhòng jǔxíng fǎnměi yóuxíng, kàngyì měijūn zhùzhā.
오늘 필리핀 민중은 반미 시위를 벌여, 미군 주둔에 항의했다.

1034 著作 zhùzuò 저작하다

罗贯中一生著作颇多，他的代表作是《三国演义》。
Luó Guànzhōng yìshēng zhùzuò pō duō, tā de dàibiǎozuò shì 《Sānguó yǎnyì》.
나관중은 평생 많은 저작 활동을 했는데, 그의 대표작은 《삼국연의》이다.

명 저서

这是他自2002年以来创作出版的第10部著作。
Zhè shì tā zì èr líng líng èr nián yǐlái chuàngzuò chūbǎn de dì shí bù zhùzuò.
이 책은 그가 2002년 이래 출간한 열 번째 저서이다.

1035 铸造 zhùzào 주조하다

他们公司专门铸造灯泡模具已有十几年了。

Tāmen gōngsī zhuānmén zhùzào dēngpào mújù yǐ yǒu shí jǐ nián le.

그 회사는 전문적으로 전구 금형을 주조한 지 이미 십 몇 년이 되었다.

鸟兽尊是商朝青铜铸造工艺的杰出代表。

Niǎoshòuzūn shì Shāng cháo qīngtóng zhùzào gōngyì de jiéchū dàibiǎo.

조수준은 상나라 시대 청동 주조 공예의 뛰어난 대표작이다.

[단어] **鸟兽尊** Niǎoshòuzūn 조수준 : 새와 짐승의 모양을 본뜬 고대 중국의 주기(酒器)

1036 拽 zhuài 잡아당기다, 세차게 끌다

你先不要惊慌，慢慢把我给你的绳子拽一拽。

Nǐ xiān búyào jīnghuāng, mànmān bǎ wǒ gěi nǐ de shéngzi zhuài yi zhuài.

너 우선 당황하지 말고, 천천히 내가 준 줄을 잡아당겨 봐.

他猛地拽住我的胳膊不放。

Tā měng de zhuàizhù wǒ de gēbo bú fàng.

그는 덥석 내 팔을 잡아끌고는 놓지 않았다.

🌱 **관련 표현**

过河拽胡子 — 先下手 헐후

guò hé zhuài húzi — xiān xiàshǒu

강을 건너 수염을 쓰다듬다 — 한 발 앞서 행동하다

拽着老虎尾巴抖威风 — 有胆有魄 헐후

zhuàizhe lǎohu wěiba dǒu wēifēng — yǒu dǎn yǒu pò

호랑이 꼬리를 잡아 당겨 위세를 부리다 — 담이 크다

1037 转达 zhuǎndá 전하다, 전달하다 유의 **转告** zhuǎngào

韩老师托我向大家转达一下他的新年问候。

Hán lǎoshī tuō wǒ xiàng dàjiā zhuǎndá yíxià tā de xīnnián wènhòu.

한 선생님은 나한테 모두에게 새해 인사를 전해 달라고 부탁하셨다.

我已经转达了董事会的决定。

Wǒ yǐjīng zhuǎndále dǒngshìhuì de juédìng.

저는 이미 이사회의 결정을 전달했어요.

转达 vs 转告

转达는 한쪽이 한 말을 다른 한쪽에 전하는 것이고, 转告는 다른 사람의 부탁을 받아 누군가가 한 말이나 상황을 다른 사람에게 전해 주는 것이다. 转达가 목적어를 동반할 경우에는 보통 전치사를 동반한다.

请你转达吧。

Qǐng nǐ zhuǎndá ba.

전해 주세요.

你的话我已经转达给他了。

Nǐ de huà wǒ yǐjīng zhuǎndágěi tā le.

네 말을 난 이미 그에게 전달했어.

你的话我已经转告他了。

Nǐ de huà wǒ yǐjīng zhuǎngào tā le.

네 말을 난 이미 그에게 전달했어.

他让我转告你，他明天到这儿。

Tā ràng wǒ zhuǎngào nǐ, tā míngtiān dào zhèr.

그 친구가 자네한테 전해 주라고 하더군. 자기가 내일 여기 도착한다고.

1038 转让 zhuǎnràng (재물이나 권리를) 양도하다, 넘겨주다 BCT2 □□□

这份文件规定，这里的商品房5年内不得转让。

Zhè fèn wénjiàn guīdìng, zhèli de shāngpǐnfáng wǔ nián nèi bùdé zhuǎnràng.

이 문서에 규정되었듯이, 이곳의 분양 주택은 5년 내에는 양도할 수 없습니다.

[단어] **商品房** shāngpǐnfáng 상품으로 파는 주택, 분양 주택

今天他们两家公司签署了独家授权和技术转让协议。

Jīntiān tāmen liǎng jiā gōngsī qiānshǔle dújiā shòuquán hé jìshù zhuǎnràng xiéyì.

오늘 그 두 회사는 독점권과 기술 양도 협정을 체결했다.

转让书 zhuǎnràngshū 양도장

转让证 zhuǎnràngzhèng 양도 증서

转让税 zhuǎnràngshuì 양도세

再转让 zàizhuǎnràng 재양도

□□□

1039 转移 zhuǎnyí (방향이나 위치를) 전이하다, 옮기다, 이동시키다 BCT1

受伤的士兵已经被转移到离战场最近的解放医院去了。

Shòushāng de shìbīng yǐjing bèi zhuǎnyídào lí zhànchǎng zuì jìn de jiěfàng yīyuàn qù le.

부상당한 사병은 이미 전장에서 가장 가까운 해방병원으로 이송되었다.

她决定以后把工作重心将逐渐转移到慈善公益事业。

Tā juédìng yǐhòu bǎ gōngzuò zhòngxīn jiāng zhújiàn zhuǎnyídào císhàn gōngyì shìyè.

그녀는 앞으로 업무의 구심점을 점차적으로 자선 공익 사업으로 돌리기로 결정했다.

今日上午，妈妈做了肺CT检查，检查结果是癌细胞还没有转移。

Jīnrì shàngwǔ, māma zuòle fèi CT jiǎnchá, jiǎnchá jiéguǒ shì áixìbāo hái méiyou zhuǎnyí.

오늘 오전에 엄마는 폐 CT 촬영을 하셨는데, 검사 결과 암세포가 아직 전이되지는 않았다고 한다.

□□□

1040 转折 zhuǎnzhé 방향이 바뀌다, 전환하다

참고 **转折点** zhuǎnzhédiǎn 전환점

一个对的选择就是你人生最大的转折点。

yí ge duì de xuǎnzé jiù shì nǐ rénshēng zuì dà de zhuǎnzhédiǎn.

하나의 옳은 선택이 바로 당신 인생에서 가장 큰 전환점이 될 것이다.

请大家连接两个句子，表示转折关系。

Qǐng dàjiā liánjiē liǎng ge jùzi, biǎoshì zhuǎnzhé guānxi.

두 문장을 연결해, 전환 관계를 나타내 보세요.

1041 装卸 zhuāngxiè 조립하고 해체하다, 하역하다 □□□

他能够做到8秒之内装卸好手枪。
Tā nénggòu zuòdào bā miǎo zhī nèi zhuāngxiè hǎo shǒuqiāng.
그는 8초 안에 권총을 조립했다가 해체할 수 있다.

他正在忙着装卸货物，没空接电话。
Tā zhèngzài mángzhe zhuāngxiè huòwù, méi kòng jiē diànhuà.
그는 화물을 하역하느라, 전화 받을 짬이 없다.

1042 追悼 zhuīdào (죽은 자를) 추모하다, 추도하다 □□□

참고 追悼会 zhuīdàohuì 추도회

他写了一首诗来追悼这位英雄。
Tā xiěle yì shǒu shī lái zhuīdào zhè wèi yīngxióng.
그는 시 한 수를 지어 이 영웅을 추모했다.

人们沉痛地追悼这位夭折的明星。
Rénmen chéntòng de zhuīdào zhè wèi yāozhé de míngxīng.
사람들은 침통하게 이 요절한 스타를 추모했다.

[단어] 夭折 yāozhé 요절하다, 단명하다

1043 追究 zhuījiū (원인·연유를) 추궁하다, 따지다, (원인을) 규명하다 BCT1 □□□

유의 追查 zhuīchá

如果你继续散布关于我的不实言论，我将追究你的法律责任。
Rúguǒ nǐ jìxù sànbù guānyú wǒ de bù shí yánlùn, wǒ jiāng zhuījiū nǐ de fǎlǜ zérèn.
만약 당신이 계속해서 나에 관한 유언비어를 퍼뜨린다면, 나는 당신에게 법적 책임을 묻겠어요.

这件事的原因，我要追究到底。
Zhè jiàn shì de yuányīn, wǒ yào zhuījiū dàodǐ.
이 일의 원인을, 나는 끝까지 밝혀내고 말겠어.

1044 坠 zhuì 떨어지다, 추락하다 □□□

他背后中了箭，随后便从马上坠了下来。
Tā bèihòu zhòng le jiàn, suíhòu biàn cóng mǎshang zhuì le xiàlai.
그는 등에 화살을 맞고는, 바로 말에서 떨어졌다.

由于突发故障，飞机坠入大海。

Yóuyú tūfā gùzhàng, fēijī zhuìrù dàhǎi.

돌발적인 고장으로, 비행기가 바다로 추락했다.

1045 **着手** zhuóshǒu 착수하다, 시작하다, 손을 대다 **유의** **动手** dòngshǒu □□□

打完美网之后，他们都开始着手准备下一轮的赛事。

Dǎwán Měiwǎng zhīhòu, tāmen dōu kāishǐ zhuóshǒu zhǔnbèi xià yì lún de sàishì.

Us open 대회를 마친 후에, 그들은 다음 번 시합 준비를 시작했다.

[단어] 美网 Měiwǎng Us open, 미국 오픈 테니스 대회(美国网球公开赛)

公司正在着手编制明年的财务计划。

Gōngsī zhèngzài zhuóshǒu biānzhì míngnián de cáiwù jìhuà.

회사는 내년 재무 계획 편성에 들어갔다.

관련 표현

着手成春 zhuó shǒu chéng chūn **성** 손을 대면 환자가 살아나다, 의술이 뛰어나다

1046 **着想** zhuóxiǎng (어떤 사람·어떤 일을) 생각하다, 고려하다 □□□
유의 **考虑** kǎolǜ

他做什么事情都首先为对方着想。

Tā zuò shénme shìqing dōu shǒuxiān wèi duìfāng zhuóxiǎng.

그는 무슨 일을 하든지 늘 먼저 상대방을 고려한다.

每一个家长都会为孩子的前途着想。

Měi yí ge jiāzhǎng dōu huì wèi háizi de qiántú zhuóxiǎng.

모든 가장은 다 자식의 앞날을 위해 고심한다.

1047 **着重** zhuózhòng 강조하다, 역점을 두다, 중시하다 □□□
유의 **注重** zhùzhòng **참고** **着重点** zhuózhòngdiǎn 중점

他这次讲话着重于学生品德方面。

Tā zhè cì jiǎnghuà zhuózhòngyú xuésheng pǐndé fāngmiàn.

그는 이번 연설에서 학생들의 품성 면을 강조했다.

建设和谐的企业，需要着重处理好以下几个问题。

Jiànshè héxié de qǐyè, xūyào zhuózhòng chǔlǐhǎo yǐxià jǐ ge wèntí.

분위기가 좋은 기업을 만들기 위해서는, 아래의 몇 가지 문제를 중점적으로 처리해야 한다.

着重 vs 注重

着重은 말하거나 문제를 해결할 때 어떤 한 곳에 중점을 두어 강조하는 것을 말하고, 注重은 어떤 문제에 대해 고려할 때, 한 방면에 대해 집중적으로 고려하는 것을 말한다.

着重外表 zhuózhòng wàibiǎo 외관을 중시하다
着重教育 zhuózhòng jiàoyù 교육을 강조하다

注重卫生 zhùzhòng wèishēng 위생을 중시하다
注重形式 zhùzhòng xíngshì 형식에 치중하다

1048 琢磨 zhuómó 조각하다, 탁마하다, (시문을) 다듬다

这块玉石在匠人的精心琢磨下变成了一尊漂亮的玉佛。

Zhè kuài yùshí zài jiàngrén de jīngxīn zhuómó xià biànchéngle yì zūn piàoliang de yùfó.

이 옥돌은 장인의 정교한 조각으로 멋진 옥불로 변했다.

我写的这篇文章还很粗糙，有待琢磨完善。

Wǒ xiě de zhè piān wénzhāng hái hěn cūcāo, yǒu dài zhuómó wánshàn.

제가 쓴 글은 아직 거칠어, 다듬고 보완해야 합니다.

▶zhuómo 사색하다

他琢磨了半天，也没想清楚这到底是怎么回事。

Tā zhuómole bàntiān, yě méi xiǎngqīngchu zhè dàodǐ shì zěnme huí shì.

그는 한참을 생각했지만, 이게 도대체 어찌된 일인지 알 수가 없었다.

🐷 관련 표현

切磋琢磨 qiē cuō zhuó mó 성 (학문·기예 등을) 서로 토론하고 연구하여 향상시키다, 절차탁마하다

1049 资助 zīzhù (재물로) 돕다 BCT2 유의 赞助 zànzhù

经社会各方的大力资助，艺术博物馆内常年举办各类展览。
Jīng shèhuì gèfāng de dàlì zīzhù, yìshù bówùguǎn nèi chángnián jǔbàn gè lèi zhǎnlǎn.
사회 각계의 대대적인 후원으로, 예술 박물관 내에서는 일년 내내 각종 전시회를 개최한다.

国家每年都会发放助学金，资助那些家庭贫困的学生。
Guójiā měinián dōu huì fāfàng zhùxuéjīn, zīzhù nàxiē jiātíng pínkùn de xuésheng.
국가에서는 매년 학자금을 지원해, 가정 형편이 안 좋은 학생들을 돕고 있다.

[단어] 发放 fāfàng (정부 단체에서) 돈이나 물자를 방출하다

1050 自主 zìzhǔ 자주적이다, 자신의 뜻대로 처리하다

大学生自主创业已经成为一股潮流。
Dàxuéshēng zìzhǔ chuàngyè yǐjīng chéngwéi yì gǔ cháoliú.
대학생들의 자발적인 창업은 이미 시대적인 흐름이 되었다.

由联想集团自主研发的200台机器人开始投入使用。
Yóu liánxiǎng jítuán zìzhǔ yánfā de liǎngbǎi tái jīqìrén kāishǐ tóurù shǐyòng.
레노보 그룹(Lenovo Group)이 자체적으로 개발한 로봇 200대가 사용되기 시작했다.

👀 관련 표현

自主权 zìzhǔquán 자주권

自主关税 zìzhǔ guānshuì 자율 관세

自主神经 zìzhǔ shénjīng 자율 신경

不由自主 bù yóu zì zhǔ 성 자기 뜻대로 되지 않다

1051 走漏 zǒulòu (정보를) 누설하다, (밀수로) 탈세하다 유의 泄露 xièlòu

你们切记守口如瓶，回去之后千万不要走漏半点风声！
Nǐmen qiējì shǒu kǒu rú píng, huíqù zhī hòu qiānwàn búyào zǒulòu bàndiǎn fēngshēng!
자네들 입 꼭 다물어야 한다는 것 기억하게, 돌아간 후에 절대로 비밀이 조금이라도 새어 나가서는 안 되네!

[단어] 守口如瓶 shǒu kǒu rú píng 성 비밀을 엄수하다

走漏关税是由海关处理，走漏货物税是由税务局稽查科处理。
Zǒulòu guānshuì shì yóu hǎiguān chǔlǐ, zǒulòu huòwùshuì shì yóu shuìwùjú jīchákē chǔlǐ.
관세의 탈세 부분은 세관에서 처리하고, 물품세 탈세 부분은 세무서 조사과에서 처리한다.

[단어] 稽查 jīchá (위법 행위를) 조사하다, 검사하다

走漏 vs 泄露

走漏나 泄露 모두 정보나 소식을 '노출하다'라는 뜻을 갖고 있는데, 泄露에는 액체나 기체가 '유출되다'라는 뜻이 들어 있다.

千万不要走漏(泄露)风声。
Qiānwàn búyào zǒulòu(xièlòu) fēngshēng.
절대로 정보를 흘려선 안 돼요.

煤气泄露引起这次爆炸烈。
Méiqì xièlòu yǐnqǐ zhè cì bàozhà.
가스 유출로 이번 폭발이 일어났다.

1052 走私 zǒu∥sī 밀수하다 [BCT2] □□□

政府进一步加强对走私态势的分析和研判。
Zhèngfǔ jìnyíbù jiāqiáng duì zǒusī tàishì de fēnxī hé yánpàn.
정부에서는 밀수 추세에 대해 분석과 연구를 한층 더 강화하고 있다.

走私团伙内部组织严密，分工明确。
Zǒusī tuánhuǒ nèibù zǔzhī yánmì, fēngōng míngquè.
밀수단 내부 조직은 빈틈이 없고, 분업이 확실하다.

[단어] 走私团伙 zǒusī tuánhuǒ 밀수단

관련 표현

走私犯 zǒusīfàn 밀수업자

走私贸易 zǒusī màoyì 밀무역(smuggling trade)

1053 揍 zòu (사람을) 때리다, 치다 □□□

小时候，每次闯了祸，挨骂、挨揍的都是我。

Xiǎoshíhou, měi cì chuǎngle huò, áimà、áizòu de dōu shì wǒ.

어릴 때, 매번 사고를 칠 때마다 욕먹고 맞는 건 다 내 차지였어.

今后再让我看见你，我非揍你不可！

Jīnhòu zài ràng wǒ kànjiàn nǐ, wǒ fēi zòu nǐ bùkě.

오늘 이후 내 눈에 띄면, 너를 때려 줄 거다!

🐵 관련 표현

关门打狗 — 死挨揍 [헐후]

guān mén dǎ gǒu — sǐ ái zòu

문을 닫고 개를 때리다 — 죽어라 맞다 : 못 빠져나가게 하고 족치다

庙里的木鱼 — 天生挨揍 [헐후]

miào li de mùyú — tiānshēng áizòu

사찰의 목탁 — 맞는 팔자이다

1054 租赁 zūlìn 임차(賃借)하다, 빌려 주다 [BCT2] □□□

现在不光房价贵，租赁房子的价格也是一路高涨。

Xiànzài bù guāng fángjià guì, zūlìn fángzi de jiàgé yě shì yí lù gāozhǎng.

지금은 집값도 비싸지만, 집세도 값이 같이 오르고 있다.

房屋租赁合同快到期了，我们得搬家。

Fángwū zūlìn hétong kuài dàoqī le, wǒmen děi bānjiā.

부동산 임대차 계약 기간이 곧 만료되기 때문에, 우리는 이사 가야 한다.

🐵 관련 표현

租赁费 zūlìnfèi 리스료(Rental fee)

租赁业 zūlìnyè 리스 산업(leasing industry)

租赁部 zūlìnbù 임대 사업부

租赁人 zūlìnrén 임차인

1055 阻碍 zǔ'ài (진행하지 못하도록) 가로막다

유의 阻挡 zǔdǎng, 阻拦 zǔlán

因车辆出事故阻碍了火车站一带的交通。

Yīn chēliàng chū shìgù zǔ'àile huǒchēzhàn yídài de jiāotōng.

차량 사고로 기차역 일대의 교통이 정체되었다.

陈旧的思想和落后的技术阻碍了公司的发展。

Chénjiù de sīxiǎng hé luòhòu de jìshù zǔ'àile gōngsī de fāzhǎn.

고루한 사상과 낙후한 기술이 회사의 발전을 가로막고 있다.

명 장애물, 문제

事情快要办成，又遇到一点儿小阻碍。

Shìqing kuài yào bànchéng, yòu yùdào yìdiǎnr xiǎo zǔ'ài.

일이 거의 다 마무리 되어 갈 때, 작은 어려움에 부딪혔다.

骄傲是前进的最大阻碍。

Jiāo'ào shì qiánjìn de zuì dà zǔ'ài.

교만함은 발전의 최대 장애물이다.

1056 阻拦 zǔlán 저지하다, 방해하다, 막다 **유의** 阻挡 zǔdǎng, 阻碍 zǔ'ài

黑夜阻拦不了明天的太阳升起。

Hēiyè zǔlánbuliǎo míngtiān de tàiyáng shēngqǐ.

어둠은 내일의 태양이 떠오르는 것을 막을 수 없다.

他决心要走，谁也阻拦不了。

Tā juéxīn yào zǒu, shéi yě zǔlánbuliǎo.

그가 가기로 결심한 이상, 누구도 말릴 수 없어.

阻拦 vs 阻挡 vs 阻碍

阻拦은 전진하지 못하도록 행동을 정지시키는 것을 뜻하고, 阻挡은 전진하고 발전할 수 없게 막는 것이고, 阻碍는 순조롭게 통과하거나 발전하지 못하도록 막는 것이다. 阻拦의 행동 주체는 사람이고, 阻挡의 행동 주체는 사람과 사물이 될 수 있으며, 阻碍의 행동주체는 사물이다.

你不要阻拦我了。
Nǐ búyào zǔlán wǒ le.
나 말리지 말아요.

历史发展是谁也阻挡不了的。
Lìshǐ fāzhǎn shì shéi yě zǔlánbuliǎo de.
역사의 발전은 그 누구도 막을 수 없다.

下了大雪，阻碍了交通。
Xiàle dàxuě, zǔ'àile jiāotōng.
눈이 많이 내려, 교통을 방해하고 있다.

1057 阻挠 zǔnáo 가로막다, 방해하다, 차단하다 **유의** 阻止 zǔzhǐ

要不是他们千方百计阻挠我，我早就出国了。
Yào bú shì tāmen qiān fāng bǎi jì zǔnáo wǒ, wǒ zǎojiù chūguó le.
그들이 갖은 방법으로 나를 못 가게 하지만 않았어도, 난 벌써 출국했을 거야.

[단어] **千方百计** qiān fāng bǎi jì **성** 갖은 방법을 다 쓰다

我们的行动受到敌人的暗中阻挠。
Wǒmen de xíngdòng shòudào dírén de ànzhōng zǔnáo.
우리의 행동은 적의 은밀한 방해를 받았다.

阻挠 vs 阻止

阻挠는 발전하고 성공하지 못하도록 저지하거나 암암리에 해치는 것을 뜻하고, 阻止는
전진하지 못하도록 행동을 정지시키는 것을 뜻한다. 阻挠의 대상은 독립, 진보, 개혁 등
이고, 阻止의 대상은 구체적인 사물과 추상 명사가 된다.

由于他暗中阻挠，这件事没有办成。
Yóuyú tā ànzhōng zǔnáo, zhè jiàn shì méiyou bànchéng.
그가 뒤에서 방해하는 바람에 이 일은 성사되지 못했다.

让他去吧，不要阻止他。
Ràng tā qù ba, búyào zǔzhǐ tā.
그 사람 보내요, 잡지 마시라고요.

□□□

1058 钻研 zuānyán 깊이 연구하다, 몰두하다 **유의** 研究 yánjiū

在西洋音乐理论方面，他钻研得很深刻。
Zài xīyáng yīnyuè lǐlùn fāngmiàn, tā zuānyán de hěn shēnkè.
서양 음악 이론 쪽으로 그는 심도 있게 연구했다.

他具有较强的自学能力和钻研精神。
Tā jùyǒu jiào qiáng de zìxué nénglì hé zuānyán jīngshén.
그는 비교적 뛰어난 독학 능력과 연구에 집중하는 정신을 갖추고 있다.

□□□

1059 遵循 zūnxún 따르다 BCT1 **유의** 遵守 zūnshǒu
반의 违背 wéibèi 위반하다, 어기다

我们公司自成立以来，严格遵循稳健发展的经营方针。
Wǒmen gōngsī zì chénglì yǐlái, yángé zūnxún wěnjiàn fāzhǎn de jīngyíng fāngzhēn.
우리 회사는 창립 이래, 견실한 발전을 꾀하는 경영 방침을 엄격히 따르고 있습니다.

我们这样做，是遵循国际惯例来解决问题。
Wǒmen zhèyàng zuò, shì zūnxún guójì guànlì lái jiějué wèntí.
우리가 이렇게 하는 것은, 국제 관례에 따라 문제를 해결하려는 것입니다.

遵循 vs 遵守
遵循은 객관적인 규율, 이론, 원칙에 따라 한쪽에 치우치지 않게 행동하는 것이고, 遵守는 모두가 공동으로 제정한 기율이나 제도를 위배하지 않고 그에 따라 행동하는 것을 말한다.

遵循上级的指示 zūnxún shàngjí de zhǐshì 상사의 지시를 따르다
遵循已定的路线 zūnxún yǐ dìng de lùxiàn 이미 정해진 노선을 따르다

遵守规定 zūnshǒu guīdìng 규정을 준수하다
遵守时间 zūnshǒu shíjiān 시간을 준수하다

1060 作弊 zuò∥bì 법이나 규정을 어기다, 부정 행위를 하다

如今考试作弊手段层出不穷，作弊工具更是五花八门。

Rújīn kǎoshì zuòbì shǒuduàn céng chū bù qióng, zuòbì gōngjù gèng shì wǔ huā bā mén.

요즘엔 시험 커닝 수법도 자꾸 새로워지는데다, 커닝 도구는 더 다양해진다니까.

[단어] 层出不穷 céng chū bù qióng 성 끊임없이 나타나다

考试从来没有作过弊的人请举手！

Kǎoshì cónglái méiyou zuòguo bì de rén qǐng jǔshǒu!

시험 볼 때 한 번도 커닝 안 해 본 사람 있으면 손들어 보세요!

1061 作废 zuò∥fèi 폐기하다 BCT1

贵公司寄来的这些发票开错了，必须作废。

Guì gōngsī jìlái de zhèxiē fāpiào kāicuò le, bìxū zuòfèi.

귀사에서 보낸 영수증은 잘못 발급되었으니, 반드시 폐기해야 합니다.

由于开车超过两个小时，退票和改签都不可以，车票只能作废。

Yóuyú kāichē chāoguò liǎng ge xiǎoshí, tuìpiào hé gǎiqiān dōu bù kěyǐ, chēpiào zhǐnéng zuòfèi.

차가 출발한 지 2시간이 초과했기 때문에, 환불과 변경이 다 안 되고, 차표는 폐기할 수밖에 없다.

1062 作息 zuòxī 일하고 휴식하다 참고 作息制度 zuòxī zhìdù 작업, 휴식 제도

根据夏、冬两季气候的变化制定相应的作息时间。

Gēnjù xià、dōng liǎng jì qìhòu de biànhuà zhìdìng xiāngyìng de zuòxī shíjiān.

하절기와 동절기 두 계절의 기후 변화에 따라 적절한 작업과 휴식 시간을 정한다.

1063 做主 zuò∥zhǔ 주인이 되다, 책임지고 결정하다

我的命运由我来做主。

Wǒ de mìngyùn yóu wǒ lái zuòzhǔ.

내 운명은 내가 책임진다.

这么重大的事儿我做不了主，必须跟我老公商量一下。

Zhème zhòngdà de shìr wǒ zuòbuliǎo zhǔ, bìxū gēn wǒ lǎogōng shāngliang yíxià.

이렇게 중대한 일은 제가 결정할 수 없고, 반드시 우리 남편과 상의해야 해요.

🔵 관련 표현

当家做主 dāng jiā zuò zhǔ 〈성〉 가장이 되어 집안을 이끌어 가다

0001 甭 béng ~할 필요 없다. ~하지 마라 [유의] 别 bié, 不要 búyào

咱就甭提那件事了，来，咱说高兴的事吧。
Zán jiù béng tí nà jiàn shì le, lái, zán shuō gāoxìng de shì ba.
우리 그 일에 대해선 얘기하지 말고, 자, 즐거운 일에 대해서 얘기해요.

外边正下着大雨呢，我劝你们甭走了。
Wàibian zhèng xiàzhe dàyǔ ne, wǒ quàn nǐmen béng zǒu le.
밖에 비가 많이 내리니까, 너희들 가지 않는 게 좋겠어.

🗣 **관련 표현**

白天盼月亮 — 甭想 [헐후]
báitiān pàn yuèliang — béng xiǎng
낮에 달 뜨기를 기다리다 — 생각하지 말아라 : 기대를 말라

海蛎上岸 — 甭想张嘴 [헐후]
hǎilì shàng'àn — béng xiǎng zhāngzuǐ
굴이 뭍으로 나오다 — 입 벌릴 생각을 못하다 : 입도 뻥끗 못하다

0002 不料 búliào 뜻밖에, 의외에

本来想带着孩子到游乐场去玩，不料孩子的腿却骨折了。
Běnlái xiǎng dàizhe háizi dào yóulèchǎng qù wán, búliào háizi de tuǐ què gǔzhé le.
원래 아이를 데리고 놀이공원으로 놀러 가려고 했는데, 뜻밖에 아이가 다리에 골절상을 입었다.

0003 不妨 bùfáng (~하는 것도) 괜찮다, 무방하다

这样的减肥方法效果最好，不妨你也试试。
Zhèyàng de jiǎnféi fāngfǎ xiàoguǒ zuì hǎo, bùfáng nǐ yě shìshi.
이런 다이어트 방법이 효과가 가장 좋아, 너도 한 번 해 봐.

ⓧ 상관없다

你大胆说，今天晚上又没有外人，说错了也不妨。
Nǐ dàdǎn shuō, jīntiān wǎnshang yòu méiyǒu wàirén, shuōcuòle
yě bùfáng.
대담하게 얘기해, 오늘 밤에는 모르는 사람도 없으니, 실수해도 상관없어.

0004 不禁 bùjīn 자기도 모르게, 절로 유의 不由得 bùyóude □□□

说着说着我眼里就更酸楚，不禁掉下了眼泪。
Shuōzhe shuōzhe wǒ yǎn li jiù gèng suānchǔ, bùjīn diàoxiale yǎnlèi.
얘기하다 보니 눈시울이 뜨거워져, 나도 모르게 눈물을 흘리고 말았다.

[단어] 酸楚 suānchǔ 마음이 쓰리고 아프다

哥哥一开始唱得很好，可后来唱错了歌词，我们不禁哈哈
大笑起来。
Gēge yì kāishǐ chàng de hěn hǎo, kě hòulái chàngcuòle gēcí,
wǒmen bùjīn hāhā dàxiàoqilai.
오빠가 처음엔 노래를 잘 부르다가, 나중에 가사를 틀려, 우리는 그만 깔깔거리고 웃고 말았다.

0005 不免 bùmiǎn 면할 수 없다 유의 未完 wèiwán □□□

看到孩子摔倒，家长不免心疼。
Kàndào háizi shuāidǎo, jiāzhǎng bùmiǎn xīnténg.
아이가 넘어지는 것을 보면, 부모는 마음 아프지 않을 수 없다.

第一次去相亲，她心里不免有些紧张。
Dìyī cì qù xiāngqīn, tā xīnli bùmiǎn yǒuxiē jǐnzhāng.
처음 소개팅 나가는 거라서, 그녀는 살짝 긴장이 되었다.

0006 不时 bùshí 자주, 계속해서 유의 经常 jīngcháng □□□

大半夜楼上不时传来女人的哭声，真要命了。
Dàbànyè lóushàng bùshí chuánlái nǚrén de kūshēng, zhēn
yàomìng le.
한밤중에 위층에서 여인이 우는 소리가 계속 들려오는데, 정말 죽는 줄 알았어.

수시로, 불시에, 갑자기

他背负双手，在人群中踱来踱去，脸上不时露出满意的笑容。
Tā bēifù shuāngshǒu, zài rénqún zhōng duóláiduóqù, liǎn shang
bùshí lòuchū mǎnyì de xiàoróng.
그는 두 손을 뒷짐 지고, 사람들 사이를 거닐었는데, 얼굴에는 수시로 흡족한 미소가 번졌다.

[단어] 背负 bēifù 등에 지다 / 踱来踱去 duóláiduóqù 서성거리다

0007 **不由得** bùyóude 저절로, 자연히, ~하지 않을 수 없다 [유의] 不禁 bùjīn □□□

看到相声演员滑稽的表演后，他不由得笑起来。
Kàndào xiàngsheng yǎnyuán huájī de biǎoyǎn hòu, tā bùyóude
xiàoqilai.
만담가의 익살스러운 연기를 보고, 그는 저절로 웃음이 났다.

听到这首歌，我不由得想起了一个人。
Tīngdào zhè shǒu gē, wǒ bùyóude xiǎngqǐle yí ge rén.
이 노래를 들으니, 나도 모르게 한 사람이 생각났다.

> **不由得 vs 不禁**
> 不由得와 不禁은 기본적인 뜻은 같은데, 不禁 뒤에는 부정문이 올 수 없다.
>
> **不由得(不禁)流下了眼泪。**
> Bùyóude(bùjīn) liúxiàle yǎnlèi.
> 나도 모르게 눈물이 흘렀다.
>
> **不由得你不信。(O) / 不禁你不信。(X)**
> Bùyóude nǐ bú xìn.
> 넌 믿지 않을 수 없을 거야.

0008 **成天** chéngtiān 하루 종일, 온종일 [유의] 整天 zhěngtiān □□□

你成天啥事不干，窝在家里干什么？
Nǐ chéngtiān shá shì bú gàn, wōzài jiā li gàn shénme?
너 하루 종일 아무것도 안 하고, 집에 틀어박혀서 뭐 해?

青春期的孩子成天和父母对着干。
Qīngchūnqī de háizi chéngtiān hé fùmǔ duìzhe gàn.
사춘기 아이들은 시도 때도 없이 부모에게 대든다.

0009 大肆 dàsì 제멋대로, 함부로, 마구

☐☐☐

▶주로 나쁜 일에 쓴다.

他这个人坏就坏在喜欢大肆散播谣言。

Tā zhè ge rén huài jiù huàizài xǐhuan dàsì sànbō yáoyán.

저 친구의 나쁜 점은 함부로 소문을 퍼뜨린다는 거야.

0010 大体 dàtǐ 대체로, 대략 유의 大致 dàzhì

☐☐☐

我先大体给你们讲一下，具体的就得靠你们自己刻苦钻研了。

Wǒ xiān dàtǐ gěi nǐmen jiǎng yíxià, jùtǐ de jiù děi kào nǐmen zìjǐ kèkǔ zuānyán le.

내가 우선 너희들에게 대충만 얘기해 줄 테니, 구체적인 건 너희들 스스로 열심히 연구해 봐.

명 중요한 이치, 전체

奶奶嘱咐我要站得高，看得远，识大体，顾大局。

Nǎinai zhǔfù wǒ yào zhàn de gāo, kàn de yuǎn, shí dàtǐ, gù dàjú.

할머니께서는 나에게 높은 곳에 서서, 멀리 보고, 핵심을 파악하고, 전체 국면을 아우르라고 당부하셨다.

관련 표현

不识大体 bù shí dà tǐ **성** 전체 국면에 관련된 중요한 이치를 파악하지 못하다

0011 当场 dāngchǎng 당장, 그 자리에서

☐☐☐

听到这个消息后，他伤心得当场晕倒了。

Tīngdào zhège xiāoxi hòu, tā shāngxīn de dāngchǎng yūndǎo le.

이 소식을 듣고, 그는 상심한 나머지 그 자리에서 쓰러졌다.

관련 표현

当场出彩 dāng chǎng chū cǎi **성** 그 자리에서 발각되다

0012 顿时 dùnshí 갑자기, 곧바로, 문득, 일시에 **유의** 立刻 lìkè, 马上 mǎshàng

想到躺在病床上的母亲，他顿时泪如雨下。
Xiǎngdào tǎngzài bìngchuáng shang de mǔqīn, tā dùnshí lèi rú yǔ xià.
병상에 누워 계시는 어머니 생각에, 그는 갑자기 눈물을 줄줄 흘렸다.

[단어] 泪如雨下 lèi rú yǔ xià **성** 매우 슬프게 울다

老婆的酒后真言，听后我顿时傻了、呆了。
Lǎopo de jiǔ hòu zhēn yán, tīng hòu wǒ dùnshí shǎ le, dāi le.
아내의 취중 진담을 듣고, 나는 순간적으로 멍하고 어리둥절해졌다.

顿时 vs 立刻 vs 马上

顿时는 과거의 일에만 쓸 수 있고, 立刻와 马上은 과거, 현재, 미래의 일에 모두 쓸 수 있다. 顿时는 명령문에 쓸 수 없다.

他顿时昏倒了。 Tā dùnshí hūndǎo le. 그는 바로 기절했다.
我立刻就走。 Wǒ lìkè jiù zǒu. 나는 금방 갈 거야.
她马上出发。 Tā mǎshàng chūfā. 그녀는 곧 출발해요.

0013 凡是 fánshì 무릇, 모든 **유의** 凡 fán

凡是大一新生，都必须参加这次运动会。
Fánshì dà yī xīnshēng, dōu bìxū cānjiā zhè cì yùndònghuì.
모든 1학년 신입생들은, 모두 다 이번 운동회에 참가해야 한다.

凡是年满18周岁的中国公民都有参加选举的权利。
Fánshì nián mǎn shíbā zhōusuì de zhōngguó gōngmín dōu yǒu cānjiā xuǎnjǔ de quánlì.
무릇 만 18세가 된 중국 국민은 모두 선거에 참가할 권리가 있다.

0014 公然 gōngrán 공개적으로, 공공연히

▶주로 부정적인 뜻으로 쓰인다.

我说这位先生，像你这样公然取笑别人是很失礼的行为。
Wǒ shuō zhè wèi xiānsheng, xiàng nǐ zhèyàng gōngrán qǔxiào biérén shì hěn shīlǐ de xíngwéi.
저기요, 댁처럼 공개적으로 남을 비웃는 것은 예의에 벗어난 행동입니다.

0015 姑且 gūqiě 잠시, 잠깐, 우선

□□□

看在你这么有诚意的份上，我姑且再相信你一次。
Kànzài nǐ zhème yǒu chéngyì de fèn shang, wǒ gūqiě zài xiāngxìn nǐ yí cì.
자네가 이렇게 성의를 보이니, 내 일단은 자네를 한 번 더 믿어 보지.

这件事我姑且不说，但你也不要太得意。
Zhè jiàn shì wǒ gūqiě bù shuō, dàn nǐ yě búyào tài déyì.
이 일에 대해선 내가 우선 접어 두겠지만, 그렇다고 너도 너무 좋아할 건 없어.

0016 过于 guòyú (정도나 수량이) 지나치게, 너무

□□□

我觉得你的做法有些过于偏激。
Wǒ juéde nǐ de zuòfǎ yǒuxiē guòyú piānjī.
내가 보기엔 너의 일 처리 방식이 지나치게 극단적인 것 같아.

他突然宣布退役，原因是过于疲劳。
Tā tūrán xuānbù tuìyì, yuányīn shì guòyú píláo.
그가 갑자기 은퇴하려는 이유는 너무 지쳤기 때문이다.

0017 胡乱 húluàn 함부로, 멋대로, 아무렇게나

□□□

他胡乱吃了口饭就立马赶到事故现场。
Tā húluàn chīle kǒu fàn jiù lìmǎ gǎndào shìgù xiànchǎng.
그는 밥을 먹는둥 마는둥 하고는 바로 사고 현장으로 달려갔다.

面对大家的追问，他胡乱应付了几句就离开了。
Miànduì dàjiā de zhuīwèn, tā húluàn yìngfule jǐ jù jiù líkāi le.
사람들의 추궁에, 그는 대충 몇 마디 답하고는 자리를 떴다.

0018 及早 jízǎo 미리, 일찌감치, 서둘러서, 앞질러서 유의 趁早 chènzǎo

□□□

▶명령문에 쓸 수 있다.

大病都是由小病发展成的，所以生了病要及早治疗。
Dàbìng dōu shì yóu xiǎobìng fāzhǎnchéng de, suǒyǐ shēngle bìng yào jízǎo zhìliáo.
큰 병은 다 사소한 병이 커져서 되는 것이니, 병이 나면 서둘러 치료를 해야 한다.

要不是我及早发现，谁知道会发生什么呢？

Yàobúshì wǒ jízǎo fāxiàn, shéi zhīdào huì fāshēng shénme ne?

내가 미리 발견하지 못했더라면, 무슨 일이 있어났을지 누가 알겠어?

□□□

0019 即将 jíjiāng 곧, 머지않아, 불원간

梅雨季节即将来临，空气湿度比较大，木制品易受潮变形。

Méiyǔ jìjié jíjiāng láilín, kōngqì shīdù bǐjiào dà, mùzhìpǐn yì shòu cháo biànxíng.

장마철이 가까워져, 공기 중의 습도가 비교적 높아, 목제품은 습기가 차서 변형되기 쉽다.

在新年即将来临之际，祝您全家团圆，新年快乐！

Zài xīnnián jíjiāng láilín zhījì, zhù nín quánjiā tuányuán, xīnnián kuàilè!

새해를 맞이하여, 댁내 두루 평안하시길 기원하며, 새해 복 많이 받으세요!

□□□

0020 急剧 jíjù 급격하게, 급속히

到了换季，奶奶的病情急剧严重起来。

Dào le huànjì, nǎinai de bìngqíng jíjù yánzhòngqǐlai.

환절기가 되면서 할머니의 병세가 급격히 안 좋아지었다.

□□□

0021 皆 jiē 모두, 전부, 다

你我皆凡人，不要过高地或过低地看待自己。

Nǐ wǒ jiē fánrén, búyào guògāo de huò guòdī de kàndài zìjǐ.

너나 나나 다 보통 사람이니, 너무 높게 혹은 너무 낮게 자신을 평가하지 말라고.

这些事皆因我而起，我会给大家一个解释的。

Zhèxiē shì jiē yīn wǒ ér qǐ, wǒ huì gěi dàjiā yí ge jiěshì de.

이 일들은 다 저로 인해 생긴 것이니, 제가 여러분께 설명을 드리겠습니다.

🐷 **관련 표현**

草木皆兵 cǎo mù jiē bīng 〈성〉 초목개병, 적을 두려워한 나머지 온 산의 초목까지도 모두 적군으로 보이다. 몹시 놀라 이것도 의심스럽고 저것도 의심스럽다

皆大欢喜 jiē dà huān xǐ 〈성〉 모두 몹시 기뻐하고 좋아하다. 모두가 만족스러워하다

啼笑皆非 tí xiào jiē fēi **성** 울지도 웃지도 못하다, 이러지도 저러지도 못하다

小孩儿做戏 — 啼笑皆非 **헐후**
xiǎoháir zuò xì — tí xiào jiē fēi
어린아이가 연기하다 — 울지도 웃지도 못하다 : 이러지도 저러지도 못하다

0022 接连 jiēlián 연거푸, 잇달아, 연달아 **유의** 不断 búduàn ☐☐☐

他接连提了好几个问题，我都不知从哪个答起。
Tā jiēlián tíle hǎo jǐ ge wèntí, wǒ dōu bù zhī cóng nǎ ge dáqǐ.
그 애가 여러 가지 문제를 연달아 질문하는 바람에, 나는 어떤 것부터 대답해야 할지 모르겠다.

近期这里又接连发生两起校车安全事故。
Jìnqī zhèli yòu jiēlián fāshēng liǎng qǐ xiàochē ānquán shìgù.
근래 들어, 이곳에서는 스쿨버스 안전 사고가 잇따라 두 번이나 발생했다.

> **接连 vs 不断**
> 接连은 연달아 계속되는 것을 뜻하고, 不断은 끊임없이 계속되는 것을 뜻한다. 接连 뒤에는 수량사가 올 수 있다.
>
> **这个月接连(不断)传来喜讯。**
> Zhè ge yuè jiēlián(búduàn) chuánlái xǐxùn.
> 이번 달엔 계속해서 좋은 소식만 들려온다.
>
> **最近接连三天都下雨了。**
> Zuìjìn jiēlián sān tiān dōu xiàyǔ le.
> 요즘 연이어 3일 동안 비가 내렸다.
>
> **随着社会的不断发展**
> suízhe shèhuì de búduàn fāzhǎn
> 사회가 부단히 발전함에 따라

0023 就近 jiùjìn 가까운 곳에, 근방에, 부근에 ☐☐☐

下班后，他们去就近的饭馆吃了顿饭。
Xiàbān hòu, tāmen qù jiùjìn de fànguǎn chīle dùn fàn.
퇴근 후에, 그는 가까운 식당에 가서 밥을 먹었다.

0024 **历来** lìlái 줄곧, 언제나, 내내, 역대로

从古代开始，北方过年吃水饺的习俗历来没改变过。
Cóng gǔdài kāishǐ, běifāng guònián chī shuǐjiǎo de xísú lìlái méi gǎibiànguo.
고대로부터, 북방 지역에서 만두를 먹던 풍습은 줄곧 변함이 없다.

在中国，国庆节历来是办喜事的高峰期。
Zài Zhōngguó, guóqìngjié lìlái shì bàn xǐshì de gāofēngqī.
중국에서, 건국기념일은 역대로 가장 인기 있는 결혼 시즌이 되고 있다.

0025 **连年** liánnián 여러 해 계속, 해마다

面对连年的自然灾害，该市并没有出台具体的抗灾措施。
Miànduì liánnián de zìrán zāihài, gāi shì bìng méiyou chūtái jùtǐ de kàngzāi cuòshī.
해마다 계속되는 자연재해에도, 이 시에서는 구체적인 재해 대책을 시행하지 않고 있다.

0026 **屡次** lǚcì 여러 번, 누차 **유의** 一再 yízài

由于他屡次违反学校的纪律，他被学校开除了。
Yóuyú tā lǚcì wéifǎn xuéxiào de jìlǜ, tā bèi xuéxiào kāichú le.
그 녀석 학교 기율를 여러 번 위반해, 학교에서 퇴학당했어.

0027 **明明** míngmíng 분명히, 명백히 **유의** 分明 fēnmíng

明明就是他的责任，他却推脱，真不像话！
Míngmíng jiù shì tā de zérèn, tā què tuītuō, zhēn bú xiànghuà!
분명히 그 사람 잘못인데, 오히려 책임을 전가하다니, 정말 어이없어!

[단어] 推脱 tuītuō (자신의 책임이나 과오를) 전가하다, 남에게 뒤집어 씌우다

他明明是一个爱打抱不平的人啊！
Tā míngmíng shì yí ge ài dǎ bào bù píng de rén a!
그는 확실히 불의를 보면 못 참는 사람이라니까!

[단어] 打抱不平 dǎ bào bù píng **성** 불의를 보고 의연히 나서다

0028 默默 mòmò 묵묵히, 말없이, 소리 없이 [유의] 悄悄 qiāoqiāo

她凝视着他，只是默默地笑了。

Tā níngshìzhe tā, zhǐshì mòmò de xiào le.

그녀는 그를 뚫어져라 바라보며, 그저 조용히 웃을 뿐이었다.

🐵 관련 표현

默默无闻 mò mò wú wén [성] 이름이 세상에 알려지지 않다. 드러내지 않다

默默 vs 悄悄

默默는 말하지 않고 소리 내지 않는 것을 뜻하고, 사람의 태도와 정신을 말하고, 悄悄는 소리를 내지 않거나 작은 소리를 내는 것을 뜻하며, 사람의 행동을 말한다.

听到他的消息，姐姐默默无语。

Tīngdào tā de xiāoxi, jiějie mòmò wú yǔ.

그의 소식을 듣고, 언니는 입을 다물고 아무 말도 안 했다.

她手提着鞋子赤着脚悄悄离开了。

Tā shǒu tízhe xiézi chìzhe jiǎo qiāoqiāo líkāi le.

그녀는 손에 신발을 들고 맨발로 살짝 빠져나갔다.

0029 宁肯 nìngkěn 차라리 ~할지언정, 설령 ~할지라도

[유의] 宁可 nìngkě, 宁愿 nìngyuàn

▶선택 복문에 쓰이며, '간절히 원하다'의 뜻을 갖고 있다.

我爸宁肯自己吃点儿亏，也不会给别人添麻烦。

Wǒ bà nìngkěn zìjǐ chī diǎnr kuī, yě bú huì gěi biérén tiān máfan.

우리 아빠는 당신이 손해를 보더라도, 다른 사람에게 폐를 끼치지는 않으신다.

宁肯不吃不睡，我也要把这些事情做完。

Nìngkěn bù chī bú shuì, wǒ yě yào bǎ zhèxiē shìqing zuòwán.

안 먹고 안 자는 한이 있어도, 나는 이 일들을 끝낼 것이다.

0030 宁愿 nìngyuàn 차라리 ~할지언정, 설령 ~할지라도 유의 宁肯 nìngkěn

为什么你宁愿相信他的花言巧语，也不相信我的真话?
Wèishénme nǐ nìngyuàn xiāngxìn tā de huā yán qiǎo yǔ, yě bù
xiāngxìn wǒ de zhēnhuà?
왜 넌 그의 감언이설은 믿으면서, 내 진담은 믿지 않지?

[단어] 花言巧语 huā yán qiǎo yǔ 성 감언이설, 달콤한 말

0031 偏偏 piānpiān 기어코, 일부러, 공교롭게, 뜻밖에, 하필, 단지

妈妈不让我看电视，我偏偏看。
Māma bú ràng wǒ kàn diànshì, wǒ piānpiān kàn.
엄마가 나한테 TV를 보지 말라고 하시면, 난 일부러 더 볼 거야.

别的小组都完成了定额，为什么偏偏咱们没完成?
Bié de xiǎozǔ dōu wánchéngle dìng'é, wèishénme piānpiān
zánmen méi wánchéng?
다른 팀에서는 할당량만큼 다 완성했는데, 왜 우리는 미달일까?

你认识那么多美女，为什么会偏偏喜欢我?
Nǐ rènshi nàme duō měinǚ, wèishénme huì piānpiān xǐhuan wǒ?
너는 여자애들을 그렇게 많이 알고 있으면서, 왜 하필 나를 좋아하는데?

0032 颇 pō 꽤, 상당히, 자못

这款手机在设计上，颇有几分诺基亚N9的味道。

Zhè kuǎn shǒujī zài shèjì shang, pō yǒu jǐ fèn Nuòjīyà N jiǔ de wèidao.

이 휴대 전화의 디자인에서, 노키아 N9의 느낌이 상당히 많이 나는데.

韩国电视剧在中国颇受欢迎。

Hánguó diànshìjù zài Zhōngguó pō shòu huānyíng.

한국 드라마는 중국에서 인기가 아주 많다.

0033 恰巧 qiàqiǎo 때마침, 공교롭게도 **유의** 正好 zhènghǎo □□□

正想去找你，恰巧在这里遇见了，真是没想到啊!

Zhèng xiǎng qù zhǎo nǐ, qiàqiǎo zài zhèlǐ yùjiàn le, zhēnshi méi xiǎngdào a!

마침 너한테 가려고 했는데, 공교롭게도 여기서 만나다니, 정말 뜻밖이구나!

恰巧今天你有空，我请你看电影吧。

qiàqiǎo jīntiān nǐ yǒu kòng, wǒ qǐng nǐ kàn diànyǐng ba.

마침 네가 오늘 시간이 나니까, 내가 영화 보여 줄게.

恰巧 vs 正好

恰巧는 공교롭고 우연한 것을 나타내고, 正好는 시간, 위치, 체적, 수량, 정도 등이 딱 맞아 떨어지는 것을 뜻한다. 恰巧는 부사로만 쓰이고, 正好는 부사와 형용사로 쓰인다.

我准备去找他，恰巧(正好)他来了。
Wǒ zhǔnbèi qù zhǎo tā, qiàqiǎo(zhènghǎo) tā lái le.
내가 그를 찾아가려 했을 때 마침 그가 왔더라고.

我带的钱正好买这本书。
Wǒ dài de qián zhènghǎo mǎi zhè běn shū.
내가 가져온 돈이 딱 이 책값이더라고.

你来得正好，我们正要出发呢。
Nǐ lái de zhènghǎo, wǒmen zhèng yào chūfā ne.
너 잘 맞춰 왔구나, 우리가 마침 출발하려던 참이었는데.

▶正好는 술어로도 쓰인다.

这件衣服不大不小，正好。
Zhè jiàn yīfu bú dà bù xiǎo, zhènghǎo.
이 옷은 크지도 작지도 않고, 딱 맞아.

0034 任意 rènyì 마음대로, 제멋대로 유의 任性 rènxìng

请你任意抽出一张卡片给我看看。
Qǐng nǐ rènyì chōuchū yì zhāng kǎpiàn gěi wǒ kànkan.
카드를 아무거나 한 장 뽑아서 저에게 보여 주세요.

在这种场合，既不能任意说话，又不能任意离开。
Zài zhè zhǒng chǎnghé, jì bù néng rènyì shuōhuà, yòu bù néng rènyì líkāi.
이런 곳에서는, 마음대로 말을 해서도, 제멋대로 자리를 떠서도 안 됩니다.

형 조건 없는, 임의의

任意球 rènyìqiú 프리 드로(free throw)
任意常数 rènyì chángshù 임의의 상수

> ### 任意 vs 任性
>
> 任意는 부사이고, 任性은 형용사이다. 任意는 하고 싶은 대로 맘대로 하는 것이고, 任性은 제멋대로인 것을 뜻한다. 두 단어 모두 부사어로 쓰인다.
>
> **学生应该遵守纪律，不能任意(任性)胡来。**
> Xuésheng yīnggāi zūnshǒu jìlǜ, bù néng rènyì(rènxìng) húlái.
> 학생은 규율을 준수해야 하고, 맘대로 행동하면 안 된다.
>
> **这些礼物你可以任意挑选。**
> Zhè xiē lǐwù nǐ kěyǐ rènyì tiāoxuǎn.
> 이 선물들 중에서 마음대로 고르세요.
>
> **这个孩子太任性了。**
> Zhè ge háizi tài rènxìng le.
> 이 아이는 너무 제멋대로이다.

0035 仍旧 réngjiù 여전히, 변함없이 유의 仍然 réngrán

我的电脑是7年前买的，快成古董了，但仍旧很好用。
Wǒ de diànnǎo shì qī nián qián mǎi de, kuài chéng gǔdǒng le, dàn réngjiù hěn hǎo yòng.
내 컴퓨터는 7년 전에 산 것으로, 골동품이 다 되어 가는데도 여전히 쓸 만해.

即使天气这么冷，而他仍旧坚持游泳。

Jíshǐ tiānqì zhème lěng, ér tā réngjiù jiānchí yóuyǒng.

날씨가 이렇게 추워도, 그는 여전히 수영을 계속한다.

□□□

0036 日益 rìyì 날로, 나날이 더욱

因为天天来健身中心锻炼，小王的球技可谓是日益精湛了。

Yīnwèi tiāntiān lái jiànshēn zhōngxīn duànliàn, Xiǎo wáng de qiújì kěwèi shì rìyì jīngzhàn le.

날마다 스포츠 센터에서 운동을 하더니, 왕 군의 공 다루는 솜씨가 날로 정교해지고 있다.

[단어] 精湛 jīngzhàn 뛰어나다, 훌륭하다

随着生活水平的日益提高，人们对饮食的要求也越来越挑剔了。

Suízhe shēnghuó shuǐpíng de rìyì tígāo, rénmen duì yǐnshí de yāoqiú yě yuèláiyuè tiāotī le.

생활 수준이 날로 향상되면서, 사람들의 먹거리에 대한 기준도 갈수록 까다로워지고 있다.

[단어] 挑剔 tiāotī (결점·잘못 따위를) 들추다, 지나치게 트집잡다

□□□

0037 时常 shícháng 자주 [유의] 常常 chángcháng, 经常 jīngcháng

日常生活中，我们时常见到一些违反交通规则的现象。

rìcháng shēnghuó zhōng, wǒmen shícháng jiàndào yìxiē wéifǎn jiāotōng guīzé de xiànxiàng.

일상생활에서, 우리는 교통 법규를 위반하는 현상을 자주 목격한다.

时常 vs 常常 vs 经常

时常은 '자주'라는 뜻을 가지고 있지만, 常常의 빈도수에 못 미치고, 经常처럼 규칙적으로 일어나는 일을 가리키지도 않는다.

时常一个人去海边 자주 혼자 해변에 간다
shícháng yí ge rén qù hǎibian

常常受到表扬 수시로 칭찬을 받는다
chángcháng shòudào biǎoyáng

经常在我家聚会 종종 우리집에서 모임을 갖는다
jīngcháng zài wǒjiā jùhuì

0038 时而 shí'ér 때때로, 이따금

图书馆里很静，时而传来翻纸的声音。

Túshūguǎn li hěn jìng, shí'ér chuánlái fānzhǐ de shēngyīn.

도서관은 조용해서, 이따금 책 넘기는 소리만 들린다.

▶时而…时而… (때로는) ~했다가, (때로는) ~했다가
다른 현상이나 일이 일정한 시간 내에 교차해서 발생함을 표현한다.

她在湖边散步，时而低头沉思，时而眺望远方，一副心情
沉重的样子。

Tā zài húbiān sànbù, shí'ér dītóu chénsī, shí'ér tiàowàng yuǎnfāng,
yí fù xīnqíng chénzhòng de yàngzi.

그녀는 호숫가를 산책하고 있는데, 고개를 숙이고 깊은 생각에 잠겼다가, 물끄러미 먼 곳을 쳐다
보았다 하는 모습이, 마음에 근심이 있어 보인다.

0039 势必 shìbì 반드시, 꼭, 필연코

这项改革势必在公司内引起巨大的变动。

Zhè xiàng gǎigé shìbì zài gōngsī nèi yǐnqǐ jùdà de biàndòng.

이번 개혁은 틀림없이 회사에 거대한 변동을 불러올 것이다.

这次溢油事故势必造成严重的海洋生态灾难。

Zhè cì yìyóu shìgù shìbì zàochéng yánzhòng de hǎiyáng shēngtài
zāinàn.

이번 기름 유출 사고는 반드시 심각한 해양 생태 재난을 불러올 것이다.

这样目光短浅的做法，势必加速公司破产的步伐。

Zhèyàng mùguāng duǎnqiǎn de zuòfǎ, shìbì jiāsù gōngsī pòchǎn
de bùfá.

이렇게 단시안적인 행동은 필연코 회사가 파산으로 가는 속도를 재촉할 것이다.

0040 私自 sīzì 비밀리에, 사적으로

没有接到上级的指示之前，我不会私自行动。

Méiyou jiēdào shàngjí de zhǐshì zhīqián, wǒ bú huì sīzì xíngdòng.

상부의 지시를 받기 전에, 저는 사적인 행동을 할 수 없습니다.

你不要私自拿走公司的文具。

Nǐ búyào sīzì názǒu gōngsī de wénjù.

몰래 회사 문구를 가져가지 마세요.

0041 随即 suíjí 바로, 즉시, 곧 **유의** 立刻 lìkè

他离开公司后，我也随即离开了公司。
Tā líkāi gōngsī hòu, wǒ yě suíjí líkāile gōngsī.
그가 회사를 그만두고 나서, 나도 바로 회사를 그만두었다.

0042 索性 suǒxìng 차라리, 아예 **유의** 干脆 gāncuì

公司离家很远，上班挤公交太累，我索性就辞职了。
Gōngsī lí jiā hěn yuǎn, shàngbān jǐ gōngjiāo tài lèi, wǒ suǒxìng jiù cízhí le.
회사가 집에서 멀어, 출근할 때 콩나물 버스에 시달리는 것이 너무 힘들어서, 나는 아예 회사를 그만두었다.

我说什么他都听不进去，我索性不解释了。
Wǒ shuō shénme tā dōu tīngbujìnqù, wǒ suǒxìng bù jiěshì le.
내가 무슨 말을 해도 그 친구는 듣지 않으니까, 난 아예 설명을 안 할래.

> **索性 vs 干脆**
> 索性은 주저함 없이 간단명료하게 행동하는 것을 뜻하고, 干脆는 주저함이 없이 빨리 결정을 내리는 것을 뜻한다. 索性은 문어에, 干脆는 구어에 많이 쓰인다.
>
> **既然来了，干脆(索性)多玩儿几天。**
> Jìrán lái le, gāncuì(suǒxìng) duō wánr jǐ tiān.
> 이왕 온 김에, 아예 며칠 더 놀아요.
>
> **你不爱他，索性(干脆)不理他了。**
> Nǐ bú ài tā, suǒxìng(gāncuì) bù lǐ tā le.
> 네가 그를 사랑하지 않으면, 차라리 상대를 안 하면 되겠네.
>
> ▶干脆는 형용사로 쓰이기도 한다
>
> **他答应得很干脆。**
> Tā dāying de hěn gāncuì.
> 그는 딱 부러지게 대답했다.

0043 特意 tèyì 특별히, 일부러 **유의** 特地 tèdì

这是我特意为你准备的菜，不知合不合你的口味。
Zhè shì wǒ tèyì wèi nǐ zhǔnbèi de cài, bù zhī hé bu hé nǐ de kǒuwèi.
이건 특별히 널 위해 준비한 음식인데, 너의 입맛에 맞을지 모르겠구나.

부사 **909**

粉丝们特意从天南海北来到北京，听他的演唱会。

Fěnsīmen tèyì cóng tiān nán hǎi běi láidào Běijīng, tīng tā de yǎnchànghuì.

팬들은 일부러 전국 각지에서 베이징으로 몰려들어, 그의 콘서트를 관람했다.

[단어] 天南海北 tiān nán hǎi běi 방방곡곡

特意 vs 特地

特意는 '어떤 일을 위해서'라는 뜻이고, 特地는 '일부러 어떤 일을 위해서'라는 뜻이다.

阿姨特意(特地)做了几个你最喜欢的菜。
Āyí tèyì(tèdì) zuòle jǐ ge nǐ zuì xǐhuan de cài.
아줌마가 특별히 네가 가장 좋아하는 음식으로 몇 가지 만들었어.

这是我特意(特地)留给你的。
Zhè shì wǒ tèyì(tèdì) liúgěi nǐ de.
이건 내가 특별히 너 주려고 남겨 놓은 거야.

叔叔特地从外地赶回来过年。
Shūshu tèdì cóng wàidì gǎnhuilai guònián.
삼촌은 외지에서 일부러 설을 쇠러 서둘러 돌아오셨다.

0044 统统 tǒngtǒng 전부, 모두, 다 [유의] 全 quán, 都 dōu □□□

这些苹果不管大小，我统统都要了。
Zhèxiē píngguǒ bùguǎn dàxiǎo, wǒ tǒngtǒng dōu yào le.
이 사과들은 크기에 상관없이 제가 전부 살게요.

参加本次签名活动的粉丝统统拿到了他们梦寐以求的签名。
Cānjiā běn cì qiānmíng huódòng de fěnsī tǒngtǒng nádàole tāmen mèng mèi yǐ qiú de qiānmíng.
이번 사인회에 참가한 팬들이 모두 꿈에 그리던 사인을 받았다.

[단어] 梦寐以求 mèng mèi yǐ qiú [성] 자나깨나 바라다

0045 万分 wànfēn 대단히, 극히, 매우 [유의] 非常 fēicháng, 极其 jíqí □□□

看着他那么难受，我心里万分痛苦，可是却不能替他承担。
Kànzhe tā nàme nánshòu, wǒ xīnli wànfēn tòngkǔ, kěshì què bù néng tì tā chéngdān.
그가 그렇게 힘들어하는 걸 보면서, 내 마음도 너무 아팠지만, 그렇다고 아픔을 대신해 줄 수도 없었다.

听了这个消息后，他毅然放弃了比赛。

Tīngle zhè ge xiāoxi hòu, tā yìrán fàngqìle bǐsài.

이 소식을 듣고, 그는 단호하게 시합을 포기했다.

毅然 vs 坚决

毅然은 부사이고, 坚决는 형용사이다. 毅然이 수식하는 것은 이미 일어난 동작 행위이고, 坚决는 이미 일어난 일과 일어나지 않은 일을 모두 수식할 수 있다.

当祖国面临被侵略的时候，他毅然(坚决)报名参军。

Dāng zǔguó miànlín bèi qīnlüè de shíhou, tā yìrán(jiānjué) bàomíng cānjūn.

조국이 침략당할 상황에 처하자, 그는 결연히 입대 신청을 했다.

他毅然离开了家。

Tā yìrán líkāile jiā.

그는 결연히 집을 떠났다.

要坚决依法办案。

Yào jiānjué yīfǎ bànàn.

단호하게 법에 따라 집행해야 한다.

0055 **预先** yùxiān 사전에, 미리 □□□

我们有消息会预先通知你们。

Wǒmen yǒu xiāoxi huì yùxiān tōngzhī nǐmen.

저희 쪽에 무슨 소식이 있으면 사전에 알려 드릴게요.

他们竟然把什么都算好了，也把什么都预先准备好了。

Tāmen jìngrán bǎ shénme dōu suànhǎo le, yě bǎ shénme dōu yùxiān zhǔnbèihǎo le.

그들은 놀랍게도 모든 걸 다 계획해 놓았고, 전부 다 사전에 준비해 놓았다.

0056 **愈** yù 더욱 □□□

▶愈…, 愈… ~할수록 더욱 ~해지다

同样一条路，走得愈熟，愈觉得短。

Tóngyàng yì tiáo lù, zǒu de yù shú, yù juéde duǎn.

똑같은 길이어도, 익숙할수록 짧게 느껴진다.

부사 **915**

§ 병이 낫다

他病愈后又重回影坛。
Tā bìng yù hòu yòu chóng huí yǐngtán.
그는 병을 고친 후에 다시 영화계로 돌아갔다.

0057 暂且 zànqiě 잠시, 잠깐, 당분간 □□□

别的事儿咱暂且不说，今天就听听你们俩的爱情故事吧。
Bié de shìr zán zànqiě bù shuō, jīntiān jiù tīngting nǐmen liǎ de àiqíng gùshi ba.
다른 일은 우리 잠시 접어 두고, 오늘은 너희 둘의 러브스토리 좀 들어 보자.

这儿没有停车场，你就暂且停在路边吧。
Zhèr méiyǒu tíngchēchǎng, nǐ jiù zànqiě tíngzài lùbiān ba.
여기는 주차장이 없으니까, 잠깐 길가에 주차하세요.

0058 终究 zhōngjiū 결국, 필경, 어쨌든 유의 毕竟 bìjìng □□□

过去的事终究已经过去了，谁都无法改变了。
Guòqù de shì zhōngjiū yǐjing guòqu le, shéi dōu wúfǎ gǎibiàn le.
과거의 일은 어쨌든 지난 것이므로, 아무도 바꿀 수 없다.

该发生的终究会发生的，你怕也没有用。
Gāi fāshēng de zhōngjiū huì fāshēng de, nǐ pà yě méiyou yòng.
일어날 일은 꼭 일어나게 되는 법이니, 네가 겁내도 소용없어.

▶ 'A 终究是 A' 형식으로 강조를 나타내기도 한다

亲人终究是亲人，就算有多大的怨恨，也不会往心里去。
Qīnrén zhōngjiū shì qīnrén, jiùsuàn yǒu duōdà de yuànhèn, yě bú huì wǎng xīn li qù.
가족은 어쨌든 가족이니까, 아무리 큰 원한이 있다 하더라도, 맘속에 두지 않는다.

终究 vs 毕竟
终究는 예상했던 일이 '끝에 가서는 필연적으로' 일어난다는 뜻을 나타내고, 毕竟은 '결국'이란 뜻으로, '어쨌든 결론은 하나'라는 것을 나타낸다. 终究 뒤에는 조동사가 자주 동반된다.

他终究(毕竟)是外国留学生。
Tā zhōngjiū(bìjìng) shì wàiguó xuésheng.
그는 어디까지나 외국 유학생이다.

你毕竟(终究)还年轻。
Nǐ bìjìng(zhōngjiū) hái niánqīng.
넌 어쨌든 아직 젊어.

这些问题终究会得到解决的。(O) / 这些问题毕竟会得到解决的。(X)
Zhèxiē wèntí zhōngjiū huì dédào jiějué de.
이 문제들은 필경 해결될 거야.

0059 逐年 zhúnián 한 해 한 해, 해마다 [BCT1]

这几年来，这款产品的销量呈逐年上升的趋势。
Zhè jǐ nián lái, zhè kuǎn chǎnpǐn de xiāoliàng chéng zhúnián shàngshēng de qūshì.
요 몇 년 동안, 이 제품의 판매량은 해마다 상승 추세를 보이고 있다.

[단어] 呈 chéng 드러내다, 나타내다

0060 专程 zhuānchéng 특별히, 일부러 유의 专门 zhuānmén

听说你要走，他专程来为你送行。
Tīngshuō nǐ yào zǒu, tā zhuānchéng lái wèi nǐ sòngxíng.
네가 간다는 얘길 듣고, 그는 특별히 너를 배웅하러 온 거야.

0061 足以 zúyǐ 충분히 ～할 수 있다

凭他的成绩足以得冠军。
Píng tā de chéngjì zúyǐ dé guànjūn.
그의 성적으로 볼 때 우승하기에 충분해요.

这简直是足以轰动艺术界的大新闻！
Zhè jiǎnzhí shì zúyǐ hōngdòng yìshùjiè de dà xīnwén!
이는 그야말로 예술계를 흔들어 놓을 만한 빅뉴스군요!

□□□

0001 反之 fǎnzhī 이와 반대로, 바꾸어서 말하면 유의 相反 xiāngfǎn

▶문어에 많이 쓰인다.

希望越大，失望就越大，反之亦然。
Xīwàng yuè dà, shīwàng jiù yuè dà, fǎnzhī yìrán.
희망이 클수록 실망도 크다. 이 말은 반대로 말해도 똑같다.

学习英语很快的人学习汉语也一定很快，反之也一样。
Xuéxí yīngyǔ hěn kuài de rén xuéxí hànyǔ yě yídìng hěn kuài,
fǎnzhī yě yíyàng.
영어를 빨리 익히는 사람은 중국어 공부할 때도 빨라, 반대로 얘기해도 같아.

□□□

0002 固然 gùrán 물론 ~하지만

对于比赛，能赢固然好，输了也没关系。
Duìyú bǐsài, néng yíng gùrán hǎo, shū le yě méiguānxi.
시합에 대해서는, 이길 수 있으면 좋겠지만 져도 상관없어요.

星巴克的东西贵固然有它的道理，但谁真的喜欢东西贵？
Xīngbākè de dōngxi guì gùrán yǒu tā de dàoli, dàn shéi zhēn de
xǐhuan dōngxi guì?
스타벅스 물건이 비싼 것은 물론 이유가 있지만, 누가 물건이 비싼 걸 좋아하겠어요?

□□□

0003 即便 jíbiàn 설령 ~하더라도

▶가설 겸 양보를 나타내며, '即便… 也 / 还(是)' 형식으로 많이 쓰인다.

即便是她知道自己错了，别人也很难改变她的主意。
Jíbiàn shì tā zhīdào zìjǐ cuò le, biérén yě hěn nán gǎibiàn tā de zhǔyì.
설령 그녀 스스로 잘못했다는 걸 안다 해도, 다른 사람이 그녀의 생각을 바꾸긴 어렵다.

918

即便你当头，也不该摆架子。

Jíbiàn nǐ dāng tóu, yě bù gāi bǎi jiàzi.

설령 네가 우두머리가 된다 해도, 거들먹거려선 안 된다.

0004 进而 jìn'ér 더 나아가, 진일보하여 □□□

▶복문의 뒷절에 쓰인다.

我先学好汉语，进而去研究中国现代史。

Wǒ xiān xuéhǎo Hànyǔ, jìn ér qù yánjiū Zhōngguó xiàndàishǐ.

나는 먼저 중국어를 마스터한 후에, 더 나아가 중국 현대사를 연구하고자 한다.

这些产品先国内推广，进而面向国际市场。

Zhèxiē chǎnpǐn xiān guónèi tuīguǎng, jìn'ér miànxiàng guójì shìchǎng.

이 제품들은 우선 국내에 보급하고, 나아가 국제 시장으로 진출할 것이다.

0005 况且 kuàngqiě 게다가, 더구나, 하물며 유의 何况 hékuàng □□□

▶점층 복문에 쓰이고, '况且…还(又 / 也)' 형식으로 많이 쓰인다.

他没什么恶意，况且又是个孩子，你就饶饶他吧！

Tā méi shénme è'yì, kuàngqiě yòu shì ge háizi, nǐ jiù ráorao tā ba!

저 애는 별다른 악의도 없고, 게다가 어린애잖아, 자네가 용서해 주라고!

这本书写得很好，况且很有收藏价值，你就买一本吧。

Zhè běn shū xiě de hěn hǎo, kuàngqiě hěn yǒu shōucáng jiàzhí, nǐ jiù mǎi yì běn ba.

이 책은 잘 썼고 게다가 소장 가치도 있으니, 한 권 사 놔.

况且 vs 何况

况且와 何况 둘 다 가일층의 뜻을 나타내는데, 况且는 일반 서술문에 쓰이고, 何况은 주로 '何况…呢?' 형식의 반어문에 쓰인다.

这件衣服很好看，况且价格也不贵，我就买了一件。

Zhè jiàn yīfu hěn hǎokàn, kuàngqiě jiàgé yě bú guì, wǒ jiù mǎile yí jiàn.

이 옷은 예쁜데다 가격도 안 비싸서, 난 한 벌 샀어

大人都犯错，何况小孩呢？

Dàrén dōu fàncuò, hékuàng xiǎohái ne？

어른도 실수하는데, 하물며 애들은 어떻겠어요!

0006 **连同** liántóng ~과 함께, ~과 같이, ~과 더불어 [유의] 和 hé

他把看到的，连同听到的，一起告诉了老师。
Tā bǎ kàndào de, liántóng tīngdào de, yìqǐ gàosule lǎoshī.
그는 본 것과 들은 것을, 모두 선생님께 말씀드렸다.

我把自己身上带的钱，连同同事带的钱都借给了他。
Wǒ bǎ zìjǐ shēn shang dài de qián, liántóng tóngshì dài de qián dōu jiègěile tā.
나는 내가 갖고 있던 돈에, 동료가 갖고 있던 돈까지 모두 그에게 빌려 주었다.

0007 **免得** miǎnde ~하지 않도록, ~않기 위해서 [유의] 以免 yǐmiǎn

▶ 희망하지 않는 일이 일어나지 않았으면 하는 뜻으로 쓰이며, 주로 뒷절에 쓰인다.

你可要考虑周全，免得以后后悔。
Nǐ kě yào kǎolǜ zhōuquán, miǎnde yǐhòu hòuhuǐ.
나중에 후회하지 않도록, 꼼꼼하게 따져 봐요.

他是过来人，你还是相信他吧，免得将来吃亏。
Tā shì guòlairén, nǐ háishi xiāngxìn tā ba, miǎnde jiānglái chīkuī.
그 사람은 경험자니까, 네가 그 사람을 믿어 봐, 나중에 손해 보지 말고.

[단어] **过来人** guòlairén 경험자

0008 **尚且** shàngqiě ~조차 ~한데, 그럼에도 불구하고

▶ 뒷절에 '更'이나 '何况'이 자주 동반된다.

小孩子尚且懂得这个道理，何况大人呢?
Xiǎo háizi shàngqiě dǒngdé zhè ge dàolil, hékuàng dàrén ne?
아이조차 이 도리를 아는데, 하물며 어른임에야?

今年大荒，人尚且吃不饱，更何况牲畜呢?
Jīnnián dàhuāng, rén shàngqiě chībubǎo, gèng hékuàng shēngchù ne?
올해 같은 기근에 사람도 배를 곯는데, 더군다나 가축이야!

[단어] **牲畜** shēngchù 가축

0009 倘若 tǎngruò 만일(만약·가령) ~한다면

□□□

▶가설 복문에 쓰이고, '倘若…就(便 / 那(么) / 则)' 형식으로 쓰기도 한다.

倘若韩国队获得冠军，我就请你们大吃一顿。
Tǎngruò Hánguóduì huòdé guànjūn, wǒ jiù qǐng nǐmen dà chī yí dùn.
만약에 한국팀이 우승하면, 내가 너희들에게 크게 한턱 쏠게.

倘若我可以实现你的愿望，你想许什么愿?
Tǎngruò wǒ kěyǐ shíxiàn nǐ de yuànwàng, nǐ xiǎng xǔ shénme yuàn?
만약에 내가 네 소원을 들어 준다면, 넌 무슨 소원을 빌 거니?

0010 以便 yǐbiàn ~(하기에 편리)하도록

□□□

▶복문의 뒷절에 위치한다.

已经上车的乘客麻烦往后走一下，以便后面的乘客上车。
yǐjing shàngchē de chéngkè máfan wǎng hòu zǒu yíxià, yǐbiàn hòumiàn de chéngkè shàngchē.
뒤쪽의 승객들이 탈 수 있도록, 이미 차에 타신 승객께서는 뒤로 좀 들어가 주세요.

你说话时声音大些，以便大家都能听清楚。
Nǐ shuōhuà shí shēngyīn dà xiē, yǐbiàn dàjiā dōu néng tīng qīngchu.
사람들이 잘 들을 수 있도록, 자네 얘기할 때 목소리 좀 크게 하게나.

0011 以免 yǐmiǎn ~하지 않도록, ~않기 위해서 **유의** 免得 miǎnde

□□□

▶복문의 뒷절에 쓰인다.

划船时必须要穿救生衣，以免发生事故。
Huáchuán shí bìxū yào chuān jiùshēngyī, yǐmiǎn fāshēng shìgù.
사고를 막기 위해, 뱃놀이를 할 때는 반드시 구명조끼를 입어야 한다.

我们要记住这次教训，以免再犯此类错误。
Wǒmen yào jìzhù zhè cì jiàoxùn, yǐmiǎn zàifàn cǐ lèi cuòwù.
같은 잘못을 번복하지 않도록, 우리는 이번의 교훈을 기억해야 해.

접속사 **921**

以免 vs 免得

以免과 免得 모두 복문의 뒷절에 쓰여 '~하지 않도록'의 뜻을 나타낸다. 以免은 문어에 많이 쓰고, 免得는 구어에 많이 쓴다. 免得 앞에는 '也'가 올 수 있다.

还是再问问吧，免得(以免)走错路。
Háishi zài wènwen ba, miǎnde(yǐmiǎn) zǒucuò lù.
길 잘못 들지 않게, 다시 한 번 물어보자.

不要乱停车，以免(免得)影响交通。
Búyào luàn tíngchē, yǐmiǎn(miǎnde) yǐngxiǎng jiāotōng.
교통에 방해되지 않도록, 차를 아무렇게나 주차하지 마세요.

你应该跟他解释，也免得他误会。
Nǐ yīnggāi gēn tā jiěshì, yě miǎnde tā wùhuì.
네가 그 애한테 설명을 해야, 그 애도 오해를 안 하지.

□□□

0012 以至 yǐzhì ~까지, ~에 이르기까지　유의 以致 yǐzhì

要学会游泳，必须一次、两次以至十次百次地反复练习。
Yào xué huì yóuyǒng, bìxū yí cì、liǎng cì yǐzhì shí cì bǎi cì de fǎnfù liànxí.
수영을 잘하려면, 반드시 한 번, 두 번, 열 번, 백 번에 이르도록 반복적으로 연습해야 한다.

做生意要把目光放远到一年、两年以至以后几年。
Zuò shēngyì yào bǎ mùguāng fàngyuǎndào yì nián、liǎng nián yǐzhì yǐhòu jǐ nián.
사업을 할 때는 1년, 2년에서 앞으로 몇 년 후까지 멀리 봐야 한다.

▶ ~로 하여, ~ 때문에 : 앞에서 서술한 상황의 결과를 나타낸다.

事情已经闹大了，以至惊动了整个小区。
Shìqing yǐjīng nàodà le, yǐzhì jīngdòngle zhěnggè xiǎoqū.
일이 너무 커져서, 아파트 전체를 들썩거리게 했다.

0013 **以致** yǐzhì ~이 되다, ~을 가져오다(초래하다) **유의** 以至 yǐzhì

▶주로 나쁜 결과나 원하지 않는 결과에 쓰인다.

他没有经验，以致造成事故扩大。
Tā méiyǒu jīngyàn, yǐzhì zàochéng shìgù kuòdà.
그들이 경험이 없어 사고를 크게 만들었다.

姐姐昨天晚上淋了雨，以致今天得了感冒。
Jiějie zuótiān wǎnshang línle yǔ, yǐzhì jīntiān déle gǎnmào.
언니는 어젯밤에 비를 맞고는 오늘 감기에 걸렸다.

以致 vs 以至

以致와 以至 모두 복문의 뒷절 주어 앞에 쓰여, 모종의 결과를 나타내는데, 以致는 주로 나쁜 결과나 희망하지 않은 결과를 나타낸다.

他吃了一惊，以至半天说不出话来。
Tā chīle yì jīng, yǐzhì bàntiān shuōbuchū huà lái.
그는 놀란 나머지, 한참 동안 말을 못했다.

他经常旷课，以致考试不及格。
Tā jīngcháng kuàngkè, yǐzhì kǎoshì bù jígé
그는 자주 수업을 빼먹더니, 시험에 통과하지 못했다.

▶'以至'는 '以至于'로 쓰기도 한다.

好书，看两遍三遍，以至于五六遍也看不腻。
Hǎoshū, kàn liǎng biàn sān biàn, yǐzhìyú liù biàn yě kànbunì
양서는 두 번, 세 번을 읽고, 대여섯 번까지 읽어도 질리지 않는다.

도전! **6급**

양사

0001 磅 bàng (중량 단위) 파운드(pound) □□□

一磅的重量与中国的一斤差不多。
Yí bàng de zhòngliàng yǔ Zhōngguó de yì jīn chàbuduō.
1파운드의 무게는 중국의 한 근과 비슷하다.

(tip) 1파운드(1b) : 453g / 1斤 : 500g

0002 栋 dòng 동, 채(건물을 세는 단위) □□□

这栋未来世界的第一高大楼，可以容纳5万顾客。
Zhè dòng wèilái shìjiè de dìyī gāo dàlóu, kěyǐ róngnà wǔwàn gùkè.
미래 세계에서 가장 높은 빌딩이 될 이 건물은, 5만 명의 고객을 수용할 수 있습니다.

这栋房子真的很新，装修也很不错。
Zhè dòng fángzi zhēn de hěn xīn, zhuāngxiū yě hěn búcuò.
이 집은 정말 새 집이네, 인테리어도 잘 되어 있고.

(명) 마룻대, 용마루, 상량(上樑), 기둥

从小好好学习，长大成为国家栋梁之才。
Cóngxiǎo hǎohāo xuéxí, zhǎngdà chéngwéi guójiā dòng liáng zhī cái.
어릴 때부터 열심히 공부해서, 어른이 되거든 큰 인물이 되려무나.

[단어] 栋梁之才 dòng liáng zhī cái (성) (집안이나 나라의) 기둥이 될 만한 인물

🔸 **관련 표현**

雕梁画栋 diāo liáng huà dòng (성) 기둥과 대들보를 채색화로 화려하게 장식하다

0003 番 fān 회(차례·번·바탕), 종류(가지) □□□

调查 diàochá 조사하다 / 研究 yánjiū 연구하다 / 解释 jiěshì 설명하다 / 好意 hǎoyì 호의

924

我们得深入研究一番。

Wǒmen děi shēnrù yánjiū yì fān.

우리는 깊이 한 번 연구를 해 봐야 해요.

虽然你说了很多遍，我还是没听懂你这番话的意思。

Suīrán nǐ shuōle hěn duō biàn, wǒ háishi méi tīngdǒng nǐ zhè fān huà de yìsi.

비록 네가 여러 번 얘기를 해 주었지만, 난 여전히 네 말 뜻을 이해하지 못했어.

▶ 배(倍) : 이때는 반드시 동사 '翻 fān'과만 호응한다.

不到一年，他们的销售量翻了一番。

Bú dào yì nián, tāmen de xiāoshòuliàng fānle yì fān.

1년도 안 되어, 그 회사의 매출이 두 배로 뛰었다.

🗨️ 관련 표현

三番五次 sān fān wǔ cì 성 여러 번, 누차, 수차례

□□□

0004 毫米 háomǐ 밀리미터(mm) 참고 厘米 límǐ 센티미터

饭桌上铺一张5毫米厚的钢化玻璃就行。

Fànzhuō shang pū yì zhāng wǔ háomǐ hòu de gānghuà bōli jiù xíng.

식탁 위에 5mm 두께의 강화 유리를 깔면 돼요.

医生说我的肾上有个三毫米的结石。

Yīshēng shuō wǒ de shèn shang yǒu ge sān háomǐ de jiéshí.

의사 선생님께서 내 신장에 3mm 되는 결석이 있다고 하신다.

□□□

0005 粒 lì 알, 알갱이(조그만 입자를 세는 단위)

米 mǐ 쌀 / 药丸 yàowán 알약 / 种子 zhǒngzi 씨앗

每一粒大米都是用农民辛苦劳动的汗水换来的。

Měi yí lì dàmǐ dōu shì yòng nóngmín xīnkǔ láodòng de hànshuǐ huànlái de.

쌀 한 톨 한 톨은 모두 농민들이 힘들게 노동한 땀과 바꾼 것이다.

圆珠笔的笔尖上都有一粒小圆珠。

Yuánzhūbǐ de bǐjiān shang dōu yǒu yí lì xiǎo yuánzhū.

볼펜 펜촉에는 모두 작은 구슬 하나가 박혀 있다.

0006 枚 méi 매, 장, 개

硬币 yìngbì 동전 / 戒指 jièzhi 반지 / 邮票 yóupiào 우표 / 金牌 jīnpái 금메달

你觉得在这届奥运会上中国能获得多少枚金牌?
Nǐ juéde zài zhè jiè àoyùnhuì shang Zhōngguó néng huòdé duōshao méi jīnpái?
너는 이번 올림픽에서 중국이 금메달을 몇 개나 딸 것 같아?

0007 摄氏度 shèshìdù 섭씨(온도, ℃로 표기)

中国最北端的漠河，冬天的气温可以达到零下50摄氏度。
Zhōngguó zuì běiduān de Mòhé, dōngtiān de qìwēn kěyǐ dádào língxià wǔshí shèshìdù.
중국의 최북단인 모허(막하)는 겨울의 기온이 영하 50도까지 내려간다.

演员们在38摄氏度的高温下，仍很认真地拍戏。
Yǎnyuánmen zài sānshíbā shèshìdù de gāowēn xia, réng hěn rènzhēn de pāixì.
배우들은 38도의 고온에서도 여전히 진지하게 촬영에 임하고 있다.

0008 艘 sōu 척

油轮 yóulún 유조선 / 客轮 kèlún 여객선 / 货轮 huòlún 화물선 / 军舰 jūnjiàn 군함

这艘豪华游轮3号从长崎出发，4号抵达上海。
Zhè sōu háohuá yóulún sān hào cóng Chángqí chūfā, sì hào dǐdá Shànghǎi.
이 호화 여객선은 3일 나가사키를 출발해, 4일에 상하이에 도착한다.

[단어] **长崎** Chángqí 나가사키

0009 株 zhū 그루, 포기

树 shù 나무 / 草 cǎo 풀

院子里种了几株玫瑰，现在开得美极了。
Yuànzi li zhòngle jǐ zhū méiguī, xiànzài kāi de měi jíle.
마당에 장미 몇 그루를 심었는데, 지금 너무 아름답게 피었다.

这株银杏树每年能结几千个白果。

Zhè zhū yínxìngshù měi nián néng jiē jǐ qiān ge báiguǒ.

이 은행나무에는 매년 몇 천 개의 열매가 열린다.

0010 幢 zhuàng 동, 채 **유의** 座 zuò, 栋 dòng

随着城市规划的出台，一幢幢的高楼应声拔地而起。

Suízhe chéngshì guīhuà de chūtái, yí zhuàngzhuàng de gāolóu yìng shēng bá dì ér qǐ.

도시 계획이 시행되면서, 빌딩이 몇 채씩 생겨나고 있다.

[단어] 拔地而起 bá dì ér qǐ 성 땅위에 우뚝 솟다

这里的每幢房子装修得都不一样。

Zhèli de měi zhuàng fángzi zhuāngxiū de dōu bù yíyàng.

이곳은 집집마다 인테리어가 다르다.

☐☐☐

0001 **而已** éryǐ ~뿐이다 [유의] **罢了** bà le

至于这件事，他也不情愿，只是没说出来而已。
Zhìyú zhè jiàn shì, tā yě bù qíngyuàn, zhǐshì méi shuōchulai éryǐ.
이 일이라면, 그 친구도 원하지 않아, 단지 말을 안 할 뿐이지.

不要大惊小怪的，我刚才只是打个比方而已。
Búyào dà jīng xiǎo guài de, wǒ gāngcái zhǐshì dǎ ge bǐfāng éryǐ.
놀랄 거 없어, 난 방금 전에 그저 예를 든 것뿐이라고.

[단어] 大惊小怪 dà jīng xiǎo guài [성] 별것 아닌 일에 크게 놀라다

☐☐☐

0002 **啦** la '了 le'와 '啊 a'의 합음

▶일의 완성·변화·새로운 상황·감탄·놀라움 등을 나타낸다.

我今早看见你啦!
Wǒ jīn zǎo kànjiàn nǐ la!
내가 오늘 아침에 너 봤어!

又是水费啦，又是电费啦，在外租房子开销真是多。
Yòu shì shuǐfèi lā, yòu shì diànfèi la, zài wàizū fángzi kāixiāo zhēnshi duō.
수도 요금이며, 전기 요금이며, 외지에서 세를 얻어 살면 돈이 정말 많이 들어.

下初雪啦!
Xià chūxuě la!
첫눈이 와요!

他真的走啦?
Tā zhēn de zǒu la?
그 사람 정말 간 거야?

0003 嘛 ma ~하잖아요

▶당연함 · 기대 · 만류 · 주의를 환기시키는 어감으로 쓰인다.

不就是出主意嘛，这有什么难的，交给我好了。
Bú jiù shì chū zhǔyì ma, zhè yǒu shénme nán de, jiāogěi wǒ hǎo le.
방법을 생각해 내면 되는 거 아냐. 이게 뭐 어려운 일이라고, 나한테 맡겨요.

不懂就直说嘛，不要这么不好意思的。
Bù dǒng jiù zhíshuō ma, búyào zhème bùhǎoyìsi de.
모르면 솔직하게 말하면 되는 거야. 괜히 부끄러워할 것 없어.

你不要说得那么快嘛!
Nǐ búyào shuō de nàme kuài ma!
말 좀 그렇게 빨리 하지 마!

天太黑了，你不要走嘛。
Tiān tài hēi le, nǐ búyào zǒu ma.
날이 어두워졌어. 가지마.

这事儿嘛，还是你出面处理好。
Zhè shìr ma, háishi nǐ chūmiàn chǔlǐ hǎo.
이 일은 말야. 어쨌든 자네가 나서서 처리하는 게 나아.

도전! **6급**

감탄사

☐☐☐

0001 嗨 hāi 에! 어이! 자! 이봐! 유의 咳 hāi

▶ 놀라움 · 불만 · 주의를 환기시킬 때 쓰인다.

嗨，过去的事，还提它干吗？
Hāi, guòqù de shì, hái tí tā gànmá?
흠, 지난 일인데, 들춰내서 뭐하게?

嗨，我在这儿！
Hāi, wǒ zài zhèr!
어이, 나 여기 있어!

嗨！这里不能停车！
Hāi! Zhèli bù néng tíngchē!
이봐요! 여기에 주차하시면 안 돼요!

☐☐☐

0002 嘿 hēi

▶ 안부를 물을 때, 상대의 주의를 환기시킬 때, 감탄할 때, 득의양양함을 표현할 때, 뜻밖일 때 쓰인다.

嘿！东东，你怎么了？
Hēi! Dōngdong, nǐ zěnme le?
애! 동동아, 너 왜 그래?

嘿！看看他！
Hēi! Kànkan tā!
어이! 저 사람 좀 봐!

嘿！这儿的风景美极了！
Hēi! Zhèr de fēngjǐng měi jíle!
히야! 여기 풍경이 정말 멋지다!

嘿，我们又是冠军啦！
Hēi, wǒmen yòu shì guànjūn la!
보라고, 우리가 또 우승이라고!

嘿，原来是你呀!
Hēi, yuánlái shì nǐ ya!
어머, 너였구나!

0003 哦 ò 애! 음!

▶깨달음, 어떤 일이 생각났을 때 쓰인다.

哦，是这样的呀!
Ò, shì zhèyàng de ya!
아, 이런 거였구나!

哦，我全都想起来了!
Ò, wǒ quán dōu xiǎngqilai le!
음, 나 다 생각났어!

0004 哇 wā 와!

▶감탄, 놀라움을 나타낸다.

哇，你画得真好!
Wā, nǐ huà de zhēn hǎo!
와, 너 정말 잘 그렸구나!

哇，这么漂亮的房子，我第一次见呢!
Wā, zhème piāoliang de fángzi, wǒ dìyī cì jiàn ne!
와, 이렇게 예쁜 집은 처음 보는데!

참 Wa 감탄, 미움, 동의, 의문 등의 어감 표현

▶조사 '啊' 앞에 모음 'u, ao, ou' 등이 올 때, '哇'로 읽는다.

这里人真不少哇!
Zhèli rén zhēn bùshǎo wa!
여기 사람들이 정말 많은 걸!

院子里，树哇，花草哇，真多!
Yuànzi li, shù wa, huācǎo wa, zhēn duō!
마당에는, 풀이며 화초가 정말 많네!

你们快走哇!
Nǐmen kuài zǒu wa!
너희들 어서 가!

성어

0001 爱不释手 ài bú shì shǒu 좋아해서 잠시도 손에서 놓지 않다

到底是什么东西啊，让他这么爱不释手？
Dàodǐ shì shénme dōngxi a, ràng tā zhème ài bú shì shǒu?
도대체 뭐 길래, 저 친구가 저렇게 애지중지하지?

0002 拔苗助长 bá miáo zhù zhǎng 조장발묘, 빨리 자라라고 모를 뽑는다
일을 급하게 이루려고 하다가 도리어 일을 그르치다

这种做法相当于拔苗助长，可能只会造成混乱。
Zhè zhǒng zuòfǎ xiāngdāngyú bá miáo zhù zhǎng, kěnéng zhǐ huì zàochéng hùnluàn.
이 방법은 조장발묘와 흡사해, 혼란만 조성할 수도 있다.

0003 半途而废 bàn tú ér fèi 일을 중도에 그만두다, 도중에 포기하다

你老是这样半途而废的话，将来做什么都很难取得成功的！
Nǐ lǎoshì zhèyàng bàn tú ér fèi dehuà, jiānglái zuò shénme dōu hěn nán qǔdé chénggōng de!
네가 이렇게 계속 중도에서 포기하면, 앞으로 뭘 하든 성공하기 힘들어!

0004 饱经沧桑 bǎo jīng cāng sāng 세상의 온갖 풍파를 다 겪다

从她那饱经沧桑的脸上可以看出，这些年她过得很不容易。
Cóng tā nà bǎo jīng cāng sāng de liǎn shang kěyǐ kànchū, zhèxiē nián tā guò de hěn bù róngyì.
그녀의 온갖 풍파를 다 겪은 듯한 얼굴에서, 요 몇 년 그녀가 힘들게 살아왔음을 알겠어.

0005 **博大精深** bó dà jīng shēn 사상·학식이 넓고 심오하다

为了领略博大精深的中华文化，他特地来中国留学。

Wèile lǐnglüè bó dà jīng shēn de zhōnghuá wénhuà, tā tèdì lái Zhōngguó liúxué.

심오한 중화 문화를 이해하기 위해, 그는 특별히 중국으로 유학을 왔다.

0006 **不屑一顾** bú xiè yí gù 거들떠볼 가치도 없다, 아주 하찮다

有的家长只关心成绩，对孩子的其它能力不屑一顾。

Yǒu de jiāzhǎng zhǐ guānxīn chéngjì, duì háizi de qítā nénglì bú xiè yí gù.

일부 가장은 성적에만 관심이 있을 뿐, 아이의 다른 능력은 신경도 안 쓴다.

0007 **不可思议** bù kě sī yì 불가사의하다, 이해할 수 없다, 상상할 수 없다

上海还有这么便宜的房子，真是太不可思议了。

Shànghǎi hái yǒu zhème piányi de fángzi, zhēnshi tài bù kě sī yì le.

상하이에 아직 이렇게 싼 집이 있다니, 정말 믿기질 않아.

0008 **不相上下** bù xiāng shàng xià 우열을 가릴 수 없다, 막상막하이다

两对手水平不相上下，这下有的看了。

Liǎng duì shǒu shuǐpíng bù xiāng shàng xià, zhè xià yǒu de kàn le.

두 선수 실력이 막상막하라, 이번엔 볼만하겠는걸.

0009 **不言而喻** bù yán ér yù 말하지 않아도 안다, 말할 필요도 없다

经常锻炼身体对人的好处是不言而喻的。

Jīngcháng duànliàn shēntǐ duì rén de hǎochù shì bù yán ér yù de.

자주 운동을 하는 것이 사람한테 좋다는 것은 말할 필요도 없다고.

0010 不择手段 bù zé shǒu duàn 수단 방법을 가리지 않다

A：为了出名，他不择手段。
Wèile chūmíng, tā bù zé shǒu duàn.
출세를 위해서라면, 그는 수단과 방법을 가리지 않는다니까.

B：名利不过是过眼云烟，他怎么就看不透呢？
Mínglì búguò shì guò yǎn yún yān, tā zěnme jiù kànbutòu ne?
명리는 뜬구름 같은 것인데, 그는 왜 그걸 못 보는 것일까?

[단어] **过眼云烟** guò yǎn yún yān 〈성〉 눈앞에서 흩날리는 구름과 연기

0011 层出不穷 céng chū bù qióng 끊임없이 나타나다, 꼬리를 물고 나타나다

央视播出的《芈月传》，经典台词层出不穷。
yāngshì bōchū de 《Mǐyuèzhuàn》, jīngdiǎn táicí céng chū bù qióng
중국방송국에서 방송하는 《芈月传》은, 명대사가 끊임없이 나온다.

[단어] **央视** yāngshì 中央电视台(zhōngyāng diànshìtái), 중국중앙방송국(CCTV)의 약칭

0012 称心如意 chèn xīn rú yì 마음에 꼭 들다, 자기 마음에 완전히 부합되다

想要买到称心如意的商品，你可得瞪大了眼睛好好挑一下。
Xiǎng yào mǎidào chēng xīn rú yì de shāngpǐn, nǐ kě děi dèngdàle yǎnjing hǎohāo tiāo yíxià.
마음에 꼭 드는 물건을 사려면, 눈을 크게 뜨고 잘 골라야 해.

0013 川流不息 chuān liú bù xī (행인 · 차량 등이) 냇물처럼 끊임없이 오가다, 꼬리에 꼬리를 물고 이어지다

每到周末，这里总是人山人海，车辆川流不息。
Měi dào zhōumò, zhèli zǒngshì rén shān rén hǎi, chēliàng chuān liú bù xī.
주말마다, 이곳에는 늘 사람들로 북적거리고 차량 행렬이 끊이질 않는다.

[단어] **人山人海** rén shān rén hǎi 〈성〉 인산인해, 모인 사람이 대단히 많다

0014 当务之急 dāng wù zhī jí 당장 급히 처리해야 하는 일, 급선무 □□□

美国经济的当务之急是削减财政赤字。

Měiguó jīngjì de dāng wù zhī jí shì xuējiǎn cáizhèng chìzì.

미국 경제의 급선무는 재정 적자를 줄이는 일이다.

[단어] 削减 xuējiǎn 줄이다, 삭감하다

0015 得不偿失 dé bù cháng shī 얻는 것보다 잃는 것이 더 많다 □□□

[반의] 事半功倍 shì bàn gōng bè 적은 노력으로 많은 성과를 올리다

这是一种得不偿失的做法，最终只能是走入死胡同。

Zhè shì yì zhǒng dé bù cháng shī de zuòfǎ, zuì zhōng zhǐnéng shì zǒurù sǐhútong.

이건 득보다 실이 많은 방법으로, 결국 궁지에 몰릴 거야.

0016 得天独厚 dé tiān dú hòu 우월한 자연 조건을 갖고 있다, 특별히 좋은 조건을 갖추다, 처한 환경이 남달리 좋다 □□□

[반의] 先天不足 xiān tiān bù zú 선천적으로 체질이 허약하다, 사물의 기초가 약하다

和我这代人相比，90后有得天独厚的条件。

Hé wǒ zhè dài rén xiāngbǐ, jiǔlíng hòu yǒu dé tiān dú hòu de tiáojiàn.

우리 세대와 비교하면, 90년대생들은 아주 좋은 환경 조건을 갖고 있지.

与周边地区相比，这里拥有得天独厚的地理优势。

Yǔ zhōubiān dìqū xiāngbǐ, zhèli yōngyǒu dé tiān dú hòu de dìlǐ yōushì.

주변 지역과 비교했을 때, 이곳은 우월한 지리 조건을 갖고 있다.

0017 丢三落四 diū sān là sì 흐리멍덩하다, 이것저것 빠뜨리다, 잘 잊어버리다 □□□

工作了那么长时间，他做事情老是丢三落四，不完美。

Gōngzuòle nàme cháng shíjiān, tā zuò shìqing lǎoshì diū sān là sì, bù wánměi.

일을 그렇게 오래 했는데도, 그는 일할 때 여전히 칠칠치 못하고, 깨끗하게 마무리를 못한다.

0018 东张西望 dōng zhāng xī wàng 여기저기 두리번거리다, 한눈을 팔다

她紧张兮兮地东张西望却没有看到什么可疑的人。

Tā jǐnzhāng xīxī de dōng zhāng xī wàng què méiyou kàndào shénme kěyí de rén.

그녀는 잔뜩 긴장한 채 두리번거렸지만, 의심할 만한 사람은 보이지 않았다.

老老实实干你的本行，不要东张西望。

Lǎolaoshíshí gàn nǐ de běnháng, búyào dōng zhāng xī wàng.

얌전하게 본업에 충실하라고, 한눈팔지 말고 말이야.

0019 飞禽走兽 fēi qín zǒu shòu 금수(禽獸), 조수(鳥獸), 날짐승과 들짐승

森林里隐藏着许多不知名的飞禽走兽。

Sēnlín li yǐncángzhe xǔduō bùzhī míng de fēi qín zǒu shòu.

숲에는 많은 이름 없는 금수가 숨어 있다.

0020 废寝忘食 fèi qǐn wàng shí 침식(寢食)을 잊다, (어떤 일에) 전심전력하다

为了考上大学，我儿子废寝忘食、不分昼夜地刻苦学习。

Wèile kǎoshàng dàxué, wǒ érzi fèi qǐn wàng shí、 bù fēn zhòuyè de kèkǔ xuéxí.

대학에 붙기 위해 우리 아들은 있는 힘을 다해, 불철주야 열심히 공부하고 있다.

[단어] **不分昼夜** bù fēn zhòuyè (일 하는데) 밤낮을 가리지 않다

0021 风土人情 fēng tǔ rén qíng 지방의 특색과 풍습, 풍토와 인심

旅游可以让我增长知识，也可以让我体验当地的风土人情。

Lǚyóu kěyǐ ràng wǒ zēngzhǎng zhīshi, yě kěyǐ ràng wǒ tǐyàn dāngdì de fēng tǔ rén qíng.

여행은 지식을 늘려 주고, 내가 현지의 풍토와 인심을 체험할 수 있게도 해 준다.

0022 各抒己见 gè shū jǐ jiàn 각자 자기의 의견을 발표하다

유의 **畅所欲言** chàng suǒ yù yán

对于本次奥运会开幕式的亮点，网友们自由发帖各抒己见。
Duìyú běn cì àoyùnhuì kāimùshì de liàngdiǎn, wǎngyǒumen zìyóu fātiě gè shū jǐ jiàn.

이번 올림픽 개막식 하이라이트에 대해, 네티즌들이 자유롭게 댓글을 달면서 의견을 내놓았다.

[단어] 发帖 fātiě (인터넷에) 글을 올리다, 포스팅하다

对这个观点，大家各抒己见，有的赞成，有的反对。
Duì zhè ge guāndiǎn, dàjiā gè shū jǐ jiàn, yǒu de zànchéng, yǒu de fǎnduì.

이 관점에 대해, 모두가 나름의 의견을 발표했는데, 어떤 이는 찬성하고 어떤 이는 반대했다.

0023 根深蒂固 gēn shēn dì gù 기초가 튼튼하여 쉽게 흔들리지 않다

如果不抛弃根深蒂固的偏见思想，他将跟不上时代了。
Rúguǒ bù pāoqì gēn shēn dì gù de piānjiàn sīxiǎng, tā jiāng gēnbushàng shídài le.

만약 깊이 뿌리박힌 편견 사상을 버리지 않는다면 그는 시대에 뒤떨어질 것이다.

这里的封建思想根深蒂固，阻碍了现代化的发展进程。
Zhèli de fēngjiàn sīxiǎng gēn shēn dì gù, zǔ'àile xiàndàihuà de fāzhǎn jìnchéng.

이곳의 봉건 의식이 뿌리깊어, 현대화로 가는 발전 과정에 걸림돌이 되고 있다.

0024 供不应求 gōng bù yìng qiú 공급이 수요를 따르지 못하다

这种产品深受消费者的喜爱，常常供不应求。
Zhè zhǒng chǎnpǐn shēnshòu xiāofèizhě de xǐ'ài, chángcháng gòng bù yìng qiú.

이 제품은 소비자들에게 너무 인기가 많아, 때때로 제때 공급을 못할 때가 있습니다.

0025 归根到底 guī gēn dào dǐ 근본으로 돌아가다, 결국, 끝내 □□□

这件事归根到底是我引起的，所以我应该负责到底。
Zhè jiàn shì guī gēn dào dǐ shì wǒ yǐnqǐ de, suǒyǐ wǒ yīnggāi fùzé dàodǐ.
이 일은 결국 저로 인한 것이니까, 제가 끝까지 책임을 지겠습니다.

不管怎么样，归根到底的竞争就是服务，服务水平与态度。
Bùguǎn zěnmeyàng, guī gēn dào dǐ jìngzhēng jiù shì fúwù, fúwù shuǐpíng yǔ tàidù.
어쨌든, 근본적인 경쟁은 서비스로, 서비스 수준과 태도이다.

0026 后顾之忧 hòu gù zhī yōu 뒷걱정, 뒷근심, 가족 걱정 □□□

这项政策为失地农民解决了后顾之忧，保障了他们的利益。
Zhè xiàng zhèngcè wèi shīdì nóngmín jiějuéle hòu gù zhī yōu, bǎozhāngle tāmen de lìyì.
이 정책은 땅을 잃은 농민들의 걱정을 덜어 주고, 그들의 이익을 보장해 주었다.

0027 画蛇添足 huà shé tiān zú 재주를 피우려다 일을 망치다, 사족을 가하다 □□□

描述事物如果过于夸张，让人看了反感，有点画蛇添足的感觉。
Miáoshù shìwù rúguǒ guòyú kuāzhāng, ràng rén kànle fǎngǎn, yǒu diǎn huà shé tiān zú de gǎnjué.
사물을 묘사할 때 과도하게 과장이 지나치면, 사람들에게 반감을 주고, 사족을 단 느낌을 준다.

他的报告已经写得很好了，你就不要画蛇添足了。
Tā de bàogào yǐjing xiě de hěn hǎo le, nǐ jiù búyào huà shé tiān zú le.
그 친구의 보고서는 이미 너무나 훌륭하니, 괜한 사족을 달지 말라고.

0028 恍然大悟 huǎng rán dà wù 문득 모든 것을 깨우치다, 마음이 탁 트이다 □□□

当失去时，我们才恍然大悟，拥有时应该去珍惜。
Dāng shīqù shí, wǒmen cái huǎng rán dà wù, yōngyǒu shí yīnggāi qù zhēnxī.
잃었을 때에야, 우리는 가졌을 때 소중히 아껴야 함을 깨닫게 된다.

0029 急功近利 jí gōng jìn lì 눈앞의 성공과 이익에 급급하다

他这个人太急功近利了，为了达到目的，他可以不择手段。

Tā zhège rén tài jí gōng jìn lì le, wèile dádào mùdì, tā kěyǐ bù zé shǒu duàn.

저 친구는 너무 눈앞의 이익에만 급급해서, 목적을 위해서라면, 수단과 방법을 가리지 않지.

0030 急于求成 jí yú qiú chéng 상황을 고려하지 않고 서둘러 목적을 달성하려 하다

做事情不能急于求成，成功都是靠经验累积起来的。

Zuò shìqing bù néng jí yú qiú chéng, chénggōng dōu shì kào jīngyàn lěijī qǐlai de.

무슨 일을 할 때는 서둘러 끝내려 하면 안 되는 법이야. 성공은 말이지 경험이 쌓여서 되는 것이 거든.

0031 家喻户晓 jiā yù hù xiǎo 집집마다 다 알다, 사람마다 모두 알다

岳飞精忠报国的事迹在中国早已家喻户晓。

Yuè Fēi jīngzhōng bàoguó de shìjì zài Zhōngguó zǎoyǐ jiā yù hù xiǎo.

위에페이(악비)가 온몸을 바쳐 국가에 충성한 사적은 중국에서는 일찍이 널리 알려진 사실이다.

[단어] 精忠 jīngzhōng (국가나 민족에 대해) 무한히 충성하다

tip 岳飞 : (1103~1142) 남송 때 금(金)에 항거한 명장.

0032 见多识广 jiàn duō shí guǎng 박식하고 경험이 많다, 박학다식하다

他兴致勃勃地说着奇闻轶事，我们真佩服他的见多识广。

Tā xìngzhìbóbó de shuōzhe qíwén yìshì, wǒmen zhēn pèifu tā de jiàn duō shí guǎng.

그는 흥미진진하게 기이한 이야기를 해 줬는데, 우리는 그의 박학다식함이 정말 존경스러웠다.

[단어] 奇闻轶事 qíwén yìshì 기문일사, 기이한 소문과 진기한 이야기

0033 见义勇为 jiàn yì yǒng wéi 불의를 보면 참지 못하다 □□□

对那些见义勇为的人，国家应该大力奖赏，从而鼓舞更多的人。

Duì nàxiē jiànyì yǒng wéi de rén, guójiā yīnggāi dàlì jiǎngshǎng, cóng'ér gǔwǔ gèng duō de rén.

정의로운 행동을 한 사람들에 대해, 국가에서는 크게 표창을 하여서, 더 많은 사람들이 본받도록 해야 한다.

0034 竭尽全力 jié jìn quán lì 모든 힘을 다 기울이다, 전력을 다하다 □□□

今天的比赛，球员们一个一个地都竭尽全力了。

Jīntiān de bǐsài, qiúyuánmen yí ge yí ge de dōu jié jìn quán lì le.

오늘 경기에서, 선수들 하나하나가 모두 전력을 다했다.

0035 津津有味 jīn jīn yǒu wèi 흥미진진하다, 아주 맛있다 □□□

你们在聊什么聊得这么津津有味?

Nǐmen zài liáo shénme liáo de zhème jīn jīn yǒu wèi?

너희들 무슨 얘기를 하기에 그렇게 재미있어 하니?

本来胃口并不好，可是看着他吃得津津有味，她也想吃点儿。

Běnlái wèikǒu bìng bù hǎo, kěshì kànzhe tā chī de jīn jīn yǒu wèi, tā yě xiǎng chī diǎnr.

원래 입맛이 별로 없었는데, 그가 맛있게 먹는 모습을 보면서, 그녀도 조금 먹고 싶다는 생각이 들었다.

0036 锦上添花 jǐn shàng tiān huā 금상첨화 □□□

如果你加入我们队伍，那就锦上添花了。

Rúguǒ nǐ jiārù wǒmen duìwu, nà jiù jǐn shàng tiān huā le.

만약에 자네가 우리 팀에 들어온다면 금상첨화가 될 거야.

大明星周润发的到来，为本次活动锦上添花。

Dà míngxīng Zhōu Rùnfā de dàolái, wèi běn cì huódòng jǐn shàng tiān huā.

대스타 저우룬파가 와서, 이번 행사가 더욱 빛이 난다.

 周润发 : (1955~) 중국의 유명 배우.

0037 兢兢业业 jīng jīng yè yè 근면하고 성실하게 업무에 임하다 □□□

他的同事告诉记者，她在工作中是一个兢兢业业的人。

Tā de tóngshì gàosu jìzhě, tā zài gōngzuò zhōng shì yí ge jīng jīng yè yè de rén.

그의 동료는 기자에게, 그녀는 부지런하고 성실하게 일하는 사람이라고 했다.

0038 精打细算 jīng dǎ xì suàn 세밀하게 계산하다, 꼼꼼히 따지다 □□□

她特精明，买东西都要精打细算，选购最实惠的东西。

Tā tè jīngmíng, mǎi dōngxi dōu yào jīng dǎ xì suàn, xuǎngòu zuì shíhuì de dōngxi.

그녀는 아주 영특해서, 물건을 살 때도 꼼꼼히 따져보고, 가장 실용적인 것으로 산다.

0039 精益求精 jīng yì qiú jīng 훌륭하지만 더욱 더 완벽을 추구하다 □□□

做任何事都要精益求精才能做得更好。

Zuò rènhé shì dōu yào jīng yì qiú jīng cái néng zuò de gèng hǎo

무슨 일을 하든지 완벽을 추구해야 더 잘해낼 수 있다.

0040 举世瞩目 jǔ shì zhǔ mù 전 세계 사람들이 주목하다 □□□

中国在经济发展的道路上取得了举世瞩目的成绩。

Zhōngguó zài jīngjì fāzhǎn de dàolù shang qǔdéle jǔ shì zhǔ mù de chéngjì.

중국은 경제 발전 과정에서 전 세계의 주목을 받을 만한 성과를 거두었다.

0041 举足轻重 jǔ zú qīng zhòng 상당한 영향력을 가지고 있다, 아주 중요하다 □□□

반의 无足轻重 wú zú qīng zhòng 대수롭지 않다, 별로 중시할 것이 못되다

工作在我们生活中占据着举足轻重的位置。

Gōngzuò zài wǒmen shēnghuó zhōng zhànjùzhe jǔ zú qīng zhòng de wèizhi.

직업은 우리의 삶에서 아주 중요한 부분을 차지하고 있다.

老总将这样举足轻重的工作交给我做了。

Lǎozǒng jiāng zhèyàng jǔ zú qīng zhòng de gōngzuò jiāogěi wǒ zuò le.

사장님이 대단히 중요한 업무를 나에게 맡기셨다.

0042 聚精会神 jù jīng huì shén 정신을 집중하다, 열중하다 ☐☐☐

我第一次见他这么聚精会神地听课，今天太阳好像是从西边出来了。

Wǒ dìyī cì jiàn tā zhème jù jīng huì shén de tīngkè, jīntiān tàiyáng hǎoxiàng shì cóng xībiān chūlai le.

난 저 녀석이 이렇게 정신을 집중해서 수업 듣는 걸 처음 봤어, 오늘 해가 서쪽에서 떴나 봐.

0043 侃侃而谈 kǎn kǎn ér tán 당당하고 차분하게 말하다 ☐☐☐

他平时沉默寡言，想不到在辩论会上竟侃侃而谈，令人大吃一惊。

Tā píngshí chénmò guǎyán, xiǎngbudào zài biànlùnhuì shang jìng kǎn kǎn ér tán, lìng rén dà chī yì jīng.

그 사람 평소엔 과묵하더니, 토론회에서 당차게 말하는 걸 보고 깜짝 놀랐어.

0044 刻不容缓 kè bù róng huǎn 일각도 지체할 수 없다, 조금도 지체할 수 없다 ☐☐☐

修改计划生育政策已经到了刻不容缓的地步。

Xiūgǎi jìhuà shēngyù zhèngcè yǐjing dàole kè bù róng huǎn de dìbù.

가족 계획 정책을 수정하는 일은 시급한 문제가 되었다.

0045 空前绝后 kōng qián jué hòu 전무후무하다 ☐☐☐

유의 独一无二 dú yī wú èr

《富春山居图》在中国传统山水画中所取得的艺术成就，可谓空前绝后。

《Fùchūnshānjūtú》 zài Zhōngguó chuántǒng shānshuǐhuà zhōng suǒ qǔdé de yìshù chéngjiù, kěwèi kōng qián jué hòu.

《부춘산거도》가 중국 전통 산수화에서 취득한 예술 성과는 전무후무하다 할 수 있다.

tip 富春山居图 : 元朝 黄公望(Huáng Gōng wàng)의 작품. 중국 10대 명화(名画) 중 하나.

0046 苦尽甘来 kǔ jìn gān lái 고진감래, 고생 끝에 낙이 온다

他辛苦了一辈子，儿女都很有出息，本以为可以苦尽甘来了，却得了癌症。

Tā xīnkǔle yíbèizi, érnǚ dōu hěn yǒu chūxī, běn yǐwéi kěyǐ kǔ jìn gān lái le, què déle áizhèng.

그 사람 평생 고생만 하다가, 자식들이 잘되어서, 고생 끝에 좋은 날이 오나 했더니만, 덜컥 암에 걸린 거 있지.

0047 狼吞虎咽 láng tūn hǔ yàn 게걸스럽게 먹다

看他那副狼吞虎咽的吃相，像饿了三天的狼。

Kàn tā nà fù láng tūn hǔ yàn de chīxiàng, xiàng èle sān tiān de láng.

저 녀석 게걸스럽게 먹는 모습을 보니, 꼭 3일 동안 굶은 늑대 같군.

0048 礼尚往来 lǐ shàng wǎng lái 오는 정이 있으면 가는 정이 있다

人与人之间要礼尚往来，这样才显得有人情味。

Rén yǔ rén zhījiān yào lǐ shàng wǎng lái, zhèyàng cái xiǎnde yǒu rénqíngwèi.

사람과 사람 사이엔 오고가는 정이 있어야 인정미가 있는 거지.

0049 理所当然 lǐ suǒ dāng rán 당연히 그렇다, 당연하다

成龙是一位很敬业很拼命的演员，他有今天的成就，是理所当然的。

Chéng Lóng shì yí wèi hěn jìngyè hěn pīnmìng de yǎnyuán, tā yǒu jīntiān de chéngjiù, shì lǐ suǒ dāng rán de.

청룽(성룡)은 직업 의식이 투철하고 열심히 하는 배우이기에, 그가 오늘날 거둔 성과는 당연한 것이다.

别觉得她对你好就是理所当然，你也应该对她好。

Bié juéde tā duì nǐ hǎo jiù shì lǐ suǒ dāng rán, nǐ yě yīnggāi duì tā hǎo.

그녀가 너한테 잘해 주는 걸 당연하게 여기지 말고, 너도 그녀한테 잘해야 하는 거야.

0050 **理直气壮** lǐ zhí qì zhuàng 태도가 당당하고 떳떳하다 □□□

我真没见过这种人，做错了还这么理直气壮！
Wǒ zhēn méi jiànguo zhè zhǒng rén, zuò cuòle hái zhème lǐ zhí qì zhuàng!
나는 정말 이런 사람 처음 봐, 잘못해 놓고도 어쩜 그리 당당한지!

0051 **力所能及** lì suǒ néng jí 자신의 능력으로 해낼 수 있다, □□□
스스로 할 만한 능력이 있다

반의 **力不从心** lì bù cóng xīn 할 마음이 있으나 능력이 따르지 못하다,
능력이 모자라 뜻대로 되지 않는다

别勉强做自己能力范围外的事情，还是从自己力所能及的开始吧。
Bié miǎnqiǎng zuò zìjǐ nénglì fànwéi wài de shìqing, háishi cóng zìjǐ lì suǒ néng jí de kāishǐ ba.
자신의 능력 밖의 일을 억지로 하지 말고, 그냥 자신이 할 수 있는 것부터 시작해.

0052 **络绎不绝** luò yì bù jué 왕래가 빈번해 끊이지 않다 □□□

从这幅画上我们可以看出，当年这里很繁华，车马行人络绎不绝。
Cóng zhè fú huà shang wǒmen kěyǐ kànchū, dāngnián zhèlǐ hěn fánhuá, chēmǎ xíngrén luò yì bù jué.
이 그림에서 우리는, 당시 이곳이 번화하고, 마차와 행인들의 발길이 빈번했음을 알 수 있다.

0053 **名副其实** míng fù qí shí 명실상부하다 BCT1 □□□

유의 **名不虚传** míng bù xū chuán
반의 **有名无实** yǒu míng wú shí 유명무실하다, 이름만 있을 뿐 알맹이가 없다

桂林山水甲天下，名副其实! 这里的一切都很吸引我。
Guìlín shānshuǐ jiǎ tiānxià, míng fù qí shí! Zhèlǐ de yíqiè dōu hěn xīyǐn wǒ.
꾸이린(계림)의 산수는 천하 제일이라더니, 그 이름에 걸맞군! 이곳의 모든 것이 나를 매료시키고 있어.

944

0054 莫名其妙 mò míng qí miào 영문을 알 수 없다, 납득이 안 가다 □□□

今天早晨明明还是晴天,中午却莫名其妙地下了场雨。
Jīntiān zǎochén míngmíng háishì qíngtiān, zhōngwǔ què mò míng qí miào de xiàle cháng yǔ.
오늘 아침엔 분명히 맑았는데, 점심 때 뜬금없이 비가 한바탕 쏟아지더라고.

真是莫名其妙,刚才好好的,怎么又哭起来了?
Zhēnshi mò míng qí miào, gāngcái hǎohāo de, zěnme yòu kūqilai le?
거 참 이상하네, 방금 전까지 괜찮더니, 왜 또 우는 거야?

0055 南辕北辙 nán yuán běi zhé 하는 행동과 목적이 상반되다 □□□

你这么做明明是南辕北辙,这样怎么能达到目的地呢?
Nǐ zhème zuò míngmíng shì nán yuán běi zhé, zhèyàng zěnme néng dádào mùdìdì ne?
자네가 이렇게 하는 것은 분명히 의도를 거스르는 것인데, 이렇게 해서 어떻게 목적지에 도달하겠나?

0056 难能可贵 nán néng kě guì 아주 장하다, 아주 기특하다 □□□

他在那样危急的关头还能舍己救人,真是难能可贵!
Tā zài nàyàng wēijí de guāntóu hái néng shě jǐ jiù rén, zhēn shì nán néng kě guì!
그 친구 말이야 그런 위급한 상황에서 자신을 던져 다른 사람을 구하다니, 정말 장하다니까!

0057 迫不及待 pò bù jí dài 일각도 지체할 수 없다, 잠시도 늦출 수 없다 □□□
유의 刻不容缓 kè bù róng huǎn

听说他又拍新片了,我迫不及待地想看看。
Tīngshuō tā yòu pāi xīnpiàn le, wǒ pò bù jí dài de xiǎng kànkan.
그 배우가 새 영화를 찍었다고 하네, 얼른 보고 싶어 죽겠어.

0058 齐心协力 qí xīn xié lì 한마음으로 힘을 합쳐 노력하다 □□□

只要大家努力，齐心协力，就会有好的结果。

Zhǐyào dàjiā nǔlì, qí xīn xié lì, jiù huì yǒu hǎo de jiéguǒ.

여러분이 노력하고, 한마음으로 뜻을 모은다면, 좋은 결과가 있을 겁니다.

0059 岂有此理 qǐ yǒu cǐ lǐ 어찌 이럴 수가 있단 말인가, 기가 막히다 □□□

捉贼的反被冤枉，真是岂有此理！

Zhuō zéi de fǎn bèi yuānwang, zhēnshi qǐ yǒu cǐ lǐ!

도둑을 잡아 놓고 억울하게 누명을 쓰다니, 말도 안 돼!

岂有此理，天下竟有这种事，这简直是过河拆桥。

Qǐ yǒu cǐ lǐ, tiānxià jìng yǒu zhè zhǒng shì, zhè jiǎnzhí shì guò hé chāi qiáo.

말도 안 돼, 하늘 아래 어떻게 이런 일이 있어요, 이건 정말 배은망덕한 거라고요.

[단어] 过河拆桥 guò hé chāi qiáo ❹ 강을 건넌 뒤 다리를 부숴 버리다, 배은망덕하다

0060 迄今为止 qì jīn wéi zhǐ (이전 어느 시점부터) 지금에 이르기까지 □□□

他们在中国辽宁省西部发现了迄今为止体型最大的带羽毛恐龙化石。

Tāmen zài Zhōngguó Liáoníng Shěng xībù fāxiànle qì jīn wéi zhǐ tǐxíng zuì dà de dài yǔmáo kǒnglóng huàshí.

그들은 중국 리아오닝(요녕) 성 서부에서 현재까지 발견한 것 중에서 체형이 가장 크고 깃털을 가진 공룡 화석을 발견했다.

0061 恰到好处 qià dào hǎo chù 꼭 들어맞다, 아주 적당하다 □□□

仔细地倾听和恰到好处地回答，是谈话艺术的最高境界。

Zǐxì de qīngtīng hé qià dào hǎo chù de huídá, shì tánhuà yìshù de zuìgāo jìngjiè.

경청하고 올바른 대답을 해주는 것은, 대화술의 최고 경지이다.

946

中餐讲究火候的把握，只有做到恰到好处才行。

Zhōngcān jiǎngjiū huǒhou de bǎwò, zhǐyǒu zuòdào qià dào hǎo
chù cái xíng.

중국 음식은 (요리할 때) 불의 세기와 시간을 중시하는데, 적절하게 잘 맞추어야만 한다.

0062 **千方百计** qiān fāng bǎi jì 갖은 방법을 동원하다, 별 생각을 다 해내다 □□□

他千方百计地想得到那份中药的配方，但是最后功亏一篑。

Tā qiān fāng bǎi jì de xiǎng dédào nà fèn zhōngyào de pèifāng,
dànshì zuìhòu gōng kuī yí kuì.

그는 온갖 방법을 다 동원해 그 한약의 비방을 손에 넣으려 했으나, 결국 실패하고 말았다.

[단어] **功亏一篑** gōng kuī yí kuì 〈성〉 성공을 눈앞에 두고 실패하다

0063 **潜移默化** qián yí mò huà (사상·성격 등이) 알게 모르게 감화되다, □□□
저도 모르게 변하다

家庭教育在潜移默化中影响着孩子的成长。

Jiātíng jiàoyù zài qián yí mò huà zhōng yǐngxiǎngzhe háizi de
chéngzhǎng.

가정 교육은 알게 모르게 아이의 성장에 영향을 끼치게 된다.

0064 **锲而不舍** qiè ér bù shě 끈기 있게 끝까지 해내다 □□□

成功人士的秘诀之一就是坚持不懈、锲而不舍。

Chénggōng rénshì de mìjué zhī yī jiù shì jiānchí bú xiè, qiè ér bù shě.

성공한 사람들의 비결 중 하나는 끝까지 꾸준하게 밀어붙이는 것이다.

0065 **全力以赴** quán lì yǐ fù (어떤 일에) 전력투구하다, 최선을 다하다 □□□

一旦定下来目标就不要畏缩，你做的只能是全力以赴。

Yídàn dìngxialai mùbiāo jiù búyào wèisuō, nǐ zuò de zhǐnéng shì
quán lì yǐ fù.

일단 목표를 정했으면 움츠리지 말고, 네가 할 일은 최선을 다하는 거야.

[단어] **畏缩** wèisuō 두려워서 움츠리다, 주눅들다

0066 热泪盈眶 rè lèi yíng kuàng 뜨거운 눈물이 눈에 그렁그렁하다

□□□

为什么每次韩国运动员获得冠军的时候，我都忍不住热泪盈眶呢?

Wèishénme měi cì Hánguó yùndòngyuán huòdé guànjūn de shíhou, wǒ dōu rěnbuzhù rè lèi yíng kuàng ne?

왜 매번 한국 선수들이 우승을 할 때마다, 난 눈물을 참을 수가 없는 걸까?

0067 任重道远 rèn zhòng dào yuǎn 맡은 바 책임은 무겁고, 갈 길은 멀다

□□□

教育改革永无止境，人才培养任重道远。

Jiàoyù gǎigé yǒng wú zhǐjìng, réncái péiyǎng rèn zhòng dào yuǎn.

교육 개혁은 영원히 멈출 수 없고, 인재 배양은 그 책임이 무겁기만 하다.

[단어] 止境 zhǐjìng 멈추는 곳, 끝, 한도

强国富民的任务仍然任重道远。

Qiángguó fùmín de rènwù réngrán rèn zhòng dào yuǎn.

강대국을 만들고 국민을 부유하게 만드는 임무는 여전히 갈 길이 멀기만 하다.

0068 日新月异 rì xīn yuè yì 나날이 새로워지다, 변화와 발전이 빠르다

□□□

유의 一日千里 yí rì qiān lǐ

반의 一成不变 yì chéng bú biàn 고정불변하다, 변함이 없다

改革开放以来，人们的生活发生了日新月异的变化。

Gǎigé kāifàng yǐlái, rénmen de shēnghuó fāshēngle rì xīn yuè yì de biànhuà.

개혁 개방 이래, 사람들의 삶에 새로운 변화가 생겼다.

我住的这个城市正日新月异地改变着。

Wǒ zhù de zhège chéngshì zhèng rì xīn yuè yì de gǎibiànzhe.

내가 살고 있는 도시는 하루가 다르게 발전하고 있다.

0069 深情厚谊 shēn qíng hòu yì 깊고 돈독한 정(情)

我们店能够不断成长，离不开老顾客的深情厚谊和热心宣传。

Wǒmen diàn nénggòu búduàn chéngzhǎng, líbukāi lǎo gùkè de shēn qíng hòu yì hé rèxīn xuānchuán.

저희 가게가 계속 성장할 수 있었던 것은, 여러분의 깊은 사랑과 적극적인 홍보가 있었기 때문입니다.

0070 实事求是 shí shì qiú shì 실사구시, 사실에 토대하여 진리를 탐구하다

我们要本着实事求是的精神来处理这个问题。

Wǒmen yào běnzhe shí shì qiú shì de jīngshén lái chǔlǐ zhège wèntí.

우리는 실사구시의 정신에 입각해 이 문제를 해결해야 한다.

在学习中，我们要有实事求是的态度，正如孔子所言，知之为知之，不知为不知。

Zài xuéxí zhōng, wǒmen yào yǒu shí shì qiú shì de tàidù, zhèng rú Kǒngzǐ suǒyán, zhī zhī wéi zhī zhī, bù zhī wéi bù zhī.

공부할 때, 우리는 실사구시의 태도로 임해야 하는데, 공자께서 말씀하신 것처럼, 아는 것은 안다고 하고, 모르는 것은 모른다고 해야 하는 것이다.

0071 肆无忌惮 sì wú jì dàn 제멋대로 굴고 전혀 거리낌이 없다,
방자하여 거리낌이 없다

你居然在他家人面前明目张胆地陷害他，也太肆无忌惮了吧?

Nǐ jūrán zài tā jiārén miànqián míng mù zhāng dǎn de xiànhài tā, yě tài sì wú jì dànle ba?

자네도 참 그 친구 가족 앞에서 노골적으로 그 친구를 난처하게 하다니, 너무 도가 지나친 것 아닌가?

[단어] **明目张胆** míng mù zhāng dǎn 〈성〉 공공연하다, 조금도 망설이지 않다

1931年"九·一八"事变后，日本侵略军肆无忌惮地攫取炭矿的权益。

Yī jiǔ sān yī nián "jiǔ · yī bā" shìbiàn hòu, rìběn qīnlüèjūn sì wú jì dàn de juéqǔ tànkuàng de quányì

1931년 9·18 사변 후에, 일본 침략군은 거리낌 없이 광산의 권익을 수탈해 갔다.

0072 滔滔不绝 tāo tāo bù jué 끊임없이 계속되다, 쉴 새 없이 말하다 □□□

一提起丈夫，她总是滔滔不绝地炫耀个没完。
Yì tíqǐ zhàngfu, tā zǒngshì tāo tāo bù jué de xuànyào ge méi wán.
남편 얘기만 나왔다 하면, 그녀는 자랑이 끊이질 않는다니까.

[단어] 炫耀 xuànyào 자랑하다, 과시하다

0073 天伦之乐 tiān lún zhī lè 가족이 누리는 단란함 □□□

我们一家人好不容易出游共享天伦之乐。
Wǒmen yì jiārén hǎobùróngyì chūyóu gòngxiǎng tiān lún zhī lè.
우리 가족은 오랜만에 여행을 떠나 단란한 시간을 보내고 있다.

0074 统筹兼顾 tǒng chóu jiān gù 여러 일을 전반적으로 계획하고 챙기다 □□□

在那么复杂的情况下，他还能做到统筹兼顾，真是了不起!
Zài nàme fùzá de qíngkuàng xia, tā hái néng zuòdào tǒng chóu jiān gù, zhēnshi liǎobuqǐ!
그렇게 복잡한 상황에서, 그 친구는 여러 가지를 한꺼번에 적절히 처리하다니, 정말 대단해!

0075 吞吞吐吐 tūn tūn tǔ tǔ 말을 얼버무리다, 우물쭈물하다 □□□

她说话突然变得吞吞吐吐的，好像有事瞒着我似的。
Tā shuōhuà tūrán biàn de tūn tūn tǔ tǔ de, hǎoxiàng yǒu shì mánzhe wǒ shìde.
그녀가 갑자기 말을 더듬는 게, 꼭 나에게 뭔가 숨기는 것 같아.

0076 微不足道 wēi bù zú dào 하찮아서 말할 가치도 없다 □□□

这些对你微不足道的事情，对于别人来说可能就是莫大的恩赐。
Zhèxiē duì nǐ wēi bù zú dào de shìqing, Duìyú biérén láishuō kěnéng jiù shì mòdà de ēncì.
너한테는 아무것도 아닌 일들이, 다른 사람한테는 어쩌면 아주 큰 선물일 수도 있어.

[단어] 恩赐 ēncì 하사품, 은혜, 선물

一个人的力量是微不足道的，但凝聚起力量就是无穷的。

Yí ge rén de lìliang shì wēi bù zú dào de, dàn níngjùqǐ lìliang jiù shì wúqióng de.

한 사람의 힘은 미약하지만, 응집한 힘은 무한하다.

0077 无动于衷 wú dòng yú zhōng (마음속에) 아무런 느낌이 없다, (당연히 관심 가져야 할 일에) 전혀 무관심하다

☐☐☐

对于他的种种示爱，那个女孩儿一直无动于衷。

Duìyú tā de zhǒngzhǒng shì ài, nàge nǚháir yìzhí wú dòng yú zhōng.

그가 다양한 방식으로 사랑을 표현했지만, 그 애는 계속 반응이 없다.

难道你对什么都无动于衷吗?

Nándào nǐ duì shénme dōu wú dòng yú zhōng ma?

설마 너 그 무엇에도 전혀 관심이 없는 거니?

0078 无精打采 wú jīng dǎ cǎi 풀이 죽다, 기운 없다

☐☐☐

看他无精打采的样子就知道，这次比赛又输了。

Kàn tā wú jīng dǎ cǎi de yàngzi jiù zhīdào, zhè cì bǐsài yòu shū le.

저 녀석 풀이 죽어 있는 걸 보니, 이번 시합도 또 졌군 그래.

不要老是无精打采的，年轻人要有年轻人的朝气。

Búyào lǎoshì wú jīng dǎ cǎi de, niánqīngrén yào yǒu niánqīngrén de zhāoqì.

그렇게 넋 놓고 있으면 어떻게 해, 젊은이면 젊은이다운 패기가 있어야지.

0079 无理取闹 wú lǐ qǔ nào 생트집을 잡다, 일부러 말썽을 부리다

☐☐☐

他总是温柔地对我说话，哪怕我无理取闹，发点脾气。

Tā zǒngshì wēnróu de duì wǒ shuōhuà, nǎpà wǒ wú lǐ qǔ nào, fā diǎn píqi.

설령 내가 괜한 트집을 잡고 성질을 부려도, 그는 언제나 나에게 부드럽게 이야기를 한다.

中年妇女继续在菜市场大喊大叫，无理取闹。

Zhōngnián fùnǚ jìxù zài cài shìchǎng dà hǎn dà jiào, wú lǐ qǔ nào.

중년 여성이 야채 시장에서 고래고래 소리치며 계속 소란을 피웠다.

0080 **无能为力** wú néng wéi lì 힘을 제대로 쓰지 못하다, 능력이 없다 □□□

유의 **力不从心** lì bù cóng xīn

对于这件事，我实在是无能为力了。
Duìyú zhè jiàn shì, wǒ shízài shì wú néng wéi lì le.
이 일 만큼은, 나도 정말 어쩔 수가 없어.

我很想帮上你的忙，而我却无能为力，真对不住你了。
Wǒ hěn xiǎng bāngshàng nǐ de máng, ér wǒ què wú néng wéi lì,
zhēn duìbuzhù nǐ le.
너를 꼭 돕고 싶은데, 나는 능력이 안 되는구나, 너무 미안하게 됐다.

0081 **无穷无尽** wú qióng wú jìn 무궁무진하다, 무진장하다, 한이 없다 □□□

我是个学习爱好者，我越学习越觉得知识的魅力无穷无尽。
Wǒ shì ge xuéxí àihàozhě, wǒ yuè xuéxí yuè juéde zhīshi de mèilì
wú qióng wú jìn.
난 공부 마니아인데, 공부하면 할수록 지식의 매력이 무궁무진하더라고.

幸福就像泉水一样无穷无尽地涌出来。
Xìngfú jiù xiàng quánshuǐ yíyàng wú qióng wú jìn de yǒngchulai.
행복은 샘물처럼 끝없이 솟아나는 것이다.

0082 **无微不至** wú wēi bú zhì 사소한 데까지 신경을 쓰다, 살뜰하다 □□□

在我最落魄的时候，是他一直无微不至地照料我。
Zài wǒ zuì luòpò de shíhou, shì tā yìzhí wú wēi bú zhì de zhàoliào wǒ.
내가 가장 힘들어할 때, 그 사람이 계속 살뜰하게 보살펴 주었어.

[단어] **落魄** luòpò 실의에 빠지다, 곤경에 처하다

0083 **无忧无虑** wú yōu wú lǜ 아무런 근심(걱정)이 없다 □□□

至少在跳舞的时候，他是真快乐、无忧无虑。
Zhìshǎo zài tiàowǔ de shíhou, tā shì zhēn kuàilè、wú yōu wú lǜ.
최소한 춤을 출 때 만큼은, 그는 정말 행복하고 근심 걱정이 다 사라진다.

952

0084 物美价廉 wù měi jià lián 상품의 질이 좋고 값도 저렴하다 □□□

这家商店物美价廉，服务态度又好，生意常年红火。

Zhè jiā shāngdiàn wù měi jià lián, fúwù tàidù yòu hǎo, shēngyì chángnián hónghuǒ.

이 상점은 물건도 좋고 값도 싼데다, 서비스까지 좋으니, 장사가 늘 잘 된다.

0085 喜闻乐见 xǐ wén lè jiàn 즐겨 듣고 보다, 인기가 많다 □□□

小品、相声、地方戏曲等都是中国观众们喜闻乐见的节目。

Xiǎopǐn、xiàngsheng、dìfāng xìqǔ děng dōu shì Zhōngguó guānzhòngmen xǐ wén lè jiàn de jiémù.

단막극, 만담, 지방극 등은 중국 관중들이 즐겨 보는 프로그램이다.

0086 相辅相成 xiāng fǔ xiāng chéng 서로 보완하고 도와서 일을 완성하다 □□□

理论与实践是相辅相成的关系，理论指导实践，实践证明理论。

Lǐlùn yǔ shíjiàn shì xiāng fǔ xiàng chéng de guānxi, lǐlùn zhǐdǎo shíjiàn, shíjiàn zhèngmíng lǐlùn.

이론과 실천은 서로 보완하는 관계로, 이론은 실천을 이끌어 내고, 실천은 이론을 증명한다.

0087 想方设法 xiǎng fāng shè fǎ 온갖 방법을 다 생각하다, 갖은 방법을 다 동원하다 □□□

他吧，自己手头也紧张，还想方设法帮助别人。

Tā ba, zìjǐ shǒutóu yě jǐnzhāng, hái xiǎng fāng shè fǎ bāngzhù biérén.

그 친구는 자기도 여유롭지 못하면서, 어떻게 하면 다른 사람을 도울까 생각하고 있다니까.

采购部应该想方设法降低进货成本。

Cǎigòubù yīnggāi xiǎng fāng shè fǎ jiàngdī jìnhuò chéngběn.

구매팀은 머리를 써서 입고 원가를 낮추어야 한다.

0088 小心翼翼 xiǎo xīn yì yì 조심스럽다, 조심조심하다

유의 谨小慎微 jǐn xiǎo shèn wēi

她做事很认真，很仔细，总是小心翼翼的。
Tā zuò shì hěn rènzhēn, hěn zǐxì, zǒngshì xiǎo xīn yì yì de.
그녀는 진지하고 꼼꼼하게 일을 하고, 늘 조심스러워 한다.

他小心翼翼地走到我身边，问我："请问，您贵姓？"
Tā xiǎo xīn yì yì de zǒudào wǒ shēnbiān, wèn wǒ "qǐng wèn, nín guìxìng?"
그는 조심스레 내 곁으로 다가와, 나에게 "저기, 성씨가 어떻게 되세요?"라고 물었다.

0089 心甘情愿 xīn gān qíng yuàn 내심 만족해하며 달가워하다

为了大家的利益，他心甘情愿地作出了牺牲。
Wèile dàjiā de lìyì, tā xīn gān qíng yuàn de zuòchūle xīshēng.
모두의 이익을 위해, 그는 기꺼이 희생을 감수했다.

0090 欣欣向荣 xīn xīn xiàng róng (초목이) 무성하다, 무럭무럭 자라다

春雨过后，公园里的花草树木欣欣向荣，茁壮成长。
Chūnyǔ guò hòu, gōngyuán li de huācǎo shùmù xīn xīn xiàng róng, zhuózhuàng chéngzhǎng.
봄비가 내린 후에, 공원의 화초와 나무들이 무성해지고, 건강하게 자라고 있다.

[단어] 茁壮 zhuózhuàng 건강하다, 실하다

祝贵公司生意欣欣向荣！
Zhù guì gōngsī shēngyì xīn xīn xiàng róng!
귀사의 사업이 번창하길 기원합니다!

0091 新陈代谢 xīn chén dài xiè 신진대사, 새로운 사물이 낡은 사물을 대체하는 과정

如果新陈代谢得快，人的热量也消耗得快。
Rúguǒ xīn chén dài xiè de kuài, rén de rèliàng yě xiāohào de kuài.
만약 신진대사가 빠르면, 사람의 열량도 소비가 빠르다.

旧的不去新的不来，你的这些旧东西早就该新陈代谢了。
Jiù de bú qù xīn de bù lái, nǐ de zhèxiē jiù dōngxi zǎojiù gāi xīn chén dài xiè le.
오래된 것이 없어져야 새로운 것이 생기는 법, 네가 갖고 있는 낡은 물건들은 벌써 신진대사가 이뤄졌어야 했어.

☐☐☐
0092 兴高采烈 xìng gāo cǎi liè 매우 기쁘다, 신바람이 나다, 매우 흥겹다

听到这个好消息后，大家兴高采烈地跳起舞来。
Tīngdào zhège hǎo xiāoxi hòu, dàjiā xìng gāo cǎi liè de tiàoqǐ wǔ lái.
좋은 소식을 듣고는, 모두들 기쁨에 겨워 춤을 추기 시작했다.

☐☐☐
0093 兴致勃勃 xìng zhì bó bó 흥미진진하다, 신명이 나다

他是个口若悬河的、兴致勃勃的、讨人喜欢的演说家。
Tā shì ge kǒu ruò xuán hé、xìng zhì bó bó de、tǎo rén xǐhuan de yǎnshuōjiā.
그는 언변이 좋고, 신명이 넘쳐, 사람들이 좋아하는 연설가이다.

[단어] **口若悬河** kǒu ruò xuán hé 언변이 좋다, 청산유수다

☐☐☐
0094 悬崖峭壁 xuán yá qiào bì 깎아지른 듯한 절벽, 험준한 산세

这里山高路险，稍不小心便会掉下悬崖峭壁。
Zhèlǐ shān gāo lù xiǎn, shāo bù xiǎoxīn biàn huì diàoxià xuán yá qiào bì.
이곳은 산이 높고 위험해, 조금이라도 부주의하다간 절벽 아래로 떨어져요.

前面是悬崖峭壁，后面是敌人的刀枪，现在的他进退两难。
Qiánmiàn shì xuán yá qiào bì, hòumiàn shì dírén de dāoqiāng, xiànzài de tā jìn tuì liǎng nán.
앞에는 절벽이고, 뒤에서는 적이 총칼을 들고 쫓아오니, 그는 지금 진퇴양난이다.

0095 **雪上加霜** xuě shàng jiā shuāng 설상가상, 엎친 데 덮친 격이다

你这根本不是帮忙，简直就是火上浇油、雪上加霜。
Nǐ zhè gēnběn bú shì bāngmáng, jiǎnzhí jiù shì huǒ shàng jiāo
yóu、xuě shàng jiā shuāng.
넌 전혀 도움이 안 될 뿐 아니라, 불난 데 부채질이나 하고 일만 더 어렵게 만들고 있잖아.

突如其来的车祸让本已陷入困境的她雪上加霜。
Tū rúqí lái de chēhuò ràng běn yǐ xiànrù kùnjìng de tā xuě shàng
jiā shuāng.
갑작스러운 차 사고가 이미 힘든 그녀를 더 힘들게 만들었다.

0096 **循序渐进** xún xù jiàn jìn 순차적으로 진행하다, 점차적으로 발전시키다

越是大事情越不能操之过急，得循序渐进，慢慢来。
Yuè shì dà shìqing yuè bù néng cāo zhī guò jí, děi xún xù jiàn jìn,
mànmān lái.
큰일일수록 급하게 서두르면 안 되고, 순서대로 천천히 해야 한다.

[단어] 操之过急 cāo zhī guò jí 성 너무 성급하게 일 처리를 하다

学习是一个循序渐进的过程，任何人都没有捷径。
Xuéxí shì yí ge xún xù jiàn jìn de guòchéng, rènhé rén dōu méiyǒu
jiéjìng.
공부는 한 단계씩 이뤄 가는 과정이라, 그 누구에게도 왕도는 없는 법이야.

0097 **鸦雀无声** yā què wú shēng 매우 고요하다, 아주 조용하다

老师叫学生们回答问题的时候，整个教室鸦雀无声。
Lǎoshī jiào xuéshēngmen huídá wèntí de shíhou, zhěnggè jiàoshì
yā què wú shēng.
선생님께서 학생들에게 대답을 하라고 하자, 교실 안이 쥐 죽은 듯 조용해졌다.

枪声响起后，喧闹的大厅顿时鸦雀无声。
Qiāngshēng xiǎngqǐ hòu, xuānnào de dàtīng dùnshí yā què wú
shēng.
총소리가 들리자, 떠들썩하던 로비에 잠시 정적이 흘렀다.

0098 一目了然 yí mù liǎo rán 일목요연하다, 한눈에 환히 알다

你这张销售图做得真好，本月的销售情况一目了然。
Nǐ zhè zhāng xiāoshòutú zuò de zhēn hǎo, běn yuè de xiāoshòu
qíngkuàng yí mù liǎo rán.
자네 매출표를 잘 만들었어, 이번 달 매출 상황을 한눈에 알아볼 수 있군.

0099 一帆风顺 yì fān fēng shùn 순풍에 돛을 올리다, 일이 순조롭게 진행되다

　　유의 无往不利 wú wǎng bú lì
　　반의 一波三折 yì bō sān zhé (일의 전개가) 파란만장하다, 우여곡절이 많다

创业的时候总不会一帆风顺的，我们要做好充分的思想准备。
Chuàngyè de shíhou zǒng bú huì yì fān fēng shùn de, wǒmen yào
zuòhǎo chōngfèn de sīxiǎng zhǔnbèi.
창업을 한다 해도 늘 일이 잘 풀리는 것은 아니니, 우리는 마음의 준비를 단단히 해야 해.

人生之路永远都不会一帆风顺，人们总会遇到一些磕磕绊绊。
Rénshēng zhī lù yǒngyuǎn dōu bú huì yì fān fēng shùn, rénmen
zǒng huì yùdào yì xiē kēkebànbàn.
삶의 여정은 늘 순풍에 돛 단 듯 흐르진 않아, 누구나 힘든 일을 만나게 마련이지.

[단어] 磕磕绊绊 kēkebànbàn 일이 순조롭게 풀리지 않다

祝你们旅行一帆风顺!
Zhù nǐmen lǚxíng yì fān fēng shùn!
평안한 여정 되시길 바랍니다!

0100 一举两得 yì jǔ liǎng dé 일거양득, 일석이조

　　유의 一箭双雕 yí jiàn shuāng diāo

我们出了名，你们赚了钱，这就是一举两得的事。
Wǒmen chūle míng, nǐmen zhuàn le qián, zhè jiù shì yì jǔ liǎng dé
de shì.
우리는 유명해지고, 당신들은 돈을 벌고, 이게 바로 꿩 먹고 알 먹는 일이지요.

这样做既保护了环境，又节约了成本，一举两得。
Zhèyàng zuò jì bǎohùle huánjìng, yòu jiéyuēle chéngběn, yì jǔ
liǎng dé.
이렇게 하면 환경도 보호하고, 또 원가도 절감할 수 있으니, 일석이조입니다.

0101 一如既往 yì rú jì wǎng 지난날과 다름없다

반의 **一反常态** yì fǎn cháng tài 평상시와 완전히 다르다

谢谢粉丝们一如既往地在我的身后支持我，爱护我。

Xièxie fěnsīmen yì rú jì wǎng de zài wǒ de shēnhòu zhīchí wǒ, àihù wǒ.

언제나 변함없이 저의 뒤에서 응원해 주고, 사랑해 주시는 팬 여러분께 감사드립니다.

感谢大家对我们产品一如既往的喜爱。

Gǎnxiè dàjiā duì wǒmen chǎnpǐn yì rú jì wǎng de xǐ'ài.

여러분께서 저희 제품에 보내 주시는 한결같은 사랑에 감사드립니다.

0102 一丝不苟 yì sī bù gǒu 조금도 소홀히 하지 않다, 조금도 빈틈이 없다

반의 **敷衍塞责** fū yān sè zé 적당히 일을 얼버무리다

突然发现他工作起来那一丝不苟的样子，还着实有些迷人呢。

Tūrán fāxiàn tā gōngzuò qǐlai nà yì sī bù gǒu de yàngzi, hái zhuóshí yǒuxiē mírén ne.

문득 그가 일에 열중하는 모습이 참 매력적으로 보였다.

[단어] 着实 zhuóshí 확실히, 정말로

她这么好的成绩来自于她平时一丝不苟地学习。

Tā zhème hǎo de chéngjì láizìyú tā píngshí yì sī bù gǒu de xuéxí.

그 애가 이렇게 좋은 성적을 거둘 수 있는 것은, 그 애가 평소에 꼼꼼하게 공부하는 데 기인한다.

0103 优胜劣汰 yōu shèng liè tài 강자는 살아남고 약자는 도태한다

在竞争激烈的现代社会里，优胜劣汰是最基本的法则。

Zài jìngzhēng jīliè de xiàndài shèhuì li, yōu shèng liè tài shì zuì jīběn de fǎzé.

경쟁이 치열한 현대 사회에서, 강자는 살아남고 약자는 도태하는 것은 가장 기본적인 원칙이다.

优胜劣汰的规则不仅适用于自然界，也同样适用于人类社会。

Yōu shèng liè tài de guīzé bùjǐn shìyòngyú zìránjiè, yě tóngyàng shìyòngyú rénlèi shèhuì.

강자는 살아남고 약자는 도태한다는 규칙은 비단 자연계에만 해당되는 것이 아니라, 인류 사회에도 적용된다.

0104 有条不紊 yǒu tiáo bù wěn (말·행동이) 조리 있고 질서정연하다

유의 井井有条 jǐng jǐng yǒu tiáo

반의 颠三倒四 diān sān dǎo sì (말·행동·일 처리 등이) 조리가 없다

在新领导的带领下，公司的各项经营活动有条不紊地进行着。

Zài xīn lǐngdǎo de dàilǐng xia, gōngsī de gè xiàng jīngyíng huódòng yǒu tiáo bù wěn de jìnxíngzhe.

새로 부임한 대표님의 리더 하에, 회사의 각종 경영 업무가 일사분란하게 진행되고 있다.

平昌冬季奥运会的各项筹备工作正有条不紊地进行。

Píngchāng dōngjì àoyùnhuì de gè xiàng chóubèi gōngzuò zhèng yǒu tiáo bù wěn de jìnxíng.

평창 동계올림픽의 각 부분별 준비 업무가 일사분란하게 진행되고 있다.

0105 与日俱增 yǔ rì jù zēng 날로 늘어나다, 성장이 계속되다

유의 日积月累 rì jī yuè lěi, 每况愈下 měi kuàng yù xià

随着经济的发展，这个国家的国力与日俱增。

Suízhe jīngjì de fāzhǎn, zhè ge guójiā de guólì yǔ rì jù zēng.

경제가 발전함에 따라, 이 나라의 국력이 갈수록 세지고 있다.

我对你的思念之情与日俱增，殷切地希望见到你。

Wǒ duì nǐ de sīniàn zhī qíng yǔ rì jù zēng, yīnqiè de xīwàng jiàndào nǐ.

그대에 대한 그리움이 날로 커져, 그대 만나기를 간절히 소망합니다.

0106 再接再厉 zài jiē zài lì 한층 더 분발하다, 더욱 더 힘쓰다

校长对选手们说："希望你们再接再厉，勇创佳绩！"

Xiàozhǎng duì xuǎnshǒumen shuō："xīwàng nǐmen zài jiē zài lì, yǒng chuàng jiājì!"

교장 선생님께서는 선수들에게 "여러분이 더 분발해서, 우수한 성적을 거두길 바랍니다!"라고 하셨다.

你这次表现得不错，希望以后你能再接再厉。

Nǐ zhè cì biǎoxiàn de búcuò, xīwàng yǐhòu nǐ néng zài jiē zài lì.

자네 이번에 참 잘했어, 앞으로도 계속 분발하게나.

0107 斩钉截铁 zhǎn dīng jié tiě 맺고 끊다, 과단성이 있다

> **유의** 当机立断 dāng jī lì duàn
> **반의** 拖泥带水 tuō ní dài shuǐ 깔끔하게 처리하지 못하다

他行事斩钉截铁、毫不犹豫。
Tā xíngshì zhǎn dīng jié tiě, háo bù yóuyù.
그는 일할 때 맺고 끊음이 분명하고, 결단력이 있다.

他已经斩钉截铁地拒绝了，我怎么好意思继续留在那里。
Tā yǐjing zhǎn dìng jié tiě de jùjué le, wǒ zěnme hǎo yìsi jìxù
liúzài nàli.
그가 이미 단호하게 거절했는데, 내가 어떻게 거기 계속 남아 있어요.

0108 朝气蓬勃 zhāo qì péng bó 생기가 넘쳐흐르다, 생기발랄하다

> **유의** 生气勃勃 shēng qì bó bó
> **반의** 老气横秋 lǎo qì héng qiū 활기가 없고 무기력하다

年青人朝气蓬勃，像是早晨八九点钟的太阳。
Niánqīngrén Zhāo qì péng bó, xiàng shì zǎochén bā jiǔ diǎnzhōng
de tàiyáng.
젊은이들은 생기가 넘치는 게, 꼭 아침 8, 9시쯤의 태양 같다니까.

他才19岁，但是他身上没有一点少年的朝气蓬勃。
Tā cái shíjiǔ suì, dànshì tā shēnshàng méiyou yìdiǎn shàonián de
zhāo qì péng bó.
그 녀석은 겨우 열아홉인데, 그 녀석한텐 소년의 활발함이 안 느껴져.

0109 争先恐后 zhēng xiān kǒng hòu 뒤질세라 앞을 다투다

Iphone 6S近日在中国大陆开售，人们争先恐后购买。
Iphone liù S jìnrì zài Zhōngguó dàlù kāishòu, rénmen zhēng xiān
kǒng hòu gòumǎi.
Iphone 6S가 얼마 전부터 중국 대륙해서 판매되기 시작해, 사람들이 앞다투어 사고 있다.

终于等到下课了，小朋友们争先恐后地跑出了教室。
Zhōngyú děngdào xiàkè le, xiǎo péngyoumen zhēng xiān kǒng
hòu de pǎochūle jiàoshì.
마침내 수업이 끝나자, 어린이들이 너나 할 것 없이 교실에서 뛰어나갔다.

0110 知足常乐 zhī zú cháng lè 만족함을 알면 항상 즐겁다, 늘 만족하다 □□□

只要你知道知足常乐，就会永远幸福。
Zhǐyào nǐ zhīdào zhī zú cháng lè, jiù huì yǒngyuǎn xìngfú.
네가 만족할 줄 안다면, 영원히 행복할 거야.

0111 众所周知 zhòng suǒ zhōu zhī 모든 사람이 다 알고 있다 □□□

众所周知，战争很残酷。
Zhòng suǒ zhōu zhī, zhànzhēng hěn cánkù.
다 알다시피, 전쟁은 참혹한 것이다.

大多数坚果都有利于心血管健康，这是众所周知的事。
Dàduōshù jiānguǒ dōu yǒu lìyú xīnxuèguǎn jiànkāng, zhè shì zhòng suǒ zhōu zhī de shì.
대부분의 견과류가 혈관 건강에 좋다는 것은, 모두가 알고 있는 일이다.

0112 自力更生 zì lì gēng shēng 자력갱생하다 □□□

我当时就想，我要自力更生，绝对不能拖累家人。
Wǒ dāngshí jiù xiǎng, wǒ yào zì lì gēng shēng, juéduì bù néng tuōlèi jiārén.
나는 당시에 나 혼자 힘으로 일어서되, 절대로 가족을 끌어들이지 말자 생각했어요.

[단어] 拖累 tuōlèi 연루되다, 연루시키다

0113 总而言之 zǒng ér yán zhī 요컨대, 결론적으로 말하자면 □□□

[유의] 总之 zǒngzhī

总而言之，你的心意我领了，但是这钱我不会收。
Zǒng ér yán zhī, nǐ de xīnyì wǒ lǐng le, dànshì zhè qián wǒ bú huì shōu.
결론적으로 말해서, 자네 마음은 받겠지만, 이 돈은 받을 수 없네.

总而言之，我在这段时间里学会了许多。
Zǒng ér yán zhī, wǒ zài zhè duàn shíjiān li xuéhuìle xǔduō.
어쨌든, 난 이 기간 동안 많은 걸 배웠어요.

도전! **6급**

관용어

□ □ □

0001 **不敢当** bùgǎndāng (상대방의 칭찬이나 초대에 대해)
천만의 말씀입니다, 송구스럽습니다

A : 这次的事，多亏老弟出手帮忙啊。
Zhè cì de shì, duōkuī lǎodì chūshǒu bāngmáng a.
이번 일은 자네가 나서서 도와줘서, 너무 고맙네.

B : 不敢当，不敢当，这是我应该做的。
Bùgǎndāng, bùgǎndāng, zhè shì wǒ yīnggāi zuò de.
별말씀을요. 제가 당연히 할 일을 한 건데요.

□ □ □

0002 **伤脑筋** shāngnǎojīn 골치를 앓다, 골머리를 썩이다, 애를 먹다

我小时候可调皮了，爸妈为我伤透了脑筋。
Wǒ xiǎoshíhou kě tiáopí le, bà mā wèi wǒ shāngtòule nǎojīn.
내가 어릴 땐 너무 말썽을 많이 부려서, 아빠 엄마가 나 때문에 골치를 많이 썩으셨어.

중국어 어휘의 달인이 되는 법 6급

색인

어휘
2500

색인은 어휘를 빨리 찾아보기 위한 목적에 부합하기 위해, 본문의 어휘 순서와
상관없이 한어병음, 성조, 한자 첫 글자의 획수 순서별로 정리하였다.

색인 **969**

996